동양과 서양,
종교철학에서 만나다

동양과 서양, 종교철학에서 만나다

2016년 2월 22일 인쇄
2016년 2월 29일 발행

지은이 | 장왕식
펴낸이 | 김영호
펴낸곳 | 도서출판 동연
등   록 | 제1-1383호(1992년 6월 12일)
주   소 | 서울시 마포구 월드컵로 163-3
전   화 | (02) 335-2630
팩   스 | (02) 335-2640
이메일 | yh4321@gmail.com

ISBN 978-89-6447-298-9 93200

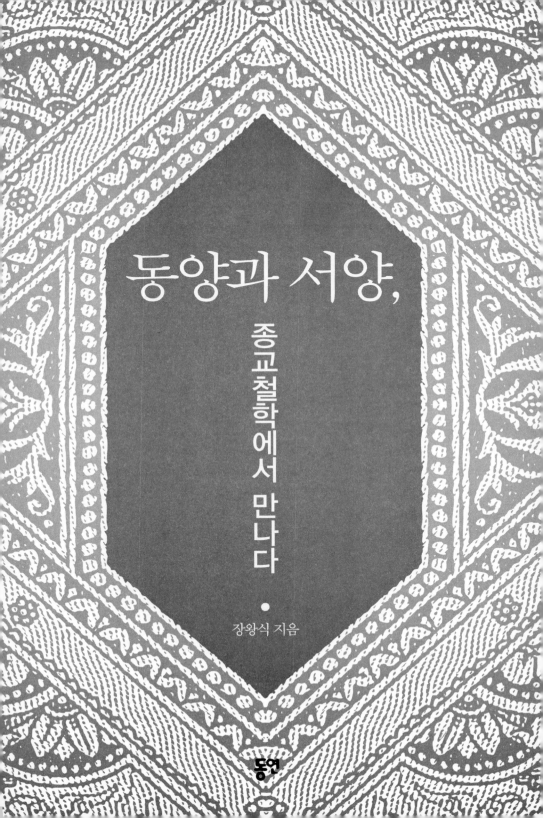

동양과 서양,

종교철학에서 만나다

장왕식 지음

동연

"사실 오류란 더 고등한 유기체의 징표이다."
_ A. N. 화이트헤드

　한 권의 저서를 내어 놓는다는 사건은 결국은 꼭꼭 숨겨져 있던 나의 사상적 흠결을 타인에게 들키는 행위이다. 아무리 심오한 깨달음과 정교한 체계를 갖춘 사상가도 그가 한 명의 인간인 이상 허점을 갖고 있기 마련이다. 그 어떤 학자의 작품도 다른 관점과 다른 시각에서 보면 오류가 드러나게 마련이다.

　필자라고 해서 이런 원칙에서 예외일 수는 없다. 그래서 저서를 내는 행위는 물론 논문을 쓰는 행위도 언제나 부끄러운 것이다. 물론 20년 이상을 대학에서 연구하고 가르치면서 동서고금의 사상가들의 저서를 읽고 오랫동안 씨름해 온 필자와 같은 사람에게 나름대로의 고유한 사상이 전혀 없을 리 없다. 하지만 모든 인간의 사상이 유한한 시공에 갇혀 있는 상태에서 형성되는 이상, 그 어떤 것도 결코 완벽할 수 없다는 사실 앞에서 나는 가끔 좌절한다. 모든 사상은 언젠가는 결국 다른 사상에 의해 비판되고 수정될 운명에 놓인다는 사실 앞에서 나는 종종 주눅 들어 한다. 그러므로 해가 갈수록 "참으로 진리를 아는 자는 결국 침묵하게 된다"는 명제를 날마다 뼈저리게 느끼곤 한다.

　하나의 저서를 내는 행위가 내포하고 있는 두려움과 부끄러움에 대해서 이렇게 잘 알고 있는 사람이, 더구나 동양과 서구의 종교들을 비교하고 대조하는 책을 내기로 한 결정은 정말 스스로도 이해하기 어렵다.

특히 동양과 서양의 종교를 비교한다는 행위는 한편으로는 탄탄한 논리와 복잡한 형이상학적 체계로 이루어진 서구의 철학자들의 사상에 대해 먼저 잘 숙지하고 있어야 하고, 다른 한편으로는 나름 격조 높고 심오하기로 소문난 동양 종교에 대한 공부를 추가해야 하는 쉽지 않은 작업이다. 그러하기에 동양과 서구의 사상을 비교하고 대조하는 작업은 항상 모험과 리스크를 동반하는 무리한 작업이며, 사실 칭찬보다는 비난을 감수해야 하는 경우가 많다. 도대체 이런 사실을 잘 인지하고 있는 사람이 "동양과 서양-종교철학에서 만나다"라는 제목의 저서를 내 놓겠다니 어찌된 일이고 무슨 영문인가?

솔직히 필자도 인간인 이상 스스로 자아가 살아있음을 확인하기 위해 매순간 자기-정립에 몰두하게 된다. 때로는 자신의 한계를 눈치 채지 못한 채 무리하게 자기 주장을 펼치는 스스로를 발견하고는 겸연쩍어 하기도 한다. 그러다 어떤 경우 스스로 위로하면서 이렇게 속으로 외치곤 한다. 결국 "오류도 진리에 공헌하는 것 아닌가?"[1] 비록 때로는 나의 탄탄한 주장이 의도하지 않은 오류를 생산해 낼지 모르지만, 그 과정을 통해서도 내가 속한 공동체의 변혁에 작게나마 도움을 줄 수 있다고 믿으면서 말이다.

내가 이렇게 긴 서두를 써 가며 저서를 발간하는 내 행위의 무리함에 대해서 밝히는 이유는 하나의 변명 거리를 마련하기 위함이다. 솔직히 나는 이번에 반드시 본 저서를 내야만 하는 상황에 직면했다. 스스로 원해서가 아니라 주위의 압박에 의해서 말이다. 한마디로 말해, 이번에는 책을 낼 수밖에 없는 어쩔 수 없는 사태가 발생했다.

한 곳에서 오래 가르치다 보니 제자들도 늘어났고, 동시에 이런 저런

---

[1] 이를 화이트헤드의 말을 빌려 표현하면, "사실 오류란 보다 고등한 유기체의 징표이며 상승적 진화를 촉진하는 교사이기도 하다." A. N. 화이트헤드, 『과정과 실재』, 오영환 역 (서울: 민음사, 1992), 320.

학회에서 활동하다 보니 동료와 후학도 생겨나게 되었는데, 그 결과 이젠 그 동안 내가 발표해 온 글에 대해서 그 공과를 평가하겠다는 사람들이 생겨나고 있다. 내가 무슨 출중한 사상가라서가 아니라, 그저 내가 써 놓은 논문이 어떤 식으로 전개되었는지 한 번 들여다보겠다는 것이다. 한마디로 말해, 내가 그동안 펴내 온 글들이 제대로 된 것인지 그 상태를 한 번 점검해 보겠다는 심산인 것이다. 이것이 내가 본 저서를 내어 놓지 않을 수 없게 된 상황이다.

하지만 마치고 보니 역시 아쉬움이 많이 느껴진다. 특히 본 저서는 동아시아와 서구를 비교시키면서도 정작 동아시아 종교의 원전 연구에는 많은 투자를 하지 못한 흠결을 지니고 있는데, 그것을 숨길 수 없어 불만이다. 또한 너무 양쪽의 사상을 일반화시킨 가운데 비교가 진행된 면도 있어, 적확하지 못한 대조가 이루어졌다는 평가를 받을 가능성이 있음을 배제할 수 없을 것 같다. 하지만 필자는, 이런 흠점을 완벽하게 가릴 수 있는 그 어떤 비교 종교학 책도 존재하기 쉽지 않다는 자기 위로에 기대어 결국 책을 펴내기로 결심했다.

본 저서의 1장과 2장 및 5장과 9장은 새로 발표하는 글이다. 3장과 4장은 한국화이트헤드학회의 학술지인 「화이트헤드 연구」에 실렸던 논문이고, 6장, 7장, 8장 및 11장과 13장은 감리교신학대학교의 학술지인 「신학과 세계」에 게재되었던 논문들이다. 10장은 『변선환 신학 새로 보기』라는 저서에 게재되었으며, 12장은 「한국조직신학논총」 제41집에 게재되었던 글이다. 학술지에 게재되었던 논문들은 제목을 포함해 조금씩 내용이 수정된 경우가 있다. 물론 시작하는 글과 끝맺는 글은 새로 쓴 것들이다.

이 시대에 대부분의 종교철학 책들은 인기가 없다는 것을 잘 알고 있다. 종교철학 책이 인기 없는 원인은 우선 고차원적인 정신세계를 주제로 다루다보니 생겨나는 난해함에서 기인하지만, 어떤 경우 저자가 독자에게 자신의 사유 수준까지 따라와 줄 것을 강요하는 데서 기인하기도 한다. 사실 필자는 애초에 본 저서의 집필을 시작할 당시, 지루하고 난해한 하나의 종교철학 책을 또 한권 시중에 추가하는 잘못을 저지르지 않으려 단단히 다짐했었다. 따라서 초심자들을 배려하는 의미에서 서문과 1-2장을 쉽게 풀어 썼고, 또한 끝맺음 글을 추가하여 본 저서의 줄거리를 한 눈에 파악할 수 있도록 만들었다. 그럼에도 불구하고, 본 저서의 주요 내용이 학문적인 토론을 즐기는 전문 신학자의 논문으로 구성되어 있으므로, 어쩔 수 없이 필자는 이번에도 독자들에게 그들의 귀중한 시간을 함께 할애해 읽어 주십사 요청하고 있는 셈이다.

필자가 봉직하고 있는 감리교신학대학의 수많은 학생들과 동료 교수와 학형들에게 감사를 표한다. 그들과 더불어 공부하고 토론하는 즐거움이 없었다면 본 저서의 뼈대를 형성하기조차 어려웠을 것이다. 한국화이트헤드학회에서 함께 활동하는 학문적 도반들에게도 감사한다. 그들은 언제나 내가 철학적으로 더 탄탄한 체계를 갖추도록 하는 데 큰 힘이 되었다. 동과 서의 만남이나 토착화와 관련된 저서들을 지속적으로 발간해 온 도서출판 동연의 김영호 대표에게도 감사의 뜻을 전하고 싶다.

한없이 어설픈 미완의 작품이지만, 본 저서를 주춧돌로 하여 동아시아 사상과 서구 사상에 밑바탕을 둔 종교철학적 대화가 심도 있게 계속되기를 희망해 본다.

2016년 봄
장왕식

차례

시작하는 글

　본 저서는 동양과 서구의 종교철학적 만남에 관한 책이다. 하지만 동아시아와 서구 사상이 왜 만나야 하는지 그 정당성에 대해 설명하는 책이기도 하며, 동시에 그 만남이 가져올 효과에 대해 알리는 책이기도 하다.

　동아시아에서 활동해 온 학자의 한 사람으로서 필자는 동양과 서구가 만나야 하는 첫째 이유를 동아시아가 오늘날 마주치고 있는 탈근대주의 확산에서 찾고 싶다. 문명적으로 볼 때, 동아시아는 현재 서구의 지성계에서 불어오는 탈근대주의의 거센 바람 앞에 놓여 있다. 탈근대주의가 표방해 온 문명적 특징을 상대주의, 해체, 탈진보주의 등으로 요약할 수 있는데, 바로 이런 문명적 가치들이 동아시아에 적지 않은 충격과 도전 세력으로 다가오고 있으며, 이로 인해 동아시아인들로 하여금 자신들의 문명이 나아가야 할 향후의 방향에 대해 깊이 성찰하도록 요구하고 있다.

　물론 서구의 탈근대주의 운동이 강조해 온 문화적 상대주의만 하더라도 그동안 열등감에 억눌려 있었던 동아시아 문명을 재평가하게 만든 순기능을 갖는 것이 사실이다. 하지만 그것은 동시에 동아시아 사상의 문명적 특징이 과연 서구의 그것들과 어떻게 대조되며 독특한가에 대해 질문을 제기하도록 만드는 계기가 되고 있다. 한마디로 말해, "과연 동아시아의 종교와 그 철학은 서구의 그것들에 필적할 만한 논리와 내용을 갖추었으며, 나아가 서구의 문명이 직면한 문제들을 해결해 줄 수 있는 특유의 방법론을 가지고 있는가?"라는 질문을 하게 만든다. 동아시아의 철학과 종교가 분명히 독특한 것들을 소유하고 있다고 주장되기는 하지만, 오늘날과 같이 모든 것이 상대화되는 시대에 동아시아 사상이 가진 독특한 것에는 구체적으로 무엇이 있는지 궁금해진다.

이미 한국과 일본이 정치와 경제에서 근대화를 완성하였고 이제는 중국마저 산업화의 측면에서 근대화에 거의 근접해 가고 있다. 하지만 하나의 문명이 근대화를 완성하고 탈근대주의의 실험을 통과한다는 것은 그리 간단한 문제가 아니다. 매우 종합적이고 다양한 관점에서 테스트가 이루어져야 하기 때문이다. 즉, 동아시아 문명이 경제적인 면에서는 근대화의 성과를 이루어 냈고 정치적으로도 상당한 발전을 이루었지만, 동아시아의 국가들은 문명사적으로 볼 때 모두 탈근대주의의 도전 앞에서 아직 수많은 검증과정을 거쳐야 하는 숙제를 안고 있다. 특히 동아시아의 종교와 철학의 위상은 더욱 그러하다. 그들은 다음과 같은 질문에 직면하고 있다. 앞에서 이미 제기되었지만, 과연 동아시아의 종교와 철학은 서구의 탈근대주의와 경쟁하면서 오늘의 세계가 직면한 문제들을 해결할 수 있는 문명적 대안을 갖추고 있는가?

이렇게 서구의 탈근대주의가 강한 도전과 충격으로 다가오는 오늘의 상황 하에서, 동아시아의 문명과 종교는 어떻게 문제를 해결해 나갈 수 있을지 관심하다 보니 기획하게 된 것이 본 저서이다. 그리고 그런 기획을 수행하는 데 있어 필자가 가정한 전제는 매우 진부한 종류의 것이다. 문제의 해결은 동아시아 문명 스스로에게서 발견된다고 말하기보다는 오히려 동양과 서양이 서로 만나 대화하는 가운데 형성된다고 말해야 한다. 특히 동양과 서양이 종교철학을 통해 만나고 대화하다 보면, 오늘의 현대인이 직면한 문제에 대해 하나의 대안을 찾을 수도 있다.

이런 가정과 전제가 타당하다는 생각 하에, 필자는 다음과 같은 형식으로 논의를 전개해 나가려 한다. 우선 필자는 서구 탈근대주의의 본질과 내용에 대해 정확히 이해하는 작업을 먼저 수행하려 한다. 그와 더불어 또한 서구의 탈근대주의가 과연 서구 문명 스스로에게 진정한 도움을 주고 있는지 검증해 보는 작업도 병행하려 한다. 솔직히 말해, 서구의 현대인들은 탈근대주의의 실험과 관련해 곤경에 빠져있다는 것이 필자의 판단이다. 니체Friedrich Nietzsche가 『차라투스트라는 이렇게 말했다』에서 선언했던 "신은 죽었다"는 명제는, 어떤 면에서 서구의 현대인에게 해방감을 가져다 준 매력적인 화두 중의 하나지만, 미셸 푸코Micelle Foucault가 외친 대로 현대인은 "인간이 죽었다"라는 화두와도 씨름해야만 하는 현실에 직면해 있다. 신이 없는 세상에서 현대인은 그야말로 마음 내키는 대로 자유롭게 살 수 있을 줄 알았는데 결과는 그게 아니라는 사실을 알게 되었기 때문이다. 여전히 이 세상은 이상스러우리만큼 황량하고 쓸쓸하다고 고백하는 현대인들이 늘어만 가고 있다. 질서가 카오스로 대체되고 진리는 확률과 통계로 바뀌었을 뿐만 아니라, 모든 규범이 상대화된 채 제한 없는 자유로운 삶이 허락되고 있음에도 불구하고, 현대인이 느끼는 실존적 불안은 여전히 사라지지 않고 깊어만 간다. 아니 오히려 이런 식의 무정부적이고 방임된 삶은 지루하고 무의미할 뿐이라고 토로하는 사람들이 많아져만 간다. 신이 사라진 세상에서 오직 자유와 평등을 만끽하는 삶만이 지배적이어야 함에도 불구하고, 오히려 현실은 부정의와 불평등으로 가득 차 있어 여전히 인간을 좌절하게 만든다고 토로하는 사람도 많다. 필자는 서구의 포스트모던 운동이 표방하는 문명적 가치들이 동아시아의 문제를 한꺼번에 해결해 주리라 생각하지 않는다. 현대의 문제를 해결하는 데 있어 포스트모던 운동은 분명히 난관에 봉착해 있기 때문이다.

동아시아와 서구가 만나야만 하고 또한 그런 작업을 수행하는 데 있어서 탈근대주의의 문제가 중요하다고 필자가 말한 것은 바로 이런 배경을 두고 한 말이다. 다시 한 번 정리해 말해 보면, 오늘의 동아시아 문명은 매우 중요한 전환기에 직면해 있는데, 그 이유는 그것이 아직 근대성을 완성하지 못한 상태에서 서구의 최첨단 가치인 탈근대주의의 도전과 충격에 직면하고 있기 때문이다. 따라서 동아시아의 지성인들이 오늘날 수행해 나가야 할 우선적 과제 중의 하나는 서구의 탈근대주의의 사상적인 특징이 무엇인지 정확히 파악한 후, 그것이 동아시아에게 어떤 도움을 줄 수 있는지 면밀히 검토하는 일이다. 서구 탈근대주의의 사상적 특징은 서구의 다른 문명적 사조들과의 대조를 통해서는 결코 그 진면목이 드러나지 않는다. 그것은 서구의 반대편에 서 있는 이질적인 문명과의 만남에서만 더욱 확실하게 조명된다. 이것이 바로 서구가 동아시아와 만나 대화해야 하는 또 하나의 중요한 이유라 할 수 있다.

그렇다면 탈근대주의에 대해 토론하는 것을 통해 동아시아와 서구가 만나도록 할 때 그 양자를 이어주는 매개체에는 무엇이 있을까? 동아시아 내에서 종교철학을 공부해 온 필자의 입장에서 보면, '생성becoming의 철학'이 그러한 매개체로서 매우 탁월한 역할을 할 수 있다고 생각한다. 생성의 철학은 무엇보다 오랫동안 동아시아 사상의 근간이 되어 온 것이 사실이다. 공자와 맹자, 그리고 주희와 왕양명으로 대변되는 유교는 물론이고, 노자와 장자의 도교, 그리고 대승과 소승의 불교를 함께 묶어 생각할 때, 이 모두를 아우르는 사상은 분명히 생성의 철학이다. 그런데 흥미롭게도 서구의 탈근대주의 캠페인을 가능하게 한 중요한 사상적 축의 하나도 바로 생성의 철학이다. 플라톤과 데카르트, 그리고 칸트로 대변되는 존재being 중심의 철학이 과거의 주류 철학이었다면, 니체와 베르그송, 그리고 화이트헤드와 들뢰즈로 대변되는 생성becoming의 철학은 서구에서 오늘의 주류 철학으로 자리 잡고 있다.

비록 동아시아와 서구가 발전시킨 생성의 철학이 적지 않은 부분에서 서로 차이를 드러내는 것은 사실이지만 그래도 양자를 비교하는 매개체로서 그만한 도구는 없다고 생각된다. 특히 종교철학을 통해 만나는 서구와 동아시아의 대화에서 우리는 기독교 신학을 제외할 수 없는데, 기독교 신학에서도 최근 생성의 철학은 좋은 역할을 수행하고 있다. 물론 생성의 철학이 기독교를 대표하는 사상은 아니다. 하지만 최근에 발전된 미국의 과정신학은 기독교를 새로운 생성철학의 관점에서 해석해 내었으며, 특히 기독교가 노출해 온 전통적 문제점들을 잘 해결해 줄 수 있는 대안으로 각광받아 왔다. 따라서 과정신학에 기초한 기독교 사상을 바탕으로 해 동아시아가 서구와 대화를 나눈다면 양자는 매우 생산적인 대화를 할 수 있다.

이제 본 저서가 추구하는 목표가 무엇인지 분명해졌다. 본 저서는 우선 서구 탈근대주의의 근간이 되어 온 생성의 철학에 대해 토론한 후, 그것이 과연 동아시아의 문명과 서구에게는 어떤 의미를 지니는지 분석하려 한다. 그리고 더 나아가 생성의 철학을 통한 동서의 만남이 종교철학적으로는 어떠한 결과를 가져오는지 살펴보려 한다. 필자의 생각에 생성과 과정에 기초한 동아시아와 서구의 만남은 우선 동아시아로 하여금 자신의 특징과 한계를 분명하게 인식하게 하며, 더 나아가 동아시아 문명이 서구에게서 어떤 것을 가져와 자신을 보완할 수 있을지 연구하게 만드는 실마리를 제공한다.

물론 그 반대의 작업을 진행하는 것도 매우 중요하다. 즉 서구의 사상, 특히 서구의 기독교는 동아시아와 만나면서 어떻게 해야 자신의 특징과 한계를 확실하게 깨달을 수 있을지 연구할 것이며, 또한 더 나은 기독교, 특히 사회를 변혁하는 힘을 지닌 새로운 기독교로 거듭날 수 있기 위해서는 어떤 아이디어가 필요한지 탐구하려 한다. 잘 알다시피, 동아시아 철학과 종교는 하나의 자연주의적인 세계관을 밑바탕으로 하고 있는데, 그런 세계관은 기독교의 문제점들, 즉 기독교가 전통적인 영육 이원론이나 초자연적 이원론에 매몰된 결과 생겨났던 문제들을 해결할 좋은 대안을 제공할 수 있다. 따라서 서구의 기독교가 생성과 과정의 철학에 대해 더 충분히 깨닫게 되고, 나아가 동아시아 종교가 강조하는 자연주의적 세계관에 대해서 좀 더 익숙하게 된다면, 언젠가 기독교가 동양과 서구에서 미래의 바람직한 종교적인 모델로서 거듭날 수 있다고 본다.

특히 기독교는 오늘의 탈근대주의가 토해낸 문제들을 치유하는 데 있어 하나의 역할을 감당할 수 있다고 필자는 생각한다. 그리고 이는 오늘의 탈근대적 세계가 상실해 버린 초월성의 가치를 기독교가 되살릴 때 가능하다고 믿는다. 무슨 말인가?

물론 오늘과 같은 세속적 무신론의 시대에 갑자기 낡은 가치로서의 초월성에 대해 역설하면서, 특히 기독교가 그런 가치를 되살릴 때에 탈근대주의의 문제를 치유할 수 있는 효과적인 수단을 제공할 수 있다고 말한다면, 이는 혹자에게 분명히 의아하게 들릴 수도 있다. 하지만 필자의 입장에서 볼 때, 탈근대주의가 현대인에게 가져다 준 문제들 중에는 초월의 가치가 붕괴된 것 때문에 기인된 것도 많다. 따라서 동양과 서양을 종교철학적으로 대화시키면서 오늘의 탈근대주의의 문제를 해결하려 할 때, 우리는 우선 망각된 초월의 가치에 대해서 토론하는 것을 빼놓지 말아야 한다.

필자가 생각하는 바, 여기서 '초월'은 반드시 신(神)만을 지칭하지는 않는다. 물론 초월에 관한한 우선적으로 신 개념이 중심이지만, 여기서 '초월'은 형이상학을 지칭할 수도 있고, 규범을 지칭할 수도 있으며, 궁극적 목적을 지칭할 수도 있고, 또한 죽음 이후의 삶을 가리킬 수도 있다. 철학적으로는 플라톤이 말하는 이데아를 지칭할 수도 있고, 주체적 동일성을 지칭할 수도 있다. 어쨌든 신, 형이상학, 규범, 목적, 영생, 이데아, 주체적 동일성 등, 이 모두는 그동안 우리의 삶을 지탱해온 초월적 가치였음에도 불구하고 이젠 오늘의 지성인들에게 더 이상 매력적이지 않을 뿐만 아니라, 나아가 그 가치와 의미가 모두 의문시되고 있는데 이것이 탈근대적 현대인에게 문제를 일으키는 부분적 원인으로 작용하고 있다고 생각한다. 특히 포스트모던 운동이 활발하게 펼쳐지고 있는 오늘의 세속 세계에서는 이런 초월적 가치들이 무시되면서, 내재성이나 잠재성이라는 개념과 그것에 기초한 가치 체계들이 초월의 영역을 대체하고 있는데, 이는 긍정적인 효과도 많지만 문제도 많이 일으키고 있다. 서구 사회가 당면하고 있는 과제로서의 다양한 이익집단의 정치적인 갈등, 그것으로 인한 사회적인 아노미와 도덕적 가치의 혼란 등은 포스트모더니즘이 강조해 온 온갖 종류의 해체철학의 만연과도 연관되어 있으며, 또한 그런 철학에서 파생된 무분별한 상대주의 개념과도 연결되어 있는 것이 사실이다. 그런데 해체와 상대주의가 문제를 일으키는 경우 그것은 종종 '초월'의 상실과 더불어 발생한다. 이런 이유로 우리는 초월의 의미와 가치에 대해서 여전히 토론해야만 하는 것이다.

물론 아무리 상황이 이렇다고 해도 사라진 초월을 다시 되살리는 것으로는 결코 오늘의 문제를 해결할 수 없다고 주장할 수 있다. 하지만 그렇다고 해서 초월을 완전히 포기해 버리는 것은 더욱 문제의 해결을 어렵게 만든다는 것이 필자의 생각이다. 다시 말해 초월은 여전히 유효하고 필요하며, 따라서 우리는 초월이 사라졌거나 무효화되었다고 성급히 선언할 것이 아니라, 새로운 방법론을 찾아 초월을 재해석한 후 그것을 기반으로 오늘의 상황을 개선해 나가야 한다고 믿는다.

그러나 이를 위해서는 하나의 조건이 붙는다. 낡은 과거 신학의 전통적인 방법을 그대로 반복해서는 안 된다는 조건이 그것이다. 그런 방법으로는 문제를 참으로 해결하는 것이 어렵기 때문이다. 즉 새로운 신학, 새로운 방법론이 전제되어야 문제의 진정한 해결이 가능하다. 필자가 본 저서에서 생성과 과정의 신학을 하나의 대안으로 내세우는 이유는 바로 이런 전제에 충실하기 위해서이기도 하다.

특히 화이트헤드의 과정철학과 들뢰즈의 생성의 철학은 동아시아 사상과 만나면서 새로운 형태의 신학을 제시할 수 있는 단초를 가지고 있다고 생각하는데, 필자는 이를 미학적 신학으로 명명하고 싶다. 다시 말해서, 새롭게 해석된 종교적 영성, 즉 내재성과 초월성이 어우러지고, 잠재태와 완성태가 만나는 이상적인 의미의 초월성과 그것에 기초한 영성을 계발해 내는 것은 오늘의 신학이 하나의 미학적 신학으로 거듭날 때 더욱 효과적이라 믿는다. 따라서 본 저서는 이런 미학적 신학의 건설을 위한 초석을 놓는 작업을 또 하나의 중요한 과제로서 수행하려 한다.

결국 동양과 서구의 종교철학적인 만남이 오늘의 포스트모던 세계가 직면한 문제들에 하나의 작은 해답을 제공할 수 있다고 믿는 작은 확신에 기초해 본 저서가 탄생했다. 하지만 이런 확신과 그것에 근거한 학문적 시도는 하나의 모험임이 틀림없다. 과연 그것이 얼마나 성공할지, 얼마나 효과적일 수 있을지 보장할 수 없기 때문이다. 하지만 필자가 가장 선호하는 서구 철학자 중의 하나인 화이트헤드가 말한 바처럼, 인간은 문명을 향한 모험을 시도하는 한도 내에서 그의 삶을 의미 있게 만들 수 있다. 다소 무리해 보일지라도 인간은 모험에 의지한 상태에서 과감하게 문명을 건설해 나갈 때 삶의 활력을 얻을 수 있다고 본다. 본 저서는 바로 그런 모험을 향한 하나의 작은 여정을 제공하게 될 것이다. 여정의 스케줄은 다음과 같은 내용으로 꾸며진다.

우선 본 "시작하는 글"이 끝난 후 이어지는 1장에서는 주로, 생성과 과정의 철학의 특징에 대해서 다룬다. 동아시아와 서구가 종교철학적인 주제를 놓고 서로 만나도록 하기 위해서는 생성과 과정의 철학이 매개체가 될 수 있다고 말했는데, 그 이유와 배경에 대해 구체적으로 소개한다. 2장에서는 동과 서를 종교철학적으로 비교할 때 예상되는 비판을 다룬다. 동양과 서구가 서로 시대적 격차를 보이고 있고 나아가 상이한 개념적 차이도 갖고 있기에 비교가 어렵다는 비판이 있지만, 그럼에도 불구하고 양자가 어떻게 서로 비교가능한지를 보여주려 한다.

3장은 동아시아 문명의 특징으로서의 생성과 과정의 철학의 입장을 다루면서, 주로 그 대표적 입장으로서 화이트헤드적 관점을 꼽아 소개한다. 동아시아 문명의 특징은 한마디로 미학적이라는 데 있다는 주장을 펼쳐 보이는 것이 화이트헤드적 관점이다. 4장은 동아시아 철학의 특징이 비합리주의와 자연주의에 있다고 보는 전통적 주장에 일단 동의하면서, 그럼에도 불구하고 동아시아 철학이 어떻게 합리주의와 초월성에 대해서도 동시에 주장할 수 있는지를 보여주는 장이다.

5장은 동아시아 철학이 지닌 특징들을 포스트모더니즘적인 각도에서 어떻게 비판적으로 고찰할 수 있는지 살피기 위한 장이다. 필자는 그 특징을 상대주의, 초월, 체제 등으로 놓고서 오늘의 포스트모더니즘 운동과 동아시아의 그 개념들이 서로 어떻게 대화를 나눌 수 있는지 비판적인 각도에서 분석해 보겠다. 6장은 주체성과 관련해 동아시아 종교철학과 서구의 종교철학이 어떤 입장을 견지해 왔는지 살펴본다. 그 후 양자의 각기 다른 입장이 어떻게 서로 조화될 수 있을지 제시하겠다. 7장에서는 동아시아 생성의 철학이 결여하고 있다고 비판을 받는 점에는 무엇이 있는지를 조명해 본다. 특히 근대성과 논리학이 동아시아 철학에서 가장 부족한 부분이라고 비판해 온 서구적 입장들을 소개한 후, 동아시아 철학은 이런 지적에 대해 어떻게 자기를 변호할 수 있을지 살펴본다.

8장은 유교의 초월자가 진정한 의미의 초월자가 아니라고 보는 서구 학자들의 견해를 소개한다. 이런 입장은 일리가 있으나 초월자를 어떻게 정의하느냐에 따라 평가가 달라진다고 필자는 주장하겠으며, 그 후 최종적으로는 동아시아가 고유의 방식을 따라 초월자에 대해 강조해 온 전통을 지니고 있음을 밝히겠다. 9장에서는 미국의 종교철학자 로버트 네빌 Robert Neville이 쓴 저서를 중심으로, 서구 신학자는 동아시아 유교의 특징에 대해 어떻게 분석하고 평가하는지 보여준다.

10장과 11장은 그동안 발전되어 온 이 땅의 토착화신학에 대해서 평가하는 장이다. 10장은 변선환의 것을 중심으로, 11장은 최근 활동하고 있는 학자들을 중심으로 소개한 후, 그들의 신학적 특징에 대해 지적해 본다. 12장은 탈근대주의의 특징을 해체와 무의 개념으로 보면서 그것에 대해서 비판적으로 성찰해 보는 장이다. 결론에서는 이런 탈근대주의 철학이 가지고 있는 문제점을 해결하기 위한 종교철학적 대안도 제시해 본다. 13장은 오늘의 탈근대적 시대에 하나의 동아시아 신학을 모색하려 할 때 그 과제는 무엇인지 요약한 후, 그것의 전망을 알아본다.

　　마지막으로 "끝맺는 글"에서는 본 저서의 전체 내용을 요약한 후, 새로운 의미의 탈근대주의적 철학만이 동서의 종교철학은 물론 미래의 기독교 신학이 가야 할 바람직한 방향을 제시할 수 있다고 주장한다. 그리고 미학적 신학이 바로 그런 방향에 어울리는 하나의 종교철학적 대안이 될 수 있음을 제안한다.

I 부

동아시아 문명과 생성의 철학

1장
생성의 철학과 현대 종교철학

들어가는 말

　방방곡곡에서 종교의 변혁을 외치는 소리가 오늘도 여전하다. 자신을 변혁하지 않는 종교는 결코 살아남기 어려울 것이라는 주장은 이젠 진부한 사실로 받아들여지고 있다. 세상은 발 빠르게 급변하고 있는데 종교는 여전히 변화하지 않은 채 답보상태에 머물면서 세상의 문제를 해결해 주지 못하고 있다고 믿는 사람들도 늘어가고 있다. 오늘의 종교는 새 시대의 새로운 세계관을 담아내기에 역부족이라 생각하는 사람이 증가하고 있다. 많은 지식인들과 젊은이들이 종교를 멀리하는 것도 이런 이유를 배경으로 하고 있다고 생각된다.

　이처럼 종교도 변해야 하고 종교인들도 변해야 한다는 사실에 모두가 공감하고 있음에도 불구하고 그토록 종교의 변혁이 힘든 이유는 무엇인가? 논자의 생각에 종교의 변혁을 힘들게 만드는 가장 큰 이유 중의 하나는 종교인들의 무지와 둔감함에 있다. 여기서 무지란 새로운 과학과 인문학의 발전에 대한 무지를 말하는 것이요, 둔감함이란 그런 발전에 근거해 세속 문명이 종교에 대해 가해 오는 위협에 대한 둔감함을 말한다. 물론 종교인들의 이 무지와 둔감을 무조건 비판할 수 없는 경우가 많다. 종교의 목적은 결국 구원을 체험하고 행복에 이르는 것인데 그러기 위해서는 신앙의 유지와 보전이 필수적이다. 종교인들은 대부분 자신의 신앙을 유지하고 보전하기 위해 다른 것을 넘겨보거나 관심 갖지 않는다. 자신과 다른 것들은 언제나 신앙을 흔들 수 있다고 믿기 때문이다.

그러나 종교인들의 무지와 둔감이 무조건 옹호될 수 있는 것은 아니다. 어떤 사람의 선의가 다른 어떤 사람에게는 악의로 비쳐지며 민폐가 될 때가 많은데, 종교의 경우도 그렇다. 종교인들도 자신의 신앙 보존을 위해서 타자들의 행태에 무관심할 수 있고 또한 그런 행동은 얼마든지 악의 없는 것으로 받아들여질 수 있지만, 그런 무관심은 점차 무지를 낳고 무지가 쌓여가다 보면 어느 날 부지불식간에 다른 사람을 편견과 아집으로 대하게 된다. 이런 편견과 아집에 근거한 행동이 타자들에게 해악이 될 수도 있는 것이다. 특히 대부분의 종교인들은 오늘의 세계관이 종교에 가할 수 있는 가공할 만한 파괴력과 그것의 심각성에 대해 무지한 경우가 많은데 이것이 종교를 둔감하도록 만든다. 종교인들의 무지와 둔감이 이렇게 타자에게는 해악으로 남고 자신에게는 자기 변혁을 어렵게 하는 요소로 남는 것이다.

논자의 생각에 현대 종교인들의 무지와 둔감함을 가장 극명하게 보여주는 사례 중의 하나가 바로 생성과 과정의 철학이 세상에 던지는 도전에 대해 무지하거나 둔감한 것이다. 여기서 논자가 생성과 과정의 철학으로 염두에 두고 있는 것은 소위 '존재의 철학'에 반대되는 개념을 말하는 것인데, 즉 존재being나 실체substance보다는 생성becoming과 과정process을 중요시하는 것을 말한다. 혹은 조금 더 정확히 표현해 보면, 고정보다는 유동을, 정태보다는 변화를, 동일성보다는 차이를 중시하는 철학적 입장을 말한다. 최근에 발전된 과학적 세계관은 대부분 이런 후자의 개념들에 입각한 우주론과 철학에 기초하고 있는데, 그것의 혁신성과 참신함은 현대의 많은 지식인들을 사로잡고 있다. 특히 현대의 젊은 지식인들은 새로운 과학적 사실과 그것에 근거한 사회 분석을 기초로 하여 이전의 전통적인 철학으로는 도저히 설명되지 않는 새로운 세계관을 형성해 가고 있으며 이는 각 분야에서 수많은 혁신적 결과를 낳고 있다.

이렇게 생성과 과정의 철학이 새로운 세계관으로 각광을 받는 가운데 그런 흐름이 가하는 충격은 종교와 윤리분야에서도 나타난다. 무엇보다도 생성과 과정의 철학은 종교의 근간을 흔들고 있으며, 종교로 하여금 자신의 본질과 의미에 대해서 되돌아 본 후 스스로를 과감히 재편하도록 요구하고 있다. 특히 생성과 유동, 변화와 과정이 세계의 근간이고 우주를 분석하는 데 있어서 중요한 개념으로 등장하면서, 그동안 종교의 뿌리가 되어 왔던 진리, 신, 자유, 영혼불멸 등의 개념이 새로운 해석을 요청받고 있다. 예를 들어 진리가 유동 속에 있다면 그것은 진리의 상대주의를 결과할 것이 틀림없는 바, 그렇다면 그동안 인류가 의지해 왔던 모든 종류의 확고한 진리 개념은 재고되지 않을 수 없을 것이다.

이 장의 주목적은 바로 생성과 과정의 철학이 종교에 끼친 영향에 대해 살펴보는 것이다. 이런 목적을 수행하기 위해서 먼저 우리는 생성과 과정의 철학이 무엇인지에 대해 알아보려 한다. 즉 생성의 철학은 오늘날 왜 중요하게 부상되고 있는지, 어떤 이유로 현대인은 그것을 피할 수 없는지, 그리고 그것을 받아들이지 않게 되면 어떤 결과가 생겨나는지 등에 대해서 탐구한다.

생성과 과정철학에 대한 사상적 의의를 살펴 본 후, 우리는 그런 철학이 전통적으로 중요시되어 온 진리, 신, 자유, 영혼불멸 등의 종교적 개념에 어떤 충격을 가하는지 중점적으로 토론한다. 물론 생성과 과정의 철학이 종교철학적으로 토론될 때 충격을 일으키는 분야는 많다. 하지만 모든 주제들을 다룰 수는 없으므로 여기서는 주로 신, 자유, 영혼불멸과 같은 핵심 주제들만을 다루도록 하겠다. 그러나 나는 이하의 절에서, 모든 문제는 결국 초월자의 문제로 귀결되며, 이는 진리는 물론 자유와 영혼불멸의 문제를 다룰 때도 마찬가지라는 것을 보여 주겠다.

마지막으로 이 글은 생성과 과정의 철학이 종교의 변혁을 위해서 무슨 대안을 제공할 수 있는지를 살펴본다. 생성과 과정의 철학이 제공하는 새로운 세계관과 더불어 오늘의 철학과 윤리는 너무나 파격적이고 이질적이어서 많은 종교인들은 그것에 접근해 보기도 전에 신앙에 위협을 느낀다. 그러나 그렇다고 해서 생성의 철학을 수용하지 않으려 한다면 오히려 모든 종교는 곧 현대인들에게 외면당하거나 아니면 멀지 않은 장래에 스스로 소멸될 것이다. 따라서 마지막 결론 부분에서는 종교가 생성의 철학을 어떻게 받아들여야 새롭게 거듭날 수 있을지 대해 간단히 제시하겠으며 상세한 토론은 이 후에 오는 장들에서 펼쳐질 것이다.

I. 전통적 주류 철학의 전복

오늘의 세계에서 가장 두드러진 현상은 철학의 주류가 바뀌고 있다는 것이다. 그리고 그런 현상에 입각하여 다른 분야에서도 학문의 재편과 재구성이 활발하게 진행되고 있다.

우선 철학이 모든 학문 분야의 제왕인가 하는 문제는 물론 논쟁의 여지가 있다. 하지만 철학의 역할이, 모든 학문 분야가 토해 내는 다양한 주장의 논리적 적합성을 평가해 주고 나아가 여러 학문 분야들을 하나의 포괄적인 관점에서 조망해 주는 거시적 시각을 제공한다는 사실을 감안해 볼 때, 적어도 철학은 여전히 모든 학문이 외면할 수 없는 필연적 학문이다. 이렇게 철학이 인간의 이성이 만들어 낸 모든 깨달음과 그것의 학적이고 이론적 체계인 학문 분야를 통제하고 비판하는 중요한 도구라 할 때, 철학의 주류가 바뀐다는 뜻은 곧 인간의 지식활동과 그것의 학문적 적용에 있어서 격한 변화가 일어나고 있다는 뜻이다. 그리고 인간의 지식활동에서 격변이 일어나고 있다는 뜻은 인간으로 하여금 스스로가 어떻게 살아갈 것인가의 문제에 대해서도 패러다임 전환을 이루도록 요청받고 있다는 뜻도 된다.

전통적으로 볼 때, 인류의 역사에 있어서 철학의 주류는 항상 '존재의 철학' 혹은 '실재의 철학'이었다.[1] 여기서 존재의 철학이나 실재의 철학은 여러 가지 다른 방식과 이름으로 표현될 수 있다. 하지만 존재의 철학으로 여기서 우리가 지칭하려는 것은 모든 사물과 사건을 '존재' 즉 우리 앞에 '그렇게 있음'의 관점에서 탐구하려는 태도이다. 예를 들면, 우리 앞에 나무가 있고 그 나무에 비치는 햇살이 있다고 치자. 봄이 오고 여름으로 계절이 바뀌고 또 가을로 넘어가고 겨울이 다가서도 그 나무는 여전히 우리 앞에 존재한다. 그리고 겨울이 되었을 때 비록 나뭇가지만 앙상하게 남고 모든 나뭇잎은 떨어지고 말지만 그럼에도 여전히 그곳에 한 그루의 나무는 꿋꿋하게 서 있다. 하나의 나무는 어제나 오늘이나 시종여일하게 실재하고 있는 것으로 여길 수 있다.

이렇게 삼라만상의 모든 사물들을 있는 그대로 보면서 그것들을 실재reality로서 받아들이는 태도는, 철학적 존재론을 구성하는 핵심 사항이면서 모든 학문 분야에 영향력을 행사해 왔다. 물론 여기서의 실재가 과

---

1) 물론 여기서 존재가 아니라 그 반대를 강조하는 무의 철학도 있고, 실재가 아니라 그 반대를 강조하는 관념의 철학도 있다고 말할 수 있다. 그러나 나의 논점은 무의 철학은 물론 관념론도 존재의 문제와 실재의 문제를 놓고서 상반되는 의견을 제시할 뿐, 결국은 존재와 실재의 문제를 다룬다는 점에서는 주류 라인에 속한다는 것이다. 논자가 여기서 주류와 비주류라는 거친 방식의 편 가르기를 하는 이유는, 이제까지 서구철학의 역사에서는 존재나 실재의 문제를 놓고서 토론하는 것이 주류였는데, 오늘날엔 변방의 주제였던 생성과 과정이 토론의 주류 라인으로 떠오르면서 기성의 주요 개념들을 대체하고 있다는 것이다. 존재나 실재 개념의 적대는 무나 관념이 아니라는 것은 이미 데리다(Jacques Derrida)가 지적한 사항이다. 이는 뒤에서 좀 더 설명될 것이다. 좌우간 같은 문제를 다른 시각에서 볼 뿐, 탈근대 이전의 모든 서구철학 개념들은 어떤 의미에서 모두 존재의 철학이나 실재의 철학에 속하는 토론을 중심으로 전개되었다.

연 인간의 마음과 정신에서 철저하게 분리되어 독립적으로 존재하는 것이냐, 아니면 그것들에 의존하여 존재하는 것이냐 하는 문제에 대해서는 쟁론이 있겠지만 그럼에도 불구하고 어떤 의미이든 존재와 실재의 영역을 인정하는 태도가 주류 철학의 입장이었던 것이다. 하지만 이렇게 존재하는 것들의 실재성을 인정하는 입장은 오늘에 와서 많은 도전에 직면하고 있다. 양자물리학이 보여주는 세계와 아인슈타인의 상대성이론이 보여 주는 우주에 대한 여러 이론에 근거하여 이제 소박한 의미의 실재론은 불가능하게 되었다. 그리고 이런 새로운 세계관은 다른 분야에까지 소급되어 적용되었다.

근대까지 주류의 과학은 우주의 질서를 전제하고 싶어 하는 인간의 근본적 본성과 연결되었다. 우주에는 질서가 있다는 전제에 입각하여 인간은 우주의 질서를 법칙으로 재구성해 놓고서 이론화했다. 우주에 질서가 있다는 태도는 인간의 윤리에도 지대한 영향을 끼쳤다. 질서가 있다는 것은 요즈음 말로 카오스에 반대한다는 태도였기에, 그때 인간이 해야 할 일은 세상 속에서 타자들과 더불어 공동의 선을 추구하면서 무질서를 극복하기 위해 살아가는 태도를 미덕으로 추천하게 되었다.

이렇게 과학적인 우주론은 철학의 존재론에 기초를 제공하면서 서구에서 주류로 인정 받아왔는데 소크라테스나 플라톤 그리고 아리스토텔레스에 의해 태동된 희랍철학과 그런 희랍철학의 영향 하에서 형성된 모든 근대 서구의 철학, 즉 데카르트와 칸트에서 비롯된 철학이 바로 그런 주류의 대표 격이라 할 것이다.

하지만 현대에 들어와서 새로운 과학적인 발견이 계속되면서 이런 주류의 철학은 점차 밀려나게 된다. 우선 우주가 질서로 충만하다는 입장은 근본에서부터 의심되었다. 근대에 발달된 자연과학의 발달은 물론 인류가 사회 안에서 겪어 왔던 모든 경험들은 우주 안에서 카오스, 즉 혼돈이 차지하고 있는 위치에 대해서 다시 한 번 점검하지 않을 수 없게 만들었다. 우주 내에서 무질서보다 질서가 우위에 있다든가 혹은 인간이 경험하는 사회가 인간의 선한 덕목에 근거한 윤리에 의해서 지배될 것이라는 전망들이 회의에 빠지게 되었다.

이미 말한 대로 희랍의 엘레아에서 시작하고 플라톤과 아리스토텔레스의 그리스 철학을 통과해 중세 및 근대를 꽃피우며 지배했던 존재의 철학은 이제 더 이상 독점적 주류의 입장으로 대접 받지 못하게 되었다. 오늘의 상황은 역전되었다. 잘 알다시피, 희랍철학의 존재론에 밀려 항상 비주류의 사유로 전락했던 생성과 변화의 사유가 오히려 새로운 주류의 자리를 넘보고 있다.2) 서구의 철학자들은 부랴부랴 헤라클레이토스Heraclitus나 니체Nietzsche, 그리고 베르그송Bergson과 하이데거Heidegger의 사유에 대해서 심도 있는 연구를 계속하고 있고 이는 다윈Charles Darwin과 마르크스Karl Marx 그리고 프로이트Sigmund Freud의 학문들과 마주치면서 새로운 사유를 낳고 있다. 이렇게 주류 존재론의 몰락과 그것을 위협하고 있는 생성과 과정철학의 등장은 철학 안에 새로운 패러다임의 전환을 만들어 냈는데 그것을 요약하는 것이 이하에서 우리가 수행할 작업이다.3) 물론 생성의 철학과 과정의 철학은 서로 다른 면도 가지고 있지만 이하에서는 유사한 것으로 놓고서 논의를 전개하겠다. 그리고 다소 긴 명칭을 줄이기 위해서 대표 격인 생성의 철학을 위주로 토론하겠다.

---

2) 이미 인정한 대로, 어떤 것을 주류로 보느냐 비주류로 보느냐의 문제는 거칠고 무모한 행위이며, 또한 지극히 비객관적인 경우가 많다. 이런 문제점을 피하는 좋은 방법은 '현 시점'에서 가장 많은 논문이 발간되는 분야를 따지는 것도 하나의 방법이다. 여전히 플라톤과 아리스토텔레스는 그런 면에서는 주류의 분야다. 하지만 그것이 다른 논문보다 더 많이 인용되고 인용 횟수의 증가 속도도 빠른가 하는 면에서 보면 생성과 과정의 철학에 주류의 자리를 내주었다고 말해도 과언은 아닐 것이다. 그럼에도 불구하고 어느 입장이 주류냐 비주류냐를 따지는 것은 무익한 논쟁이다. 그것을 따지는 잣대는 항상 상대적이기 때문이다. 따라서 이런 식의 주장은 그저 하나의 강조 용법으로 해석해야 할 것이다.

3) 이런 철학의 흐름에서 서구의 철학사를 새롭게 써 내려가는 좋은 책들이 속속 국내에서도 출간되고 있다. 그 한 예가 이정우라 할 것이다. 그는 베르그송과 들뢰즈의 생성철학에 입각해 많은 저서를 출간해 왔는데 이런 그의 기본적 그림을 적용해 서구철학사를 하나의 흐름으로 묶어 낸 것이 그의 저서다. 『세계 철학사 I』 (서울: 길, 2011)을 보라.

생성의 철학이 가져온 가장 중요한 패러다임 변화는 진리와 실재의 문제에 관한 것이다. 어째서 그러한가? 잘 알다시피 생성의 철학은 유동flux하는 것에서 출발한다. 세상의 모든 것은 흐르고 변화한다. 세상의 만사만물은 고정되어 있지 않고 과정 속에 있다. 그런데, 이미 말한 대로 만물이 생성한다는 것은 그것이 고정되어 있지 않고 항상 만들어지는 과정 속에 있다는 것이다. 그런 의미에서 생성의 철학은 자연스럽게 과정 사상과 만난다.

　　"모든 것은 과정이다."라는 표현을 천착해 보자. 과정 속에 있는 존재는 당연히 홀로 존재하지 못할 것이다. 왜냐하면 어떤 존재가 과정 속에 있다는 것은 그것이 아직 완성되지 않았고 최종적 완성을 향해서 전진하고 있다는 뜻이기 때문이며, 또한 이렇게 과정 속에서 전진하는 것이 완성과 만족의 단계에 도달하기 위해서는 스스로의 힘만으로는 안 되고 타자의 도움을 필요로 한다. 스스로가 완전한 존재라고 한다면 그것은 굳이 생성하고 소멸할 필요가 없을 것이며 따라서 타자에게 의존할 필요도 없을 것이다.

　　오늘의 포스트모던적 화두인 "모든 진리는 상대적이다."와 같은 명제가 인기를 끄는 이유는 바로 이런 상황에서 연유한다. 생성과 과정 속에 있는 존재가 스스로의 힘으로 완성될 수 없다면 그것은 타자와의 밀접한 관계 속에서만 성립된다는 뜻이며 이는 타자와 관계 속에서 자신의 존재를 구성해 간다는 뜻이다. 상대적 존재란 스스로 절대적 존재가 될 수 없고 상대와의 관계 속에서만 의미를 확보할 수 있다는 것이기 때문이다. 이렇게 생성의 철학은 자연스럽게 상대주의를 결과할 수밖에 없다.

　　생성의 철학이 상대주의를 결과한다는 것은 결코 상대주의만이 진리라고 주장한다는 뜻은 아니다. 생성의 철학은 상대주의의 진리관을 절대주의적 진리관 만큼이나 비중 있게 취급한다는 뜻이지 결코 진리의 고정성(혹은 필연성)을 완전히 부정한다는 뜻은 아니다. 예를 들어 1+1=2라는 진리는 상대적인 진리이지만 동시에 고정성을 가지고 있는 진리이기도 하다. 1+1=2가 어떤 상황에서는 오류가 될 수도 있지만 우리가 생활하고 있는 세계에서는 대부분의 사례에서 입증된 고정된 진리이다. 물론 어떤 이들은 이 진리가 결코 고정된 진리라고 볼 수는 없고 그렇게 보는 관찰자의 관점에 의존한다고 끝까지 주장할 것이다. 이런 문제를 다루는 것은 긴 지면을 요하므로 나중에 좀 더 토론하기로 하고, 여기서 우리가 주목하고자 하는 것은 생성의 철학이 강조하는 "진리의 상대성" 주장은 여러 부수적 결과를 낳았다는 것이다.

가장 중요한 결과물은 '타자'(혹은 '외부')의 철학이다. 상대적이라는 말은, 나라는 주체 앞에 항상 상대가 있고 따라서 나의 존재가 그 타자로서의 상대에 의해 좌우된다는 것을 의미한다. 좀 더 적극적으로 표현하면 나의 존재 안에 타자가 들어와 있다는 것이다. 무슨 말인가?

현대철학이 가르쳐 주는 깨달음에 따르면, 우선 나의 정체성은 여럿으로 구성되어 있다. 나는 단지 나라는 하나의 존재로만 구성되어 있지 않다는 말이다. 엄밀히 말하면 나의 중심은 내가 아닐 수도 있다고 본다. 오히려 나는 타인일 수도 있다는 것이다. 물론 내가 타인이라는 말은 모순적인 언명이다. 그러나 내가 타인이라는 말을 모순이라고 보기보다는 하나의 역설로 푸는 경향이 오늘의 추세다.

이를 가장 명석하게 분석한 학자가 최근 가장 인기 있는 철학자 중의 하나인 슬라보예 지젝Slavoj Zizek이다. 그는 프로이트의 무의식 이론을 라캉의 이론으로 재해석한 뒤, 알튀세의 호명이론은 물론 헤겔의 변증법에 접목해서 새로운 진리관을 발전시켰다. 여기서 우선 호명이론이란, 인간의 주체는 본인 스스로에 의해서 구성되는 것이 아니고 타자들의 호명으로 구성된다는 것으로서, 라캉은 이를 상징계라고 이름했다. 상징계란 주체가 살아가고 있는 외부의 모든 타자 존재들의 집단적 세계를 의미하는 것으로서, 인간은 태어나 외부의 세계를 인식하기 시작하는 순간부터 상징계라는 대타자의 호명에 종속되게 되어 있다고 본다.4) 모든 주체는 타자가 부르는 호명을 통해 자신의 정체성을 구성하며 살아간다는 말이다. 모든 정체성은 물론 하나의 실재와 진리도 그것이 어떤 상징계 속에서 작동하느냐 그리고 그것을 타자들이 어떻게 명명하느냐에 좌우된다.5) 여기서 우리는 호명이론과 상징계에 대해 길게 토론할 자리를 갖고 있지 않다. 단지 잊지 말아야 할 것은, 인간의 주체성은 타자에 의해서 구성된다는 사실이다.

생성의 철학에 의해서 중요하게 된 타자의 철학은 본시 탈근대(혹은 근대 이후)에 와서 싹튼 개념이다.6) 물론 고대와 중세에서도 타자에 대한 중시는 발견된다. 우선 중세 기독교 세계에서 꽃핀 신관은 절대타자Ganz Andere, 즉 신이 타자이면서 동시에 인간과는 무한한 질적 차이를 가지고 있는 절대타자였다. 이런 타자로서의 신관을 포함해 서구 철학사는 이데아나 보편자와 같은 초월적 개념으로서의 타자도 가지고 있었다. 하지만

---

4) 여기서 "상징계"란 라캉의 전문 용어이지만, 그저 언어로 이루어진 상징들의 세계라고 해석하면 이해하기 쉽다. "대타자" 역시 라캉의 전문 용어이지만 그저 하나의 개인적 타자를 넘어서는 거대한 상징계의 타자라는 의미에서의 커다란 타자라고 해석할 수도 있다.
5) 슬라보예 지젝이 "타자"에 대해 토론하는 것은 그의 저서 곳곳에서 전개된다. 하지만 기본적인 입장을 잘 요약한 책은 그의 데뷔작이기도 한, 『이데올로기라는 숭고한 대상』이다. 특히 그 책의 3장과 5장을 보라.
6) 여기서 포스트모던을 탈근대, 후기-근대, 근대-이후 등으로 번역할 수 있다. 그리고 그 각각의 번역은 모두 장단점을 지닌다. 가장 문제가 적은 표현을 담은 구체적 철학 운동은 포스트-구조주의라는 표현이 되겠으나, 본 저서를 철학전공자가 아닌 일반적 독자를 염두에 두고 썼으므로 이하에서는 가장 많이 사용되는 보편적 개념인, '탈근대'라는 표현을 쓰겠다. 탈근대는 예술의 포스트모더니즘뿐만이 아니라 예술의 모더니즘의 정신이 가지고 있는 대상의 동일성의 해체(모더니즘에서는 상징주의가 그 작업을 한 대표적인 경우다)도 포함할 수 있는 개념이기 때문이다. '포스트모더니즘'이란 용어는 이런 점에서 위험하다. 예술의 모더니즘에서도 탈근대적 요소가 발견되기 때문이다. 그러나 이미 많은 사람이 혼용해서 사용하고 있으므로, 나는 '탈근대주의'라는 표현을 주로 사용하되, 포스트모더니즘을 사용해야 하는 불가피한 경우에는 모더니즘(근대를 넘어서는 예술 운동도 포함하는 경우가 있다)과의 구별을 위해서 포스트모던 운동(여기에는 철학과 예술이 모두 포함됨)이라고 말하면서 탈근대의 철학과 예술을 모두 지칭하겠으며, 어떤 경우에는 그저 포스트모던 철학이라고 적시함으로써 위험을 피해 가겠다.

그러한 추상 세계 속에서 발견되는 타자가 나를 구성하지만, 그것보다는 내가 직접적으로 경험하는 구체적인 세계 속에 존재하는 것들로서의 타자의 언어와 그 언어에 반영된 그 타자들의 욕망 등이 나의 주체성을 구성하고 있으며, 나아가 다른 여타의 우주의 모든 존재자들도 다른 타자와 만나서 구성된다는 생각은 최근에 싹튼 사상이다. 이것을 표현한 라캉의 유명한 명제가, "주체는 타자의 욕망을 욕망한다."는 것이다.

여기서 생성의 철학을 이해하는 데 있어서 하나가 더 추가되어야 한다. 소위 포스트구조주의로 대변되는 포스트모던 철학이 지배하는 현대 생성 철학의 세계에서, 타자의 철학은 차이의 철학으로 발전해 나간다는 것이다. 타자의 개념 중에서 중요한 것은 그저 내 안에 타자가 있다는 사실 뿐이 아니다. 참으로 중요한 것은, 내 밖의 타자는 진정한 의미에서 차이를 갖는 타자이며, 또한 그 타자는 나와 세계에 차이를 일으킨다는 것이다.

여기서 생성철학의 또 다른 강조점이 드러난다. 즉 하나의 주체가 가지고 있는 정체성이 타자에 의해서 구성된다면 그 때 타자와 해당 주체의 차이를 구별하는 것은 힘들게 될지 모른다. 하나의 주체가 가지는 정체성에 대해서 말하기 어렵게 될지 모른다. 물론 오늘의 철학적 화두는, 타자의 철학이 시대의 거스를 수 없는 대세가 된 세상에서 우리는 어떻게 하나의 주체의 정체성과 동일성을 말할 수 있을까 하는 점이다. 주체성과 정체성, 동일성 등이 타자와 차이 등에 의해서 대체되어 버렸기 때문이다.

이 문제는 뒤에 오는 6장과 12장 등에서 좀 더 다루게 된다. 하지만 잠정적으로, 생성철학에서는 존재보다 차이가 우선한다고 보기 때문에 이 문제는 저절로 해결된다는 점만을 기억하기로 하자. 하나의 주체는 과거 사건과 주위의 타자에 의지해 자기 정체성을 구성하지만, 동시에 그렇게 정체성을 구성하는 자체가 이미 '차이'로서 스스로를 나타내게 된다. 따라서 모든 구성과 구축은 차이를 동반하게 된다.

이렇게 생성의 철학이 차이의 철학으로 발전하게 된 배경에는 말할 것도 없이 생성철학이 자신 안에 시간의 전개를 끌고 들어오기 때문이다. 즉 생성의 철학은 흐름과 유동을 강조하다 보니 동시에 시간을 강조하지 않을 수 없게 된다. 생성의 철학에서 모든 유동하는 존재는 흐르는 시간을 타고 자기를 전개하며 변화한다. 그러므로 이렇게 모든 존재를 시간의 위상 하에서 탐구하게 되면 존재 하나하나가 시시각각에 따라서 다르게 나타나는 것으로 기술된다. 그리고 또한 모든 존재는 그것이 자리하는 다양한 입각점으로서의 공간에 따라서 변화하게 되므로 이는 각 존재자들에게 취소할 수 없는 필연적인 차이가 생성된다는 것을 의미한다.

이제까지 우리는 타자의 철학이 어떻게 차이의 철학으로 귀결되었는지를 보았다. 하지만 그렇다고 이는 물론 타자와 차이의 개념이 고대 및 중세와 근대에 존재하지 않았다는 것을 의미하지 않는다. 타자와 차이의 개념이 비록 포스트모던 이전에도 존재했던 것은 틀림없지만, 진정한 의미의 타자, 그리고 진정으로 차이를 인정하는 철학, 다시 말해서 주체의 독립성보다는 타자 의존성에 무게를 두고, 존재자들의 동일성보다는 차이를 우선적으로 강조하는 철학은 아주 최근에 발전된 사조라 할 수 있다.

이제 정리해 보자. 생성이 존재보다 앞선다고 말하는 것은 존재에 관한 모든 전통적 이론을 혁신적으로 바꾸도록 요구하게 된다. 예를 들어 서구의 철학은 근대에 이르기까지 본질, 실체 등을 선험적이고 우선적인 존재로 기술해 왔다. 그러나 생성과 차이가 우선한다고 보는 현대의 철학은 본질과 실체 이전의 것에 관심하게 된다. 실체가 과정과 생성 속에 있다는 말은 그것이 시간을 따라서 여럿으로 나누어질 수 있다는 말이며, 이때 중요한 것은 현재의 실체를 구성하는 데 참여한 과거(의 존재들)를 보는 일이다. 즉 과거는 이미 현재 안에 들어 와 있다. 아직은 그 과거의 존재가 완전히 표현되지 않았기 때문에 잠재일 뿐이다. 혹은 예를 들어, 아직은 알이요 애벌레일 뿐이지만, 그것은 그래도 잠재적인 능력을 보여 줄 수 있는 것이다.[7] 따라서 현재는 과거로 나누어진다. 예를 들면 과거 는 현재의 나를 부분적으로 구성하는데, 따라서 이런 나를 나누어짐의 관점에서 보면 결국 현재는 과거의 나로 해체되게 된다. 현재의 모든 존 재는 그것의 생성, 즉 과거가 현재에 들어와 생성하면서 구성된 것이라 말하는 것은 이런 뜻이다.[8]

물론 생성만이 우선하는 것은 아니다. 변화도 존재에 우선한다. 그러 기에 어떤 존재자가 먼저 있고 그것에서 변화가 발생하는 것이 아니다. 또한 본질과 실체가 있고서 그것이 변화하는 것이 아니다. 언제든지 변 화가 우선적으로 있고 존재는 그 변화 속에 있는 것으로 기술된다.[9]

생성과 과정의 철학을 소개하는 우리의 토론에 하나를 더 추가할 수 도 있다. 생성의 철학이 철학의 패러다임 전환에 공헌한 또 다른 하나는 추상과 구체의 역전이다. 근대까지의 서구 철학은, 화이트헤드의 말을 빌리면 구체를 잘못 놓는 오류The Fallacy of Misplaced Concreteness를 범했다. 즉 생성하는 것이나 과정 속에 있는 것들은 참으로 존재하지 않는 것이라고 본 오류가 바로 그것이요, 그런 오류에 근거해서 생성과 과정 속에 있는 것들은 존재의 카피요 모방에 지나지 않는다고 본 플라톤주의의 그늘 아 래 있었다. 그러나 오늘날과 같이 생성과 과정이 우선적인 철학에서는

---

7) 애벌레, 알 등은 들뢰즈가 즐겨 사용하는 표현이다. 특히『천개의 고원』의 곳곳에서 수시로 등장하고 있다.
8) 화이트헤드는 이를 다음과 같이 설명한다. 현실적 존재가 어떻게 생성되는가 하는 것이 그것의 존재를 결정한다는 것이다. 이것이 아홉 번째 설명의 범주가 말하는 원리이다. 이 범주에 따르면, 어떤 것이 존재한다는 것은 그것의 생성과 과정에 의해서 결정된다고 말한 다. 화이트헤드,『과정과 실재』, 81.
9) 여기서 변화라는 말은 조금 위험한 표현이다. 변화라는 말을 들으면서 불변의 실체를 먼저 생각하고 그 실체가 변화하는 현상을 상상하면 안 되기 때문이다. 여기서 변화는 생성과 다른 표현이 아니며, 따라서 변화한다는 말은 생성이 소멸로, 소멸이 생성으로 바뀐다는 뜻을 품고 있다.

실체 혹은 본질이 부차적인 것이 된다. 물론 실체와 본질 등이 전혀 존재하지 않는다고 주장하는 것은 아니다. 존재하기는 하나 추상적으로 존재한다는 말이다. 그러기에 생성과 과정의 철학에서는 구체와 추상의 관계가 역전된다. 그리고 이는 절대 진리와 같은 개념을 추상적인 것으로 간주하게 된다. 여기서 조심할 것은 추상과 구체의 관계가 역전되었다고 해서 추상이 허구라는 말은 아니다. 생성의 철학에서도 추상은 추상대로 고유하게 존재한다. 그리고 여기서의 고유성이란 구체가 스스로를 통제하지 못하는 것, 예를 들면 구체가 자신의 동일성을 가지려 할 때 그것의 영역을 정해 주고 나아가 동일성을 부여하는 역할을 추상이 떠맡게 된다는 뜻이다.

II. 생성의 철학이 종교철학에 끼친 충격은 무엇인가?

이제까지 살펴본 바와 같이 오늘의 생성철학은 하나의 주체를 형성하는 데 있어서 타자의 중요성을 강조하고, 진리에 대해서는 절대적 진리론을 넘어서 상대성을 강조하며, 나아가 존재는 본래부터 본질이나 실체가 없고 차이와 변화가 우선적이라는 것, 그리고 마지막으로 구체와 추상의 관계를 역전시킨 것 등의 혁신적인 주장을 펼쳐왔다. 그러나 이런 사실을 밝히는 과정에 있어서 아직 다루지 못한 한 가지 중요한 사항이 더 있다. 즉 잠재성과 내재성의 중요성을 강조하는 것이 생성철학의 핵심사항이라는 것이다. 특히 이 사항은 종교의 문제와 매우 밀접하게 관련되어 있어서 우리의 토론에 더욱 중요하다. 그렇다면 생성의 철학은 왜 잠재성과 내재성의 중요성을 강조하게 되는가? 그리고 이것은 종교철학적으로 왜 중요한 이슈가 되는가?

생성의 철학을 유기체 이상의 생명체의 관점에서 보면, 생성한다는 것은 곧 생명이 자라난다는 뜻이다. 즉 모든 생명체는 그것이 어떤 종류이든지 자신이 가지고 있는 생명을 펼치면서 무엇인가를 이루려 한다. 이렇게 무엇인가를 향해 나아가면서 어떤 것을 이루는 것을 철학적인 용어로 현실화한다actualize고 하는데, 바로 여기서 어떤 것이 현실화되지 않은 상태에서 완성을 기다리는 것을 우리는 잠재성을 갖고 있다고 표현할 수 있는 것이다. 이미 말한 바, 알이나 애벌레는 어떤 면에서 보면 아무것도 아닌 존재이다. 그러나 그들이 가치를 갖게 되는 것은 잠재성으로 존재하면서 자신의 역능을 행사한다는 점에서 그러하다.10) 이렇게 생성의 철학에서는 잠재성의 세계가 중요한 가치를 지니게 된다. 반드시 현실적인 역능, 현실화된 결과물을 가지고 있어야만 하나의 존재가 진정한 가치를 지니는 것은 아니라는 말이다. 생성해 가는 과정 속의 존재를 강조하는 것은 존재의 완성태보다는 잠재태에 가치를 두게 된다는 것이다.

다른 한편 생성의 철학은 이런 잠재성 개념의 도움을 받아서 존재에게서 초월의 흔적을 지우려 한다. 즉 생명을 가지고 있는 존재자들의 삶의 관점에서 볼 때, 그들 스스로가 역능을 펼치면서 현실화해 나가는 과정은 해당 존재들이 자신을 창조하여 가는 과정과 동일한 것이다. 이때 생성의 중요성을 강조하는 사람들은 창조의 힘이 외부에서 전달된다고 보는 태도를 거부할 수 있는데, 왜냐하면 생성의 주체가 되는 모든 사물들은 자신이 발전해 가고 자신의 존재를 펼쳐가는 능력을 생성 자체에서 얻기 때문이다. 다시 말해서 어떤 존재나 실체가 불변자로서 완성된 모습으로 존재하고 있다면 우리는 그런 모습의 이유를 설명하기 위해 그 존재자의 외부에 있는 존재, 즉 하나의 초월자를 끌어들여야 할 것이다. 하지만 하나의 존재 스스로가 생성 자체이며, 따라서 그것이 자신을 펼

---

10) 역능은 스피노자 철학에 영향을 받아 형성된 들뢰지안들이 쓰는 용어다. 마이클 하트(Michael Hardt)의 들뢰즈의 철학 소개서『들뢰즈 사상의 진화』(서울: 갈무리, 1999)를 참조하라.

처나갈 때 그 어떤 다른 것의 도움도 없이 그저 생성해 나간다면 이때의 생성은 그 어떤 외부의 존재를 통해서 자신을 규정하고 설명할 필요가 없다. 하나의 존재는 그것을 구성하는 구성원들이 어떻게 타자와 접속하고 그들과 함께 배치되느냐에 따라서 자신의 존재를 구성해 가기에 스스로의 내부로부터 설명이 가능하게 되기 때문이다. 이런 이유로 생성의 철학에서는 하나의 존재를 규정하는 데 있어서 모든 외부자, 혹은 모든 초월자의 흔적을 배제하기 쉽게 된다.

이렇게 초월의 흔적을 배제시키려 애쓰는 오늘의 철학은 여러 결과를 낳는다. 하지만 종교철학적 문제와 관련하여 그중 가장 사람들의 피부에 와 닿는 첫 번째 현상은 진리의 문제이다. 전통적으로 종교에 있어서 진리의 문제는 가장 중요한 문제 중의 하나였다. "아침에 도(진리)를 깨달으면 저녁에 죽어도 좋다."는 공자의 말씀이나, "너희가 진리를 알지니 진리가 너희를 자유하게 하리라."고 말씀하신 예수의 메시지를 지목하지 않더라도 진리의 문제는 종교인들이 자신의 신앙생활에 있어서 가장 핵심적인 부분이다. 하지만 진리의 추구가 삶의 가장 중요한 부분으로 나타나는 것은 꼭 종교인에게서만 나타나는 현상은 아니다. 과학도들에게서도 진리의 추구는 매우 중요한 삶의 목표가 될 수 있기 때문이다. 만일 진리를 추구하는 데 있어서 종교인들이 과학도와 다른 면이 있다면 대부분의 경우 절대적인 진리를 찾는다는 것이다. 절대적 진리란 무엇인가? "절대적 진리"라는 표현에서 "절대적"이란 용어의 한 의미는 어떤 것이 다른 것에 의존하지 않고 스스로의 힘으로 존재하는 것을 말한다. 또한 이것에 가치론적인 의미가 더해져서, 하나가 다른 것에 의존하지 않기에 그 어떤 다른 것에 비해서도 모든 면에서 우월한 것을 절대적이라 할 수 있을 것이다.

하지만 생성의 철학에서 볼 때 이런 의미의 절대는 불가능하게 된다. 우선 생성의 철학에서는 하나의 사물이 스스로의 힘으로 존재한다는 것 자체가 불가능하다. 그리고 그것이 타자에게 의존하지 않고 모든 면에서 우월하다는 것도 불가능하다. 왜 그런가? 생성철학의 첫 번째 주장은 존재보다 생성이 우선한다는 것인데, 여기서 생성이 존재에 우선한다는 것의 의미는 하나의 존재가 탄생할 때 그것이 무조건적으로 존재로서 주어지는 것이 아니라 다른 사물들과 더불어서 자신을 생성해 가는 한도 내에서 존재한다는 것이기 때문이다. 존재가 먼저 있고 생성이 따라 나오는 것이 아니라, 생성해 가는 과정에서 존재가 후속으로 따라 나온다는 말이다.

이를 진리의 문제에 적용해 보자. 생성의 철학에서는 하나의 진리가 존재하더라도 그것은 다른 것과 관계 하에서 형성되는 진리이며 또한 언제나 되어 가는 진리, 즉 생성하는 과정적 진리이다. 진리가 원초적인 시기부터 무조건 독립적으로 먼저 존재해 있다가 나중에 인간에게 알려지는 것이 아니라는 말이다. 모든 진리는 애초부터 다른 것들과 비교되고 관계 맺으면서 생성되어 가며 그 과정 중 어떤 계기가 주어지면 그 때에야 비로소 그 해당 진리가 어떤 가치를 갖게 되는지의 여부가 결정된다는 말이다. 진리는 그것의 옳고 그름이 무조건 상정되는 것이 아니라 다른 진리들과의 비교 속에서 탄생한다. 문자 그대로 모든 진리는 상대적이다.

이렇게 모든 진리가 상대적이라는 말은 고정적이고 절대적인 진리는 존재하지 않는다는 주장으로 쉽게 귀결될 수 있다. 그러나 이는 참으로 많은 문제를 야기한다. "정말 고정적이고 절대적인 진리는 없는가?"라는 질문이 하나의 질문이 될 수 있다. 예를 들어 고정적인 진리로서 앞에서 우리가 언급한 바 1+1=2라는 진리는 정말로 고정적이고 불변하는 진리인가? 물론 반드시 그런 것 같지는 않다. 하지만 그런 진리를 부정하는 것도 쉽지 않을 것 같다. 그렇다면 우리에게 남겨진 과제는 이런 두 가지 사실을 어떻게 상호 화해시킬 것인가의 문제가 된다. 즉 진리는 언제나 상대적이지만 우리는 때로 하나의 진리가 고정적이고 절대적이기도 하다는 사실을 말해야 한다. 그렇다면 이런 상호 다른 두 개의 입장을 우리는 어떻게 조화시킬 것인가?

한 가지 방법은 진리를 방편(方便)으로 여기는 것이다. 여기서 방편이라는 말은, 하나의 진리는 다른 타자의 진리를 위해서 방편과 도구가 된다는 말이며 그런 한도 내에서 진리로 받아들일 수 있다는 말이다. 그러므로 진리, 즉 고정된 진리가 전혀 없다는 말은 성립이 되지 않는다. 진리는 있다. 그러나 그 진리는 단지 상대적으로 있다는 것이다. 즉 어떤 진리든 하나의 방편에 불과하고 도구에 불과하다. 영어로 표현하면 skillful means, 즉 유용하게 사용할 수 있는 수단에 불과하다. 무엇을 위한 수단인가? 더 나은 진리를 도출해 내기 위한, 따라서 상대적이고 제한적인 관점에서 조금이라도 벗어나 더 온전한 진리에 도달하기 위한 수단으로 기능한다는 것이다. 우리는 이렇게 생성과 과정의 원리가 적용되는 것을 여기서도 발견할 수 있는 것이다.

이렇게 하나의 진리가 상대적인 진리이지만 그 진리가 나름대로 유용하고 효과적이라는 사실은 우리로 하여금 진리의 독단성에 대해서 경계하게 만든다. 진리는 결코 교조적이고 독단적인 것이 될 수 없다. 진리는 언제나 다른 입장, 다른 사실들, 한마디로 다른 진리들을 포용하고 그것들과 더불어 탐구된다. 진리로 하여금 진리로 만드는 것은 그것이 오로지 진리이기 때문이 아니다. 그것이 다른 것과 함께 유용하게 사용될 수 있기 때문이다.

이렇게 오로지 진리라는 말, 즉 유일한 진리라는 말을 상대화시킨 오늘의 상황은 종교적으로 매우 심대한 결과를 가져왔다는 것은 지적할 필요조차 없다. 우선 진리의 상대성을 종교철학과 관련시킬 때 우선 우리는 신의 위상에 대해서 토론하지 않을 수 없다. 기독교의 성서가 말하는 바, "내가 곧 길이요 진리요 생명이다."라고 말하는 예수의 말씀처럼, 진리는 언제나 초월적인 것과 연결되어 생각되기 때문이다. 종교에서 항상 초월적인 뒷받침이 없는 진리는 생각할 수 없다. 그러나 이 문제는 간단히 토론될 수 있는 것이 아니므로 단지 여기서는 그것이 어떻게 다른 문제와 연결되는지에 대해서만 다루도록 하자.

　　신의 문제와 더불어서 생성철학으로 인해 야기된 또 다른 중요한 문제는 자유와 영혼불멸의 문제다. 이 역시 주체성의 해체로 인해 야기된 문제들이기도 하다. 하지만 문제는 신의 존재와 역할이 위기에 빠지면서 자유와 영혼불멸의 문제도 더욱 심각한 문제에 직면하게 되었다. 이것을 다루는 것이 다음 절의 과제다.

III. 위기의 주제: 신, 자유, 영혼불멸

1. 신의 문제와 초월자 개념

　　전통적으로도 그렇지만, 종교철학에서 오늘날도 여전히 가장 논란의 중심에 서 있는 것은 '신God'이다. 신은 전통적으로 진리 자체로 알려져 왔기에 인식론의 핵심에 놓여 있거니와, 동시에 신은 선 자체로 알려져 있기에 도덕과 실천에 관한 윤리를 다루는 모든 이론의 중심에 놓여 있다. 예를 들어 기독교가 신을 '진리'와 일치시키기도 하고[11] '사랑'과[12] 일치시키는 것만 보아도 신의 문제는 곧 기독교 철학의 핵심 문제이다.

　　그런데 흥미 있는 사실은 인류의 철학사는 어떻게 보면 신 개념을 다른 초월적 개념으로 대체해 온 역사라고 볼 수 있다는 것이다. 예를 들어 신으로 지칭되던 개념이 다른 철학적 개념으로 대치되기 시작한 것이 바

---

11) 요한복음 14장 6절.
12) 요한일서 4장 7절.

로 서구 고대 철학의 출발점이었다고 해도 과언이 아니다. 예를 들어 플라톤의 이데아나 아리스토텔레스의 실체는 절대적이고 초월적인 진리의 세계를 지칭하거니와, 때로 이것은 다시 최고선으로서의 신을 지칭하기도 하면서 신이 하던 기능을 부분적으로 대체하기 시작했다. 서구철학사에서 야스퍼스Jaspers의 '포괄자das Umgreifende'가 독일신학자들에게 기독교의 하나님의 개념을 대체해 설명하는 데 오랫동안 동원되었던 것은 물론이고 어찌 보면 하이데거의 존재Sein 개념도 그렇다고 할 수 있다. 이런 개념들은 물론 기독교 신학자들에게는 전통적인 기독교의 신 개념을 보충하는 수단으로 사용되기도 했다. 20세기의 60-70년대 독일 자유주의 신학의 거봉이었던 불트만Rudolf Bultmann이나 하인리히 오트Heinrich Ott가 사용하는 신 개념들도 모두 실제로는 하이데거의 존재 개념에서 빌려와 기독교적으로 변형시킨 것이다. 그러나 현대에 들어서면서, 신의 개념을 대체하던 여러 개념들은 신을 보충하는 것이 아니라 신의 자리를 빼앗아 버리는 기능을 하게 된다. 예를 들어 최근에 인기를 끌고 있는 레비나스Immanuel Levinas의 타자 개념이나, 라캉의 대타자 (혹은 대상 a) 개념 등은 어떤 이들에게는 무신론적으로 해석되면서 반-신학(反-神學) 운동의 기폭제가 되기도 하였다. 현대의 형이상학자 중 가장 유신론적이라 평가받는 화이트헤드마저 사실은 창조성Creativity이라는 개념과 일One과 다Many라는 개념을 궁극자 개념으로 소개하면서 신의 기능을 대폭 축소하고 대치해 버리는 범주들을 만들어 내기도 하였다. 이렇게 서구 철학의 역사는 신을 정립하거나 아니면 신을 대체할 수 있는 개념들을 소개하는 역사였다.

동양의 상황도 별로 다르지 않다. 생성과 과정의 철학을 사상적 근간으로 삼아 왔던 동아시아의 사상에서도 초월적 개념들과 신을 상호 대조하고 대체하는 문제는 언제나 철학적 토론의 중심에 있었다. 예를 들어 동아시아의 상제(上帝)나 천(天)이 신을 대리하는 기능을 한다는 것은 차치하고서라도, 성리학에서도 어떤 경우에는 리(理)가 신의 역할을 대신하며 태극이 그것을 대신하기도 한다. 이는 결국 신 이외의 초월자가 인간의 철학, 사회, 질서 등에게 기반을 제공하고 그것에 정초를 제공하는 역할을 담당하는 데 있어 동서의 생성철학에서조차 크게 사정이 다르지 않다는 것을 보여 준다. 그것이 어떤 식으로 불리며, 어떤 개념적 특징을 지니는지의 차이가 있을 뿐이다.

하지만 오늘의 생성과 과정의 철학에서는 신의 역할과 위상이 분명히 전통과 다른 양상으로 기술되며, 그 결과 초월자의 속성과 특징도 매우 파격적이고 도발적으로 묘사되면서 철학에 신기원이 초래되었다는 것에 주목해야 한다. 그러나 이에 대해 설명하는 것은 많은 지면이 필요하므로, 여기서는 빠른 토론을 유도하기 위해 가장 혁명적인 변화로서의 신기원만을 짧게 다루도록 하자.

우선 실체보다 과정이 강조되고, 존재보다 생성이 우위에 서며, 실재보다는 시뮬라크르simulacre가 사물을 설명하는 주요 개념으로 떠오르는 오늘날에는,13) 사물을 담아내고 기술하는 언어마저도 기의와 기표로 나누어지는데, 이때 신은 물론, 어떤 초월적 존재든지 그것을 대상으로 기술하고 담아내려 하는 진리는 부유하게 된다. 부유한다는 말은 떠다니고 방황하고 미끄러진다는 말로서, 어떤 하나의 용어나 개념이 초월자를 진술하고 담아내려 할 때 그것은 고정되지 못하고 끝없이 헤맨다는 말이다. 기표signifier라는 말 자체가 그렇다. '기표'라는 말을 사용하는 이유는 기존에 사용되던 어휘인 '개념'이나 '관념'이라는 어휘로는 오늘의 탈근대 정신으로서의 생성, 과정, 부유 등을 표현하지 못하기 때문이다. 즉 어떤 '개념'이든 대상으로서의 사물이 가지고 있는 성질과 그것이 표상하는 공통적인 특징을 잡아낼 수 없으며, 기껏해야 그저 그 대상을 표기(기표의

---

13) 가상이라고 번역되기도 하지만, 마땅치 않아 그대로 음역한다.

일상적인 표현이기도 하다)하는 데 그치고 마는데, 이를 위해서는 새 어휘가 필요하기 때문이다. 즉, 고정되는 것이 없으니 잡아낼 것이 없고, 잡아내지 못하니 그저 본 것에 대해서 표시해 놓을 뿐 결론은 계속 유보된다. 이로써 철학적 언어가 자신이 가지고 있었던 중심 기능을 상실하고 만 것이다. 데리다Jacques Derrida가 로고스 중심주의로부터의 탈피를 선언하면서 차연(差延) difference이라는 신조어를 만들어 현대인들에게 충격을 가했을 때, 사람들은 처음에는 그 의미의 난해함에 당혹해 하면서 헷갈린다고 반응했지만, 결국 시간이 지나면서 그 의미가 별로 어렵지 않다는 사실을 깨닫게 되었다. 용어가 새롭기에 어려워 보일 뿐, 그 뜻은 간단했기 때문이다. 즉, 하나의 개념이나 철학적 용어는 고정될 수 없고 그것은 단지 하나의 차이를 만들어 낼 뿐, 그 최종적 의미는 생성과 과정을 겪으면서 영원히 연기된다는 사실을 지적해 낸 것 뿐이기 때문이다. 생성과 과정의 철학이 왜 신과 초월자 개념에 혁명을 가져오게 되었는지 그 이유를 설명하는 것은 이제 어렵지 않게 되었다. 따라서 단도직입적으로 설명해 보자.

이렇게 기표들이 고정되지 못하고 한 없이 미끄러진다고 할 때, 결국 기표들이 만들어 내는 유희는 우선 신의 절대성부터 폄하시키게 된다.14) 부유하는 것에서는 절대성이 성립될 수 없기 때문이다. 그리고 신의 절대성이 의심되는 마당에 다른 초월자 개념들은 말할 것도 없다. 이데아와 같은 보편자 개념부터 위협에 처하게 된다. 아니, 그 반대가 옳다. 더 정확히 말하면 기표의 개념이 등장하게 된 것은 바로 보편자라는 초월적 개념이 위협을 당하게 되면서부터다. 이렇게 본다면, 보편자의 문제를 이해하는 것이 오히려 부유하는 기표의 문제와 신의 절대성이 약화된 오늘의 현실을 이해하는 지름길이라 할 수 있다. 그렇다면 철학사에 있

---

14) 이에 대해 설명하는 아주 쉬운 국내의 서적이 있다. 이정우의『시뮬라크르의 시대』(서울: 거름, 1999)이다.

어서 보편자란 무엇이었으며 그것은 왜 오늘날 철학적으로 위기의 중심에 놓여 있는가?

보편자를 철학적인 용어로 정착시킨 것은 플라톤으로 거슬러 올라간다. 형상이라고 번역되는 이데아[idea]나 보편적 형상이라 번역되는 에이도스[Eidos]는 모두 보편자로 해석될 수 있는 범주에 들어가는 용어들인데, 형상이란 본래 사물들이 공통적으로 가지고 있는 특징이되 그것이 언제 어디서나 통용될 수 있다고 가정되는 것이다. 공통적인 모습과 특징이 강조될 때는 형상이라 불리며, 그것이 모든 대상을 망라한다는 사실을 강조할 때는 보편자라 불린다. 사물의 공통적인 특징은 나중에는 정체성, 혹은 동일성으로 불리게 되었으므로 보편자는 결국 정체성과 동일성을 구제하는 개념으로 등장하게 되었다.

우리는 철학사적으로 보편자와 형상이 만들어진 이유를 잘 기억하고 있다. 잘 알다시피 소피스트들의 난감한 궤변과 그것에 근거한 사회의 무질서 증가를 탈피하고 정의를 세우기 위해 소크라테스와 플라톤은 인식의 질서와 사회의 질서를 세울 수 있는 개념을 만들어 내려 했다. 이를 위해 변화하는 세상 속에서 변화하지 않는 고정된 진리를 잡으려 했으며, 그것으로 혼돈의 사회에 질서를 부여하려 했다. 플라톤이 보편적인 형상 이론을 만든 것은 이런 배경에서 연유한다.[15]

보편자는 어찌 보면 이렇게 긍정적인 기능을 갖는다. 하지만 문제는 그것이 매우 부정적인 결과도 가져 왔는데 우선적인 문제는 감각적인 대상이나 사물을 낮고 열등한 것으로 깎아 내리게 만들었다는 것이다. 그리고 무엇보다도 보편자라는 것은 결코 사물의 정체성을 파악해 내지 못하고 그러기에 질서도 보장할 수 없으며 따라서 그것에게 부여된 모든 긍정적인 가치는 허구라는 것이다.

---

15) 플라톤의 형상이론은 곳곳에서 나타나지만 그 중심은『국가』다.

예를 들어서 내 앞에 한 송이 국화꽃이 있다고 치자. 대부분의 사람들은 국화의 향기를 좋아한다. 하지만 우리는 감기를 앓으면 그 향내를 느낄 수 없다. 감각은 대상의 진리성을 놓치게 만든다. 국화의 색깔도 마찬가지다. 노란 색깔의 국화도 있지만 어떨 때는 흰색의 국화도 있다. 그런데 과연 어떤 국화의 색깔이 참 국화의 색깔인가? 노란색인가 흰색인가? 물론 노란색 국화도 있고 흰색 국화도 있다. 문제는 모든 사람들이 그렇게 생각하는 노란색도 흰색도 어떤 경우 쉽게 파악되기 어렵다는 것이다. 이는 반드시 미술을 전공한 색채 전공자들만이 느끼는 것은 아니다. 노란색의 경우만 하더라도 옅은 노랑이 있고, 바나나 색이 있으며, 오렌지에 가까운 노랑도 있다. 과연 어떤 노란색이 국화의 노란색인가? 물론 그 모든 색의 국화가 전부 국화가 나타내는 색깔이다. 하지만 여기서 우리가 문제 삼는 것은 국화의 색깔이 아니라 정체성이다. 노란색 국화의 노란색은 과연 어떻게 노란가? 그것은 무엇에 가까운가? 이런 질문들은 언제나 논쟁과 불일치를 유발한다. 따라서 이런 문제에 직면할 때 난관과 혼란을 피하기 위해 인간은 노란색이라는 보편자를 만들어서 상호 갈등을 막고 소통을 하는 데 사용해 왔다. 하지만 난관과 혼란의 탈피는 언제나 잠정적인 해결책에 불과하게 된다. 즉 아무리 보편자를 상정한다고 하더라도 노란색의 국화에 대한 정의가 종식되고 논란이 잠재워지는 것은 아니다. 노란색을 나타내는 바나나의 경우 아직 어느 것이 바나나인가라는 것을 문제 삼는 것, 즉 정체성에 대한 정의가 종식되지 않았다. 바나나의 정체성은 다시 열대성 과일에 대한 정의가 확보되고 그것에 대한 논란이 종식되어야 하는데, 여기서 다시 열대성에 대한 정의와 과일에 대한 정의 역시 부유하기는 마찬가지다. 그리고 이런 식의 부유는 끊임없이 계속된다.

근대 이전에는 보편자의 기능이 덜 의심되었기에 감각의 세계는 이성의 세계보다 폄하되었다. 왜냐하면 보편자의 세계는 감각의 세계로는 알 수 없고 이성의 도구로서만 이해되었는데, 혼란과 혼돈을 가져오는 것이 감성이라면 그런 차원에서 볼 때는 오로지 보편자를 아는 이성의 세계만이 우선하는 것이고 우월한 것이다. 보편자와 그것을 아는 이성적인 능력으로 인해 혼돈을 막을 수 있다고 생각된 것이다.

그러나 이미 보았듯이 보편자는 문제를 많이 가지고 있는 철학적 개념이다. 그것은 감각 세계보다 우월한 이성의 세계에 대해 말하는 것을 불가능하게 만들었는데, 부유하는 것을 이성은 전혀 잡을 수 없기 때문이다. 그러다보니 '보편자' 개념은 이미 중세에 논쟁된 것처럼 그저 인간의 사유가 스스로 편하기 위해서 만들어 낸 산물이고, 따라서 그것은 실재도 아니고 가상적이며, 허구적이라는 사실이 강조되기 시작했다.

어쨌든 오늘의 문제는 신과 같은 초월자는 물론, 보편자나 형상 같은 초월적 개념도 그 중심적 위상과 기능이 평가절하되고 있다는 것을 우리는 확인했는데 사정이 이렇게 된 배경에는 생성과 과정의 철학이 자리하고 있다는 것을 알게 된 셈이다. 결국 모든 문제는 감각과 지각의 대상은 물론, 인간의 감각과 지각을 결정하는 조건들이 생성과 과정에 있어서, 모든 사물들이 의심되고 문제되기 시작한 것이다. 그리고 이렇게 감각과 지각이 수시로 바뀌고 의심의 대상이 될 수밖에 없는 세상에서는 인간 인식의 확실성과 그것에 대한 보증을 구하는 작업을 단념하게 된다. 이것이 오늘의 시대가 신을 비롯한 초월자들의 절대적인 보증이 필요 없는 시대가 되어 버린 이유이며, 따라서 어떤 면에서 볼 때 종교적 개념들의 역할이 축소되게 된 하나의 이유인 것이다. 생성 철학이 신과 초월자에 관련된 문제들에 끼친 충격에 대해서는 이 정도로 토론하도록 하고 이번에는 자유의 개념에 끼친 충격에 대해 설명해 보자.

2. 자유의 문제

생성과 과정의 철학은 인간의 자유개념, 특히 전통적인 영육이원론
이나, 혹은 정신-물질의 분리에 기초하는 개념의 근간을 흔드는 소용돌
이를 일으킨다. 그렇다면 먼저 자유의 문제부터 살피고 영혼불멸에 관련
된 정신-물질이나 영육이원론의 문제는 다음 절에서 다루자. 자유와 관
련된 문제는 무엇이기에 오늘날 새로운 이해가 요구되는가? 이에 대한
답을 얻는 것은 그리 어렵지 않다. 한마디로 말하면, 생성과 과정의 철학
의 도래 때문이다. 특히 자유나 자율성, 자유의지 등의 문제는 오늘날 순
환논증의 오류나 환원주의 문제의 벽에 부딪치게 되었는데 그렇게 된 근
본적 이유가 모두 생성과 과정의 철학의 도래로 인한 것이다. 이로 인해
새로운 이해가 요구되는 상황을 맞이하게 되었다는 것이다. 전통으로 돌
아가서 자유와 자율성이 어떻게 취급되었는지 살펴보자.

전통적으로 인간이 소유한 자유에 대해 말하려면 정신이나 영혼의
독립성에 대한 전제가 필요했다. 즉 정신이나 영혼과 같은 기제가 인간
으로 하여금 자율성을 갖고 결단을 내리게 만드는 능력으로서 존재하는
한도 내에서 인간은 자유를 확보할 수 있다는 것이었다. 그런데 이때 중
요한 것은 외부의 개입이 없이 정신이나 영혼이 독립적인 결정을 내려야
한다는 것이다. 인간이 자유하다고 선언될 수 있는 것은 오로지 이런 조
건을 만족시키는 한도 내에서이다. 하지만 여기서 문제가 되는 것은 이
런 식의 설명이 일종의 순환논증의 오류에 빠져 있거나 환원주의의 제물
이 된다는 것이다.

방금 말했듯이 인간이 자유하기 위해서는 정신과 영혼을 상정하고
그들이 외부의 간섭 없이 자율성에 근거해 결정을 내려야 하는데, 그러
기 위해서는 그들도 자유로운 존재라야만 한다. 즉 정신과 영혼이 자율
성을 갖는다는 전제 하에서만 그것이 제어하는 인간이 자유롭다고 선언

될 수 있는 것이다. 그런데 정신이나 영혼의 자율성은 어디에서 기인하는가? 이 문제를 풀기 위해서는 다시 정신과 영혼이 존재하게 된 배경의 문제부터 다루어야 하며 그런 문제는 다시 다른 초월자를 상정하든지 아니면 다른 방식으로 설명하든지 해야 한다. 여기서 만일 다른 초월적 개념을 상정해서 거기로부터 정신과 영혼이 왔다는 식으로 플라톤이나 토미스트처럼 설명하게 되면 이때 우리는 또 다시 그 초월자는 어디에서 연유했는지의 문제가 생겨나므로 사실상 꼬리에 꼬리를 무는 순환논증의 오류에 직면하게 되는 것이다.

환원주의의 문제에 빠지는 이유도 비슷하다. 우선 오늘의 생성철학의 입장에서 볼 때, 인간의 정신과 영혼은 환원적이라고 선언된다. 오늘의 과학적 상식을 적용해 보면, 우리의 정신과 영혼은 항상 신체와 물질의 영향 하에 있다는 것이 밝혀졌다. 우리는 날씨만 조금 추워도, 혹은 너무 더워도 짜증내면서 성질을 부리기 일쑤며 그런 환경적인 요소들이 우리의 의지에 영향을 준다. 사실 문제는 날씨와 같은 외부적 요소의 영향뿐만이 아니다. 내부라고 알려져 있는 우리 안에 사실 외부의 간섭보다 더 한 요소가 있다는 것이 더 문제다. 즉 과연 정신이나 영혼은 어떻게 순수하게 독립적일 수 있고 자유로울 수 있는가? 특히 정신이나 영혼을 작동시키는 기제는 인간의 두뇌인데, 잘 알다시피 인간의 두뇌는 수십억 개의 신경 세포와 시냅스라는 복잡계로 이루어져 있으며 이것들은 인간의 의지를 물리적으로 통제한다. 소위 요즈음 유행하는 개념인 세로토닌이나 도파민 같은 호르몬은 소위 신경전달 물질로서 알려져 있는데 인간의 욕망과 기대, 희망과 공포, 즐거움과 두려움 모든 것들은 호르몬의 영향 하에서 결정되며 특히 이런 신경전달 물질은 다시 인간의 두뇌 안에 수 억년 동안 축적되어 온 파충류 층, 즉 인간이 진화 단계에서 파충류 시대를 겪었을 때 축적되었던 부분의 영향을 따라서 통제된다. 한마디로 말해서 인간의 의지와 자율성은 두뇌에 의해서 결정되는데, 이때의 두뇌는 물질

적이며 즉흥적이고 인간의 통제를 벗어나는 외부의 힘으로 작동한다는 뜻
이다. 여기서 가장 충격적인 사실은 뇌의 어떤 부분에 전기 충격을 가하거
나 혹은 약물로 변형을 일으켜서 그 사람의 인격 자체를 바꾸어 놓을 수
있다는 실험적 결과가 보고되고 있다는 사실이다. 쉽게 말해서 어떤 사람
이 성 프랜시스처럼 이타적으로 자비롭게 살아가도록 만드는 것이나 아니
면 그 반대로 전과 10범처럼 강도, 살인, 성폭행을 일삼는 사람으로 변형시
키는 것도 그저 해당자의 두뇌의 어느 부분에 약간의 충격을 가함으로써
가능하게 만들 수 있다는 것이다. 인간의 모든 의식 과정, 특히 자유의지
의 느낌으로 인도하는 의식과정은 뉴런들에 의해서 조종되기 때문이
다.16) 이것이 이른바 물리적 환원주의의 전형적인 주장인 것이다.

한마디로 요약해, 모든 인간의 자율성은 물리적인 두뇌에 달렸다는
것이고, 그런 물리적인 것이 정신에게 영향을 끼친다는 것은 이른바 진
화론의 핵심이다. 진화론이 인간이 물질적인 단계에서 정신적인 단계,
혹은 영적인 단계로 생성해 가고 발전해 가는 과정을 설명하는 일종의
과정사상에 기초해 있다는 것은 주지의 사실이거니와 인간의 자유를 새
롭게 설명하는 데 있어서 생성과 과정의 철학을 빼놓을 수 없는 이유가
여기에 있다. 물론 생성과 과정의 철학이 자유 개념을 환원적으로 설명
하면서 정신과 영혼을 소거해 버린다는 말은 아니다. 나중에 밝혀지겠지
만 예를 들어 과정신학에 의거하면 얼마든지 환원주의를 피하면서도 자
유에 대해서 긍정적으로 말할 수 있기도 하기 때문이다.

그렇다면 물리적 환원주의를 어떻게 극복할 수 있을까? 진화론에서
영향을 받은 과정사상과 생성의 철학은 이 작업에서 과연 성공할 수 있을
까? 과정사상이 비록 진화론의 영향 하에 있지만 그래도 그 작업은 불가
능한 것이 아니라는 것이 논자의 입장이다. 하지만 물리적 환원주의를

---

16) 프란츠 부케티츠, 『자유의지, 그 환상의 진화』, 원석영 옮김 (서울: 열음사, 2009), 134.

극복하기 위해서는 우선 새로운 형태의 철학이 요구된다는 전제 조건이 붙는다. 즉 생성과 과정의 철학으로 제기되 문제를 해결하기 위해서는 다른 형태로서는 문제의 해결이 불가능하며, 단지 새로운 형태의 생성과 과정의 철학이 요구된다는 뜻이다.

새로운 형태의 생성과 과정의 철학은 사물에 대해 분석할 때 먼저 물리적이고 기계론적인 관점만을 적용하는 것에서 탈피한다. 모든 사물은 그저 물리적으로 환원될 수 있거나 기계로 환원될 수 있는 수동적인 것이 아니며, 오히려 정신적이고 능동적인 능력을 내재하고 있는 존재들로 평가된다. 그렇기에 생성과 과정의 철학에서 모든 사물은 어떤 면에서 자유와 자율성을 내포할 수 있는 잠재성의 존재들이다. 그러므로 과정철학의 과제는 이런 잠재성을 어떻게 발현시켜서, 물리적인 것으로 환원되지 않고 능동적으로 자신의 환경을 지배하는 자율적 존재로 탈바꿈하는 이론을 제공하느냐 하는 것이다.

이에 대한 해답을 얻는 것은 여러 루트가 있겠지만, 종교철학적으로 볼 때 하나의 해답은 신과 영혼의 개념을 다시 새롭게 재편하는 것에 있다. 이제까지 보면서 예상되었지만, 환원주의 문제는 환원을 넘어서는 임의의 초월자 개념을 상정하지 않고서는 결코 극복이 불가능하다. 오늘의 문제가 종교철학의 문제와 연결되어 있다고 필자가 보는 이유는 여기에 있다. 이 문제를 설명하고 종교철학적 해답을 구하는 과정은 앞으로 뒤에 오는 장에서 다루어질 것이므로 여기서는 단지 오늘의 문제가 초월자의 문제와 연결되어 있다는 것을 다시 한 번 확인한 것으로 만족하자.

그런데 여기서 또 하나 확인할 것은 오늘날 자유의 문제는 옛날 방식으로 이해된 신이나 영혼 등의 개념으로는 해결되지 않는다는 것이다. 왜 그런가? 한마디로 말해, 생성과 과정의 철학은 이미 앞에서 본 바대로 신과 절대자마저 생성과 과정의 원리 하에 있다는 것을 주장하기 때문이다. 이미 보았다시피 많은 현대인들에게 전통적인 신의 절대적 역할은 무너졌다. 신이 질서의 담보자요 지탱자라는 이미지는 약화되었다. 신의 역할은 오히려 인간의 자유를 설명하는 데 있어서 부정적이 된다. 유물론과 상대주의적 세계관이 지배하는 세속의 지성인들에게 있어서 오히려 보편적인 진리의 담보자로서의 신은 비판되고 매도된다. 신은 인간에게 하나의 체제를 강요하면서 인간의 자유, 소위 인민의 자유를 박탈하는 주범으로 낙인찍힌다.

무엇보다 충격적인 것은 최근의 생성과 과정의 철학에 선두에 서 있는 질 들뢰즈가 말하는 바, 심판의 신에 대한 공격이 특히 이런 주장에서 앞장 서 있다. 들뢰즈에 따르면 모든 사물들이 질서 안에서 자리를 잡게 된 것이 신 때문이었다면 오늘날과 같이 개인의 자율성과 탈주를 꿈꾸는 세상에서 가장 먼저 타도되어야 할 대상은 바로 신의 심판이다. 심판의 신, 즉 "너는 이 자리에 있고 너는 저 자리에 있고, 너의 이름은 A이고 너의 이름은 B이며 너의 신분은 왕자이고 너의 신분은 거지이고 너의 신분은 남자이며 너의 신분은 여자다."라는 식의 신의 심판과 결정을 타파하는 한도 내에서 인간은 고유의 자율성을 확보할 수 있다는 것이다.[17]

이런 체제는 물론 어떤 면에서 인간 스스로가 제정한 것이기도 하다. 하지만 엄밀히 따져 보면 모든 체제는 신의 고유 영역에 의해 결정된 부분이 크다. 예를 들어서 이를 설명해 보자. 가장 쉬운 예는, 구약성서에 나오는 이삭과 이스마엘이라는 배다른 두 형제의 싸움에서 신이 심판을 하는 경우다. 즉 이스마엘이 아니라 이삭의 손을 들어 주는 하나님의 심판은 서자가 아니라 가문의 정통성을 이어갈 장자에게 권한을 준다는 점에서는 이해가 된다. 하지만 장자였던 에서가 아니라 동생인 야곱에게 축복을 주도록 한 하나님의 결정과 심판은 그야말로 전능한 하나님의 뜻이지만 이해되기 어렵다고 생각하는 사람이 많다. 인류 첫 번째 살인자

---

17) 들뢰즈-가타리, 『천개의 고원: 자본주의와 분열증 2』, 김재인 역 (서울: 새물결, 2001), 6장을 참조하라.

였던 가인과 그의 동생 아벨의 이야기도 마찬가지다. 가인의 제사를 받지 않고 아벨의 제사를 받는 신의 심판은 결국 신의 예정이 신의 자의적인 판단에 달려있다는 것 아닌가? 성서는 이를 토기장이의 비유를 통해서 강조하고 있다. 하나의 토기장이가 토기를 만들면서 하나는 고급의 토기로 다른 하나는 저급한 용도로 사용할 토기로 만들었을 때, 저급한 싸구려 토기가 자신의 열등감을 탓하면서 신에게 따질 수는 없는 노릇이다. 성경은 오로지 신의 자의적인 판단에 의해 그렇게 역할이 결정되었다고 말하기 때문이다. 그러기에 신의 뜻이요 신의 심판이다. 이렇게 모든 존재자들은 신의 뜻과 명령, 그리고 신이 정한 질서 속에서 자리를 잡게 되어 있다. 모든 존재자들은 신의 호명에 의해서 자신의 이름과 위치를 부여받기 때문이다.

하지만 오늘날 이런 심판의 신의 개념은 위기를 맞이하게 되었다. 우선 오늘의 세계는 인간의 자율성을 인정하면서도 동시에 생성과 과정의 사상의 원칙을 따라서, 모든 신의 심판과 결정은 결코 인간의 자율성을 무시하면서 수행될 수 없음을 말한다. 한마디로 말해서 인간은 신의 심판에 종속되어 있지만 동시에 그의 심판에서 자유롭다. 왜냐하면, 신은 이제 더 이상 심판을 즐기면서, 무섭고 호되게 범법자를 처단하는 법치주의자, 혹은 엄격한 재판관이기만 할 수 없는 세상이 되었기 때문이다. 오늘의 신학에서조차, 그는 인간과 더불어 인간사와 세상사를 함께 결정해 가는 동반자요 친구며 온정의 도덕가로 기술된다. 하나의 종교철학도 그것이 종교철학인 한, 인간의 역사를 주도적으로 이끌어 가시는 신의 섭리를 인정하지 않을 수 없다. 하지만 이 경우에도 생성과 과정의 철학은 모든 신의 섭리와 결정이 생성과 과정 속에 있고 인간과 더불어 우주의 역사와 신의 역사도 생성과 과정 속에서 되어감becoming을 겪을 수밖에 없다고 말하면서 신의 섭리를 새롭게 이해하자고 제안하지 않을 수 없는 것이다.

어떤 이들에게 물론 이런 신의 모습은 낯설 것이다. 하지만 이런 신의 모습은 오히려 어떤 이들에게는 매우 성서적이며 기독교적일 수도 있다. 즉 신이 모든 인간의 역사를 미리 결정해 놓은 후에 세계를 그 계획을 따라서 진행시켜 나가게 된다면 그것은 어찌 보면 결정론 속에 갇혀버릴 폐쇄적 우주가 될 수밖에 없을 것이다. 그럴 경우 사실은 인간의 기도도 소용이 없게 될 것이다. 이미 결정되어 버린 우주와 인간의 운명의 수레바퀴 속에 인간이 신을 향해 하는 기도는 신의 결정을 바꿀 수 없기 때문에 결국 아무런 효과가 없을 것이기 때문이다. 인간이 할 수 있는 일은 그저 신이 만들어 놓은 현상의 질서에 순복하는 일 뿐이며, 그럴 경우 신은 현재의 상황 속에서 박탈감을 느끼면서 살아가는 많은 소수자들과 민중들에게는 호소력이 없는 종교적 절대자로 변질될 것이다. 이렇게 종교적 절대자와 신을 새롭게 이해해야 하는 시대가 도래한 것이다.

최근의 유물론자들과 무신론자들이 들뢰즈의 '탈주' 철학을 좋아하는 이유는 바로 이런 새로운 신관의 도래를 기다리는 인류의 열망과 무관치 않다. 무신론자들이 말하는 신으로부터의 탈피, 초월로부터의 탈피는 엄밀히 말하면 예정과 결정론, 그리고 운명론과 그것에 속박된 인간론으로부터의 탈피다. 과거의 우주에는 결정이 있었다. 그리고 그런 결정은 인간의 운명을 예정했다. 그러나 오늘의 새로운 포스트모던 인간관은 그것을 넘어선다. 이제는 비결정과 우연이 모든 것을 설명한다. 더욱이 과학에서 상대성이론과 양자역학이 발전하면서 세계의 역사에 대한 설명은 맹목적인 진화가 대체해 버렸다. 우주는 진화할 뿐 신의 필연적 결정으로부터 자유하다. 물론 인과론은 여전히 살아 있다. 세상의 모든 사건들은 전후로 연결되는 인과관계의 사슬 속에서 진행된다. 그러기에 모든 것이 그저 우연적이고 우발적인 것은 아니다. 하지만 그렇다고 모든 것이 무조건 원인과 결과를 따라서 결정되는 것만도 아니다. 모든 현재의 사건들은 항상 과거의 사건에 의해서 영향을 받으면서 어느 정도 결정됨을 피할 수 없는 것이고 이것이 필연이지만, 동시에 그런 현재의 사건은 모든 과거의 사건의 결정으로부터 일정부분 자유하다는 의미에서 우발적이다. 과거에 대한 현재의 결정이 우발적이라는 말이 아니라, 과거 사건들이 현재의 결정을 따라서 어떻게 조합될지가 우연이라는 말이다.

이제까지 생성과 과정철학의 시대에 어떻게 새로운 양상을 띠면서 자유의 문제가 등장하게 되었는지, 그리고 그런 배경에 대해서 종교철학적 문제, 특히 신의 문제가 어떻게 연결되고 있는지의 문제를 집중적으로 살펴보았다. 새로운 생성의 철학은 유물론의 득세로 인하여 환원주의적 결정론의 영향 하에 있으며 이로 인해 인간의 자율성을 말하는 데 있어서 비판적이다. 다른 한편 생성의 철학이 말하는 새로운 신관은 인간의 자율성이 왜 억압 하에 있는지 철학적인 분석을 내리면서 새로운 시대의 자유 개념은 또 다시 신의 역할에 대한 새로운 개념 정의를 요청하게 된다.

이는 어찌 보면 아무리 환원주의의 시대에서 인간이 살아가고 있을지라도 인간은 신이나 초월자 문제를 떼어 놓을 수 없다는 것을 의미하기도 한다. 그렇지 않고서는 인간이 마주친 순환 논증이나 환원주의의 오류에서 벗어날 수 없기 때문이며, 그럴 경우 우리는 진정한 인간 자유의 성립에 대해 더 이상 말할 수 없기 때문이다. 이제 인간의 자유 개념과 관련하여 오늘의 생성철학이 수행해야 할 과제는 분명해졌다. 우리는 어떻게 유물론적이고 환원주의적인 결정론에서 벗어날 수 있을까? 혹은 우리는 신의 결정론에서도 벗어나면서 동시에 새로운 신의 개념을 통해 인간의 자율성에 대해 어떻게 말할 수 있을까? 이런 문제가 진정한 과제로 떠오른 것이다.

이미 말했듯이 화이트헤드 과정철학이나 동아시아의 생성의 철학은 신이나 종교적 절대자의 역할을 강조하면서 동시에 인간의 자유를 말하는 독특한 방법에 대해서 오랫동안 사유해 왔다. 앞으로의 동서 생성철학은 바로 이것을 소개하면서 발전시켜 나가는 과제를 떠안고 있다고 할 것이다.

3. 영혼불멸의 문제

이제는 마지막으로 영혼불멸의 개념에 대해서 살펴보자. 잘 알다시피 생성과 과정의 사상이 전제하는 것은 하늘 아래 고정적으로 지속되는 것이 없다는 사실이다. 모든 것은 생성과 소멸을 반복하면서 태어났다 사라지는데 그런 과정에서 새 것과 차이가 있을지는 몰라도 동일하게 반복되는 것은 없다. 우리의 삶은 그렇게 새로운 것, 새로운 차이들이 반복되는 삶의 과정 그 자체이다.

이런 깨달음은 종교적으로 매우 도발적이며 혁명적이다. 신의 문제와 자유의 문제는 물론 종교철학의 가장 중요한 주제 중의 하나인 영혼불멸이나 불사의 이론에 직접적 위협을 가하기 때문이다. 쉬운 예를 들어보자. 한 명의 철학자가 있다고 치자. 그가 죽었는데 그는 환생을 믿는 힌두교 신자였고 실제로 그가 사후에 건설 노동자로 다시 태어났다고 치자. 그 철학자의 본래의 신체는 관 속에 갇혀 있고 시간이 지나면서 부패해 갈 것이며 언젠가는 흔적도 없이 사라질 것이지만 어쨌든 현재로서는 아직 완전히 부패하지 않은 상태에서 대강의 생전의 모습을 유지하고 있다고 치자. 그러나 노동자로서 환생한 그는 건설 현장에서 여전히 근육을 키워하면서 일하고 있을 것이다. 철학자 시절에 컴퓨터 모니터 앞에만 앉아 있던 그의 팔 근육은 유약하고 볼품없기 그지없는 모습이었지만 현재 노동자로서 매일 매일 힘든 육체노동을 하는 그의 팔 근육은 철학자 시절의 것과는 완전히 다른 모습을 형성하고 있을 것이다. 그의 두뇌는 또 어떨 것인가? 그는 건설현장에서 필요한 지식에 대해서는 잘 알고 있지만 하이데거나 화이트헤드의 철학용어들에 대해서는 잊어 무지하거나 아니면 최소한 잊어 버렸을 것이다.

여기서 조금 이야기를 바꾸어 다르게 발전시켜보자. 평상시에 선행을 베풀면서 선하게 살았던 그 힌두교 철학자가 지구로 환생한 것이 아니라 천당에 가서 살고 있다고 치자. 그가 여전히 생전에 그가 가지고 있었던 신체의 골격과 모습을 유지하고 있다고 할 수 있을까? 그렇다고 할 때 과연 그는 정말 100% 같은 모습일까? 그런 것이 가능할까? 만일 그가 죽기 바로 전 끔찍한 대형 교통사고를 만나서 얼굴이 일그러진 모습으로 하늘에 갔다면 천당에서 그의 얼굴은 어떤 모습일까? 여전히 다른 모든 사람이 알아 볼 수 있는 그대로의 모습으로 환원될 수 있을까? 아니면 완전히 일그러지고 망가진 모습이지만 천당에서는 그런 신체적 형태를 중요하게 따지는 것이 아니므로 완전히 다른 모습으로 생존할까?

위의 두 가지 사례들은 모두 철학적으로 인격적 동일성 문제를 제기한다. 한 사람의 인격이 살아 있을 때와 사후에 얼마나 동일한가 하는 것이다. 과연 인간은 죽기 이전과 사후에 어느 정도까지 동일성을 유지할 수 있을까 하는 것이다. 노동자로 환생한 철학자의 팔 근육은 분명히 달라졌을 것이다. 그때 우리는 과연 그 환생을 동일한 자의 환생으로 볼 수 있을까? 아니면 다른 사람의 환생일까? 물론 이것을 판단하는 문제는 그리 쉬운 일은 아니다. 사망 직전 끔찍한 교통사고를 당해 일그러진 얼굴을 한 사람이 천당에서 다시 부활한 경우도 같은 동일한 사람이라고 볼 수 있을까? 이 역시 판단이 쉽지 않다.

생성과 과정의 철학이 출현 이후, 영혼의 불멸 문제나 불사의 문제, 부활과 환생의 문제는 재고를 요구받고 있다. 전통적인 방식으로는 해결되지 않는 수수께끼 같은 문제들이 산적해 있는 것이다. 물론 생성과 과정의 철학이 인간의 인격적 동일성에 대해서 적용하는 여러 철학적 원칙을 적용하면서도 얼마든지 불사와 불멸, 부활과 환생의 문제를 새롭게 포스트-모던적으로 확립할 수 있는 방법이 없는 것은 아니다.[18] 실제로 최근 많은 과정신학자들은 이 문제를 매우 참신한 이론을 가지고 새롭게

---

18) 존 쉘비 스퐁, 『영생에 대한 새로운 전망』, 한성수 역 (서울: 한국기독교연구소, 2011).

신학적으로 다루어 왔다.

어쨌든 우리가 여기서 정리할 수 있는 것은 전통적으로 우리가 토론해 온 영혼불멸의 문제는 이제 새로운 토론을 거치지 않고서는 현대인들에게 호소력을 잃게 되었다는 사실이다.

IV. 생성과 과정의 종교철학 — 전망과 과제

우리가 위에서 본 바대로 생성의 철학은 종교철학 내에 적지 않은 지각 변동을 가져왔다. 이제 우리는 이런 격변을 어떻게 받아들일 것인가에 대해서 토론할 차례다. 과연 이 생성의 철학의 시대에 종교는 그 역할을 다한 것일까? 종교적 개념들로서의 신, 자유, 영혼불멸 등의 개념들은 물론 우리가 믿는 신앙체계로서의 종교는 과연 무의미하고 무가치한 것에 불과한 것일까? 철학의 주류가 바뀐 오늘의 시대에서도 여전히 우리는 종교에서 의미를 찾을 수 있을까?

비록 철학이 종교철학 내에 커다란 지각변동을 가져온 것은 사실이지만 그것이 곧 종교의 의미와 체계 자체를 뒤흔들고 무의미하게 만드는 것은 아니다. 물론 생성의 철학이 가져온 변화 자체는 우리가 무시할 수 없을 만큼 크다. 하지만 우리는 이런 생성의 시대에서조차 종교의 의미와 가치에 대해서 얼마든지 긍정할 수 있다. 단지 하나의 조건은 있는데, 그런 확신을 공고히 하기 위해서 우리는 먼저 우리의 삶 자체는 물론 그것을 다루는 철학 자체의 의미에 대해서 새로운 시각을 지녀야만 한다.

철학에서 주류가 바뀐다는 것은 곧 우리의 인생이 어떻게 살아갈 것인가의 문제를 다루는 방법론에 새로운 변화가 일어나고 있다는 뜻이다. 특히 가장 중요한 것은 앞에서 본 바대로 인간이 이렇게 절대적 진리도 없고 윤리적 잣대도 없는 시대에 어떻게 행동해야 하는지, 도대체 그런 지침이 없어졌다는 사실 앞에서 우리는 도덕과 법률적 행동의 기준을 어디서 끌어와야 하는가 하는 것이 문제가 된다.

이런 것에 대답하는 것은 많은 토론과 지면을 요구한다. 그러나 여기어 우리가 먼저 생각할 수 있는 것은 우선 새로운 깨달음에의 필요성과 삶의 방법론에 일대 전환을 가져오는 것이다. 우리는 먼저 철학의 역할에 대해 새로운 인식을 지녀야 한다. 즉 철학은 본래 지혜를 사랑하고 합리성과 이성의 힘에 의지하는 방법을 계발시키는 학문인데, 이제 인류는 이를 생성의 철학과 더불어 수행하지 않을 수 없게 되었다는 점을 강조해야 한다. 그리고 이런 사실을 더 많은 사람들에게 계몽시켜야 한다는 것이 우리의 과제다. 이런 계몽이 없이는 아무리 새로운 철학과 진리를 말하고 새롭게 성립된 도덕과 윤리에 대해서 말한다 해도 그 모두가 무용지물이 되기 십상이기 때문이다. 생성과 과정의 사상을 적용하지 않고서는 그 의미를 확보할 수 없게 된 것이 오늘의 상황이라는 말이다.

철학의 의미에 대해서 새로운 인식을 지녀야 한다는 것은 다음과 같이 다르게 표현될 수도 있다. 즉 전통적인 의미의 존재론이 죽었고 형이상학이 죽었다고 해서 철학과 이성적 삶 자체가 끝났다고 생각하는 오류를 떨쳐 버리도록 해야 한다. 우리는 얼마든지 이런 생성의 시대에도 새로운 존재론과 형이상학을 말할 수 있다는 사실을 놓고 새로운 철학적 이해를 전개시켜야 하는 것이다. 이를 종교철학적으로 표현해 보면 다음과 같다.

고정과 불변적인 진리의 시대가 가고 변화와 생성, 그리고 과정과 차이의 시대가 도래하였다는 사실에 대해서 먼저 일상의 보통 사람들이 깨닫도록 계몽한다는 것은 종교적으로 다음과 같은 것을 의미한다. 즉 사람들은 생성의 철학이 탈주와 유목의 철학으로 발전하는 것을 보게 되면서, 결국 해체, 방임, 무질서, 데카당스의 철학은 물론 그런 것과 관련된 라이프스타일이 판을 치게 될 것으로 곧장 결론짓는 경향이 있다. 하지만 우리가 잘 아는 바대로 생성의 철학이 반드시 이런 식으로 결론 나는 것은 아니다. 아니 더 정확히 말해서 비록 생성의 철학이 해체와 방임을 말하고 카오스와 탈주를 말하지만 그것이 위에서 말한 속물적이고 저급한 철학과 윤리를 양산해 내는 결과를 빚어내는 것만은 아니다. 오히려 그런 것과는 전혀 상관없이 삶을 긍정하는 것이 생성철학의 본바탕이며, 얼마든지 그것에 근거한 윤리를 생산할 수 있는 것이다. 나아가 생성 철학이 비록 때로는 해체와 자유, 카오스와 유목을 말하는 것이 사실이지만 그것이 반드시 비종교적인 주장들로 이어지는 것은 아니다. 당장 화이트헤드의 과정철학이 가장 극명한 예라 할 수 있는데, 왜냐하면 화이트헤드의 철학은 영미에서 과정신학이라는 가장 활발한 기독교 신학 장르를 만들어 전 세계적으로 영향력을 행사해 오지 않았는가? 20세기말과 21세기 초의 기독교 신학을 과정신학과 떼어 놓고서 결코 생각할 수 없는 것을 볼 때, 생성의 철학이 꼭 비종교적인 삶의 철학을 생산해 내는 것이 아니라는 것을 잘 알 수 있다.

이를 조금 더 종교철학적인 논리로 입증해 보자. 오늘의 생성철학은 초월적인 중심을 배제하는 방향으로 나아가기 않는다. 오히려 내재의 면을 강조하는 종교와 윤리를 말한다. 여기서 내재의 면이란 내재적인 힘을 가지고 있는 잠재계의 모든 존재자들을 의미하는 것으로서 예를 들어 입자적 사건corpuscular occasions으로부터 인간과 공동체에 이르기까지 그 모든 것들이 합종연횡하고 가로지르면서 만들어 내는 모든 세계를 말한다. 말하자면 이런 세계에서는, 초월의 세계가 아원자 이하의 입자들이 만들어 내는 미시적인 세계 힘과 그것의 영향 하에 있는 인간의 두뇌가 만들어 내는 잠재력의 형향을 받게 된다. 이런 표현들이 이해되기 어렵다면 이렇게 말해 보자. 이제는 보이지 않는 잠재세계에 내재해 있는 힘, 즉 그것이 입자적인 것이 되든지 혹은 무의식적인 것이 되든지, 그런 모든 힘들이 연합해 만들어 내는 강도intensity에 의해도 세상은 변혁된다. 한마디로 초월의 세계는 그것이 정신과 영혼의 세계이든 아니면 보편자와 신의 세계이든 내재와 잠재성의 세계계의 영향과 떼어서 생각할 수 없다. 모든 초월적인 것들은 내재와 잠재 세계의 사건들과 연계되어서 생성되고 변화하면서 자신을 형성해 가고 있기 때문이다.

물론 초월에 의지하지 않고 모든 것을 설명하려는 체계를 지향하는 극단적 의미의 생성철학이 없는 것은 아니다. 신이나 보편자, 혹은 아예 체계 자체를 떼어 놓고서 설명을 시도하는 철학이 없는 것은 아니다. 필자는 개인적으로 이런 철학을 별로 선호하지 않지만 어쨌든 그들이 말하는 철학이라고 해서 반드시 비합리적인 것만은 아니다. 단지 그들이 어떻게 바람직한 종교철학을 생산해 낼 수 있는지를 이해하고 적용하는 과정이 복잡하며, 나아가 많은 경우 그들이 불합리한 논리를 사용하고 있어서 납득되지 않는 경우가 많다는 것일 뿐, 그들의 철학과 그 철학을 추종하는 삶 자체를 우리가 부정해 버릴 수는 없는 것이다.

어쨌든 여기서 중요한 것은 이제까지 설명의 도구로 사용되었던 철학의 각종 다양한 초월적 도구들이 이제는 그것 자체가 갖는 선험적 가치에 의존하지 않은 채 자신의 가치를 설명해 내야만 하는 시대에 우리는 살고 있다는 사실이다. 초월적인 어떤 설명 도구를 이용해 사물을 설명하던 시대를 떠나서 이제는 사물 자체의 내재성에 의존해 우리 앞의 사실들을 설명하는 시대에 우리는 살고 있다. 아니 더 정확히 말하면 사물이 자신을 설명하기 위해 동원하는 도구들은 언제든지 변화하고 바뀌며 따라서 생성한다. 그것들은 언제든지 쓰다 버릴 수 있다는 말이며, 잠시 임시방편으로 집단, 구조 등 개별자들 사이의 밀접한 관계를 공고히 하기 위해서 선험적인 것으로 요청하다가도 어느 정도 때가 되면 수명을 다하고 다음 개념들에 의해서 대체된다. 모든 것은 과정과 유동과 생성 속에 있기 때문이다.

이런 시대에 새로운 스타일의 유물론이 다시 조명되는 것은 사실이다. 여기서 유물은 물리적인 것이 유일하다는 뜻이요 그러므로 그것이 전부라는 말이 아니다. 오히려 그 반대다. 비록 정신과 영혼도 물질적이고 물리적인physical 것에서 출발하는 것이 사실이지만 그렇다고 해서 정신과 영혼 자체의 의미와 가치가 사라지고 그것의 위상이 날아가 버린다는 것이 아니다. 이런 유물론은 물론 속류 환원주의이므로 강하게 배척된다. 새로운 의미의 유물론은 하나의 물질적인 사물도 그것이 언제나 과정과 생성 속에 있다는 것을 강조한다. 사물이 생성 속에 있다는 것은 결국 생성하기 위해 자라나는 과정 속에 있다는 것이며 그러기에 비록 물질에서 출발된 하나의 사물에 대한 설명은 얼마든지 그것보다 초월적인 존재들, 즉 정신과 영혼의 세계와의 관계 속에서만 온전해진다는 것이다. 가장 최근에 각광을 받고 있는 인기 있는 철학자들을 보라. 들뢰즈가 되든 지젝이 되든 그들 모두는 일종의 유물론자들이다. 하지만 그렇다고 해서 그들을 속류 환원주의적 유물론자로 취급해 버리는 것은 매우 유치한 이해에 근거해 있는 것이다. 베르그송과 화이트헤드의 생성과 과정의 철학은 더 말할 것도 없다. 그들이 가장 먼저 앞장서서 반대하는 것이 환원주의적 유물론이 아니었던가? 오늘의 유물론은 말한다. 모든 유물적인 것은 그저 물질이 아니라 생성하면서 발달해 가는 잠재성이다. 모든 초월적인 것은 그것 자체로 존재하는 것이 아니다. 그것은 모든 사물들 안에 내재되어 있으며 반대로 모든 내재적인 것은 초월적인 것을 함유하고 있다. 이것이 생성과 과정철학의 핵심주장이다.

이런 철학의 종교적 경향은 짐작하기 쉽다. 최근의 생성철학의 주 경향은 대개 환원주의적 유물론과의 싸움과 이어진다. 하나의 초월의 철학에 관심하기 때문이다. 철학은 언제나 정신, 영혼, 신, 도덕, 윤리 등의 인간이 말하는 관념론적이고 선험적인 초월 세계들을 언급하는 것과 떼어서는 결코 성립될 수 없다. 그러기에 종교적이고 도덕적이다. 오늘의 생성철학은 세계를 긍정하는 것과 동시에 인간을 긍정하게 만든다. 예를 들어 기독교를 해석할 때도 오늘의 생성철학은 바로 이런 점을 강조한다. 전통적인 철학이 말하는 방법론을 그대로 유지하게 되면 우리는 기독교가 가지고 있는 세속에 대한 강한 긍정에 대해서 잊게 되는 경향을 갖게 된다. 잘 알다시피 구약성서가 말하는 창조론이나, 신약성서가 말하는 예수의 행적은 한결같이 세계의 적극적인 긍정이었다. 특히 인간의 삶의 본능과 그 역동적인 힘에 대해서 설명하면서 그것을 통해 세계를 변혁하고 이 땅 위에 하나님이 통치하는 나라를 건설해 가자는 것이 기독교의 중심 메시지였다.

물론 기독교의 핵심이 여기에만 있는 것은 아니다. 그것은 기독교를 해석하는 여러 해석 중의 하나에 불과하다고 볼 수 있다. 하지만 종말론도, 예수의 스토리도 언제나 기독교는 그것들을 통해 인간의 삶 자체의 중요성을 긍정하기 위한 수단이었다는 것을 부인할 사람을 없을 것이다. 생성의 철학 역시 신과 영혼 등의 초월자 자체에 대해서 말하는 것을 그치지 않는다. 단지 이 모든 것을 더 구체적인 차원에서 말하는 것이 다를 뿐이다. 신은 이제 더 이상 핏기 없는 추상적 존재가 아니라, 따스함과 온정이 있고 우리의 삶과 연결되는 개념으로 탈바꿈된다. 신이 세속과 유리된 채 자신의 존재를 유지한다는 말은 어찌 보면 그에게는 따스함이 없다는 말이다. 신이 불변한다는 말은 어떤 면에서는 느낌도 고통도 없다는 말이다. 추상적인 관념 세계에서 살아가는 신이 무슨 느낌과 고통이 있겠는가? 이런 신은 세계와 관계 하더라도 그 관계가 따스하지 않다. 그리고 그 관계 자체도 내면적인 못하고 그저 외면적인 것에 그칠 뿐이다. 한마디로 그저 스스로의 독자적인 세계에서 살아갈 뿐인 추상적이고 비인격적인 존재에 불과한 것이다. 이것이 바로 전통적 초월 신관이 일으키는 문제들이 아니었던가?

생성의 철학의 시대가 도래했다는 것은 이런 전통적인 개념들을 문제시하기 때문에 종교인들에게 심각한 도전으로 다가온다. 종교가 무엇인지, 그것의 역할과 기능이 무엇인지 되묻게 되기 때문이다. 하지만 생성의 철학은 오늘날에조차 초월의 존재와 가치에 대해서 얼마든지 말할 수 있다. 오늘의 생성철학은 단지 이런 모든 것들을 새로운 방법론을 통해서 토론하자고 제안하는 것이 다르다.

세상은 다양한 학설과 주장으로 새롭게 우리의 삶을 분석하고 있는데 종교는 여전히 전통적인 세계관을 고집하면서 소수의 지식인들에게만 호소력을 지닌다고 느끼는 사람들이 많다. 그러기에 종교를 아끼고 그것의 중요성을 인식하는 수많은 지식인들은 오래 전에 이런 상황에 직면하면서 종교가 새롭게 변혁되어야 한다고 지속적으로 역설해 왔다. 종교의 시대가 지나갔다고 믿는 많은 비종교적 현대인들도 여전히 하루하루를 종교에 둘러싸여 함께 살아가는 것이 현실이다. 종교에 의지하는 삶이 우리에게 큰 의미를 가져다 주지 않는다고 믿는 사람들조차도 실제에 있어서는 종교 없이 그들의 삶을 설명키 어려운 경우가 많다. 우리에게 남겨져 있는 것은 이런 전환기의 상황 하에서 어떻게 새로운 종교철학을 만들어 내는가 하는 과제가 될 것이다.

2장
동 · 서 생성의 철학
: 비교의 문제

들어가는 말

동아시아 사상을 기독교와 그리스철학으로 대표되는 서구사상과 비교하려 때 그 근거로 논자가 거론한 것은 생성과 과정의 철학이었다. 생성과 과정의 철학만이 동과 서 양자를 가장 잘 비교할 수 있도록 만들 수 있으며 또한 동과 서 양자 사이의 차이를 가장 극명하게 드러냄으로써 우리로 하여금 새로운 창조적 종합을 꾀하도록 만들 수 있다고 말했다. 그러나 생성과 과정의 철학에 근거해 동서를 비교하는 작업은 다음과 같은 질문에 직면할 수 있다.

가장 먼저 제기될 수 있는 질문은 동아시아 사상을 과연 생성과 과정의 철학이라고 할 수 있는가에 관한 것이다. 즉 동아시아 사상이 과연 어떤 의미에서 생성과 과정의 철학으로 간주할 수 있기에, 그것을 화이트헤드의 것과 같은 전형적인 현대의 서구 과정철학과 비교할 수 있는가 하는 것이다.

논자는 본 장에서 먼저 이 문제를 다룸으로써 앞으로 계속되는 동아시아와 서구의 만남, 즉 종교철학과 신학을 통해서 동과 서가 만나려 할 때 예상되는 우선적인 걸림돌을 제거하려 한다. 여기서 말하는 걸림돌이란, 동아시아와 서구 양자는 서로 다른 사상적 배경과 체계를 가지고 있기에 전혀 비교 가능하지 않다는 전제이다. 이런 전제는 우선 양자의 시대적 차이에 대한 지적, 즉 동아시아 사상이 근간으로 하는 종교나 문화는 고대의 것으로서 서구의 생성철학이나 과정사상과 비교할 때 상호 사이의 시대적 간격이 멀어 무리한 작업이 될 수 있다는 지적과 더불어 시작된다. 그리고 거기에 덧붙여 두 사상이 아무리 생성과 과정의 철학이라 불릴 수 있을지라도, 양자가 사용하는 개념들이 서로 다른 의미를 지니기 때문에 양자를 비교하는 작업은 그저 무익한 결과를 빚을 뿐이라는 것이다.

나는 이 장에서 동아시아와 서구 양자는 생성과 과정의 철학이라는 점에서 공통점을 지닌다는 점을 분석해 보이겠다. 그리고 그런 분석에 근거해, 나는 양자가 시대적 간격과 개념들의 현격한 차이를 넘어서서 얼마든지 비교될 수 있다는 것을 보여 주겠다.

동아시아 사상과 서구 사상을 비교하는 작업의 무리함을 지적하는 입장들 중에서 가장 강력한 비판은 동아시아 철학 자체 내에서 제기되기도 한다. 특히 일부 동아시아 사상가들은, 동아시아 철학은 일종의 종교적 사상이며, 그것은 특히 인간의 심성을 변혁시켜 이상적 사회를 건설하려는 윤리와 도덕이기에 서양의 것과 철학적 비교하는 것은 무리라는 주장이 그것이다. 이를 다르게 표현할 수도 있다. 즉 어떤 동아시아 사상가들에 따르면, 언제나 철학적 비교는 비판을 동반하지 않을 수 없는데, 그런 비판을 동아시아 사상에 적용하는 것은 공정치 못하다는 주장이 제기 될 수도 있다. 동아시아 철학은 도학(道學)이기 때문이며, 따라서 서구 철학과 같은 학문에 의해서 비교되고 비판될 수 있는 대상이 아니라는 것이다.

일부 동양철학자들의 이런 주장은 일견 일리가 있는 주장처럼 보일 수도 있다. 분명히 동아시아 철학은 그것이 철학이라고 할 때조차 그 주요 관심사가 일종의 도덕적이거나 종교적인 것에 기초해 있는 경우가 많으며, 그런 까닭에 동아시아 사상은 자신의 학문적 목적을 논리적으로 일관된 사변적 체계를 구성하는 데 두지 않고 인간의 행복과 구원을 가능하게 하는 도구를 제공하는 데 두는 경우가 많기 때문이다.

그럼에도 불구하고 동아시아 철학이 도학이라서 그것이 비교나 비판에서 면제된다는 주장은 옳지 않으며, 동아시아 철학 자체의 발전을 위해서도 별로 바람직하지 않다고 보는 것이 필자의 입장이다. 동아시아 철학이 하나의 도덕적이며 종교적 관심에서 출발하는 경우가 적지 않은 것이 사실이지만 않지만, 그렇다고 해도 그런 사실만이 강조되면 동아시아 사상은 나중에 서구철학의 한 국지적인 분과처럼 취급되어 결국 저급한 사상으로 전락할 수 있다고 본다. 필자는 동아시아 철학도 분명히 더 논리적이고 온전한 하나의 사유체계로서 거듭나는 한도 내에서 서구철학이 가지고 있는 수많은 문제를 해결하는 데 공헌할 수 있다고 생각한다.

물론 서구철학, 특히 형이상학적 관심에 기초한 철학들이 비록 동아시아 철학보다 그 외연에 있어 폭넓은 영역을 다룰 수 있는 통합적 체계를 가지고 있는 것은 사실이지만, 그렇다고 해서 이런 사실이 서구 철학이 동아시아 철학보다 완전한 학문적 체계를 가지고 있다는 주장과 연결되는 것은 아니라고 믿는다. 모든 각각의 형이상학은 그것이 서구의 것이든 동양의 것이든 언제나 완전을 향해 나아가는 도상에 있는 하나의 학문에 불과하기에, 그 모든 것은 항상 서로의 도움을 필요로 한다고 믿는다. 이것이 동아시아 사상이 서구 사상과 적극적으로 비교되어야만 하는 이유이며, 또한 때로는 그것이 서구의 비판을 적극 수용해야 하는 이유이기도 하다. 그런 한도 내에서 동아시아 사상은 발전할 수 있으며, 또한 그런 발전을 통해 보다 바람직한 세계 철학의 형성에 공헌할 수 있기 때문이다.

마지막으로 동아시아의 사상과 서구의 그것이 서로 동등한 차원에서 비교될 수 있는 이유는 양자가 공히 인간의 행복과 구원을 추구하기 위한 목적에서 공통적이라는 점 때문이다. 양자의 차이는 단지 그런 공통적인 목적을 추구해 가는 데 있어 서로 다른 학문적 체계와 방법론을 사용한다는 데 있다. 마지막 절에서는 바로 이 점을 보여줌으로써, 양자가 충분히 철학적 비교의 대상이 될 수 있고 그런 비교의 작업은 학문적으로 효율적인 가치를 제공한다는 것을 주장하겠다.

I. 동아시아 사상을 하나의 과정사상으로 볼 수 있는가?

동아시아의 사상을 과연 생성과 과정의 철학이라 할 수 있는가? 또한 그것을 서구의 현대 과정철학, 예를 들어 화이트헤드의 형이상학과 비교할 수 있는가?

동아시아 사상을 과정철학과 비교하는 것에 질문을 제기하게 되는 주요 이유는, 동아시아의 대표적인 사상인 불교와 도교 그리고 유교 등이 제시하는 세계관이 '과정'의 개념을 펼치고 있다는 주장에 의구심을 갖는 사람들이 있기 때문이다. 이런 의문은 주로 서구 철학이 보여주는 치밀한 학문적 체계와 정교한 논리에 매료된 학자들 사이에서 일어난다. 예를 들어 화이트헤드 형이상학에서 발견되는 학문적 엄밀성에 경탄하는 일부 과정사상가들이 그런 질문을 제기하는 주요 그룹들 중의 하나다.

물론 이런 의문을 제기하는 사람들도 유불선의 동아시아 철학이 관계, 생성, 변화 등의 개념을 갖고 있고, 따라서 화이트헤드의 과정철학과 비슷한 철학적 전제에 기초하고 있다는 것은 쉽게 인정한다. 하지만 그렇다고 해도 대부분의 동아시아 철학들에 엄밀한 잣대를 들이 댄다면 그것들을 화이트헤드의 과정사상과 비교하는 것은 어려워진다고 그들은 본다. 예를 들어 많은 서구인들은 화이트헤드나 베르그송이 펼치는 생성과 과정의 개념은 우선 모든 존재와 사물을 시간의 변화의 차원에서 분석한다고 본다. 그리고 여기서 시간의 변화란 모든 과정과 생성이 과거-현재-미래라는 비가역적 시간 축을 따라서 전개되는 것들이다.

그러나 이와는 대조적으로, 동아시아의 생성과 과정의 개념은 과거-현재-미래라는 시간의 축을 전제하지 않거나, 혹은 전제하더라도 과거와 현재, 미래가 언제나 뒤집어지고 역전될 수 있는 '가역적' 시간관을 적용해 사물을 분석하기에 근본적으로 주장하는 내용들이 서구와 다를 수밖에 없다는 것이다.[1] 따라서 비가역적 시간론의 분석 방법에 기초한 서양의 '과정' 형이상학 사상과는 기본 출발점부터 다른 것이 동아시아의 사상이라는 것이 그들의 주장이다. 게다가 동아시아 사상은 베르그송이나 화이트헤드의 과정 형이상학처럼 형이상학의 카테고리에 들어가지 않는 비형이상학적 철학인데 그런 사상을 서구의 것과 비교하는 것은 부당하고 비생산적일 수밖에 없다는 주장도 더해진다.

필자가 보기에도 이런 주장들은 나름대로 일리가 있다. 나중에 뒤에 오는 장들에서 일부분 토론되겠지만 동아시아와 서구의 철학은 우선 시간관에서 상호 차이가 나기에 많은 주장들이 갈라진다. 하지만 정말 그렇다고 해서 양자의 비교가 불가능할까? 우리는 정말 동아시아의 과정사상을 엄밀한 의미의 과정사상이라고 말할 수 없을까?

우선 '과정' 철학이라는 말이 어디에서 연원되었는지 살펴보면서 이 문제를 다루어보자. 예를 들어 대표적인 서구의 과정사상가인 화이트헤

---

1) 동아시아, 특히 불교의 시간관이 비가역적이지 않다고 주장하는 사람들은 많이 있다. 스티브 오딘(Steve Odin)이 대표적이다. *Process Metaphysics and Hua-yen Buddhism* (New York: SUNY Press, 1982)를 보라. 일본의 니시타니 게이지(Nishitani Keiji)도 *Religion and Nothingness* (Berkeley: University of California Press, 1983)에서 비슷한 견해를 보인다.

드가 분명히 '과정'형이상학자의 창시자라는 사실은 잘 알려져 있다. 하지만 화이트헤드 스스로가 이 용어를 사용한 것은 아니다. 그 스스로는 자신의 철학을 유기체의 철학이라고 부르기를 좋아했다. '과정'철학은 후대의 철학자들이 화이트헤드의 사상에 붙여준 이름이다. 화이트헤드의 철학은 '관계'의 철학이라 불릴 수도 있었고 '생성'의 철학이라 불릴 수도 있었다. 실제로 그런 식으로 부르는 것이 '과정'철학이라고 부르는 것보다 낫다는 논쟁이 있었다. 하지만 과정이라는 용어가 그의 사상이 가지고 있는 핵심을 표현한다고 보기에 과정형이상학이라 불리게 된 것이다.

이 말은 불교나 도교 등도 얼마든지 과정사상이 될 수 있다는 것을 의미한다. 불교나 도교야말로 관계의 철학이나 생성의 철학으로 불릴 수 있지만 어떤 의미에서는 과정사상이라 불릴 수 있다. 다만 그들의 사상이 이렇게 과정사상의 범주에 들어갈 수 있는 것이 사실일지라도, 각각 '관계'와 '생성'이라는 개념으로 그들의 사상적 핵심을 표현하는 것이 더 낫기에 그렇게 부르는 것 뿐이다.

물론 동아시아의 '관계'의 철학이나 '생성'의 철학은 화이트헤드의 '과정'철학처럼 존재나 사건을 정교한 시간론에 따라서 분석해 내지는 않는다. 화이트헤드의 과정철학은 시간의 가역성을 부정하는데, 동아시아의 시간관이 이런 비가역적 시간관에 기초한 것은 물론 아니다. 화이트헤드는 물론 베르그송이나 하이데거와 같은 서구 사상가들처럼 시간에 대한 정교한 분석과 그것에 근거한 문제의식에 천착하는 사상을 펼치는 데는 관심이 적었던 것이 동아시아 사상이기는 하다. 하지만 그렇다고 해서 동아시아의 것을 과정사상의 카테고리에 넣을 수 없는 것은 아니다. 동아시아 철학이 펼치는 분석, 특히 사물들을 분석하는 대부분의 주장은 관계와 생성, 과정의 입장에서 조명되고 있는 것이 사실이다. 시간에 대한 관념이 다르게 비쳐질 수 있는 것은 사실일지라도 그 사실이 동아시아와 서구의 과정 사상을 비교할 수 없게 만드는 것은 아니다. '과정'을 반드시 비가역적 시간의 관점에서 보아야 사물에 대한 분석이 가능한 것은 아니기 때문이다. 동아시아의 사상이 전제하는 시간도 분명히 과거와 현재의 전후 관계를 따지면서 진행되는 것은 다르지 않다.

비판을 받아들여, 동아시아의 과정사상이 말하는 시간이 비가역적이지 않다고 치자. 그래서 과거와 현재와 미래가 역전될 수 있는 입장이라고 치자. 그러나 그렇다고 하더라도 비교가 얼마든지 가능한 이유는, 비록 비가역적 시간론에 근거하지 않고서도 동아시아 철학이 어떻게 사물을 생성과 관계의 관점에서 분석하고 있는지, 그래서 그런 결과 어떤 독특한 세계관과 우주론을 형성했는지 살펴볼 수 있는 것이며, 이를 통해 서구의 것과 비교 및 대조를 만들어 낼 수 있는 것이다. 물론 동아시아 철학이 결하고 있는 비가역적 시간론에 대한 분석은 화이트헤드 철학이나 다른 서구 사상가의 과정사상에 의해서 해명되고 보충될 수 있는 기회도 갖게 될 수 있으며 이런 것이 바로 동과 서의 사상적 대화로 거둘 수 있는 이익이라 할 것이다. 어차피 모든 사상은 시공적인 한계에 의해서 나름대로의 제한성을 갖게 마련이다. 이런 한계를 다른 사상과 비교해 가면서 서로 보충하고 변혁해 가는 것이 철학들의 만남을 추구하는 하나의 이유이며 소득인 것이다.

'형이상학'이라는 개념에 대해서도 살펴보자. 물론 동아시아 종교 철학은 엄밀한 서구적 의미의 형이상학으로 간주되지 못할 수도 있다. 하지만 그런 식으로 따진다면, 화이트헤드나 베르그송, 혹은 토마스 아퀴나스의 철학만이 엄밀한 의미의 형이상학이라고 말할 수도 없다. 우리가 잘 아는 대로, 형이상학이라는 말은 아리스토텔레스의 학문과 연관되어 만들어졌거니와 아리스토텔레스를 추종하는 토미스트와 같은 철학자들은 오로지 아리스토텔레스의 형이상학만을 정통 형이상학으로 대우할 것이다.

이와 관련해 지적해야 할 한 가지 흥미 있는 사실이 있다. '형이상학'

이라는 단어는 이미 오래전부터 동아시아에서 사용되어 오던 말이다. 주지하다시피 "형이상자(形而上者)"라는 표현은 『주역』에 나와 있다. 주역의 계사전에 나와 있는 "形而上者 謂之道 形而下者 謂之器"라는 말이 그것이다. 형이상자는 도(道)라고 하지만 형이하자는 기(器)라고 한다는 말로서, 여기서 주역은 마치 플라톤의 철학에서 나타나는 이데아와 사물의 관계처럼 하늘의 것과 땅의 사건을 이분법적으로 다루고 있는 것이다. 잘 알다시피 주역은 화이트헤드는 물론이고 아리스토텔레스보다도 훨씬 앞서 존재했던 사상이다. 따라서 아리스토텔레스와 같은 의미의 체계적인 형이상학을 발전시키지 못했다고 해서 동아시아 사상에서는 형이상학이라는 학문적 장르가 전혀 발견될 수 없다는 주장은 매우 좁은 단견이다. 형이상학의 본래 의미는 형이하의 세계를 형이상의 초월자들을 통해서 설명하는 학적 체계를 의미하며, 이런 점에서는 아리스토텔레스나 화이트헤드나 동아시아의 뜻매김이 다를 수 없다. 설사 동아시아 사상이 아리스토텔레스나 화이트헤드와 같은 정교한 체계의 형이상학을 가지고 있지 못하고 하더라도 바로 그런 이유 때문에 우리는 양자를 비교하면서 서로를 보충해 볼 수 있는 것이다. 더 정교한 것만이 그것보다 못한 것을 보충하는 것은 아니다. 어떤 관점에서 보면 보충하는 것이 보충되는 것에 의해서 역으로 보충 받을 수도 있는 것이다.

이런 사실들을 감안해 우리는 다음과 같은 사실을 깨달을 수 있다. 즉 '과정'이든 '형이상학'이든 너무 엄밀성을 가지고 그 개념에 접근하는 태도는 비교의 작업을 어렵게 만든다. '과정'을 말할 때 우리는 그야말로 어떤 사물이 생성되는 과정에 초점을 맞추어 말할 수 있다. 또 다른 어떤 경우 우리는 관계가 형성되는 과정에 초점을 맞출 수도 있고, 혹은 의지와 욕망이 형성되는 과정에 초점을 맞출 수도 있다. '생성'에 초점을 맞춘 과정 사상에 관한한 베르그송의 이론과 도교가 가장 많은 관심을 끌어왔으며, 관계에 초점을 맞춘 과정사상에 관한한 유교와 불교의 가르침이 가장 많은 관심을 끌어 왔다. 의지와 욕망의 과정을 분석한 이론에 관한 한 쇼펜하우어와 니체, 그리고 최근에는 라캉의 이론이 각광받아 왔음은 두말할 필요가 없다. 그러므로 여기서 논점은 과정 형이상학은 그 어느 누구에 의해서도 전개될 수 있다는 것이다.

동아시아 사상이 과연 과정철학인가 하는 것에 대해 많이 제기되는 질문 중 또 다른 것은 다음과 같은 질문이다. 동아시아 철학도 일종의 철학으로 간주될 수 있을지 모르지만 서구철학의 입장에서 볼 때 그것은 하나의 엄밀한 의미의 철학으로 간주될 수 없다는 것이다. 특히 그것은 합리적인 체계를 갖추고 있지 못하기에 베르그송이나 화이트헤드 철학과 같은 합리적인 철학과 비교할 수 있는 대상으로 적합하지 않다는 것이다.

물론 동아시아의 사상은 서구적인 잣대로 판단할 때 엄밀한 의미의 철학은 아닐 수도 있다. 여기서 엄밀한 의미의 철학이라는 말로서 서구 철학자들이 염두에 두고 있는 것은 주로 논리적인 합리성인데 동아시아의 사상은 얼핏 보기에 철학적으로 논리적인 합리성에 주안점을 두지 않는 것으로 보이기 때문이다.

그러나 '논리적인 합리성'에 대해서 모두가 동의할 수 있는 일반적 정의definition와 뜻매김을 만들어 내는 것은 쉽지 않은 일이다. '논리'라는 말이나 '합리성'이라는 개념이 의미하고 있는 외연이 너무 넓기 때문이다. 예를 들어 우리가 다루고 있는 화이트헤드의 철학도 어떤 이들에게는 전혀 합리주의적이지 않다. 잘 알다시피 화이트헤드의 제자이면서 동료였던 러셀은 말하기를, 화이트헤드의 철학이 자신과 더불어 같이 작업했던 초기의 『수학원리』Principia Mathematica 시절과 달리 후기의 저서들은 너무 불분명한 논리에 기초하고 있다고 보면서 화이트헤드와 결별한 것으로 유명하다. 이로 인해 러셀은 한 때 화이트헤드를 "멍청한muddlehead 철학자"로 몰아세우기도 했다. 하지만 러셀은 후대에 그의 제자인 비트겐슈타인에 의해서 문제를 양산하는 철학자로 비판 받았다는 점을 생각하면 합리성이나 논리의 기준처럼 모호한 것이 없다는 것을 다시 한 번 확인하게 된다. 베르그송의 철학이 화이트헤드에 의해서 비합리주의로 비판받은 것은 더 이상 지적할 필요조차 없이 유명한 일이다.

여기서 우리가 또 하나 확인해야 할 것이 있다. 논리나 합리성은 언제나 그것에 의존하는 사람들이 가지고 있는 철학과 세계관에 의해서 규정되기 때문에 공통적 정의를 찾는 것이 쉽지 않다는 것이다. 그러므로 우리가 동서양을 비교하는 작업에 있어서 논리와 합리성과 관련해 추구해야 할 것은 비교의 대상으로서의 양자가 어떤 식으로 최소의 공통분모를 가지고 있느냐 하는 것이다. 화이트헤드의 경우 합리성의 추구가 그의 철학이 지향하는 최종 목표다. 즉 유명한 그의 비행기의 비유에서 나타나듯이, 관찰과 실험의 땅에서 출발하는 발견의 방법은 다시 상상적 일반화의 대기층을 비행하게 되고, 그 후 또 다시 합리성의 예리함을 가지고 또 다른 관찰을 위해서 땅에 내려와야 한다고 주장한다.[2] 이런 의미에서 그는 합리주의자라 할 수 있다. 하지만 그는 어떤 의미에서 비합리주의의 중요성을 허락하기도 하는데. 예를 들어 가장 합리적인 체계라고 알려져 있는 수학에 대해서 말하면서 화이트헤드는 수학마저도 보편성과 필연성에 관한 한 어떤 단계에서는 그것 자체에서 무조건 진리를 끌어낼 수 있는 것이 아니고 보았다.[3] 한마디로 수학도 때로는 합리성을 넘어있는 초합리적 학문이라는 말이다.[4] 상황이 이렇다면 우리는 동아시아 철학의 논리와 합리성에 대해서 더 이상 왈가왈부할 필요가 없다. 동아시아 철학은 나름의 세계관에 의해서 합리적이고 논리적인 체계를 가

---

2) 화이트헤드, 『과정과 실재』, 52.
3) 이에 대한 좋은 토론으로는 문창옥의 논문을 보라. "수학의 형이상학적 기초,"『화이트헤드 철학의 모험』 (서울: 통나무, 2002), 제 2장.
4) 이와 관련해 최근 바디우의 제자인 퀑탱 메이야수도 좋은 토론을 전개한 바 있다. 그의 책『유한성 이후』, 정지은 역 (서울: b, 2010)를 참조하다.

지고 있다고 할 수 있으며, 혹시 그것을 비논리적이로 비합리적이라고 보는 사람들도, 그들 자신들의 체계가 가지고 있는 상황적인 제한성을 감안하면서 얼마든지 동아시아와 대화할 수 있을 것이다.

동아시아 사상이 과연 과정사상이냐 하는 것과 관련해 많이 제기되는 마지막 질문은 바로 위에서 말한 것과 연결되는 질문인데, 즉 동아시아의 사상은 전근대적이고 비과학적이기에 화이트헤드의 철학과 비교하는 데 있어서 난점이 많다는 것이다. 이런 지적은 물론 최근의 서구 현대 지식인들에게서 나올 수 있는 발언이다.

동아시아 사상에 대한 이런 종류의 비판은 너무나 많이 들어 왔던 것이고 이런 비판에 대한 응답 역시 너무나 많았기에 이를 다루는 것은 이젠 식상하기조차 하다. 그래도 문제가 되는 사람들을 위해 이에 대해 잠시 언급해 보자. 우선 제기되는 문제의 지적은 다음과 같다. 화이트헤드의 철학은 시대적으로 볼 때 근대 이후이며 나아가 17세기 이후의 과학적인 세계관에 기초해서 형성된 사상인데, 바로 그런 사상을 가지고 근대 이전의 세계관과 과학에 기초하고 있는 동아시아 사상을 비교하고 평가하고 비판하는 것은 공정치 못하다는 것이다.

하지만 최근에는 과연 근대성이라는 도구로 근대 이전과 근대 이후를 나눌 수 있는지의 문제 자체에 대해 질문이 제기되고 있으며, 더 중요한 것은 근대성이라는 잣대로 어떤 문화를 판단하는 역사 방법 자체에 대한 비판이 제기되고 있다. 물론 근대성에 대한 논의는 짧은 지면으로 여기에서 일목요연하게 요약하기가 쉽지 않다. 근대성에 대한 모든 토론에서는 항상 문화와 문명에 대한 다양한 이질적인 개념이 충돌하게 됨은 물론, 그런 개념을 평가하는 철학적 입장이 천차만별이기 때문이다. 따라서 여기서 우리는 단지 '근대성'이란 개념을 분석하는 것을 통해 동아시아 문명을 비판하는 방법론이 가지고 있는 문제점을 지적하는 사례들 중 하나만 소개하는 것으로 제한하도록 하자.

가장 많이 제기되는 비판 중의 하나는 근대성이라는 개념 자체가 매우 의도적이고 작위적이라는 것이다. 에드워드 사이드Edward Said가 주창해서 유명해진 '오리엔탈리즘'이란 개념이 바로 이런 점을 지적하는 대표적인 것인데, 오리엔탈리즘이란 오리엔탈이 독특한 문명을 가지고 있어서 위대하다는 것을 주장하는 이론이 아니라 오히려 그 반대다. 사이드의 오리엔탈리즘 개념에 따르면, 서구인들은 서구와 동양을 이분법으로 나누면서 하나는 근대적이고 다른 하나는 근대적이지 않으며, 하나는 우등하고 하나는 열등하다는 식으로 분류해 왔으며 그 결과 근대적이지 않고 열등한 동양의 문화를 오리엔탈과 연계시켰다는 것이다. 하지만 사이드에 따르면, 이런 이분법적인 태도는 사실 매우 작위적이며 또한 그 의도가 매우 불순한 배경의 산물이라는 것이다. 왜냐하면 그런 생각의 배후에는 동양에 대한 자신들의 지배와 침략행위를 합리화하려는 의도가 깔려 있기 때문이다. 한마디로, 동양이란 개념은 근대 이전의 일부 서양인들이 동양을 침략하던 시기에 자신들의 문화와 문명을 합리화하기 위해서 자신과 구분되는 타자를 만들어 내었고, 이 과정에서 서구의 것은 우월하며 동양의 것은 열등하다는 신화를 만들어 냈다는 것이다.

사이드가 펼치는 주장의 이론적 정당성 여부를 따지는 것을 떠나서, 우리가 여기서 주목해야 할 것은 과연 근대성의 개념으로 시대를 구분하는 것과 나아가 그것을 통해 한 문명의 가치를 평가하는 것이 공정할 수 있느냐 하는 것이다. 그런 구분 자체가 매우 임의적이기 때문이다. 우선 근대성을 구성하는 가장 중요한 핵심 항목 중의 하나인 '과학'이라는 잣대로 동아사아의 문명을 평가하는 것에 대해 살펴보자. 과학의 잣대로 동아시아의 문명을 평가하는 것이 매우 위험스럽기조차 하다는 것은 최근에 토론되어지는 과학철학의 논쟁을 살펴보면 쉽게 알 수 있다. 예를 들어 근대성의 핵심 사상 중의 하나는 뉴턴 패러다임이었다. 하지만 이렇게 근대성의 대표적인 과학적 패러다임으로서의 뉴턴의 패러다임에 대해 최근 많은 비판이 존재해 왔다는 것을 우리는 잘 알고 있다. 오늘날에 발견된 양자역학이나 상대성 이론에 따르면, 뉴턴 패러다임은 문제투성이다. 따라서 오늘날의 주류 패러다임의 입장, 즉 토마스 쿤 이후의 새로운 과학적 입장에서 보면 문제가 많은 과학이다. 그러나 뉴턴 패러다임의 입장은 무조건 우리가 부정할 수 있는 입장은 아니다. 뉴턴의 물리학이 어떤 면에서 보면 사실이 아닌 것은 아니며 일정 부분 진리로 간주될 수 있기 때문이다. 그러므로 그런 물리학으로 설명되는 분야가 있지만 주로 그렇지 않는 분야가 있고, 따라서 그런 법칙이 적용되지 않는 분야가 있다는 사실 때문에 뉴턴의 법칙은 보편적으로 모든 사물에게 적용되는 진리는 아니라는 것이 맞다. 이렇게 근대이든 전근대이든 그것을 구성하는 법칙이나 문화 자체가 무조건 옳거나 그른 것은 아니다.

우리가 너무나 잘 알고 있듯이 우리가 진리라고 알고 있는 것, 혹은 우리가 옳다고 알고 있는 것은 모두 나와 내가 속한 그룹의 집단 이데올로기가 만들어 낸 산물인 경우가 많다. 그것은 대부분 우리의 집단이 가지고 있는 집단 이기심이 만들어 낸 환상에 기초하기도 한다. 또한 우리는 근대라고 일컬어지는 많은 가치들이 때로는 현대의 문화적 질병의 핵심 원인이 되어 온 경우도 잘 알고 있다.

따라서 어떤 것을 비교하는 것에 대해 의문을 제기하는 경우 우리는 혹시 그 배경에 일종의 무의식적인 자기 정당화가 작용하고 있지는 않은지, 혹은 이런 것에 근거해 타자 폄하의 생각이 작용하고 있지는 않은지 자성해 보아야 한다. 즉 비교가 불가능하다고 말할 때 어떤 경우 정말 두 개의 입장이 서로 너무 달라서 비교할 수 없는 경우도 있지만, 또 다른 경우 그렇게 다르다고 느끼는 것 자체가 사실은 자신도 모르는 사이에 형성되어 온 고집스런 자기중심적 관점에서 기인하는 것은 아닌지 살펴보아야 한다는 말이다. 실제로 많은 경우 자신의 입장과 타자의 입장이 다르다고 느낄 때, 그 차이는 정말로 양자 사이에 차이가 있어서라기보다는 자신을 타자로부터 방어하고 합리화하다 보니 형성된 것일 때가 많다. 많은 사람들은 부지불식간에 자신을 합리화하고 정당화하기 위해서 하나의 관점을 유지하게 되어 있고 그러다 보니 타자를 받아들이는 것이 힘들게 되며, 특히 자신의 입장을 사용해 타자를 비판하고 그들을 비하하게 되는 것이다. 이를 최근의 정치학은 체제이론regime으로 설명한다. 여기서 체제란 체계system와 구별하기 위해서 나온 것으로서, 인류의 지성사에 있어서 많은 경우 인류는 자신의 체제옹호를 위해 체계를 사용해 왔다는 것이다.[5]

이제까지 우리는 동아시아와 서구를 생성과 과정의 사상으로 비교할 수 있다는 것을 보았다. 다음에 다룰 문제는 조금 더 미묘한 문제다. 즉 서구의 잣대로 동양을 비판하는 것의 정당성 여부에 대한 문제를 삼는 것에 토론하는 것이다.

II. 도학(道學)으로서의 동아시아 사상에는 철학적 비판이 가능하지 않다?

동아시아 사상은 도학(道學)이기에 비판이 가능하지 않다는 주장이 있을 수 있다. 그리고 이런 주장은 어떤 사람에게는 어불성설로 들릴지 모르지만 어떤 이들에게는 아주 당연한 것으로 받아들여진다. 그렇다면 동아시아 사상이 도학이라는 주장은 무엇이며 그러기에 비판이 가능하지 않다는 주장은 어떤 근거에서 나오는가?

동아시아 사상을 도학이라 명명하면서 비판의 불가능성을 주장하는 사람은 동아시아 사상을 주로 종교적이고 도덕적 차원에서 보는 사람들

---

5) 이를 가장 날카롭게 분석한 사람은 들뢰즈이다. 그가 가타리와 더불어 공저한『천개의 고원』을 보라. 5장 전체가 이를 위한 설명에 할애되어 있다.

이다. 그리고 이런 주장을 펼치는 이들은 대부분 동아시아인 스스로일 경우가 많다. 이들에게 동아시아 사상은 철학적 사상이라기보다는 도덕 실천을 위한 학문적 도구이다. 따라서 여기서 도학이라는 학문의 의미는 실천적이고 도덕적인 수행의 길로 인도하는 학문이라는 뜻이 된다.

우선 불교의 경우를 보자. 불교 사상은 흔히 반논리적이고 초논리적 인 언명으로 이루어지는 경우가 많은데, 이렇게 불교적 진술이 반논리적 이고 초논리적인 이유는 불교의 모든 주장과 언명들이 최종적으로는 깨 달음을 위한 수행의 방편으로 추구되기 때문이다. 불교적인 깨달음과 그 것에 근거한 구원의 획득에 있어서 가장 중요한 것은 신앙심을 유지하는 것이다. 그것이 서방정토의 극락세계에 들어가는 것이든, 혹은 부처가 되는 것이든 마음의 흔들림과 정신의 헷갈림이 없어야 한다. 마음이 흔 들리고 정신이 미혹되는 한 신앙심은 곧 사바세계의 온갖 오염물질로 더 럽혀질 것이고 이때 극락세계 입성과 성불은 점점 요원하게 될 것이다.

그러므로 구원을 목표로 하여 오랜 여정을 계속해야 하는 수행자들 은 자신들이 지고가야 할 짐 중에서 우선적인 것과 부차적인 것을 구분하 여야 한다. 짐이 가벼울수록 목적지에 도달할 확률이 높아지기 때문이 다. 온갖 철학적 주장과 그것이 제공하는 논리는 수행자들에게 때때로 깨달음의 기쁨을 주고 삶의 희열을 느끼도록 만드는 것은 사실이다. 하 지만 이런 것들은 자주 수행자에게 버거운 짐으로 작용하면서 깨달음을 방해하기도 할 뿐만 아니라, 근기가 약한 어떤 이들에게는 오히려 신앙 심을 앗아가는 독소적 요인이 되기도 한다.

물론 불교에 있어서 철학적 논리는 본래 구원을 획득하는 데 있어서 일차적이고 가장 중요한 요소는 아니더라도 최소한 부차적인 요소이기 는 하다. 하지만 하나의 철학적 논리는 때로 매우 많은 사람들에게 신앙 을 흔들거리게 만드는 치명적 요소로 작용한다는 사실이 강조되면서, 그 것은 결국 부차적인 위치마저 상실하게 된다. 어떤 경우 그것은 척결과

타도의 대상이 되기도 한다. 동아시아 사상이 도학이기에 비판의 대상이 될 수 없다는 주장은 바로 이런 배경과 맞닿아 있다. 동아시아 사상, 특히 불교 사상은 철학적인 것이 아니고 종교적인 것이며, 그 종교에 있어서 가장 중요한 것은 구원의 획득인데, 따라서 철학적 논리에 근거한 비판은 수행자로 하여금 구원의 획득을 방해하는 나쁜 요소로 작용할 수 있으므로 피해야 한다는 것이다.

이런 원칙은 어떤 이에게는 유교와 도교에도 적용된다. 물론 유교와 도교를 종교의 범주에 넣을 수 있는지 여부의 문제는 항상 논쟁거리다. 하지만 유교와 도교도 자신의 사상들이 일종의 도학이라고 주장하는 점에서는 일치한다. 여기서 도학이란, 인간이 윤리적으로 어떻게 살아가야 개인과 집단이 행복하게 될 것이냐 하는 근본문제를 놓고 씨름하면서 그 과제에 길을 제시하려는 학문을 말한다.

예를 들어서, 유교와 도교적 사상가들도 도대체 무엇이 우주를 운행하게 하며 그 중심과 배경에는 무엇이 있는지에 대한 존재론적인 질문을 펼치면서 철학적인 사유를 즐긴다. 하지만 이런 철학적인 질문의 우선적인 목표는 철학적 사변 그 자체에 있지 않다. 만일 하나의 철학적 질문이 존재한다면, 그런 질문들은 우리가 어떻게 살아야 행복할 수 있는지에 대해 의문을 품다 보니 생겨난 부가적인 질문일 뿐이다. 이렇게 동아시아 사상에 있어서 철학적인 질문과 그것에 대한 답변으로 이루어진 모든 철학적 언명의 주된 목표는 인간의 행복 추구이다. 이런 이유에서 유교와 불교 도교의 사상은 도학이라는 짧은 말로 요약될 수 있는 것이다. 예를 들어 가장 유명한 서구의 유교와 도교 학자들이 쓴 책들의 제목을 보자. 필립 아이반호의 책 제목은 『유학 우리 삶의 철학』인데, 부제가 "진정한 나를 찾아가는 일곱 가지 길"이다. 앵거스 그레이엄의 책 제목은 『道의 논쟁자들』이다.

불교와 같은 종교적 사상에서와 마찬가지로, 길을 추구하는 도덕적 실천위주의 사상이나 종교에서, 하나의 진술이 갖는 가치는 그것의 옳고 그름을 따지는 것에 있기보다는 그 진술이 얼마나 좋은 길이냐 하는 문제를 다루는 것이 중요하다. 이런 이유에 근거해서 도학을 논리적으로 비판하는 것은 옳은 일이 아니라는 주장이 나오게 되는 것이다. 종교적 철학이든 윤리적 철학이든 도학에서는 그것이 논증을 펼칠 때 그 주요 목적이 논증의 합리성과 정당성의 확보에 있지 않고 그것이 얼마나 인간에게 해방과 깨달음을 가져올 수 있는지를 보는 것에 있다고 보기 때문이다. 혹은 그런 해방과 깨달음을 얻기 위한 실천을 독려하기 위한 것에 있다고 보기 때문이다.

이렇게 유불선의 사상이 도학이라면 그것들은 철학적 비판의 대상이 되지 않는다는 말은 나름대로 의미가 있으며 타당한 주장인 듯이 보인다. 하지만 정말 그것은 전혀 비판의 대상이 되지 않는가? 물론 그렇지는 않다. 필자의 생각에 도학은 일차적으로 비교의 대상이라고 말했지만, 결국은 비판의 대상이 되어야 한다. 그것이 도학의 발전을 위해서 바람직한 일이다.

왜냐하면 도학은 말할 것도 없고 모든 학문은 비판을 받는 한도 내에서 건전하게 된다. 모든 사상은 자신의 주장을 펼치기 위해 언명을 사용하지 않을 수 없는데, 이렇게 모든 사상이 언명을 사용하는 한 그것은 비판을 피할 수 없고 모든 사상은 그런 과정을 거치는 한도 내에서 하나의 건전하고 올바른 학문이 될 수 있기 때문이다. 여기서 철학이란 물론 지혜를 사랑하는 태도를 말하는데, 이때 지혜를 사랑한다는 것은 인간이 행복과 자유, 해방, 구원을 추구할 때 필요한 인간의 지식을 말하는 것이다. 그런데 모든 지혜와 지식도 결국은 언어로 표현되는 순간 하나의 이론적 체계를 사용하지 않을 수 없다. 그리고 하나의 이론적 체계의 가치는 그것이 지니고 있는 진술의 애매성과 모호성을 지적해 내는 것이 중요하다. 동아시아 도학에서 아무리 해방과 깨달음이 중요하다 할지라도,

우리는 그런 실천을 위한 논증 작업에서 사용되는 비유, 은유, 상징 등의 언어가 얼마나 적합성이 있는지, 그리고 나아가 그런 결과 도출된 이론과 가설이 얼마나 꼼꼼하고 단단한지 진단해 보아야 한다.

이때 동아시아 사상은 사상이지만 동시에 철학이기도 하다. 모든 사상은 철학이기를 추구해야 한다. 그렇지 않을 경우 그것은 사상으로 남을 수는 있지만, 최종적으로는 하나의 국지적이고 제한된 학문으로 전락할 수 있기 때문이다. 동양의 많은 사상이 철학이 아니라 사상이기를 고집하다가 하나의 국지적 학문으로 전락한 경우는 흔하다. 동양철학이 흔히 강조하는 바, 섭생과 양생, 정신수양, 처세술 등은 인간의 삶을 살찌우고 풍요롭게 만들기 때문에 인간의 호기심을 끌 수 있는 사상이 될 수 있지만 그것이 하나의 체계를 이루어 철학으로 도약하려 하지 않는 한 쉽게 일개 낙후된 과학으로 전락할 수 있다. 섭생과 양생에 관한 이론은 오늘날의 보건의학으로 대체가 가능하며 정신수양은 오늘날의 정신수련원과 명상센터, 그리고 심리학과의 토론장 내에서도 얼마든지 가르쳐질 수 있다. 처세술이 정치학에서 더 잘 취급될 있는 것은 말할 필요도 없다.

많은 사람들이 동양철학의 권위에 대해서 의심하는 주요 이유 가운데 하나가 그것이 하나의 사상이 될 수는 있어도 그것이 진정한 의미의 철학은 될 수 없다고 보기 때문이다. 여기서 필자가 말하는 바, 하나의 사상이란 여러 과학을 아우르면서 종합을 이루는 하나의 체계를 가지고 있는 것을 지칭한다. 그러나 그런 체계가 진정한 의미의 학문성을 갖추어 철학으로 거듭나기 위해서는 그것이 주로 의지하고 있는 직관의 능력 위에 논리적인 엄밀성과 그것에 근거한 이론적 체계가 덧붙여져야만 한다. 이것이 결여되는 경우 하나의 체계는 일관성과 정합성이 떨어지기 때문에 진정한 의미의 학문으로 인정되기 힘들고 사람들은 그것의 권위를 의심하게 된다. 하나의 체계가 철학적인 주장을 할 때 그 체계는 언제든지 치밀한 논증의 과정을 거치면서 자신의 정당성을 보여주어야 한다. 그렇지 않을 경우 그 사상은 그저 평범한 장광설에 지나지 않게 될 것이다.6)

물론 하나의 철학이 하나의 사상보다 반드시 우월하다는 주장을 하려는 것은 아니다. 철학과 마찬가지로 사상도 인류에 공헌할 수 있으며 또한 진리를 밝혀 낼 수 있다. 오히려 사상이 어떤 경우에는 철학보다 인류에게 공헌하는 데 있어서 우수할 수도 있다. 화이트헤드에 따르면 명제의 목적은 반드시 참 진리를 말하려는 데 있지 않다. 명제란 인간의 흥미를 일으키는 것이 그 주요 기능이며 이런 경우 의미가 있다는 것은 반드시 참 진리를 지칭해야만 의미 있는 것은 아니다. 이것이 명제가 본래 하는 일이다. 명제의 영어 표현은 proposition인데, 이는 우리 앞에 놓인 안(案)이라는 뜻으로서, 한 주장의 의미는 인간에게 흥미를 유발하는 데 있고 얼마든지 인류는 그것을 통해서도 진보를 가져오고 문명을 창조할 수 있다고 보는 것이다.

그러나 하나의 사상도 그것이 체계를 사용하여 자신을 표현하지 않을 수 없고 그런 한도 내에서 우리는 그 체계에 대해서 비판하지 않을 수 없다. 물론 한 사상이 가지고 있는 체계는 다른 체계와 근본적으로 다른 배경을 가지고 있기에 비판이 쉽지 않은 것은 사실이다. 예를 들어 동아시아의 우주론에서 가장 많이 사용되는 개념인 리(理)와 기(氣)의 개념을 보자. 어떤 이들은 이런 개념들이 동아시아가 가지고 있는 특유의 문화적 환경에서 만들어진 개념이므로 이런 개념을 화이트헤드의 개념들과 비교하면서 직접적으로 비판하는 것을 무리한 작업이라고 몰아세울 수 있다. 특히 많은 사람들은 이나 기를 일방적으로 해석하면서 그것

---

6) 동아시아 사상이 하나의 온전한 철학이 되기 위해서 지적하지 않을 수 없는 점들을 분석철학적으로 잘 표현한 책이 있다. 김영건, 『동양철학에 관한 분석적 비판』(서울: 라티오, 2009).

을 화이트헤드의 영원한 객체나 현실적 존재 등과 평면적으로 비교하는 것도 무리하다 생각하며, 따라서 동아시아 성리학을 화이트헤드의 입장에서 비판하는 것은 허락되지 않는다고 말하기도 한다.

하지만 우리가 여기서 말하고 있는 비판은 하나의 체계가 가지고 있는 정합성에 대해서 가하는 비판행위를 말하는 것이다. 어떤 체계이든 하나의 철학적 체계는 언제나 구조를 가지고 있고 그 구조 속에서 자신의 이론을 펼쳐 나가게 되어 있다. 이때 우리가 관심해야 하는 것은 그런 구조와 이론이 얼마나 일관성과 정합성을 가지고 있는가 하는 것인데, 이때 우리는 서구의 개념 중에서 가장 비슷한 개념을 사용할 수밖에 없을 것이다. 이런 비슷한 개념들과 이론들, 그리고 그런 것에 만들어 낸 체계들을 서로 대조적으로 비교하면서 양자가 가지고 있는 한계점을 비판할 수 있는 것이고 이것이 오히려 하나의 체계로 하여금 자신의 불완전함을 보고 더 완전한 체계를 구성하도록 점검할 수 있도록 만드는 긍정적인 기능을 담당하게 될 것이다.

그러나 이런 모든 것은 비판의 유용성을 말하기는 해도 비판이 가지고 있는 필연성에 대해서는 강조하지 않고 있다. 최근의 학문에 따르면, 모든 사상적 토론에서 비판은 유용한 것이 아니라 필연적이다. 예를 들어 아무리 동아시아 사상이 종교요 윤리적 사상이며 따라서 그것이 말하는 언명들을 비판하는 것은 부차적인 것으로 취급되어야 한다는 주장에 대해서, 오히려 모든 사상은 그것이 하나의 사상인 이상 필연적 비판에서 자유로울 수 없다는 지적이 있다. 그것은 두 가지 방향에서 진행된다.

인간이 발설하는 모든 언명은 필연적으로 비판의 대상이 되지 않을 수 없다고 말하는 첫 번째 이유는, 그것이 아무리 종교적이고 윤리적언 언명이라도 그것이 비판의 검증을 거치지 않는 경우 오히려 해악이 될 수 있기 때문이다. 이런 주장이 가능한 이유는 오늘의 학문이 종교적인 구원은 물론이고 윤리적인 것도 비판이 결여될 때는 오히려 문제의 해결이 되지 못하고 문제의 원인이 된다는 것을 밝혀 낸 것에 기인한다. 이른바 프로이트와 라캉의 추종자들이 말하는 무의식적 영향의 이론과 들뢰즈가 말하는 체제이론이 그런 것들이다.

우선 무의식적 영향의 이론이란 무엇인가? 잘 알다시피 프로이트의 무의식의 이론에 따르면, 우리의 모든 결정은 대부분 의식적으로 내려지는 것으로 알고 있는데 사실은 많은 경우 무의식의 영향 하에 있다. 그러기에 모든 의식적 결정은 의식만으로 이루어지는 결정이 될 수 없고 그러기에 순수하지도 않다. 모든 의식적 내용에는 동시에 모호하며 애매한 내용들이 담겨져 있다. 그리고 이런 모호하며 애매한 내용들은 언제든지 인간의 이성을 통해서 깎고 다듬어져야 한다. 그렇지 않으면 인간은 무의식의 영향이 던지는 본능의 무도덕성에 사로잡혀 많은 행동에서 자신의 의지와는 상관없이 엉뚱한 실수를 범할 확률이 높기 때문이다. 이것이 비판 행위를 필연적으로 만드는 근거다.

체제이론이란 무엇인가? 오늘의 세계는 범지구적 자본주의와 그것에 근거한 권력의 체제에 의해 주도되고 있는데 이런 하나의 거대한 체제는 어떤 기구와 사상도 그것으로부터 완전히 자유로울 수 없도록 만다는 사상이다. 자본주의와 그것에 근거한 체제는 모든 것을 자기 밑의 하수인으로 부리는 특징을 가지고 있는데, 따라서 이런 체제 하에서 인간은 자신도 모르는 사이에 비판의 기능을 약화시키게 된다는 것이다. 인간은 자신이 어떤 일을 모색하고 행동에 옮기려 하자마자 언제나 현재 있는 질서를 무조건 따르라고 명령하는 현상의 체제가 작동하고 있고 모든 현대인들과 그들의 사상은 그런 체제의 영향 하에서 꼼짝 못하게 되어 있다는 말이다. 이것이 비판 행위를 필연적으로 정당화하게 만드는 다른 이유다.

하지만, 필자의 생각에 모든 사상과 학문, 그리고 모든 철학은 언제나 비판이 필연적으로 요구된다는 주장 중 가장 강한 것은 생성과 과정의 철학적 특성에 연유한다. 하나의 학문이나 그것이 주장하는 명제가 언제나 생성 중에 있고 과정 중에 있다면 우리는 그것을 비판하지 않을 수 없다. 그렇지 않고는 더 온전한 의미의 문명적 진보가 발생할 수 없기 때문이다. 이를 화이트헤드 형이상학이 말하는 추상화 이론을 통해 좀 더 세련되게 설명할 수도 있다.

즉 화이트헤드에 따르면 철학이란 추상에 대한 비판이다. 생성과 과정의 철학에서는 모든 사물이 설명되는 순간 그것이 처한 조건에 의해 제약되기 때문에 일종의 추상화를 피할 수 없다. 따라서 철학은 추정되고 추상화된 가치에 대한 비판이다.[7] 중요성이나 의미성에 대해 밝히는 자신의 역할에 있어서 하나의 사변철학자는 동시대의 문화적인 현존의 조건들에 의해 제약되게 되며, 해당 문화의 도덕적이고 과학적인 관심의 지배력 하에서 생산되는 검증되지 않은 결과들은 극단적인 경우 하나의 해악이 될 수도 있다. 왜냐하면 도덕과 과학의 관심은 때로 예술적이고 종교적인 가치를 실현할 목적으로 진행되는 행위들이 목적하는 여러 대안에 대한 관심을 억누르는 경우가 많기 때문이다.[8] 과학이 이럴진대 종교와 예술은 말할 것도 없다. 종교와 예술은 특히 자기의 감성적인 인식의 한계로 인해서 다른 학문 분과가 발견한 것의 중요성을 놓칠 수 있다. 따라서 추상화를 피하기 위해서는 종합적인 것을 목표로 해야 한다.[9] 그러기에 종합적이고 포괄적인 형이상학의 관점에서 국지적 분야를 비판하는 것은 국지적 학문이 자기의 정체성을 점검하기 위해서는 필수적인 덕목이 된다.

---

7) 화이트헤드의『과학과 근대세계』, 오영환 역(파주: 서광사, 1991)의 10장, 즉 추상화에 관한 토론을 보라.
8) David L. Hall, *Eros and Irony* (Albany: SUNY, 1982), 41.
9) Ibid.

III. 해방과 구원을 위한 학문으로서의 동서 생성철학

이제까지 본 바대로 동아시아와 서구의 철학은 상호 비교와 비판이 가능하다. 그러나 필자의 입장에서 볼 때 양자가 학문적으로 비교와 비판이 가능하다는 것은 무엇보다 양자가 기초로 하고 있는 철학적 방향이 근본적으로 실천-지향적이기 때문이다. 즉 양자는 인간의 행복과 해방, 그리고 구원을 추구하기 위한 목적에서 출발한다는 데서는 공통적이고 이것이 그 어떤 것보다도 비교와 비판을 가능하게 한다. 생성이나 과정, 혹은 형이상학이라는 면에서도 비교와 비판이 가능할 수 있지만, 가장 명확한 의미의 타당성은 그들이 인간의 행복과 해방, 그리고 구원을 추구한다는 점에 있다는 것이다.

먼저 동아시아 철학을 보자. 동아시아 철학이 해방과 구원을 추구하는 학문이라는 것은 자명하다. 이런 면에서 동아시아 철학은 하나의 종교철학이며 그 종교철학의 핵심은 인간의 욕망과 같은 실천의 문제가 해결되지 않고서는 행복과 구원의 문제가 해결되지 않는다는 전제를 깔고 있다.

동아시아 종교철학의 입장에서 볼 때, 모든 사상과 그것을 위한 학문적 체계는 궁극적으로 인간의 구원과 해방을 목적한다. 그러기에 동아시아 철학은 우선적으로 인간의 해방과 구원을 방해하면서 불행에 빠지게 만드는 요소를 철학적으로 규명하는 것을 철학의 출발로 삼는다. 우리를 억압하면서 참 인간이 되지 못하도록 만드는 요소들이 인간의 주위에 어떻게 만연해 있는지 분석하고 그것의 해법을 제시하려 한다.

예를 들어 동아시아의 불교는 물론 유교도 인간의 모든 문제는 그의 욕망에서 시작된다고 본다. 인간은 언제나 자신의 욕망을 컨트롤하지 못하는 세계에서 살고 있으며, 이것이 모든 문제의 근원이라 본다. 즉 현대인의 경우만 보더라도, 현대인들의 욕구와 욕망은 사회의 권력이나 매스

컴 등이 조장하고 부여한 세계관에 의해서 형성되고 통제된다. 그런 면에서 현대인들은 전혀 자유스러운 존재가 아니며 오히려 타율적 체계 속에서 살아간다. 이렇게 동아시아 철학의 분석에 따르면, 인간의 입장에서 볼 때 그들에게 가장 중요한 것은 욕망의 충족이며 인간의 행복한 삶은 그것을 만족시키는 한도 내에서 가능하다고 본다는 것이다. 그러기에 우리는 모든 철학적 관심을 인간의 내면이 어떤 방식으로 욕망을 구성해 나가는지 보는 것에 두어야 하며, 또한 그것이 사회적 해악과 갈등으로 연결되는지를 분석하는 것이 중요하다. 그리고 이렇게 분석이 동반되고 나면 해법의 제시는 그리 어렵지 않게 된다. 동아시아 철학에 따르면, 인간의 욕망은 인간 자신의 내적인 본성과 합치하지 않는 한 언제나 사회적인 해악과 갈등으로 이어지게 되어 있으며 따라서 이런 연관 관계를 잘 분석하면 모든 문제는 쉽게 해결 될 수 있다는 것이다.[10]

우리가 잘 알다시피, 유교는 인간의 내적인 본성이 하늘의 명령으로 주어진다고 보면서 인간 스스로가 자신의 내면을 도야해 나가는 것을 통해 해법을 찾으려 한다. 불교 역시 인간은 결코 평범하지 않으며, 개별 인간 하나 하나가 모두 붓다 자체이기 때문에 자신 안에 있는 불성을 회복하기 위해 노력하는 한 모든 문제가 해결된다고 보는 것이다. 한마디로 인간 안에 자신의 문제를 극복할 수 있는 신성이 내재되어 있다는 깨달음을 통해 문제를 해결하려 하는 것이 동아시아 사상의 특징인 것이다.

물론 모든 문제의 해결이 그토록 단순한 것은 아니다. 언제나 욕망의 문제에는 다양하고 복잡한 문제들이 함께 얽혀 있기 때문이다. 인간의 욕망은 사회와의 관계, 특히 정치-경제적인 문제들에 대한 치밀한 분석이 없이는 온전히 분석될 수 없으며 해결책도 모색될 수 없다는 것을 동아시아 사상도 인정한다. 그러기에 인간의 욕망을 다스리는 문제는 그

---

10) 국내의 동아시아 학자에게서도 이와 비슷한 입장이 발견된다. 한형조, 『왜 동양철학인가』 (파주: 문학동네, 2009), 231.

저 종교적인 분석으로 끝나서는 안 되며 복합적으로 접근해야 옳다.

하지만 동아시아 사상이 강조하는 것은 모든 문제는 결국 인간의 내면과 관련된 문제이며 그 문제를 해결하는 것에서 출발하지 않는 한 진정한 문제의 해결은 요원하다는 것이다. 즉, 내면의 문제를 해결하는 것으로 시작해 그것과 더불어 다른 문제들을 해결할 때 문제의 해결이 온전해진다고 본다.

동아시아 철학에서 종교가 중요하고 또한 그것에 대한 학문적 체계로서의 종교철학이 중요한 이유는 바로 여기에 있다. 즉 동아시아 사상의 입장에서 볼 때 행복과 구원을 위해서는 논리적 분석도 필요하고 그것을 위한 정교한 학문적 체계가 필요하다는 것을 인정하지만 그렇다고 동아시아 사상은 그것에 너무 집중하지 않는다. 결국 모든 철학적 개념과 체계는 인간의 구원과 행복을 가져오기 위한 방편으로 존재하기 때문이다. 따라서 인간과 자연, 사회의 관계를 살피면서 그 안에서 행복과 구원을 찾는 학문적 체계를 세우되, 너무 과도한 형이상학으로 기울지 않는 것이 동아시아 철학의 특징이다. 이제까지 동아시아 철학이 어떻게 행복과 구원을 추구하는 철학적 특징을 지니는지 살펴보았거니와, 이 점에서는 서구철학도 크게 다르지 않다는 것이 나의 생각이다.

서구철학도 행복과 구원을 추구하는 데서는 동아시아 철학과 공통적이기에 비교가 가능하다고 이미 말했거니와 하지만 우리의 또 다른 질문은 다음과 같은 것이다. 즉 그렇게 볼 수 있을지라도 무슨 이유로 서구철학은 대개 그렇게 보이지 않는 것일까? 즉 왜 서구철학은 스스로를 하나의 종교철학이나 윤리라기보다는 하나의 형이상학으로 간주하는 경우가 많은가? 혹시 많은 서구인들이 동아시아의 철학을 종합적이고 일반적인 학문적 체계를 갖고 있지 않은 철학이라고 보면서 온전하지 않은 것으로 간주하는 이유는 바로 서구와 동양을 자신들의 시각에서만 보는 편협한 관점에 기초한 것은 아닌가? 한마디로, 서구철학자들이 동아시아 철학을 하나의 온전한 의미의 철학으로 간주하지 않는 것은 편견이 아닐까?

　나의 생각에, 이런 질문에 대한 대답은 쉽다. 간단히 말해, 중요한 하나의 이유는 서구에서도 철학의 궁극적 목적이 인간의 해방과 구원에 있는 것은 사실이지만, 그럼에도 우선적인 철학적 관심이 학문적 체계와 그 절차에 두는 경향이 강하기 때문이다. 이런 이유로 동아시아 철학은 그 근본에서 서구의 그것과 다르며 온전치 못하다고 주장되는 것이다.

　즉 오늘날 서구철학에서 인간이 어떻게 해야 행복하게 살 수 있으며 구원과 해방이 가능한지의 문제가 별로 중요하게 다루어지지 않는 것처럼 보이는 것은 사실인데, 그 하나의 이유는 서구철학이 인간의 사유과정 및 그것의 표현 수단으로서의 언어, 그리고 나아가 그런 언어로 표현된 명제들을 하나의 수미일관된 학문적인 체계로 건설해 나가는 것에 집중하는 데서 기인하기 때문이다. 오늘날 서구철학, 특히 영미 철학이 언어분석 철학이나 논리철학, 그리고 나아가 과학철학에 주로 관심하는 이유는 이런 배경에서 나온 것이다. 이런 현상은 영미에만 국한되지 않는다. 탈구조주의에서 포스트모더니즘에 이르는 프랑스 철학도 그 대세는 과학철학과 언어철학이다. 인간의 언어가 인식의 문제와 존재의 문제, 나아가 형이상학적 문제의 핵심을 이해하는 열쇠가 된다고 생각하기 때문이다. 과학철학도 마찬가지다. 실재의 문제를 오늘날 눈부시게 발전된 과학적 발견의 원리에 입각해서 분석해 나가는 과학철학도 궁극에서는 언어의 문제로 귀착되는 것을 볼 수 있다. 단지 과학적 철학이 언어철학에서 다른 점은 철학의 역할을 과학적 주장의 한계 내에서 질문하고 답변하는 것에 둘 것을 요구한다는 것이다.

　이렇게 최근의 서구철학 운동들에서는 인간과 관련된 실천적인 문제들, 특히 그의 행복과 관련된 문제들이나 구원과 관련된 문제들이 과학적이고 논리적인 사고에 가려 일견 무관심해 보이는 것이 사실이다. 그러나 진짜 문제는 그런 철학들이 인간의 행복이나 구원에 무관심하다는 사실에 있지 않다. 그들도 결국은 철학이 인간의 삶과 관련된 내용들을 다루지 않을 수 없다는 것을 잘 알고 있고 실제로 그들의 철학적 관심이 실제적이기도 하기 때문이다. 하지만 그들에게 정말 문제가 없는 것은 아니다. 실제로 철학적 작업을 하는 과정에서 대부분의 서구철학자들은 인간의 생활세계나 삶의 상황들과 직결된 구체적이고 실천적인 문제에 관해 집중하기보다는 논리적이고 추상적인 문제에 치우치는 경우가 많다. 왜냐하면 실천문제에 관심하고 싶어도, 그들 앞에 놓여 있는 시급한 문제는 언제나 논리적 문제라고 보면서, 토론의 내용보다는 그런 토론을 위해 질문을 던지는 형식과 방법들에 대해 집중하는 경우가 많기 때문이다. 이는 논리적 문제들이 선결되지 않는 이상 삶에 대한 토론은 무의미하다고 믿는 신념에서 기인한다.

영미에서 철학이 대중에게 점점 인기를 잃어가고 있는 이유 중 하나가 바로 이런 배경에 기인한다고 주장하는 사람이 있는 것도 이것과 무관하지 않다. 예를 들어 철학자들은 "Z라는 작품에 대한 주변적인 관심을 해석하는 Y의 묘사가 정확한가 아닌가 하는 X의 평가를 문제 삼는다"고 말하기도 한다.[11]

이런 식으로 철학을 하는 사람들에게는 인간의 실천적 삶을 직접적으로 다루는 모든 종류의 철학은 진정한 의미에서 철학의 기본 문제를 다루지 않는다고 비쳐질 뿐이다. 따라서 이런 관점에서는 동아시아 철학과 같은 비논리적 철학이 하나의 철학으로서 매우 심각한 흠결을 지닌 것으로 비쳐지기 쉽다.

하지만 필자의 생각에 서구철학이 가지고 있는 이런 식의 논리적 성향은 철학적으로 매우 커다란 문제를 불러일으키며 실용적으로도 매우

---

11) 토드 메이, 『질 들뢰즈』, 이윤성 역 (부산: 경성대학교 출판부, 2008), 14.

불행한 일이라 생각한다. 우리가 논리학을 공부해 보면 알지만 결국 논리도 한 인간, 혹은 그런 인간들이 만들어 놓은 상황, 정확히 말해 그들이 처해 있는 시간과 공간의 산물이다. 따라서 그 어느 것도 제한적이지 않을 수 없다. 그러하기에 하나의 논리는 언제나 자신이 처한 시공의 관점에서 사물을 바라보면서 다른 논리로 보는 세상을 놓칠 수 있으며 자신의 시공적 한계에 갇히는 약점을 지니게 되어 있다. 단지 차이가 있다면 보다 통합적이고 다양한 논리학과 그것에 근거한 건전하고 종합적인 체계의 관점에서 사물을 보느냐 아니냐의 차이가 있을 뿐이다.

그러므로 서구의 현대철학이 과도하게 논리 싸움과 언어분석 싸움, 그리고 과학적 근거의 논쟁으로 치닫는 것은 불행이며, 어찌 보면 비생산적이다. 이런 면에서 서구의 철학자들은 근본적으로 철학의 목적에 대한 이해를 다시 올바르게 정립해야만 한다. 잘 알다시피, 서구의 철학사는 플라톤과 아리스토텔레스와 더불어 시작되었으며 이들의 관심은 정의justice, 경건, 행복 등의 문제를 다루면서 시작되었다. 그들도 물론 논리와 언어의 문제를 다룬다. 그리고 물론 추상적인 학문으로서의 형이상학도 다룬다. 행복론이나 그 밖의 실천적인 문제를 다루는 아리스토텔레스도 최종적으로는 형이상학적 작업으로 마무리된다. 칸트도 마찬가지다. 순수이성비판에서는 이성을 법정에 세운다. 이성의 작업을 문제 삼으면서 시작한다. 그러나 결국 실천적 문제를 다루기 위해서 실천이성비판을 썼으며 나중에는 판단력 비판으로 끝난다. 판단력 비판은 잘 알다시피 매우 이론적인 것처럼 보이는 저서이지만 실제에 있어서는 또한 매우 실제적이고 실천적인 문제를 다룬다. 미학, 목적론, 종교와 신학 등의 문제를 다루기 때문이다. 결국인 이론적으로 다루어가지만 관심은 실천에서 결코 멀어지지 않는다는 말이다.

물론 오늘날 우리는 여전히 논리를 따져야 한다. 그리고 엄밀한 학문적 체계에 입각한 철학적 작업을 지속해야만 한다. 따라서 어떤 의미에서 형이상학을 세워야 나가야 한다. 하나의 형이상학이란 종합적 체계를 추구하는 학문이기 때문이다. 그러나 이런 작업을 수행하는 것과 더불어 또 하나의 철학의 관심은 언제나 그런 작업을 통해 인간의 해방과 구원을 목적하고 인간의 행복과 복지를 증진시키는 데 두어야 한다. 진부하고 식상한 표현이지만, 한마디로 이론과 실천은 언제나 함께 가야 한다.

나가는 말

서구철학도들은 동아시아 철학에 대해 '철학적' 흠결을 지적하는 경우가 많은데 이런 태도는 마땅히 시정되어야 한다. 즉, 많은 서구의 학자들이 인간의 해방과 구원에 두는 철학, 예를 들어 동아시아 종교철학은 하나의 철학으로 흠결이 있다고 생각하는 경향이 있다. 심지어 그것을 고유의 철학으로 간주하지 않는 경우마저 있다. 이는 물론 매우 불행한 현상이라 하지 않을 수 없다. 그리고 이는 아주 정확하지 못한 판단에서 기인하는 오류이기도 하다. 우리는 하나의 철학이 정말 진정으로 정교하고 종합적인 체계를 갖추었는가를 따질 수는 있다. 그리고 그 과정에서의 논리적 결함을 지적하고 토론할 수는 있다. 그러나 동아시아 철학이 그런 문제에 집중하지 않는다고 해서 서구철학보다 학문적 가치가 덜 하다고 여기는 것은 명백한 오류이다. 하나의 철학은 그것이 아무리 정교한 체계를 갖추고 있더라도 결국 인간의 행복과 구원을 증진시키는 한도 내에서만 의미 있는 것이다. 모든 철학은 이런 관점에서 볼 때 단지 정도의 차이만을 지닐 뿐이며, 가장 정도가 높은 하나의 형이상학적 철학마저도 실은 다른 관점에서 보면 얼마든지 실용적 효과에 있어서 다르게 평가될 수 있는 것이다.

동아시아 종교철학이 서구의 철학과 비교해 하나의 의미 있는 철학이 되든 아니든, 이렇게 동아시아 철학과 서구의 과정사상은 인간의 구원과 행복을 추구한다는 점에서 서구와 공통적이라는 점이 중요하다. 그런 점으로 인해 양자는 상호 비교가 가능한 종교철학이 될 수 있기 때문이다. 그들의 작업 목적이 실천적이라는 점은 비교의 근거가 될 수 있는 것이며, 단지 우리가 할 일은 그런 근거에서 출발한 비교의 작업이 얼마나 정당화될 수 있는지를 따지는 일만 남았을 뿐이다. 물론 비교를 실시하는 과정에서 양자 사이의 건널 수 없는 문화적 차이와 더불어 때로는 우열 가르기가 도출될 수도 있다. 그러나 우리가 철학의 최종 목적을 그것을 읽고 토론하는 사람들에게 변혁을 일으키는 것, 그리고 그런 변혁이 그들을 둘러싼 관습과 생활세계를 바꾸어서 삶의 행복을 증진시키는 방향으로 진행된다면 중간에 생성되는 차이로 인한 약간의 갈등과 같은 것은 얼마든지 감수할 수 있는 것이다.

동서의 과정과 생성 철학이 어떤 면에서 비교가 가능하며, 어떤 식으로 진행되어야 하는지 기본적인 문제들이 해명되었다면, 이제 마지막으로 무엇을 대조할 것인가의 문제가 남는다. 물론 여기서 우리에게 대조의 주제가 되는 것을 열거하는 작업은 끝이 없을 수 있다. 대조의 주제나 대상은 실제로 너무나 많은 것이 망라될 수 있기 때문이다.

논자의 생각에 동아시아의 생성철학과 서구의 생성철학을 대조시키는 가장 좋은 도구 중의 하나는 미학적 윤리학이다. 동아시아 철학과 서구 철학 양자는 생성철학에 관한한 미학적 윤리학의 관점에서 인간의 문제와 우주의 문제를 본다는 점에서 공통적인 면이 있다. 예를 들어 동아시아의 유교와 도교는 서구의 화이트헤드의 철학과 비슷하게 주로 미학적으로 행복과 구원을 추구하면서 그것을 통해 자유, 진보, 해방 등을 획득하려 한다. 이미 말한 대로 변화와 과정, 생성의 사상을 기초로 하는 동아시아 사상은 그것을 근거로 하여 다양한 철학 사상을 낳는다. 수신(修身)을 하고 제가(齊家)를 통해 인격을 연마한 인간이 나라를 다스리고 세계 평화에 이바지하게 된다는 유교의 긍정철학이 되든, 혹은 자연중심의 사고방식에 기초한 도교의 무위자연설이나 인간의 심리와 우주를 심오하게 분석한 후에 펼치는 불교의 공사상이나 무사상 같은 부정철학이 되든 동아시아의 철학은 인간의 행복과 구원의 문제를 추구하는 데 있어서는 서구의 철학과 그 목표가 다르지 않다. 그러기에 여기서부터 출발하여 서구의 사상과 대조 작업을 펼쳐나가는 것은 언제나 가장 무리하지 않은 비교 방식 중의 하나이다. 그러나 행복과 구원을 추구하는 것이 양자의 공통이라는 것은 너무 간단하고 일반적이라 비교할 수 있는 주제로서는 식상하고 새롭지 못하다. 중요한 것은 행복과 구원을 추구하는 양자가 어떤 공통적인 관점에서 그것을 다루어 나가는지 대조하는 작업이 중요한 것이다. 논자가 미학적 윤리학을 제시하는 것은 이런 이유에서다.

문제는 미학적 윤리관이란 것이, 미학이라는 단어와 윤리라는 단어가 가지고 있는 복잡다단한 의미로 인해 많은 지면의 토론이 요구된다는 것이다. 따라서 여기서는 단지 화이트헤드와 동아시아의 미학적 세계관이 윤리적인 입장에서 어떻게 비교되는지 그 기초적인 내용만을 간단히 다루는 것으로 제한하도록 하자. 다음에 오는 두 개의 장은 바로 이 문제를 다루기 위해 기획되었다.

3장
동아시아 문명의 특징
: 화이트헤드적 분석

들어가는 말

  본 장의 첫 번째 목적은 동양과 서양의 문명을 비교하고 그들의 차이점을 분석하는 것이다. 필자의 입장에서 보면, 동서 문명은 각각 나름대로의 고유한 영역과 의미를 지닌다. 따라서 동서 문명론을 다루면서 가장 먼저 피해야 할 일은 일방적 비교이다. 즉 어느 하나의 문명의 입장에서 다른 하나를 평가하는 것은 불가능하며 무의미하다는 말이다.

  이와 같은 가정 하에, 먼저 문화에 대한 최근의 새로운 이해를 소개하겠다. 동서의 문명론을 평가할 때 우리가 반드시 우선적으로 거쳐야 되는 작업이라 생각되기 때문이다. 문화에 대한 전통적인 이해를 바꾸지 않고서는 공정하고 의미 있는 평가를 내릴 수 없다고 필자는 생각한다.

  두 번째 절에서 필자는 이런 새로운 문화이해를 통해서 동서의 문명이 위치하고 있는 문화적 환경을 분석하겠다. 그후 더 나아가서, 동서의 문명이 처한 지역적이고 역사적인 한계로 인해 생겨나는 각각의 문제점을 지적하겠다. 그리고 마지막 절에서는 그런 양 문명의 한계점을 화이트헤드의 철학은 어떻게 보충해 갈 수 있는지를 탐구하려 한다. 즉 논자는 동서의 두 문명이 보여주는 문제점들을 해결하는 하나의 방법이 각 문명이 가지고 있는 장점을 상호 보충하는 작업을 통해 가능하다고 보는데, 따라서 마지막 절에서는 화이트헤드의 철학이 어떻게 동서 문명론이 가지고 있는 긍정적 특징들을 함께 아우르는 방법론을 제공할 수 있는지 살펴본다.

여기서 동양의 문명을 말할 때 논자가 지칭하는 것은 주로 동아시아의 문명으로서, 황하문명권에 들어 있는 극동아시아와 동남아시아 일부의 유불선(儒佛仙)의 문명권이다. 인도 문명권과 이슬람 문명권을 포함하는 전체적인 동양의 문명보다는 유불선을 근간으로 하는 동아시아의 문명이 서구 문명과 극명하게 대비되는 대항담론으로 존재할 수 있다고 생각하기 때문이다.

I. 동서 문명론을 보는 새로운 문화철학적 시각

우선 논자는 이 글에서 문화와 문명을 구별하지 않겠다. 크게 보아 양자 사이에 의미론적으로 뚜렷한 차이가 존재하지 않는다고 생각되기 때문이다. 물론 좁은 정의를 따라서, 문화란 인간이 자신의 환경을 개발해 나갈 때 그 개발의 정신적 측면을 말하는 것으로 볼 수 있고, 반대로 그 개발의 물질적, 기술적 측면을 문명으로 명명할 수도 있다. 다시 말해서 인간이 자신의 내면세계를 개발하는 측면들, 예를 들어 학문체계, 예술, 종교와 신앙 체계 등이 문화라고 명명될 수 있다면, 인간이 외부 환경으로서의 자연을 자신의 인간적 목적을 위한 수단으로 사용하기 위해 만들어 낸 체계들, 예를 들어 경제, 산업, 기술 등등을 지칭하는 것을 문명이라고 구분할 수도 있다. 그러나 여기서의 문명이란 결국 문화적 배경

없이는 생성이 불가능하다는 사실을 감안한다면 결국 문명에 대해서 논의하는 것은 문화에 대해서 논의하는 것과 크게 다르지 않게 된다. 더구나 본 논문과 같이 문명에 대해 철학적 분석을 내리는 성격을 가지는 글에서는 크게 보아 문화와 문명을 상호 교환이 가능한 개념으로 쓸 수밖에 없게 된다. 이런 이유로 이하에서 논자는 두 개념을 상호 교환적으로 사용하되, 반드시 차별을 두어야 할 필요성이 있는 곳에서만 구별하도록 하겠다.

문화와 문명을 정의하는 작업은 매우 다양한 각도에서 실시될 수 있다. 철학과 문학은 물론이고 문화인류학과 지식사회학 등에서도 문화와 문명은 다양한 각도에서 정의될 수 있다. 그러나 문화에 대해서 오늘날 그토록 다양하고 각기 다른 정의가 내려질지라도 한 가지 공통적으로 인정되는 사항이 있으니 그것이 바로 '문화상대주의'이다. 주지하다시피, 문화상대주의란 어떤 문화든 한 문화가 여타 다른 문화보다 보편적이고 절대적인 가치를 가질 수는 없다는 생각에서 출발된 것으로서, 이런 문화상대주의에서 볼 때 "문화란 하나의 사회질서를 정당화시키는 데 봉사하는 이데올로기, 이해관계, 혹은 공유하는 믿음체계를 의미한다."[1] 하나의 문화권에서 발견되는 이해관계는 물론, 그 문화공동체가 받아들이는 믿음체계나 이데올로기 등은 언제나 해당 문화의 역사적이고 지역적인 한계와 특수성 속에 갇히지 않을 수 없다는 사실을 감안한다면, 하나의 문화권 속에서 살아가는 사람들이 사용하는 관념적인 틀, 신조, 도덕과 윤리 원칙 등도 국지적인 특수성의 한계에 갇혀있다는 것을 주장하는 것이 문화상대주의의 요점이라 할 수 있다. 이러한 문화상대주의의 입장을 받아들인다면 동양과 서양의 문명을 비교 평가하는 데 있어서 우리는 다음과 같은 점에 유의하지 않을 수 없게 된다.

---

1) 크리스 젠크스, 『문화란 무엇인가』, 김윤용 역 (서울: 현대미학사, 1996), 49.

즉 모든 문화는 단지 상대적 가치만을 가지고 있다는 것과, 따라서 보편적이고 절대적인 가치를 지니고 있는 문화는 존재할 수 없다는 것을 받아들여야 하며, 결국 이로 인해 우리는, 한 문화가 다른 문화를 평가할 수 있는 공정한 잣대는 없다는 것도 인정하지 않을 수 없게 된다. 사실 이제까지 많은 철학자들과 문명사가들은 동양과 서양의 문명론을 다루면서 대개는 평면적인 비교를 시도해 왔다. 여기서 평면적인 시도란 동양과 서양이 공통적으로 기초하고 있는 문화적 담론이 존재한다고 가정하고서 그런 공통적 입각점 위에서 상호 비교하는 것을 말한다. 그러나 이런 비교의 방법은 그것이 아무리 객관적인 비교라 할지라도 오늘날 더 이상 설득력을 갖지 못하게 되었다. 문화상대주의의 입장에서 보면 공통적이고 객관적인 비교의 잣대란 존재하지 않기 때문이다. 예를 들어 가장 객관적인 비교의 기준으로 알려져 있는 합리성이라는 잣대를 생각해 보자. 서구철학자의 입장에서 볼 때 "합리성"이라는 도구보다 모든 문명들을 평가할 수 있는 공정하고 객관적인 잣대는 없다. 합리성은 인간이 동물로부터 구별되어 갖고 있는 유일한 특징으로서, 인간이 인간으로서 살아가는 한 모든 인류 집단을 초월해서 공통적으로 발견될 수 있는 가장 보편적인 특징으로 생각되기 때문이다. 그러나 이런 생각에도 문제가 있으니, 우선 합리성에도 여러 가지 종류가 있기 때문이다. 예를 들어 주로 서구적인 관점에서 합리성을 바라보는 막스 베버Max Weber의 합리화 이론에 따르면 중국 문명의 경우 실천적이고 윤리적인 합리화는 이루었으나 인지적이고 이론적인 합리화는 결여하고 있다고 판단한다.[2] 그러나 논자가 보기에 이런 판단은 과연 중국 문명 안에서 인지적이고 이론적인 합리성이 주로 그 사회를 규정하는 필연적인 도구로 쓰였느냐 하는 점이

---

[2] 중국문명에 관한 Max Weber 의 이러한 분석을 비교적 심도 있게 토론한 책으로 최근에 우리말로 번역된 위르겐 하버마스의 책, *Theorie des Kommunikativen Handelns* (『소통행위 이론』, 서규환 역; 서울: 의암출판문화사, 1995)의 II장을 보라.

밝혀져야만 신빙성이 있는 판단이 될 수 있다. 중국인들이 자신들의 사회를 정당화시키는 데 있어서 인지적 합리화가 반드시 필요한 것이 아니었다면, 그것을 중국의 문명을 평가할 수 있는 도구로 사용할 수는 없겠기 때문이다. 실제로 많은 중국 연구가들은 중국의 철학이 합리성과 비합리성의 양자를 동시에 인정하는 학문체계를 발전시켰기 때문에 서구적인 합리성의 잣대로 중국을 평가할 수는 없다는 견해를 밝히고 있다.3)

문명을 비교하는 방법론적인 문제 있어서 서로가 다른 문명적 패러다임을 갖고 있다는 것을 전제하고 출발하여야 한다는 문화상대주의의 이러한 입장을 받아들인다면, 우리는 다음으로 이제까지 동서 문명론을 비교해온 전통적인 방법론들을 새로운 해석학으로 재평가하지 않을 수 없게 된다.4)

우선 새로운 해석학을 통해 재평가되어져야 할 것들은 다음과 같은 것이다. 즉 각각의 문화들이 기초하고 있는 서로 다른 철학들이 비록 나름대로 고유의 가치를 갖고 있겠지만, 사실 이 말은 한 문화권에서는 중요하지 않게 여겨지는 특성들이 다른 문화권에서는 그 문화의 핵심성격을 규정하는 필연적 특성으로 부각된다는 것을 뜻한다. 이를 역으로 말하면 한 문화권에서 중요하게 나타나는 특성들이 다른 문화권에서는 철저하게 무시된다는 것을 의미하기도 한다. 전자의 입장에서 본다면 서구의 문명권에서는 계몽이성에 근거한 합리성, 그리고 그 것의 시대적 표

---

3) 이런 입장을 견지하는 학자들 중 대표적인 사례들을 꼽으면, 우선 조셉 니덤(Joseph Needam)의 『중국의 과학과 문명』 I, II (을유문화사), 베임(A.J Bahm)의 『비교철학 연구』(철학과 현실사), 벤자민 슈워츠의 『중국 고대사상의 세계』(살림), 그리고 요즈음 중국학과 관련하여 가장 권위 있는 철학적 접근을 하고 있다는 평을 받는 David Hall과 Roger Ames의 연작 시리즈들, 즉 *Thinking through Confucius* (1998), *Anticipating China* (1995), *Thinking from the Han* (1998) 등이 있다. 이 세 책은 모두 SUNY 출판사 간행이다.
4) 이런 입장은 위에서 언급한 벤자민 슈워츠의 책에서 발견되며, 또한 비교철학의 권위자인 P.T. 라쥬의 *Lectures on Comparative Philosophy* (『비교철학이란 무엇인가』로 서광사에서 번역되어 출간됨)에게서도 발견된다.

현으로서의 근대성과 진보적 역사관 등이 서구문명의 특성을 규정하는 대표적 개념들로 알려져 왔다. 그러나 이런 특성들은 서구문명권이 자신의 이데올로기와 의미구조를 정당화하기 위해 도입한 것이기에 역사적이고 지역적인 한계를 가질 수밖에 없음이 인정되어야 한다. 후자의 입장에서 본다면 이제까지 위에서 열거한 서양적 특성들이 비록 동양의 문명권에서는 철저히 소외되어져 왔다고 하더라도 동양문명은 나름대로 문화의 독특성을 지녀왔다는 것이 인정되어져야만 한다는 것을 뜻한다.

사정이 이렇다면 우리가 동과 서의 문화를 분석하는 데 있어서 우선적으로 행하여야 할 작업은 문화의 우열을 가리는 판단이나 실험보다는, 하나의 문화가 가지고 있는 의미구조를 그 문화의 입장에서 해석해야 하는 일이 된다. 다시 말해서 문화를 분석하는 데 있어서 먼저 실시해야 하는 가장 중요한 작업은 어느 한 문화의 모형을 가지고 다른 문화에서도 비슷한 법칙이나 원칙들이 존재하는지 보면서 우열을 가리는 것이 아니다. 오히려 기존의 문화에서 정당화되고 있는 특정의 의미구조의 독특한 가치를 받아들이면서 그 것을 해석해 내는 것이 우선적 과제라는 말이다. 이러한 입장은 최근에 소위 '중층기술Thick Description'로 알려지면서 문화를 분석하는 가장 유용한 도구로서 인정되고 있다. 중층기술 이론에 의하면 하나의 문화는 수학이나 논리학과 유사한 형식적 방법을 통해서 분석될 수 있는 정신적 현상들로 이루어져 있지 않다. 따라서 한 문화가 가지고 있는 고유의 가치체계를 이해하려면 행위자의 입장에서 접근하는 방법, 즉 이른바 에믹 분석법emic analysis, 혹은 이해적 접근법verstehen approach을 사용해야만 한다.5) 이런 원칙을 따른다면 레비스트로스의 말대로 미개와 야만에게도 문명이 존재함을 알 수 있으며, 따라서 이제 문화의 분

---

5) 이런 최근의 문화해석론에 관한 심도있는 토론을 보려면, 클리퍼드 기어츠의 『문화의 해석』, 문옥표 역 (서울: 문예출판사, 1998)을 참조하라.

석은 한 문화 내에서 발견되는 의미를 추구하고 분석하는 작업에 집중되게 된다.

마지막으로 이런 새로운 해석적 방법은 각 문화를 상호 보충적으로 읽을 수 있는 방법론을 제공하게 된다. 다시 말해서 하나의 문화는 지역적이고 역사적인 한계를 가질 수밖에 없는 것이 필연적이지만, 그 문화권에서 강조되어지는 강점들을 다른 문화권과 상호 보충할 수 있는 것으로 해석하게 되면, 결과적으로 더 포괄적이고 이상적인 문명론을 만들어 낼 수도 있다는 말이다. 이렇게 동양과 서양이 가지고 있는 장점들을 상호 보충적으로 볼 수 있는 방법을 논자는 화이트헤드의 철학에서 찾을 수 있다고 본다. 화이트헤드의 철학이 목표로 하고 있는 것은 잘 알다시피 일반화를 시도하는 것이다. 비록 그러한 일반화가 하나의 가설로서 존재하기 때문에 때때로 오류를 일으킬 수도 있는 문제점을 갖지만, 동시에 그런 식의 관념의 모험은 인류에게 진보를 가져올 수도 있는 것이며 이것이 화이트헤드가 그의 명저 관념이 모험을 통해 누누이 강조하고 있는 점이다. 따라서 논자는 동양과 서양이 가지고 있는 문명적 관점을 함께 아우르는 일반적 관념을 화이트헤드의 철학을 통해 발전시킴으로써 보다 이상적인 문명관을 건설할 수 있는 길을 모색해 보겠다는 것이다.

II. 서구문명론의 특징과 한계

서구문명의 생성에 대한 분석은 다양한 각도에서 시도될 수 있겠지만 여기서는 단지 그것의 철학적 배경만을 분석해 보기로 하자. 서구 문명론을 낳은 철학적 특징은, 데이비드 홀David Hall과 로저 에임즈Roger Ames의 표현을 빌려서 표현하면, 한마디로 "단일하게 질서화된 우주single-ordered cosmos," 혹은 "단일한 우주질서"를 가정해 온 서구의 사상적 경향에 기인한다고 볼 수 있다.6) 그렇다면 "단일한 우주질서"란 무엇이며 서구철학은 왜 그렇게 우주를 단일한 질서의 차원에서 보게 되었는가? 여기서 우리는 이 문제를 우주-발생적으로 설명해 볼 수도 있고 또한 그것을 이성의 문제와 관련시켜 설명할 수도 있다.

주지하다시피 철학자들은 서구철학의 태동을 아르케arche를 찾기 시작한 이오니아의 자연철학자들에게서 찾는 데 이의를 달지 않는다. 그런데 이런 아르케 즉 우주의 원리를 찾는 것은 항상 카오스의 문제를 해결하려는 사상적 욕구에서 시작되었다. 즉 그리스 사상의 경우 혼돈을 태초의 상태로 보며, 이렇게 혼돈으로 가득 찬 천체와 우주에서 질서 있는 원리 즉 아르케를 찾는 것을 철학의 출발점으로 삼았던 것이다. 이런 입장은 서양사상의 또 다른 축으로 자리 잡고 있는 기독교의 경우에서도 마찬가지로 나타난다. 기독교의 구약성서 역시 무(無), 혹은 혼돈에, 하느님이 빛, 즉 질서를 부여하여 세계를 창조한 것으로 기술된다. 그러므로 희랍의 철학자들이나 성서의 기자들이나 혼돈과 무로 둘러싸여 있는 우주와 세계에 질서를 부여하는 것을 통해 서양사상을 출발시켰던 것이다.7) 이런 해석은 어원적으로 우주와 코스모스(질서)가 동일하다는 것에서도 발견된다.

세계를 단일한 질서의 차원에서 보는 시각을 이성의 문제와 관련시켜 분석해 볼 수도 있다. 즉 세계를 단일한 질서의 차원에서 본다는 것은

---

6) 서구문명사의 가장 현저한 특징이 단일한 우주질서를 가정하는 서구철학의 사유체계에서 발견된다는 주장은 David Hall과 Roger Ames가 공저한 두 권의 책 *Thinking through Confucius* (New York: SUNY, 1988), *Anticipating China* (New York: SUNY, 1995)에서 발견된다. 이하의 논의에서 논자는 많은 부분을 그들의 분석에 의존하고 있다.

7) 이런 것을 사회학적으로 풀이해 볼 수도 있다. 즉 전통적으로 서구에서 우주와 세계를 질서 잡힌 것으로 믿으려는 현상은 본래 법정과 궁정의 질서를 잡으려는 통치자들의 바람에서 시작되었으며, 이렇게 형성된 사회질서에서 세계질서와 우주질서가 추론되었다는 것이다. 그러므로 우주와 자연 및 세계질서에 대한 인간의 믿음은 사회질서의 반영물이라는 것이다. 이러한 시각을 보기 위해 최근에 우리말로 번역되어 나온 F. M. Conford의 책『종교에서 철학으로』, 남경희 역 (서울: 이화여자대학교 출판부, 1999)를 참조하라.

우주가 충분히 이해 가능한 세계이어야 한다는 서구인들의 욕구와 믿음을 반영한다는 것이다. 만일 그런 세계가 없다면 근원적인 인식론적 불안을 해소할 길이 없겠기 때문이다. 이렇게 충분히 이해가 가능한 세계에서 살아야 한다는 것을 인식 주체로서의 인간 쪽에서 보면, 인간이 대상으로서의 세계를 다루는 데 있어서 자신의 이성에게 합리적인 능력을 부여했다는 것을 뜻한다. 다시 말해서 인간이 이성적으로 사고하는 능력을 가지고 있다는 것은 곧 인간이 우주에게 질서를 부여하거나 혹은 거기서 질서를 발견하는 능력을 가지고 있음을 말하는 것에 다름 아닌 것이다.

이렇게 인간이성의 합리성과 우주, 혹은 자연의 질서가 상호 대응된다는 사실을 철학적으로 표현한 것이 자연의 제일성The Uniformity of Nature이다. 자연의 제일성이란 자연이 시종여일하게 균일한 패턴을 가지고 인간에게 인식 가능한 대상으로 존재하고 있다는 사실을 표현하는 것으로서 인간은 그런 사실을 자신의 합리이성이 발견한 보편자, 원칙, 법칙 등을 도구로 하여 확인해 나가게 될 것이다. 이렇게 인간이성이 자연의 제일성을 확신한다는 것은 인간이 그저 자기 앞에 존재하는 질서를 수동적으로 즐기는 것이 아니라 역으로 질서를 창조하는 것을 통해 자연에 능동적으로 대처해 나가는 제어자가 된 것을 말한다고 볼 수 있다.

인간이 자신이 소유한 합리이성을 도구로 하여 이렇게 혼돈에 질서를 부여하는 행위는 인류에게 철학적으로 긍정적인 면과 부정적인 면을 동시에 선사했는데 우선 긍정적인 면은 다음과 같이 요약될 수 있다. 우선 가장 긍정적인 면은 과학기술의 발달을 가져온 것이다. 왜냐하면 인간이 우주의 질서를 강조한다는 것은 그 것을 인간의 합리이성이 창조해낸 법칙으로서의 인과율의 입장에서 본다는 것을 의미하기 때문이다. 인과적 사고가 우세할 때 과학이 발달하게 된다는 것은 설명하기 그리 어렵지 않다. 작용인과 질료인의 관점을 통해 결과에 대한 원인을 찾는 작업은 분명히 과학의 진보를 가져오는 것을 쉽게 만들기 때문이다.

그러나 부정적인 결과도 있었으니 그것은 다음과 같다. 우선 합리이성으로 자연과 우주에 질서를 부여하는 것은 어떤 면에서 보면 분명히 세계를 편향적으로 이해하는 행위로 해석될 수밖에 없다. 우주를 단일한 질서의 입장에서 이해함으로써 다양한 해석의 가능성을 막기 때문이다. 실제로 단일한 질서에 입각한 우주론은 서구철학사로 하여금 편협한 내용으로 일관되도록 만들었던 것이다. 일예를 들면, 우선 파르메니데스에게서처럼 존재와 생성을 분리시키는 입장이 서양철학의 중심축을 형성하게 된다. 파르메니데스는 우주를 단일한 질서를 가지고 있는 것으로 보면서 존재의 통일성을 부각시키고 무를 제외시켰으며, 나아가 운동보다 정지가 중요한 것으로 보았다.8) 그런데 이런 모든 것들이 가능했던 이유는 우주를 단일한 질서, 즉 여기서는 존재자의 완전성, 고정성, 불변성에서 보아야만 우주에 대한 사유가 가능하고 모순을 피할 수 있다는 파르메니데스의 신념 때문이었던 것이다. 한마디로 파르메니데스에게서는 또 다른 질서, 즉 무, 운동성, 가변성 등의 세계가 부정적으로 평가되어 버렸던 것이다. 이런 전통은 "서양철학은 그의 각주에 불과하다."라고 화이트헤드가 표현했던 플라톤에게서는 다음과 같이 표현된다. "모든 것이 선하기 위해서, 불완전을 없애기 위해서 신이 부조화, 불규칙, 무질서 속에 있는 것들을 질서 속에 넣었다. 설득력으로 이성이 필연(운명)을 눌렀다."9)

단일한 질서의 세계와 그 것을 만들어 내는 합리적인 이성의 능력을 강조하면서 생기는 문제를 문명사적으로 해석해 보면 다음과 같다. 우선 이런 입장들이 근대세계에 들어서면서 당대의 편향적 시대의식을 보편

---

8) 조지 톰슨, 『고대사회와 최초의 철학자들』, 조대호 역 (서울: 고려원, 1992), 339-350.
9) Platon, *The Collected Dialogues of Plato*, ed. by Edith Hamilton and Huntington Cairns (Princeton: Princeton Univ. Press, 1961).

적인 시대정신으로 착각하게 하는 경우를 만들어 냈다는 것이다. 논리적인 속성상 한 쪽의 합리성은 다른 쪽의 합리성을 비합리적으로 보게 되어 있다. 근대에 들어서서 인간의 합리이성은 인류의 문명사를 평가하는 유일한 잣대가 되었으며 이런 입장은 "서구의 가치가 곧 문명"이라는 등식으로 발전되었다. 다시 말해 서구문명이 이룩한 발전 모델이야말로 모든 문명을 평가하는 규범이자 기준이 된다고 보게 된 것이다. 이렇게 서구와 합리성, 서구와 근대성(현대성)이 동일한 의미를 갖는 것으로 해석됨에 따라 비서구적 문명은 곧 비합리적, 비현대적, 비과학적인 것으로 간주된다. 근대 서구의 철학은 대 부분 이런 문화철학으로 점철되어 있으며 그 중에서도 이런 주장을 가장 용의주도하게 펼쳐 보인 철학자가 바로 헤겔이다. 그의 명저 역사철학The Philosophy of History에서 헤겔은 그의 방대한 자료 수집력과 해박한 지식에 기초하여 어떻게 서구문화, 특히 기독교적이고 게르만적인 문명이 여타 문화, 특히 동양의 문명보다 우월하게 진화해 왔는가를 보여주고 있다. 그는 한마디로 말해서 동양을 가장 원시적인 문명 단계의 하나로 간주하면서 특히 인도와 중국의 문명이 얼마나 합리성과 비판이성, 혹은 자율성의 획득에서 실패하였는지를 장황하게 설명하고 있다.10)

근대성과 합리이성을 최고의 문명적 가치로 간주하는 서구의 입장은 진화론을 만나면서 새로운 진보이론을 만들어 낸다. 즉 인간을 다른 동물들로부터 구별하는 것이 합리성이기 때문에, 진화론과 진보이론은 인간의 계몽적 합리이성을 역사발전의 주인공으로 생각하게 만들며, 만물의 척도로 만들게 된다. 즉 진화론은 호모 사피엔스가 애초에는 하등동물과 같은 존재였지만 점차로 진화하여 온 것으로 정식화하면서 "근대성의 기획"이 주장하는 성장과 발전의 이데올로기들을 과학적으로 정당

---

10) Hegel, *The Philosophy of History* (New York: Dover Pub., 1956). 특히 p.120-138을 참조할 것.

화하는 구실을 제공했다.11) 본래 서구에서의 진보는 테크놀로지칼한 문명화에 집중된 것은 아니었으나, 합리화, 과학화 등이 대부분 자연을 대상으로 하여 이루어졌으므로 진보란 인간을 위해 자연을 사용하는 기술에 있어서의 진보를 주로 의미하게 되었다. 다시 말해 진보를 테크놀로지의 발전의 관점에서만 보게 만든 것이다.

하지만 이렇게 테크놀로지에 집중된 진보관은 어떤 면에서 볼 때 서구문명론의 부정적인 면을 드러내기도 한다는 사실에 이의를 제기할 사람은 많지 않을 것이다. 테크놀로지에 집중된 진보관은 자연과 우주의 파괴를 낳았으며, 더 구체적으로는 지구에 환경오염, 생태계의 파괴를 가져옴으로써 많은 문제를 야기했다. 더욱이 원래 계몽이성으로 출발했던 합리이성이 도구적 이성으로 전락하여 권력, 지배세력 등과 결탁하여 부정적인 결과를 낳아 왔다는 것을 서구학자들 스스로가 지적해 내고 있다.12)

다시 한 번 강조하거니와 여기서 논자는 서구문명론의 양대 특징으로서의 합리이성과 근대성을 무조건 폄하하려는 것이 아니다. 여기서 논자가 지적하려는 것은 이러한 특징들은 단지 서구문화에서 발견되는 하나의 특수한 성격이라는 것이다. 합리성은 혼돈에서 우주질서를 창조하고 그런 각도에서 자연을 제어하려는 서구문화의 특수한 가정에서 온 것이다. 사실 우주를 단일한 질서에서 보려는 생각은 사전에 전제되었다고하기보다는 인간사회에서의 인공적 질서에 맞는 유비에 의해서 창안되었다고 보는 것이 더 낫다. 우주 내에 단일한 질서로 통합된 세계가 존재한다고 보는 것은 주어진 것이 아니라 그렇게 생각하는 사람들에 의해서

---

11) 크리스 젠크스, 『문화란 무엇인가』, 김윤용 역 (서울: 현대미학사, 1996), 50.
12) 근대 서구문명사에서 근대성과 합리이성이 부정적인 양상으로 전락해 가는 모습을 이론적으로 가장 적절하게 그려낸 것은 최근에 번역된 하버마스의 작품들에서 발견된다. 그의 책, 『현대성의 철학적 담론』, 이진우 역 (서울: 문예출판사, 1994)과 『소통행위 이론』, 서규환 외 역 (서울: 의암출판사, 1995)를 참조하라.

인위적으로 믿게 된 신념인 것이다. 따라서 그렇게 보는 것은 필연이라고 하기보다는 우연의 산물이다. 이는 근대성도 마찬가지다. 근대는 역사 발전상 서구문명사에 필연적으로 존재할 수밖에 없었던 하나의 역사적 시대라고 보기보다는, 그저 하나의 태도요 에토스로 간주하는 것이 옳다고 제안한 것은 푸코였다.[13]

여기서 논자가 주장하려는 것을 오해하면 안 된다. 근대성 및 합리이성과 관련하여 서구문명사가 보여주는 한계는, 사실 합리이성과 근대성 자체에 있다고 하기보다는 그 것들을 너무나 편향적으로 이해함으로써 경험과 사고의 더 폭넓은 차원, 예를 들면 경험의 미적 차원이 상실되어 버렸다는 것을 지적하려는 것이 논자의 의도다. 하나의 문명은 인간의 이성과만 연계되어 나타날 수 있는 것은 아니다. 오히려 이성보다 더 큰 범주로서의 자연 및 미적 세계와 관련된 문명이 더 강도 높은 경험을 인간에게 제공할 수도 있는 것이다. 이렇게 더 큰 인간 경험의 영역으로서의 미적 세계가 서구문명사에서 뒷전으로 밀려난 것을 하버마스 식으로 표현한다면 "이성의 타자"가 인간 경험의 무대에서 일방적으로 몰락하게 되었다는 것을 의미한다. 예를 들어 하버마스가 인용하고 있듯이 "이성의 철학은 자연, 신체와 여성의 저속성에 대해서 지성적인 것이 원칙적으로 우월하다는 의식을 생산해 왔다. 이성의 철학은 이성에 전지전능한 능력, 무한성, 미래에 도래할 완전성을 부여한다. 이에 반해 자연에 대한 유아적(幼兒的) 관계가 상실되었다는 것은 나타나지 않는다."[14]

이제 우리는 한마디로 다음과 같이 서구문명의 한계를 지적할 수 있다. 단일하게 질서 잡힌 세계를 가정하고 그런 세계상에 어울리는 문명을 선호한 서구문명은 우주질서를 단일한 차원에서 보게 만듦으로써 우

---

13) M. Foucault, "What is Enlightenment?" ed. by P. Rabinow, *The Foucault Reader* (Harmondworth: Penguin, 1982), 39.
14) 하버마스, 『현대성의 철학적 담론』, 360.

주의 다원적 질서, 그리고 문명의 다차원적인 성격을 간과하게 되는 한계성을 지니게 된 것이다. 서구문명론이 보여주는 이런 한계는 동양 문명과 비교해 볼 때 더욱 극명하게 드러난다. 다음 장에서 우리는 동아시아 철학이 서구와는 상당히 다른 방법으로 자신의 문명론을 펼쳐 나가는 것을 보게 될 것이다.

III. 동아시아 문명론의 특징과 한계

동아시아의 문명을 한마디로 규정하기는 어렵다. 동아시아의 문명에 지대한 영향을 끼친 종교만 하더라고 여러 가지를 열거할 수 있기 때문이다. 따라서 논자가 여기서 동아시아의 문명의 특색을 말할 때 지칭하는 것은 주로 황하문명권에서 나타나는 것들로서 대개 유불선(儒佛仙) 세 가지의 종교에서 공통적으로 발견되는 중화적(中華的) 문화체계를 뜻한다. 논자는 이런 중화적 문화체계의 특징을 미학적 질서Aesthetic Order15)

---

15) 철학적으로 볼 때 '미학적'이라는 용어를 가지고 사람들은 대개 다음과 같은 세 가지를 의미한다. 첫째로 우선 라틴어 어원에서 보듯이 '미학적(aesthetic)'이라는 말은 '감성적 (aesthetica)' 혹은 '직감적'이라는 말과 동치이다. 둘째로 미학이라는 말의 뜻은 예술, 미에 대한 경험, 정서적 반응과 관련된 것을 뜻하는 것으로, 이는 대부분의 사람들이 통상적으로 이해하고 있는 "예술적 미와 관련되는"이라는 말과 동치이다. 셋째로 앞의 양자를 결합한 것으로서 쓰일 수도 있는데, 즉 미에 대한 파악과 인지가 도덕적 감각의 경우처럼 이성적 지식의 대상이 아니라는 뜻으로 쓰이는데, 이런 뜻에서 보면 미학적 경험은 "이성적 지식을 넘어서는 포괄적 경험"과 동치이다. 이하에서 논자는 '미학적'이라는 말로서 주로 첫째와 셋째를 지칭하겠지만 때에 따라서는 둘째 의미로 사용되는 입장도 인용하려 한다. 이런 식으로 보면 '미학적'이라는 말은 때때로 사람들에게 혼동을 일으키기 쉬운데, 논자가 보기에 그 용어가 혼동을 가져오는 가장 커다란 이유는 '미학적 인식'이 상반되는 두 개의 내용을 동시에 표현하기 때문에 그렇다. 즉 미학적 인식을 미(美)에 관한 '미적(美的) 인식'이라는 뜻으로서 생각하면, 대개 미적 인식이란 인간이 자연과 세계에 자신의 목적, 의지, 이상을 투사하여 그 것을 인식할 때 얻는 정신적 쾌감과 관련이 있게 되는데, 이렇다면 미학적 인식은 인간의 이성적 인식에서 나오는 것으로 생각되게 된다. 그러나 또 한편 미학적 인식을 미에 대한 인식이라고 규정하고서 그것을 분석해

와 상관적 사고Correlative Thinking라는 두 가지 차원에서 분석하려하는데 이런 분석을 위해서 최근에 연구된 중국학자들의 저서에 의존하려 한다.16)

오늘날 중국을 대표하는 마르크시스트 철학자로 알려져 있는 이택후(李澤厚)는 중국의 사상사를 미학적인 입장에서 조명하는 일련의 저작들을 양산해 왔는데,17) 그에 따르면 서구에서는 도덕적으로나 종교적으로 최고의 경지에 도달하는 것이 최대의 인생 과제임에 반해서, 중국의 경우에는 심미적인 것이 인생의 최고 경지라고 주장한다.18) 따라서 중국에서는 철학과 예술이 하나로 결합되어 발전되어 왔으며 철학사는 곧 미학사로 점철되어 왔다고 보는 것이다. 이택후는 이러한 자기의 주장을 구체적인 사례를 들어가면서 설명해 내는데 예를 들어 그에 따르면 중국의 미학은 기본적으로 사대 사조로 나눌 수 있으니, 공맹(孔孟) 및 순자 등으로 대표되는 유가미학, 노장(老莊)으로 대표되는 도가미학, 굴원(屈原)으로 대표되는 초소(楚騷)미학, 그리고 불교의 선종 미학 등이 그것이다.

우선 이택후의 분석에 따르면 공자의 미학은 "성어악(成於樂)"과 "유어예(游於藝)" 사상에서 볼 수 있다고 한다. 한마디로 말해 이 두 가지는

보면 이때 미(美)는 대개 이성적인 인식을 넘어서는 카테고리에 속하는 것이 명백하다. 그러므로 이런 차원에서 보면 미적 인식은 감각적 인식, 혹은 비반성적 인식을 포함하는 폭넓은 경험의 세계와 관련되는 것으로서 결국 이성적인 인식의 세계와 전적으로 반대되는 뜻을 가지게 되는 것이다. 이것이 바로 '미학적'이라는 말이 인식론적으로 혼동을 일으키는 이유다. 그러나 철학적인 면에서 볼 때 대개 미학적이라는 말은 후자의 의미를 갖고 있으므로 우리는 이하에서 전자의 의미보다는 후자의 의미로써 더 많이 사용하게 될 것이다.

16) 최근의 많은 중국학자들은 중국사상사의 특징을 미학적(Aesthetic)인 것에서 찾아 왔다. 중국사상사를 미학적 입장에서 조명하는 방법이야말로 비교문명론적인 면에서 볼 때 매우 적합성이 있다고 나는 보고 싶다. 우선 하나의 이유는 그러한 방법론이 동아시아의 문명론을 서구의 그 것에 매우 극명하게 대조되도록 만들 수 있기 때문이다. 이하에서 논자는 중국사상사를 미학적으로 조명해 보는 대표적인 학자로서 중국 본토의 이택후, 영미 세계의 David Hall 및 Roger Ames 등을 택해 살펴 볼 것이다.

17) 미학과 관련된 이택후의 저작들 중에서 국역된 것들은 다음과 같다.『화하미학 華夏美學』 (서울: 동문선, 1990),『美의 歷程』, 윤수영 역 (서울: 동문선, 1991),『中國美學史』, 권덕주/김혜심 공역 (서울: 대한교과서 주식회사, 1992).

18) 이택후,『중국미학사』, 30.

"음악에서 이루고," "예술에서 노닌다."는 뜻으로, 예를 들어 논어의 태백 (泰伯) 편에서 공자는 갈파하기를 "(인간은) 시로써 감흥을 일으키고, 예 (禮)로써 (질서를) 세우며, 악(樂)에 의해서 (인격을) 완성한다." 고 말한 다.19) 이는 말할 것도 없이 군자가 인격을 도야하고 수신하는 데 있어서 예와 악을 학습하지 않으면 완전한 인간이 될 수 없음을 말한다는 것이 다.20) 이런 이유로 심지어 공자는 옹야(雍也) 편에서 "아는 자는 좋아하 는 자만 못하며, 좋아하는 자는 즐거하는 자만 못하다."21)고 주장하기도 한다. 따라서 이를 밀고 나가면 공자가 최고의 덕으로 꼽는 인(仁)마저도 예와 악이 없이는 고양되지 않는다고 공자는 본다는 것이다.

중국사상사에서 미학적인 것에 대한 강조가 더 강하게 발견되는 것 은 도가 전통에서다. 도가 전통은 항상 중국 사상사에서 유가를 보충하 는 대립쌍으로 존재해 왔다는 것이 상식이거니와 공자가 인간 속에 존 재하는 관능적 욕망을 예와 악으로써 다스려 어질고 완전한 인간이 되 는 것, 즉 한마디로 말하자면 '자연의 인간화'를 명제로 내세웠다면, 노 장은 한마디로 말해 '인간의 자연화'를 명제로 제기했다고 볼 수 있다 고 이택후는 주장한다. 도가전통에서는 유가전통에서 말하는 것과는 정반대로 인간이 자신의 사회성을 버리고 우주 및 자연과 하나가 되어 야 진정한 인간이 된다고 주장한다. 예를 들어 유명한 장자의 소요유 (逍遙遊)에 따르면 "만일 천지 본연의 모습을 따르고, 자연의 변화에 순 응하여 무한의 세계에 노니는 자라면, 저 또한 무엇에 의존할 것이 있겠 는가?"라고 외친다.22)

이렇게 무한의 세계와 천지 본연의 모습 등 무위자연적 현상을 강조 하는 도가 전통은 무법지법(無法之法)과 무의식의 세계를 강조한다. 예

---

19) 子曰, 與於詩, 立於禮, 成於樂.
20) 이택후, 『중국미학사』, 132. 이택후, 『화하미학』, 115.
21) 子曰, 知之者, 不如好之者, 好之者, 不如樂之者.
22) 若夫乘天地之正 而御六氣之辯 以游無窮者 彼且惡乎待哉.

를 들어 장자는 모든 사물을 특히 "눈으로 보지 않고 마음으로 대하는 것(以神遇而不以目視)"이 중요한 인생의 태도임을 주장한다.[23] 그러므로 인간의 사회성을 주장하는 유가 전통과 달리, 더 큰 카테고리로서의 인간의 자연성을 강조하게 되는 도가 전통은, 말하자면 눈에 보이는 질서의 세계보다는 그것을 초월하는 무한자연의 영역을 인정했다는 것을 의미하며, 이런 판단이 정당하다면 결국 도가의 '인간의 자연화'란 동물성으로 퇴보하여 피동적으로 자연에 적응하려는 것이라고 하기보다는, 인간이 자신의 생물적인 한계를 초월하여 모든 자연의 기능, 구조, 규율에 호응하려는 더 포괄적인 자세를 견지해야 함을 말하는 것이다. 도가 전통이 인간으로 하여금 심미, 마음, 감성을 가지고 무의식, 초월, 자연의 세계에 접해야 함을 강조하는 전형적인 미학적 태도를 견지했다고 볼 수 있는 것은 바로 이런 이유 때문이다.

　　중화문명 속에서 발견되는 미학적 전통을 강조하는 입장은 비단 중국 내의 학자들에게서만 발견되는 것은 아니다. 요즈음 중국철학에 대해서 많은 저서를 간행하고 있는 미국의 데이비드 홀David Hall과 로저 에임즈Roger Ames에 따르면, 중국문명의 미학적 특성은 우선 우주의 질서를 합리성의 차원에서 보지 않는다는 점에서 찾을 수 있다고 한다. 한마디로 말해 서구문명권과 달리 중화문명권에서는 질서가 미학적으로 보인다는 것이다. 그렇다면 여기서 홀과 에임즈가 말하는 미학적 질서란 무엇인가? 그들의 주장을 이해하기 위해서는 우선 합리적 질서와 미학적 질서의 차이를 먼저 이해해야 한다.

　　홀과 에임즈의 주장에 따르면, 서구문명권에서 강조되는 합리적 질서, 혹은 논리적 질서에서는 그 질서를 형성하고 있는 구성인자들의 특수성보다는 그들이 이루고 있는 전체의 통일성, 제일성uniformity을 중요시

---

23) 이택후, 『화하미학』, 158.

하게 된다고 한다. 그런 전체의 통일성과 제일성이 참된 질서를 보장하고 구성한다고 보기 때문이다. 우리가 잘 알다시피 합리적이라는 것은 이성이 가정해 놓은 것, 예를 들면 보편자 같은 초월자에게 부합하는 특수성이 있을 때, 그 관계를 합리적이고 논리적이라고 말한다. 그러므로 이런 합리적 질서가 존재하는 경우에 그것을 구성하고 있는 특수자는 언제나 대체될 가능성을 갖는다. 왜냐하면 참으로 질서를 구성하는 장본인은 특수자의 특수성이 아니라 그들에게서 추상되어 실재하는 것으로 가정되어진 초월자이기 때문이다.

이에 반해 미학적 질서에서는 구성인자 각각의 특수성들이 전체의 조화와 질서를 만족시키는 기능을 한다. "논리적 질서(혹은 합리적 질서)란 신의 정신이나 혹은 초월적 자연법칙에서, 혹은 주어진 사회의 실증법에서, 혹은 인간의 양심에 기초하고 있는 범주적 명령에서 나온 원리를 구체화시키는 과정에서 실현되는 반면, 미학적 질서는 상황에 의해 결정된, 그리고 (동시에) 그 상황을 결정하는 특정한 사건이나 요소가 자기에게 주어진 맥락에 공헌하는 결과로 생성되는 질서다."라고 홀과 에임즈는 주장한다.24) 예를 들어, 하나의 예술 작품에서 그 예술작품이 묘사하는 패턴에 중심을 두면 합리적 질서의 관점에서 보는 것이고, 반대로 그 작품의 패턴을 구성하는 개별 항목들에 중점을 두면 그 것은 미학적 질서의 입장에서 보는 것이 된다. 이는 한 예술 작품의 패턴이 인간의 로고스 이성의 산물임에 반해서, 그 패턴을 구성하고 있는 개별 항목들은 이성적 인식의 차원을 넘어서서 주로 감성적이고 직감적인 인식의 세계 연계되어 있기 때문이라고 볼 수 있다. 또 다른 예를 들어 이등변 삼각형과 꼭지점의 관계를 설명하는 경우, 꼭지점들이 구성하는 패턴으로 이루어진, 두 변이 같은 삼각형의 형상에 초점을 맞추면 그 관계를 합리적

---

24) Hall & Ames, *Thinking through Confucius*, 16.

인 질서의 관점에서 보는 것이 되고, 그 삼각형을 구성하는 꼭지점의 특수성들의 관점에서 그 관계를 보면 미학적인 관점에서 보는 것이 된다. 이는 물론 칸트적으로 해석한 것임은 말할 것도 없다. 삼각형의 형상은 보편자로서 그것을 보는 것은 인간의 합리이성이지만 꼭지점, 즉 특수자들이 구성하는 패턴을 보는 것은 감성에서 시작되고 지성이 잡아 놓은 것이기 때문이다.

홀과 에임즈의 분석에 따르면 서구의 문명은 대체적으로 합리적인 질서의 관점에서 사물을 보아 왔으며 이에 반해 중국의 문명권에서는 주로 미학적인 질서의 관점에서 사물간의 관계를 보았다는 것이다. 여기서 서구의 철학이 대개 합리적 질서의 관점에서 사물을 규정해 왔다는 것은 이해하기 어렵지 않을 것 같다. 문제는 과연 홀과 에임즈는 어떤 근거에서 중국의 문명권이 미학적 질서를 중요시하게 된 것으로 분석하느냐 하는 것이다. 홀과 에임즈는 여러 가지 사례를 들어가면서 중국의 문명권이 미학적 질서를 강조한다는 것을 입증하려한다. 논자는 여기서 그들이 주장하는 사례 중 가장 대표적인 것으로서, 공자(孔子)의 사상에서 보이는 미학적인 면을 소개하겠다.

그들에 따르면 우선 중화사상의 미학적인 면을 이해하기 위해서는, 공자의 사상에서는 공(公)과 사(私), 혹은 정치적 조직과 가족 중심의 관계 사이에 날카로운 구별이 나타나지 않는다는 점을 먼저 이해하여야 한다. 공자에게서는 가족관계와 그 안에서 발견되는 질서가 다른 모든 관계와 질서를 규정하기 때문이다. 중용(中庸)에 나오는 삼강오륜의 사상은 부자유친의 관계가 모든 관계의 기본이며 이것은 임금과 신하, 혹은 지배자와 민중 사이의 관계에도 그대로 적용된다고 한다.25) 다시 말해

---

25) 이런 분석은 대부분의 중국학자들이 공통적으로 주장하는 내용이다. 하버드의 중국학자 벤자민 슈워츠도 비슷한 주장을 하고 있다. 위에서 언급한 그의 역작『중국 고대사상의 세계』, 나성 역 (파주: 살림, 1997), 66을 참조하라.

서 통치자는 민중을 그의 자식처럼 대우해야 한다는 것이다. 그리고 이 것이 사회와 정치에서의 질서를 규정한다는 것이다. 즉 모범적인 인격으로서의 통치자는 아버지가 자식에게 모범이 되듯이 언제나 도덕적인 모델이 되어야 한다는 것이다. 통치자의 권위는 우선적으로 도덕적인 권위에서 나온다고 믿기 때문이다.26) 여기서 중요한 것은 홀과 에임즈에 따르면, 공자의 사상에서는 이런 삼강오륜에 입각한 사회의 질서가 미학적 질서에 기초해 있다는 것이다. 미학적 질서에서는 개별자의 특수성이 질서를 구성한다고 우리는 앞에서 규정했는데 그렇다면 공자의 사상은 어떻게 이런 질서를 보여주는가?

주지하다시피, 무엇을 정치라고 보느냐는 질문에 공자는 정치(政治)란 정치(正治)라고 말했다는 것은 너무나 잘 알려진 사실이다. 홀과 에임즈에 따르면 이런 언명은 바로 정치가 개인의 인격을 도야하는 데서 출발되어야 한다는 것을 의미하기에 결국 정치적 질서, 혹은 공공의 질서가 유지되기 위해서는 먼저 개인의 인격에 질서가 잡혀야 한다는 것을 뜻한다는 것이다. 이것은 정치란 모름지기 인격적인 모델로서의 군자(君子), 혹은 인자(仁子)가 다스려야 한다는 사상에서도 나타난다는 것이다. 한 마디로 개인의 질서(正, 義)에서 사회와 국가의 질서(政)가 온다는 것이다. 이렇게 본다면 공자의 사상이 어떻게 미학적 질서를 우선적인 것으로 간주하는지 이해할 수 있다고 본다. 유교에서의 질서란 보편자나 원리, 혹은 초월자의 힘을 빌어서 유지되는 합리적인 질서가 아니고, 개개 인간의 경험사건이 만들어 내는 특수성에 기초하고 있다는 것이다. "진리와 실재가 특수한 개인의 능력과 조건에 좌우되며 개인적인 범주에 속하게 된다."27) 물론 공자의 언명에서 서구적 의미의 초월자를 찾아 낼 수도 있다. 그러나 이 경우 그런 초월자의 자리는 공자가 차지하고 있다

---

26) Hall & Ames, *Thinking through Confucius*, 146-147.
27) Ibid., 135.

고 보는 것이 옳다고 홀과 에임즈는 주장한다. 그리고 그런 초월자의 공자마저도 단지 진정한 인간이 되는 것이 무엇인지를 이해시키기 위해 제시되는 하나의 범례나 문화적 영웅에 불과하다는 점에서, 서구적인 합리적 질서에서 발견되는 초월자 개념과는 분명히 다르다는 것이다.28) 여기서 우리는 이런 홀과 에임즈의 주장을 심도 있게 토론할 자리를 갖고 있지 못하다. 왜냐하면 중화문명권에서 강조되는 것은 미학적 질서이며 합리적 질서는 중화문명권에서 그다지 중요하게 강조되지 않는다는 주장에 대해 동의하는 문제는 사람마다 다를 수 있기 때문이다. 예를 들어 전통적으로 중국을 연구하는 서양의 학자들은 중국 문명권에서는 사회가 항상 개인보다 우선적이었기 때문에 개별자들의 창조성이 별로 강조되지 않았다고 보는 입장도 있다.

그러나 논자의 입장에서 볼 때, 소위 우리가 하나의 문명을 행위자 중심의 에믹 분석법emic analysis을 사용해 분석한다면, 중국 문명권에서 합리적 질서보다는 미학적 질서가 강했다는 것을 뒷받침하는 해석이 얼마든지 가능하다고 본다. 그러므로 중요한 문제는 중화 문명권에서 미학적 질서를 중시해 왔다는 논변이 얼마나 진실한 분석이냐의 문제가 아니라, 그런 분석이 해석해 내고 있는 중화문명권의 특성이 얼마나 현대 서구의 문명이 가지고 있는 한계점들을 해결할 대항담론으로서 가치를 가질 수 있느냐의 문제라고 본다.

이런 각도에서 우리는 중화문명권에서 강조되는 사고방식을 상관적 방식으로 보고서, 중화적 사고의 또 다른 미학적 특징들을 지적해 낼 수 있다. 앞에서 지적했듯이 비교철학자인 베임A. J. Bahm에 따르면 중국의 사고방식은 상관적 사고방식으로서 거기에서는 합리성과 비합리성의 구별이 없고 양자가 모두 강조된다고 말한 바 있다. 이런 입장은 홀과 에임

---

28) Hall & Ames, *Anticipating China*, 90-91.

즈에서도 동일하게 발견된다. 그들에 따르면 상관적 사고방식은 유비적 사고방식Analogical Thinking으로 불릴 수도 있는데, 여기서 유비적 사고란 비논리적인 절차를 강조하는 사고방식을 말한다. 즉 중화문명권의 사고 체계는 서구의 논리학에서 발견되듯이 부분-전체 관계나, 혹은 인과적 함의 등에 의존하는 것이 아니고, 사건들의 유비적인 연관에 의존한다. 홀과 에임즈는 이런 상관적인 사고방식이 논리적인 분석에 무관심할 수밖에 없다고 말하는데, 왜냐하면 중화문명권에서는 애매성, 모호성, 그리고 이미지와 은유가 동원되는 등, 한마디로 비논리적이고, 비일관적인 사고가 더 공식적인 사고체계로 인정된다고 본다. 즉 상관적 사고에서는 사건과 사건 사이에 존재하는 물리적 인과율을 따라서 사고하는 것이 아니라, 사건과 사건 하나 하나가 전체적인 의미배치 속에서 하나의 이미지, 혹은 개념군으로 결속되어 있다고 한다.29) 따라서 이것도 중화적 사고가 논리적 질서보다는 미학적 질서를 중시한다는 것을 보여주는 하나의 예라 해석할 수 있다.

또 다른 예를 들어 보면, 주역과 음양오행의 세계관이야말로 전형적인 상관적 사고인 바, 이런 사고방식은 물론 인과적 사고방식으로 무장된 서구인들에게는 아주 독단적으로 보일 수밖에 없을지도 모른다. 왜냐하면 합리적인 성향을 가지고 있는 사람들의 사고방식은 개연성과 확실성을 보장하는 증거와 그 것을 뒷받침하는 객관적 근거를 가정하는 데 익숙해 있기 때문이다. 그러나 상관적 관점이 강조되는 곳에서는 확실성의 탐구가 의미성이나 효력성의 탐구로 대치된다. "반대를 구별하는 것은 호/불호의 마음에 의해서 인도되고 또한 그런 행위는 모든 짝을 선과 악으로 나누게 된다고 보기 때문에, 이를 피하기 위해서 상관적으로 사고하는 사람은 기대하는 무엇에만 만족하지 않고 인정하지 못할 것에도

---

29) Ibid., 40.

만족한다."고 홀과 에임즈는 주장한다.30)

그렇다면 이와 같이 상관적인 사고를 중요시하는 철학에 기초하여 중화문화권은 어떤 문명론을 만들어 냈을까? 우선 중화문명의 특징을 말하기 위해서 가장 먼저 고려해야 하는 것은 예(禮)의 개념이다. 우리가 앞에서 살펴본 바를 따라서 문화를 의미화 혹은 의미과정signification을 생산하는 '행위들의 복합체'로서 규정한다면, 예의 관점에서 중화문명을 분석하는 작업을 먼저 하지 않을 수 없다. 왜냐하면 중화문명권에서는 예가 행위와 관계를 규정하는 원리이며, 모든 행위가 예의 빛에서 의미를 낳게 되기 때문이다. 우선 예란 사회, 혹은 그것의 기본 단위로서의 가족을 묶는 역할을 한다. 그런데 모든 행위와 그것들의 관계가 예의 기본 관념인 가족관계에서 출발하므로, 모든 권위와 계급구조 사이의 합리성도 이상적 가족관계의 연장선에서 보이게 된다.31)

그런데 이런 관계의 원리로서의 예를 실현하는 관점에서 보면 화이트헤드의 표현과 같이 "고귀한 불만noble discontent"으로서의 문명이 유교에서도 발견된다. 우선 공자에게서 나타나는 고귀한 불만은 인간으로 하여금 인(仁)을 어떻게 성취할 것인가의 문제에 관심할 때 나타난다. 즉 공자는 사람들이 어떻게 자신들을 선하고 어질게(仁) 만들 것인가의 물음을 제기하도록 만든다. 그리고 공자에게서 이런 질문에 대한 답변은 예와 관련되어 만들어진다. 즉 공자에게 예가 무엇인가라고 제자가 묻자, 공자께서 대답하기를 극기복례(克己復禮)라고 하면서, 자아를 억제하고 예에 따르라고 대답한다. 여기서 자아를 억제하는 것, 즉 인(仁)이 자신을 선하게 만드는 행위의 핵심이라는 것이 드러나며, 따라서 인을 통해 예가 드러난다고 해석할 수 있다.32) 다시 말해서 유교는 권위 있고 신뢰

<hr>

30) Ibid., 125-130.
31) 슈워츠, 『중국 고대사상의 세계』, 111을 보라. 또한 예(禮)에 대해서 서양인의 입장에서 이론적인 설명을 가한 책 중, 우리말로 번역된 것은 허버트 핑가레트, 『공자의 철학-서양에서 바라 본 예에 대한 새로운 이해』(파주: 서광사, 1993)가 있다.

할 만한 군자, 혹은 인자가 모두 예와 인과 의를 잘 관련시키는 행위에서 생성된다고 보는 것이다.

또 한편 예의 문화와 관련되어 중화문명권에서 나타나는 특징은 상고주의(尙古主義)이다. 즉 예란 이미 선한 것으로 모두에게 인정되어진 기존의 질서에 순종하는 것을 의미하기 때문에 중화 문명권에서는 특정하고 특수한 행위나 감정이 절제되도록 요구되는 경향이 나타나며, 결과적으로 전통에 도전하거나 상고주의(尙古主義)를 거부하는 것은 용납되지 않는다.33) 그렇다면 이런 문명권에서 역사와 진보가 존재할 수 있는가? 얼핏 위와 같은 입장에서 보면 중화문명권에서 진보가 설 자리는 없는 듯이 보인다. 그러나 반드시 그렇게만 볼 수도 없으니 역사적으로 중화문명권에서도 나름대로의 진보관이 엄연히 존재해 왔기 때문이다.

학자들에 따르면 중화사상, 특히 유교의 역사관은 순환사관, 퇴보사관, 상고주의로 나누어진다. 여기서 지배-착취-저항으로 돌고 도는 역사의 흐름을 왕조의 관점에서 파악한 것이 순환사관이며, 날이 갈수록 도를 더해가는 지배계층의 탐욕을 도덕의 관점에서 조명한 것이 곧 퇴보사관이다. 그리고 유토피아적인 황금시기가 고대의 한 시점에 존재했다고 보고 이를 현실 속에서 다시 구현해 보고자 하는 입장이 바로 상고주의(尙古主義)이다.34) 이런 상고주의의 입장에서 볼 때 어쩌면 새 것이 억제되는 것은 당연하다. 과거의 연속성을 거부하는 행위는 용납될 수 없기 때문이다. 그러나 이 말이 중국유교에서 새 것이 전혀 발견되지 않는다는 뜻은 아니다. 학자들은 중국의 유교에 있어서의 새 것은 오히려 순환사관에서 보이는 새 것이 참 새 것이라고 본다. 즉 유교 문명권에서

---

32) 슈워츠, 『중국 고대사상의 세계』, 125.
33) Hall & Ames, *Thinking through Confucius*, 22-23.
34) 이에 대한 뛰어난 분석으로는 이승환, "유교사상에서 본 문화의 진보,"『문화의 진보에 대한 철학적 성찰』, 한국철학회 편 (서울: 철학과현실사, 1998)을 참조하라.

는 공자의 사상이 계속 순환되어지는 문명에서 벗어나지 않는데, 따라서 공자는 일종의 인격통합적인corporate 인간으로서, 혹은 후대의 모든 사상가들에 의해서 끊임없이 새로운 방식으로 재현되어 가는 문화가치의 지속적 전달자로서 해석될 수도 있다는 것이다.35) 공자는 문화의 창안자이자 동시에 반복되는 전달자로서 존재한다고 볼 수 있다는 말이다. 따라서 공자는 단순히 변하지 않는 과거의 전통이기 때문에 무조건적으로 수호되어야 하는 것이 아니다. 오히려 공자에게서 발견되는 옛 전통은 오늘 날에 와서도 여전히 근본적인 선이 무엇인지를 구체화하게 만들기 때문에 수호되어져야 하는 것이다.36) 한마디로 말해서 유교적 관점에서의 진보란 과학으로서의 진보를 말하는 것이라고 하기보다는 현실사회 속의 모순을 부정하고 이상사회로 나아가고자 하는 염원으로서의 진보를 말한다고 보면 된다.37)

그렇다면 중화문명의 한계는 어떻게 정리될 수 있을까? 한마디로 미학적 질서가 합리적이고 논리적 질서보다 우위에 놓이게 됨으로 인해 인과적 사고에서 약점을 보이는 것이 중화문명의 한계라고 정리할 수 있겠다. 대개 이런 약점은 과학의 발전에서 치명적인 한계를 보여주게 된다. 물론 이 말이 중화문명에는 인과적 사고방식이 전혀 중요하지 않았으며 과학의 발달도 없었다는 것을 의미하지 않는다. 니덤의 연구 덕택에 중국에서도 과학의 발달이 있었으며 인과적 사고도 중요한 때가 있었다는 것을 우리는 알게 되었다.38) 그러나 확실한 것은 중화문명권에서도 미학적 질서와 합리적 질서가 공존할 수 있는 방법론은 이론적으로 개발되지 못했으며, 그런 까닭에 합리적 사고가 부차적인 것으로 밀려나는 결과를 낳았다는 것이 부인되기는 어려울 것 같다.

---

35) Hall & Ames, *Thinking through Confucius*, p. 24.
36) 슈워츠, 『중국 고대사상의 세계』, 111.
37) 이승환, "유교사상에서 본 문화의 진보," 45.
38) 조셉 니덤, 『중국의 과학과 문명』I. II (서울: 을유문화사, 1988).

IV. 동서 문명론의 조화: 화이트헤드적 제안

논자가 보기에 화이트헤드의 철학은 동서 문명론이 가지고 있는 지역적이고 역사적인 한계를 극복할 수 있는 대안을 제공한다. 화이트헤드의 철학이 그런 대안이 될 수 있는 것은 그의 철학이 합리적 질서에 입각한 문명관과 미학적 질서에 입각한 문명관을 동시에 아우를 수 있는 방법론을 제공하기 때문이다.

화이트헤드의 철학은 우선 합리적 질서와 그것을 만들어 내는 기능으로서 이성의 능력을 중요시한다. 화이트헤드에 따르면, "이성의 기능은 삶의 기술을 촉진하는 것이다."39) 또한 화이트헤드의 형이상학은 본래 자연철학에서 출발했기 때문에, 그의 초기 철학적 관심은 자연의 제일성uniformity을 설명하는 데 집중되었다. 더 나아가 화이트헤드적 문명론을 반영하고 있는 그의 저작들, 즉 과정과 실재, 그리고 관념의 모험 등을 보면, 합리적 질서와 그 것에 기초한 새 것의 창조가 인류에게 문명을 선물하는 것으로 기술된다. 삼라만상에 존재하는 모든 현실적 존재들의 동일성과 그 것들의 의미는 우선적으로 초월적 존재로서의 영원한 객체에 의해서 설명되어지며 이런 영원한 객체는 바로 우주에 합리적 질서가 존재할 수 있는 근원을 제공한다. 이런 면에서 볼 때 화이트헤드의 문명론은 사실 전형적인 서구문명관의 연장선에 서 있다고 보인다.

화이트헤드의 문명관이 서구문명관의 연속성 위에 서 있다는 사실은 특히 그의 문명관이 진보의 중요성을 인정한다는 것에서도 확인된다. 화이트헤드는 특히 미래지향적 진보를 선호한다. 관념의 모험에서 화이트헤드는 과거반복이 지배하는 경험세계를 비판하면서, 지속의 유형과 예견의 유형을 비교한다. 화이트헤드에 따르면 인간의 관념이 만들어 내는

---

39) A. N. 화이트헤드, 『이성의 기능』, 정연홍 역 (서울: 이문출판사, 1988), 6. 이하에서 FR로 약기하며 페이지 숫자는 모두 번역판의 것을 의미함.

일반화 혹은 세계화가 인류에게 예견을 주며, 그런 역사적 예견은 반복에 빠지기 쉬운 사회가 진보하도록 근거를 제공한다고 본다.[40] 나아가 화이트헤드의 미래지향적인 문명관은 중국과 희랍의 경우를 직접 거명하면서, 그런 문명권에서 강조되었던 상고주의가 진보를 죽였다고 비판하기도 한다.[41]

그러나 화이트헤드가 무조건적으로 모든 진보를 옹호하는 것은 아니다. 화이트헤드는 때때로 전통적인 서구 개념의 진보관에 대해서도 비판을 가하기도 하는데, 예를 들어 화이트헤드는 "형상과 조화라는 플라톤의 개념은 19세기에 와서 개체성과 경쟁이라는 개념으로 대치되었다"[42]고 지적하면서, 이와 같이 개체성과 경쟁을 강조하는 진보관은 인도주의 Humanitarianism를 파괴할 위험성이 있음을 경고하고 있다. 따라서 화이트헤드가 그리는 이상적 문명은 무조건적인 진보에만 의존하는 것이 아니라, 인간을 인간의 존엄성의 입장에서 대하며, 힘보다는 설득을 선호하며, 인간의 참된 자유를 수호하는 것을 그 핵심으로 하는 인도주의에서 나온다고 본다.[43]

이제까지 우리는 화이트헤드의 문명론에 있어서 합리적인 질서와 진보의 개념이 어떤 식으로 선호되고 있는지를 살펴보았다. 이제는 화이트헤드에게서 보이는 미학적 질서에 대해 언급할 차례다. 화이트헤드의 철학에서는 미학적 질서도 역시 동등하게 중요시된다는 사실을 발견할 수 있다. 우선 그런 사실은 화이트헤드의 우주시대cosmic epoch 이론에서 발견될 수 있다.

화이트헤드의 철학적 체계에 있어서, 가장 일반적으로 언급되는 질

---

40) A. N. 화이트헤드, 『관념의 모험』, 오영환 역(파주: 한길사, 1996), 166. 이하에서는 AI 로 약기하며 페이지 숫자는 모두 번역판의 것을 의미함.

41) AI, 396.

42) AI, 87.

43) AI, 154-158.

서는 현실적 존재들의 결합체로 이루어진 '사회적 질서'라고 볼 수 있는데, 이런 사회적 질서는 시간적이고 역사적인 제약을 갖는다. 예를 들어 우리가 과학의 법칙으로 신봉하고 있는 자연의 질서만 보더라도 사실은 우리가 살고 있는 우주시대라는 역사적인 특성에 의해 제약을 받고 있는 사회적 질서 중 하나의 질서라고 볼 수 있다. "자연의 법칙들은 우리가 어렴풋이 식별하고 있는 자연 활동의 광대한 역사시대 속에서 우연히 주도적인 역할을 하게 된 자연활동의 형식들에 불과하다"고 화이트헤드는 본다.44) 오늘날 인류가 살아가는 우주시대는 전자기적electromagnetic 사회가 대표하는 자연법칙에 의해 지배되는 우주시대이며, 따라서 이런 자연법칙이 적용되지 않는 사회를 우리는 얼마든지 상상해 볼 수 있다는 말이 된다. 한마디로 질서라는 것은 우연적이며 가변적이고 다양하다는 말이다. 따라서 화이트헤드에게 있어서 하나의 질서는 혼돈보다 우선하지 않으며, 질서는 사실 혼돈, 혹은 무질서와 함께 병존한다고 볼 수 있다.45) 그런데 중요한 것은 화이트헤드에 있어서 이렇게 코스모스와 카오스가 병존할 수 있다는 사상이 한층 더 발전되어 합리적 질서보다 미학적 질서가 더욱 포괄적이고 우선적인 영역이라는 주장으로 이어지는 것에 있다.

우선 화이트헤드에 따르면 합리적 질서에 기초한 진리관계는 반드시 아름다운 것이 아니며 반드시 선한 것도 아니다. "진리를 안다는 것이 반드시 선이라는 것은 잘못된 도덕적 상투어이다."46) 화이트헤드는, 진리는 그것 스스로는 가치가 없다고 보았으며 단지 아름다움을 증진시키기 위한 수단으로서만 가치를 갖는다고 본다.47) 화이트헤드가 이런 주장을

---

44) A. N. 화이트헤드, 『열린사고와 철학 *Modes of Thought*』, 오영환·문창옥 공역 (서울: 고려원, 1992), 106. 이하에서는 MT로 약기하였으며 페이지 숫자는 번역판의 것을 의미함.
45) MT, 66. 또는『과정과 실재』, 183을 보라. 이하에서 이 책은 PR 로 약기되며 페이지 숫자는 번역판의 것임.
46) AI, 376.
47) AI, 407.

펼치는 것은, 현상이 실재에 순응하는 것이 자연의 필연성으로 나타나지 않는다고 보기 때문이다. 그러므로 우리는 진리관계를 추구하는 것보다는 아름다움을 추구할 때 우주탐구에 더 포괄적으로 접근하는 것이라는 뜻이 된다. 실제로 화이트헤드에 따르면 "미는 그 본성 자체에 있어서 자기를 정당화하는 하나의 목적"48)이 될 수 있으며, 이런 아름다움은, 자연이 자기 내부에 조화를 이루려는 경향으로 볼 수 있으며, 혹은 자연이 자신을 완전성으로 몰고 가는 수단으로서의 에로스와 같은 것이라고 볼 수 있다고 한다.49)

따라서 이렇게 미학적 질서를 우선적인 것으로 간주하는 화이트헤드의 입장에서 볼 때 문명과 진보의 의미는 전통적인 서구개념의 것과는 달라질 수밖에 없다. 문명의 의미는 그저 단순한 진보가 아니다. 화이트헤드에서 문명이 광의적으로 이해되는 구절은 다음과 같다. 즉 "문명은 조화의 대규모적인 완성을 끊임없이 지향하는 것이다."50) 또한 화이트헤드에 따르면, "세계의 광대함은 다음과 같은 신념, 즉 그 어떤 질서이건 질서의 상태가 확립되어 있어서 그 이상 진보가 있을 수 없다고 하는 신념을 부정한다."51) 전자의 언명은 화이트헤드의 문명관이 미학적인 관점을 중요시한다는 것을 알 수 있으며, 후자의 언명은 화이트헤드의 진보관이 전통적으로 서구문명이 만들어 놓은 선상적linear이고 목적론적인 문명관을 넘어설 수 있는 길을 열어주는 것이다.

이와 같은 맥락에서 볼 때 화이트헤드에게 있어서는 분명히 합리적 질서와 미적 질서가 공존하되, 엄밀히 말하면 미학적 질서에 우선을 둔다고 보아야 할 것 같다. 이 말은 미학적 질서가 합리적 질서보다 우월하다는 것이 아니라 그것이 인간의 경험을 구성하는 데 있어서 더 폭넓은

---

48) AI, 406.
49) AI, 388.
50) AI, 413.
51) PR, 226.

영역으로 인정된다는 것이다. 잘 알다시피 화이트헤드에 있어서 미학적인 질서가 더 폭넓은 영역이라는 것은 그의 경험과 의식의 관계에 대한 분석, 즉 "의식이 경험을 전제하지 경험이 의식을 전제하지 않는다"는 언명에서도 잘 나타난다. 이 말은 합리적 질서에 앞서는 미적 질서의 중요성이 간과되지 말아야 한다는 것이며, 합리적 질서의 영역은 단지 우리가 우주를 경험하는 데 있어서 만날 수 있는 여러 질서 가운데 하나에 지나지 않는다는 것을 지적하는 것이다. 혹은 더 간단하고 정확히 말하면 합리성의 영역은 미학적 경험의 한 부분일 뿐이라는 것이다. 그러므로 화이트헤드에 있어서 만일 인간의 경험이 만들어 낸 한 문명의 가치를 가늠하는 최종적인 기준과 잣대가 있다면 그 것은 미 즉, 아름다움이 될 것이다.

물론 여기서 조심해야 할 것은 화이트헤드 철학과 문명론에 있어서 합리적 질서의 가치가 결코 등한시되는 것은 아니라는 것이다. 화이트헤드에 있어서 비록 합리적 질서의 영역이 미학적 질서의 영역보다는 인간의 경험에 제한적으로 관련되겠지만, 합리적 질서의 영역은 인간에게 인식의 꽃인 의식작용과 관련되므로 인간이 진보를 이루는 데 있어서는 없어서는 안 될 필수적인 부분인 것이다. 따라서 화이트헤드에 있어서 이런 합리적 질서를 만들어 내는 장본인으로서의 이성이 갖는 첫 번째 특성은 "이성은 무질서한 욕구의 야만적인 힘을 교화한다."[52]는 것에 있다. 그리고 덧붙여 화이트헤드에 있어서 합리이성의 또 다른 힘은 일반화, 혹은 추상화이다. 이러한 일반화와 추상화는 바로 관념의 모험을 감행하는 이성의 능력을 말하는 것으로서 이런 이성의 능력이 문명의 발전을 가져온다고 화이트헤드는 주장하는 것이다. 여기서 일반화란 상상적 일반화, 혹은 가설 등을 말하는 것으로서 그런 일반화와 가설이 관념의 모

---

52) FR, 34.

험을 낳는 것이다. 물론 이런 일반화는 때때로 오류와 모순도 낳는다는 약점을 지닌다. 그러나 이런 관념의 모험이 없이는 문명의 진보가 이루어지지 않는다는 것도 분명하다.[53] 그러므로 문명의 진보에 있어서 우리는 합리이성의 중요성을 간과해서는 안 된다. 그러나 화이트헤드적인 문명론의 각도에서 볼 때 문명의 최종적인 기준은 미가 되어야 한다. 다시 말해서 인간의 문명은 합리성과 미학적 경험 양자에 의해서 이루어질 수 있지만 어느 문명이든지 항상 최종적으로는 그 것이 미학적 차원의 빛에서 볼 때 조화와 강도를 가져올 수 있는 문명인지 따져져야만 한다고 볼 수 있다. "진보의 기술은 변화의 한복판에서 질서를 유지하는 것이며, 질서의 한복판에서 변화를 유지시키는 것이다."[54]라고 화이트헤드는 보기 때문이다.

인간의 문명을 미학적 차원의 빛에서 끌어갈 때 조화와 강도가 발생한다는 테제는 좀 더 설명될 필요가 있다. 따라서 다음 장에서는 이를 다루도록 하되, 주로 동아시아 문명이 지닌 특징 중에서 '합리주의'와 '내재주의'에 초점을 맞추어 설명해 보도록 하겠다.

---

53) PR, 17.
54) PR, 583.

4장
동아시아 철학의 합리주의와 내재주의

I. 들어가는 말

　서구학자이면서도 동아시아 철학을 긍정적으로 평가해 온 학자들은
많지만 그 중에서도 데이비드 홀Davied L. Hall과 로저 에임즈Roger Ames 그리
고 프랑수아 줄리앙Francois Jullien이 대표적이다.[1] 미국의 학계를 대표하는
홀과 에임즈는 자신들의 미학적 관점을 동아시아 철학에 적용하면서 동
아시아인들도 놀랄 정도로 동아시아의 사상의 가치를 높게 평가한다. 우
선 홀과 에임즈는 동아시아 철학을 평가할 때 서구적 오리엔탈리즘의
시각을 버리고 동아시아 철학의 내용과 형식을 그 철학 자체의 입장에
서 평가해 보려는 '내재적 관점'을 유지하려 애쓴다. 이는 프랑스의 철
학자 프랑수아 줄리앙의 경우도 마찬가지다. 그는 한 때 중국에서 공부
했던 경험과 기억을 되살려 동아시아 철학을 동아시아 철학 자체의 체

---

1) 동아시아 철학의 미학적 측면을 논하는 여기서 본 논문은 주로 Hall, Ames, Jullien 세
　사람을 다룬다. 물론 다른 학자들이 없는 것은 아니지만, 논자의 입장에서 보면 특히 Hall
　과 Ames가 주로 화이트헤드와 비교되는 관점에서 동아시아 종교의 미학적 측면을 철학적
　으로 가장 심도 있게 토론해 왔다고 보기 때문이다. 따라서 이 장의 전개는 사실, Hall과
　Ames의 관점의 한계에 갇혀있다는 지적을 받을 수도 있겠다. 하지만 이 장의 주제는 바로
　그런 그들의 한계에 대해서 지적하는 것이 또 하나의 목적이므로 그런 관점에서 제한성이
　용인될 수도 있겠다.

계 안에서 이해하려 시도해 왔는데, 그런 노력이 결실로 맺어진 것이 바로 최근에 우리말로 번역된 바 있는『현자에게는 고정관념이 없다』라는 저서이다.

홀과 에임즈에 따르면, 이제까지 대부분의 서구철학자들은 자신들의 가정적 전제에 불과한 서구철학의 우월적 관점에 사로잡혀서 동아시아 철학이 가지고 있는 특징들, 특히 그것의 미학적 가치를 제대로 평가하지 못했다고 평가한다. 홀과 에임즈에 따르면, 예를 들어 동아시아 철학의 대표적 특징으로서의 미학적 관점은 동아시아 철학 나름대로의 고유한 관점과 시각을 가지고 있으며 따라서 서구의 것과 대조되는 까닭에 결코 열등한 것으로 평가될 수 없다는 것이다. 오히려 동아시아가 보여주는 철학적 특징은 최근 세계 철학계의 탈근대적인 움직임의 상황과 맞물려 매우 긍정적인 가치를 지니며 따라서 어떤 면에서는 서구의 것보다 우월하기조차하다고 그들은 주장한다.

이는 프랑수아 줄리앙에게서도 마찬가지다. 그는 동아시아 철학의 미학적 경향을 직접적으로 부각시키고 있지는 않지만 그의 저서의 곳곳에서 동아시아 철학의 우수성을 동아시아의 미학적 합리주의와 자연주의적 내재주의를 통해 강조하고 있다. 동아시아 철학은 진리보다는 지혜를 추구하는 자세를 견지해 왔으며 따라서 합리성보다는 비합리성을 강조하고, 초월적 관점보다는 비초월적 자연주의의 관점을 강조해 왔는데, 현대에는 이것이 서구의 것보다 오히려 더욱 추천할 만한 철학적 특징이라고 지적한다.

논자의 입장에서 볼 때, 서구학자들의 동아시아 철학에 대한 이런 평가들은 매우 설득력 있게 들린다. 동아시아 철학은 동아시아 철학의 고유한 스스로의 관점에서 평가되어야 하며, 그러기에 만일 동아시아 철학을 서구의 관점에서 본다면 왜곡만이 있을 것이라는 이들의 주장은 매우 신뢰할 만하다. 그동안 서구 철학의 가치에 대해 맹목적인 신뢰를 보이는 나머지 동아시아 철학이 보유한 가치를 등한시하거나 폄하해 온 동서의 많은 학자들에게 새로운 경종을 울릴 수 있다는 점에서 더욱 고무적이다. 더욱이 홀과 에임즈가 동아시아 철학의 장점으로 내세우는 미학적 특징은 그동안 제대로 평가받지 못했던 동아시아 철학의 숨겨진 장점 중의 하나다. 특히 논자의 관점에서 볼 때 동아시아 철학의 미학적 경향을 비합리주의와 내재주의에서 재발굴해 긍정적으로 평가하는 것은 서구 철학이 최근 선호하는 탈근대적 움직임과 맞물려서 매우 긍정적 가치를 지닐 수 있다고 생각한다.

그러나 논자의 관점에서 볼 때 홀과 에임즈의 동아시아 철학에 대한 평가는 몇 가지 문제점도 노출하고 있다. 우선 그들의 미학적 평가는 적지 않은 과잉주장으로 가득 차 있다. 이러한 과잉주장의 대표적인 사례 중 가장 두드러진 것은 바로 그들이 동아시아 철학의 특징으로 꼽고 있는 비합리주의(혹은 초합리주의)나 내재주의(혹은 자연주의적 내재주의)이다. 물론 동아시아 철학의 미학적 경향이 비합리주의를 특징으로 하며 이것이 동아시아 철학의 미학적 특징을 더욱 현저하게 만든다는 그들의 주장은 어떻게 보면 일리는 있다. 하지만 논자의 입장에서 볼 때 동아시아 철학 내에서 초합리주의나 비합리주의는 동아시아 철학 내 여러 조류들 중 하나의 철학적 사조에 불과하며 따라서 그것이 주류는 아니기 때문이다. 나아가 초합리주의나 비합리주의를 동아시아 철학의 대표적 특징으로 강조하는 것은 실용적인 관점에서도, 혹은 동아시아철학의 미래를 위해서도 그리 바람직하지 못하다고 논자는 생각한다. 하나의 미학적 철학이 비합리주의만을 결과할 때는 언제나 문명적으로 위험한 결과를 초래할 수 있기 때문이다. 이는 줄리앙의 철학에도 그대로 해당된다. 그의 주장에 따르면, 동아시아 철학이 진리보다는 지혜를 강조하는 "현자의 철학"을 수행해 왔고, 따라서 서구와는 매우 다른 방식으로 철학을 해왔기에 양자 사이에서 우리는 우열을 가릴 수 없다. 여기까지는 줄리앙의 주장도 일리가 있다. 하지만 그는 동양과 서양 양자 사이의 차이를 너무나 강조하는 나머지 동아시아 철학의 내용마저 단순화시켜 버릴 수 있는 우를 범하고 있다. 동아시아 철학이 서구와 다른 방식으로 철학을 해왔고 따라서 양자에 우열을 가릴 수 없다는 그의 주장은 옳다. 하지만 동아시아 철학의 내용은 서구와 비교될 수 없고 따라서 양자는 서로 조화되기 힘들다는 또 하나의 주장은 오해를 불러 올만하다. 한마디로 논자의 견지에서 볼 때, 동아시아의 철학은 언제나 현자의 사상이었고 따라서 지혜를 추구했지 철학적 진리를 추구하지 않았다는 그의 주장은 나름대로 설득력은 있으면서도 동아시아 철학의 내용을 심각하게 왜곡시킬 수 있는 주장이라 생각된다. 이는 서구의 합리주의 철학만 철학의 카테고리에 들어갈 수 있으며 비합리주의적 경향이 강한 지혜 전통의 동아시아 철학은 진정한 의미의 철학이 아니라는 뜻으로 읽힐 수도 있는 위험한 주장이기 때문이다.

홀과 에임즈 및 줄리앙이 꼽는 또 다른 특징으로서의 내재주의 혹은 내재적 자연주의의 경우도 마찬가지다. 그런 특징은 물론 동아시아 철학의 가장 돋보이는 현상이며 따라서 논자의 입장에서 보아도 그것은 동아시아 철학의 현저한 특징이라 할 수 있다. 하지만 이것 역시 과도하게 강조되면 동아시아 철학사 자체에 대한 왜곡이 될 수 있다. 동아시아 철학에서도 초월자의 존재를 상정하는 입장은 얼마든지 발견되며 혹자의 입장에서는 이런 초월적 경향을 내재적인 경향과 더불어 동시에 강조하는 것이 오히려 더욱 공정한 해석이라고 주장될 수 있기 때문이다.

결국 논자의 최종적 논점은 동아시아 철학이 미학적 특징을 지니고 있고 그것이 현대에 동아시아 철학의 장점으로 작용하고 있는 것은 사실이지만 그렇다고 동아시아 철학이 반드시 비합리주의와 내재주의만을 강조해 온 것은 아니라는 것이다. 나아가 논자의 입장에서 볼 때 비합리주의와 내재주의를 동아시아 철학의 특징으로 놓는 해석은 동아시아 철학을 스스로의 한계 속에 갇히게 만드는 하나의 좋지 않은 해석이다. 일반적으로 하나의 해석이 갖는 기능은 사건들을 마주할 때마다 그것들을 사실에 입각하여 진실여부를 찾아내고 공정하게 평가하는 일이다. 하지만 동시에 해석이 갖는 또 다른 하나는 독자와 청자로 하여금 그 해석을 통해 새로운 통찰력과 관념의 모험에 나서도록 만드는 데 있다. 해석학이 갖는 이런 후자의 기능의 관점에서 볼 때, 비합리주의와 내재주의를 과도하게 강조하는 것은 동아시아 철학의 미래를 위해 바람직하지 않다. 동아시아 철학을 읽는 사람들로 하여금 한쪽으로만 치우치게 만들 수 있는 부정적인 면이 있고, 또한 그로 인해 새롭고 다양한 통찰력을 일으키고 그것에 근거한 관념의 모험을 수행해 가는 데 있어 많은 한계를 노출할 수 있기 때문이다. 따라서 이하에서 논자는 우선 어떻게 동아시아의 미학적 철학에서도 합리주의와 초월주의의 현상이 비합리주의와 내재주의와 더불어 나타났는지 간단히 보여준 후, 동아시아의 미학적 철학은 합리주의와 초월주의의 특징도 덧붙여 동시에 강조될 때 도리어 하나의 이상적인 문명철학으로 탈바꿈할 수 있다는 주장을 펼쳐 보겠다.

논자가 생각할 때, 이런 주장을 가장 잘 뒷받침해 줄 수 있는 철학적 도구는 화이트헤드의 과정철학이다. 화이트헤드의 철학도 그동안 많은 철학자들에 의해서 서구의 대표적 미학적 철학으로서 해석되어 온 바, 그의 철학은 하나의 미학적 철학이 어떻게 비합리주의와 합리주의가 조화될 수 있는지, 그리고 내재주의와 초월주의가 이상적으로 서로 조화될 수 있는지를 잘 보여주고 있다. 결국 동아시아와 화이트헤드의 철학 양자는 모두 미학적으로 형성되어 있으며 일종의 유미주의(唯美主義)aesthetic 철학으로 불릴 수 있다. 동아시아 철학과 화이트헤드 양자는 미에서 인식과 경험이 출발한다고 보는 점에서 그들의 인식론과 경험론은 모두 감성학에 근거한 미학에 기초하고 있다. 또한 양자는 미Beauty의 관점에서 가치를 추구하고 미를 목적으로 한 문명론을 전개해 나가는 점에서 미학적 윤리학과 종교론을 펼치고 있다. 하지만 양자 사이에는 분명한 차이도 있으며 이런 차이는 비록 상호 극명하게 대조되는 차이이지만 동시에 서로를 보충할 수 있는 차이로 존재할 수 있다는 것이 논자의 판단이다. 따라서 이 장의 마지막 목적은 화이트헤드 철학과 동아시아 철학의 미학적 철학이 어떻게 서로 비슷하면서도 차이를 지니는지, 그리고 나아가 그런 차이가 서로를 어떻게 보충할 수 있는지를 보면서 동양과 서양의 문명론에 대해 새로운 전망을 제공하려는 것이다.[2]

II. 동아시아 철학의 미학적 특징과 비합리주의

동아시아 철학이 미학적인 특징을 갖는다는 사실은 동아시아 철학의 인식론을 보면 쉽게 알 수 있다. 대부분의 경우 동아시아 철학은 인식론에 있어서 미학적 경험을 우선적인 것으로 취급하기 때문이다. 여기서 인식론적으로 미학적 경험을 우선적으로 취급한다는 말은 인간의 인식을 이루는 것들 중에서 직관적인 요소나 비합리적인 요소를 가장 중요하게 취급한다는 말과 같은 뜻이다. 그러므로 동아시아 철학의 미학적 특

---

2) 나는 여기서 동아시아 철학을 분석하면서 홀(Hall)과 에임즈(Ames) 그리고 줄리앙 (Julien)의 중국철학에 대한 저작들에 많이 빚지고 있다. 물론 엄밀히 말하면 중국철학과 동아시아 철학에 차이가 존재하지 않는 것은 아니지만, 논자가 취급하고 있는 일반적 동아시아 철학은 고대의 중국사상을 지칭하고 있는 것이다. 그러나 사실은 홀과 에임즈 및 줄리앙의 중국철학에 대한 주장들도 고대 중국사상에 대한 연구업적들에 기초하고 있다. 잘 알다시피 고대 중국철학은 중국의 것만은 아니며 이는 지리적으로는 물론 문명사적으로 동아시아 철학과 경계를 긋기 힘들다. 중국이라는 국가가 고대에는 지금과 같은 모습처럼 존재하지 않았을 뿐만 아니라, 문명사적으로 중국의 문명은 고대 중국의 문명권이었던 동남아시아는 물론 한국 및 일본의 문명과 공유되었기 때문이다. 이것이 홀과 에임즈 및 줄리앙의 중국철학을 인용하고 해석하면서도 그것을 동아시아 철학과 구별하지 않고 혼용한 이유이다.

징에 대해 살펴보기 위한 작업은 우선 직관적이고 비합리적인 인식이 어떻게 미학적인 것과 연결되는지 이해하는 것으로 시작하는 것이 순서이겠다.

잘 알다시피 인식론적으로 볼 때, 하나의 미학aesthetics은 미적 경험aes-thetic experiences, 혹은 감성적 지각의 세계를 다루는 학문이다. 미적 경험, 혹은 감성적 지각은 대개 인식 대상에 대한 직관으로부터 출발하는데 이렇게 직관을 통해 들어오는 감성적 지각은 대개 모호하고 불분명한 인식이다. 혹시 이런 압축적인 표현이 어떤 독자들에게는 추상적일 수도 있고 전문적인 내용으로 비칠 수도 있기에 더 쉽게 이해하기 위한 방편으로 직접적인 사례를 사용해 접근해 보자.

내가 바닷가에 앉아서 눈앞에 펼쳐진 푸른 바다를 보고 있다고 치자. 즉 나는 '푸른색'의 물결 속에서 느끼는 색감을 통해 '푸름'이라는 개념을 갖게 되었다고 하자. 여기서 우리는 우선 푸른색의 색감을 직관적으로 파악하는 것, 즉 우리의 물리적인 접촉 행위를 전제하지 않을 수 없다. 다르게 표현하면, 바다의 물결이 만드는 빛의 파장이 나의 눈에 들어오는 것은 나의 정신을 통하지 않고 내게 전달된다는 점에서 직접적이고 물리적이다. 하지만 나의 눈이 그것을 잡았으므로 어쨌든 나의 어떤 행위가 첨가되었다는 점에서 직관, 즉 직접적으로 잡은 인식 행위에 의해서 그것이 가능했다고 말하지 않을 수 없다. 물론 '푸름'이라는 감각된 색채가 곁들여 들어왔으므로, 감각했다는 의미에서 정신적인 어떤 것이 작용했지만, 사실 이렇게 감각된 색채는 엄밀히 말하면 직접적 지각으로서의 직관에 들어 온 것을 나중에 나의 정신이 가정적으로 추상한 것이다. 즉 여기서 감각된 색채인 푸름은 하나의 개념으로 제공된 것이고, 나의 감각에 동반된 어떤 정신적인 행위가 그 개념을 느꼈다는 것을 부정할 수는 없다. 하지만 엄밀히 분석해 보면 나의 정신이 그런 개념을 사용하기 전 단계에 집중해 보면 그 곳에는 그저 나에게 정서적으로 느껴진 물리적인 파장만이 있었을 뿐이다. 그러므로 빛의 파장에 대한 물리적이고 직접적인 파악이 먼저 있었고 그것에 대한 색채 개념이 동반되어서 푸른 바다가 파악된 것이라고 말해야 한다.

그런데 이렇게 내가 물리적인 파장을 정서를 통해 느꼈을 때 그 느낌의 내용은 사실은 모호한 내용으로 가득 차 있다. 왜냐하면 직관에 의해 내게 전달된 내용물은 양적이며 미분화되어 있기 때문이다. 내가 푸름이라는 개념을 사용하기 전에는 그저 빛의 파장에 대한 물리적이 파악이 있었을 뿐이지 그것이 어떤 것이라는 질적이고 차별된 판단은 개념이 동반된 다음에 발생했다는 말이다. 그런 의미에서 미학적이고 감성적인 부분을 통해 느껴진 물리적인 직관은 비합리적인 것이라 말할 수 있다.

이렇게 동아시아 철학에서 미학적인 부분이 많이 강조되고 있다는 것은 바로 그것의 비합리적인 경향을 드러내는 것이다. 동아시아 사상의 미학적 경향을 강조하는 것에 관한 한 가장 많은 저서를 갖고 있는 홀과 에임즈의 분석에 따르면, 동아시아의 비합리적인 경향은 그것의 우주론에서 나타난다고 한다. 홀과 에임즈는 동아시아의 우주론의 가장 현저한 특색으로서 그것이 단일한 질서single order에 기초한 합리적 질서의 우주를 가정하지 않는 점을 꼽는다. 여기서 단일한 질서에 기초한 합리적 질서란 서구문명이 선호하는 우주론인데, 이는 여러 개의 질서를 통일해 내는 단 하나의 질서를 가지고 우주를 이해하는 방법을 말한다. 서구가 선호하는 단일 질서의 우주론에서는 복수성보다 통일성이 중요하고, 이접보다는 연접이, 비규정성보다는 규정성이 중요하게 된다. 이에 반해서 미학적 질서에서는 하나의 상황에 있어서 그것에 속한 특수 개별자가 그 상황의 균형 잡힌 복잡성에 공헌하는 여부를 가지고 중요성을 따지게 된다.[3] 한마디로 미학적 질서에서는 혼돈이 질서보다 우위에 놓일 수도 있

---

3)Hall & Ames, *Thinking Through Confucius*, 132-138.

는 것이다. 그러나 어떤 이들에게는 이런 설명이 상식에 반하는 것으로
들릴 수도 있기 때문에 예를 들어 이를 설명해 보자.

홀과 에임즈에 따르면, 하나의 미술 작품에서 혹은 오케스트라의 연
주에서 그것이 만들어 내는 패턴에 중요성을 두게 되면 이는 합리적 질서
에서 사건을 보는 것이라 말할 수 있다. 물론 여기서 합리적 질서에서 보
고 합리화한다는 행위는 외부의 초월자, 즉 패턴이나 신 등을 동원해 하
나의 특수자를 규정하고 정의해 낸다는 뜻이기도 하다. 하지만 이때 패
턴과 같은 외부적 초월자에게 중요성을 부여하지 않고 그런 패턴을 구성
하는 개별 항목들에 중요성을 부여하면 이는 미학적 질서에서 보는 것이
된다.4) 왜냐하면 이런 행위는 합리적 질서에 반하는 비합리적인 질서에
중요성을 두고 그것에 호소한다는 의미이기 때문이다. 물론 예술 작품을
감상하는 데 있어서 합리적 질서와 미학적 질서 양자는 모두 필요하다.
홀과 에임즈에 따르면, 동아시아의 경우와 같은 미학적 질서에 중심을
주는 사상에서는 개별자의 존경행위(예를 들면 禮)가 사회와 우주의 통합
과 제일성(齊一性)uniformity을 구성한다고 한다.5) 그러나 이와 다르게 우
리가 논리적이고 합리적 질서를 중시하게 되면 그것은 사회 안에서의 인
간의 특유성idiosyncrasies이 사상(捨象)되어 추상화되도록 만들고 그로써
그 추상화된 보편성을 따라서 일방적으로 중요성이 측정되는 결과를 낳
는다. 즉 그 개별자들의 일반적이고 보편적인 성격이 의미를 갖게 되는
한도 내에서 그들의 존재와 행위가 합리적인 것으로 해석된다는 말이다.
이렇게 합리적 질서를 중시하는 사회에서는 분명히 개별자가 갖는 특유
한 성격을 빼앗기는 결과를 낳게 된다. 또 다른 예를 들어 보면, 인간의
본성이나 인간의 권리들, 혹은 법 앞에서의 평등성 같은 개념들이 논리
적이고 합리적인 질서에 의존하는 사례라 할 수 있다.6)

---

4) Ibid., 136-137.
5) Ibid., 137.

한마디로 홀과 에임즈가 말하려는 바는, 동아시아에서는 미학적 질서가 선호되었기에 합리성보다는 비합리성이 우선적이었으며 이는 그들만의 독특한 미학적 우주론을 낳았다는 것이다. 그리고 이런 미학적 우주론은 서구가 말하는 개인주의나 합리성을 가져오는 데서는 미흡했을지 모르지만 그것은 서구의 관점일 뿐이고, 동아시아는 나름대로의 우주론과 인간관계론을 발전시켰다는 것이다. 오히려 동아시아의 우주론이 합리성보다 비합리성을 강조한 것은 오늘의 포스트 모던적인 관점에서 볼 때 사상사적으로 미리 중요성을 드러냈던 것으로 해석할 수 있다고 본다.

동아시아 철학이 갖고 있는 미학적 경향과 그것에 근거한 비합리적인 경향에 대해서 또 다른 방식으로 표현해 내는 학자는 프랑소아 줄리앙이다. 줄리앙 역시 동아시아 사상, 특히 중국 사상에서는 비합리적인 경향이 많이 강조되어 왔음을 강조하는데 이런 경향을 그는 중국사상의 지혜전통에서 찾는다. 한마디로 표현해 보면 중국에서는 전통적으로 철학자가 아닌 현자가, 진리보다는 지혜를 추구해 왔다는 것이다. 무슨 말인가?

줄리앙이 주장하는 바, 동아시아 사상에서 '현자'가 철학자보다 선호되고, '지혜'가 진리보다 더욱 선호되었다는 이유를 이해하기 위해서는 먼저 그런 사상이 출현하게 된 배경을 이해하는 것이 중요하다. 줄리앙에 따르면 동아시아에서 현자의 지혜가 중요하게 된 배경은 이른바 동아시아가 전형적인 과정과 생성의 사상을 정신적 배경으로 하고 있기 때문이다. 동아시아에서는 만물의 흐름과의 일치를 추구하면서 변화를 사유의 거울로 삼는 전통이 일찍부터 발달해 왔다. 그러기에 동아시아에서는 과정의 논리가 지배해 왔다. 예를 들어 동아시아에서는 어떤 학자가 출

---

6) Ibid., 87, 137.

현하여 그가 주장하고픈 관념이 있다고 해도 그는 이런 관념을 통해 아무 것도 재단하려 하지 않는다고 한다. 왜냐하면 그는 어떤 개념이든 그것을 일방적으로 존중해야 할 정언명령으로 제시하지 않기 때문이며 따라서 그는 그 어떤 입장 속에 고정되어 있지 않다고 한다.7) 바로 이런 것이 현자의 철학과 지혜의 철학으로 발전했다는 것이다. 사실 지혜의 철학에 근거한 비합리주의의 대표적인 경우는 노자의 사상이다. 잘 알다시피 노자는 말한다. "모든 사람이 아름다움을 아름다운 것으로 이해한다. 그런데 그때 그것은 추함이다. 모든 사람이 선을 선한 것으로 이해한다. 그런데 그때 그것은 선하지 않음이다."(天下皆知美之爲美, 斯惡已, 皆知善之爲善, 斯不善已.)8)

그러므로 줄리앙이 내리는 정의로서의 현자와 지혜에 대한 의미를 요약해 보면 다음과 같다. 우선 지혜는 일반적인 서구적 의미의 철학적 진리와 대조되며 양가적이다. 여기서 서구적 의미의 진리란 일종의 배타적인 지혜를 가리키며, 따라서 그것은 여타의 지혜를 배척하면서 하나의 진리를 추구하는 역사를 갖는다. 그런 역사 속에서 자신의 배타적인 지혜가 일관성을 가지고 하나의 공동체의 심성을 지배하기를 원하기 때문이다. 이와 대조적으로 지혜를 추구하는 태도는 대개 대립항을 넘어서는 특징이 있기에 배타적이기보다는 타협적이다. 그러므로 이렇게 지혜를 추구하는 전통에서는 하나의 진리를 다른 것 속에서 평가하는 경향이 강하게 된다. 또한 이런 곳에서는 배타적 진리의 역사를 구축해 가는 것에 관심을 갖지 않기 때문에 어떤 면에서 진보의 발생이 적을 수도 있다.9)

---

7) 프랑수아 줄리앙, 『*Un Sage Est Sans Idee* 현자에게는 고정관념이 없다』, 박치완·김용석 역 (파주: 한울아카데미, 2009), 39-44.
8) 『노자』, 이강수 역 (서울: 길, 2007). 줄리앙, 『현자에게는 고정관념이 없다』, 162에서 재인용.
9) 줄리앙은 이것을 다음과 같이 말한다. "지혜는 역사에 관심이 없다. 즉 지혜가 관심하는 것은 진보가 아니라 변화다." 줄리앙, 『현자에게는 고정관념이 없다』, 38.

물론 그렇다고 해서 여기서 줄리앙은 동아시아 전통 속에서 역사가 발견되지 않는다는 말을 하려는 것이 아니다. 줄리앙에 따르면 동아시아에서도 역사는 발견된다. 예를 들어 이 곳에서는 현자들 각자의 역사는 분명히 존재해 왔다.10) 그러나 동아시아의 경우 현자가 만들어가는 역사는 일관성과 합리성의 학문을 반드시 전제하지는 않는다고 한다. 왜냐하면 지혜롭다고 말하는 것은 평균적인 균등화에 의해서 행동하는 것과 다르지 않기 때문이다. 따라서 이런 전통 안에서는 하나의 진리가 다른 것 없이 이루어지지 않기 때문에 모든 진리는 항상 양자가 함께 기능하며 동시에 서로를 보완하는 것으로 간주된다고 한다.11) 결국 줄리앙의 말을 종합해 보면, 동아시아에서 지혜란 음양의 지식에서 오고 양가적인 것을 추구한다. 그러므로 동아시아의 철학은 언제나 모순을 용인한다. 진리가 존재한다는 것을 부정하는 것은 아니지만 그렇게 존재하는 진리는 하나의 일리에 불과한 것으로 간주된다는 말이다. 이것이 줄리앙으로 하여금 동아시아 철학에서는 미학적인 강조되었고 비합리주의가 선호되었다는 주장을 하도록 만드는 이유다.

물론 그렇다고 동아시아 철학에서 비합리주의적인 전통만 발견되고 합리주의 전통은 없었다는 것은 결코 아니다. 줄리앙에 따르면 동아시아에서도 과학적 이론의 기초가 되는 인과론도 있었고 합리주의적 전통도 있었다. 또한 논리적 적합성을 따지는 전통도 있었다. 그러기에 이른바 철학적 '진리'를 추구하는 전통도 있었다는 말이다. 그러나 이런 전통은 여러 계기들과 복합적으로 맞물리면서 비합리주의적인 전통에 가려서 묻혀 버리고 주변적인 것으로 밀려났다.12) 따라서 줄리앙은 다음과 같이 분석한다. "비록 중국인이 객관적 '적합성'에 의해서 혹은

---

10) Ibid., 163.
11) Ibid., 163-164.
12) Ibid., 143-145.

논리적 '정당성'에 의해서 참(진리)을 알았다고 하더라도, 심지어 묵가라 할지라도 결코 진리에 대한 단일하고도 전체적인 하나의 개념을 사유하지 못했다."13)

더 나아가서 줄리앙은 중국철학의 합리주의에 대해서 재미있는 사실을 주장한다. 중국철학에 합리주의가 존재했었다는 것은 분명하지만 중국철학에서는 합리성이 자신의 정합성을 표명하지 않고 심지어 자신의 성장도 추구하지 않는다고 말한다.14) 이는 무슨 말인가? 논자의 생각에 이는 매우 흥미 있는 분석이다.

잘 알다시피 본래 하나의 철학은 여러 복합적인 이론들로 이루어지면서 체계를 이룬다. 그리고 이런 이론들의 복합체로서의 체계는 결국 하나의 형이상학을 이룬다. 따라서 모든 각각의 이론들은 하나의 형이상학적 체계 내에서 합리성을 보장받는다. 체계가 없이는 각각의 이론들이 정합적으로 자신의 위치를 부여받을 수 없으며 따라서 내적 일관성을 결여한 채 서로 갈등하고 충돌을 면할 수 없기 때문이다. 한마디로 형이상학적 체계라는 외면의 버팀목이 없이 이론들은 부정합적일 수밖에 없다. 따라서 서로 모순을 일으키고 비합리적이 되어도 그것으로 그저 만족하게 된다. 그러므로 이런 철학은 철학 스스로가 일관된 체계를 갖는 방향으로 자신의 성장을 추구하지 않으며 따라서 철학의 역사도 이어지지 못하고 단절되기 마련이다. 그리고 보면 우리는 중국철학에서 아리스토텔레스 혹은 토마스의 체계와 같은 형이상학적 체계를 발견하기 힘들다. 그 말은 중국이나 동아시아 철학 내에 그런 체계가 없었다는 말이 아니라 주변으로 밀려났다고 말해도 틀리지 않는 주장이라는 말이다.

그러나 형이상학적 체계를 결여하고 있는 철학도 물론 하나의 철학이다. 반드시 형이상학이나 혹은 일관된 정합성을 갖는 철학만을 철학이

---

13) Ibid., 152.
14) Ibid., 152-153.

라고 말할 수는 없기 때문이다. 이미 말한 대로 중국의 철학은 지혜를 추구하는 철학이다. 그러므로 줄리앙의 주장대로 중국의 사유는 진실을 추구할지는 모르지만 진리를 만들어 내지는 않는다고 말하는 것이 옳을지도 모른다. 과학적인 사유의 방법을 중시하면서 발견하고 증명하는 것을 목표로 하지도 않는다. 줄리앙의 입장에서 볼 때, 지혜의 문제는 지혜는 설명되지 않는다는 것이다. 그것은 명상의 대상이며 음미해야 하는 것이다. 그러기에 비합리적인 것이다. 또한 중국적 사유는 성장을 추구하지는 않는다. 줄리앙의 표현대로 말하면, 중국의 철학은 끝없이 변화하면서 새로움을 추구하되 하나의 논리적 일관성을 갖춘 체계를 목표로 하지는 않는다.15) 그러기에 지혜의 철학은 고정된 진리를 추구하지 않는다. 이렇게 고정된 진리를 추구하지 않는 것은 배타적인 진리관을 강조하기보다는 포용적이고 다중적인 진리관을 갖게 된다. 줄리앙은 이것을 논어에서 찾는다. 줄리앙은 논어에 나오는 공자의 말을 통해서 지혜를 정의한다. "스승은 네 가지에 사로잡히지 않았다. 즉, (특권적인) 관념이 없고, (미리 정해진) 필연성이 없고, (고정된) 입장이 없으며, (개별적인) 자아가 없다."(子絶四, 毋意. 毋必, 毋固, 毋我.)16)

어쨌든 이렇게 현자와 지혜의 관점에서 중국의 철학의 특징을 풀어내는 줄리앙의 주장은 동아시아 철학이 미학적 철학이며 그것의 핵심은 서구의 합리적인 철학과 달리 비합리성을 추구하는 전통을 유지했다는 홀과 에임즈의 주장과 크게 다르지 않다는 것을 알 수 있다.

---

15) Ibid., 156-157.
16) 『논어집주』, 성백효 역주 (서울: 전통문화연구회, 2000),「子罕」, 4. 줄리앙, 『현자에게는 고정관념이 없다』, 39에서 재인용.

III. 동아시아 철학의 미학적 특징과 내재주의

동아시아 철학의 미학적인 또 하나의 특징으로서의 내재주의는 자연을 강조하는 동양적 전통과 맞물려 있다. 그리고 이런 입장은 내재적이고 비초월적인 우주론으로 연결된다. 여기서 비초월적 우주론이란 서구적인 의미의 신이나 궁극적 절대자를 우주의 근거나 창조자로 가정하지 않는 철학적 입장을 말한다. 그렇다면 어떻게 이런 결과가 생겨나는가?

이미 위에서 토론했듯이 미학적 인식은 대개 이성적 활동보다는 감성적 직관의 중요성에 집중한다. 인간의 인식과정에 있어서 합리이성의 역할과 중요성이 무시되지는 않지만 그것보다는 감정적 직관과 그것에 근거한 미적 감성을 중요한 인식도구로 보는 것이다. 그런데 이런 감성적인 특징은 사실 인간 이외의 여러 존재자들에게서도 발견되는 속성이다. 즉 자연의 모든 만물들이 자기 나름대로의 인식적 능력을 가지고 있다면 그것은 대부분 감성적인 형태의 인식일 것이다. 동아시아에서 미학이 발달하고 그것의 인식론이 미학적인 것에 강조를 둔 이유는 이렇게 동양의 자연주의와 연결된다. 동양의 철학과 예술은 그저 인간의 이성이 어떻게 자연을 해명할 수 있는가 하는 관심을 넘어서서 언제나 인간과 자연이 함께 감성적으로 조우하며 서로 동등한 차원에서 관계되는가 하는 문제에 관심을 갖게 되는 경향이 강했기 때문이다.

여기서 주목할 것은 동아시아 사상의 이런 미학적 특징은 우주론에서 매우 특별한 모습을 나타낸다는 것이다. 동아시아 사상의 우주론이 미학적 특징을 지녔다는 것을 강조하는 학자는 이미 앞에서 보았던 데이비드 홀과 로저 에임즈다. 그들에 따르면, 동아시아 철학의 특징과 장점은 코스몰로지cosmology에 있다. 그러나 여기서 말하는 코스몰로지, 즉 우주론은 문자 그대로 코스모스cosmos, 즉 질서에 대해 연구하는 것이고, 따라서 동아시아 철학에서도 이런 의미의 우주론이 발달했던 것은 사실이다. 즉 자연이 어떻게 질서 있게 운행되며 그것에 따라서 우리 인간의 사회가 어떻게 질서 있게 돌아가야 하는지의 문제에 관심했던 것은 사실이라는 말이다. 그러나 동아시아에서는 이런 의미의 우주론은 있어도 서구적 의미의 우주론은 아주 미약하게 발달했다는 것이 홀과 에임즈의 분석이다. 예를 들어 세계의 창조와 기원을 따지는 세밀한 의미의 과학적이고 철학적인 우주론은 송·명 시대쯤에 와서 완성되었다. 동아시아에서는 그때까지 하나의 형이상학적 체계를 갖춘 복잡한 우주론을 발견하기 힘들었다는 말이다.17)

물론 혹자는 동아시아 철학에서 이렇게 하나의 정교한 우주론이 결여되어 있었다는 사실을 가지고 동아시아 철학의 미숙성을 지적하고, 동시에 동아시아에서 테크놀로지와 과학이 발달하지 못했던 것도 그런 배경에서 찾는 경향이 있다. 우리는 여기서 이런 주장에 대해서 길게 토론할 자리를 갖고 있지 못하다. 하지만 한 가지 분명한 것은 동아시아에서 비록 정교한 우주론이 발달하지 못했던 것은 사실이지만 그것으로 인해서 동아시아의 문명이 유아기적이었다라고 하거나 혹은 동아시아 문명의 가치가 열등하다고 해석하고 평가하는 것은 매우 단순하고 순진한 판단이라고 말하지 않을 수 없다. 오히려 오늘의 학문적인 풍토, 즉 형이상학적 체계의 학문이 경시되고 그것에 대해서 더 이상 신뢰하지 않는 사람이 많은 오늘날의 포스트 모던적인 풍토에서 보면 이런 식의 형이상학적 우주론의 결여는 약점이 아니라 장점이 될 수도 있다.

우리의 논점으로 다시 돌아가서 볼 때, 동아시아의 우주론이 창조와 기원을 중시하지 않는 독특한 형태의 우주론을 발전시켰다는 것은 우리의 주목을 끌기에 충분하다. 왜냐하면 하나의 질서론cosmos-logy으로서의 코스몰로지cosmology를 발전시켰다는 것은 서구에서는 발견되지 않는 독

17) David Hall & Roger Ames, *Anticipating China* (New York: SUNY Press, 1995), 11-12, 183-184.

특한 특징이기 때문이다. 이것이 바로 홀과 에임즈의 주장하는 바, 동아시아 철학의 특징이 비초월적인 내재주의인 이유다. 그들에 따르면, 서구의 전통에서 우주론은 초월주의적 전통과 만났는데 이는 그 우주론이 대개 두 가지 의미의 관점에서 수행되었기 때문이다. 그 하나는 일반존재론general ontology으로서 이런 학문적인 분과는 소위 존재들의 존재함에 대한 문제를 다루었다. 다른 하나의 우주론은 보편자학 혹은 원리학이라고 이름 할 수 있는 보편과학universal science이다.18) 여기서 전자는 "왜 무가 아니라 존재가 있는가"와 같은 질문과 관련된 문제를 해명하는 학문이고, 이런 학문에 관한 한 토마스와 하이데거가 대표적이다. 한편 후자 즉 원리학 혹은 보편과학으로서의 우주론은 우주에 어떤 종류의 사물이 존재하며 그것들은 어떤 원리를 따라 구성되어 있는가 하는 과학적 문제를 다루는 학문이다. 아마 이런 학문의 대표적인 케이스는 화이트헤드에게서 발견될 수 있다. 한마디로 존재가 어떤 원리를 따라 존재하는가를 찾는 것이 후자의 과제이고 그 원리들은 어떻게 존재하는가 하는 것을 다루는 것이 전자의 과제다.

여기서 우리의 토론과 관련해 주목해야 할 점은 두 개의 우주론이 모두가 미토스 즉 신화적 사고에서 로고스 즉 합리적 사고로 전환되는 관심에서 발달되었다는 것이다. 따라서 이런 각각의 우주론은 모두 혼돈에서 질서로의 전환을 가정하면서 로고스 즉 합리적 질서가 발전하기 위한 토대를 구축하는 것을 철학의 핵심으로 보게 되었다. 무의 혼돈에서 존재의 질서나 혹은 존재 자체가 주는 질서로 전환하는 것이든 혹은 혼동의 혼돈에서 질서의 원리로 전화하는 것이든 서구 우주론은 그 뿌리에서부터 우주발생론적인 관심사와 창조론이 우주론과 모든 학문의 중심으로 자리 잡았다는 말이다.19)

---

18) Hall & Ames, *Thinking through Confucius*, 133.
19) Hall & Ames, *Anticipating China*, 3-11.

그러나 홀과 에임즈에 따르면 동아시아의 상황은 이런 것과 달랐다. 동아시아는 우주기원에 관심을 갖는 전통이 상대적으로 부재했는데 이는 이성의 의미를 합리화에서 찾는 것에 관심이 없었고, 나아가 혼돈에서 질서를 보는 것에 관심을 갖기는 해도 혼돈을 무시하고 질서에 과도하게 집중하는 것에 반대하는 전통을 지니고 있었기 때문이었다.20) 홀과 에임즈에 따르면, 이런 이유로 형이상학에 대한 서구의 전통적 이해나 혹은 우주론의 어떤 것도 동아시아의 우주론을 이해하는 데 사용할 수는 없다.

그러면 우리는 어떤 모델을 사용해서 동아시아의 우주론을 이해할 것인가? 홀과 에임즈가 제안하는 것은 논리적 질서와 미학적 질서 사이의 구별을 통해서 동아시아의 미학적 철학을 소위 "맥락의 행위ars contextualis"에서 다루는 것이다.21) 여기서 맥락의 행위라는 것은 동아시아 특유의 미학적 우주론의 의미에 천착하는 방법론을 맥락 속에서 이루어지는 행위의 관점에서 조망해 보는 것을 말한다. 하나의 존재가 존재할 때의 일반적 성격을 다루는 일반적 존재론이나 혹은 존재의 일반학을 다루는 것과 달리, 동아시아의 학문적 감수성은 언제나 맥락화의 활동을 전제하면서 수행되는 데, 즉 하나의 맥락에서 어떤 요소이든지 그것은 그것이 속하는 해당 맥락을 해석해 내는 데에 어떤 식으로 공헌하는가 하는 것에 의해 평가되며, 그 맥락에 의해 만들어진 공헌이 또한 그 요소를 구성하는 데 어떤 역할을 하는가 하는 것에 관심 갖는다고 한다. 홀과 에임즈에게서는 천명(天命), 덕(德), 도(道)의 관계들을 분석함에 따라서 이것이 더 잘 밝혀지고 있다.22)

홀과 에임즈의 분석을 따라가면서, 이번에는 동아시아에서 카오스

---

20) Ibid.
21) Hall & Ames, *Thinking from the Han* (New york: SUNY Press, 1998), 39-43.
22) Hall& Ames, *Thinking through Confucius*, IV장 전체가 이 주제를 다루고 있다.

를 바라다보는 방식에 대해 다루어 보자. 그들에 따르면, 서구철학의 역사는 물리계에서 과정의 우선성을 발견하고 그것이 우리에게 인식론적 모순과 혼돈을 가져올 수 있다고 제기한 제논에 맞서서, 물리적인 것은 나눌 수 없어도 수학적으로는 나눌 수 있다는 것을 제시한 데모크리토스를 따라간 것에서 시작된다. 이는 파르메니데스의 존재 우위철학을 거쳐 결국 뉴턴의 기계론(유기적이 아니라 원자론 및 기하학적으로 이루어진 우주론)으로 발전되었다. 한마디로 혼돈을 잠재우기 위해서 합리화를 끌어들이면서 이성의 역할과 추정에 의한 개념이 중요하게 되었다. 동양은 이와 대조적으로 긍정적으로 가정된 조화된 혼돈을 제시하면서 인간이 그것과 협동하는 것에 중점을 두는 철학을 발전시켰다고 한다.[23]

여기서 길게 인용한 홀과 에임즈의 주장은 비록 복잡하게 보여도 그들이 지적하려는 내용의 핵심은 사실 간단하다. 미학적 자연주의가 발달한 동아시아에서는 창조론이나 우주기원론에 관심이 없었기에 서구적인 의미의 코스모스를 다루는 이론 즉 단일한 질서를 다루는 우주론이 존재하지 않았고 대신 카오스의 이론이 존재했다는 것이다. 이는 물론 동아시아에서는 결코 우주론이 발견되지 않는다는 것이 아니다. 동아시아에서도 물론 우주론은 있었으나 이는 단지 인간이 카오스와 협동해서 만들어가는 여러 가지 방법 중의 하나로 제시된 것이었으며 따라서 그것은 단일한 지배력을 행사하지 못하고 언제나 다수의 다른 우주론과 더불어 혼재해 왔다는 것이다. 이것이 플라톤이나 아리스토텔레스적이면서도 기독교 창조론적인 의미의 서구 우주론이 동아시아에서는 발견되지 않는 이유인 것이다. 한마디로 동아시아에서는 윤리학과 더불어 사회를 설명해가는 형태의 질서이론cosmology으로서의 우주론만이 존재했다는 것이다.

---

23) David Hall, *Eros and Irony* (New York: SUNY Press, 1982), 192-194.

흥미 있는 것은 프랑스의 동양학자인 줄리앙에게서도 동아시아의 내재주의가 강조된다는 점이다. 줄리앙에 따르면 중국의 사상은 내재성의 철학이다. 우리가 이미 위에서 보았듯이 미학적 철학은 자연주의로 이어지고 자연주의는 내재성의 철학을 강조하게 되어 있다. 그러기에 동아시아에서 내재성이 발달한 것은 필연적이다. 하지만 줄리앙은 동아시아에서 내재성의 철학이 발달한 것을 다른 데서 찾는다. 그에 따르면 중국의 철학이 내재성의 철학인 것은 그것이 과정사상에 기초하고 있기 때문이다. 그렇다면 과정사상은 어찌하여 내재성의 철학을 결과할 수밖에 없는가?

줄리앙이 늘 주장하는 바, 중국의 과정사상은 중국인들로 하여금 고정관념에서 탈피하는 변화의 철학에서 기인한다. 진리가 고정된 것이 아니라 변화한다는 생각은 인간으로 하여금 자신의 고정된 관념과 생각에서 탈피하도록 만든다. 자신의 관념은 하나의 편파적이고 편협한 관점에 불과하다는 생각 때문이다. 이런 배경 하에서 중국인들은 세계를 열린 마음으로 보게 되어 있고 이것은 자연을 있는 그대로 보게 만든다. 자연에 내재해 있는 모든 것을 있는 그대로 보게 만든다는 말이다. 그야말로 초월을 배제하고 자연그대로 보게 되는 것이다. 이것이 바로 초월성의 원리보다는 내재성의 원리가 작동하게 되는 이유다. 그리고 이런 배경에서 중국에서는 종교적 초월주의의 조건이 최소화되어 왔다고 주장한다.[24]

물론 줄리앙은 중국의 사상에서도 초월주의가 발견되고, 초월적 상징으로서의 하늘에 관한 언급이 빈번하게 발견된다는 것을 인정한다. 하지만 줄리앙에 따르면, 하늘의 차원에서 밝히는 것은 어떤 초월적인 관점에 따라 밝히는 것이 아니라 오히려 그 반대라고 한다.[25] 세계를 밝히

---

24) 줄리앙, 『현자에게는 고정관념이 없다』, 229.
25) Ibid., 230.

고 해명한다는 것은 세계와 자연 안에 있는 각각의 과정에 의해서 도입된 전망에 따라서 밝히는 것이므로 이는 그 과정에 고유한 논리, 즉 내재성의 논리가 갖는 기능에 의존해서 판단하는 것이라고 한다. 따라서 하늘은 초자연적인 법칙에 따르는 초월로 지칭되기보다는 오히려 내재성의 근간으로 지칭되는 것이 옳다고 한다.26) 이런 이유로 줄리앙도 중국의 세계에는 우주생성론의 흔적이 없다고 주장한다.27)

이제까지 우리는 동아시아의 미학적 철학이 어떤 의미에서 비합리주의와 내재주의를 결과하는지 살펴보았다. 이하에서 우리는 동아시아 철학의 비합리주의와 내재주의를 화이트헤드 철학의 그것과 비교하면서 그 특징을 좀 더 부각시켜본 후, 동아시아 철학의 그런 특징들이 어떻게 자신의 한계성을 극복할 수 있는 실마리를 찾을 수 있는지 살펴보자.

IV. 화이트헤드의 미학적 철학과 비합리주의

화이트헤드의 철학은 어느 누구의 것보다 미학적이다. 그런 점에서 그의 철학은 비합리주의는 물론 비초월적 내재주의와 같은 미학적 특징들을 그의 철학 안으로 깊게 수용한다. 하지만 그의 철학은 미학적 철학이 가지고 있는 결함을 잘 알고 있다. 대부분의 미학적 철학의 문제가 바로 비합리주의와 내재주의의 한계에 갇히는 것임을 화이트헤드는 잘 숙지하고 있다. 따라서 그는 결코 비합리주의와 내재주의 같은 전형적 미학적 주장의 한 쪽 극단으로 치우지지 않는다. 화이트헤드의 철학은 언제나 합리주의와 비합리주의의 균형을 유지하며 나아가 내재주의조차 초월적 사고로 균형을 맞추려 한다.28) 그렇다면 화이트헤드의 철학은

---

26) Ibid.
27) Ibid., 161.

어떻게 미학적 주장을 유지하면서도 동시에 대부분의 미학적 철학이 노출하는 철학적 약점에서 벗어날 수 있는가? 이를 이해하기 위해서 우리는 먼저 정교한 미학적 접근에 기초한 그의 인식론을 선이해해야만 한다. 그러므로 우선 그의 철학이 어떻게 진정한 의미에서 미학적 철학인지를 이해하는 것으로 시작하자.

잘 알다시피 인식론적으로 볼 때, 하나의 미학aesthetics은 미적 경험aesthetic experience, 혹은 감성적 지각이라고 일컬어지는 것에서 출발한다. 그러기에 화이트헤드는 말한다. "…하나의 현실적 사실actual fact은 하나의 미학적 경험aesthetic experience의 사실이다. 모든 미학적 경험은 동일성 하의 대조contrast를 실현하는 데서 발생하는 느낌이다."29) 화이트헤드에게서도 이런 미학적 인식론은 그 나름대로의 직관 이론과 그것에 첨부되는 개념적 추론을 관계시키는 방법을 통해 시도되는데 이 방법은 그의 용어로 상징적 연관(지시)의 이론The Theory of Symbolic Reference에 근거해 성취된다. 전문적인 내용을 쉽게 이해하기 위해서 직접적인 사례를 사용해 접근해 보자.

내가 바닷가에 앉아서 눈앞에 펼쳐진 푸른 바다를 보고 있다고 치자. 즉 나는 '푸른색'의 물결 속에서 느끼는 색감을 통해 '푸름'이라는 개념을 갖게 되었다고 하자. 여기서 우리는 우선 첫째, 푸른색을 직관적으로 파악하는 물리적인 파악을 전제하지 않을 수 없고 화이트헤드에게서 이는 인과적 효과성causal effect로서 불린다. 다르게 표현하면, 바다의 물결이 만드는 빛의 파장이 나의 눈에 들어오는 것은 물리적으로 전달된다는 점에서 직접적이며, 따라서 직관에 의한 지각에 의해 나에게 잡힌다. 물론 푸름이라는 감각된 색채가 곁들여 들어오기는 하지만 이는 직접적 지각으로서의 직관에 후속해서 가정적으로 유추된 것이다.30)

---

28) 여기서 화이트헤드가 무조건 비합리주의를 수용한다는 말은 아니다. 그는 어떤 의미에서 보면 명백한 합리주의자다. 하지만 그는 합리주의가 설명하지 못하는 영역을 잘 알고 있었으며 그런 점에서 비합리주의와 합리주의의 영역을 동시에 인정했다고 볼 수 있다.
29) A. N. Whitehead, *Religion in the Making* (New York: Macmillan, 1926), 111.

여기서 양자는 어떤 다른 것 없이 설명될 수 없다. 빛의 파장은 푸름이라는 개념 없이 표시될 수 없으며 푸름이라는 개념은 직접적으로 지각된 물리적 파악의 전제 없이 설명될 수 없다. 이렇게 가정적으로 유추된 푸름은 화이트헤드 용어로 현시적 직접성presentational immediacy로 불리는데 그것은 인간의 의식적 차원이 가지고 있는 한계, 즉 감각주의 철학이 가진 이론의 한계를 지적하기 위함이다.

화이트헤드와 감각주의자의 차이는 다음과 같다. 즉 화이트헤드는 색채에 대한 정동적, 정서적, 미학적 반응을 느낌의 초기 지각단계의 주체적 형식으로 보는 반면, 감각주의자들은 그런 정서적 지각이 의식적인 지각에 의존하는 것으로 본다. 화이트헤드에게 있어서 의식에 의존한 개념은 그저 현재의 인식아knower에게 추론적으로 제시된 것에 불과하다. 그러기에 그것은 현재적인 즉자성에 초점을 맞춘 것으로서 과거의 여건이 가져다주는 인식론적 중요성을 결하고 있는 이론이다. 바로 이것이 감각주의 이론의 한계이다.

화이트헤드는 이런 한계를 극복하기 위해서 앞에서 말한 바, 상징적 연관symbolic reference의 이론을 주창한다. 상징적 연관에 기초한 지각이론의 장점은, 지각의 과정에 있어서 과거여건의 역할을 강조하는 것, 즉 미학적 경험의 우선성을 강조함으로써 감각주의자들의 이론적 약점에서 벗어난 데 있다. 다시 말해서 화이트헤드의 입장에서 보면, 감각주의자들은 실체이론을 벗어나지 못하는 약점을 지닌다. 주어-술어 이론에서처럼, 인식아의 주체성이 부여한 추론 행위로서의 제2성질이 마치 지시대상물의 필연적인 속성인 것처럼 말하고 있기 때문이다. 그러기에 그들은 환각에 기초한 신기루의 현상을 인식론적으로 설명치 못한다.[31] 물

---

30) 화이트헤드 철학에서 푸름이라는 감각된 색채가 지각에 곁들여 들어오고 직접적 지각으로서의 직관에 후속하는 것으로 주장된다는 것은 정확한 분석이만, 이를 화이트헤드 철학의 전문적인 용어를 사용해서 표현하면 일종의 변환된 느낌(transmutational feeling)이다.

론 상징적 연관은 현시적 직접성의 양태도 하나의 지각으로 인정함으로써 미학적 인식의 모호성과 복잡성을 다스리는 감각의 중요성도 받아들기는 했다. 단지 그것이 오히려 미학적 인식보다는 부차적이라는 것을 강조한 것이 화이트헤드의 공헌이다.

다시 정리해 보자. 푸름이라는 색채를 하나의 개념으로 지각하는 것은 직관에 의한 것과 의식에 의한 것으로서 나뉘는데, 전자는 우리에게 물리적으로 파악된 것이고 후자는 가정적으로 유추된 것에 기초해 개념적으로 파악된 것이다. 화이트헤드 용어로 말하면, '푸름'이라는 현시적 직접성의 양태로 지각된 색채는, 사실 하나의 어떤 파장을 경유해 지각자의 시신경을 자극함으로써 특징화된 인과적 효과를 푸름이라는 개념을 통해서 상징화하고 해석해 낸 것이다. 상징적 연관의 지각이 인과적 효과와 현시적 직접성을 통한 지각을 통합한 것이라는 것은 바로 이런 의미에서다. 현시적으로 직접 주어진 것으로서의 감각된 색채인 '푸름'은 '직관'을 이용해 하나의 개념을 제공하는데 여기서 우리는 어떤 정서적이고 정동적인 어떤 것을 느끼지만 사실 그 느낌의 내용은 모호하다. 왜냐하면 직관에 의해 전달된 내용물은 대개 양적이며 미분화되고 이런 의미에서 비합리적이라 할 수 있기 때문이다. 우리는 그렇게 직관에 들어온 개념과 하나의 어떤 파장에 대한 빛으로서 개념화되어 추론된 하나의 색채를 비교하게 되는데 여기서 비로소 모든 것이 분명해진다. 한마디로, 의식적으로 지각된 색채로서의 푸름이 직접적으로 지각된 감각(들)에게 상징으로 주어지면서 우리의 인식이 선명해지고 합리적이 되는 것이다.[32]

---

31) 신기루는 현시적 직접성을 가지고 있는 현상이지만 그것은 환상에 의한 것이고 허구이기에, 실재에 속한 것이 아니다. 그것은 단지 인간이 극한 상황에서 유추한 잘못 놓인 구체성의 오류에 입각한 착각인 것이다.
32) 상징적 연관이라는 화이트헤드 용어는 실재와 현상 사이의 표현 관계에 대해서 말하기 위해 나온 것이다. 상징적 연관은 두 가지 방향으로 진행된다. 언어의 경우에 화자의 편

여기서 우리는 상징적 연관의 이론에 기초한 화이트헤드의 지각이론이 미학적 지각을 결코 열등한 지각으로 취급하지 않는다는 것에 주목해야 한다. 전통적으로 미적 지각은 키르케고르를 비롯한 철학자들에 의해서 저급한 의미의 지각 경험으로 간주되어 왔다. 즉 미학적 지각이 '그 자체를 위한 지각' 혹은 '어떠한 상위의 목적을 가지지 않는' 지각으로 여겨졌던 것이다. 어원학적으로 보면 '미학적 지각'aesthetic perception은 그냥 '지각'을 뜻하는 희랍어 '아이스테시스'αισθησις와 비슷하다. 물론 '미학적인 것'은 '지각적인 것'과 동의어는 아니다. 그러나 이런 어원적인 배경은 중요한 것을 시사한다. 즉 감각적 인식과 미학적 인식 간의 연결성을 가리키면서 화이트헤드의 상징적 연관이론이 가지고 있는 중요한 내용을 암시하고 있는 것이다.33) 국내의 화이트헤드 미학 연구가인 윤자정의 분석에 따르면, 희랍적인 의미에 있어서 아이스테시스는 단지 감각지각에만 한정되지 않았던 것처럼, 화이트헤드의 경험이론에서는 '지각'이 더 넓은 의미로 해석되고 있는데 이는 철학적으로 매우 바람직한 일이라고 한다. 즉 화이트헤드에게 있어 하나의 넓은 의미에서의 '지각'은, 의식적인 것에 기초한 것과 무의식적인 것에 기초한 것에 차별을 두지 않고 모

에서 보면, 언어는 실재에서 현상으로 자신을 표현해 내고 있고, 청자의 경우는 언어가 현상에서 실재로 자신을 표현해 내고 있는데 이 과정에서 상징이 필연적으로 연관되고 있다. 여기에 상징작용의 효과가 가르쳐주는 교훈이 있는데, 즉 감각지각의 위험성에 대한 경고가 바로 그것이다. 실재에 대한 감각은 그저 감각여건들의 사이에서는 적합하게 지탱되기 힘들다. 추상이 일어나기 때문이다. 그것은 직접적 세계(즉자)의 실재성에서 멀어지게 만든다. 그러나 장점도 있다. 상징이 중개하는 작업으로 인하여 우리는 우리의 환경의 직접성으로부터 자유를 획득할 수 있다. 하지만 화이트헤드의 이 이론은 장점보다는 단점이 중요하다는 것을 일깨워주는데, 즉 언어나 개념들이 한번 발명되고 나면 그것들은 중개자로서의 기능이 중시되기보다는 아예 중개자(이상으)로서 승인된다는 것이다. 본래 상징이라는 것은 보편적으로 널리 해석되는 것으로 자리 잡고 나면 과용되고 남용되는데, 이때 그것은 자신의 환기시키는 작용을 잃고 중재의 지위를 넘어서게 된다. 이에 대한 심도 있는 토론을 좀 더 보기 위해서는 David Hall, *Uncertain Phoenix* (New York: Fordham University Press, 1982), 206을 참조할 것.
33) 윤자정, "A. N. Whitehead의 유기체 철학 내에서의 미적 경험에 대한 연구," 서울대학교 대학원 박사학위 논문 (1996), 122.

든 사물과의 경험적 접촉을 포괄하는 지각이론을 말하고 있다. 반면에 감각주의자들이 말하는 '감각지각'은 감각적 추상에의 의식적인 주목이 라는 한정된 영역만을 다루고 있기에 화이트헤드의 것과는 구별된다. 화 이트헤드는 파악의 부분 중에서 직접적으로 전달되는 부분으로서의 모 호하고 비판별적인 파악을 인과적 효과에 입각한 지각으로 명명하고, 동 시에 그것에서 파생되지만 상대적으로 명료하고 의식적인 감각지각 즉 현시적 직접성으로서의 지각도 지각으로 지칭한다. 말하자면 지각이 두 가지 양태로 기술되는 것이다.[34] 그렇지만 한마디로 말해 직접적으로 전달되는 지각으로서의 미학적 인식의 우선성과 우위성을 강조하려는 것이 화이트헤드 인식론의 장점이다. 하지만 화이트헤드의 공헌은 여기 서 한 발자국 더 나아간다. 즉 그는 유미주의를 강조하는 것에서 더 발전 하여 그것을 합리주의와 조화시키는 인식론을 발전시킨다.

짧게 말해, 화이트헤드의 철학은 분명히 일종의 유미주의(唯美主義) 이지만 그것에 합리주의가 포함된다. 우리에게 들어온 물리적 파악은 미 학적 인식론에 의거해 볼 때 실재에 대한 단순한 직관적 인식에 불과하 다. 이런 미학적 파악만으로는 실재의 전모를 인식하기에 충분치 못하 다. 우리에게 파악된 것이 우리에게 대조적인 어떤 새로운 개념을 제시 하면서 창조적 전진과 그것을 통한 문명을 일으키기 위해서는, 그저 물 리적으로 우리 안에 전달된 어떤 것을 세공해 내는 후속 작업이 뒤따라야 만 한다. 한마디로 실재의 실상을 합리적으로 기술하는 작업이 없이는 실재가 온전히 드러나지 않는다. 화이트헤드는 직관적으로 파악된 실재 를 공적인 지평에 드러내 놓고 그것을 합리화하기 위해서 새로운 사유의 체계를 구축하려 시도했는데 그것으로 인해 창조된 것이 그의 우주론, 이른바 유기체의 형이상학이다. 그가 하나의 형이상학적 체계를 도입하

---

34) Ibid.

는 이유는 간단하다. 미적인 경험은 전체적이고 숭고한 미의 경험으로 보충되어 더 통전적으로 이해되어야 하기 때문이다. 그렇지 않다면 하나의 미적 경험은 그저 개별적 현실 존재들이 자신들의 만족만을 추구하는 것에서 머물 수밖에 없게 되면서 그것이 어떻게 타자들과 관계를 맺으면서 조화되는지, 또는 그런 하나의 미적 경험이 어떻게 공적으로 의미 있는 경험이 될 수 있는지 알 수 없게 된다. 이것이 바로 그의 철학이 형이상학적 체계를 추구하는 이유이며 나아가 신의 내재를 도입하는 또 다른 이유다. 이를 좀 더 화이트헤드의 용어를 통해서 분석해 보자.

화이트헤드에서 인식은 언제나 일반화를 거친 후 상상력의 날개를 펴고 관념의 모험을 한다. 그리고 그것을 다시 경험세계로 착륙해서 적용한다. 또한 이런 일련의 과정들을 통해 하나의 체계로서의 사변철학을 실험한다. 이렇게 해서 결국 합리화의 모험이 완성되는데 이런 합리화의 작업의 최종 지향점은, 모든 확대된 추상관념들을 정합적으로 상호 연관시키는 우주론을 건설하는 것이다. 결국 하나의 우주론을 만들어 냄으로써 형이상학을 우리가 살고 있는 우주시대로 (제한적으로) 적용시키는 것이다. 이렇게 건설된 하나의 우주론은 잘 알다시피 그가 창안해 낸 형이상학적 체계를 통해서 구현되고 있다. 고유의 궁극자 개념들인 창조성과 일one, 다many, 그리고 형성적 요소formative elements로 불리는 영원한 객체eternal objects와 신의 개념을 사용한 체계가 바로 그것이다. 이런 특유의 개념들을 활용하면서 화이트헤드는 창조적 전진을 위한 문명론을 꾀하며, 그것을 위해서 영원한 객체와 신이 상호 조화해 어떻게 하나의 정교한 체계를 이루는지 설명함으로써 하나의 합리주의를 정초한다. 여기서 화이트헤드의 이론은 매우 복잡해진다. 하지만 쉽게 요약해 보면, 화이트헤드에게서 가치와 질서는 혼란되고 무질서한 세계를 제한하는 것에서 생겨난다. 가치와 질서가 생겨난다는 것은 혼란의 비합리성에서 합리성이 확보된 것을 의미한다. 그리고 그런 합리성은 영원한 객체를 도입함으로써 설명되는 것이다. 그러나 이런 영원한 객체는 다시 신에 의해서 제한된다. 어떻게 보면 합리주의에 근거를 부여하기 위해 신이 최종적으로 도입된다고 볼 수 있는 것이다.

> 제한은 가치의 대가이다. 활동성을 직시하는 양태 앞에 있는 것을 수용할 것인지 혹은 거부할지를 구별하는, 그러한 선행하는 가치의 규준이 없는 가치란 존재할 수 없다. 따라서 가치들 사이에는, 반대…를 도입하는, 그러한 선행하는 한정이 존재한다.35)

그러므로 화이트헤드에게서는 이렇게 한정 작업을 위해 구축된 개념들을 사용할 때 인간이 경험에 의존해 원초적으로 인식한 것들이 논리성과 정합성을 확보하면서 합리적이 된다. 직접적으로 경험된 것의 참 실상은 일반화된 관념들을 조직적으로 체계화하는 구성적 형이상학의 도식 안에서만 명쾌한 모습을 드러낸다고 보는 것이다. 여기서 정합성이란, 관념들이 서로 유리될 때 무의미해진다는 것이고, 논리성이란 관념들 간에 논리적 충돌이 없어 모순을 피할 수 있다는 것이다. 이미 말했듯이 여기서 논쟁이 되는 것은 신의 역할에 관한 것이다. 결국 화이트헤드에게서는 신이 합리성을 보장하는 존재로 기술될 수 있고 이는 전통적 형이상학이 범한 위험에 화이트헤드 스스로를 빠뜨리는 것이 될 수도 있기 때문이다. 하지만 이는 다음과 같은 해석으로 해결될 수도 있다. 즉 신이 합리적 질서를 보장한다는 주장을 다른 해석적 방법론으로 보충할 수도 있다는 말이다. 예를 들어 윌리엄 크리스천William Christian에 따르면,

> 나는 신의 원초적 본성이 오직 감각 속에 있는 영원한 객체에게만 질서

---

35) A. N. 화이트헤드, 『과학과 근대세계』, 오영환 역(서울: 서광사, 1985), 221.

를 부여하며, 영원한 객체들은 신의 직시 속에서 더불어 존재한다고 생각한다. …신은 어떠한 가능성들도 배제하며 바로 그런 이유에서 신은 가능성들을 질서지우지 않는다. 신이 **가능성들의 질서**를 직시한다고 말하기보다는 **질서의 가능성들**을 직시한다고 말하는 것이 옳은 것이다.36) (고딕체는 필자의 강조)

이렇게 신의 역할은 가능성들을 질서 있게 만드는 것이라기보다, 질서의 가능성을 만들어 내는 것이라 해석할 수 있으며, 이런 식으로 화이트헤드는 결정론적 위험에서 벗어날 수 있는 것이다. 그러나 어쨌든 한 가지 확실한 것은 화이트헤드에게서는 그의 미학적 철학이 합리주의를 강조하고 있는데 이는 외부로부터 초월자를 끌어들임으로써, 즉 신과 그가 직시하고 있는 영원한 객체의 영역에 관한 이론으로 시도된다는 것이다.

이제까지 분석해 온 화이트헤드의 미학적 철학을 요약하면 다음과 같다. 우선 첫째로 화이트헤드에게서 미적인 경험은 어떤 경험보다 중요하고 우선적이다. 하지만 합리적인 것 없이 그 인식은 전체적이지 못하다. 둘째로 미적인 경험은 전체적이고 숭고한 미의 경험으로 보충되어 더 통전적으로 이해되어야 한다. 화이트헤드에게서는 물리적 파악에서만 미적 경험이 이루어지는 것은 아니다. 미적 경험은 신의 내재로 이루어지기에 합생의 모든 위상에서 만들어지며, 특히 인간의 사유는 미를 목적으로 하면서 자신의 우주론을 발전시킨다. 셋째로 하나의 철학이 형이상학적 체계를 추구하기 위해서 화이트헤드는 신의 내재를 도입한다. 여기서 마지막 테제, 즉 화이트헤드가 하나의 미학적 철학의 체계적 완성을 위해서 신의 내재를 도입한다는 것은 일반적 미학적 철학의 특징으

---

36) William A. Christian, *An Interpretation of Whitehead's Metaphysics* (New Haven: Yale University Press, 1959), 277-8.

로서의 내재주의가 가지고 있는 한계를 극복하기 위함이기도 하다. 따라서 이하에서는 이에 대해 좀 더 살펴보자.

V. 화이트헤드의 미학적 철학과 내재주의

잘 알다시피 미학과 미학적 철학이 노출하는 대부분의 문제는 대개 가치론의 문제와 관련되어 있다. 우선 하나의 미적 경험은 다른 미적 경험과 언제나 충돌한다. 대개 미적 경험은 점잖게 표현하면 만족을 추구하려 시도하며, 조금 거칠게 표현하면 인간의 욕망을 구현하려 한다. 그러나 이런 만족과 욕망은 가끔 하나의 취미에 불과한 것으로 낙인찍히면서 과학과 도덕에 무관심하다는 비판을 받기도 하고, 나아가 하나의 취미경험이 다른 개별경험들과 대립하면서 타자의 경험을 소외시킨다는 비판을 듣기도 한다. 한마디로 하나의 미적 경험은 보편적인 경험과 갈등을 빚어내게 되는 경우가 대부분이다. 이것이 하나의 미학적 철학이 윤리학적으로 가치론적으로 보충되어야 하는 이유다.

화이트헤드의 미학적 철학은 이런 점에서 매우 이상적인 철학이다. 그의 철학은 하나의 형이상학적 태도를 견지하는 것을 통해 모든 문제를 하나의 통전적인 체계 안에서 풀어내려 시도한다. 우선 화이트헤드의 철학은 매우 통전적이기에 심지어 초월의 세계마저 결코 낡거나 부정적인 개념으로 취급하거나 저차원으로 전락시키지 않는다. 오히려 그는 미학적 차원이나 합리적 차원이 초월적 차원과 만날 때 더 온전하게 된다는 것을 주장한다. 화이트헤드가 미학적 가치론의 문제를 해결할 때 초월의 차원을 끌어들이면서 균형을 유지하는 이상적 철학이라는 말은 바로 이런 것에서 연유한다.

우리가 화이트헤드 철학 내에서 초월이 차지하고 있는 위상에 대해서 온전히 분석하기 위해서는 상당히 많은 지면을 할애해야 한다. 그러므로 여기서는 그저 그의 미학적 철학이 어떻게 초월의 차원을 끌어들여 자신의 철학을 완성하는지 보기 위해서 직접 궁극자의 문제로 들어가서 토론해 보자. 논자의 생각에 초월의 문제는 결국은 궁극자의 문제이며 이것을 이해하는 것이 화이트헤드 가치론을 이해하는 지름길이 될 수 있기 때문이다.

잘 알다시피, 초월의 문제와 종교의 문제는 궁극자의 문제와 항상 연관되어 있다. 심리적으로 볼 때 유한하고 상대적인 한계에 갇힌 인간이 무한한 절대자로서의 궁극적 실재에 의존하는 것은 당연하며 이런 심리적 경향이 종교를 설명한다. 다른 한편, 인간의 행복이나 구원도 궁극자의 문제와 관련되어 있다. 인간이 해방과 구원을 얻고 그로 인해 행복을 느낄 수 있는 채널은 많이 있고, 종교 이외에서도 즉 예술이나 문학은 물론 정치와 경제에서도 그런 종류의 구원을 가져올 수 있다. 하지만 우리는 그런 도구들을 통해서 생성된 행복을 종교적 해방이나 구원과 동일시할 수는 없다. 대부분 그런 경험들은 유한하고 국지적이라서 포괄적이지 못하기 때문이다. 인간의 행복과 구원은 언제나 그것이 궁극적인 한도 내에서만 최종적 가치를 지닌다. 그런 의미에서 종교가 가져다주는 해방이나 구원은 궁극적 실재를 만나는 문제와 연관되지 않을 수 없는 것이다.

화이트헤드의 미학적 우주론 어떤 면에서 볼 때 미를 최종적인 목표로 설정한다. 이를 화이트헤드는 다음과 같은 표현을 통해 확실하게 표현한 바 있다. "우주의 목적론은 아름다움의 산출을 지향하고 있다."37) 어떤 면에서 볼 때 화이트헤드의 철학적 체계 내에서 미는 진리나 선보다 상위의 개념이다. 정확히 말해서 화이트헤드에게서는 최고의 선이 아름다움, 즉 미이다. 이렇게 본다면 우리는 미가 화이트헤드의 우주론적 체

---

37) 화이트헤드, 『관념의 모험』, 405.

계 내에서는 가치론적으로 하나의 궁극자라고 볼 수도 있다. 여기서 가치론적으로 궁극자라는 말은, 화이트헤드 체계 내에서 궁극자는 여러 각도에서 다수가 전제되고 있다는 말이기도 하다.

다시 말해서 화이트헤드 철학에서 형이상학적 궁극자는 창조성이다. 창조성은 소위 보편자 중의 보편자로서 그의 형이상학적 체계가 상정하는 모든 개념들이 전제하는 최종적이고 궁극적인 실재이다. 그것보다 상위의 보편적인 형이상학적 궁극자는 없다는 말이다. 심지어 전통적으로 서구철학에서 궁극적 실재로 간주되어온 신God마저도 화이트헤드 철학 체계 내에서는 창조성의 피조물로서 기술된다는 것은 잘 알려진 바다. 화이트헤디안 신학자들은 이런 화이트헤드 철학 내에서의 다양한 궁극자들의 위상 문제를 교통 정리하기 위해서 창조성은 궁극적 실재로 기술하고 신은 궁극적인 현실적 존재로 기술한 바 있다.38)

논자는 이런 식으로 화이트헤드의 종교론을 구축하는 것에 반대하지 않지만, 여기서 한 발자국 더 나아가서 미도 궁극자 중의 하나로 취급해야 한다고 주장한 바 있다.39) 이런 주장은 물론 앞에서 말한 바대로 가치론적인 의미에만 한정한다는 전제 하에서만 옳다. 즉 화이트헤드에게서 모든 현실적 존재는 미적 가치를 향유하며, 신도 하나의 현실적 존재라는 것을 감안한다면, 신에게 있어서의 최종적 궁극 자치는 미라고 말할 수 있다. 한마디로 미는 신의 경험이 향유할 수 있는 궁극적 내용이라는 것이다. 쉽게 말해서 신의 역할은 평화, 혹은 모든 현실적 존재자들의 조화를 통해 미를 만들어 가면서, 동시에 그런 현실 존재자들이 지향하는 영원한 비전으로서의 아름다움을 제공한다고 할 수 있다.

---

38) 캅과 그리핀이 이런 해석의 주창자들이다. 우리말로 번역된 그리핀의 책『화이트헤드 철학과 자연주의적 종교론』, 장왕식·이경호 역 (서울: 동과서, 1994), 435-451을 참조하라.
39) 필자의 졸고, "현대 과정 종교철학의 흐름과 화이트헤드 철학의 전망"(『화이트헤드 연구』 12집: 9-48)이라는 논문을 참조하라.

이렇게 본다면 화이트헤드에게서 도덕성(善)과 합리성(眞)은 미학적 가치 내에서 인정을 받는다. 이것이 바로 관념의 모험에서 화이트헤드가 갈파한 진리이다. 화이트헤드에 따르면, 모든 질서는 미적 질서의 양상에 지나지 않으며 도덕적 질서도 마찬가지다. 이런 미적 질서는 신의 내재성으로부터 유도되는 것이다.[40] 신의 기능은 현실적 존재들이 자기형성 즉 합생의 과정에서 만들어 내는 느낌의 조화를 가능하게 만드는 것에 내재하는 것에 그치지 않는다. 하지만 신은 동시에 우주의 미적 질서를 가져오는 유혹자이기도 하다. 이것이 또한 화이트헤드의 미학이 종교 철학적으로 의미 있는 주장을 펼칠 수 있는 도구가 되기도 한다. 즉 우주의 미적질서를 가져오는 유혹의 동인자로서의 신은 개체적 자유의 다양성과 함께 그것의 통일성이 어떻게 우주적으로 조화되어야 하는지 잘 설명하는 기제가 될 수 있다는 말이다.

다시 말해서 신은 우리로 하여금 우리의 목적들이 우리의 이익에 대해 공평한 그런 목표들에게 지향되도록 기능하는 존재다. 그는 심판이 존재의 사실을 넘어서 존재의 가치들에게 펼쳐지도록 하는 요소이다. 그는 우리의 목적들이 자신의 가치를 넘어서 타자의 가치를 향하도록 하는 요소이다.[41] 그러므로 가치에는 자신의 고유한 가치와 타자를 위한 도구적 가치의 차원이 있으며 여기에 덧붙여 전체를 위한 개인의 가치의 차원이 있다. 즉 개별 인간들이 만들어 내는 상대주의적 가치들은 신의 결과적 본성에 공헌하는 가치가 될 수 있고 이런 절대적이고 신적인 이상적 가치를 지향하는 한도 내에서 인류는 극단적 상대주의의 아노미를 피할 수 있다는 말이다.

그러나 여기서 주의할 것은, 전체를 위해 공헌하는 개체의 가치가 자신의 주관적 지향에 대비되는 이상적인 가치에 상응한다는 것이 반드시

---

40) A. N. Whitehead, *Religion in the Making* (New York: Macmillan, 1926), 101.
41) Ibid., 158.

개체의 이익을 손상시키도록 만들지는 않는다는 것이다. 즉 화이트헤드 체계 내에서 전체를 위한 한 개체의 가치는 결코 자신과 타자를 위한 가치에 위배되지 않는다. 예를 들어, 종교적 깨달음의 순간을 보자. 과정 사상의 관점에서 볼 때 인간이 궁극적인 것을 깨닫는 순간, 개체로서의 해당 인간이 지향하는 가치와 전제적이고 보편적인 궁극자의 가치는 결코 서로 상반되고 충돌하지 않는다. 하나의 종교적 깨달음은 다름이 아니라, 세계가 자신과 같은 개별자들로 구성된 전체 개체들의 상호연관으로부터 파생된 공동체라는 것을 인식하는 것이며, 또한 이런 개체들 각각의 존재를 위해 필수적인 공동체의 정신에 순응하겠다는 것을 인정하는 깨달음이다.[42] 그러기에 화이트헤드는 말한다. "전망의 도덕성은 전망의 일반성과 불가분리하게 연합되어 있다." 화이트헤드 체계 내에서는 평화의 이상인 신으로 인해 우리는 인간의 이기심이 일으키는 세계의 비극적인 사건들에 맞서 싸울 수 있는 투쟁의 정신과 도덕적 에너지를 주입할 수 있다. 화이트헤드가 "신의 직시the envisagement of God"라는 개념을 도입하는 이유는 바로 여기에 있다. 여기서 신의 직시라는 말의 의미란 다른 것이 아니라, 바로 하나의 포괄적인 연합으로 끌어들이지 않으면서도 동시에 모두를 하나로 묶는 행위라 할 수 있다.

여기서 많은 사람들이 궁금해 하는 것은 화이트헤드의 미학적 신학은 악의 문제를 어떻게 처리하느냐 하는 것이다. 이미 신과 악의 문제, 즉 신정론에 관한 한 문제는 이미 여러 과정신학자들이 취급한 바 있기에 여기서는 그것을 주로 미와 관련해서만 요약적으로 정리해 보기로 하자. 한마디로 말해서 신에게 있어서 선과 악은 모두 상대적이다. 물론 신은 선이나 악이나 모두 자신의 결과적 본성 안에 끌어들인다. 하지만 선이나 악은 모두 창조성의 관점에서 보아야 하고 특히 미를 증진시키는 강도

---

42) Ibid., 59.

와 조화의 관점에서 보아야 하므로 언제나 상대적이다. 여기서 창조성의 관점에서 보면서 미를 증진시킨다는 것은 창조적 전진creative advance이 언제나 통일성과 대비의 조화를 목적으로 하는 미적 창조성을 만들어 내는 것을 의미한다.43) 한마디로 선과 악은 창조성을 위해서 상대적인 가치만을 지닌다는 말이다.

결론적으로 화이트헤드에게서 신의 역할을 정리하자면 다음과 같다. 전통적인 신학자들에게서, 예를 들어 어거스틴의 사상에 있어서, 악은 신의 관점에서 볼 때 진정한 의미의 악이 아니다. 그것은 선의 결핍이며 한마디로 선일 수도 있다. 예를 들면, 어거스틴에게 병이나 재해 등은 우리의 제한된 관점에서 볼 때 악인 것처럼 보이는 것이지 신의 관점에서는 그렇지 않다는 말이다. 그러나 이런 신정론이 화이트헤드에게서는 용납되지 않는다. 화이트헤드의 미학적 신정론에 따르면 작은 악들은 목적들이 서로 비교되고 횡단하면서 만들어 내는 미의 획득을 사라지게 만든다는 의미에서는 악이 될 수 있다. 이런 의미에서 화이트헤드는 언제나 악의 실재성을 무시하지 않는다. 그러나 동시에 화이트헤드의 체계는 언제나 신의 역할을 강조한다. 하지만 여기서 신은 전통적인 방식으로 악의 문제를 해결하는 존재는 결코 아니다. 잘 알려져 있다시피 화이트헤드의 신은 심판자가 아니라 동병상련하는 친구fellow sufferer로 기술된다. 전통신학에서는 미와 선이 창조주로서의 하나님의 역할에 의해 설명된다. 하지만 과정사상에서는 미를 성취하는 일차적인 책임이 언제나 개체 사건과 현실적 존재들에게 있다. 물론 신이 언제나 모든 사건의 전개를 단지 개별자들에게만 맡기고 스스로는 우주의 문제에 대해 손을 놓고 있는 것은 아니다. 위에서 언급된 바와 같이 신의 역할은 조화와 강도의 이상적인 공조를 향한 유혹의 능력을 통해 세상에 영향력을 행사하는 것이다. 이

---

43) 정윤승의 박사학위 논문, "화이트헤드 과정 윤리학과 가치론에 관한 연구"(충남대학교 대학원, 2011)의 5장와 6장을 참조하라.

것이 화이트헤드의 미학적 신학이 보여주는 신정론의 내용이다.

　이제까지 우리는 화이트헤드의 미학적 철학 내에서 어떻게 내재주의가 반드시 초월적 존재를 배제하지 않는지 살펴보았다. 신의 목적이 만물 안에 내재하기에 모든 사물들과 사건들은 자신의 목적을 완성해 간다. 이런 점에서 신은 분명히 세계 내적이다. 그러나 동시에 화이트헤드의 철학은 미를 중요시 여기고 그것을 궁극자의 레벨에 올려놓는다는 점에서 일종의 미학적 철학인 것은 틀림없다. 이런 점에서는 신학도 미학에 종속된다고 볼 수 있다. 하지만 이미 보았듯이 동아시아 철학이나 혹은 다른 여타의 미학적 철학과 달리 화이트헤드의 미학은 반드시 초월적 존재를 부정하는 식의 내재주의만을 주장하지 않는다. 오히려 화이트헤드는 미학적 철학을 펼쳐 나가면서도 그것을 탄탄한 의미의 초월주의, 혹은 유신론적 우주론에 근거하여 전개한다. 이 점이 동아시아 철학과 차이라면 차이다. 하지만 그렇다고 해서 화이트헤드의 미학적 철학이 동아시아의 것과 다르게 내재주의를 부정한다고 보면 오산이다. 화이트헤드의 철학은 다른 미학적 철학과 마찬가지로 일종의 내재주의를 용인하는데 왜냐하면 잘 알려져 있다시피 화이트헤드의 형이상학은 자연이나 세계와 이분법적으로 유리되어 존재하는 신의 개념을 부정하기 때문이다. 신은 어떤 의미에서는 초월적인 것이 틀림없지만 동시에 그는 세계 내재적이기도 하자. 그러기에 그의 과정과 실재 마지막 장은 바로 이런 주장으로 점철되어 있다. 신이 세계에 내재하는 방식으로 세계도 신에게 내재하며, 또한 신이 세계를 초월하는 방식으로 세계도 신을 초월한다고 주장하기 때문이다. 그야말로 화이트헤드에게서는 신과 세계가 상호 초월적이면서 동시에 내재적이다. 여기서 우리는 이런 화이트헤드의 독특한 신학에 대해서 길게 토론할 여지를 갖고 있지 못하다. 단지 여기서 우리는 화이트헤드의 철학이 비록 가치론적으로 미를 궁극적인 것으로 간주하는 일종의 미학적 철학인 것이 틀림없지만 그는 내재주의와 초월주의를 균형 있게 강조하는 우주론과 형이상학을 구축했다는 것을 확인하는 것으로 만족하자. 그것이 동아시아 철학과 비슷하면서도 차이를 보는 지점이라는 말이다.

VI. 동아시아 철학과 화이트헤드
— 어떻게 서로 보충할 것인가?

동아시아 철학과 화이트헤드 철학은 동일하게 미학적이면서도 양자 사이에는 분명한 차이점도 존재한다. 물론 이미 말한 대로 그런 차이점들은 어느 하나를 다른 것 보다 우월한 것으로 보게 만드는 차이점은 아니다. 그것은 오히려 서로를 보충하게 만드는 차이점이다.

전통적으로 많은 사람들은 동아시아 철학을 서구의 그것보다 열등하다고 보았다. 예를 들어 박학다식한 정보수집가로 정평이 나있었던 서양의 대표적 철학자 중에 하나인 헤겔에 따르면, 동양에서는 철학자체를 발견할 수 없다고 한다.[44] 당시에 동양에 대해 그토록 많은 지식과 정보를 가진 학자도 없었다. 그러나 그런 정도의 사람도 편향된 역사관을 가지고 있었던 것이 놀라울 정도이다. 시대가 바뀌어 최근에 와서는 이런 헤겔의 철학도 많은 서구 학자들의 비판에 직면해 있다.

오늘날 서로 문명권이 다른 경우 하나의 철학이 다른 철학보다 우월하다고 말하는 것은 매우 근시안적이며 시대착오적인 것으로 취급된다. 하나의 문명을 그것과 전혀 패러다임이 다른 문명과 대조하면서 어느 것이 우월한지 따지는 것은 마치 한 가정에서 아버지의 역할이 우월한지 아니면 어머니의 역할이 우월한지를 따지는 것만큼 어리석은 일이다. 하

---

44) 특히 중국에 관한 헤겔의 견해를 보려면, Georg W. Hegel, *The History of Philosophy*, (New York: Dover Publication, 1956), 116-138을 참조하라.

나의 철학은 사유체계로 이루어져 있으며 그런 사유체계는 경험되고 체득된 사건들로 이루어져 있다. 이때 경험과 체득이란 어차피 그것이 속한 문명권의 관점과 패러다임의 틀에 의해 형성되는 것을 피할 수 없는 바, 그렇게 상호 다른 경험의 세계는 우월을 따지는 대상이 될 수는 없고 기껏해야 서로 대조를 통해서 차이를 비교해 내는 것을 꾀할 수 있을 뿐이다.

이런 전제 하에서 볼 때, 동양의 사유에 대한 서구학자들의 과거의 평가는 대부분 패권주의의 산물이었다. 서구의 패러다임이 선호하는 이성 중심주의나 자문화 중심주의가 만들어 낸 잣대를 가지고 동양을 평가했기에 대부분 왜곡과 편견을 벗어나지 못했다. 이런 상황을 감안할 때, 이때 우리에게 필요한 것은 들뢰즈의 말대로 일종의 사유의 전복이다. 이렇게 본다면 홀과 에임즈 그리고 줄리앙의 동양에 대한 사유는 매우 전복적이다. 그들은 이제까지 존재해 온 서구 중심의 관점을 과감히 벗어 버리고 동아시아 철학이 가지고 있는 특징과 장점들을 지적하려고 노력한다. 물론 홀과 에임즈의 분석은 나름대로 설득력이 있는 내용으로 가득 차 있다. 문제는 이미 지적되었듯이 그들의 해석이 때로는 과잉해석으로 치우치는 경향을 보인다는 것이다. 예를 들어 그들의 주장대로라면, 동양에서는 비합리주의적인 전통이 매우 강했다. 하지만 논자가 분석했듯이 합리주의적인 전통도 그에 못지 않았다. 이런 사례들에 대해서는 이미 앞에서 여러 차례 지적했거니와 그 중 가장 강력한 논거는 동아시아 논리학의 전체적인 기조가 되고 있는 음양사상이다. 동양적 입장에서 볼 때 모든 논리적 주장은 음양의 사상을 통해 밸런스를 유지하게 되어있다. 그러기에 어느 하나의 입장을 강조하는 것은 곧 바로 오류로 떨어진다. 그러므로 역경(易經)은 말한다. "한번은 음, 한번은 양이고 음인 동시에 양이다(一陰一陽, 陰而陽). 그것이 도이다." 이렇게 역경의 음양사상은 합리주의와 비합리주의가 같이 가야 한다는 것을 강조하는 좋은 예를 제시하고 있다. 이런 원칙을 따라서 묵자는 물론, 후대의 주자에 와서도 합리주의적 전통이 강조되었던 것이다.[45]

동아시아 철학이 주장하는 바, 이런 균형 잡힌 양가적 논리는 홀과 에임즈가 주장하는 내재주의에도 적용되어야 한다. 홀과 에임즈는 동아시아 철학의 주류가 비초월적 내재주의라고 주장하면서 거의 모든 저서에서 동양의 자연주의 철학을 기초로 하는 내재철학을 중국과 동아시아 사상의 기반으로 설명한다. 동양의 철학이 자연주의이고 따라서 내재적인 철학을 추구한다는 것은 누구도 알고 있는 사실이다. 하지만 이것 역시 과도하게 강조되는 것은 매우 위험하다. 동아시아 철학에는 분명히 자연을 초월하려는 입장도 하나의 강한 전통으로 자리잡아 왔으며 이런 사례들은 너무나 많아서 열거하기조차 힘들다.[46]

이미 말했듯이 동아시아 철학의 음양 논리학은 초월주의와 내재주의를 동시에 강조한다. 하지만 홀과 에임즈는 조금은 의도적으로 내재주의를 동양철학의 대표적인 입장으로 내세우려 시도해 왔다. 그런 한도 내에서 동아시아 철학에 대해 현대인들의 관심을 끌어낼 수 있다고 생각했기 때문일 것이다. 그들은 동아시아 철학을 내재주의적으로 해석해 내기 위해서 서구 철학자인 화이트헤드의 철학마저도 내재주의적으로 해석하려 시도한다. 물론 화이트헤드의 철학에서도 어떤 면에서는 비초월적

---

45) 이런 입장을 서구적 입장에서 분석 내려고 시도한 사람 중 대표적인 인물은 보스톤 신학교의 버쓰롱(John H. Berthrong)이다. 그는 합리주의는 하나의 사상이 이상과 목적을 추구하면서 그것의 빛에서 모든 사실을 설명하고 합리화하려 할 때 발생한다고 주장한다. John A. Berthrong, *Concerning Creativity*, (New York: SUNY Press, 1998),155 참조.

46) 송명과 한국의 성리학이 이기이원론(理氣二元論)을 주장하면서 그런 초월주의의 길을 걸어갔다는 것은 유명하다. 대표적인 학자가 주희이다. 주희의 철학에 대해서는 위에서 언급한 Berthrong의 *Concerning Creativity*를 참조하라. 논자는 동아시아 철학이 가지고 있는 초월주의에 대해서 여러 군데에서 밝힌 바 있다. 대표적인 토론으로는 다음을 보라. David Griffin이 편집한, *Deep Religious Pluralism* (Westminster John Knox Press, Louisvill, 2005)에 실려 있는 필자의 논문, 즉 Wang Shik Jang, "An Asian Christian Approach to Religious Pluralism"을 보라.

내재주의가 강조되기도 한다. 하지만 엄밀히 보면 화이트헤드는 양가적이고 상관적인 입장을 견지하고 있다고 보는 것이 옳다. 이미 앞에서도 보았듯이 화이트헤드는 비합리주의와 내재주의에 중요성을 부과하는 것이 사실이지만, 그는 동시에 합리주의와 비합리주의, 초월주의와 내재주의가 동등하게 강조되어야 한다는 입장을 취한다.

이렇게 동아시아 철학과 화이트헤드의 미학적 철학이 어떻게 보면 비슷한 입장으로 지니고 있는 듯이 보이지만, 사실 조금 세밀하게 보면 화이트헤드와 동아시아 사상 사이에는 분명한 차이도 존재한다. 이하에서 우리는 그들의 차이를 간단하게 규명해 본 후, 그런 차이가 서로를 어떻게 보충할 수 있는지에 대해서 살펴보자.

동아시아 철학은 우선 합리주의보다는 비합리주의를 전면에 내세우는 경향이 있다. 그리고 이런 경향은 화이트헤드에게서도 보인다. 하지만 논자의 입장에서 볼 때 화이트헤드는 합리주의로 비합리주의를 보충한다는 주장을 펼치면서 동시에 합리주의를 더 강조할 수 있는 장치를 가지는데 이것이 양자의 차이를 구성한다. 물론 이런 차이는 어찌 보면 미세한 차이이다. 하지만 표면적으로 미세한 양자의 차이는 결과적으로 매우 다른 학문적 체계와 내용을 구성하게 된다.

논자의 입장에서 볼 때, 화이트헤드의 철학이 동아시아 철학처럼 비합리주의를 전면에 내세우면서도 동일하게 합리주의를 강조할 수 있는 이유는 그의 철학이 최종적으로 하나의 체계적 형이상학에 근거한 우주론을 펼치는 것을 목적하기 때문이다. 그리고 이것이 양자 사이에 근본적인 차이를 구성한다. 잘 알다시피 이미 앞에서 본 바대로 화이트헤드의 사유는 미학적이고 감성적인 사유를 강조하면서 그의 인식론을 구성한다. 인식론적으로 우선적인 것은 미학적인 느낌에 근거한 물리적 파악이며 인과적 효과성이다. 그리고 이런 것에 근거하여 정신적이고 개념적이 파악이 따라 나오며 현시적 직접성으로서의 지각이 이루어진다. 화이트헤드 철학에서 비합리주의가 합리주의보다 인식론적으로 더욱 우선적이라고 말할 수 있는 이유는 바로 이런 경향 때문이다.

하지만 화이트헤드의 철학이 이렇게 비합리적인 것을 우선적인 것으로 취급하면서도 결코 비합리주의에 중점을 두지 않고 합리주의에 동등한 가치를 부여하는 것은 그의 철학이 하나의 형이상학적을 구축하면서 정교한 설명의 체계를 만들어 가기 때문이다. 화이트헤드의 철학은 다른 철학과 달리 온전한 설명을 추구하려 언제나 노력한다. 철학의 기능은 있는 현상을 그저 기술하는 것에만 그쳐서는 안 된다고 보는 것이다. 이런 생각 하에서 화이트헤드는 하나의 정합적 사유의 우주론적 체계를 축조하려 시도한다. 물론 화이트헤드라고 해서 이런 정합적인 사유의 체계가 합리성을 완전히 확보할 수 있다고 확신하는 것은 아니다. 그는 수학자였기에 누구보다도 가장 합리적인 것으로 간주될 수 있는 하나의 수학적인 공리마저도 새로운 패러다임이 나올 때나 혹은 다른 패러다임 하에서는 언제나 상대적인 합리성만 지닌다고 주장했으며, 심지어 그것들은 수정되고 폐기될 수도 있다고 보았다. 하지만 하나의 공리는 그것이 통용되는 공동체 내에서, 혹은 우리의 우주 시대 내에서 여러 사실들을 합리화하는 도구로서 사용될 수 있으며 이런 원리들을 정합적으로 체계화시킨 것이 하나의 형이상학인 것이다. 이런 체계를 통해서 다양하고 복잡한 경험들은 서로 정합적으로 설명될 수 있는 것이며, 따라서 이런 정합적 체계를 이루기 위해 지속적으로 노력하고 시도하는 것이 철학의 중요한 임무가 되는 것이다. 바로 이런 화이트헤드의 입장이 그로 하여금 합리주의를 신봉하게 만드는 동기가 되는 것이다. 또한 이것이 화이트헤드가 분명이 비합리주의를 우선적인 것으로 선호하면서도 동시에 그것이 왜 합리주의에 의해서 보완되어야 하는지, 그리고 양자가 균형 있게 추구되어야 한다고 보는지를 이해할 수 있는 이유이다.

그렇다면 양자가 서로 주고받는 공헌은 무엇인가? 먼저 화이트헤드의 동아시아 철학에 대한 공헌부터 살펴보자. 화이트헤드의 철학은 동아시아 철학에서 미흡하게 발견되는 이성에 대한 강조의 결여의 문제를 자신의 미학적 이해에 근거해 해명해 줄 수 있다. 화이트헤드는 "이성의 기능은 생명의 예술을 촉진하는 것이다."라고 썼다. 이런 관점에서 볼 때 분명히 미학적인 것은 중요하지만 이성의 기능은 이런 미학적인 것이 공적인 평가를 획득할 수 있도록 만드는 데 공헌할 수 있다. 특히 화이트헤드가 추구하는 바, 체계로서의 형이상학에 대해서 동아시아 철학자들은 그 유용성에 대해서 다시 한 번 생각할 필요가 있다. 물론 동아시아의 관점에서 볼 때, 하나의 체계로서의 형이상학은 이 포스트모던 시대에 많은 위험성을 갖는다. 특히 들뢰즈와 같은 학자들의 주장에 따르면 하나의 체계는 대개 도그마틱 하고 교조적인 형태로 바뀌면서 억압의 기제로 작용할 수 있다. 그러므로 체계는 체제regime로 바뀌는 위험을 갖는다. 이런 이유로 동아시아 학자들은 이런 포스트모던 시대에 이미 용도 폐기되고 심지어 위험하기까지 한 학문체제를 구축하는 것에 대해 주저할지 모른다. 그러나 화이트헤드의 관점에서 보면 하나의 체계는 언제나 가변적이고 임시방편적이라는 자기이해에 충실한 이상 그런 위험성에서 벗어날 수 있다. 즉 체계도 언제나 과정과 변화에 종속되어 있다는 진리에 대해 충실하다면 별로 문제될 것이 없다는 말이다. 이미 말한 대로 수학자인 화이트헤드는 이미 공적으로 확립된 원리, 즉 공리라는 것이 바로 하나의 체계를 말하는 것인 바, 하지만 수학의 공리는 언제나 패러다임-제약적이라는 사실을 잘 알고 있었다. 즉 하나의 진리인 공리도 어떤 패러다임에서는 맞지 않을 수 있다는 말이다. 이처럼 하나의 체계로 사용되는 공리가 반드시 들뢰즈가 비판하는 것처럼 부정적인 억압의 기제로만 사용되는 것은 아니다. 수학적 공리가 하나의 과정이고 변하는 것처럼, 모든 형이상학을 포함한 체계와 체는 언제든지 변화와 과정 속에 종속되면서 단지 현재의 공동체가 직면한 시대적 상황 내에서 그 합리성을 떠받칠 수 있는 도구로 활용될 뿐인 것이다.

이런 관점에서 볼 때, 동아시아의 학문이 화이트헤드를 비롯한 서구의 합리주의자들에게 확인시켜줄 것은 다음과 같다. 우선 많은 서구 학자들이 스스로 자랑하는 바, 서구 우주론의 합리성과 그것에 근거한 테크노로지의 우월성은 사실 근대에 생겨난 우연성의 산물이라는 것이다. 우선 이미 홀과 에임즈의 분석에서 본 것처럼 단일질서와 합리성을 선호하는 철학적 관습은 우연의 산물이다. 단일질서는 사전에 철학적으로 전제된 진리가 아니라 사실은 당시의 인간 공동체의 상황에 맞추어 그 사회가 잘 작동할 수 있도록 인위적으로 창안된 것이다. 플라톤을 비롯한 그리스의 철학자들은 모두 단일질서에 근거에 작동하는 우주를 무조건 하나의 전제로 받아들인 것이 아니다. 그들은 세계가 다원적이라는 것을 알았지만, 자신이 속한 사회의 도덕과 윤리를 보존하기 위해서는 혼돈이 세계나 무질서의 세계와 같은 다원적인 세계를 부정하고 오직 단일한 질서의 세계, 즉 진과 선과 미에 근거한 사회만을 용납하려 했다. 그로 인해서 오류와 악, 혼돈의 세계는 그 실재성이나 사실성을 박탈당했던 것이다.

나아가 실용적인 관점에서 볼 때, 이성은 대개 질서의 세계와 만날 때 코스몰로지, 즉 우주론을 확립시킬 수 있으며 이에 근거하여 과학이나 테크놀로지를 발전시킬 수 있기 때문에 이성과 합리주의에 근거한 단일한 질서의 확립은 언제나 주류 우주론이 되었던 것이다. 여기서 논자가 말하려는 바는 단일질서가 오류이며 그것이 부정적인 가치를 지닌다는 말이 아니다. 단일질서에 기초한 세계관은 서구사회에 여러 진보를 가져온 것이 사실이기 때문이다. 논자가 지적하려는 것은 그런 단일질서와 합리주의로 세계를 설명하는 것은 단지 시대와 상황에 제약된 우연의 산물이었다는 것이기에 다른 상황 하에서는 다르게 해석되고 다르게 평가되는 것이 마땅하다는 것이다. 그럼에도 불구하고 합리적으로 세계를 설명하려 하고 그것에 근거해 하나의 우주론, 즉 단일한 우주론을 사용해 과학에 적용하는 것은 실용적으로 볼 때 인류에게 매우 유익한 결과를 가져오는 경우가 많다. 그러기에 하나의 정교하고 체계 잡힌 우주론을 확립한다는 것은 실용적인 면에서 매우 긍정적인 가치를 지닌 작업이 될 수 있다. 그런데 이렇게 체계 잡힌 우주론을 확립하는 것에 관한 한 화이트헤드의 철학은 동아시아에 참신한 통찰력을 제공할 수도 있다. 즉 화이트헤드의 철학은 동아시아 철학에 초월적 우주론을 제시할 수도 있다. 그렇다면 어떤 근거에서 초월적 우주론은 오늘날과 같은 비초월적인 내재주의적 문명의 세계에서 하나의 긍정적 역할을 담당할 수 있을까?

이를 이해하기 위해서 우리는 우선 왜 화이트헤드가 자신의 비합리주의적 미학적 철학에 덧붙여 합리주의를 말하고 특히 나아가 그런 합리주의의 근거로서 초월적 작인의 기능에 대해 강조하는지를 살펴볼 필요가 있다. 이에 대한 이해가 없이 우리는 화이트헤드의 우주론을 온전히 이해할 수 없기 때문이다. 우선 간단한 문장으로 이를 다시 표현해 보자. 왜 화이트헤드 철학에서는 합리주의와 그것의 근거로서의 초월적 작인이 필요한가? 이를 위해서 화이트헤드를 직접 인용해 보자.

신이 없다면 나머지 형성적 요소들(formative elements)의 기능은 실패할 것이다. 조화로운 질서 없이는 어떤 피조물도 없을 것인데, 왜냐하면 그 지각된 융합(fusion)이, 성취된 느낌을 가치중립적으로 만들어버리는 하나의 혼란(confusion)이 될 것이기 때문이다. 여기서 "느낌(feeling)"이란 "현실성(actuality)"과 동의어이다.[47]

이런 사유는 칸트의 논증을 확장시킨다. 그는 도덕적 질서에서 하나님

---

47) Whitehead, *Religion in the Making*, 100.

의 필연성을 보았다. 하지만 그는 자신의 형이상학을 가지고 우주로부터의 논증을 거부했다. 여기서 (내가) 설명하려하는 형이상학의 학설은 세계의 근거를 칸트의 경우처럼 인식적이고 개념적인 경험에서 찾기 보다는 미학적 경험에서 발견한다. 그러므로 모든 질서는 미학적 질서이며 그러기에 도덕적 질서는 단지 미학적 질서의 어떤 국면에 불과하다. 현실세계는 미학적 질서의 산물이며 **미학적 질서는 신의 내재에서 기인한다**.[48)](강조는 필자의 것)

논자의 생각에 화이트헤드에게 신의 창조적 작인과 동아시아 우주론은 다음과 같은 방식으로 조화될 수 있다. 즉 일반적으로 볼 때, 우주기원이 혼돈을 질서로 극복하는 것이라면 무엇인가 작인이 있어야 한다. 그래서 하나의 작인agency이 철학 내에 숨어 들어올 수밖에 없는 것이다. 이런 철학적 시도는 이른 바 합리성을 인과율(적 작인)을 통해 확보하려는 전형적인 시도이다. 즉 질서가 있고 그러기 위해서는 질서의 창조자가 있어야 하며 그것은 두 가지로 확보될 수 있다는 것이다. 하나는 인격적 신이 그럴 수 있거나 아니면 합리성과 인과율의 비인격적인 작인이 필요하다고 보는 것이다. 이는 그리스 철학에서는 물론 히브리에서도 동일하게 나타난다.

물론 이와 다르게 동아시아 철학에서는 우주의 기원적 성찰이 중요하지 않았고 세계 내 모든 사물이 단선적이고 단일화된 질서의 산물로 나타나지도 않는다. 동아시아에서 우주의 기원은 만물에서 온다. 굳이 말하자면 다원적이고 중층적인 설명을 통해 우주를 해명해 온 것이다. 그러나 어떤 서구인들에게는 이런 다원적 설명을 인과율이라고 말하기는 어려울 것이다.

---

48) Ibid., 101.

한편 동아시아 학자들은 이런 우주를 당연한 것으로 받아들일 수도 있다. 동아시아에서는 우주는 항상 우주 만물이기에 단일하지 않은 우주론의 상정은 당연하기 때문이다. 다시 말하지만 동아시아에서는 단일한 질서의 우주는 거부된다. 따라서 비우주론적이라고 보아도 된다. 왜냐하면 특유의 자연주의에 근거한 세계의 전체성과 만물성이 단일화된 질서의 세계를 상정하지 않기 때문이다. 이런 이유로 홀과 에임즈는, 서구인들이 가정한 우주기원의 이론을 전통 동아시아 철학을 해석하면서 전제하려 한다면 이는 잘못된 결과를 낳을 수 있다고 말하는 것이다. 즉 서구의 우주론을 따라가면서, 우주 기원적 가정에 의해 뒷받침되는 성찰과 논증의 양태를 초월적 가면을 사용해 의지하게 되면 이는 동아시아 창조론에 대한 뒤틀린 이해라고 한다.49)

화이트헤디안들은 자신들의 관점에서 다음과 같이 말할 수 있다. 동아시아가 화이트헤드처럼 미적 경험을 강조하더라도 그것을 영원한 객체에 대한 강조와 더불어 그것들의 관계를 정합성으로 축조시키는 형이상학적 사유와 우주론을 구성하는 데 있어서 미약하다 보니 우주적 작인을 설명하는 데 있어서 무관심한 태도를 보여 왔다는 것이다. 화이트헤디안의 입장에서 보면 이는 하나의 장점이 될 수 있지만 어떤 면에서 보면 약점도 될 수 있다. 즉 어떤 이들은 동아시아에서 과학적 사고가 싹트는 것에서 약했던 이유 가운데 하나를 바로 정교한 인과율적 설명이 미약한 우주론에서 찾기 때문이다. 물론 동아시아에서 과학과 테크놀로지가 서구에 비해서 늦게 발달했다는 사실을 형이상학적 사유의 부재에서 찾는 것은 너무 단편적이라고 지적받을 수도 있다. 하지만 인과율적 작인을 치밀하게 추적해가는 것이 형이상학의 한 임무이며, 이런 면에서 형이상학적 사유가 서구의 과학적 합리주의의 사고와 그것에 근거한 테크

---

49) Hall & Ames, *Anticipating China*, 4-8.

놀로지 발전의 근간의 하나였다는 것을 부정하기는 어려울 것이다.[50]

화이트헤드 철학이 강조하는 합리주의와 인과율적 작인으로서의 신에 대한 강조는 동아시아의 우주론과 어떻게 조화될 수 있는가. 이것은 이미 앞에서 간접적으로 암시된 바 있다. 사실 화이트헤드에는 의식과 이성보다 직관과 '느낌(혹은 파악)'이 사물에 더 쉽게 접근하게 만든다는 것을 강조한다. 화이트헤드에게서 개념은 실재 세계의 국면들에 직접적으로 이름을 주며 명명하는 목적을 갖기보다는, 오히려 직관의 환기를 위한 도구로 사용되는 것이 더 사실에 가깝다. 하지만 합리주의의 강조도 중요하다는 것이 화이트헤드의 강조점이다. 모든 추상 개념들이 구체적 특수자들을 명확히 드러나게 하고, 나아가 그것을 의식적인 차원으로 불러오는 바로 그 과정을 화이트헤드는 합리화라고 부른다. 그러므로 통상적인 이해와 다르게 화이트헤드에게서 합리화란, 소외된 추상화 사이에서 경험할 수 있는 연결점들을 찾는 것이다. 그것 자체로서 합리화란 이접적 추상 안에서 구체적인 실재를 발견하려는 이상(적 목적)을 부분적으로 실현하려는 것이다.[51] 화이트헤드 체계 내에서 이런 목적을 부여하는 것은 신의 역할이다. 따라서 동아시아의 합리주의와 신이 어떻게 조화될 수 있는지는 바로 이런 식으로 이해될 수도 있는 것이다.

하지만 결코 합리주의만으로 모든 것을 설명할 수는 없다. 역으로 미학적 비합리주의의 중요성도 얼마든지 서구의 과정신학에 적용되어 공헌할 수 있다. 어쨌든 철학의 경우와 마찬가지로 신학도 과학혁명의 영향 하에서 종교경험이나 개인적 직관에 직접적으로 호소하기보다는

---

50) 여기서 오해하지 말아야 할 것은 형이상학이라는 말의 뜻이다. 논자가 의미하는 형이상학은 일부에서 지적받는 것처럼 실체론적이고 고정적인 의미의 형이상학이 아니다. 그것은 오늘날 폐기의 대상이다. 하지만 논자가 의미하는 것은 형이상학이라는 단어의 문자적 의미 그대로, 형이하(physics)의 세계를 메타(meta)를 통해 설명하려는 학문, 즉 물리적이고 우주론적인 세계를 설명해 내는 인과율적인 설명적 사유로서의 형이상학적(meta-physics) 세계의 학문을 말하는 것이다.

51) Hall, *Uncertain Phoenix*, 192.

개념 추론적 차원에서 작업하는 경향이 있다. 그러나 이는 화이트헤드 과정신학자들의 입지를 좁히는 족쇄로 작용한다는 것을 알아야 한다. 즉, 하츠혼이나 캅 등은 화이트헤드를 해석하면서 직관적이고 미학적인 해석을 통해서, 신에 대한 신비적 접근을 강조하기보다는(이렇게 되면 동양과 더 가까울 텐데), 질서와 합리적 해석을 강조하는 경향이 강하다.

논자의 입장에서 보면, 오늘의 화이트헤드 종교철학은 모호성, 신비성, 비합리성 등을 더 강조해야 오늘의 철학적 주류에 가깝게 다가갈 수 있다고 본다. 이는 특히 동아시아의 사상, 즉 '긍정적 혼돈의 직관'에 기초한 사고가 더 미래에 희망적 대안이라고 보는 시각과 일치하게 된다. 이렇게 보면, 화이트헤드의 철학도 동아시아의 사상에서 얼마든지 새로운 통찰력을 얻을 수 있는 것이다.

II 부

동아시아 철학의 현대적 평가

5장
상대주의, 초월성, 체제의 문제

들어가는 말

일부 동아시아의 식자들은 동아시아의 사상이 탈근대적 요소를 지니고 있다는 사실을 강조하면서 스스로의 전통에 대해 매우 대견스러워해 왔다. 특히 1970년대 말부터, 미국에서 탈근대적인 관점에서 최근의 자연과학의 성과를 요약해 낸 저서들이 속속 출간되면서, 동아시아의 철학이 매우 첨단의 포스트모던 운동과 만난다는 이론들이 인기를 끌어 왔다.[1]

주지하다시피, 동아시아는 분명히 고대 종교를 기반으로 하는 사상 체계를 지니고 있다. 수천 년 이상의 역사를 지닌 불교, 도교, 유교라는 근대 이전의 종교의 철학을 바탕으로 스스로의 사상적 체계를 구성해 왔

---

[1] 프리초프 카프라, 『현대물리학과 동양사상』, 이성범·김용정 역 (서울: 범양사, 2010)를 참조하라. 본래 1970년대 중반에 번역되어 소개되었지만 50년이 지난 현재에도 다시 개정판이 나올 정도로 국내에서 인기 있는 책이다. 그러나 이런 현상은 국내에서만 나타나는 것은 아니다. 동아시아와 범세계적으로도 이 책이 인기 있는 것은 마찬가지 현상이기 때문이다. 동아시아 사상이 과학적으로 매우 탈근대적인 개념들을 가지고 있다는 주장을 펼치는 것은 다른 책에서도 많이 발견되는데 대표적인 것은 아마 켄 윌버의 책들이 될 것이다. 수많은 켄 윌버의 저서 중, 가장 최근에 나온 것은 윌버가 직접 자신의 사상을 요약한 책이다. 『켄 윌버의 통합비전』, 정창영 역 (파주: 김영사, 2014)을 보라.

다. 동아시아의 사상이 이토록 자신의 저변에 고대적이고, 전근대적인 요소를 밑바탕으로 하고 있음에도 불구하고, 그것이 보이는 철학적 특징은 때로 탈근대적인 면을 보여준다는 주장이 제기되어 왔다. 물론 사람들은 여기서 탈근대적이라는 말로 그 개념의 외연을 매우 폭넓게 잡고 있고, 따라서 그 말에 대한 정의는 다양할 수 있다. 즉 모든 의미의 해체de-construction와 관련된 개념들, 예를 들어 탈주체, 탈이성, 비합리성 등의 원칙들과 그것과 연관되어 생겨하는 파생적 개념으로서의 타자화, 세속화, 초월자의 붕괴, 상대주의, 탈체제 등 대강 꼽아 보아도 많은 수의 개념을 포함하는 단어라고 볼 수 있다.

하지만 우리의 토론이 너무 일반적인 개념 정의에 입각하는 나머지 그 엄밀함이 떨어질 수 있는 것을 방지하기 위해서, 필자는 여기서 가장 위험성이 적은 몇 가지 개념만을 가지고 동아시아 사상의 탈근대성 여부에 대해 평가해 보려 한다. 많은 사람들이 동아시아의 탈근대적인 개념으로 꼽아 온 개념들 중에서, 나는 '상대주의'와 '초월의 붕괴,' 그리고 '체제' 등의 개념을 선택해 토론해 보려 한다.

논자의 입장에서 볼 때 동아시아의 철학은 현대인들에게 매우 매력적인 탈근대적 개념들을 제공할 수 있는 여지를 가지고 있다는 점을 먼저 보여 주겠다. 하지만 동시에 그런 개념들이 몇 가지 분야에 적용될 때는 무리한 해석을 낳을 수 있고 오해도 낳을 수 있다는 점도 부각해 보이겠다. 그 과정에서 동아시아 사상이 탈근대주의와 관련하여 보여 주는 종교철학적 특징들이 자연스럽게 드러나게 될 것이다.

I. 탈근대주의의 특징과 동아시아 상대주의

이미 말한 대로, 불교와 유교 및 도교와 같은 동아시아 종교들은 역사적으로 볼 때 고대에 탄생한 종교이다. 하지만 많은 사람들은 최근 동아시아 종교가 여러 면에서 탈근대적인 요소를 갖고 있다는 점을 지적한다. 그리고 이것이 동아시아 종교를 서구인들에게 매력적인 종교로 보이게 만들기도 한다. 논자는 동아시아 종교의 여러 탈근대적인 요소들이 오늘의 철학계과 문화계에서 심도 있게 토론될만한 의미 있는 주제라고 생각하기에 여기서 그 주제들에 대해서 다루려 한다.

논자는 동아시아 종교가 보여주는 여러 가지 탈근대적인 요소 중에서도 먼저 상대주의의 문제를 다루겠다. 상대주의의 문제는 서구철학과 마찬가지로 동양철학 전반이 지속적으로 씨름하던 문제였으며 오늘날 가장 인기 있는 주제이다. 따라서 이 문제를 다루는 것은 동아시아 철학의 특징을 이해하는 데 필수적이다. 특히 동아시아 철학에서는 관계의 철학이 발전했는데 그것이 나중에 불교에서는 상대주의적 의미를 지니게 되었다는 사실을 이해하는 것은 중요하다.

하지만 논자는 단지 상대주의 철학을 다루는 것에서 그치지 않고 그것과 연관된 소주제들로서 특히 상대주의적 진리를 비롯해, 초월과 체제의 해체와 관련된 문제를 집중해서 다루도록 하겠다. 상대주의 문제 자체는 본래 철학적인 문제일지는 몰라도 그것이 종교와 관련될 때는 언제는 진리, 초월, 체제 등의 문제와 관련되어 토론될 수밖에 없기 때문이다. 사실 이런 주제들이 어떻게 현대인들에게 문제가 되었는가에 대해서는 앞에서 이미 부분적으로 다루었으므로 여기서는 그것이 동아시아 종교의 관점에서 어떻게 토론될 수 있는지에 집중하려 한다.

우선 상대주의를 정의하는 문제부터 다루자. 동아시아 철학이 상대주의를 말할 수 있는 사상적인 근거는 그것이 관계의 철학을 바탕으로

하고 있기 때문이다. 관계의 철학은 사물들이 서로 관련 하에서 자신의 존재를 획득한다는 주장을 펼치는 철학으로, 불교에서는 연기설이 그렇고, 유교에서는 삼강오륜 이론이 대표적이다. 이들은 대부분 잘 알려져 있는 개념들이기에 유교에 대한 분석은 따로 다른 장에서 다루고 밑에서는 주로 불교적 개념에 대해서만 다루도록 하겠다.

관계의 철학이 상대주의를 결과하고 그것이 탈근대적 함의를 지닌다는 것을 이해하게 되는 것은 그리 어렵지 않은 과정을 요한다. 관계나 상대는 서로 상관적인 말이며 교환이 가능하기 때문이다. 그렇다면 우선 상대주의부터 규정해 보자.

상대주의에서 '상대'란 어휘의 의미를 이해하기 위해서는 먼저 '절대'의 의미를 알아야 한다. 절대는 그 의미상 絶對(對를 끊다, 없애다)로서, 상대가 없다는 뜻이다. 그런데 대(對)란 잘 알다시피 언제나 홀로 성립될 수는 없는 것이고 상대방이 존재하는 한도 내에서 올바로 성립될 수 있다. 그런 의미에서 절대란 엄밀히 말해서 가능한 개념이 아니다. 상대를 끊고서 홀로 정립되는 존재는 가능하지 않기 때문이다.

그러나 사람들은 평상시의 언어 속에서 절대라는 말을 자주 사용하면서도 이 개념에서 아무런 논리적 모순을 느끼지 않는다. 아니 정확히 말해서 사람들은 절대라는 표현 안에 무엇인가 불분명한 논리적 모순을 느끼면서도, 아무런 문제가 없는 듯이 생각하고 그 개념 위에서 행동하면서 살아간다. 하지만 절대란 말을 논리적으로 분석해 보면 분명히 모순이 있는 말이라는 것을 우리는 알게 된다.

예를 들어 우리가 흔히 쓰는 표현으로서 '절대자'라는 단어를 보자. 절대자란 최고의 존재, 즉 지존의 존재가 있는데 그것은 비교할 상대를 갖지 않고 존재한다는 뜻일 것이다. 하지만 엄밀히 말해서 우리의 언어 세계 안에서 이런 존재는 존재하는 것이 불가능하다. 하나의 지존의 존재가 있다고 할 때 그것은 다른 존재에 비해서 가치나 수준이 우월하고 그런 면에서 지존이고 최고의 존재라고 할 수는 있다. 하지만 그것이 그렇다고 다른 존재와 더불어 비교 평가됨이 없이 존재할 수는 없는 것이다. 다시 말해 절대자라는 존재도 타자 없이는 존재할 수 없다는 말이다. 대(對)란 언제나 상대가 있는 것이요, 상대가 있어야 평가가 가능하며, 평가가 가능해야 절대도, 지존도 될 수 있는 것이다. 그러므로 우리는 이렇게 정리할 수 있다. 절대란 본래 상대를 전제하면서 나온 말이다. 그러나 어떤 존재가 그것과 상대되는 다른 타자와 비교될 때 어떤 면에서 절대적으로 보일 수는 있다. 상대방보다 그 가치가 더 높은 것이 있을 수 있고, 그렇게 비교해 나가다 보면 결국 그 가치가 지존인 존재를 상정할 수 있기 때문이다. 하지만 그런 지존의 존재가 정말 완벽하게 절대적으로 존재할 수 있는 방법은 가능하지 않다. 방금 언급한 가치론적인 면에서조차 하나의 지존의 존재는 이미 다른 존재를 상정하면서 비교되었고 그런 면에서 볼 때 상대를 끊고 없앤 상태에서 존재하게 된 것은 아니기 때문이다.

이렇게 논리적인 면에서 보면, 그 어떤 존재도 상대적이지 절대적이지 않다. 이런 논리에 입각해, 모든 존재자의 상대성을 철학의 중심 안으로 끌어들인 종교가 바로 동아시아 종교다. 그중에서도 가장 유명한 사례는 불교에서 발견된다. 잘 알려져 있다시피 불교는 연기설로 유명한데, 연기(緣起)란 인연과 관계로 인해 사물이 발생한다는 입장을 견지하는 일종의 관계의 철학으로서, 연기의 영어 표현dependent arising, dependent co-origination만 보아도 연기란 관계적이고 상호적이라는 말의 또 다른 표현이다.2) 영어에서 관계라는 말은 본래 relation이라는 단어를 쓰거니와,

---

2) 베트남의 종교사상가로서 세계적인 명성을 얻고 있는 틱낫한(Thich Nhat Hanh)은 연기(緣起)를 interbeing으로 번역한 바 있다. 이런 개념에 근거해 그가 만든 종파를 상즉종이라 이른다. 상즉하고 연기한다는 말을 interbeing으로 보면, 결국 이는 모든 존재가 상호 상대적인 존재로서 일어난다는 것을 매우 잘 표현한 사례라 하겠다. 틱낫한의 책은 시중에 많이 나와 있고 interbeing에 근거해 모든 문제를 다룬 저작은 『화』가 대표적이다. 최수민

그것의 형용사는 relational과 relative 둘로서 나누인다. 이중 전자는 관계적으로 번역되지만, 후자는 상대적으로 번역되는데, 물론 후자이든 전자이든 모두 관계적이라는 말의 변형된 뉘앙스를 나타내는 각기 다른 표현일 뿐이다. 그러나 이때, 전자 즉 'relational'은 그저 두 개 이상의 존재가 서로 관계를 맺는 것을 의미하며, 후자 즉 'relative'는 두 개 이상의 존재가 있다고 할 때, 그 중에서 하나가 스스로 존재하기 위해서 다른 어느 하나에 필연적으로 의존하지 않을 수 없는 상태를 의미한다고 볼 수 있다. 현재 이 글을 쓰고 있는 저자의 손은 키보드와 관계를 맺고 있기에 그저 relational하다. 하지만 동시에 손 없이 키보드는 작동될 수 없으며, 키보드 없이 나의 손은 모니터 스크린 위에 문자를 생성해 낼 수 없다. 그런 면에서 하나는 다른 하나에 필연적으로 종속되어 있고 바로 그것이 relative의 의미인 것이다. 이렇게 본다면, 관계라는 어휘보다 상대적이라는 어휘는 더 철저한 타자 의존적인 관계를 의미하는 단어라 볼 수 있다.

논자가 이렇게 장황하게 관계의 어원적 의미를 풀어내고 그것을 통해 관계와 상대의 의미를 구별해 내려는 의도는 다음과 같다. 즉 앞에서 분석된 바, 후자로서의 '상대'라는 의미가 전자로서의 '관계'라는 의미와 구별되어 사용되는 근본적인 이유는, 우리가 생각 속에서 주제로 떠올리는 그 어떤 것도 타자에게 필연적으로 의존함이 없이는 존재함이 불가능하다는 것이다. 종교철학적 주제와 관련하여 이런 존재에 대해 가장 손쉽게 거론해 볼 수 있는 사례는 신God이다. 전통적으로 서구철학에서 신은 언제나 절대자로 정의되어 왔다. 물론 이는 동아시아 철학에서도 마찬가지다. 동아시아 철학 하에서도 궁극자는 그것이 천(天)이든, 공(空)이든, 무(無)이든 언제나 절대적인 속성을 가지는 것으로 묘사되어 왔다.

의 번역으로 명진출판사에서 간행되었다.

여기서 우리는 굳이 그런 사례들을 열거해 가면서 텍스트를 확인할 필요조차 없다. 논자가 여기서 문제로 삼는 것은 절대적인 속성을 갖는 것으로 기술되는 궁극적 실재가 정말 그렇게 묘사되고 있는지 아닌지의 문제가 아니라, 궁극적 실재를 그런 식으로 기술하는 것이 정말 가능한가 하는 문제 때문이다. 이미 위에서 보았듯이 그런 방법은 불가능하다. 왜냐하면 어떤 존재이든지 비록 그것이 신과 같은 지존의 존재라고 할지라도 가치론적인 면에서 다른 것보다 탁월할 수는 있어도 그것이 다른 것들 없이 존재할 수 있는 방법은 불가능하기 때문이다.

동아시아의 사상이 상대주의에 기초해 있다는 것은 바로 이런 궁극자 개념을 이해하면 확실해진다. 본래 궁극자 혹은 궁극적 실재란 철학적인 용어인데, 여기서 궁극자 혹은 궁극적 실재란 모든 것을 설명하는 개념들 중에서 최고의 범주에 속하는 개념이다. 그리고 최고의 범주에 속하는 개념은 그것이 최고이기 때문에 그것을 설명하기 위한 또 따른 개념을 필요로 하지 않는다. 이렇게 설명을 위해 더 이상 뒤로 갈 필요도 없고 초월할 필요도 없는 존재를 궁극적 실재라고 명한다. 그렇다면 궁극적 실재는 그야말로 모든 것을 설명하는 최고의 개념이라는 말이고, 만일 그런 존재로서의 궁극자가 상대적이라면 다른 존재나 개념들은 더 이상 말할 것도 없이 상대적이 될 것이다.

흥미로운 것은, 동아시아에서는 대부분의 궁극자가 상대적이고 관계적이라는 것이다. 불교의 궁극자 개념 중의 하나인 '연기'는 이미 설명했고, 유교의 천(天) 역시 매우 관계적인 개념이다.3) 그러나 천이 하늘을

---

3) 여기서 불교에서 궁극자가 정말 '연기'인가라는 것은 많은 토론을 요한다. 어떤 이에게는 궁극자가 공으로 간주될 수도 있기 때문이다. 그러나 많은 경우 불교에서 연기와 공은, 서로 같은 내용을 다른 방식으로 설명하는 개념들이라고 보면 된다. 연기는 사물의 주체가 타자와 연관되어 있기에 그 타자로 나누고 나면 남는 것이 없다는 것을 설명하는 이론인데, 이때 남는 것이 없어 공하다는 사실을 강조하면 공이 된다. 그렇다면 연기와 공은 결국 동일한 사실을 말하는 두 가지 각기 다른 표현법일 뿐이다.

가리키기에 초월적 면과 관계되는 존재이기는 하지만 그것이 만일 자연의 한 부분으로서 간주된다면 매우 관계적이라 할 수 있다. 그리고 그 하늘이 자연 없이 존재할 수 없다면 그것은 철저히 상대적이라 할 것이다. 도교의 도(道)가 관계적이고 상대적인 것은 말할 것도 없다. 도는 그것이 표현되는 대상에 따라서 나타나기 때문이다. 말하지만 도는 대상-상대적이라는 말이다.

물론 이런 개념들을 서구의 신 개념과 비교해 내면서 초월적인 존재들로 볼 수도 있다. 그러나 그런 비교에 근거하여 그 개념들이 초월적으로 간주되어도 그것이 가지고 있는 상대주의적 중요성을 평가절하 할 수는 없다. 우선 동아시아의 궁극자 개념 중 그 어떤 것도 서구 기독교의 신처럼 창조 이전에 존재하면서 창조자의 역할을 하지는 않기 때문이다. 잘 알다시피, 기독교의 신은 세계를 창조했기 때문에 많은 경우 세계의 존재 여부와 상관없이 스스로 존재하는 것으로 기술되기도 한다. 그러나 동아시아에서는 이런 창조주로서의 궁극자 개념은 낯설다는 점에서, 매우 상대적이고 관계적인 개념이라 할 것이다.

II. 동아시아의 상대주의와 종교 다원주의의 특징

이제는 더 상세한 사례를 사용해 가면서 동아시아의 탈근대주의적 특징 중의 하나인 상대주의와 관련된 문제에 대해 토론해 보자. 이미 말한 대로, 동아시아에서 상대주의 철학을 기본으로 하여 형성된 철학의 대표는 불교다. 본래 불교는 남아시아, 즉 인도에서 발원하였지만 중국과 한국을 거쳐 일본으로 옮겨가면서 동아시아 특유의 색깔을 갖게 되었는데 그중에 대표적인 것이 화엄종과 선불교이다. 화엄종이든 선불교든 그들의 핵심철학은 불교의 근본적 원리로서의 상대주의에서 벗어나지 않는데 불교의 상대주의를 한마디로 요약해 압축한 개념이 바로 위에서 살펴본 연기설(緣起說)이다. 연기설은 이른 바 pratitya-samutpada에서 연유하는 바, 위에서 말한 바대로, 그 뜻은 함께 더불어 발생한다는 의미로, 『소부경전』에서는 이를 다음과 같이 설파한다. "이것이 있음으로 말미암아 저것이 있고, 이것이 생김으로 말미암아 저것이 생긴다. 이것이 없음으로 말미암아 저것이 없고, 이것이 멸함으로 말미암아 저것이 멸한다."

이런 연기 사상은 우선 그들의 진리관에 접목되었다.[4] 한마디로 표현해 보면, 불교에서 절대적 진리는 없다는 것이 연기 사상의 결론이다. 물론 절대적 진리가 없다는 말은 진리 자체가 없다는 말은 아니다. 하지만 진리는 언제나 상대적으로 존재하며 일종의 방편(方便)upaya에 불과하다. 여기서 방편으로서의 진리란 인간이 구원을 얻고 해탈하기 위해서는 어떤 진리도 용인될 수 있는데, 단지 그것은 절대적인 것은 아니고 구원을 위한 방편으로서 사용되기에 언제나 상대적이라는 것이다. 이렇게 진리가 상대적이고 방편적이라면 절대적인 진리관은 붕괴되는데 이것이 불교가 탈근대주의적인 것으로 해석될 수 있는 이유다.

상대주의의 사상을 연기 사상에 근거해서 불교의 핵심으로 발전시킨 이는 이른바 중관사상(中觀思想)의 아버지 나가르주나인데 그에게서 이런 사상이 더욱 철저화된다. 물론 그의 사상을 과연 상대주의로 볼 것인가 하는 것에는 논란의 여지가 있다. 그가 말하는 중관 사상이란 중도를 추구하는 입장을 기초로 한다는 것이기에, 이를 논리에 적용해 보면 중도란 절대도 아니고 상대도 아니며, 따라서 어떻게 보면 나가르주나는 상대주의를 부정한다고 볼 수 있는 해석도 논리적으로 가능하기 때문이

---

4) 동아시아 철학에서는 진리의 상대성이 핵심적 주장으로 펼쳐진다는 견해는 프랑수아 줄리앙에게서 펼쳐진다. 그는 불교에 대해서는 많이 다루고 있지 않지만 이런 견해에 대해서 살펴보려면 그의 책 『현자에게는 고정관념이 없다』를 보라. 출판사는 한울아카데미이며 2009에 나왔다.

다. 이런 논리에 근거해서 많은 불교도들은 불교가 절대주의도 아니지만 상대주의도 아니라는 주장을 펼 수도 있었다.

물론 중관사상의 입장에서 볼 때, 하나의 입장은 중도를 추구하기 때문에 극단적인 입장에 치우치는 것을 거부한다. 나가르주나의 중관은 그러기에 불이(不二)사상이었던 것이다. 두 개의 극단을 피하고 양자를 조화의 차원에서 보면서 중도를 걸어가는 입장이 중관사상인 것은 틀림없다. 그러나 이런 불이적 중도의 사상이 진공(眞空)이 바로 묘유(妙有)임을 강조하고 생/멸, 생사/열반, 번뇌/보리(깨달음) 등을 조화로 본다는 것은 일종의 상대주의이다. 여기서 말하는 상대주의란 바로 어떤 하나의 존재는 다른 상대편이 없이는 존재할 수 없다는 불이의 사상으로서 이것이 바로 중관 사상의 핵심인 것이다.

그렇다면 여기서 상대주의의 두 가지 의미가 드러나게 된다. 그 하나는 무조건 절대가 없고, 모든 것은 상대적이기에 진리도 없고 영원도 없다는 의미의 허무주의와 염세적 상대주의가 첫 번째 유형인 바, 불교는 이런 입장을 거부한다. 중관사상은 언제나 강하게 허무주의를 부정해 왔는데 그것은 바로 궁극자가 공이기 때문이다. 공과 무로서의 궁극자는 허무나 공허마저도 공하게 보기 때문이다. 즉 공허하거나 허무하다고 말할 때의 '공(空)'마저 부정하는 것이 진정한 의미의 공이라 본다. 이것이 바로 두 번째 유형으로서의 상대주의로서 여기서는 모든 것이 상대적이지만, 그들이 서로 연결되어 있는 것은 사실이고, 특히 진리는 모든 것들을 연결하고 조화시키면서 나타날 뿐만 아니라 그 과정에서 어느 하나의 일방적인 극단을 거부하게 된다. 바로 그런 의미에서 하나의 입장으로서의 허무주의도 극복된다고 보는 것이다.5)

---

5) 이런 입장은 불교가 탈근대이면서도 어떻게 허무주의가 아닌지를 말할 수 있게 한다. 예를 들어 탈근대주의 철학의 중심에 있는 서구의 철학자 라캉과 지젝의 예를 들어보자. 그들에게서는 죽음에의 충동이 맹목적인 반복을 거듭하는 자동성으로 나타나며, 이것이 인간의 조건 자체를 규정한다고 본다. 그런데 흥미롭게도 바로 이런 입장은 불교적인 사고와 비슷

이런 불이적이고 중관적인 상대주의는 성과 속의 관계에도 적용될 수 있고 초월과 일상의 관계에도 적용될 수 있다. 이미 잘 알려진 바대로 불교에서는, 반야심경(般若心經)이 갈파하는 대로 색즉시공 공즉시색(色卽是空 空卽是色)이다. 즉 물리적인 현상의 사바 세속의 세계가 곧 성스러운 공의 세계와 동일하며, 따라서 상대와 절대가 동등한 차원으로 취급된다. 여기서 상대를 세상으로 놓고 절대를 공으로 놓는다면, 비록 양자는 구별되기는 하지만 세상없이 공이 존재할 수 없으며 반대로 공 없이 세상을 설명할 수 없기에 그런 면에서 절대예지로서의 공이나 상대적인 속성의 표현인 세상이나 같은 차원으로 취급된다는 뜻이다. 상대주의를 이렇게 중관적이고 불이적인 관점에서 이해한다면 이제 동아시아의 종교가 다원주의에 대해서 어떤 입장을 견지할지 쉽게 예측할 수 있다. 잘 알다시피, 동아시아 종교들은 다른 종교에 대해서 강한 의미의 배타주의를 견지한 때는 많지 않았다. 대부분의 아시아 종교들은 다른 종교들과 공존하는 방식을 택해 왔기 때문이다. 물론 그렇다고 동아시아의 종교들이 오늘날의 종교다원주의자들이 주장하는 방식과 비슷한 의미의 다원주의를 주장해 왔던 것은 아니다. 오히려 동아시아에서도 아브라함 종교들의 경우에서 발견되는 강한 형태의 배타주의는 발견되지 않지만, 나름대로는 타종교나 타종파에 대한 배타적 입장을 견지하는 경우가 적지 않았다. 그러나 그렇게 된 이유를 예측하는 것은 그리 어렵지 않을 것 같다.

모든 종교는 나름대로 신앙의 체계를 지니고 있는데 이런 신앙 체계는 대부분 교조적이고 독선적인 경우가 많아서 관용주의로 나아가지 못

하다. 왜냐하면 인간 내면에 존재하는 죽음 충동은 부정성과 무의 표현이라 할 수 있는데, 인간은 이런 부정성과 무로서의 죽음 충동과 대면하는 것을 피하기 위해 인간은 문명을 만들어 살아가게 되며, 이때 그런 충동은 맹목적 반복이 되기 때문이다. 불교에서는 이런 충동을 대상을 향한 자아의 집착의 산물이라 본다. 라캉을 헤겔과 접목시키면서 일상적인 철학으로 풀어 놓은 지젝의 작품 중 대표적인 것은 슬라보예 지젝, 『이데올로기의 숭고한 대상』, 이수련 역 (서울: 새물결, 2013)이다.

하는 경우가 많기 때문이다. 이런 경향은 역사상 가장 관용적 종교라고 일컬어지는 불교 안에서도 발견된다는 말이다. 많은 사람들은 불교야 말로 가장 관용적인 종교라고 믿어 왔고 이는 어느 정도 사실이다. 하지만 불교는 수시로 배타적인 입장을 띠는 경우가 많았으며 이는 불교의 핵심 경전 중의 하나인 연화경에서도 발견된다. 관련된 주장을 쉽게 풀어서 번역해 보면 다음과 같다.

> 우주의 불국토에는 오로지 일승(一乘)의 법만이 있고 둘째나 셋째의 것은 없다. 만일 그런 것들이 있다면 단지 붓다의 방편적 가르침으로써만 있을 뿐이다. 그러나 그런 방편적 가르침은 단지 예비적인 길로서 모든 유정의 존재들을 붓다의 지혜로 인도하기위한 것이다. 세상에서 붓다가 나타나는 것에 관한한 단지 하나만이 있을 뿐이고 둘째와 셋째는 일종의 거짓이다.6)

물론 우리가 여기서 만나는 배타주의는 아브라함적 종교에서 발견되는 것과 비슷한 형태의 강한 배타주의는 아니다. 여기서도 확인되듯이 붓다는 불교 이외의 모든 다른 수레들 즉 타종교와 타종파를 불교에 이르는 하나의 예비적인 길로서 수용하고 있기 때문이다. 그러나 위의 인용에서 우리가 주목해야 하는 것은 이런 문구가 아니다. 분명한 주장이 전개되고 있으니, 세상에는 단지 하나의 진정한 사실만이 존재한다는 주장이다. 그리고 더 나아가서 모든 다른 것은 참 진리가 아니라는 주장이다. 이것이야 말로 일종의 배타적인 입장이 아니고 무엇이겠는가? 이런 사실에도 불구하고, 사람들이 불교를 상대주의나 다원주의의 대표적 경우로 보는 이유는 무엇인가?

---

6) 위의 인용문은 영어의 번역에서 따온 것이다. *The Threefold Lotus Sutra*, trans. by Bunno Kato (NewYork: Weatherhill, 1975), 64.

우선 상대주의를 다시 한 번 정의해 보자. 상대주의로서 우선 논자가 여기서 의미하는 것은 "모든 종교는 너무나 상대적이고 관계적이기에 어떤 종교적 주장과 입장도 타자와의 관련을 떠나서는 성립되지 못한다."는 주장을 견지하는 입장이다. 예를 들어 동이사아 종교의 핵심교의들, 즉 도교의 도(道)나 유교의 천(天), 그리고 방금 우리가 다루고 있는 불교의 공(空)과 같은 개념은 하나같이 상대주의적 입장을 보인다. 물론 이들 종교의 입장은 나름대로 서로 달라서 하나로 묶기 쉽지 않지만 그래도 그들 사이에서는 공통적인 유형의 상대주의가 발견되는데, 즉 세계 내의 사물은 모두 상호 관계적이며 상대적이어서 타자와의 관계성을 떠나서는 스스로 성립되지 않는다는 입장을 견지하기 때문이다.

이런 상대주의는 몇몇 동아시아 종교 학자들의 손에 의해서 급진적인 형태를 띠게 되는데, 즉 동아시아에서 발견되는 도(道), 천(天), 공(空) 등의 궁극자들은 모두 비초월적non-transcendent 개념이거나 아니면 최소한 비실재적non-real이라고 주장될 때 특히 그렇다. 쉽게 말해서 그들의 상대주의의 입장에서 볼 때, 모든 궁극자들조차 타자와의 관계성을 중요시하는 상대주의에서 예외가 될 수 없기에, 하나의 궁극자는 자기의 초월성을 결여하게 되며, 이것이 바로 그것들을 비초월적인 존재로 보게 만드는 결과를 낳는다는 것이다. 또한 하나의 궁극자는 자기의 자성(自性)을 타자에 근거해서 얻기 때문에 결국 실재적이지 못하고 비실재적이 된다는 것이다.

동아시아 종교에 대한 철학적 해석에 있어서 이런 비초월적이고 비실재적인 주장을 택하는 학자들은 무수히 많다. 예를 들어 한국인으로서 미국에서 포교에 앞장서고 있는 선불교의 대표적인 사상가인 숭산의 경우를 보자. 그에 따르면, 불교의 궁극적 이론은 모든 존재가 공하다는 것인데, 이는 궁극자 자체에 적용되어야 한다. 따라서 궁극자의 본성을 이해하려면 그것을 죽여야 한다는 말부터 이해해야 한다고 한다. 그는 다음과 같이 말한다.

> 어떤 이는 말한다. "신과 모든 것을 버려라"라고. 이런 주장은 선불교를
> 닮았다. 그러 선불교는 한 걸음 더 나아간다. 만일 네가 던져버리고 싶은
> 신을 갖고 있다면 너는 여전히 신을 갖고 있는 것이다. … 진정한 신은
> 이름도 형태도 없고, 말도 없고 연설도 없다. 많은 사람들은 자신의 마음
> 으로 신을 만들기 때문에 진정한 신을 이해할 수 없다. 너는 너의 신을
> 죽여야 한다. 오로지 그때에만 진정한 신을 이해하게 된다.[7]

여기서 우리는 숭산의 견해가 어떻게 급진적 상대주의, 혹은 절대적
상대주의에 사로잡혀 있는지 잘 알 수 있다. 그에 따르면 불교의 궁극자
는 서구철학과 기독교에서 말하는 신의 위치에 있지만 동시에 매우 다르
다. 그것이 비록 궁극자이지만 서구철학에서처럼 필수적으로 실재하
고 존재하는 것으로 생각되어서는 안 된다고 한다. 불교의 궁극자는
서구의 신처럼 인간의 마음속에서 터 잡고 지배하는 존재여서는 안 된
다. 그런 존재라면 인간은 자신의 구원을 위해 그런 불교적 궁극자를 없
애 버려야 한다.

숭산의 주장은 종교적으로 볼 때 매우 급진적인 것으로 보인다. 특히
기독교인의 경우처럼, 유신론적인 존재로서의 궁극적 실재를 믿는 서구
인에게는 매우 이질적인 주장으로 들린다. 숭배의 대상을 없애라는 말은
그들에겐 신성모독적인 발언으로 비칠 수 있기 때문이다.

그러나 어쨌든 그들은 아브라함적 종교들이 갖고 있는 형태의 배타
주의는 피해갈 수가 있다. 그들이 견지하는 상대주의는 자신의 입장을
상대화시키는 것이며, 궁극적으로는 나와 타자 사이의 차이를 없애려는

---

7) 숭산, 『바람이냐 깃발이야』, 최윤정 역 (서울: 법보출판사, 1992). 84.

것이기 때문이다. 다만 불교가 소수자의 종교이거나, 아니면 다른 종교와 선교적인 갈등을 겪는 경우에는 배타적 입장을 취할 때도 분명히 존재하는 것이다. 붓다의 진리를 전파하는 데 있어서는 수단과 방법을 가리지 않고 모든 방편을 사용할 수 있는데, 이때 어떤 경우에는 배타적 선교 방식도 하나의 방식이 될 수 있는 것이다.

정리해 보자. 불교적 근본 입장인 상대주의의 관점에서 보면, 종교 다원주의는 불교에서 필연적으로 채택되어야 할 입장이다. 그러나 불교적 상대주의는 어떤 면에서 무차별한 상대주의이기에 오히려 상황에 따라서는 어떤 입장도 택할 수 있다. 상황에 맞게 자신의 입장을 상대적으로 바꾸어가는 것이 상대주의의 참 본질이기 때문이다. 물론 이런 관점은 불교만의 특징은 아니라고 생각한다. 유교와 도교도 그것이 하나의 학문적 입장을 넘어서서 인간을 구원하는 문제를 다루게 되고, 따라서 종교의 반열에 오를 때에는 그들도 나름대로 융통성이 있는 상대주의를 취할 수 있다고 본다. 특히 도교의 무위자연설의 경우는, 우연의 법칙을 따라서 움직이는 일종의 상대주의이기 때문에 어떤 경우 유통성이 있게 상대주의를 적용할 수도 있다.

그러나 어쨌든 이런 종류의 상대주의, 즉 무차별한 상대주의는 그것이 종교적으로 적용될 경우 예상치 못한 철학적 입장을 취하는 역설적 결과를 빚어내는 때가 있다. 특히 앞에서 언급된 궁극자에 대한 해석에서 도출된 바, 하나의 비실재론적이고, 비존재론적 궁극자 이론은 매우 탈근대적인 요소를 지니는데, 이는 일부 서구인들과 기독교인들에겐 아주 이색적인 종교철학적 주장으로 비칠 것이다. 따라서 다음 절에서는 이 문제에 대해 좀 더 살펴보자.

III. 동아시아 종교의 급진적 상대주의와 그 특징

초월자를 비실재적인 존재로 간주하는 불교적 입장은 서구 및 동아시아에서 활동하는 철학자에게는 탈근대주의의 슬로건 중의 하나인 '세속화 프로그램'을 위해 호재가 되어 왔다. 프랜시스 쿡Francis Cook이나 데이비드 홀David Hall, 그리고 로저 에임즈Roger Ames를 비롯해 국내의 김용옥 등은 바로 이런 급진적 상대주의를 통해 세속화 프로그램을 펼치려는 대표적인 동아시아 해석가의 군에 속한다. 여기서 '세속화 프로그램'으로 필자가 의미하는 바는 간단하다. 탈근대주의의 가장 큰 특징 중의 하나는 어떤 종류의 초월자 개념이든지 해체하려 하는 것인데, 이 때문에 그것은 결과적으로 세계나 세상, 혹은 세속을 강조하게 된다. 그 결과 종교가 주장하는 초월자와 관련된 성스러움이나 거룩함, 신성함 등의 개념을 소거시키거나 아니면 최소한 세속화 시키게 된다. 한마디로 말해, 세상과 세속이 전부이지 초월자는 결코 이원론적으로 존재하는 개념이 아니라는 주장을 펼치면서 현대인들을 계몽하려는 탈근대적인 모든 시도들을 '세속화 프로그램'이라 부르자.

이렇게 세속화 프로그램에 동조하는 이들은 최근 흥기하고 있는 탈근대주의적 철학의 상대주의의 도움을 받으면서 초월 개념을 해체하려 하는 특징을 보인다. 그들은 우선 '초월'이라는 개념의 의미가 모호하다고 비판하면서 문제를 제기하는 것으로 시작한다. 즉 초월이란 언제나 어떤 것으로부터의 초월인데, 이때 어떤 것을 전제하지 않을 수 없으므로 진정한 의미에서의 초월은 있을 수 없다는 것이다. 어떤 것을 전제하고 초월하는 것은 이미 순수한 의미에서의 초월이 아니며 기껏해야 그것을 전제하면서 품고 넘어서는 초월이기에 어찌 보면 제한된 내재적 초월이라는 것이다.[8]

이런 식의 '제한된' 내재적 초월에 대해 분석하는 작업은 다시 자연주의 철학의 작업들과 만나면서, 초월자를 자연의 연장으로 보는 환원주의적 경향을 띠게 된다. 예를 들어, 위에서 언급된 프랜시스 쿡의 경우, 화엄과 선불교에서 배운 불교적 논리를 따라가면서 그는 동아시아 종교의 초월자가 엄밀히 말해서 엄격한 초월자가 아니라고 주장한다. 특히 불교의 궁극자는 공이나 연기와 동일하기 때문에 하나의 상대적 존재자로 보아야 한다고 말한다. 그의 견해에 따르면 불교에서 궁극적 실재는 바로 '연기(緣起)' 자체였다고 한다. 화엄사상이든 선불교 철학이든 불교의 궁극자는 연기로서, 결국 모든 것이 철저하게 관계 하에서 성립되므로 독립적인 절대자는 없다는 주장이 바로 불교 연기설의 핵심이라 한다.

프랜시스 쿡은 이를 강조하기 위해 항상 재미있는 예화를 준비하곤 하는데, 예를 들어 그가 키우는 반려동물인 고양이 '레오'가 바로 그에게는 궁극적 실재라고 주장한다. 레오는 물론 인간에게는 하나의 미물에 지나지 않는 존재이지만 그에게는 하나의 궁극적 실재로서 존재하는데, 왜냐하면 레오 없이 쿡이 있을 수 없고 쿡 없이 레오도 있을 수 없으며, 양자는 모두 스스로가 공하다는 입장에서 그런 공이라는 궁극적 사실을 증거 하는 존재가 바로 궁극자라고 한다. 레오 너머에 궁극자는 없으며 궁극자는 바로 레오 자체라고 보는 것이다. 궁극자는 지극히 상대적인 존재에 내재하며, 상대적 존재가 바로 궁극적 존재라 한다.9)

데이비드 홀이나 로저 에임즈 역시, 급진적 상대주의의 주장을 펼치는 많은 책을 발행해 왔다. 그들에 따르면 동아시아 종교에서의 천(天)은 분명히 유교나 도교에서 하나의 궁극자로 간주되어 온 것이 사실이지만, 그것은 철저히 우리의 우주나 세계의 모습을 기술하기 위한 장치로서 엄밀히 말해서 세계의 질서와 다르지 않다고 본다. 즉 세계 안의 만물들이

---

8) 나는 이 문제에 대해서는 좀 더 긴 토론이 필요하다고 생각해, 뒤에 따로 장을 할애해 설명했다. 8장을 참조하라.
9) Frances Cook, "This is It: Buddhist Understanding of Ultimate Reality," *Buddhist-Christian Dialogue* 9 (1989).

질서를 갖고 있다는 사실을 표현하기 위한 장치로서 동원된 천은 그것이 비록 하늘이라는 상징을 통해서 표현되었을지라도 반드시 초월성을 말하려는 것은 아니고 세계 안의 만물의 종합을 의미하는 것이라 한다. 다시 말해서 만물들은 천(天)의 피조물로 상정된 것이 아니며 오히려 만물이 천을 구성한다는 말이다. 따라서 천은 단순히 만물들의 장(場)이라고 보아야 한다고 말한다.10)

한국의 김용옥도 이런 라인에 서 있다. 그는 중용을 풀어내면서 일종의 자연주의적 해석을 동원한다. 공자를 비롯한 중국의 사상가들은 자연과 구별되는 초월에 대해서 결코 말하지 않았으며 초월은 자연의 연장에 불과하다는 것이다.11)

그렇다고 필자가 동아시아에서는 항상 자연주의적이고 환원적이며, 비실재적인 해석만이 우세했다는 것을 말하려는 것은 아니다. 동아시아에서는 초월주의도 발견되고 자연주의도 발견되기 때문이다. 아니, 동서고금을 막론하고 어느 곳에서든 두 가지 사상은 언제든지 동일하게 발견된다. 단지 어떤 시기와 어떤 사상가들에게서는 초월주의의 경향이 강하며 또 다른 시기와 또 다른 사상가의 그룹에서는 자연주의의 경향이 강할 뿐이다. 나는 공자의 시대에도 두 가지 경향이 모두 강했다고 생각한다. 물론 공자 스스로는 가끔 자연주의적 경향이 더 강한 것으로 보일 때가 있다. 그러나 그렇지 않은 때도 많이 있다. 여기서 내가 말하려는 것은 두 가지다. 하나는 나의 입장에서 볼 때 공자를 비롯한 유교의 주류 사상가들의 핵심 생각을 단지 자연주의의 입장에서만 해석해 내려는 것은 일종의 편향적인 태도이며 공정하지 못하다는 것이다. 다른 하나는 그렇게 자연주의적인 입장에서만 동아시아 사상을 보는 입장은 소위 '절대적' 상대주의를 낳는데 이는 여러 문제를 야기한다는 것이다. 그렇다면 이런

---

10) Hall & Ames, *Thinking from the Han*, 242.
11) 김용옥, 『중용 인간의 맛』 (서울: 통나무, 2011).

절대적 상대주의는 무엇이며 그것은 왜 문제가 되는가?

논자의 생각에, 절대적 상대주의란 상대주의를 절대적으로 신봉하는 입장인데, 그것의 난점은 지적하기 어렵지 않다. 우선 첫 번째 문제는 그것이 초월성을 일방적으로 부정하는 것으로 이어진다는 데 있다. 이미 위에서 보았듯이 불교의 경우, 그것에 절대적 상대주의가 적용될 때 불교적 입장은 궁극자와 비궁극자의 구별을 배제해 버리는 것으로 해석되는 문제를 낳는다. 그러나 잘 알다시피 이런 입장은 정통적인 불교의 입장과 모순된다. 비록 나가르주나라는 걸출한 불교학자가 중관학파를 만들어 내면서 어떤 입장이든 양 극단으로 치우치는 사상을 비판하고 그 양자의 중도를 걸어가는 입장을 견지해 온 것이 사실이지만, 다른 한편으로 불교는 언제나 궁극자와 비궁극자를 구별하는 입장을 견지해 온 것도 사실이다. 하나의 종교는 신도들의 신앙심의 대상으로서 하나의 궁극자를 말할 수밖에 없는데 불교가 말하는 공이나 법신 등은 모두 궁극자를 설하기 위해서 동원된 개념들이다. 초월자 개념들이 엄연히 존재한다는 말이다. 중관학파를 더욱더 철저하게 밀고나간 화엄에서도 사법계를 설하는 이유 자체가, 불교도들은 깨달음과 수행의 정도에 따라서 네 가지 종류의 그룹으로 나누어져야 한다는 말인데, 이는 결국 만물에는 엄밀한 차별성이 존재한다는 말이다. 그리고 이런 차별성은 내재와 초월을 구별하는 데에도 적용될 수 있는 것이다.

물론 불교는 이런 모든 차별을 없애는 것을 핵심주장으로 하고 있다고 강변할 수도 있다. 그러나 다른 방식으로 해석할 수도 있는 것이 불교다. 즉 우리가 위에서 이미 보았듯이 불교가 종교인 이상, 불교는 인간을 구원하는 데 있어서 방편을 사용하지 않을 수 없다. 그리고 이런 방편에는 초월적인 개념도 포함되는 것이다. 공이 어떤 경우는 궁극자로 이해되고, 붓다가 어떤 경우 법신으로 이해되면서, 응신이나 화신과 구별되는 개념으로 존재하는 이유는, 이런 초월적 개념들이 사람들을 구원하는

데 방편적으로 사용될 수 있기 때문이다. 이런 경우 불교의 상대주의는 그야말로 철저한 상대주의라 해석될 수 있다. 왜냐하면 인간을 구원하는 데 있어서는 어느 하나의 입장만을 취하는 편협함에서 벗어나 어떤 입장이든 취할 수 있다는 것이 불교의 핵심 주장이라 할 수 있기 때문이다.

절대적 상대주의에는 또 다른 난점도 있다. 만일 궁극자와 비궁극자가 구별되지 않는다면 이는 결국 선과 악의 구별도 애매모호하게 되는 어려움에 빠지게 된다. 이런 사례는 쿡의 경우에 선명하게 드러난다. 보편적이고 절대적인 상대주의는 모든 것에서 차별을 없앨 것을 주장한다. 모든 것이 상대적이기 때문이다. 쿡은 말하기를, 자기가 기르는 애완동물로서 한 마리의 고양이는 그것이 비록 유한자이지만 무한자와 동일하다고 주장한다. 물론 하나의 유한자가 하나의 무한자로 경험되는 경우가 없는 것은 아니다. 하지만 언제나 유한자가 무한자와 동일시 될 수 있는 것은 아니다. 비록 비도덕적인 하나의 동물은 그가 하나의 생명체로서 존엄성을 갖고 그런 점에서 무한성도 있지만, 동시에 그것은 대부분의 경우 궁극자로 간주될 수 없다. 이런 이유로 초월자와 비초월자 사이에 존재하는 차별성을 없애 버리려는 시도는 자칫 윤리학적으로 매우 위험한 결과를 초래할 수 있다.

절대적 상대주의의 더 큰 문제는 그것이 사실을 왜곡하는 주장으로 이어지기 쉽다는 것에 있다. 바로 이런 경우가 홀와 에임즈의 경우인데, 그들의 입장을 따라가다 보면 동아시아에서는 초월자가 아예 존재하지 않았던 것처럼 비치게 된다. 그들에 따르면 엄격한 의미의 초월자는 동아시아에 존재하지 않는다. 동아시아에서 발견되는 모든 개념들은 내재적인 궁극자들 뿐이기 때문이다. 더 정확히 말하면 동아시아에서 초월자는 언제나 그것이 초월하는 대상과의 관련 하에서만 존재한다고 한다.12)

동아시아에서 발전된 종교적 궁극자들이 모두 내재적 궁극자라는 데

이의를 제기할 사람을 없을 것 같다. 그러나 이런 주장은 비록 틀린 견해는 아닐지라도 자칫 오해를 불러일으킬 수 있는 개념이기도 하다. 동아시아에서는 엄격한 의미의 초월성의 개념도 분명히 발견되기 때문이다. 시경(詩經)과 서경(書經)에서도 엄격한 의미의 초월자가 발견되는 것은 물론, 주희와 한국의 성리학, 나아가 불교의 정토종에서는 하나의 초월자가 내재적이면서 동시에 철저하고 엄밀한 의미에서 초월적인 경우도 인정되기 때문이다.

그러나 절대적 상대주의의 문제는 철학적으로 더 큰 문제를 야기한다. 엄밀한 의미의 초월자의 영역을 부정하는 주장은 초월성 자체를 부정하는 주장으로 발전되기 쉽다. 왜냐하면 엄밀한 초월성을 부정할 때 그 말은 초월자와 그 초월자가 초월하려는 대상 사이의 차이를 잊게 만드는 것으로 발전되기 쉽기 때문이다. 이렇게 양자 사이의 차별성을 부정하게 되는 중요한 이유는 상대주의자들의 가정, 즉 초월자의 실재성은 입증될 수 없다는 데서 기인한다. 그러나 만일 초월자의 실재성을 긍정하지 않게 되면 그것은 더 많은 문제를 불러 온다.

이는 영국의 불교적 기독교 신학자인 돈 큐핏Don Cupit의 경우에서 나타난다. 그는 초월자의 실재성은 긍정되지도 부정되지도 않기 때문에 결국 우리가 말할 수 있는 것은 그것이 비실재적이라는 것 뿐이라 한다.13) 그러나 만일 초월성에 대해서 이런 식으로 비실재적인 해석을 내린다면 철학적으로는 의미가 있을지 모르지만 종교적으로는 많은 문제를 야기할 수밖에 없다. 즉 초월자의 실재성을 입증할 수 없기 때문에 우리가 그것의 비실재성만을 말해야 한다면 그 말은 결국 우리는 초월자에게 어떤 인격적 범주도 적용할 수 없다는 말이 된다. 그러나 데이비드 그리핀David

---

12) Hall & Ames, *Thinking from the Han*, 13, 193.
13) Don Cupitt의 다음 책을 보라. *Taking Leave of God* . 이 책은 이세형에 의해서 『떠나보낸 하나님』이라는 제목으로 국역된 바 있다.

Griffin이 비판한 바대로, 만일 종교적인 궁극적 실재가 선(善)의 속성을 가지고 있지 않다면 우리는 그것이 모든 유정(有情)세계의 인간들에게 만족을 가져올 수 있다고 말할 수 없게 된다고 한다.[14]

　　이렇게 토론을 펼치고 난 결과, 우리의 최종적 입장을 요약하면 다음과 같다. 즉, 하나의 급진적 형태의 상대주의가 분명히 동아시아 종교의 중요한 특성이 될 수는 있지만, 그렇다고 해서 그런 특성이 동아시아 종교를 해석하는 유일한 해석이 될 수 없다는 것이다. 즉 급진적인 형태의 상대주의, 혹은 이른바 절대적 상대주의는 동아시아 사상의 특징을 해석함에 있어 하나의 유력한 방법론일 뿐이라는 말이다. 급진적인 상대주의의 문제는 그것이 '절대적'이라는 것에 있다. 이는 상대주의에 반하는 논리적인 모순이다. 모든 것을 상대화하면서 자신을 절대화하는 모순이기 때문이다. 물론 어떤 상대주의에서는 모든 것이 상대적이므로 남는 것은 없다. 하지만 그것이 인간이 경험하는 유정세계의 모든 문제를 해결하는 것은 아니다. 우선 인간은 상대를 넘어서는 존재를 알고 있으며 그것의 존재성을 확신하지는 못해도 그것에 대해서 말하는 것이 바로 철학의 임무이며, 특히 종교철학의 임무다. 하나의 종교철학은 언제나 급진적인 상대주의를 택할 수 있으나 나아가 그것이 절대주의에 빠지는 것을 경계할 수밖에 없다. 왜냐하면 위에서 본 프랜시스 쿡의 경우처럼, 상대주의적 존재로서의 레오라는 고양이가 신이라고 볼 수는 없기 때문이다. 신이 존재하고 안하고의 여부와 그것을 입증하는 여부가 남아 있고, 그렇게 끝까지 해결될 수 없는 문제를 포함하는 상대주의이기 때문에 우리는 그런 상대주의의 급진성을 절대화시킬 필요가 없다. 상대주의의 절대성을 강조하는 경우 어떨 때는 그것이 세속화 프로그램을 밀고 나가는 데에는 매우 유용한 결과를 가져올 수도 있지만, 그것은 대가도 치러야 한다.

---

14) Griffin, *Reenchantment without Supernaturalism: A Process Philosophy of Religion*, 276.

그것이 어떤 경우 아무 윤리도 건설할 수 없는 매우 무책임한 논리로 남게 될 수도 있기 때문이다. 종교의 한 중요한 기능은 윤리를 정립하는 데 있고 건전한 의미의 도덕 형이상학을 건설하는 데 있다. 따라서 무분별하게 상대주의를 절대화시키는 것은 논리적으로도 동아시아 상대주의에 어울리지 않지만, 실용적으로도 종교적이지 못한 결과를 낳는다.

마지막으로 절대주의적 상대주의의 문제는 종교 간의 대화에서도 나타난다. 즉 그것은 다원주의와 관련해서 문제를 일으킬 수 있다. 다원주의란 모든 종교의 가치에 대해서 인정하는 입장이다. 만일 급진적인 형태의 상대주의를 받아들인다면 얼핏 그런 입장은 쉽게 다원주의로 이어질 것 같아 보인다. 하지만 엄밀히 보면 실제는 그렇지 못하다. 급진적인 형태의 절대적 상대주의는 결코 모든 종교를 동등하게 보면서 차이를 인정하지 못하게 된다.

그러나 차이가 없는 종교는 서로를 통해 배울 수 없으며 따라서 발전할 수 없다. 차이를 전제로 하지 않고서는 서로 상대방을 변혁할 수 없기 때문이다. 상대방을 통해서 자신을 변혁하고 자신을 통해 상대방을 변혁하려면 무엇인가 서로에게서 배울 수 있는 차별성이 전제되어야 한다는 말이다. 절대적 상대주의는 이것을 말할 수 없다는 데서 또 다른 문제를 갖고 있다 할 수 있다.

IV. 체제의 문제

동아시아에서는 체제system의 해체라는 개념을 어떻게 다룰까? 그런 전형적인 탈근대적 개념이 동아시아 사상에서도 토론되어 왔을까? 솔직히 말해 동아시아에서는 그런 개념이 전혀 발달하지 않았을 것 같다. 그렇다면 우리는 먼저 동아시아에는 체제 개념에 관한한 탈근대적이기보다는 전근대적이라고 전제하고 문제를 다루어 보자. 이를 위해서 우선 서구가 어떻게 해서 탈근대에 들어와 체제의 개념을 문제 삼게 되었는지 그 내용부터 살펴보자.

'해체'라는 깃발을 핵심개념으로 내세우는 서구의 탈근대주의는 체제의 전복을 가장 중요한 가치 중의 하나로 내세우는데, 그 중 '국가,' '자본주의' 등의 체제가 가장 주된 전복의 대상이다. 체제가 이렇게 오늘의 해체주의적 탈근대인들이 가장 혐오하는 개념 중의 하가 된 것은, 그 개념이 하나의 공동체가 자신의 구조를 영속화하려 시도할 때 생산되는 경향이 있기 때문이다. 즉, 그것이 정당이든, 사회이든, 교회이든, 심지어 국가이든 하나의 구조를 갖고 있는 어떤 집단이 어떤 구조를 지속시키고 그것을 영구화하려는 모든 음모에서 그런 체제 개념을 이용한다고 생각하기에 현대인들은 이에 저항하는 것이다. 서구에서는 일찍부터 아도르노와 호르크하이머로 대표되는 프랑크푸르트 학파는 물론, 푸코 와 데리다 그리고 들뢰즈로 대표되는 프랑스의 탈구조주의 철학이 가세하면서 모든 종류의 고착된 구조의 해체를 선언하게 되었는데, 따라서 체제란 인류가 그것으로부터 가장 먼저 해방되어야 할 심리적 착각이며 몽환적 개념으로 규정된다.

아도르노와 호르크하이머의 분석에 따르면 가장 객관적이고 해방적인 인간의 능력인 계몽이성마저도 언제나 억압적 기제로 작동하는 특징을 지닌다. 물론 근대의 계몽적 이성은 인간이 자연이나 신의 공포와 억압으로부터 벗어나 탈마법화되는 데 공헌했다는 것을 그들도 인정한다. 하지만 아도르노와 호르크하이머는 묻는다. 즉 서구적 이성은 과연 체제를 증진시키고 수호하는 것으로부터도 인간을 자유롭게 만들었는가? 그렇지 않다는 것을 밝혀 낸 사람들이 바로 아도르노와 호르크하이머다. 프랑크푸르트학파의 대표 저서인 그들의 책『계몽의 변증법』은 바로 이를 분석해 낸다. 계몽이성은 본래의 순수성을 잃고 도구적 이성으로 전락하고, 지배와 억압의 기제로 타락하는 운명을 지녀왔다는 것을 지적한 책이 계몽의 변증법이기 때문이다.[15] 조금 더 상세히 설명해 보자.

　대개 인간의 계몽이성은 신화로부터 인간을 해방시켰다고 알려진다. 근대의 계몽이성은 탈마법화를 통해서 인간으로 하여금 주술과 초자연주의적 맹신에서 해방하도록 만들었으며, 나아가 그것을 통해 인간이 자연을 통제하고 지배하게 만드는 데 지대한 공헌을 했다는 말이다. 하지만 아도르노와 호르크하이머는 이런 인간의 계몽이성은 자연을 지배하는 것에서 그치지 않고 인간 스스로를 지배하는 기제로 작동해 왔다고 지적한다. 나아가 심지어 가장 중립적이라고 주장되는 인간의 과학적 이성마저도 실제로는 사회적 지배를 가능하게 하는 메커니즘으로 작용해 왔다고 갈파해 낸다. 베이컨이 말한 대로, 인간의 지식은 언제나 힘과 권력으로 변질된다. 그런 한도 내에서 인간의 지식은 우선적으로 자연을 지배한다. 그러나 그런 인간의 지식은 나중에 인간이 살아가는 사회 자체를 지배하게 된다. 왜냐하면 자연을 지배하는 가장 효과적인 길을 진리라고 보면서 이렇게 가장 효율성이 높은 지식 이외의 다른 이론이나 방법들은 점차적으로 도태된다는 것이다. 참된 진리 이외의 어떤 지식도 열등하고 비효과적이라고 몰아세우기 때문이다. 이것이 바로 계몽이성이 체제의 수호자로 전락하게 되는 이유다. 계몽이성은 초기에는 자연으로부터 인간 자신을 해방시키지만, 자신을 잣대로 놓고 다른 지식의 양태들을 배타시하면서 결국 자신만의 권역을 건설하게 하고 그 안에서 군주로 군림하게 만든다는 것이다. 이것이 바로 계몽이성이 인간 사회 안에서 자신의 진리 이외의 것, 즉 타자의 진리들을 억압하게 되는 이치다. 이렇게 인간의 지식이 하나의 억압수단으로 작동하는 것을 프랑스의 탈구조주의자들도 또 다른 방식을 통해서 매우 명쾌하게 지적해 내고 있는

---

15) 아도르노, 호르크하이머, 『계몽의 변증법』, 김유동 역 (서울: 문학과지성사, 2001), 9-11장 참조.

데 그 중의 대표가 질 들뢰즈Gilles Deleuze다.

들뢰즈는『천개의 고원』이라는 저서를 통해서 대부분의 사상들이나 체계들은 언제나 하나의 체계이기를 넘어서 체제regime로 바뀌는 위험에 직면한다고 분석한다. 그에 따르면, 모든 기표는 그것이 하나의 체계로부터 이탈하고 비약하려고 시도해도 결국 전제군주의의 기표로 환원된다고 말한다.16) 즉 하나의 체계는 단순히 사상적 양식이나 틀이기를 넘어서서 그것을 통해 타자를 억압하는 기제로 작동하게 되며 따라서 하나의 체제로 전락한다는 것이다. 여기서 예외가 되는 존재자는 없다. 그것이 기호이든, 상징이든, 공동체이든, 개별인간이든, 그 모두는 하나의 체제 하에서 통제될 수밖에 없는 운명을 가지고 있는 것이다. 여기서 체계와 체제의 차이는 간단히 구별될 수 있다. 체계나 체제 모두 일단의 질서 있는 조직으로 구성되지만, 전자는 그것이 사상적 양식과 틀로서 사용되는 반면에 후자는 그것을 통해 정치적 통치가 작동하게 되는 것을 말한다. 이로서 하나의 체제는 언제나 고착된 가운데 억압과 착취 등을 발생시키는 특징을 갖는다.

이렇게 현대의 모든 체계를 체제의 관점에서 바라다보는 현대의 서구 지성인의 입장에서 볼 때, 동아시아가 말하는 대부분의 개념들은 비판의 대상이 되지 않을 수 없다. 그들의 입장에서 볼 때 동아시아의 사상에는 언제나 공동체와 집단의 구조를 영속화하려는 이데올로기로 가득 차 있고, 그로 인해 그것은 매우 체제 옹호적으로 비치기 때문이다. 또한 정치철학적인 면에서 볼 때 이는 일종의 전체주의적인 분위기를 조장한다는 비판을 받을 수 있다. 예를 들어 이를 설명해 보자.

동아시아 철학의 여러 개념 중에서 전체주의적 냄새를 풍기면서 동시에 체제 옹호적인 사상을 압축적으로 표현한 것을 고른다면 유교, 특

---

16) 질 들뢰즈,『천개의 고원』, 5장을 참조하라.

히 주자학에서 말하는 이일분수(理一分殊)가 대표적일 것이다. 여기서 이일분수란 하나의 이치로서의 보편자(理)가 특수자에게 골고루 나누어져 내재해 있다는 것으로서 여기서 이(理)이는 서구의 플로티노스가 말하는 일자the One가 될 수도 있고, 기독교의 신이나 혹은 종교적 절대자가 될 수도 있으며, 혹은 독일이 절대관념론자인 헤겔의 Geist처럼 인류 속에서 보편자로서 기능하는 절대적인 세계정신이라 해도 무방할 것이다. 그런 것이 특수자인 모든 존재들에게 나누어져 존재한다는 뜻이니 이는 한마디로 어떤 이들에게는 분명히 일원적이고 보편주의적인 냄새가 짙게 풍기는 철학적 개념으로 비칠 것이다.

하지만 필자의 입장에서 볼 때 이는 해석하기 나름이라 믿는다. 즉 여기서 이일(理一)이라는 말의 의미는 '이'라는 개념이 세계 내의 모든 존재자들을 하나의 울타리 안에서 묶어낸다는 뜻을 포함하는 것은 틀림없는 것 같다. 하지만, 그렇다고 해서 그것을 꼭 상명하복적인 개념으로만 해석할 필요는 없다. 즉 여기서 이를 민주적으로 해석해서 세계의 모든 존재자들이 이(理)의 보편성 안에 포괄된다는 뜻으로 해석해도 되는 것이다. 이(理)의 보편성 안에 포괄되고 그 것으로 통일된다는 것은 오히려 특수자들이 가지고 있는 한계와 제한성을 포괄의 힘으로 묶어내는 긍정적인 역할을 할 수 있는 것이다. 실제로 주자가 바로 이런 해석을 내리는 장본인이기도 하다. 그는 도를 너무 보편적으로 보면서 그것의 절대적 범주를 통해 인간의 모든 규범이나 도덕적 법칙을 소거해 버리는 듯한 주장을 하는 노장사상에 대해서 반기를 들었다. 주자의 입장에서 보면 이런 노장사상은 도의 보편성을 가지고 세계의 제 존재의 특수한 상황을 무시해 버리는 일종의 추상주의이다.[17]

이일분수가 말하려는 본래의 요지는 인간을 비롯한 모든 세계 내의

---

17) 한형조,『왜 조선 유학인가』(파주: 문학동네, 2008).

존재자들이 자신의 독립성 개체성을 강조하기 이전에 그것이 어떻게 타자와 관계를 맺으며 동시에 우주 내에서 질서 있는 체계를 구성하는지에 대해 말하려는 것이다. 한마디로 이일분수는 개체 존재들이 상명하복의 전체주의적인 이념을 구현시키도록 만들기 위해 이용되는 도구가 아니라 오히려 그들 각자가 자신의 위치와 정명(正名)을 깨닫고 하나의 궁극적 목표를 향해 질서 있게 터 잡도록 만들기 위한 개념 장치인 것이다. 유학자 한형조는 이를 다음과 같이 표현한다.

> 인류를 사랑하기 이전에 자신의 분모를 존경하고, 아이를 돌보아야 한다. 우리가 보편성을 말하려면 이 구체적 감성을 개발하고 덕성을 길러서 널리 확장해나가야 한다. 사랑은 그러므로 차등적 성격을 갖고 있고 또 확장되고 성숙되는 어떤 것이다.18)

동아시아 사상이 전근대적인 사상에 기초하고 있는 것은 맞지만 그렇다고 해서 그것에서는 어떤 의미의 창조성과 차이의 철학도 발견하기 어렵다고 보는 주장하는 것은 무지의 소치이며 과잉해석이다. 모든 철학은 당시의 사회가 처한 상황적 문제를 해결하기 위해 고심 끝에 탄생한 것이며, 그 안에는 언제든지 인류의 복잡다단한 문제를 해결해 내려는 내재적 장치가 있기 마련이다. 따라서 우리가 하나의 철학을 긍정적으로 보면서 그것을 우리의 삶의 상황Sitz im Leben에서 해석해 내려 시도할 때 그것은 얼마든지 현대의 구체적 문제를 해결할 수 있는 긍정적이고 창조적인 내용이 될 수 있는 것이다. 이는 심지어 고대 철학의 경우에도 마찬가지이다. 그것은 낡은 이념이고 사상임에 틀림없다. 하지만 그것은 동시에 우리에게 새로운 내용으로 다가올 수도 있는 것이며 이는 오늘의

---

18) Ibid., 135.

상황에 맞는 새로운 틀을 적용해 해석할 때 얼마든지 가능한 것이다.

서구가 소유한 '이성' 중심의 탈체제적이고 탈구조적 사상들은 나름대로 훌륭한 체계를 가지고 있지만 그것은 오늘에 이르러 주체는 물론 이성과 철학 자체의 건설적 능력마저도 해체해야만 하는 위기에 처해 있다. 물론 그런 철학을 통해서 인간 세계에 새로운 윤리를 가져오는 것은 좋지만 동시에 그것이 가지고 오는 문제점도 만만치 않다. 예를 들어 인간 본연의 문제들, 즉 "만인의 만인을 위한 투쟁"과 같은 홉스가 지적한 문제점들은 어떻게 해결할 것인가?『리바이어던』에서 홉스가 갈파한 바 대로 "사람은 사람에게 있어서 늑대이다homo homni lupus."라는 말은 언제나 진실일 수 있는 것이며, 이를 해결하기 위해서는 모든 서양사상이 결국 깨달음에 근거한 도덕 철학과 함께 같이 가야하지 않을까?

다시 말하지만, 이일분수의 사상은 분명히 인간의 개체성을 강조하는 데 있어서 하나의 치명적인 약점을 지닐 수 있다. 유교철학의 유명한 삼강오륜의 사상을 우리가 액면그대로 고대적인 관점에서 해석한다면 그것은 그저 개인의 능력을 말살하고 동시에 각종 당파주의와 파벌주의를 만들어 내면서 인간의 창조적인 역동성을 억압하는 기제로 작동할 것이다. 하지만 "수신제가치국평천하"라는 유교 본연의 사상에 기초하여, 우선적으로 자신의 인격을 동야하면서 사회 안에서 예를 갖추는 삶을 살아가는 유교의 근본 도덕은 철저히 공동체의 관계성에 기초한 윤리의식을 발전시키면서 사회의 각 구성원들로 하여금 개인의 이윤추구를 넘어서서 공동체 의식을 함양시킬 수 있는 방향으로 얼마든지 발전될 수 있는 것이다.

백번 양보하여 동아시아의 체제 중심적 사상이 낡은 것이라고 치자. 그러나 이미 프랑크프르트 학파와 프랑스의 탈구조주의자들의 분석을 통해서 보았듯이, 인간의 계몽이성마저도 어떤 면에서 보면 체제의 억압에 종속되어 있다. 따라서 진정한 문제는 어떤 하나의 철학이 체제를 용

인해 내면서 억압의 기제로 작동하느냐 아니냐의 문제가 아니라, 현실과 같은 거국적인 글로벌 자본주의 체제와 국가의 체제에서 종속을 피할 수 없는 상황 하에서 우리는 우리의 고유한 사상을 통해서 어떻게 그것을 극복해 나갈 수 있겠는가의 문제이다. 그리고 그런 극복은 먼저 우리 고유의 동아시아 사상을 서구의 그것과 창조적인 차이를 지니는 것으로 보면서 서구가 일으킨 문제점들을 시정해 나가려 시도하는 것에서부터 시작된다. 물론 동일한 원칙은 동아시아 철학 스스로에게도 적용되어야 한다는 것은 말할 것도 없다. 우리는 동아시아 철학이 가지고 있는 한계와 제한점을 분명히 인식하면서 서구와 그 밖의 사상체계가 보여주는 새로운 공헌들을 수용하면서 우리의 문제들을 시정해 나가도록 노력해야 할 것이다.

나가는 말

필자는 이 장에서 동아시아 철학의 개념들의 탈근대성에 대해서 논했다. 일부 서구의 사상가들은 물론 최근의 동아시아 학자들은 동아시아 철학과 종교가 매우 탈근대적인 요소를 자신 안에 배태하고 있었다고 지적해 내면서 그것을 긍정적으로 평가해 왔다.

필자를 포함한 동아시아의 학자들은 서구 학자들의 이런 후한 평가에 대해서 고마워하면서, 우리가 그런 평가를 긍정적으로 활용할 필요는 있다고 생각한다. 그동안 많은 서구인들은 물론이고 동양인 스스로도 동아시아의 종교와 철학을 서구의 그것보다 열등한 것으로 여겨온 면이 있기 때문이다. 동아시아의 경제만이 흥기하고 있는 것이 아니라 동아시아의 문화 역시 그 가치가 재조명되는 시점에서 동아시아의 사상이 제대로 평가 받는 것은 고무적인 일이다.

그러나 필자가 보여 주려 했듯이 하나의 장점은 언제나 부정적인 반대급부를 결과하기 마련이다. 따라서 동아시아에 탈근대성이 있느냐 없느냐 하는 것으로 동아시아 학자들은 일희일비할 필요가 없다. 우선 그런 식으로 서구 철학적 시대관이 제공하는 잣대를 따라 스스로를 재단하는 것 자체가 부끄러운 일일지도 모른다. 그런 면에서 동아시아의 탈근대성을 자랑하는 것은 어떤 경우 자충수가 되어 돌아온다.

　예를 들어 동아시아의 관계의 철학은 상대주의를 낳았으며, 그 결과 동아시아 철학이 탈근대성을 예비적으로 선취하고 있었다고 해석될 가능성을 열어 놓았다. 하지만 상대주의가 종교철학적으로 적용되었을 때 그것은 부정적인 결과도 가져왔다. 특히 오늘날 같이 이른바 필자가 말하는 '세속화 어젠다'가 모든 학문에서 암묵적으로 전제될 때, 그런 전제 하에서 학문하는 학자들은 세속과 초월 사이의 차별을 없애 버리고, 그것에 기초한 윤리를 건설하려 시도한다. 하지만 우리가 잘 알고 있는 대로, 급진적인 학자들이 진행하는 세속화 프로그램이 오늘의 인류에게 구원의 소식을 전하고 있는 것은 아니다. 많은 사람들은 근대를 넘어서면서 인간이 더 이성적으로 바뀌고 계몽되어진 면이 있다고 주장은 하지만, 실제적인 결과를 놓고서 볼 때 인간은 오히려 나날이 스스로를 비인간화시켜가고 있으며 그 결과 인류의 문명은 앞으로 나가기보다는 퇴보하는 면마저 드러내고 있다.

　다시 말하지만, 탈근대주의가 가진 여러 장점들은 동아시아의 문명을 발전시키는 데 있어서 효과적으로 활용되어야 한다. 그러나 그렇다고 해서 그것이 인류의 문명 발전을 담보하고 있는 유일한 대안은 아니기에, 우리는 끊임없이 탈근대주의가 가지고 있는 기본적인 세계관에 대해서 철저하게 자기 비판적인 입장을 견지해 나가야 한다. 특히 동아시아의 종교철학도들은 탈근대주의 개념으로서의 상대주의와 탈초월성, 그리고 체제의 해체에 관한 담론들을 언제나 조심스럽게 받아들이면서 그것의 가치를 토론해 가야 한다. 즉 탈근대성의 장점들로 동아시아를 계몽시켜 나가는 동시에, 서구의 그 개념이 가지고 있는 한계점들을 지적하고 동아시아적 대안을 제시하는 데 노력을 경주해 나가야 한다.

필자는 동아시아의 생성철학이 가지고 있는 여러 장점들은 이런 대안을 제시할 수 있는 충분한 철학적 힌트들을 갖고 있다고 믿는다. 그런 힌트들은 서구의 베르그송과 들뢰즈의 생성철학, 그리고 화이트헤드의 과정철학 등과 지속적으로 대화해 가면서 이상적으로 계발될 수 있다고 생각한다. 본 장에서는 그런 문제들에 대한 해결책을 제시하기보다는 논쟁점만을 부각시켰다. 그런 문제들이 가진 문제를 더 상세하게 지적하고 해결책을 제시하는 문제는 뒤에 오는 장에서 다루어질 것이다.

6장
주체성에 대한 동·서의 접근

들어가는 말

오늘의 포스트모더니즘 시대에 지성인들이 직면하고 있는 가장 중요한 문제 중의 하나는 인간의 주체성을 어떻게 확립하느냐는 것이다. 1960년대 이후 프랑스와 유럽에서 시작된 탈구조주의 철학은 물론, 1980년대부터 유행된 영미의 포스트모더니즘 운동에 이르기까지 현대의 모든 인문학은 인간의 주체를 확립하는 데 있어 어려움을 토로해왔다. 한마디로 오늘의 인간은 주체적 인간이 되는 데 있어서 난관에 빠져 있다. 주체의 정립을 위협하는 사방의 온갖 위협에 노출되어 있기 때문이다.

최근의 포스트모던 사유에 따르면, 인간이 참으로 주체적인 인간이 되는 데 있어 대표적인 훼방꾼은 국가와 자본주의이다. 인간은 태어나면서부터 국가에 종속되며 또한 자본주의의 시장원리에 의해서 지배되지 않을 수 없다. 현대인이 내리는 대부분의 결정은 항상 국가와 자본주의의 명령에 예속되어 있어 주체적인 사유에 근거한 자유로운 결정을 하기가 어렵다. 현대인이 어떤 사유를 하더라도 그것은 국가의 통제 하에서 이루어지며, 자본주의라는 거대한 그물망과 연계되어 이루어진다. 국가를 떠나는 순간 그 누구도 자신의 정치적 정체성을 유지하기 힘들며, 자본주의의 밖으로 나가는 순간 그 누구도 경제적으로 소외되는 운명을 피하기 어렵다.

하지만 오늘날의 포스트모던 사유는 인간의 주체를 지배하는 것이 비단 국가와 자본 같은 거시적인 타자뿐만은 아니라고 분석한다. 인간의 주체를 결정하는 것에는 미시적인 힘도 있다. 예를 들어 오늘의 심리학에 따르면, 개체 인간의 주체성을 지배하는 것은 두뇌의 내의 DNA와 여타 신경망이다. 두뇌세포와 신경망에 각인 되어 있는 프로그램이 명령을 내리는 상황 하에서 인간은 그 주문과 다른 행동을 수행하기 매우 어렵다. 요약하면, 이렇게 두뇌세포라는 내적 요인은 물론 국가와 자본주의라는 외적 요인이 행사하는 영향력을 떼어 놓고서 우리는 인간 자신이 소유한 고유의 주체를 말할 수 없다.

최근의 이런 주장들을 사람들은 환원주의reductionism라고 명명한다. 인간의 주체가 행사하는 모든 행위를 두뇌세포와 같은 물리적인 요소들로 환원해 설명할 수 있으며, 또한 사회와 국가, 그리고 그것의 지배적 작동원리로서의 자본주의의 원리로 환원해 설명해 낼 수 있기 때문이다.

이런 환원주의적 해석에 의존한 오늘의 철학은 인간론에 새로운 도전을 가져 왔다. 예를 들어, 전통적으로는 인간의 개인 주체가 먼저 있다고 가정되었기에, 모든 철학은 인간의 개인 주체가 사회와 어떻게 관련을 맺으면서 윤리와 도덕을 수행하는지에 관심했다. 물론 "인간은 사회적 동물이다."라는 유명한 아리스토텔레스의 명제를 따라, 인간의 주체를 사회적 영향 하에서 규정해 보려는 움직임이 이전에 없었던 것은 아니다. 하지만 오늘의 포스트모더니즘은 인간에 대한 사회적 규정을 매우 파격적이고 급진적으로 밀고 나간다는 점이 다르다. 최근의 철학들이 인간과 관련해 토해 내는 주장은 매우 파격적이니, 어떤 이들은 인간의 고

유한 주체란 사실상 존재하지 않고 사회적 영향과 조건들 그 자체가 곧 주체를 대체한다고 주장하기까지 한다. 그러므로 이런 이들의 시각에서 보면, 사회가 먼저 있고 인간의 주체는 나중에 있게 된다. 아니 더 정확히 말하면, 사회적 조건의 합이 곧 주체이고, 이런 주체는 엄밀히 말해서 사회적 조건들로 분해되고 나면 아무것도 남는 것이 없다.

오늘의 종교적 인간도 이런 급진적 환원주의의 해석에서 예외가 될 수 없다. 하나의 종교적 인간이란 건전한 영성에 근거해 자신의 삶을 행복하게 만들고 나아가 사회에 공헌하는 사람을 말한다. 하지만 오늘의 과학과 그것에 근거한 포스트모던 인문학에 따르면, 인간이 내리는 모든 영성적 결정은 물론, 그의 이타적 삶을 포함한 대부분의 윤리적 결정은 모두가 외부 타자의 영향력 하에서 성취되는 것으로 주장된다. 인간의 종교적 행위와 그것에 근거한 삶은 인간 스스로의 주체가 독립적으로 결정하고 누리는 것이 아니라 외부의 세력이 그렇게 만드는 것이다.

이런 환원주의적 주장이 종교에 초래하는 결과는 자못 심대하다. 인간의 결정이 스스로가 내리는 독립적인 것이 아니라 외부의 타자에 의한 것이라면, 인간의 윤리적 행위 자체는 그 의미를 상실할 수 있다. 윤리적 행위가 의미를 상실한 상태에서 현대인은 종교의 기능과 의미에 대해서도 회의감을 갖지 않을 수 없게 될 것이다. 자신의 주체성을 상실한 하나의 인간이 내리는 결정은 그 고유성을 잃게 될 것이며, 그렇게 자신의 고유성이 결여된 개인의 행동은 종국에는 자신의 옳고 그름을 가늠할 기준을 찾기 어렵게 될 것이다. 특히 무신론적 경향이 강한 포스트모던 시대의 정황상, 정의와 불의를 가르고 그것에 상벌을 가하는 신에 대해서 긍정하기 힘들 것이며 이는 주체성을 상실한 현대인에게 또 다른 의미의 윤리적 혼란을 가져올 것이다. 행동은 있어도 행동의 주체가 사라진 마당에 우리는 도대체 어떻게 행동의 옳고 그름을 판단한 후 책임을 물을 것인가? 행동의 주체를 말할 수 없는 상황이라면 행동에 대해 심판할 수 있는 기준이라도 마련되어야 혼란을 막을 수 있을 텐데, 신마저 사라졌다고 주장하는 포스트모던 우주 내에서 우리는 도대체 어떻게 행위의 도덕적 기준을 마련할 것인가?

인간의 주체성이 오늘날 이렇게 심각한 위기에 직면해 있다는 주장에 동의하면서, 이 장에서는 동양과 서구의 종교가 인간의 주체를 어떻게 분석하는지 우선 관심한다. 동양과 서양은 여러 면에서 대조를 이루는 경우가 많지만 인간의 주체를 이해하는 데 있어서는 더욱 그러하다. 서구 사상의 한 축인 기독교의 경우 인간의 주체는 신^{God}과의 관련 하에서만 그 자리를 확보할 수 있다. 이에 반해 동양사상, 특히 불교와 도교 사상의 경우 인간의 주체는 신과 같은 초월자를 배제해 버린 채 단지 자연과의 관련 하에서만 그 의미를 발견할 수 있다. 하나는 자연을 제어하는 초월자와의 관련 하에서만 인간의 주체성이 확보된다고 주장하는 반면, 다른 하나는 초월자 없이 그저 자연의 품안에 안김으로써 인간의 주체성이 보장된다고 주장한다.

인간의 주체성을 이렇게 대조적으로 해석하는 동양과 서양은 오늘의 포스트모던적 인간론이 제기하는 문제에 대해 해답을 주는 데서도 상이한 시각을 보인다. 이 장에서는 포스트모던적 현대인이 경험하는 바, 주체의 상실에서 기인된 문제들에 대해서 동과 서는 어떤 답변을 제공하는지 전망해 보려 한다. 하지만 최종적으로는, 어떻게 오늘의 동서가 서로 조화되는 가운데 상호 협력하여 오늘의 문제를 함께 해결해 나갈 수 있을지, 그러기 위해서 동과 서는 어떻게 스스로의 철학을 변혁해 나가야 할지에 대해 다루는 것을 또 다른 목표로 삼겠다.

I. 동아시아 철학의 인간론과 주체의 문제

동양을 대표하는 종교는 많이 있지만 여기서는 인도의 사상은 제외한 채, 단지 동북아시아의 유교와 불교 그리고 도교의 입장을 요약해 보기로 한다.

잘 알려져 있다시피, 유교의 인간은 사회적 관계로서 자신의 주체를 형성해 나가려 한다. 물론 과연 유교가 서구적 의미의 주체적 인간을 말했는가 하는 문제는 많은 토론을 요한다. 서구적인 의미라는 개념과 주체라는 개념을 규정하는 것 자체가 단순하지 않기 때문이다. 하지만 어떤 식으로 규정되든, 유교는 물론이고 불교와 도교도 인간의 주체성에 관한 사상을 자신의 철학적 체계 내에서 확립하려고 노력했던 것만은 하나의 분명한 사실이다.

유교의 경우 휴머니즘(혹은 인본주의)은 유교적 인간이 사회 안에서 주체성을 확보하는 것과 관련해 매우 중요한 이슈다.1) 우선 중국의 역사에 있어서 공자의 출현은 곧 인본주의적인 의미의 주체적 인간을 말할 수 있는 인물이 최초로 도래했음을 의미했다. 공자가 자주 언급하는 바, 고대 중국의 황금시대였던 주(周)는 영적 존재나 조상신 등의 초월적 힘에게 인간의 운명을 맡기는 것을 넘어서서, 도덕적 명령을 따라서 행동하는 주체적 인간이 될 것을 강조했다. 그러므로 공자는 여기서 미신이나 몰이성적 태도에서 벗어나 자신의 이성적 판단에 의존하는 주체적 인간에 대해 말한 셈이다. 그리고 이런 배경에서 나타난 사상이 천명(天命) 사상인 바, 물론 천명론은 왕권이 하늘에서 도래한다는 것, 즉 서구의 왕

---

1) 선진 유교의 핵심이 휴머니즘이라는 주장은 동서학자들의 일치된 견해다. 서구학자의 견해를 보려면, Wing-Tsit Chan의 책 A *Source Book in Chinese Philosophy* (Princeton: Princeton University Press, 1969), 3-5에 잘 소개되어 있다. 여기에 David Hall, Roger Ames, Tu Wei-ming 등도 같은 주장을 펼친다. David Hall and Roger Ames의 책 *Thinking Through Confucius* (New York: SUNY Press, 1987)의 p.12-16도 참조하라.

권신수설 비슷한 것을 주장함으로써 주(周) 왕조가 자신의 정치적 권위를 합리화하기 위한 수단으로 일차적으로 사용되었다. 하지만 동시에 그것은 공자에 의해서 새롭게 해석되면서 인간의 주체성을 설명하는 근거로도 사용되었다.[2] 즉 인간은 도덕적으로 자신을 완성할 수 있는 주체적 인간인 바, 그런 인간은 하늘의 뜻과 명령을 깨닫고 그것을 행하는 데서 이루어진다. 그런데 흥미로운 것은 이렇게 하늘의 뜻을 이루어 나가는 데 있어서 전제조건이 마련되어야 하니, 그것이 바로 가족의 멤버는 물론, 친구 그리고 나아가 이웃들과의 온전한 관계 속에서 자신을 확립하는 것이 전제되어야 한다는 것이다. 이것이 바로 유교적 의미의 주체적 인간이 되는 지름길에 대한 설명이었다.

여기서 유교가 타자 및 이웃과의 관계 속에서 자신의 주체를 확립하는 것을 강조했다는 사실은 어떤 면에서 볼 때 온전한 의미의 주체성을 말한 것은 아니라고 볼 수도 있다. 즉 여기서는 타자와의 관계성이 주체성을 형성하는데 중요한 요소인 것처럼 설명하기 때문이다. 하지만 그렇다고 해서 유교가 결코 약하고 느슨한 의미에서의 주체성만을 말하는 것에 그쳤다고 볼 수도 없다. 예를 들어 논어의 안연 편에 나오는 공자의 명언, "孔子對曰 君君臣臣父父子子"[3]라는 대답만 보아도 군주다운 사람이 군주이며 신하다운 사람이 신하라는 말인데, 이는 결국 군주는 신하나 백성과 더불어서 올바른 관계를 맺을 때 군주의 주체성을 가질 수 있다는 말이고, 신하는 군주와 더불어 올바른 관계를 유지할 때 신하의 주체성을 가질 수 있다는 말이다. 타자와의 관계가 인간의 주체성을 의존적 존재로 만들지만, 동시에 그런 관계를 맺는 인간의 태도와 마음가짐이 한 인간의 주체성을 구성한다는 의미이기 때문이다.

이렇게 유교에 따르면, 참다운 인간이 되기 위해서는 먼저 자신의 주

---

2) Wing-Tsit Chan, *A Source Book in Chinese Philosophy*, 12
3) 『論語』, 12. 顏淵 편.

체성을 확보하는 것이 중요하지만, 반드시 그것을 타자와의 관계 속에서 이루어내야 한다. 이런 정신은 다시 유교의 핵심사상인 "인(仁)"의 개념에서도 발견될 수 있다. 유교는 언제나 최고의 인간성을 "인"에서 찾았는데, 잘 알려져 있다시피 이때 인이라는 문자는 어원적으로 두 사람이 맺는 관계를 상징하는 표의문자에서 따온 것이다. 즉 부모와 지식간의 관계, 임금과 신하의 관계에서와 같이 인간 간의 관계가 인간의 됨됨이를 규정하는 것으로 분석된다. 따라서 인간의 주체성이 타자 및 사회와의 관련 하에서 규정된다고 볼 때, 어찌 보면 유교는 오늘의 포스트모던 주체론과 비교된다고도 하겠다. 타자와 맺는 관계성에만 집중해서 보면, 유교는 주체의 타자성을 강조하는 것, 즉 해체적 측면을 강조하는 셈이다. 그러나 유교에서는 타자와의 관계를 통해 형성되는 주체가 '무nothing'는 아니므로 해체적 견해와 구별된다고 볼 수도 있다. 주체가 타자와 관련될 때 영향을 받기만 하는 것은 아니기 때문이다. 유교적 주체는 영향을 주는 면도 있다는 말이다.

그렇다면 도교의 주체론은 어떠한가? 잘 알려져 있다시피, 도교는 언제나 유교에 반대하면서 자신의 철학을 형성해 갔다. 도교에서 인간이 인간다워지기 위해서는 우선적으로 유교적 인간관에서 벗어나야 한다. 유교는 인간이 사회 안에서 타자와의 관계를 통해 자신의 주체성을 확보할 때 인간다움을 찾을 수 있다고 본 것에 반해, 도교에 따르면 유교의 이런 인간관은 아주 중대한 착각에 기초해 있으며 따라서 오류이다. 인간이 사회 안에서 인간성을 확보하려 하면 할수록 인간은 참된 의미의 인간됨에서 멀어진다고 보기 때문이다. 도교에 따르면, 인간이 인간다워지는 것은 오히려 사회 안에서 다른 인간과 관계를 맺으며 자신을 규정하는 것을 포기할 때 가능하다.

도교에서는 그렇다면 어떻게 해야 인간이 인간다워질 수 있는가? 도교의 유명한 답변은 이른바 무위자연설(無爲自然說)이다.4) 여기서 무위

(無爲)란 아무런 행동을 하지 말라는 것이 아니다. 여기서 어떤 행동을 하지 말라고 말 할 때 도교가 의미하는 것은 인위적 행동을 하지 말라는 뜻이다.5) 특히 유교에서 강조하는 것을 따라, 사회 안에서 규정된 자신의 직함을 좇아 행동하는 것이야말로 모든 문제의 근원이다. 물론 이는 얼핏 많은 현대인들에게는 억지주장으로 들릴 수 있다. 왜냐하면 인간은 사회 안에서 살아갈 수밖에 없고 또한 사회적인 행동을 수행하지 않을 수 없는데, 그렇다면 도대체 도교에 있어 인간이 사회적 행동 없이 할 수 있는 행동에는 무엇이 있을까?

물론 도교는 이에 대한 해답을 갖고 있다. 도교가 제시하는 해답은 자연적으로 행하라는 것이다. 여기서 자연적으로 행동하라는 말은 수많은 해석과 논쟁을 일으켜 왔다. 자연적으로 행동하라는 말이 매우 모호한 의미를 담고 있기 때문이다. 많은 경우 자연적으로 행동하라는 말은 자연의 법칙을 따라서 행동하라는 말로 읽혀질 수 있다. 그러나 만일 그런 해석이 옳다면 도교는 매우 모호하고 느슨한 의미의 윤리만을 말할 수밖에 없게 된다. 자연의 법칙은 언제나 무작위적이고 임의적이기 때문이다. 많은 경우 어떤 사람들에게는 자연의 법칙이 매우 비윤리적으로 작동하는 것처럼 비쳐지는 경우가 많다. 예를 들어 자연의 법칙 중의 대표 격이라 할 수 있는 인간의 본능이 나타내는 법칙이 바로 그러하다. 인간의 본능은 인간 안에 들어와 있는 자연의 법칙 중 하나인데, 그것은 사실 매우 충동적으로 움직이며 그것에 근거한 행위는 선한 결과와는 상관이 없는 경우가 많다. 인간의 본성이 영어권에서 nature로 번역되는 것 자체가 자연과 본성, 자연과 본능이 매우 유사한 작동원리를 갖고 있음

---

4) 道德經 48: 道常無爲而無不爲 (도는 언제나 무위이지만 하지 않는 일이 없다); 25: 天法道道法自然 (하늘은 도를 본받고 도는 자연을 본받는다).
5) 도교의 무위 개념이 이런 식으로 해석되어야 한다는 것은 모든 학자들의 일치된 견해다. 가장 대표적인 해석으로는 다음을 보라. 方東美,『원시유가도가 철학』, 남상호 역 (파주: 서광사, 1999), 272.

을 의미한다. 자연은 언제나 인간에게 선도 결과할 수 있지만 악도 결과할 수 있다. 자연의 법칙을 따라 일어나는 지진과 홍수도 인간에게 재앙을 가져오는 경우가 대부분이지 않은가? 이런 점을 감안할 때, 자연적으로 행동하라는 말은 때로 윤리적인 면에서 볼 때 항상 긍정적인 의미를 담기는 어렵다. 이렇게 도교가 말하는 무위자연설은 윤리적 의미가 모호하다. 그렇다면 도교가 "무위자연"으로 말하려는 진정한 뜻은 무엇인가?

이렇게 이해해 볼 수도 있다. 우선 자연적으로 행위 하라는 말과 인위적으로 행동하지 말라는 말이 동일한 의미를 갖는다고 가정할 때, 그렇다면 인위가 무엇을 의미하는지 알아보면 더 적확한 이해에 다가갈 수 있다.

다음의 사례에 대해 생각하면서 문제에 접근해 보자. 잘 알다시피, 현대의 자유방임주의 경제학과 그것에 기초한 세계화는 많은 문제점을 낳았다. 오늘의 국제 상황은 인간의 능력과 그의 이성을 따라서 고안된 경제론의 한계를 잘 드러내고 있다. 우리가 이런 문제들만 고려해 보아도 도교가 말하려는 바가 무엇인지 짐작해 볼 수 있다. 즉 인간은 자신의 인위적 행동이 얼마나 한계가 있으며 유한한 지혜에 근거하고 있는지 생각하면서 겸손해야 한다고 주장하려는 것이 도교의 본래 입장이라 할 수 있다. 인간은 자연 앞에서 겸손해야 하며 자연스럽게 행동해야 참다운 인간이 될 수 있다는 말이다. 여기서 '자연(自然)스럽다'는 것은 문자 그대로 현재 스스로 그렇게 있는 그 상태대로 방임해 둔다는 얘기다. 방임하고 놓아둔다는 것은 있는 그대로의 모습과 본질을 본다는 것이다. 그리고 이를 인간론에 적용해 보면, 인간을 있는 그대로 본다는 것은 유한하고 유약한 인간을 존재하는 그대로 본다는 것을 의미한다. 왜냐하면 자연 그대로의 인간은 신적인 초월적 존재보다는 오히려 동물과 가까우며, 나아가 그의 정신이 초월적 이성으로 지배되기보다는 본능과 감성으로 지배되는 면이 많기 때문이다. 이런 속성들은 분명히 인간이 한계성에 갇혀 있다는 것을 의미하며, 그런 의미에서 자연인으로서의 인간은 유한한 인간이다.

분명히 유한한 인간을 그대로 놓아두고 유한하게 보는 것이 인간을 자연스럽게 보는 것이라는 주장은 인간을 겸손하게 만드는 사상을 강조할 수 있게 만든다. 도덕경에 나타나 있는 인간론이 무(無), 허(虛), 비움 등의 생각을 강조하는 이유는 바로 이런 배경에서다. 그리고 도교의 인간관을 이런 식으로 해석해 볼 수 있다면 이제 우리는 도교의 주체론이 어떻게 전개될지 예상해 볼 수 있다.

유교와 마찬가지로 도교 역시 근대 서구의 주체성과 같은 의미의 인간의 주체성을 정립하는 문제에 대해서는 매우 인색하다. 자연과 관련하에서 자신을 규정해 가는 인간만을 바람직한 인간상으로 보는 관점에서는, 인간 스스로가 자신의 주체성을 정립해 나갈 수 있다는 생각 자체가 부정되기 쉽기 때문이다. 이런 관점에서 볼 때 도교의 관점은 서구의 이른바 포스트모던 해체주의의 관점에 가깝다. 참다운 인간이 되기 위해서 인간은 자신의 주체적인 행위를 강조하지 말아야 한다고 보며, 그런 이유로 독립적 주체성이라는 개념 자체를 그리 바람직한 사고의 산물이 아니라고 보기 때문이다. 도교에서 인간은 자연에 동화되거나 아니면 적어도 자연에 철저하게 의지하고 그 자연의 법칙을 순응해 살아갈 때 바람직한 인간이 되며, 그런 의미에서 그의 주체는 자연적 주체가 되거나, 혹은 자연으로 대치된다. 도무지 스스로의 인위적 법칙을 따라 행동하는 인간의 주체성은 참다운 주체성으로 간주되지 않기 때문이다. 그러므로 인간이 주체를 갖는다면 그것은 자연으로서의 주체이며, 자연에서 크게 다르지 않다고 보아야 한다.

그렇다면 불교의 주체론은 어떠한가? 불교의 주체론은 그 입장이 명확하기로 유명하다. 특히 그것은 오늘의 포스트모던 철학이 주장하는 바, 주체를 해체해 버리는 관점과 매우 유사하다는 점에서 돋보인다. 솔직히 어떤 면에서 볼 때, 동서 철학사 전체를 통해 주체성을 거부하는 해체주의적 인간관에 관한 한 그 원조는 2,000년이 넘는 역사를 가지고 있는 불교이다. 따라서 오늘의 포스트모더니즘은 차라리 그 아류에 불과하다고 보아야 한다. 따라서 유교와 도교와 달리 불교의 주체론은 아주 간명하게 요약하는 것이 가능하다.

이미 붓다는 인간의 주체가 허구이며, 주체가 있다고 하더라도 그것의 구성원skandhas으로 나누고 나면 남는 것이 없다는 것을 주장했다. 이것이 이른바 antta^no-self, 즉 제법무아론(諸法無我論)이다. 제법무아론에 근거한 해체주의적 주체론은 연기(緣起)와 공(空)의 철학으로 강화된다. 모든 것은 타자와의 인연 속에서 탄생되며 그런 인연과 관계 자체가 곧 그의 주체를 구성한다. 하지만 여기서 주체를 구성한다는 말은 주체가 독립적으로 탄생한다는 의미가 아니다. 주체가 구성되는 것도 인간이 자신의 인식론적이고 존재론적인 편의를 위해서 임시방편으로 만드는 수단이라는 의미에 한에서다. 엄밀히 말해서 주체가 구성된다는 말을 하는 이유는 주체가 잘못 구성된다는 주장을 펼치기 위함이며, 따라서 불교에서 주체라는 개념은 인간의 정체성에 대한 정확한 규정은 아니다. 인간의 정체성은 오히려 무아(無我)이고 공(空)이다. 무와 공의 철학은 주체를 이해하는 데 있어서 핵심적인 원칙으로 적용되어야 한다. 주체가 구성된다는 것 자체가 착각이고 무지의 산물이라는 말이며, 주체가 있더라도 그것은 수단적으로 혹은 허구적으로 가정될 뿐이라고 주장하기 때문이다.

II. 기독교 인간론과 주체의 문제

기독교인들에게 진정한 인간이 된다는 의미는 주체가 된다는 의미이고 이는 그가 신God과 관계될 때 이루어진다. 이에 대해 언급하는 성서구절은 너무나 많다. 그중에서 대표적인 것 하나를 구약에서 꼽자면 창세기에 나오는 선악과 이야기다. 많은 신학자들은 선악과 이야기를 하나님이 인간을 어떻게 구원하시는가와 관련된 이론, 소위 하나님의 구원사의 관점에서만 그 의의를 찾지만 어떤 이들은 그 이야기에서 주체적인 인간을 발견한다.

철학적으로 볼 때 신이 선악을 알게 하는 나무를 만들었다는 사건 자체가 신이 자신의 능력을 인간과 나누면서 스스로를 제한했다는 것을 의미한다. 그것은 인간을 주체적인 존재로 만들면서 신 스스로가 위험에 직면하는 길을 터놓았음을 의미한다. 왜 그런가?

선악과를 만들기 이전의 상황에 대해 논리적으로 상상해 보자. 만일 신이 그저 자신만을 생각했다면 그는 굳이 세상을 창조할 필요가 없었을 것이다. 홀로 자족하고 행복한 신은 세상을 필요로 하지 않기 때문이다. 신이 세상을 창조했다는 사실은 그가 세상을 필요로 했기 때문이고 그로 인해 자신의 삶이 풍요로워질 수 있다는 확신이 섰기 때문이다. 이것이 사실이라면 신이 세상과 인간, 그리고 선악과를 창조한 배경에는 신이 세계와 인간을 자신의 대화 파트너로 선택했음을 의미한다. 진정으로 완벽해서 부족할 것이 없는 신에게 세계와 인간이 대화 파트너가 되는 방법에는 두 가지가 있다. 그 하나는 신이 세계와 인간을 종처럼 부리면서 자신의 삶에 재미를 더하는 방법이다. 이렇게 이해하는 것이 바로 일부의 전통적 신학자들의 해석이었다. 그러나 이런 전통적 해석은 오늘날 적지 않은 비판에 직면해 있다. 이런 해석에서는 신이 독재자로 오인될 수 있기 때문이다. 인간을 종처럼 부리면서 그런 행위를 통해서 자신의 만족을 추구하는 신은 아무리 긍정적으로 해석해도 결국 독선적이고 압제적인 폭군으로 비쳐질 수 있다. 어떤 이들에게 그런 신은 종교적으로도 무가치한 신이 될 수 있다.

인간이 신에게 대화 파트너가 되는 방법에는 다른 길도 있다. 신이 인간을 인격적인 파트너로 생각해 인간과 대화하고 소통하면서 자신의 삶을 풍요롭게 만드는 방법이다. 이 경우에 신은 인간과 소통하며 살아가는 존재이기에, 자신과 인간의 관계를 주종관계로 취급하기보다는 대등한 인격적 관계로 만들기를 원하게 될 것이다. 여기서 대등한 인격적 관계란, 불완전한 인간과 완전한 신이 더불어 살아가면서 인간의 행복에 신이 웃고 울며, 반대로 신의 행복에 인간이 웃고 우는 그런 밀접하고 끈끈한 관계를 말한다. 신과 인간의 관계에 관한 한 오늘날에는 이런 인격적인 관계의 모델이 더욱 환영 받는다. 그리고 엄밀히 말해서 성서가 말하는 것도 바로 이런 모델이다. 성서에 신과 인간을 주종관계로 보는 해석이 존재하지 않는다는 말이 아니다. 성서에는 분명히 주종관계의 모델도 있고 대등한 인격적 관계의 모델도 있다. 하지만 두 모델 중 오늘의 신학에서는 후자가 더욱 현대의 세계상에 어울리는 것으로 채택될 수 있다는 것이다.

물론 이 경우에도, 신은 신이고 인간은 인간이기에 양자 사이에는 엄연한 차이가 존재한다. 하나는 무한하고 절대적인 속성을 가지고 있는 분이며 다른 하나는 그렇지 못한 존재다. 그러나 신이 인간을 파트너로 생각하기 시작했을 때 신은 인간을 자신의 속성(형상)과 비슷하게 창조하기 원했을 것이며 그런 속성 중 하나가 동물에서는 찾을 수 없는 자유의지를 인간에게 기꺼이 허락하는 것이었다. 즉 신과 인간의 공통현상 중의 하나는 인간이 자유로운 의지를 갖는 것이다. 결국 이를 위해 신은 선악을 알게 하는 나무를 만들면서 인간에게 선과 악 어느 것이든 인간의 의지대로 선택하도록 허용하지 않을 수 없었다.

문제는 이때 인간이 선뿐만 아니라 악을 선택할 수 있는 자유를 얻게 되었다는 것이다. 물론 신의 입장에서 볼 때 이는 엄밀히 말해서 신을 거역하고 배반할 수도 있는 가능성을 열어 놓는 행위였다. 따라서 인간이 자유의지를 갖는다는 것은 신이 손해 보는 행위가 될 수도 있다. 하지만 이런 위험성을 충분히 예측했음에도 불구하고 신은 인간에게 자유의지를 허락하면서 인간과 소통하고 대등한 인격적 관계를 갖는 길을 택했다.

혹자에게는 이것이 바로 성서의 위대성이고 선악과 이야기의 탁월함인 것으로 해석될 수 있다. 신이 인간을 파트너로 인정하는 것이 신에게는 위험을 불사하는 것이었지만 신은 그런 길을 감으로써 인간을 독특한 존재, 즉 신처럼 자유로운 의지를 가질 수 있는 존재로 만들었다는 사실이 성서를 신학적이고도 철학적으로 위대한 경전으로 만들었다는 말이다. 그리고 이는 우리의 토론과 관련해서 매우 중요한 논점을 제시한다. 즉 선악과를 만드는 사건을 통해 인간이 참으로 주체적인 인간, 다시 말해서 자연과 세계로부터 구별되면서 동시에 신으로부터도 자유 할 수 있는 인간으로 탄생되었다는 사실이다. 아담의 타락이 이를 입증한다. 물론 인간은 이렇게 주어진 자유를 신을 위해서 사용할 수도 있었다. 하지만 어찌되었든 여기서 우리의 논점과 관련하여 정리할 수 있는 내용은 이것이니, 즉 이제 인간의 주체성은 때로는 신마저도 어찌 할 수 없는 주체성이 되었다는 것이다. 기독교 신학은 이렇게 일차적으로 주체적인 인간을 말하는 데 있어서 인간중심적이다. 인간이 신에 대항하여 자신의 주체적인 권한을 행사할 수 있다고 해석하는 것이 얼마든지 가능하다는 점에서 기독교 신학은 분명히 인간중심적으로 사유하는 면이 있기 때문이다.

만일 인간의 주체성을 말하는 데 있어서 기독교 신학이 그저 여기서 그친다면 세속적 인본주의와 다를 바가 없을 것이다. 하지만 기독교 신학은 인간의 주체성을 분석하는 데 있어서 한 걸음 더 나아간다. 이미 말했듯이 일차적으로 기독교적 인간은 분명히 어느 것에서도 자유로울 수 있는 주체적인 인간이다. 그러나 동시에 그는 분열된 주체를 가지고 있는 실존적 인간이다. 이런 분열된 주체에 대한 기독교의 입장은 바울의 신학에서 잘 표현된다.

심신이원론(心身二元論)자인 바울은 인간이 선한 속성과 더불어 악한 속성을 동시적으로 소유한 존재라는 것을 강조한다.[6] 물론 신이 창조한 인간은 우선적으로는 선한 인간이다. 신의 선한 법이 인간 안에 들어와 있기 때문이다. 신은 그의 선한 뜻을 우리 마음에 기록해 놓았다.[7] 하지만 바울의 이런 낙관주의적 인간이해는 그의 실존주의적 이해로 보충된다. 로마서 7장과 8장에 나와 있는 바대로 인간은 낙관적인 선의 능력을 갖고 있지만 동시에 타락의 잠재성으로 가득 찬 존재이며 실제적으로는 매순간 타락하는 인간이기에 신에게 의지하는 것으로 이를 이겨 나가야 한다.[8] 특히 신이 그의 아들인 인간 예수의 십자가 사건을 통해 보여준 바, 예수의 죽음은 인간이 얼마든지 보편적인 정언적 명령에 기초한 윤리를 행할 수 있다는 것을 주장하게 만드는 최고의 예증이다. 인간은 이기적이고 악한 존재이지만, 그는 예수를 통해 제시된 신의 선함을 보면서 자신의 허약한 도덕성을 강화시킬 수 있는 것이다. 그래서 바울은 말한다. "주의 성령이 있는 곳에 자유가 있습니다."[9]

바울의 실존론적 해석은 기독교 신학으로 하여금 인간의 주체성이 신에게 의존할 때까지는 충분한 기능을 발휘할 수 없다는 사실을 강조하도록 만들었다. 인간은 얼마든지 자유로운 주체적 인간이고 그런 인간의

---

6) 바울이 심신이원론자(혹은 영육이원론자)인가 하는 것은 논쟁의 여지가 많다. 바울을 이원론적으로 해석하는 것에 반대하는 사람들은 고린도전서 15장 44절에 나와 있는 바울의 몸 해석이 인간의 심신을 유기적으로 보고 있다고 강조한다. 신령한 몸과 자연적인 몸은 하나의 몸이 갖는 두 개의 측면이라고 볼 수 있다는 말이다. 그러나 이런 해석이 바울의 몸 이론으로부터 이원론을 면제해 주는 것은 아니다. 바울의 몸 담론이 비록 유기적 이원론으로 해석될 수 있는 면이 있지만, 그는 어쨌든 영과 육을 전적으로 다른 별개의 가치를 지니는 존재로 만들었기에 그는 엄밀히 말해서 정통 영육이원론자이다. 단지 그의 몸 담론을 현대적으로 해석해서 유기적인 이원론자로 볼 수는 있다는 말이다. 그러나 바울은 어쨌든 이원론자이다.

7) 히브리서 8장.

8) 특히 로마서 7장 24절은 좌절하는 인간의 주체성을 표현하는 한 실존주의적 주체론의 압권이다.

9) 고린도후서 3장 1절.

자유는 신에게서 등을 돌릴 수도 있을 정도의 자유함이지만, 동시에 인간은 분열된 주체성을 안고 살아가는 인간이며 그런 한도 내에서 인간은 신에게 의존하지 않고서는 자신의 주체성을 온전하게 확립할 수 없다.10) 물론 여기서 신이 인간에게 반드시 외부의 힘으로서만 작용한다고 볼 필요는 없다. 성령으로서 임재하시는 신은 인간으로 하여금 인간이 스스로의 자유의지에 근거하여 이상적 삶을 향해 나아가도록 만드는 근거다. 인간의 자유가 온전하게 인정되지만 동시에 인간의 자유는 신에게서 오는 이상적인 목표를 실현하는 한도 내에서 더 온전해질 수 있다는 말이다.11)

요약해 보면, 기독교적 인간관에 있어서 주체론은 신론에 의지한다. 인간의 주체는 신의 은총에 의존하는 한도 내에서 온전하게 정립된다. 이런 점에서 기독교의 주체론은 동아시아의 그것과는 극명하게 대조된다고 볼 수 있다. 동아시아에서 주체는 사회와의 관련 하에서 성립되고 그것으로 환원되거나(유교), 아니면 자연과의 관련 하에서 성립되고 그것으로 환원되거나(도교), 아니면 아예 스스로 성립되지 않고 오히려 공과 무라고 주장된다(불교). 반면 기독교에서는 분명히 하나의 자유로운 주체가 정립된다. 물론 신과 관련되는 한도 내에서 그러하다는 조건이 추가되어야 하지만 말이다.

---

10) 예를 들어 사도행전 1장은 주체 안에 내주하는 성령을 강조하고, 이런 것에 의지해 주체적 인간을 통해 역사되는 신의 뜻에 대해서 말할 수 있었다. 그러나 여전히 여기서도 기독교가 말하는 인간의 주체성은 신과 인간의 상호 관계 속에서 이루어져야 함을 말하는 것은 변동이 없다.

11) 신과 인간의 관계를 이렇게 표현해 내는 데 있어서 신학적으로 가장 잘 된 작품 중 가장 많이 인용되는 것은 아마 존 캅의 저서 *Grace and Responsibility*일 것이다. 우리말로는 『은총과 책임』이라는 제목으로 심광섭에 의해서 번역되었다.

III. 동서 주체이론의 문제점과 그 극복

동아시아의 인간론은 오늘의 포스트모더니즘 철학도에게는 일종의 좋은 소식이다. 인간의 주체성이 독립적으로 존재하는 것이 아니고 단지 사회 내에서 각 개인이 타자와 올바른 관계를 맺는 한도 내에서 성립된다는 유교의 관계론적인 인간관은 적지 않게 매력적이다. 하지만 무엇보다도 인간을 신의 권위로부터 독립시키면서 자연스럽게 살아가는 것을 최고의 인간관으로 추천하는 도교의 무위자연설도 매력적이다. 최근의 신자유주의에 근거한 정치경제학은 인간이 자신의 이성과 능력을 믿고서 그것에 근거해 세계를 이끌어 가는 것이 한계가 있음을 역설하고 있다. 한마디로 낙관주의적 인간론에 제동이 걸린 것이다. 자신의 능력을 무한신뢰하면서 피비린내 나는 경쟁 속에 빠져 사는 인생보다는, 인간을 자연의 흐름 속에 맡겨 놓아야 한다는 도교적 입장은 여러 장점을 지니는데, 우선 작위적인 표준을 따라서 인간을 등급화하는 것을 거부하고 민중, 소수자, 소외된 자 등의 위상을 드높이도록 만드는 데 이점이 있다. 사회적 표준이 정해 준 삶을 거부하고 자연적 삶을 살아가라는 도교적 주장은 오늘의 포스트모던 철학이 말하는 유목적nomadic 삶과도 통한다.

이런 입장에서는 불교도 비슷한 길을 간다. 가장 나중에 발달된 선불교는 인간의 주체성을 우선적으로는 해체해 버리는데, 이는 오늘의 포트스모던적 지식인들을 열광하게 만든다. 특히 어떤 초월자든 거부해 버리면서 완전한 자유인이 되기를 원하는 오늘의 무신론적 포스트모더니스트들에게는 신을 거부하는 불교적이야말로 매력적인 메시지이다.

그렇다면 동아시아의 종교가 말하는 인간론과 주체이론은 포스트모던 현대인에게 장점만을 제공하는가? 동아시아의 인간론이 갖는 한계는 무엇인가? 특히 동아시아의 주체이론이 갖는 문제는 무엇인가?

이미 보았듯이, 동아시아 철학은 어떻게 보면 주체를 해체하는 데서는 성공했다. 주체가 사회의 산물이며, 인간의 핵심 주체성은 사회의 타자들에 의해 인정받기를 바라는 인간의 욕망에 의해서 구성된다고 지적하는 것은 매우 날카로운 주장이다. 특히 불교가 주장하는 바, 인간의 주체는 환상이고 허구이며 따라서 분해되고 나면 남는 것이 없는 무요 공이라는 해체적 주체론은 현대 지성인들에게 매우 호소력 짙은 이론으로 받아들여질 수도 있다.

그러나 인간의 주체성을 해체하는 것이 철학의 참된 목적과 방향은 아니다. 하나의 철학은 윤리적이고 법적인 책임을 걸머질 수 있는 주체에 대해서 설명할 수 있어야 한다. 물론 철학이 반드시 이런 임무를 담당해야 하는 것은 아니라고 생각할 수도 있다. 특히 종교철학을 추구하는 사람들의 입장에서 볼 때, 철학의 임무는 인간으로 하여금 그저 이타주의적 관점에서 행위 하면서 행복한 삶을 영위하도록 만들면 그 뿐이라 생각할 수도 있다. 이타주의적 철학을 성공적으로 정립하게 되면 많은 경우 윤리와 도덕적으로 발생하는 수많은 문제를 해결할 수 있으므로, 그저 하나의 주체가 타자와 밀접한 관계 하에서 자신을 구성한다고 주장하는 내용만으로도 하나의 종교철학은 그 사명을 완수했다고 볼 수도 있다. 그 외 다른 어떤 복잡하고 세련된 주체이론도 필연적이지도 않고 가능하지도 않다고 본다면 말이다.

그러나 철학적인 의미에서 볼 때, 어떤 의미에서건 자신의 고유한 주체성을 상실한 인간에게 법적인 책임을 묻는 것은 매우 불합리한 일이다. 나아가 고유한 주체적 결정이 부재한다고 믿는 사람들은 중대한 도덕적 결정을 내려야 하는 경우 과도한 책임이 부과될 가능성이 높은 도덕 행위는 회피할 확률이 높다. 또한 주체성의 상실에 근거한 인간론은 진정한 의미의 인간의 존엄성에 대해서 말할 때 적지 않은 어려움을 겪을 수도 있다.[12] 물론 동아시아 철학이 이런 문제들에 전혀 무지한 것은 아니다. 하지만 동아시아 철학은 많은 경우 이런 문제들에 대해 치열하고 세밀하게 사고하면서 논리적으로 문제를 풀어가는 방식을 택하지 않는 것도 사실이다.

다시 말하지만 주체를 해체해 버리는 것은 쉬운 일이다. 철학적으로 어려운 문제는 그렇게 해체되고 붕괴된 주체를 다시 일으켜 세우는 작업이다. 그런 면에서 사회로 주체를 대체한 유교나, 자연으로 그것을 대체한 도교, 그리고 타자로 주체를 대체한 불교 모두는 도대체 주체성을 어떻게 세울 수 있는지 논리적으로 현대인을 설득시켜야 하는 과제를 지닌다고 하겠다.

동아시아 철학과 관련하여, 해체된 주체를 세우려는 가장 현대적인 시도 중 하나는 선불교 철학에서 찾아 볼 수 있다. 이른바 그들이 말하는 "입장 없는 입장positionless position"이나 혹은 "무위인(無位人)" 등의 개념은 많은 포스트모더니스트들에게 매우 매력적인 개념이다. 인간으로 하여금 자신의 개별적 입장을 고집하지 않으면서도 어떤 의미에서 자신의 개별적 입장을 고유하게 말할 수 있는 것이 "입장 없는 입장"이며 "무위인"이라 할 수 있다.13) 그리고 이런 주체 해석은 사실 매우 현대적이기까지

---

12) 물론 반드시 신을 가정하고 종교적인 관점에서 인간을 다룰 때 인간의 존엄성이 확보되는 것은 아니다. 최근에는 세속적인 입장에서 인간의 존엄성을 정립해 보려는 여러 방법들이 시도되고 있다. 그 중 최근의 것으로 대표적인 저작은 조지 카텝 (George Kateb)의 저서 *Human Dignity* (Boston: Harvard University Press, 2011)다. 『인간의 존엄』이라는 제목으로 이태영에 의해서 우리말로 번역되었다. 특히 서문 및 1장과 역자의 글을 보라. 하지만 인간의 존엄성이 고유의 주체성의 확립과 자유의지의 확보에 근거하는 한, 신 없는 자유와 신 없는 주체성을 말하는 철학적 방법론은 언제나 많은 논쟁만 일으켜 왔으며, 따라서 설명력 있는 답변을 제공하는 데 있어서 많은 어려움을 겪어 왔다. 이런 문제에 대한 토론으로는 Robert Nevill, *The Cosmology of Freedom* (New York: SUNY Press, 1995)의 2-3장을 참조하라. 또한 그리핀의 책, *God and Religion in the Postmodern World*도 좋은 자료다. 특히 그리핀은 p.113-115에서 어거스틴, 펠라기우스를 비교하면서 신학적 자유는 물론 우주론적 자유 그리고 가치론적 자유 등 세 가지 각기 다른 자유의 개념에 대해서 말하고 있다. (우리말 번역은 강성도에 의해서, 『포스트모던 하나님, 포스트모던 기독교』라는 제목으로 이루어졌다.)

13) Masao Abe, *Zen and Western Thought* (Hawaii: University of Hawaii Press, 1989). 이정우의 최근 저작 『주체란 무엇인가』 (서울: 그린비, 2009)를 보라. 부제는 "무위인에

한데, 왜냐하면 이런 주체론은 오늘날 가장 인기 있는 포스트모던 주체
이론 중의 하나인 들뢰즈의 개념, 예를 들면 "기관 없는 신체the body without
organ"의 개념과도 맞아 떨어진다.14) 즉 들뢰즈에 따르면, 인간은 자신의
행동과 그것에 근거한 영향력을 타자에게 행사한다는 의미에서 기능과
기관을 갖는다는 것을 인정하지만, 그렇다고 그런 기관들을 하나의 체계
로 묶으면서 실체화하는 것은 반대한다. 타자에게 엮이고 구속되는 하나
의 몸이나 신체는 상정해서는 안 된다는 것이다. 이런 의미에서 신체가
있어도 기관 없는 신체를 역설하는데, 말하자면 이것은 전형적인 비주체
적 주체이다. 타자와 관계를 맺으므로 스스로가 성립되지만 그렇다고 본
질적이고 실체적인 주체는 인정하지 않기 때문이다. 그렇기에 들뢰즈의
이런 포스트모던적 비주체적 이론이야말로 불교적인 "입장인 없는 입장"
이나 혹은 무위인의 개념의 또 다른 판본이라 할 수 있는 것이다. 이렇게
도교적이고 불교적인 개념들은 오늘의 포스트 모던적 현대인들에게 새
로운 통찰을 주는 입장으로 인기를 끌만하다.

하지만 주체론의 문제점을 이런 식으로 해석해 나간다고 해서 우리
가 제기한 근본적 문제가 해결되는 것은 아니다. 한마디로 입장 없는 입
장이나 무위인은 일종의 관계적 주체론, 혹은 접속적 주체론을 확립하기
는 했지만 그렇다고 해서 그렇게 해석된 주체가 상대주의(예를 들면, 윤리
적 상대주의)의 문제를 온전히 극복할 수 있는 것은 아니다. 왜냐하면 불
교의 경우, 하나의 무위인은 결국 무위인이고, 어떤 궁극적 표준도 없이
그때그때의 상황에 따라서 가로지르기를 반복하면서 행위 해 가는 인간

관하여"이고, 특히 5장에서 무위인에 대해 설명하고 있다.
14) "기관 없는 신체"(corps sans organes)는 들뢰즈의 『천개 의 고원』 6편에 나와 있는
  개념이다. 이에 대한 해설로는 이정우의 『천하나의 고원』 (파주: 돌베개, 2008), 36을
  보라. 이정우는 "탈기관체"라고 번역하고 있다. 탈기관체, 혹은 기관 없는 신체는 기관이
  접속을 가능하는 매개라고 볼 때 그것 없이 존재하는 것을 말하는 것으로서, 결국 불교의
  공과 같은 개념이기도 하다.

이기 때문이다. 어디에도 머물 필요가 없고 계속적으로 탈주와 도주를 반복하는 유목적 인간에게는 방황과 방임 그 자체가 자신의 표준이며 공과 무가 모든 판단의 기준이다. 물론 방황과 방임을 계속하면서도 타자 및 상황과 관련되는 하나의 주체적인 어떤 것은 있을 수 있다. 그러나 이런 입장을 계속 고수하게 되면 홀로코스트를 일으킨 나치나 KKK와 같은 엄청난 죄악을 저지른 당사자들에 대해서 진정한 의미의 심판을 받도록 정죄하지 못할 수도 있다. 그 당사자들은 그저 어떤 주어진 상황 하에서 그와 관련된 행위를 했을 뿐이며 그렇게 행위 한 윤리적 대행자는 엄밀히 말해서 어떤 입장도 가지지 않는 공과 무이기 때문이다.

그렇다면 기독교의 주체론은 어떠한가? 기독교의 주체론은 오늘의 무신론적 포스트 세속적 모더니스트들에게는 우선적으로 비판의 대상이지 옹호의 대상은 아니다. 예를 들어 오늘의 일부 지성인들이 신에게 의존하지 않는 인간의 주체성을 말하는 근본 이유는 어쩌면 불교인들이 내세우는 이유와 동일하다. 인간이 신과 같은 궁극적 실재에게서 완전히 자유하지 않는 한 그들은 참다운 의미의 진정한 자유를 얻을 수 없다고 보기 때문이다. 이렇게 보면 기독교인들이 선호하는 바, 신에게 의지하는 주체적 인간에 관한 모든 이론들은 오늘날과 같은 포스트모던시대에는 매우 유지되기가 어려운 것으로 보일 수도 있다.

하지만 이런 비판에 대해서 기독교인들이 전혀 답변하지 못하는 것은 아니다. 우선 잘 분석해 보면, 기독교인들의 입장에서 볼 때 신에게 의지하는 인간은 그토록 포스트모더니즘의 원칙에서 벗어나는 시대착오적 주장도 아니다. 포스트모던 현대인들이 무위인이나 입장 없는 입장을 말하는 근본적인 이유는 인간으로 하여금 완전한 자유인이 되도록 만드는 데 있다. 그런데 엄밀히 말하면 기독교들의 주체도 동일한 목적을 갖는다는 점에서 포스트모던적이라고 할 수 있는 것이다. 즉, 기독교인들이 신에게 의지한다고 말할 때 그들이 그런 신과의 관계를 통해서 자신의 주체를 확립하려는 가장 중요한 이유 가운데 하나는 그런 신과의 관계를 통해서 다른 모든 유한하고 속된 속박으로부터 벗어나기 위함이다. 신에게 종속되는 것을 통해서 기독교적인 주체적 인간은 다른 모든 것에로의 종속에서 벗어날 수 있다는 말이다. 한마디로 기독교인들에게 신을 믿는 주체적 인간론이 선호되는 이유도 자유하는 인간을 말하기 위함인 것이다.

물론 신에게 의지하는 것을 통해 사물과 세상에서 자유하게 되는 것이 사실이라도, 신에게 종속된다는 것 자체가 문제 되기 때문에 이는 여전히 포스트모더니스트들에게 기독교인들의 입장을 받아들일 수 없는 걸림돌로 작용할 수 있다. 하지만 이것마저도 신에게 종속된다는 의미를 심도 있게 분석해 보면 얼마든지 포스트모더니스트들의 비판에서 자유로울 수도 있다. 왜냐하면 포스트모더니스트들의 입장을 따라서 모든 의미의 주체는 어떤 의미에서 예속된 주체라는 것을 받아들이게 되면, 어차피 인간은 어디엔가 종속되는 주체를 갖지 않을 수 없다는 것에서 어느 누구도 벗어날 수 없기 때문이며 이런 점에서는 포스트모더니스트들도 예외일 수 없기 때문이다. 예를 들어 인간이 가정이라는 루트를 통해 태어나는 순간 그는 가정에 속박되며, 그가 주민등록 번호를 갖는 순간 사회에 속박되는 것은 물론, 그가 세계 시민으로 살아가는 글로벌인 인간이 되는 이상 그는 곧바로 신자유주의적인 자본주의에 예속되기 때문이다. 어차피 인간은 주체적이기를 고집하는 이상 어떤 의미의 예속이든 받아들여야 한다. 조금 과장되게 말하면 유교도는 사회에 예속되며, 도교도는 자연의 법칙에 예속되고, 불교도는 공과 무의 입장 없는 입장에 예속되며 들뢰지안 같은 오늘의 포스트모던 자유인들도 입장 없는 입장과 무위인이라는 네트워크 속에 예속된다. 이렇게 본다면 모든 인간은 그들이 아무리 오늘과 같은 포스트모던의 시대를 살아가더라도 아직도 노예다. 오늘의 시대에 그들의 신은 더 이상 숭고하지 않을지 모르지만 대신 국가와 자본이 숭고하다고 볼 수도 있기 때문이다. 현대인은 신으로부터 해방되었다고 큰소리칠지 모르지만 그는 여전히 자신을 구성하고 있는 타자들에게 노예일 뿐이다.15) 어떤 의미에서 이렇게 인간은 예속을 벗어날 수 없으며, 그런 의미에서 기독교인들이 다른 사소하고 유한한 예속에서 벗어나기 위해서 신에게 예속된다는 주장을 펼칠 때 그것을 무조건 의미 없는 주장으로 실소에 부칠 수는 없는 것이다. 그렇다면 참으로 기독교인들의 신학적 주체론은 아무런 문제가 없는가? 기독교 주체론의 문제점에는 어떤 것이 있는가?

신에게 종속되는 것을 제외하고서 기독교인들은 그 외 모든 다른 것으로부터 해방된다고 스스로 주장할지 모르지만, 어떤 면에서 볼 때 솔직히 대부분의 종교인들은 여전히 모든 것에 종속된 현실에서 벗어나지 못하고 있다고도 해석될 수 있다. 그리고 이것이 바로 비판의 대상이 될 수 있다. 특히 많은 유신론자들의 경우 신을 믿는 믿음을 통해서 유한하고 속물적인 사물들로부터 해방된다고 공언하지만, 대부분의 경우 이는 그저 말잔치에 그치고 만다. 많은 경우 대부분의 유신론자들은 신을 믿는 목적이 그저 자신의 개인적인 욕망과 이익을 실현하기 위함에서 벗어나지 못한다. 그러기에 신을 믿는 믿음 자체는 좋은 것이고 분명히 유익한 것이지만 많은 경우 그것은 오용되고 착취된다. 나아가 일부 유신론자들은 신의 명령이라는 미명 하에 각종 사악한 일을 저지르는 경우가 많다. 신의 명령이라고 믿으면서 온갖 테러를 일삼는 이슬람 광신도들의 경우가 바로 그러하다. 솔직히 말해서 그들은 신의 이름을 빌려 인간의 비즈니스를 하고 있는 것이다.

---

15) 이를 라캉은 "대타자," 혹은 "상징계에의 예속"이라고 말한다. 여기서 상상계란 인간이 만든 기호의 세계로서 인간이 언어를 사용하는 사회에서 한 멤버로서 살아가는 이상 그는 어쩔 수 없이 이런 기호체계에 종속되어 있게 된다는 것이다. 라캉의 상징계에 대한 좋은 해설서로는 김상환·홍준기 엮음, 『라깡의 재탄생』(파주: 창작과비평, 2005)의 1부를 보라.

따라서 기독교인들과 같은 유신론자의 주체론이 적합하고도 이상적인 방향으로 전개되려면 신을 믿는 믿음이 자신의 주체를 사소하고 유한한 속물들에게 예속시키는 것을 막도록 해야 한다. 그리고 그런 목적을 달성하기 위한 지름길의 하나는 잘못된 신관을 바꾸어나가는 것과도 관련된다. 예를 들어 신과 인간의 변증법적 상호 관계에 입각한 윤리론을 정립시켜 나가는 한도 내에서 기독교인들은 유신론을 오용하면서 예속 주체화 되는 것에서 진정으로 벗어날 수 있다. 이런 한도 내에서 새로운 유신론적 주체론은 얼마든지 가능하다. 다음과 같이 생각해 보자. 신을 향한 믿음과 인간의 자유는 얼마든지 양립적일 수 있다. 이를 입증하는 신학이론들은 오래 전부터 많은 신학자들에 의해서 발전되어 왔지만 여기서는 어려운 신학이론보다는 성서구절에 의존해 설명해 보기로 하자.

우선 우리는 신의 명령을 인간의 의지 안으로 내재시켜야 한다. 신의 명령이 외부에서 작동한다는 생각은 인간의 자유의지의 정립을 가로막기 때문이다. 우리의 행위가 꼭두각시의 경우와 같으면 그것은 자유로운 것이 아니다. 자신의 손과 발을 움직이면서 스스로 동작하고 있지만 그것이 무대 뒤의 배우가 조정하는 것에서 기인하는 것이라면 그것은 참으로 자유로운 동작은 아니다. 그러므로 우리가 신을 믿고 그의 명령에 의지하더라도 그 신의 명령은 우리 안에 내재하는 것이라야 하며 동시에 그 명령은 우리의 자유로운 결단에 의해서 수행되는 것이어야만 한다. 신약성서의 히브리서 8장 10절과 로마서 8장 26절 이하 등은 바로 이런 구조의 신인 관계에 대해서 말하는 구절들이다. 이런 구절들에 따르면, 우리 안에 하나님의 법이 있고 성령의 활동이 있지만 그런 신적인 명령은 우리의 자유로운 의지와 결단에 의해서 수행된다. 즉 일차적으로 우리 모두의 행동은 물론 신의 은총적 명령에 의한 것이다. 하나님의 법적 명령이 성령의 은총적 활동을 통해 실현되기 때문이다. 하지만 그렇다고 해서 그 명령에 의한 성령의 행위가 전적으로 신에게 예속된 행위라고 해석될 필요는 없다. 신의 명령을 따라서 성령이 내 안에서 행하도록 하거나 혹은 못하도록 하는 결단은 어쨌든 인간의 자유로운 의지에 의거해 이루어지기 때문이다. 이런 의미에서 인간의 결단 안에서 신과 인간이 동시에 작동하고 있다고 볼 수 있는 것이다.

나가는 말

우리가 이제까지 토론한 동아시아의 주체론을 짧게 요약한다면, 유교와 도교는 사회나 자연으로 주체를 대신하고 있고 불교는 무나 공으로 주체를 대신하고 있다. 따라서 서구적인 입장에서 볼 때, 동양종교가 말하는 주체는 엄밀한 의미의 주체가 아니거나 아니면 비주체로 보일 것이다. 서구철학에서 볼 때 엄밀한 의미의 주체란 그것이 그저 단순하게 자기의 결정력을 가지고 있다는 것만으로는 주체성의 정립을 말할 수 없다. 진정한 의미의 주체란 어떤 타자의 영향에서도 자유로운 독립적 결정력을 가지고 있는 어떤 것이어야만 하는데, 유교의 사회적 주체나 도교의 자연으로서의 주체, 그리고 불교의 해체적 주체는 모두 이런 독립적인 주체에 대해서 강조하기를 꺼려하기 때문이다.

하지만 그렇다고 해서 동아시아의 주체를 어떤 의미의 결정력도 가질 수 없는 주체라고 볼 이유는 없다. 예를 들어 불교가 말하는 해체적 주체도 하나의 주체는 주체다. 불교적 주체란 분명히 타자적 요소로 분열되는 관점에서 보면 아무것도 남는 것이 없지만, 그렇다고 해서 결정을 내리는 주체가 전혀 없는 것은 아니다. 깨달음을 얻는 것도 주체가 있어야 가능하고 니르바나에 들어가는 것도 주체가 있어야 가능하기 때문이다. 단지 입장이 없고 위치를 말할 수 없을 뿐 어쨌든 자기 결정을 위한 방편과 수단으로 존재하는 하나의 주체는 존재한다고 말할 수 있다.

그러나 이런 불교적 주체가 과연 진정한 의미에서 윤리적이고 법적인 책임을 감당할 수 있는 주체냐 하는 것은 여전히 의문이다. 방편과 수단으로 존재하는 상황적 주체는 엄밀한 의미에서 법적 책임과 관련하여 얼마든지 애매모호한 입장을 취할 수 있다. 하지만 여기서 이 문제를 상론하는 것은 우리의 토론 범위를 넘어선다. 그러므로 우리는 단지 여기서 유교나 도교는 물론 불교의 주체론이 인간이 사회와 자연 그리고 무로부터 완전히 자유로운 독립적 존재로서의 주체를 말하는 데 있어서 어려움을 겪을 수 있다는 것을 지적하는 것으로 만족하자.

그렇다면 서구의 주체, 특히 유신론적인 주체는 어떠한가? 우리가 위에서 분석했듯이 신 앞에 서서 신과 더불어 관계를 맺는 주체는 분명히 예속적인 면과 독립적인 면을 함께 지닌다. 즉 유신론적 주체, 혹은 기독교적 주체는 분명히 신에게는 예속되고 나머지 타자들로부터는 독립하는 주체다. 주위의 타자들이 행사하는 영향력에서 전혀 영향을 받지 않는 것은 아니지만, 분명히 유신론적 주체는 신 신앙에 근거한 자신의 결정을 통해 타자로부터 자유할 수 있기 때문이다. 문제는 이런 유신론적 주체는 여전히 신에게 예속적이기 때문에 어떤 의미에서는 완전히 독립된 주체가 아니라는 불교도들의 비판에 적합한 답변을 제공하는 것이 남았을 뿐이다.

우리는 위에서 기독교인들이 이런 비판에 대해 전혀 답변할 수 없는 것은 아니라는 점을 지적했다. 위에서 이미 보았듯이, 신에게의 예속이 인간의 자유를 억압하는 것이 아니라 오히려 해방이 될 수도 있다는 점을 우리는 보았다. 하지만 이런 주장이 설득력 있는 논증으로 뒷받침되기 위해서는 한 가지 조건이 필요하다는 것이 지적되었는데, 즉 새로운 의미의 신론이 요구된다는 것이다.

여기서 말하는 새로운 의미의 신론이란, 억압적이고 폭군적인 전제

군주와 같은 신이 아니라 인간과 더불어 소통하는 민주적인 신을 말하는 신학을 말한다. 물론 최근에 기독교 신학은 이런 신론을 말하는 수많은 담론들을 발굴해 냈다는 것을 우리는 잘 알고 있다.16) 따라서 우리는 오늘의 신학도는 새로운 유신론에 근거한 이런 참신한 신학들을 잘 발전시켜 나갈 필요가 있다.

그러나 여기서 반드시 지적하고 넘어가야 할 것이 있다. 즉 오늘의 신학이 추구해야 하는 참신한 의미의 새로운 유신론은 사실 오래 전부터 동아시아에 존재해 왔던 모델들에게서 그리 멀지 않다는 것이다. 예를 들어 유교가 말하는 천인합일설이나, 도교가 말하는 바 변화하면서 동시에 변화하지 않는 도(道)와 같은 개념들은 바로 그런 신을 말할 수 있는 단초를 제공할 수도 있다.

물론 동아시아 종교들은 이런 철학적인 장치를 가지고 있으면서도 엄밀한 의미의 유신론을 말하는 데 있어서는 항상 소극적인 태도를 지녀 왔다. 특히 동아시아 철학도들은 자신들의 전통 안에 있는 유신론적인 전통들을 기독교적인 것과 차별시키고 대조시키기 위해 언제나 불분명한 위치를 갖는 불확실한 신 개념에 대해서만 말해 왔다. 솔직히 말해서 동아시아의 신은 사회적 합의에 나타난 계약의 정신을 투사한 것에 불과하거나 아니면 기껏해야 자연 그 자체인 경우로 해석되는 때가 많았다. 물론 이 역시 얼마든지 반론이 가능하므로 엄격한 토론을 거쳐야 하는데 이는 많은 지면을 요구하므로 다음 기회로 넘기도록 하고, 단지 우리의 토론과 관련하여 우리가 깨달을 수 있는 하나의 사실만을 지적하기로 하자.

---

16) 많은 페미니스트 신학을 비롯한 해방신학, 그리고 최근의 과정신학 등은 이런 새로운 유신론에 입각한 신론을 말해 왔다. 최근에는 포스트모더니즘의 관점에서 이런 유신론을 발전시켜온 신학자들도 있는데 그중의 대표적인 학자는 카푸토가 될 것이다. 다음을 보라. John Caputo, *The Weakness of God: A Theology of the Event* (Bloomington: Indiana University Press, 2006).

매우 진부한 지적이지만, 동아시아 철학은 서구적 기독교와 대화하면서 배울 수 있어야 한다. 예를 들어 도교의 경우처럼 인간이 참으로 자유하기 위해서는 그저 자연의 품에 안기고 그것으로 돌아가는 것만으로는 안 된다. 이미 보았듯이 자연의 법칙은 언제나 인간에게 선하게 작동하는 것은 아니며, 때로 인간은 자연의 법칙을 따라가다가 악행을 결과하는 경우가 많기 때문이다. 이미 토론했듯이 당장 인간 안에 들어와 있는 자연의 법만 보아도 그것은 엄밀히 말해서 본능 이상이 아니다. 사람이 본능을 따라 살아가는 것은 매우 낭만적일 수 있지만 그것은 많은 경우 타자에게 윤리적 폐해를 끼칠 수도 있다. 이런 면에서 볼 때 도교나 불교가 말하는 "무위인"이나 "입장 없는 입장"은 기독교가 말하는 분명한 주체적 인간론으로 보충되어야 한다. 우리는 자연 안에서 살아가는 존재이지만 동시에 사회 안에서 살아가는 존재라는 사실이 이런 입장을 택하는 것을 더욱 중요하게 고려하도록 만든다. 인간은 자연 안에 살고 있지만 많은 경우 그 자연은 사회화된 자연이고 인간의 손때가 묻은 자연이다. 따라서 인간이 인간다워지는 것은 결코 순수하게 자연적 삶을 사는 것만으로 해결되지 않고 사회적 삶을 떠나는 것으로도 해결되지 않는다. 사회적 동물로서 결정을 내리고 좋은 것과 나쁜 것을 구별하면서 선을 부추기고 악을 정죄하는 한도 내에서 인간의 주체는 참으로 주체다워질 수 있기 때문이다. 그러나 이런 동서 대화의 원칙은 기독교에도 적용되어야 한다.

그렇다면 기독교는 동아시아에서 어떤 통찰을 얻을 수 있을 것인가? 기독교의 모든 문제는 신과 관련되어 있고 심지어 주체의 문제도 마찬가지다. 인간 주체가 주체성을 정립하는 것은 신과의 관련 하에서다. 하지만 문제는 많은 경우 대가를 치러야 한다는 것이다. 신은 인간을 자유의 주체로 만드는 동시에 예속의 존재로도 만들 수 있기 때문이다. 그러나 우리는 위해서 신이 참으로 인간을 자유하는 주체로 만들면서도 동시에 신으로의 예속에서 벗어날 수 있는 방법을 제시할 수 있다고 보았다. 그리고 그것은 신의 관념을 바꾸는 한도 내에서 가능하다고 말했다. 즉 신이 그저 인간 위에 군림하면서 신께 영광을 돌리는 것만을 요구하고, 나아가 인간의 삶을 억압하기만 하는 신, 즉 전통적인 의미의 군주적 신으로만 취급된다면 인간의 자유는 확보되지 못할 뿐만 아니라 불교와 같은 종교의 조소거리가 될 수 있다. 그러나 기독교의 신은 때로 군주적인 면을 지니기도 하지만 근본적으로는 민주적이고 공평한 신, 특히 정의의 신이라는 점은 틀림없기에 인간의 자유로운 주체성을 강조하는 새로운 신론이 얼마든지 가능하다.

물론 성경이 말하는 기독교의 신은 분명히 이렇게 민주적이고 정의로운 신이라고 볼 수는 있지만, 그렇지 않은 신으로 해석되는 경우도 있기에 우리는 동아시아 종교와 대화하면서 우리 스스로를 재해석할 필요가 있다. 비록 동아시아 종교의 신은 온전한 의미에서 초월적인 신은 아닐지 모르지만 엄밀한 의미에서 매우 내재적이며 인간 중심적이다. 그러기에 유신론적 종교들, 즉 기독교를 비롯한 아브라함적 종교들은 이와 같은 동아시아 종교의 신 개념으로부터 매우 신선한 통찰을 얻을 수 있다. 특히 유교가 말하는 천(天), 도교가 말하는 도(道), 불교가 말하는 겸비와 케노시스의 공(空) 등은 약점만 있다고 볼 필요가 없다. 기독교를 비롯한 유신론이 배울 수 있는 통찰도 많이 가지고 있다고 할 것이다.

7장
동아시아 생성철학의 가치와 한계

들어가는 말

생성과 과정의 철학이 이 시대의 중요한 화두 중 하나라는 사실에 이의를 다는 사람은 많지 않을 것이다. 하지만 인류의 역사에 있어서 생성과 과정의 철학이 중요한 종교철학적 조류의 하나로 자리잡기 시작한 것은 그리 오래된 일이 아니다. 서구사상사를 회고해 볼 때 니체와 마르크스로부터 시작해 베르그송과 화이트헤드, 그리고 최근의 들뢰즈에 이르기까지 생성과 과정의 관점에서 종교에 대해 토론해 온 역사가 전혀 없었던 것은 아니다. 하지만 그들이 종교에 대해서 토로하던 예언적 외침은 언제나 사상사에 있어서 주변적 관심에 머물렀지 당대의 주류는 아니었다. 아주 최근까지도 많은 사람들은 생성과 과정철학의 중요성에 대해 둔감한 채 지내 왔으며 특히 종교와 철학의 분야는 의도적으로 이 분야를 소외시켜 왔다.

하지만 오늘 날의 상황은 역전되었다. 우리 주위에 존재하는 온갖 사물들의 동일성과 정체성에 대해 의문을 제기하는 것이 철학의 주류 사조가 된 것은 물론이고 실체, 절대, 불변 등등의 개념들이 쉽게 거부되는 것도 오늘의 흐름이다. 그렇기에 사물과 인간의 본성을 생성과 과정의 개념을 적용해 바라보고, 나아가 사회적이고 문화적인 이슈들마저 생성과 과정의 철학에서 평가하는 경향은 오늘날 하나의 중요한 사유방식으로 자리 잡고 있다.

그러나 생성과 과정의 철학에 관한한 가장 두드러진 운동은 종교의 영역에서 시도되고 있다. 최근에 국제적으로는 물론 국내에서도 가장 많이 읽히는 들뢰즈Deleuze나 바디우Badieu 그리고 라캉Lacan이나 슬라보예 지젝Slavoj Zizek도 종교나 신학에 대해서 적지 않은 작품들을 쏟아내고 있는데 대부분 이들의 관점은 생성, 사건, 잠재, 관계, 과정, 무의식 등이며 이런 대부분의 개념들은 그동안 서구 사상에서 주변으로 밀려나 있었던 것들이다.1) 화이트헤드와 찰스 하츠혼Charles Hartshorne에게 발아되고 존 캅John Cobb과 데이비드 그리핀David Griffin에게서 영글은 과정신학이 기독교 진보신학의 대표격으로 자리잡은 지 오래된 것은 새삼 지적할 필요도 없다.

문제는 같은 생성과 과정의 철학과 관련되어 있으면서도 유독 동아시아 종교에 대한 작품들은 많지 않다는 사실이다. 엄밀히 말해서 생성과 과정의 사유에 관한 한 그 원조는 동아시아 종교사상이다. 불교와 도교는 물론이고 유교의 철학적 배경은 모두 인도와 중국에서 발전된 '변화,' '관계,' '생성' 등에 기초한 철학이 핵심과 근간을 이루고 있다. 그럼에도 불구하고 동아시아의 생성철학과 과정철학에 대해 토론하는 서구학자들은 그리 많지 않으며, 특히 화이트헤드의 과정철학이나 들뢰즈의 생성철학의 입장에서 동아시아 종교에 대해 조명해 보는 시도는 아직 미미한 수준에서 그치고 있는 실정이다.

---

1) 생성의 철학과 유물론의 입장에서 좌파적 신학 작업을 하는 현대 철학자의 선두에는 슬라보예 지젝 (Slavoj Zizek)이 있다. 그의 여러 저서들 중에서 가장 작으면서도 그의 입장을 가장 간명하게 요약한 책으로는 다음의 책을 보라. 슬라보예 지젝, 『죽은 신을 위하여』, 김정아 역 (서울: 길, 2007).

이 장은 동아시아의 생성과 과정의 철학이 서구의 그것과 만날 때 어떻게 비쳐질 수 있는지 다루어 보면서 그 문제점들에 대해서 지적하려는 것을 목적한다. 여기서 문제점들로 토론될 수 있는 주제들은 다양하지만 그 중 가장 많이 인구에 회자되는 것들 중 하나는 우선 동양의 근대성과 관련된 주장들이다. 동양에는 합리적 근대성이 결여되어 있기에 문화가 비과학적이며 나아가 동양의 사상은 비논리적인 철학을 추구한다는 것이 일부 서구학자들의 판단이다. 이들의 분석에 따르면 동아시아 철학들이 말하는 대부분의 사상은 내용적으로 볼 때 엄밀한 의미의 철학적 내용을 가진 것이라 말할 수는 없고, 그저 기껏해야 도학(道學)에 불과하다.[2] 여기서 말하는 '도학'이란, 주로 인간이 수행을 통해 도덕적인 수양을 하려는 학문을 지칭하는 것이며, 이런 의미에서 볼 때 동아시아의 철학은 순수한 의미에서 논리적이고 과학적인 체계를 갖춘 학문이 아니고 그저 하나의 실천적 지침서이며 따라서 엄밀한 관점에서 볼 때 서구의 그것과 비교의 대상이 될 수는 없다고 간주된다.

이런 일부 서구학자들의 주장은 다음과 같은 또 다른 주장으로 발전된다. 즉 만일 동아시아의 학문이 도학에 불과하다면 그것은 기껏해야 인간의 수많은 문제들 중에서 주로 도덕철학을 다룰 뿐이며, 우주론이나 형이상학과 같은 정교한 철학의 문제는 다루지도 않을 뿐만 아니라 솔직히 말해 관심 밖이라는 것이다. 이런 이유로 동아시아의 철학은 엄밀한 의미에서 철학이 아니라고 주장되기도 한다. 특히 하나의 철학은 우주론이나 형이상학과 같은 문제를 다루는 거시적인 장치들을 포함하고 있어야 하며, 또한 그런 문제들을 해명하기 위해 동원하는 미시적인 개념들 예를 들면 존재, 시간, 사건 개념들에 대한 정교한 토론이 병행되어야 온전한 의미의

---

2) 서구학자들이 동양의 학문을 도학이라고 놓고 비판하는 것을 예상하면서 그런 비판에 대해 동아시아의 학문의 독자적 관점, 특히 유교적 관점으로부터 답변을 시도하는 책 중 가장 읽을 만한 책으로는 한형조의 저서들이 있다. 다음을 참조하라. 한형조, 『왜 동양철학인가』 (파주: 문학동네, 2009); 『왜 조선 유학인가』 (파주: 문학동네, 2008).

철학이 될 수 있는데, 동아시아의 철학은 바로 이런 점들을 결여하고 있기에 온전한 철학으로 간주될 수 없다는 것이다.

또 하나 가장 많이 지적되는 것이 있으니, 이것도 동아시아의 철학이 주로 도학이라는 것에서 발전된 것이다. 만일 동아시아의 학문이 주로 도학을 추구하는 것이라면 그때 그 학문은 적극적인 행위나 변혁을 꾀하는 실천적 학문으로 발전하기보다는 일종의 정숙주의quietism 같은, 명상 위주의 수행적 학문으로 발전하게 될 것이고 사실상 이것이 동아시아 학문의 실상이라는 것이다. 도교에서 말하는 무위(無爲)사상이라든가, 아니면 불교가 말하는 공(空)과 무(無)의 철학 같은 것들은 대개 일종의 정숙주의를 결과하게 되었는데 그 이유는 바로 동아시아 철학의 도학적인 배경에서 기인한다는 것이다.

하지만 논자의 입장에서 볼 때 동아시아 철학에 대한 이런 모든 판단은 대개 동양철학이 지향하는 경향과 그것의 실질적인 모습 사이를 구별하지 못하는 데서 나온 오류이다. 한마디로 말해, 동아시아에 위에서 열거한 약점들과 관련된 경향이 없는 것은 아니다. 하지만 그렇다고 동아시아의 철학이 진정한 의미의 철학이 아니라고 말하는 것은 물론, 나아가 그것이 언제나 정숙주의 같은 것을 결과한다고 말하는 것은 오류다.

논자는 이하에서 이제까지 동아시아 철학에 대해 빚어진 여러 가지 오해들에 대해서 다루게 될 것이다. 우선은 동아시아의 철학이 근대성을 결여하고 있다는 것에 대해서 취급한다. 논자의 입장에서 볼 때 동아시아 철학이 근대성을 결여하고 있다는 주장은 어떤 면에서 일리가 있는 주장이지만 그렇다고 그것이 반드시 옳은 주장은 아니다. 동아시아 철학은 나름대로 근대성의 정신을 가지고 있었으며, 심지어 포스트모던적 경향의 철학도 정립해 왔기 때문이다. 논자는 이하에서 어떤 근거에서 이런 해석이 가능한지를 보여주겠다.

그렇다고 이 장의 목적이 동아시아 철학의 장점들을 말하면서 무조건 변호하려는 데 있는 것은 아니다. 동아시아 철학은 서구철학의 입장에서 볼 때 논리적인 정합성에 있어서 약점을 지니는 것도 사실이기 때문이다. 하지만 이런 약점들은 반드시 동아시아 철학만의 문제는 아니며 모든 철학이 동일하게 가지고 있는 문제이기에, 논자는 이 장에서 동아시아 철학의 논리성과 관련된 문제점들을 부분적으로 지적하면서도 동시에 그것이 무조건 서구 철학의 잣대로 비판되는 것은 공정하지 않다는 것을 보여주겠다.

I. 동아시아 철학의 경계는 어디까지인가?

동아시아 철학의 경계와 관련해 제기되는 질문은 여러 가지가 있다. 지역적인 구분과 관련하여 제기되는 질문도 있고 문화적 구획과 관련하여 제기되는 질문도 있다.

먼저 지역적인 구분과 관련된 질문을 보자. 동아시아 철학은 동양 철학의 일부분이다. 그런데 동양에는 여러 지역이 있고 특히 전 세계적으로 가장 많은 인구가 살고 있는 아시아는 사상사적으로도 그 폭이 매우 넓다. 그러므로 동아시아 철학을 논할 때 먼저 제기되는 질문은 왜 이 시대에 하필 동아시아에 국한된 철학인가 하는 것이다. 즉 인도나 스리랑카와 같은 남아시아의 철학이나, 혹은 중동을 포함하는 서아시아의 사상은 제외하고 왜 하필 동아시아의 철학인가라는 질문, 따라서 먼저 지역적으로 경계를 아시아의 동쪽으로 한정하는 문제에 대해 질문이 제기 될 수 있다.

또한 다음으로 예상되는 질문은 문화적 구획과 관련하여 제기될 수 있다. 같은 동아시아라 하더라도 한국, 중국, 일본 등 여러 나라가 있는데 도대체 어느 나라와 어느 문화권까지 한계를 지정할 것인가 하는 것이다.

특히 이 질문은 하나의 문화권에 대한 한계를 정할 때 어떤 공통분모를 가지고 동아시아 문화권이라는 개념을 정의할 것인가 하는 질문으로 바꾸어 볼 수도 있다.

하지만 여기서 비록 우리가 이렇게 동아시아 철학에 대해 두 가지 상호 다른 질문으로 나누어 논의를 전개하고 있을지라도 사실 그 모든 질문들은 하나의 질문으로 연결되어 있다고 볼 수 있는데, 왜냐하면 논자의 입장에서 볼 때 어차피 동아시아라는 개념 속에 들어 있는 문제는 단지 하나의 핵심 문제만 밝혀지면 다른 모든 것들도 저절로 해명될 수 있다고 생각되기 때문이다. 그렇다면 그 하나의 핵심 문제란 무엇일까?

잘 알다시피, 아시아 혹은 한자로 아세아(亞細亞)라고 일컬어지는 이름은 본래 유럽인들이 만든 개념이다. 본래 유럽 동쪽에 있는 이란 고원을 뜻하는 'Acu'라는 어휘에서 'Asia'라는 어휘가 연원했다는 학설이 유력하거니와, 그것에 근거해 그리스 문명을 기준으로 해서 그 동쪽은 아시아라고 했고 서쪽은 유럽이라고 부른 것이다.3) 그러므로 먼저 앞에서 제기한 질문, 즉 왜 남아시아나 혹은 중동을 제외되는가라고 질문한 것은 쉽게 대답될 수 있는데, 왜냐하면 동아시아라고 이름하든 혹은 서아시아나 남아시아라고 이름하든 우리가 동과 서를 비교한다고 할 때의 '동'은 유럽인의 입장에서 볼 경우 어차피 아시아 전체를 아우르는 하나의 개념인 것이다. 즉 유럽인들의 관점에서 볼 때 동아시아와 서아시아 혹은 남아시아라고 불리는 모든 개념들은 어차피 하나의 공동체요 한 지역으로 취급된다는 뜻이다. 유럽인에게 아시아라는 개념 속에서 느껴지는 인상은 그것이 동, 서, 남으로 구분되지 않고 단지 하나의 이념으로 통일되어 느껴진다는 말인데, 따라서 유럽인들에게 아시아는 그저 유럽과 다른 하나의 이질적인 지역일 뿐이다.

---

3) 김석근, "동아시아," 『21세기의 동양철학』, 이동철·최진석·신정근 엮음 (서울: 을유문화사, 2009), 303-306.

여기서 놓치지 말아야 하는 중요한 사실은 이렇게 아시아를 하나의 이질적 지역으로서 간주하는 유럽인들의 생각 속에는 매우 부정적인 전제가 깔려 있다는 것이다. 유럽인들에게 동양은 하나의 이념으로 통일되어 있다고 표현한 것은 바로 이런 이유에서다. 유럽인들에게 있어서 자신들의 문명과 역사는 언제나 아시아의 그 것보다 앞서고 우위에 있는 것으로 평가되기 때문에, 아시아라는 지역과 그 곳에 속한 나라들은 그 것이 어떤 나라이고 어떤 지역이든 그 모두가 유럽에 의해 개화되고 계몽되어야 할 대상에 속하는 문명권이었다. 그러므로 우리가 동아시아 철학이나 동아시아 종교, 혹은 동아시아 문명이라고 이름하면서 동쪽을 강조하는 듯 하는 표현을 사용해 문제를 논의한다고 할지라도 사실상 그 표현으로 염두에 두고 있는 것은 단지 동쪽에 있는 아시아만의 문제가 아니다. 동아시아의 문제는 사실상 동, 서, 남을 아우르는 아시아 전체의 문제인 것이다.

물론 그렇다고 해서 동아시아와 서아시아 혹은 남아시아 사이에는 전혀 구별이 없다는 말은 아니다. 그들 사이에도 분명한 문명적 차이가 존재하고 있으니, 당장 힌두문명권인 남아시아와 이슬람문명권인 서아시아, 그리고 유불선의 문명권인 동아시아는 서로 극명하게 구별된다.[4] 하지만 여기서 우리가 강조하고자 하는 것은, 비록 이들이 상호 구별된다고 하더라도 유럽인들의 입장에서 볼 때 그들 모두는 동과 서 그리고 남이라는 구분을 넘어서서 모두가 계몽의 대상으로 취급되는 열등한 것으로 치부되는 문명, 즉 소위 에드워드 사이드Edward Said가 말하는 바, "오리엔탈리즘"의 연장선상에서 서 있다는 점에서 모두가 동

---

4) 이렇게 지역적으로 구분하는 것도 물론 서구적인 시각의 산물이지 동아시아적 시각은 아니다. 예를 들어 세계지도의 구분에 있어서 남아시아로 불리는 나라들에는 인도와 인도의 남쪽에 있는 국가들만이 속해 있는 것이 아니라 심지어 네팔도 속해 있다. 네팔은 분명히 어떤 이의 입장에서 볼 때는 남아시아가 아닌 데도 말이다. 이것이 바로 모든 지역적 구분이 얼마나 서구적 잣대의 산물인가 하는 것을 보여주는 단적인 예이다.

일하다.5)

　이런 배경을 감안한다면 다른 질문들에 대한 답변도 쉽게 시도될 수 있을 것이다. 동양과 서양의 철학과 종교를 비교할 때 지역적으로 동아시아를 어떻게 묶을 수 있는가 하는 문제는, 달리 말하면 서구의 철학에 대비되고 나아가 그것에 대해 대항 담론으로 존재할 수 있는 동양의 문명을 어떻게 가려 낼 것인가의 문제이다. 이미 보았듯이 만일 서구 유럽의 입장에서 동양의 그것이 계몽과 개화의 대상으로 취급되었고 또한 오리엔탈리즘이라는 문화적 편견에서 기인된 것이었다면, '동아시아'라는 개념으로 하나의 경계를 만들려는 우리의 의도는 분명해질 수 있다. 아시아 혹은 동양이 열등하다는 유럽인의 편견, 즉 오리엔탈리즘이라는 이데올로기적 편견은 최근에 와서 동아시아 문명의 부상으로 인해서 많이 시정되었기 때문이다. 그것이 최근에 부상하는 유교에 대한 인기가 되든지, 혹은 싱가포르, 대만, 홍콩, 한국이라는 네 마리 용의 경제력이 되든지, 혹은 한중일의 한자문명권이 되든지, 어쨌든 최근 동아시아 문명은 결코 유럽의 그것이 계몽시키고 개화시켜야 할 대상으로 더 이상 존재하지 않게 되었다. 오히려 많은 유럽인들을 비롯한 모든 서구인들은 동아시아의 문명에는 그들이 배워야할 독특한 어떤 요소가 있다는 것을 인정하기 시작했는데, 이는 곧바로 동아시아가 그들에게 지역적인 구분이 아니라 문명적인 대비로 부상된다는 것을 의미한다.

　이렇게 본다면 이제 동양과 서구를 비교할 때 동양의 대표로서 동아시아라는 지역적 경계를 사용하는 이유가 분명해졌다. 동아시아라는 개념의 의미는 동아시아가 가지고 있는 문명적 자산으로서 서구와 비교되는 어떤 것들, 즉 앞에서 열거한 바, 유교 혹은 유교적 자본주의, 그리고

---

5) 에드워드 사이드, 『오리엔탈리즘』, 박홍규 역 (서울: 교보문고, 2007). 사이드의 본 저서는 매우 다양한 문제를 다루고 있지만, 주로 1부의 2장과 3부의 1장이 서구인들이 가지고 있는 동양에 대한 인식의 문제를 다루고 있다.

한자문화권과 같은 것들과 연계된 문명을 지칭하는 것이라 할 수 있다. 물론 여기서 동아시아의 문명을 구성하는 정체성을 유교나 한자문화권 같은 것에만 국한시키자는 말은 아니다. 동아시아를 특징짓는 문명적 정체성의 구성 요소에는 불교도 있고 도교도 있으며, 경제적이고 정치적인 요소까지를 거기에 덧붙인다면 더 많은 요소들을 열거할 수도 있다. 또한 유교 내에서도 전통적인 유교와 성리학 같은 신유학이 있고 불교 내에서도 소승과 대승, 그리고 아비다르마 같은 전통적 불교와 선불교 같은 비교적 후대의 불교 운동도 있기 때문에 이런 식으로 외연을 넓혀 가다 보면 끝이 없을 수 있다. 따라서 우리는 우선 한중일의 유교적이고 한자문화적인 특징과 베트남과 태국 그리고 미얀마 등에 잔존하는 불교 문화권을 아우르는 동아시아의 문명적 특징을 잠정적인 대조항으로 전제하고서 서구와 대화를 나누자는 것이다. 잠정적인 대조항이라고 표현하는 이유를 이제 독자는 충분히 납득할 수 있을 것이다. 서구철학과 서구문명에 대조되는 항목이 동아시아 내에 존재한다고 가정하되 그것을 고정된 정체성으로 생각하지 말고 잠정적이고 점근선적인 것으로 놓음으로써 동서간의 대화를 생성해 가자는 것이다. 그러다 보면 양자 사이에 차이가 드러나면서 서로에게 변혁을 가할 수 있는 새로운 대조와 보충이 생겨날 수 있다고 보는 것이다.

II. 동아시아에는 근대성이 결여되어 있는가?

동아시아를 서구와 비교한다고 할 때 가장 많이 제기되는 질문은 역시 근대성에 관한 것들이다. 아직도 전근대성을 벗어나지 못하고 있는 수많은 동아시아 국가들의 오늘의 정치적인 상황은 차치하고, 우리가 동아시아 사상의 철학적 근거로 삼고 있는 유교와 불교 그리고 도교의 철학이 기반으로 하고 있는 시대는 전근대성(前近代性)Pre-modernity을 기조로 하고 있지 않았는가라는 질문이다. 그렇게 전근대성을 기조로 하고 있는 동아시아의 철학을 이미 근대성을 넘어서서 탈근대성을 특징으로 하고 있는 서구의 철학과 어떻게 비교할 수 있겠는가라는 문제가 제기될 수 있다.

하지만 논자의 입장에서 볼 때, 이런 질문은 매우 날카로운 질문 같아 보여도 사실은 그리 정교한 질문은 아니다. 우선 근본적인 문제는 서구학자들이 말하는 '근대성'이라는 개념 자체가 실체가 없을 수도 있다는 것이 문제다. 그러기에 근대성이라는 잣대로 동아시아 철학을 재단하는 것은 공정하지 못할 수도 있다.

물론 시대적인 구분을 따라서 우리는 전근대와 근대 그리고 후기-근대나 탈근대로 나누는 것이 가능하고, 그런 시대적인 구분은 인류의 문화가 발달해 온 과정을 정확하게 구획시킴으로써 우리의 인식에 정확성을 기할 수 있게 만들어 주는 것이 사실이다. 그러나 미셸 푸코가 지적한 바처럼 근대성이란 인류가 겪어 온 역사적이고 시대적인 과정들 속에서 편리함과 명확성을 기하기 위해서 역사가들이 창조해 낸 창작물이 불과하다.6) 다시 말해 어떤 전근대라는 실체가 있었고 그것을 극복한 근대라는 실체가 선험적으로 존재하면서 인류의 역사를 리드해 왔던 것이 아니다. 그것은 근대라는 시대가 가지고 있었던 여러 특징들 중에서 공통적인 어떤 성질들을 모아서 그것에 성격을 부여한 것이며 임의적이고 작위적인 명이 강하다는 것이다. 한마디로 말해서 그것을 구분하는 학자들의 자의적인 잣대가 많이 작용했다는 말이다.

---

6) 현대 철학자 중에서 근대성을 넘어서는 탈근대적 포스트모더니즘의 관점에서 근대성의 문제를 해부한 사람 중 가장 중요한 인물은 미셸 푸코이다. 특히 이규현에 의해서 최근에 완역된 그의 책『광기의 역사』(파주: 나남, 2010)를 보라. 푸코의 근대성이론에 대해서 잘 정리한 우리말 저서는 윤평중의 책이다.『푸고와 하버마스를 넘어서』(서울:교보문고, 1990)를 보라. 이 책의 2장과 4장이 주로 푸코의 근대성 이론을 다루고 있다.

우리가 잘 알다시피 근대성의 개념을 만들어 낸 사람들은 대부분 서구의 학자들이다. 그러기에 그들의 입장에서 인도문화나 중국의 문명을 평가해 보면 아직도 인도나 중국의 문명권은 근대성의 여러 면을 결여한 것으로 보일 수밖에 없다. 하나의 평가자가 문명을 평가할 때, 많은 경우 그가 속한 문명권에 있는 특징들이 타 문명권에서는 발견되지 않을 수 있는 것이며, 따라서 서구적 관점에서 볼 때 동아시아의 문명에서 어떤 중요한 것이 결여되어 있는 것으로 보이는 것은 어쩌면 당연하다. 그렇다면 서구인의 잣대로 구성되고 짜깁기된 '근대'라는 이름의 어떤 이념과 문명적 사조가 있다고 할 때, 그것과 동일한 것이 동아시아에서 반드시 발견될 필요는 없는 것이다. 오히려 동일한 것이 발견되리라 기대하는 것 자체가 무리이다. 서구에서 합리성과 과학에 입각한 근대성이 발전된 것은 그것 자체가 그렇게 발생되도록 하는 필연적 이유가 있었던 것이 아닌 것처럼, 동아시아에서도 근대성이 발전되지 않았던 것이 필연적인 운명이었던 것은 아니다.7) 오히려 동아시아에서는 서구와 다른 방식으로 자신의 이념과 문명이 형성되어 왔다고 말해야 한다.

　　이런 이유 때문에 서구의 근대성은 실체가 아니고 그야말로 하나의 문명사적 과정에 불과하다고 말해야 한다. 다시 말하지만 근대성이란 그저 서구의 문명이 가지고 있는 여러 특징들 중에서 고대나 혹은 아시아에서 발견되지 않는 것들을 함께 카테고리로 묶은 후 생성된 하나의 시대적 단위에다 어떤 고유의 형식을 부여하여 가정된 내용을 규정해 보려는 시도의 산물이라 할 수 있는 것이다.

---

7) 서구 문명의 근대성을 필연적인 것으로 해석하게 만드는 요소로서의 합리성과 과학마저도 단지 우연적인 서구문화의 산물이라는 주장이 있다. 서구에서도 얼마든지 다른 결과가 나올 수도 있었다는 말이다. 서구의 근대화 과정은 우연성의 산물임에도 불구하고 합리성을 객관주의 및 과학주의와 동일한 차원에서 등치로 보면서 우주의 질서를 추구하고 그것을 특히 단일한 질서의 차원에서 통일적으로 보는 사고는 서구문화의 특유한 가정에서 기인한 것이라고 보는 주장에 대해서는 다음의 책을 보라. David Hall & Roger Ames, *Anticipating China* (New York: SUNY Press, 1995), 111-114, 115.

그러나 서구가 전제하고 있는 근대성의 가장 큰 문제는 이런 작위성과 과정성, 그리고 가설성에 있지 않다. 진짜 문제는 그렇게 설정된 내용을 기준으로 해서 타자의 시대와 문명을 부정적으로 평가하는 태도에 있다. 다시 말해서, 서구 중심적 역사관, 즉 인간의 역사가 전근대에서 근대로, 그리고 탈근대로 발전해 왔다는 역사의 발전사적 이해는 근대성을 이룩한 서구문명을 모든 여타 문명들이 도달해야 하는 하나의 우월한 목표로 규정하면서, 모든 다른 문명들을 서구문명을 담기 위해 발전해 가는 도상에 있는 것들로 폄하해 왔다. 나아가 근대성을 이루고 살아간다고 가정되는 민족이나 국가는 최상의 문명 공동체로 격상시키는 반면 그렇지 못한 것들은 야만으로 규정되어 버렸던 것이다. 서구의 역사가들은 대부분 이런 식의 오류를 범하였으며 아마 그중에서 가장 대표적인 인물은 헤겔Hegel이라 할 것이다.[8]

헤겔은 당시로서는 상상하기 힘든 정보력에 기초해 동서고금을 망라하는 방대한 지식을 수집하면서 자신의 역사철학을 길게 써내려 간다. 하지만 그가 그의 저서에서 말하려는 핵심 주장은 간단하다. 근대성의 핵심은 인간과 그가 속한 공동체가 자기 인식과 자유를 성취해 가는 데 있다고 보면서 서구의 근대 문명은 이것을 이루었지만, 라틴문명은 물론 이슬람과 인도를 포함하는 전체 동양은 근대성을 결여하고 있었다는 결론을 내렸다. 그는 비록 막스 베버와 같은 사회철학자들처럼 근대성이라는 개념을 강조하지는 않았지만, 내용적으로는 결국 서구의 문명, 특히 기독교 문명과 게르만 문명만이 우월한 합리적 근대성을 가졌으며 그 외

---

8) G. W. F. Hegel, *The Philosophy of History*, tran. by J. Sibree (New York: Dover, 1956). 헤겔의 본 저서 1부(Part I)의 제목이 바로 The Oriental World 이다. 여기서 그는 중국과 인도를 다루고 있으며 불교도 취급하고 있다. 그러나 그는 2부와 3부의 그리스 문명과 로마 문명을 거치면서 마지막 4부에서는 게르만 문명과 기독교 문명을 최고의 문명으로 다루고 있는데, 그가 여기서 취급하는 개념이 바로 정신적 혹은 영적 자유(Spiritual Freedom)의 개념으로서 이를 가장 최고의 형태로 이룬 것이 로마와 게르만 문명이라 주장한다.

의 타 문명은 모두 흠결이 많은 열등한 문명이라고 보았던 것이다. 그러나 동아시아에 근대성 자체가 없었다는 말은 아주 신중하고 조심스럽게 주장되지 않으면 매우 위험스런 주장이 될 수 있다. 그런 주장이 가지고 있는 난점을 보다 직접적인 개념을 사용해서 분석해 보자.

우선 서구의 유럽중심주의가 말하는 근대성의 한 핵심은 무엇인가? 그 핵심은 휴머니즘이다. 그렇다면 휴머니즘의 핵심은 무엇인가? 인도주의 혹은 인문주의라고 번역되는 'Humanism'의 본질은 우선 인본주의 human-centrism이다. 여기서 우선 '인문주의'란 인간의 이성이 이룩한 성과를 중시하는 것으로서, 동물이나 여타 인간 이외의 사물들과 구별되는 인간의 문명적 성과를 종합한 말이다. 한편 인본주의라 번역될 때 주로 의미하는 바는 인간의 권리를 중시하는 것으로서 이는 주로 우주 내에서 인간만이 최종적 결정권을 갖는 것을 의미한다. 자연에 대해서는 물론이고 신에 대해서 그렇다는 것이다. 그러므로 주로 신이 지배하던 세계와 우주에 반대하여, 인간의 권리를 주장하려는 것이 인본주의의 핵심 내용이다.

그런데 만일 우리가 휴머니즘이 가지고 있는 이런 개념적 특색을 적용해 본다면 분명 동북아시아에는 오래 전부터 근대성의 개념이 있었다고 말할 수 있다. 러우위리에는 중국의 품격이라는 저서에서 동양 문화의 핵심은 "사람을 근본으로 하는 문화"인데, "上薄拜神敎, 下防排物敎"라고 말한다.9) 상향적으로 볼 때는 귀신에 대한 숭배를 크게 따지지 않고, 반대로 하향적으로 볼 때는 물질적 가치에 의해 좌우되지 않는다는 뜻이다. 이렇게 동양에는 외부적 초월자의 개입으로부터 자유하려 하는 인간의 역능에 대해서 강조하는 전통도 있다. 그야말로 인본주의적 휴머니즘이 동양 전통 안에서도 이미 부분적으로 존재해 왔다고 볼 수 있는 것이다.

---

9) 러우위리에, 『중국의 품격』, 황종원 역 (서울: 에버리치 홀딩스, 2011), 94.

물론 아무리 동양의 근대성에 대한 오해를 불식시키고 이렇게 긍정적으로 이해해 줄 수 있다 하더라도 여전히 동아시아의 근대성에 대해 회의적인 시각을 가지고 있는 사람들이 있을 수 있는데 이들의 주장을 살펴보자. 그들에 따르면, 동아시아의 근대성은 어떤 면에서 서구의 그것에 비해 심각하게 결여된 어떤 것이 있다고 주장된다.

말하자면 근대성의 개념에는 앞에서 살펴본 것과 다른 것들도 있는데 예를 들어 인간의 개인적인 차원을 넘어서는 사회학적인 면도 있다. 즉 근대성의 핵심 개념 중에는 민주적 사고democratic thinking가 있다. 엄밀히 말해서 바로 이 개념, 즉 민주적 사고에 관한 한 동양은 오랫동안 낮잠을 자 왔다고 말할 수도 있다. 특히 정의justice의 문제와 관련해서 볼 때 동양의 개념은 그리스의 사유에 비해서 아직 세밀하지 못하고 또한 조야했다. 전제 정권의 일방적 통제로부터 독립적인 권한을 갖는 개인의 권리에 관한 한 그 개념이 실천으로 옮겨지면서 성숙해지기까지 동아시아는 서구에 비해서 더 많은 세월을 기다려야 했다. 동아시아에서 민주화가 늦어진 것에는 이런 배경이 있다. 물론 왜 그렇게 민주화가 동아시아에서 늦게 발달했는가에 대한 그 배경적 이유를 정교하게 설명하기 위해서는 또 다른 가설이 요구될 수도 있다. 하지만 이런 주제는 너무 전문적이라서 우리의 논의를 넘어서므로 그저 동아시아의 근대성에는 정치적 민주주의의 개념이 미약했다는 것을 인정하는 것으로 그치도록 하자. 그렇다면 이번에는 포스트모더니즘에 관해 살펴보자.

포스트모더니즘, 즉 탈근대주의도 마찬가지다. 동아시아에서 탈근대주의적 경향이 발견되느냐 하는 문제도 사실은 그것을 어떻게 정의하느냐에 따라 달렸다. 앞에서 우리는 하나의 문명은 하나의 잣대로 규정되지 않을 수 없다고 말했거니와 탈근대주의도 그런 법칙에서 예외가 될 수 없다. 포스트모던은 '모던modern'을 상대로 하며, 모더니티modernity 즉 근대성이 가지고 있는 특징들의 한계성을 인식하면서 생겨난 개념이다. 그러나 그런 새로운 인식에는 어쩔 수 없이 자신의 자아와 그것의 대상으로서의 세계가 서로 상호의존적으로 영향을 끼치면서 생겨나는 것이다. 한 마디로 '모던' 없이 '포스트모던'은 있을 수 없는 것이다. '모던'이 어떤 한계를 지녔든지 '포스트모던'은 '모던'이 가지고 있는 약점들을 전제하면서 그 것에서 배우면서 출발했던 것이다. 따라서 비록 포스트모던이 모던 다음에 왔지만, 그렇다고 해서 후속으로 전개되었기에 우월하고 그것보다 이전이었던 모던은 열등하다는 생각은 그야말로 자의적인 판단에 불과하다. 하나의 시대정신은 당대가 가지고 있는 컨텍스트의 고유성과 독특성 아래에서 판단되어야 하는 면도 분명히 있기 때문이다.

포스트모더니즘과 그것에 근거한 철학적 인식론도 마찬가지다. 포스트모더니즘이 첨단이고 가장 현대적이라서 인간의 가장 발달된 문화의식을 반영하는 면 없는 것이 아니지만 그렇다고 그것에 기초한 인식론과 철학이 만능은 아니다. 그것도 자신의 시대적 한계에 의해서 제한되어 있기는 마찬가지라는 말이다. 최근의 학문은 포스트모던 인간이 세계를 인식하는 데 있어서 얼마나 불공평하고 비객관적으로 인식하는지를 밝혀냈다. 잘 알다시피, 포스트모던적 의식을 가지고 세계를 파악하는 현대인도 사실은 자신이 파악하려는 바로 그 세계의 영향 하에 있으며 그것의 한계에 갇혀 있다. 그러기에 세계를 인식하는 도구로서의 포스트모던적 의식은 순수하지도 않고 객관적이지도 않다. 엄밀히 말하면 포스트모더니즘은 자기 기원에서부터 세계의 영향 하에 있다고 보아야 한다. 인식론적으로 언제나 인식하는 자아와 인식되는 사물 세계는 일정부분 중첩된다. 모든 자의식은 초기 발아단계에서 자신의 타자성을 인식하는 것에서 출발하는데, 이렇게 자신을 타자성의 형태로 인식하는 근본적인 이유는 그것이 자신을 세계에 대한 의식과의 관계 하에서 인식하지 않을 수 없기 때문이다. 즉 자아와 세계가 일정부분 중첩된다는 말이다.

예를 들어 최근에 들뢰즈로 인해 가장 인기를 끌게 된 최첨단 포스트모던 개념 중의 하나인 노마디즘nomadism을 살펴보자. 엄밀히 말하면 세계를 노마디즘의 차원과 해체의 차원에서 본다는 것 자체가 순수한 것 같아도 그런 관점 자체가 이미 노마디즘적 삶에 대한 동경이 팽배해 있고 그런 삶의 양식이 곳곳에서 여유 있게 발견되는 환경과 분위기 속에서 형성된 것이다. 이렇듯 인간의 의식기원과 세계기원에 대해 질문하는 것은 서로를 전제하기 때문에 상호의존적이다. 이렇게 포스트모더니즘의 세계 인식도 시공에 제한되어 있기는 마찬가지다. 단지 새로운 관점에서 그전의 근대성이나 고대성이 보지 못했던 것을 보게 만드는 것이 다를 뿐이다. 이렇게 탈근대성의 개념마저도 어찌 보면 상대적이기에 그것으로 동아시아를 판단하는 것은 작위적이다. 이제까지 우리는 탈근대성의 개념이 상대적이기에 그것을 동아시아에 적용할 때 신중해야 한다는 말을 해왔는데 그런 주장은 어찌 보면 매우 소극적인 변호에 그친 것이다. 동아시아의 탈근대성에 대해 이번에는 적극적인 차원에서 변호해 보자. 조금 더 정밀하게 분석해 보면 동아시아의 철학을 얼마든지 탈근대적인 사유로 해석할 수도 있기 때문이다.

예를 들어 가장 탈근대성의 핵심 개념이라고 일컬어지는 '타자성other-ness'의 개념을 보자. 타자성의 사유는 본시 레비나스Levinas의 경우에서 보듯이 탈근대에 들어와서 발달된 개념이다.[10] 물론 고대와 중세에도 절대타자로서의 신, 초월적인 타자로서의 보편자나 관념 등의 이데아가 있었고 동아시아에서는 리(理)나 상제(上帝) 등의 개념이 있었지만, 어차피 그런 접근 불가능한 질적인 차이의 존재들을 제외하고는 나와 다른 차이를 갖는 타자를 중요하게 생각지 않았다. 나와 차이를 갖는 타자에 대한 개념의 위상은 근대에 들어 와서도 약했다. 주체성이나 그것의 동일성만을 강조하는 분위기에서는 진정한 의미의 타자 개념이 발달하기

---

10) 타자에 대한 레비나스의 대표작 중에서 번역된 것은 다음을 보라. 에마뉘엘 레비나스, 『시간과 타자』, 강영안 역 (서울: 문예출판사, 1999).

어려웠다. 물론 근대에 들어와 민주주의가 싹트면서 인류는 나 이외의 타자 개념에 대해서 눈뜨기 시작했지만 이것 역시 진정한 의미의 타자, 즉 나와 참으로 차이가 나는 외부의 타자 개념, 혹은 나와 차이가 나면서 내 안에 들어와 존재하는 타자에 대한 정밀한 인식은 존재하지 않았다. 이런 개념이 중요하게 된 데에는 물론 레비나스의 공헌도 크지만 우선은 니체나 베르그송, 그리고 화이트헤드 등의 생성적 사유가 발달하고 그것을 뒷받침할 수 있는 새로운 과학적 시공간의 개념이 등장하면서 고정되고 불변하는 존재에 생성과 변화를 적용하게 되었고 그로 인해서 나의 주체성 안에 타자성이 존재한다는 생각의 불씨를 지필 수 있었다.

그런데 잘 알다시피 생성하고 소멸하는 시간의 개념은 이미 동아시아에서 오래전부터 발달된 개념들이다. 불교와 도교에서는 오래전부터 타자 없이 자아가 성립되지 못한다는 것을 강조했다. 자타불이(自他不二)의 이상을 실현하려는 불교의 오랜 주장으로서 연기론(緣起論)은 탈근대적인 타자성을 미리 예견한 탁월한 철학적 주장이다. 물론 이런 이론과 개념들이 반드시 최근에 발달된 포스트모던 개념들과 일치한다는 말은 아니다. 하지만 서구의 포스트모더니즘이 독특한 시간이론과 타자이론을 발전시키면서 근대화를 넘어서 진보했다면, 이에 비해 동아시아에서는 오래 전부터 나름대로의 시간이론과 타자이론을 발전시키면서 독자적인 형태의 진보를 이룩했던 것이다. 단지 그런 동양특유의 생성적 시간이론과 타자이론이 적절하게 민주주의나 산업화와 같은 정치-경제적 발전과 만나지 못한 채 이루어졌다는 것이 서구의 그것과 다른 점이라 할 것이다.

그렇다면 동아시아의 철학은 이렇게 근대성이나 포스트모던적 개념에 있어서 아무런 결여가 없었다는 말인가? 그것은 아니다. 동아시아도 지역적으로 문화적으로 자신의 한계에 갇혀있기에 그것이 발아시킨 자기만의 근대성이나 포스트-모던적 개념들에게 문제가 없을 수 없다. 특히 동아시아의 철학은 논리학적인 면에서 적지 않은 문제가 있다는 지적이 꾸준히 개진되어 왔다. 따라서 이하에서는 서구의 철학자들이 지적하는 그 문제점에 대해서 다시 한 번 살펴보면서 논자의 입장을 전개해 보겠다.

III. 동아시아 철학에는 논리가 결여되어 있는가?

동아시아 철학은 시대적으로 볼 때 과거라는 시간에 갇혀있다. 불교는 물론이고 유교와 도교 등 유불선 모두가 수 천 년 혹은 수 백 년 전의 문화적 산물이며 그러기에 어떤 면에서 볼 때 그것은 박물관의 유물처럼 존재한다. 동양의 학문은 회고의 대상이 될 수는 있어도 현재의 삶에 대해 비판적으로 분석해 본다거나 혹은 미래의 인류의 삶을 예견해 보는데 있어서 한계를 지닐 수 있다는 말이다. 어찌 보면 이런 판단은 숨길 수 없는 하나의 사실fact로 받아들여져야만 한다. 특히 혹자의 입장에서 볼 때, 공자와 맹자, 붓다와 노자 모두는 전근대적인 문화에서 활동한 사상가였기에 그들의 이야기를 그대로 현재에 들여와 적용하는 것은 무리라고 말할 수도 있다. 조금 과하게 말하면 어떤 경우 오늘의 현실을 향해 동아시아의 사상들은 아무 것도 주장할 수 없으며 어떤 해결책도, 아무런 통찰도 제공할 수 없을지도 모른다. 한마디로 동아시아 철학은 어떤 면에서 한물갔다고 말할 수도 있다.

만일 상황이 이렇다고 할 때 오늘날 동아시아 철학이 할 수 있고 또한 해야만 하는 일은 무엇인가? 논자의 생각에 동아시아 철학은 우선 자신의 알몸을 백일하에 드러내야 한다. 우선 스스로 자신의 약점과 한계가 무엇인지 볼 수 있어야 하며 이를 다시 만인 앞에 공개하고 보여주어야 한다. 자신의 약점과 한계를 무엇인지 알지 못하면서 타자에게 훈수할 수는 없기 때문이다. 그런데 자신의 약점과 한계를 알기 위해서는 먼저 타자의 관점으로부터 제기되는 비판을 들어야 한다. 이렇게 동아시아 철학이 먼저 해야 하는 일은 자신에 대해서 겸손하고 겸허한 자세를 갖추는 일이다.

동아시아는 우선 왜 자신 안에 나름대로의 휴머니즘, 즉 이상적인 모델의 인문주의와 인본주의가 있었는 데도 불구하고 그것이 충분히 문명적으로 꽃피지 못했는지 철저하게 반성해야 한다. 어찌하여 동아시아는 자신이 개발해 낸 훌륭한 형태의 휴머니즘에 기초해 서구를 능가하는 철저한 형태의 민주주의와 산업화를 일구어 내는 데 있어 그토록 지지부진했는지 깊게 성찰해야 한다. 그러므로 동아시아 철학이 과거라는 시대적 한계에서 벗어나서 현재의 세계에서 자신감을 회복시킨다는 말은 그저 자신의 가치를 서구의 얼굴 앞에 드러내고 그것을 강조하는 행위에서 그치지 않는다. 사실 이런 행보는 어찌 보면 소극적인 행보이다. 동아시아 철학이 더 적극적으로 현재에 적응하고 그것에 맞서서 자신의 가치를 강조한다는 것은 현재 세계의 그 모든 비판을 겸허하게 수용하면서 자신 안으로 받아들이는 것을 뜻한다. 그러므로 동아시아 철학이 자신 감을 회복한다는 뜻은 먼저 과거의 영화와 명성의 달콤한 향유로부터 벗어나 자신을 모험적으로 타자에게 노출시킨 후 그 타자와 비교해 나가는 것을 뜻한다.11) 이를 통해서만 동아시아 철학은 서구 중심주의에 대해서 도전할 수 있을 뿐만 아니라 나아가 그들에게 공헌할 수 있다. 사실 서구는 한동안 자신의 문명적 성취에 도취되어 자만감에 빠져 있었으나 최근 자신의 한계를 철저히 인식하면서 다시 거듭나기 시작했다. 특히 최근 주목할 만한 학문적 경향은 많은 서구의 학자들이 동아시아라는

---

11) 앞의 각주에서 언급한 한형조의 저서에서도 이와 비슷한 생각이 발견된다. "언어와 존재에 대한 절대적 전망도 계몽주의적 주체의 전통도 없는 우리가 해체해야 할 것은 진정 무엇인가. 주자학의 도덕 형이상학적 이념인가, 혹은 불교의 구원론적 신학인가. 우리는 지금 무엇을 상대로 열을 올리고 있는가?" 한형조, 『왜 동양철학인가』, 26.

타자에서도 무엇인가 배울거리가 있다는 것을 자각하기 시작했으며 동아시아에 대해 공부하는 데 심혈을 기울이고 있다는 점이다. 이런 서구의 태도를 동아시아도 다시 배워야 한다. 이런 한도 내에서 동아시아는 옛날처럼 자신을 변혁하면서 동시에 서구도 변혁시킬 수 있는 자신감을 가질 수 있다. 한마디로 동아시아와 서구가 상호변혁의 도움을 줄 수 있다는 말이다.

동아시아 철학이 자신의 철학에 대해서 반성하려 할 때 가장 먼저 시도해야 할 작업은 자신의 철학에 대한 서구의 논리적 비판에 대해서 성실하게 응답하는 일이다. 전통적으로 아시아 사상은 대개 비논리적이라는 비판이 있었다. 물론 유불선 철학 대부분이 비논리적으로 보이는 것은 어찌 보면 당연하다. 동아시아 사람들은 서구적인 형식논리학의 구조를 따라서 사유하지 않았기 때문이다. 하지만 이렇게 동양과 서구의 논리학이 서로 다르다는 이유만으로 동아시아 사유의 비논리성이 무조건 면책되는 것은 아니다. 그러기에 우선은 동아시아 철학의 논리적 객관성에 대해 서구학자가 어떻게 평가하는지에 대해서 겸허하게 들어볼 필요가 있다.

동아시아 철학의 비논리성에 대해 과감하게 비판적으로 그 문제점을 제기하는 국내 학자들은 많지 않지만 그래도 그런 작업을 수행하는 몇몇 안 되는 학자 중에는 김영건이 주목할 만하다. 그는 같은 동아시아 학자이면서도 자신의 문화적 배경이 되는 유교 철학에 대해 매우 비판적인 자세를 견지해 왔는데 그의 비판은 매우 날카롭다. 예를 들어, 김영건은 맹자의 측은지심에 근거한 도덕 형이상학의 문제점을 사례로 들면서, 맹자의 주장이 매우 유명한 도덕철학적 주장임에도 불구하고 그 주장은 하나의 명백한 "자연주의적 오류"를 범하고 있다고 주장한다.12) 맹자의 측

---

12) 김영건, 『동양철학에 관한 분석적 비판』(서울: 라티오, 2009), 29-30.

은지심론(惻隱之心論)의 핵심 주장에 따르면, 모든 인간은 미덕, 즉 타자에 대해서 악행이나 그 밖에 손해 끼치는 행위를 차마 하지 못하는 마음을 마땅히 지녀야 한다. 이런 이유로 모든 인간은 선해야만 한다. 하지만 김영건에 따르면 이런 논리를 따라가다 보면 논리적인 모순점이 생겨난다고 한다. 즉 왜 꼭 인간은 측은지심을 지녀야 하며 그렇게 선해야만 하는가라는 질문이 생길 수 있기 때문이다.

물론 이런 질문에 대한 맹자의 답변은 분명하다. 인간은 도덕적 감정을 본성적으로 지니고 있고 따라서 그것에 따라서 선하게 사는 것만이 옳은 삶이라고 말할 것이다. 그러나 김영건에 따르면 맹자의 이런 판단은 매우 나이브하고 비논리적인 판단이라고 한다. 김영건에 따르면, 도덕적 감정이라고 말할 때의 '도덕'과 '감정'이라는 단어는 우선 매우 복합적인 의미를 갖고 있어서 간단한 규정이 불가능하다. 예를 들어 '감정'이라는 개념을 살펴볼 때, 도덕적인 성향을 지니는 감정만이 참으로 인간적인 감정이라고 말하는 것은 옳은 판단이 아닐 수 있다고 한다. 김영건에 따르면, 반드시 도덕적인 감정이 아니더라도 인간적인 감정이 얼마든지 존재할 수 있으니, 예를 들어 개인의 욕망을 생산적으로 표현하는 감정도 매우 인간적인 감정이 될 수 있다는 것이다. 따라서 이런 욕망의 감정을 무조건 비도덕적인 감정이라고 비판하는 것도 문제가 될 수 있다고 한다.13) 또한 맹자가 주장하는 바대로 인간에게는 예외 없이 사단칠정의 감정이 존재해 있다고 보는 것 또한 존재로부터 당위를 추론해 내는 이른바 자연주의적 오류의 전형적인 사례라고 지적한다. 김영건에 따르면, 인간에게 사단칠정의 감정이 존재한다는 것은 하나의 수학적인 진리와 달라서 보편적인 진리가 아니며 그것은 단지 인간을 그렇게 분석하기를 원하는 규약에서 출발했기 때문에 도출된 것이다.14)

---

13) Ibid., 27-28.
14) 김영건, 『동양철학에 관한 분석적 비판』, 2장.

김영건이 지적하는 바, 맹자의 측은지심론이 갖는 또 다른 철학적 문제는 반증주의의 원칙에 어긋난다는 것이다. 즉 김영건의 입장에서 볼 때 맹자가 사용하는 논증의 방법은 결코 영원히 반박될 수 없는 가설이다. 즉 어떤 사람이 맹자의 측은지심의 이론에 대해 반대 주장을 펼치는 순간 그 사람은 곧장 도덕심이 불충분하기에 그런 주장을 하는 것으로 매도될 것이 분명하다. 맹자의 관점에서 보며, 한 사람이 측은지심에 대해 의구심을 갖는다는 그가 아직 충분한 성인의 반열에 끼지 못할 정도로 도덕심이 발달하지 못한 때문이며, 그가 충분한 도덕심을 갖게 되는 순간 그는 측은지심의 보편적 가치에 대해서 인정할 수밖에 없다고 볼 것이기 때문이다. 그러므로 여기서 남겨지는 선택지는 단지 맹자의 이론을 받아들이든지 아니면 그것을 거부하던지 두 가지뿐이며 다른 가능성은 배제되는 결과를 낳는다고 한다. 이렇게 맹자의 도덕철학은 반박을 통해 생상적인 토론을 하는 것이 불가능한 명제로서 반증주의의 원칙에 어긋난다는 것이다.[15]

여기서 김영건이 펼치는 모든 주장이 반드시 옳다고 볼 수는 없지만, 대체적으로 그의 논지는 논리정연하고 설득력이 있다. 논자가 볼 때 김영건이 주장하려는 바는 다음과 같은 간단한 말로 쉽게 요약될 수 있다. 즉 우리가 동아시아의 철학의 특징을 강조하고 그것의 가치를 숭상하는 것은 옳은 일이지만 그것의 주장을 무조건 액면 그대로 추종하면서 무비판적으로 옹호하는 것은 옳은 일이 아니다. 동아시아의 철학도 그것이 처하고 있는 시·공간적 한계에 의해서 제약되어 있기 때문에 우리는 그것을 지적해 내야 하며 그것을 인정하는 것으로부터 출발해야 한다. 동아시아의 많은 사람들은 맹자의 성선설이 무조건 옳다고 말하는 전제에 길들여져 있는데, 우리가 먼저 해야 할 일은 그런 것이 아니다. 우리는

---

15) Ibid., 25-27.

맹자의 성선설이 갖는 논리가 얼마만큼 철학적으로 정당한 논리를 펼치고 있는지 보는 것이 우선이다.16) 논자의 생각에 김영건의 이런 지적은 유자들이 깊이 새겨들어야 할 덕목이다.

하지만 이로 인해 우리가 동아시아 철학을 비논리적인 학문으로 본다거나 혹은 동아시아 철학의 가치를 평가절하하는 것은 또 다른 우를 범하는 것이다. 더 정확히 말해서, 동아시아에서 서구적 형태의 논리학적 사고를 발견하기 힘들다고 해서 그것이 곧 동아시아 철학이 논리적으로 결격사유를 지녔다든가 혹은 그런 이유로 동양의 철학은 무가치하다든가 생각하는 것으로 이어질 필요는 없다. 엄밀히 말해서 김영건이 차용하고 있는 분석철학의 잣대를 휘둘러 서구의 철학을 재단해 보면 대부분의 서구철학자들의 사상도 동일한 비판을 면하지 못할 것이다. 플라톤이나 아리스토텔레스의 주장, 혹은 그보다 후대의 아우구스티누스나 아퀴나스의 철학은 물론 칸트나 데카르트의 주장들도 오늘의 분석철학의 잣대로 보면 허술하기 이를 데 없는 주장들로 가득 차 보일 것이다.

그러나 그럼에도 불구하고 우리가 할 일은 동아시아 철학이 어떤 면에서 비논리적으로 보일 수 있는지에 대해서 스스로 먼저 성찰해 본 후, 그것을 다시 새롭게 재해석해 내는 일이다. 논자의 입장에서 볼 때 동아시아 철학의 논리성과 관련하여 우리는 우선 왜 동아시아 철학이 서구인들에게 비논리적으로 보이는지, 그리고 그렇게 비논리적인 것으로 평가하는 서구인들의 철학적 평가에 어떤 문제점이 있는지에 대해서 정리할 필요가 있다.

---

16) Ibid., 35.

IV. 동아시아 철학의 학문적 특징과 한계

이 문제에 대한 토론은 이미 오래 전부터 여러 서구학자들에 의해서
제기된 바 있으므로 여기서는 그중에서 대표적인 것을 하나 살펴보는 것
으로 대신하자. 오래 전에 이 문제에 대해서 천착했던 예일대의 철학자
노쓰롭Northrop은 동양적 사고와 서구적 사고의 가장 큰 차이를 직관과 공
리적 가정의 차이라고 말하고 있다.17)

노쓰롭에 따르면, 동양은 대개 직관적 사고와 그것에 근거한 개념 체
계를 지니고 있음에 반해, 이와 대조적으로 서구는 공리적 사고와 그것에
근거한 연역적 이론 및 그것에 근거한 개념 체계를 지니고 있다. 여기서
하나의 직관에 의한 개념은 인식자에게 직접적으로 파악되는 어떤 것에
의해서 주어지는 의미인 데 반해, 하나의 공리적 가정에 의한 개념은 그
개념이 발생하는 연역적 이론이 내리는 가정들에 의해서 지시되는 의미로
서, 그 의미는 어떤 구체적이고도 연역적으로 공식화된 이론 속에서 하나
의 가정 하에 그 개념에게 제안된 것을 말한다. 따라서 노쓰롭에 따르면
하나의 직관에 의한 개념들은 특수자를 위한 이름이며, 하나의 가정에 의
한 개념들은 보편자를 위한 이름이라고 한다. 물론 직관에 의해 이루어지
는 특수자들 위한 이름으로서의 개념도 보편자이기는 마찬가지다. 그러나
개념이 가리키는 지시대상이 두 경우에 각기 다르게 나타나는데, 하나는
특수자이고 하나는 보편자라는 말이다. 동양의 경우 개념들은 자신들이
추론되어 나오는 직접적 파악을 위해 존재하며, 대개 그 파악을 일으키는
수단으로서 기능한다. 반면 서구의 경우 개념들은 연역적으로 공식화된
이론에서 의미가 발견되는 존재자, 즉 하나의 가정된 존재자들을 지칭한
다. 짧게 말하면 동양과 서양의 차이는 하나의 개념이 파악을 일으키는

---

17) F.S.C Northrope, *The Meeting of East and West* (New York: Macmillan, 1949), 447.

수단으로 기능하느냐 아니면 공리 내의 보편자를 가리켜서 증명과 합리화를 강화하는 수단이냐의 차이라는 말이다.[18] 그런 개념을 통해서 동서의 논리학이 목적하는 바도 약간의 차이가 있다고 한다.

과정철학자인 데이비드 홀David Hal은 이런 노쓰롭의 주장을 좀 더 논리학적으로 분석해서 동과서의 차이를 조명한 바 있다. 홀에 따르면 서구 논리학의 경우 공리적인 가정을 사용하는 목적은 합리화다. 이성, 개념, 공리 등을 통해서 획득되는 합리화는 혼돈을 극복하는 것을 목적한다. 그러나 동아시아의 경우는 다르다. 그들이 사용하는 직관적, 미적 경험의 강조는 아무리 하나의 개념을 통해서 그런 경험을 구체화시키려 한다고 하더라도 최종적인 목적은 혼돈 자체를 없애는 데 있지 않다. 직접적인 파악이나 직관에 의한 개념을 사용해서 인식적인 혼돈과 상생하는 것이 동아시아 철학의 주된 목적이다. 한마디로 전제된 긍정적 혼돈을 가지고 투쟁보다는 상생을 추구하려는 것이다.[19] 홀에 따르면, 장자의 경우가 대표적 사례이다.

> 남해의 통치자는 서이고, 북해의 통치자는 후이다. 그리고 중앙의 통치자는 혼돈이다. 서와 후는 혼돈의 땅에서 지속적으로 만난다. 서와 후는 혼돈이 베푸는 친절에 대해 어떻게 보답할까 함께 상의하며 말하기를, 모든 사람들은 보고, 듣고, 먹고, 숨쉬기 위해 일곱 개의 임무를 가지고 있다. 반면 이 가련한 혼돈이라는 지배자는 아무것도 가지고 있지 못하다. 그에게도 그것들을 만들어주자. 따라서 그들은 매일 그 안에 처소를 팠다. 칠일의 마지막 되는 날 혼돈은 죽었다.[20]

---

18) David L. Hall. *The Uncertain Phoenix: Adventures Toward a Post-Cultural Sensibility* (New York: Fordham University Press, 1982), 184. 노쓰롭의 책 중 우리말로 번역된 것도 있으며 이 문제를 부분적으로 다루고 있다. F.S.C 노드롭, 『사람, 자연 그리고 신』, 안경숙 역 (서울: 대원사, 1995).
19) Hall. *The Uncertain Phoenix*, 186.

여기서 보듯이 서구의 논리학과 다르게 동양의 논리학은 혼돈을 처리하는 목적이 다르다. 혼돈을 무조건 없애는 것이 아니라 그것을 인정하면서 같이 살아가는 것도 병행한다는 것이다. 물론 동과 서의 논리적 차이를 이런 식으로 보는 것에 대한 비판도 있다. 중국사상사에 대해 해박한 지식을 가지고 있는 조셉 니덤은 노쓰롭을 비판하면서 다른 각도에서 동양을 분석해 낸다. 즉 니덤에 따르면, 동아시아 철학의 음양개념이나 오행설도 그리스철학에서 발견되는 프로토proto 과학적인 가설과 같은 지위를 가졌다는 사실을 부인할 필요는 없다.21) 동양의 문제는 그런 이론들이 존재했더라도 실제로 활용되는 지식을 증진시키기 위해 더 적합한 형식을 만들어 내는 데 실패했다는 것이며, 특히 과학적인 현상 속에서 발견되는 규칙성과 일관성을 공식화하기 위해 수학을 적용하는 데 약했다는 것이다. 한마디로 경험과학이 잠자고 있을 때 그것을 깨우는 르네상스가 없었다는 것이다.22) 여기서 우리는 니덤과 노쓰롭의 차이를 발견할 수 있다. 과학과 미학적 사고를 구분하는 노쓰롭의 양가적 구별과 다르게, 니덤은 자연을 파악하는 데 있어서 과학적 사고가 유일하게 유용한 도구라고 보면서 중국에서는 과학적 정신을 충분하게 발전시킬 수 있는 계기가 우연히 적었을 뿐이라고 보는 것 같다.23) 혹자에게 니덤은 자연철학에 대해서 우주론적으로 접근하는 반면 노쓰롭은 인식론적으로 더 접근하는 경향이 있다고 보일 수도 있겠다.

노쓰롭과 니덤의 평가가 어떠하든 이제까지 본 동아시아 철학과 서구철학의 차이를 요약해 보면, 동과서는 인식과 경험에 대해 상호 강조

---

20) *The Texts of Taoism*, trans. James Legge, 2 Vols. (New York: Dover, 1962), I 266-267. 본 장자의 인용은 원문을 구할 수 없어서 David Hall의 위의 책 p.186에서 재인용했음을 밝힌다.
21) 나는 여기서 니덤의 이런 주장을 홀(Hall)에게서 빌리고 있다. 홀의 다음의 책을 보라. Hall. *The Uncertain Phoenix*, 185.
22) Ibid., 184.
23) Ibid., 185.

점이 다르다는 것이다. 서구의 강조점은 논리적이고 과학적이며 그것을 통해 하나의 개념이 지니고 있는 논리적 위상을 따지려 애쓴다. 이런 이유로 서구에서는 증명이 중요하며 그것을 통한 혼돈의 극복이 중요하다. 이에 반해 동아시아 철학은 우선 도학(도덕철학)이며, 사물에 대해서도 미학적 접근 방법을 쓴다. 여기서 미학적이란 논리적이고 과학적인 사유를 중요시하기보다는 하나의 사물에 대해 직관적으로 접근하며 오히려 논리나 과학적 인식이 가지고 있는 추상화의 문제점을 피하려 한다.

문제는 동양에는 이런 장점이 있는 반면에 과학적 정신을 충분히 발전시키는 데 있어서는 결함을 지닐 수 있다는 것이다. 같은 우주론을 발전시켜도 그것을 논리적 입증을 중시할 때는 과학의 발전이 조금 더 빠를 수 있지만 동양의 경우 그런 관심은 사물에 대한 미학적 관심, 감성적 직관으로 인해 약간 더뎌졌다고 볼 수 있는 것이다. 그러나 그러하기에 과학의 발전이 늦었다는 사실이 바로 동아시아의 열등성을 드러낸다고 판단하는 것도 오류다. 과학의 발전이 늦은 것은 사실이지만, 서구적인 의미의 과학만 과학이라고 말할 수는 없으며, 또한 서구적인 의미의 과학이 전혀 없었던 것도 아니기 때문이다.

물론 어떤 사람들은 동아시아에 과학이 결여되었다는 것을 지적한다. 하지만 동아시아에서도 나름대로의 과학이 존재했으며 심지어 묵자 같은 경우에는 서구적 의미의 인과적인 사유 중심의 과학적 사고가 발견된다고 보는 사람들이 있다.24) 그러나 중국에서는 여러 가지 복합적인 이유에 의해서 서구와 같은 종류의 정교한 과학적 사고체계나 그것에 근거한 테크놀로지의 발전이 더뎠다. 다시 말하지만 중국에 과학이 없었다는 것은 아니지만 대부분의 과학적 발견은 그저 실용적인 사용에 그쳤다. 나침반 같은 것도 중국에서 가장먼저 개발되었지만, 그들은 그것을 그저

---

24) 줄리앙, 『현자에게는 고정관념이 없다』, 145-147.

북극을 가리키는 유용한 도구로 사용했을 뿐 그것이 어떤 근거에서 북쪽을 가리키는지에 대해 심층적으로 연구하는 것에는 관심이 약했다. 즉 과학을 실용적으로 사용하는 것을 넘어서서 그것을 학문적으로 체계화하는 것에서 약했다. 하나의 학문으로서의 과학이 보다 복잡한 우주론을 구성될 때 인류의 사유는 더 심층적으로 발전하는 법인데 동아시아에서는 이런 법칙이 통하지 않았다.25)

　　하지만 이런 분석을 기초로 하여 동아시아의 철학이 서구의 것보다 과학적으로 열등하다고 판단할 수는 없다. 동아시아에서는 과학발전이 어떤 면에서 보면 늦은 감이 없지 않다고 말할 수는 있어도, 모든 의미의 과학적 발전이 없었던 것은 아니기 때문이다. 과학은 본래 자연에 대해서 인간이 어떻게 학문적인 자세를 갖고서 통제하느냐 하는 문제에서 시작된 학문이다. 그런데 그것은 두 가지 방향에서 진행된다. 하나는 자연의 생장에 대해서 관심하는 과학이고 다른 하나는 자연 안에서 일어나는 여러 가지 사건을 하나의 일반적인 원리를 통해서 설명해 내려는 것에 관심하는 과학이다. 동양은 대개 후자의 관심보다는 전자의 관심을 가졌던 것이 사실이다. 물론 동양이라고 해서 자연의 법칙을 일반적인 원리를 따라서 포괄적으로 설명해 보려는 우주론이 전혀 없었던 것은 아니다. 특히 신유학에서 발달된 동아시아 사상은 그런 관점이 강했다. 하지만 이른바 자연 안의 모든 사건에서 추상된 궁극적 설명 원리, 예를 들어 그리스 철학의 아르케에 대한 탐구에서 출발된 보편자 중심의 과학은 동양

---

25) 줄리앙, 『현자에게는 고정관념이 없다』, 152. 동아시아에서는 정치가 과학발전을 가로막았다는 주장을 혹자는 펼칠 수 있을지도 모른다. 예를 들어 동아시아에서는 서구적 의미의 민주주의적 정치 혁명이 적었다는 것 같은 주장 말이다. 어떤 경우 민주주의의 발달은 과학의 발전을 촉진시키는 경향이 있는데 많은 경우 동아시아에서는 그것이 모자랐다고 볼지 모른다. 하지만 이런 모든 판단은 매우 지엽적이라 하지 않을 수 없으니, 왜냐하면 이미 정치혁명이나 민주주의는 그 의미가 매우 다양해 규정하기 매우 어려우며, 또한 그것과 과학의 관계를 필연적으로 보는 입장 자체가 일종의 서구주의적 관점이기 때문이다.

에서 그리 발달하지 못했다. 신유학에서 출발된 철학이 보편자를 추출하고 그것에서부터 설명해 내려는 학문적 체계를 지녔던 것은 사실이지만 그것이 정교한 의미의 과학적 체계를 지닌 채 소위 귀납적이고 경험과학적인 방법론을 지닌 학으로서의 종합과학으로 발전하는 면에서는 더디고 느슨했던 것이 사실이었다. 많은 이들은 동양의 우주론적 특징이 테크놀로지의 혁명과 연결되는 경험과학의 발전에서 지지부진했던 것이 동양에서 과학이 더디게 발전되었던 원인 중의 하나였다고 보기도 한다.

여기서 우리는 과학에 대한 이런 동양적 결여에 대해서 더 이상 토론할 자리를 갖고 있지 않다. 이 문제는 동양에서의 합리성에 관한 문제이므로 다른 곳에서 나중에 다루도록 하고 여기서는 그저 동아시아의 철학이 서구적인 의미의 과학을 가지고 있지는 않았지만 어쨌든 자연의 생장과 그것을 설명해 보려는 학문에 관한한 나름대로의 과학적 관심을 가졌다는 것을 지적하는 것으로 만족하기로 하자.

나오는 말

최근 동아시아 철학이 흥기하고 있는 것은 사실이다. 이는 동아시아의 문명을 주도해 가고 있는 한중일 삼국이 경제적으로 세계를 선도해 가고 있음에서 우선적으로 기인한다. 하지만 동아시아가 세계에 공헌할 수 있는 것은 단지 경제적인 분야에 그치는 것만은 아니다. 동아시아는 세계의 사대 문명권의 하나로서 세계를 선도해 갈 충분한 잠재력을 이미 확보해 놓은 상태에 있었다. 문제는 이런 문명적 잠재력에도 불구하고 그들의 종교와 문화 그리고 그것을 뒷받침하고 있는 철학이 아직까지도 세계의 주류적 사조로 간주되고 있지 못하는 데 있다.

이 장은 이런 현실에 대해 분석하기 위해 기획되었다. 논자는 동아시아 철학이 참으로 미래의 글로벌 시대를 주도할 수 있는 정신적 대안이 될 수 있는지 그 자격 요건을 따져 보고 싶었다. 그리고 이를 위한 시도의 일환으로 도대체 어떤 이유로 동아시아 문명과 철학은 서구철학과 문명에 비해 뒤처져 왔는지 살펴보고 싶었다.

이제까지 살펴본 바에 따르면, 우리는 동아시아 철학이 지금까지 서구철학에 의해 압도당한 배경을 두 가지 점에서 추적해 볼 수 있는데, 그 하나는 서구인들의 잘못된 오리엔탈리즘적 관점과 관련된 것이요, 다른 하나는 동아시아인들 스스로의 관점과 관련된 것이다.

오늘날 서구인들에게 있어 오리엔탈리즘과 관련된 편견이 상당히 시정되어 가고 있는 것은 사실이지만 여전히 많은 서구인들에게 비친 동아시아에 대한 전반적인 인상은 아직도 오리엔탈리즘의 이데올로기에 의해서 지배되고 있다고 보아도 과언이 아니다. 서구인들의 잠재의식 속에는 동양의 문명에 근대성이 결여되어 있다는 생각이 여전히 남아 있으며, 합리성을 제고하고 과학적 문명을 일으키는 데 있어 동양은 아직도 서구에 비해서 약점을 지닌다고 여긴다. 그리고 이런 생각은 꽤 많은 동아시아인들에게서도 여전히 지배적이다.

하지만 우리가 분석한 바에 따르면, 오늘의 해석학과 문화 상대주의는 오늘의 지성인들로 하여금 이런 오리엔탈리즘이 제공하는 발상 자체가 심각한 오류의 산물이라 판단하도록 만든다. 짧게 말해서 그것이 합리성이 되든지, 혹은 근대성이 되든지 서구인들이 즐겨 사용하는 그런 개념들 자체가 매우 문화상대적인 것이다. 합리성과 근대성의 개념 자체가 서구적 사고의 산물이며 그들의 관점에서 생성되었다는 말이다. 물론 합리성과 근대성이라는 개념에 동서를 아우르고 그것을 보편적으로 통일하는 객관적 내용이 전혀 존재하지 않는다는 뜻이 아니다. 예를 들어 서구 근대화에 지대한 영향을 끼친 기하학이나 자연과학이 하나의 일반성을 가지고 있는 학문이며, 따라서 어떤 경우 그런 학문들은 동서를 초월하여 객관성을 지닌다고 주장할 수 있다는 것에 논자도 동의한다. 나아가 자연 과학의 발달에 기초한 문명의 업적에 있어서 분명히 서구가 동양보다 앞서 있다는 주장에 일리가 있다는 것을 인정한다.

하지만 이런 사실들이 서구의 문명적 우월성을 보증하는 것은 아니다. 그런 식으로 따지면 동아시아에도 서구와 비교해 학문적으로 앞선 것이 분명히 있는 것이며 종교나 도덕의 발달과 관련된 것들이 그 중의 한 예다. 세계의 사대 고등 종교가 모두 아시아에서 기원되지 않았던가? 동아시아가 분명히 이런 종교들을 통해 인류 역사에 지대한 공헌을 한 것은 사실이다. 한마디로 동아시아는 서구가 보여준 것과는 다른 방식으로 인류의 문명사에 공헌해 왔다고 말 할 수 있다. 그러므로 동아시아가 내세울 수 있는 문명적 장점과 그 것에 기초한 학문의 발달의 예로서 우리는 동아시아의 종교철학과 윤리학을 꼽을 수 있으며, 그것에 기초해 발달한 예술과 미학 등도 서구의 것들과는 분명히 차별된다 말하지 않을 수 없다. 나아가 오늘의 많은 서구인들은 동아시아의 문명과 그것에 기초한 철학에서 오히려 서구에서 일고 있는 탈근대주의postmodernism 운동의 단초를 발견하고 있는 것도 사실이다.

이를 또 다른 각도에 분석해 보면 다음과 같이 풀어 볼 수도 있다. 그리스적인 용어로 볼 때 서구는 에피스테메episteme에 기초한 학문이 발달했고 그것에 기초한 과학과 테크놀로지의 발달에 있어서 강했다. 이런 점에서 본다면 분명히 동아시아는 서구에 비해 뒤쳐졌던 것이 사실이다. 그러나 동아시아는 한편으로는 소피아sophia 즉 지혜를 중시하는 학문이 발달했다고 볼 수 있으며 다른 한편으로는 프로네시스phronesis 즉 목적에 기초한 앎과 그것과 관련된 학문이 발달하면서 주로 실천적인 학문으로서의 윤리와 미학이 꽃피웠다고 볼 수 있다. 이렇게 근대성과 합리주의 등에 대한 그간의 오해가 불식될 수 있다면 인류는 더 큰 차원에서 동양과 서양의 상호 변혁적 대화에 나설 수 있으며 이를 통해 서양과 동양은 서로를 문명적으로 보충해 갈 수 있을 것이다.

하지만 동아시아 종교철학과 관련해, 마지막으로 논자가 덧붙이고 싶은 것이 더 있다. 동아시아인들은 이렇게 인류가 오랜 동안 동아시아를 왜곡해 왔던 오리엔탈리즘에서 벗어나 새롭게 동아시아 문명과 종교에 대해서 평가할 분위가 무르익었다는 사실에 도취되어서는 결코 안 된다. 동아시아인들은 서구적 오리엔탈리즘의 잘못된 전제들이 가져온 폐해에 계속 비판해 나가야 하지만, 그렇다고 해서 동아시아의 모든 왜곡된 시각의 원인을 그저 서구인들의 잘못된 문화적 편견에서 비롯된 것으로 돌려서는 안 된다는 말이다.

다시 말하지만 오리엔탈리즘이라는 개념은 서구가 동아시아를 열등하게 보는 그들만의 관점일지 모른다. 하지만 동일한 잣대가 동아시아인들의 서구 평가에게도 적용되어야 한다. 다시 말해서 서구인들이 동아시아를 자신들의 문화적 관점과 그 한계 내에서 평가하면서 착시와 오류에 빠지듯이 동아시아인들도 얼마든지 옥시덴탈리즘을 만들어 낼 수 있다. 물론 아직까지 동아시아인들 사이에 서구를 문화적으로 열등하게 보는 옥시덴탈리즘이 전개되고 있는 것은 아니다. 논자가 여기서 지적하고자 하는 것은 동아시아인들에게도 자신들의 관점의 한계에서 생겨나는 초점의 오류가 있을 수 있으며 이것 역시 착시와 환상을 만들어 낼 수 있다는 것이다. 서구인들이 자신들의 문화적 초점을 한 군데로 맞추면서 오리엔탈리즘이라는 환상에 빠졌던 것처럼 같은 일이 동아시아인들에게서도 발생할 수 있다는 말이다.

한마디로 말해 동아시아는 자신의 문명적 한계를 정직하게 직시하면서 지속적으로 자신을 비판해 가야 하며, 그런 한도 내에서 자신의 문명과 철학으로 미래의 인류에 공헌할 수 있을 것이다. 이를 위해 최종적 결론으로 향후 동아시아 철학이 가야 할 길에 대해 제시할 사항이 있다면 다음과 같은 것이 될 것이다.

논자의 관점에서 볼 때, 동아시아와 여타의 나라에서 서구에 비해 과학과 그것이 기반하고 있는 지식체계로서의 테크네techne가 늦게 발달하게 된 하나의 이유를 찾는다면 그것은 '보편학문'의 정립이라 할 것이다. 여기서 보편학문으로 논자가 지칭하는 것은 소위 형이상학으로서 존재와 사물의 배경과 원인을 추구하는 체계적 학문을 말한다. 물론 동아시아에도 그런 학문은 있었다. 하지만 플라톤과 아리스토텔레스에서 시작하여 최근의 화이트헤드와 들뢰즈에 이르는 서구철학의 화려한 형이상학적 전통에 비견되는 학문적 체계는 동아시아에서 아직 발전되지 않았다. 다시 말하지만 동아시아에 그런 학문이 전혀 존재하지 않았다는 말이 아니라 비교적 덜 발달했다는 말이다. 물론 오늘날은 형이상학의 시대가 아니라는 견해가 없는 것은 아니다. 하지만 존재자에서 실체로 이르고, 그것에서 다시 형상으로 그리고 최종적으로 궁극적 실재에게로 도달한 다음 그것으로부터 모든 것을 연역적으로 추론하는 형이상학은 무조건 부정적인 기능만 갖는 것은 아니다.26) 형이상학은 그것이 하나의 불변의 도그마로서 교조적으로 사용되지 않은 한 여전히 인류가 추구해 나가야 할 최고 가치의 학문적 이상이다. 그런 학문이 존재하는 한도 내에서 세부의 구체적 특수 과학들이 제 자리를 찾을 수 있고 그런 관점에서 모든 학문이 골고루 발전할 수 있기 때문이다. 그리고 그런 한도 내에서 하나의 학문적 체계는 더 폭넓게 모든 과학들을 포괄하는 보편성을 띠게 될 것이다.27)

---

26) 그렇다고 논자가 여기서 고전적인 형태의 실체 형이상학이나, 혹은 형상 형이상학으로 회귀하자는 논리를 펴고 있는 것으로 오해하면 안 된다. 만일 동아시아에서 하나의 형이상학이 전개될 수 있다면 그것은 이미 생성과 과정의 세계관에 기초한 것이 될 수밖에 없을 것이다.

27) 비록 형이상학이라는 개념을 사용하고 있지는 않더라도, 동양의 사유가 합리성에 근거한 철학에서 한걸음 더 나아갈 수 있었음에도 그런 체계적인 형이상학적 학문이 되지 않았던 것이 동양철학에 남는 하나의 아쉬운 면이라 주장하는 서구학자의 견해는 줄리앙의 저서에서도 발견된다. 『현자에게는 고정관념이 없다』의 152쪽을 보라.

이 짧은 결론의 공간에서 논자는 더 이상 동아시아적 형이상학에 대해 논할 자리가 없다. 동아시아가 목표로 해야 하는 체계로서의 학문은 무엇이 되어야 할지 짧게 정리하는 것으로 마무리하기로 한다. 동아시아가 추구해야 할 목표로서의 하나의 체계로서의 학문은 그것이 여타의 구체적인 과학들과 씨름하면서 자신의 발아래 수많은 과학을 거느리는 보편학이 되어야 한다. 학문은 결국 체계 구성의 싸움이다. 어느 학문이 보다 많은 목소리를 경청하면서 그런 다양한 목소리들의 도전에 응전하고, 나아가 그들이 제기하는 질문에 대해서 답을 주느냐 하는 것이 관건이다. 동아시아의 학자들은 이런 스타일의 보편 학문의 건립을 목표로 하면서 지속적으로 노력을 경주해 나가야 한다.

8장
유교와 종교적 초월자

들어가는 말

유교에 종교적 초월자나 신의 개념이 존재한다는 생각은 이제까지 당연한 진리로 받아들여져 왔다. 유교의 '천(天)' 개념이나 '상제(上帝)' 등은 분명히 초월자의 개념이며 심지어 그것들은 서양 종교에서 신이 하는 역할과 매우 유사한 기능을 한다고 사람들은 믿어 왔다. 하지만 최근 이런 생각에 대해 비판적인 시각을 갖고 있는 사람이 늘어가고 있다. 저명한 중국학자인 앵거스 그레이엄Angus Graham이 그런 주장을 개진한 바 있었고, 데이비드 홀David Hall과 로저 에임즈Roger Ames가 주로 이런 입장을 견지하고 있다.1) 그들에 따르면 동아시아에는 "엄격한" 의미의 초월자는 존재하지 않았다. 이들의 주장은 오늘날과 같은 세속화 문화의 분위기에서 많은 동아시아인들의 지지를 받고 있다고 보인다. 이원론적인 초월자를 상정하는 것을 낡은 철학적 관습으로 간주하는 종교적 분위기에서 동아시아의 많은 사람들은 이들의 해석에 적극 동조하고 있는 듯이 보인다.

---

1) 앤거스 그레이엄, 『도의 논쟁자들』, 나성 역 (서울: 새물결, 2003). David Hall & Roger Ames, *Thinking from the Han* (New York: SUNY Press, 1998).

하지만 동아시아의 유교 전통에는 이미 언급된 바, 상제, 천은 물론이고, 태극, 도(道), 리(理), 주재(主宰)와 같은 초월자의 개념들이 존재해 왔다는 것도 당연한 사실이다. 이렇게 분명히 초월자와 관련된 개념들을 쉽게 발견할 수 있음에도 불구하고 동아시아의 유교에서 그런 개념들이 참으로 종교적 초월자의 역할을 하고 있지 않다고 주장하는 이들은 도대체 무슨 근거에서 그런 주장을 펼치는가? 정말로 그들의 주장은 참인가?

이 장의 첫 번째 목적은 이런 주장, 특히 동아시아에는 엄격한 의미의 초월자가 존재하지 않는다는 주장의 내용을 살펴보는 것이다. 이 장의 첫 부분은, 특히 홀과 에임즈의 이른바 "내재적 초월론"이 바로 이런 주장에 앞장 서 있다는 것을 지적하면서 그들의 이론을 소개하려 한다. 여기서 말하는 내재적 초월론이란, 동아시아 종교에서 초월자는 그저 이름으로 존재할 뿐 실재로서 존재하는 것은 아니라는 주장이다. 여기서 그들이 말하는 초월자는 그저 세계와 자연 안에서 그것들의 연장extension과 일부분으로 내재하는 존재일 뿐이다. 이것이 이른바 "엄격한" 의미의 초월자를 부정하는 이론의 내용이다.

우리는 두 번째 절에서 그 동안 중국학의 학자들이 어떤 방식으로 이러한 내재적 초월론을 주장해 왔는지 살펴보려 한다. 내재적 초월을 강조하는 전통은 분명히 동아시아 철학의 주요 흐름이었다는 것을 인정하는 사례들을 살펴보려는 것이다.

그러나 필자가 이 장에서 주장하려는 가장 중요한 논점 중의 하나는 이러한 내재적 초월론만으로는 동아시아의 종교와 영성을 온전하고 적합하게 설명할 수 없다는 것이다. 필자는 셋째 절에서 내재적 초월론에 반대되는 동아시아의 유교 전통에 대해서 소개하겠다. 내재적 초월론만이 동아시아의 주류 전통이라는 주장은 일종의 과잉주장이라는 것을 보여 주겠다. 그렇다고 해서 논자가 동아시아의 유교전통이 이원론적 초월자만을 말한다고 주장하려는 것은 물론 아니다. 동아시아에는 여러 전통이 존재하며, 그 전통과 서구 종교가 서로 대화를 나누기 위해서는 다양한 해석들이 가능해야 함을 역설할 것이다.

마지막 절에서는 동아시아 유교의 초월적 신관이 과연 인격신을 믿는 신앙으로 해석될 수 있는지의 여부를 토론하겠다. 기독교인들을 비롯해 많은 이들은 하나의 종교란 인격신을 믿는 한도 내에서 진정한 의미의 종교라 할 것이다. 논자는 동아시아에서 나타난 초월자 개념을 과연 인격신을 말하는 종교 전통의 범주에 넣을 수 있는지를 토론하면서 유교와 기독교를 비롯한 아브라함적 종교들 간의 종교 간의 대화를 시도해 보겠다.

I. 유교에서의 초월자─무엇이 문제인가?

유교의 초월자 개념처럼 학자들 사이에서 많은 논란을 벌여온 개념들도 드물다. 유교의 초월자 개념들, 예를 들어 上帝, 天, 道, 理, 主宰 등은 모두가 인격적인 신 개념과 대등한 위치에 있는 존재들이 아니며, 단지 하나의 원리나 관념에 불과한 개념들이라고 보는 입장이 있다. 이런 입장을 지지하는 이들은 유교의 초월자를 진정한 의미의 종교적 초월자로 취급하지 않는다. 이들은 유교의 초월자들이 세계와 구별되는 존재가 아니며 단지 그 세계 안에 철저하게 내재해 있는 하나의 원리에 불과하다는 것을 강조한다.[2]

이런 입장이 우리의 관심을 끌면서 다음과 같은 질문을 제기하게 만든다. 즉 유교에가 말하는 궁극적 실재는 도대체 세계와 어떤 관계에 있는가? 다시 말해서, 유교의 궁극적 실재는 세계를 철저히 초월하고 있는

---

2) David Hall & Roger Ames, *Thinking from the Han* (Albany, NY.: SUNY Press, 1998).

존재인가, 아니면 세계 내에 존재하는 것인가? 이런 문제가 주목을 받는 이유는, 이미 말한 바대로 어떤 이에게는 이것이 바로 유교가 종교냐 아니냐의 문제와 관련되기 때문이다. 만일 궁극적 실재가 그저 세계와 동일한 존재로 규정된다면 유교는 엄밀한 의미에서 종교가 아니라고 그들은 말할 것이다. 이들의 눈에 유교는 그저 하나의 도덕철학으로 비칠 것이다. 물론 이런 사람들에게 종교의 정의는 다음과 같은 것이다. 즉 하나의 종교가 진정으로 참 종교의 구실을 하려면 그 종교가 상정하는 초월자는 세계로부터 분리되거나 아니면 최소한 세계에서 분명하게 구별되는 어떤 속성을 가지고 있어야 한다. 그런 한도에서만 진정한 의미에서 종교라 불릴 수 있을 것이다. 세계와 엄격하게 분리되지 않는 초월자를 믿는 입장은 도덕철학으로서는 성공할 수 있어도 하나의 종교는 될 수 없다.

그러나 요즈음 많은 유교학자들은 이렇게 엄격한 의미의 초월자 개념을 적용해서 종교를 이해하려는 태도에 이의를 제기한다. 이런 학자들은, 유교에는 세계에서 차별화 되어 독립적으로 존재하는 초월자가 없으며 또한 유교가 이런 식으로 차별화된 이원론적 초월자를 인정하지 않더라도 유교는 얼마든지 종교로 정의될 수 있다고 본다. 물론 여기서 세계로부터 '차별화'된다는 것과 '구별'이 된다는 것은 다른 의미로 쓰이고 있다. 전자, 즉 '차별화'는 세계에서 완전히 독립된 존재로서의 초월자를 말하기 위해 사용하는 것이고, 후자 즉 '구별'은, 세계에서 완전히 독립된 초월자를 말하려는 것이 아니라, 단지 세계 안에 존재하지만 개념상 세계와 구별된 존재로 있는 초월자를 지칭하기 위해 사용하는 것이다.

그렇다면 여기서 또 하나의 문제가 발생한다. 과연 세계와 초월자의 차별성은 인정하지 않지만 초월자가 세계에서 구별되어야 한다는 것을 주장하는 후자의 사람들은 과연 초월자의 독립성을 참으로 인정하기는 할 것인가? 만일 그들이 이런 것을 인정한다면 도대체 그들은 어떤 의미의 독립성을 인정하는 것일까? 초월자를 다룰 때는 언제나 이런 문제들이 자연스럽게 제기된다. 차별과 구별이라는 단어 사이에 차이가 있기야 하겠지만, "초월자가 세계 안에 내재하면서도 구별된다."는 주장과 "초월자는 내재하면서 오직 이름만 구별된다."는 주장의 사이에는 그저 약간의 뉘앙스 차이가 아니라 엄청난 차이가 있다고 느껴질 수 있기 때문이다.

이런 문제들에 대해서 우리는 나중에 더 상세하게 살펴볼 예정이다. 논의가 어떻게 전개되든 우리에게는 먼저 여기서 한 가지 분명하게 확인하고 넘어가야 할 사실이 있다. 어떤 사람들이 주로 엄격한 의미의 초월자 개념을 유교 안에서 축출해 내는가? 그들의 이유는 무엇이며 그 근거는 무엇인가?

현대 유교학자들 중에서 유교의 초월자가 특별하게 세계로부터 독립적으로 존재하는 초월자는 아니라는 주장을 '내재적 초월론'이라 부른다고 소개했거니와, 이런 내재적 초월론을 주장하는 학자에는 여럿이 있다. 중국의 학자들 중에서는 모종삼이 이런 주장을 한 바 있으며, 최근에는 사중명(謝仲明), 양조한(楊祖漢) 등이 이런 주장을 펼치고 있다. 영미 계통에서는 앤거스 그레이엄Angus C. Graham이 이런 주장을 펼친 바 있으며 최근에는 데이비드 홀과 로저 에임즈 등이 이런 주장에 앞장 서 왔다.3)

이 중에서도 가장 활발한 논객은 홀과 에임즈다. 홀과 에임즈는 일련의 저술 속에서 유교는 물론 중국의 대부분의 종교들은 엄격한 의미의 초월적 존재를 상정하지 않는다고 주장해 왔다. 유교는 비록 종교적인

---

3) 모종삼의 내재적 초월론과 관련된 책으로 우리말 번역은 아직 없다. 그러나 사중명과 양조한의 책은 하나씩 우리 말로 번역된 바 있다. 사중명, 『유학과 현대세계』, 김기현 역 (파주: 서광사, 1998). 양조한, 『중용철학』, 황갑연 역 (파주: 서광사 1999). 모종삼의 책 중에서는 비록 내재적 초월론과는 관계없지만 한 가지 번역은 있다. 『동양철학과 아리스토텔레스』 (부산: 소강, 2001). 물론 내재적 초월론에 반대하는 학자들도 많이 있다. 벤자민 슈월츠(Benjamin Schwartz)와 줄리아 칭(Julia Ching), 로버트 네빌(Robert Neville), 존 버쓰롱(John Berthrong) 등이 그렇다. 슈월츠와 칭의 책은 우리말 번역이 있다. 슈월츠의 경우는 『중국 고대사상의 세계』 (파주: 살림, 1996)이 있고, 칭의 경우에는 『유교와 기독교』, 그리고 『중국 종교와 그리스도교』가 있는데 두 권 모두 분도출판사에서 나왔다.

면을 가지고 있고 하나의 종교라고 불릴 수 있지만 그럼에도 불구하고 초월자가 없다는 것이다. 우선 그들은 앵거스 그레이엄의 주장을 따라서 한문으로 되어 있는 유교의 고전들의 번역부터 달라져야 한다고 주장한다. 예를 들어 그레이엄은 천명(天命)에 대한 해석에 대해 말하면서 여기서 천(天)은 결코 초월자가 아니며, 따라서 영어로 번역할 때 초월을 상징하는 대문자 Heaven를 사용해 천(天)을 표시할 것이 아니라 그저 소문자 heaven으로 번역해야 한다고 주장한다. '천의 명령'이란 그것이 위로부터의 명령이라 말할 수 있기보다는 그저 사람과 그의 자연 세계와의 관계를 드러내는 표현이라는 것이다. 따라서 천명에서 우리는 운명과 같이 초월적인 의미가 담겨져 있는 개념을 버려야 한다고 주장한다. 따라서 서구의 화영(華英)사전에서는 천(天)을 대문자로 시작되는 Heaven로 표기하거나 심지어 Providence, God 등으로 번역하고 있는데 이는 왜곡된 번역이라 한다. 왜냐하면 화화(華華)사전에는 그런 대문자의 의미를 가지고 있는 개념들이 존재하지 않기 때문이라 한다. 그곳에는 그저 '하늘'로 번역이 되어 있다고 보기 때문이다.[4]

뿐만 아니라 홀과 에임즈에 따르면 도(道)와 성(性) 등의 개념마저도

---

4) 나는 이하에서 설명할 것이지만, 앵거스 그레이엄은 물론 홀과 에임즈가 이런 식으로 자신들의 내재적 초월론에 입각해 천명(天命)을 해석하는 것은 일종의 과잉주장이라는 견해를 펼치게 될 것이다. 그들의 말대로 천명을 관계의 관점에서 해석할 수도 있다. 그러나 설령 그렇다 하더라도, 그 때 천명은 인간과 하늘과의 관계를 말하는 것인데, 그 관계가 인간과 자연(하늘은 자연의 연장이므로), 혹은 인간과 내재적 세계 사이의 관계를 말하는 것인지, 아니면 인간과 인간 밖의 초월자의 관계인지는 사람에 따라 해석이 다를 것이다. 하지만 분명한 것은 최근의 문화인류학의 결과를 참조하면 진실이 밝혀질 수 있다. 그것에 따르면 중국인들도 과거에는 분명히 귀신의 존재를 믿고 있었고 신비의 세계에 대해서도 관심을 갖고 있었다는 것이다. 이는 공자 이후이든 이전이든 상관없이 해당되는 사실이다. 즉 인간과는 다른 존재, 즉 인간의 힘이 미치지 않는 초월적 존재와 그 세계에 대해서 믿고 있었다는 말이다. 이는 인간의 연장으로서의 초월자가 아니라 진정한 의미에서 인간과 구별되는 초월적 존재를 믿고 있었다는 뜻이다. 우리는 이런 개념들을 화화사전에서 얼마든지 발견할 수 있는데 그곳에는 분명이 신이라는 단어도 들어 있다. 거기서는 천을 그저 Heaven이 아니라 God으로 번역하고 있다는 말이다.

거기에서 초월성을 없애고 해석하는 것이 옳다고 한다. 그들에겐 도(道) 의 경우도 그것은 언제나 주체이지 대상이 아니다. 다시 말해서 도란 우 리 안에서 활동하는 주체이지 우리가 예배의 대상으로 삼아야 하는 객체 와 대상은 아니다. 또한 성(性)의 경우도 그 개념은 초월자가 인간 안에 내려와서 그 안에 내재해 있다는 식으로 해석해서는 안 된다.[5] 홀과 에 임즈에 따르면 천(天)이란 무엇이 우리의 세계인가를 설명하는 개념이 지만, 동시에 어떻게 인간이 이 세계에서 살아갈 것인가를 말하기 위해 서 쓰이는 개념이다. 따라서 우리는 만물이 천의 피조물이라든가 하는 식의 초월자적 의미를 부여하는 해석을 내려서는 안 되며 혹은 피조된 것으로부터 독립해 있는 천이 그 피조물에 명령을 내린다든가 하는 식으 로 해석해도 안 된다. 오히려 우리는 천이 만물을 구성하는 것이 아니고 만물이 천을 구성한다고 보아야 옳다고 그들은 믿는다. 천은 창조자의 면모를 가지고 있기는 하지만 사실은 또한 피조물의 영역을 지칭하는 것 이며 따라서 천을 그저 자연이라고 보는 것이 옳다고 주장하는 것이다.[6]

그렇다면 우리는 여기서 또 다른 질문을 제기하지 않을 수 없다. 도대 체 홀과 에임즈는 이런 주장을 통해 무슨 내용을 말하려는 것인가? 즉 그들은 초월자와 세계 사이에 차별이 없고 오직 서로가 상관적으로 관계 를 맺고 있다고 주장하려는 듯이 보이는데, 그렇다면 그들은 초월자와 세계가 독립적이 아니라는 말인가? 아니면 서로 독립적이지만 최소한 양자 사이에 구별은 있어야 한다는 말인가?

이런 문제들에 대한 궁금증을 해소하기 위해 여기서 직접 그들의 말 을 인용하면서 분석해 보자. 이미 언급한 대로, 홀과 에임즈에 따르면 그 들이 내재적 초월론을 주장할 때 그들이 의미하는 바는 한마디로 "엄격 한 초월strict transcendence"을 부정하려는 것이다. 여기서 엄격한 초월이란 어

---

5) David Hall& Roger Ames, *Thinking from the Han* (New York: SUNY Press, 1998).
6) Ibid., 242.

떤 하나가 존재하고 있어서 그것이 다른 것을 초월한다고 할 때 초월을 당하는 존재의 의미가 초월하는 존재 없이는 이해되지 않을 때, 그런 성격의 초월을 엄격한 의미의 초월이라고 말한다.[7] 이 말이 모호하게 느껴지는 경우 이 말을 다음과 같이 바꾸어서 보면 더 쉽게 이해해 볼 수 있다고 한다. 즉 하나의 존재 A가 다른 하나의 존재 B의 존재 원인이 되고, 이 때 B는 A가 없이도 스스로 존재할 수 있지만 B는 자신의 존재를 A에 의존하고 있는 경우, 이를 우리는 엄격한 의미에서 A가 B를 초월한다고 말할 수 있다는 것이다.

홀과 에임즈는 이런 엄격한 의미의 초월을 말하는 경우를 서구의 기독교에서 발견한다고 말한다. 예를 들면 기독교의 전통적인 창조론에서 나타나는 바, 무로부터의 창조된 세계와 그것을 창조한 창조주로서의 하나님의 관계가 바로 엄격한 의미의 초월을 전제로 한 관계다. 여기서 하나님은 세계가 존재하는 원인이 되면서 세계가 자신에게 의존하도록 만들었지만, 하나님 자신은 세계가 없어도 존재할 수 있다고 볼 수 있기에 그런 의미에서 기독교의 하나님은 세계에 대해서 엄격하게 초월하고 있다는 말이다.

결국 이런 엄격한 의미의 초월이 중국철학에서는 나타나지 않는다는 것이 홀과 에임즈가 주장하려는 바다. 중국에서는 내재적인 초월만 존재한다는 것은 바로 이런 뜻에서다. 즉 유교에는 리(理)도 있고 천(天)도 있으며 또한 상제(上帝)도 있는 것이 사실이지만 엄격한 의미에서 이들은 세계로부터 초월하는 존재가 아니라는 말이다.

홀과 에임즈의 이런 주장이 전적으로 수긍되지 않는 것은 아니다. 특히 우리는 동아시아의 유교철학이 종종 방법론적으로 음양 사고에 기초한 상관적 방법을 끌어들인다는 것을 잘 알고 있다. 음양이론에 기초한

---

7) Ibid., 13.

상관적 관점에서 보면 하나의 초월자는 분명히 피초월자가 없이는 존재하지 못할 것이므로 그런 초월자는 피초월자에 존재론적으로 의존하고 있다고 보아야 한다. 이런 근거에서 우리는 세계에서 인과적으로 완전히 초월해 있는 신 개념이나 초월자 개념이 중국에는 없다는 주장을 이해해 줄 수도 있다.

하지만 이런 견해가 어떤 이들에게는 무리한 해석으로 비쳐질 수 있다는 것이 문제다. 방금 논의한 것을 다른 각도에서 볼 수도 있기 때문이다. 즉 초월자가 세계에 존재론적으로 의존하고 있기에 그 둘은 구별되지 않는다는 말은 도대체 무슨 뜻인가?

우선 문제가 되는 것은 '존재론적'이라는 말의 뜻이 너무 광범위하다는 것이 문제다. 더 구체적으로 말해보자. 신이 세계의 산물로서 존재한다고 믿는 어떤 유물론자가 있다고 치자. 물론 이런 유물론자에게 모든 형이상학적 존재는 단지 인간의 상상의 산물일 뿐이며 따라서 신은 엄밀한 의미에서 세계에서 구별되는 초월적이고 독립적인 존재를 갖지 않는다. 하지만 이런 유물론적 주장의 진위를 파악하기 위해서 우리는 먼저 존재라는 어휘의 뜻에 대해 유물론자의 견해를 따라야만 하는 조건을 전제하지 않을 수 없다. 그러나 이런 조건을 만족시키는 것은 곧 유물론을 신봉하는 것을 의미하는데, 솔직히 문제는 하나의 유신론적 철학자는 이런 유물론적 견해에 애초부터 동의하지 않을 것이다. 대부분의 유신론자는 우선 유물론으로 모든 것을 설명할 수 있다는 것에 반대하고, 나아가 우리의 모든 이성적 판단은 그저 두뇌가 산출해 내는 물리적 사건의 총합이라는 주장에 동의하지 않는다.

존재론적으로 하나가 다른 하나에게 의존한다는 말과 그래서 그 양자가 구별되지 않는다는 말은 전혀 별개의 것들이다. 하나하나의 초월자가 피초월자와 상관적인 관계를 가질 때 존재론적으로나 인과적으로 피초월자에 의존하지 않으면서 존재할 수 있는 방법은 없는 것 같다. 즉 하나의 초월자와 피초월자가 존재할 때 그들은 이미 논리적으로 말해서 상관적으로 존재하고 있는 것이고 이렇게 상관적으로 존재하고 있는 양자는 서로 존재론적으로든 인과적으로든 의존하면서 존재한다. 그렇지 않은 방식으로 존재할 수 있는 방법은 논리적으로 불가능하다는 말이다. 굳이 동양의 음양이론을 거론하지 않더라도 하나의 초월자와 피초월자는 서로 상관적이지 않고서는 존재할 방법이 없다. 언제나 초월한다는 것은 초월당하는 어떤 것을 전제해야만 초월할 수 있다. 따라서 논자는 홀과 에임즈의 주장은 이런 점에서는 에 부분적으로 옳다고 할 수 있다.

하지만 그들의 주장에 근본적으로 동의하기 어려운 점이 있다. 특히 논자는 그들의 내재적 초월론이 모호하다고 생각하는데, 도대체 초월자가 세계 안에 내재하면서도 그것에서 독립적이지 않다는 말의 의미는 무엇인가? 초월이라는 단어의 의미에는 어떤 면에서 이미 초월당하는 것과는 구별된다는 것이 함의되어 있지 않은가? 우리는 어떻게 초월자라는 말을 쓰면서 그 초월자가 세계로부터 전혀 독립적이지 않을 수 있다고 말할 수 있는가?

논자의 생각에는 내재적 초월에도 두 가지가 있다. 즉 '무차별한 내재적 초월'이 있고 '차별화된 내재적 초월'이 있다. 여기서 전자는 초월과 피초월자 사이에 구별은 있지만 그것들이 서로 상관적으로 존재하기에 차별이 없다는 것이고, 후자는 둘 사이가 서로 상관적으로 존재하지만 양자 사이에는 분명한 차별이 있으며 따라서 어떤 의미에서 초월자가 세계로부터 인과적으로 독립적이라는 것을 강조하는 입장이다. 이하에서 나는 동아시아의 유교 안에는 이렇게 상관적으로 존재하면서도 인과적으로 독립적인 초월자에 대한 주장이 가능하다는 것을 보여주겠다. 우선 다음 절에서는 홀과 에임즈의 주장처럼 동아시아 유교 안에는 내재적 초월만이 존재한다는 주장의 철학적 의미에 대해 먼저 살펴보자.

II. 무차별한 내재적 초월의 사례와 문제점

이미 언급한 바대로 유교의 초월자가 인간과 세계 안에 무차별적으로 내재한다는 주장은 여러 가지 방법으로 입증될 수 있지만 그 중에서 가장 쉽고 분명한 방법은 유교의 특징이 도덕적 종교에 있다는 사실에서 출발하는 것이다.

유교가 도덕 종교라는 것에는 누구도 이의를 달기 어려울 것이다. 예를 들어 유교에서는 궁극적 삶의 가치를 어디에다 두는가? 한마디로 간단히 대답하면, 인간의 자아가 자율적인 덕을 획득하여 그런 덕을 가지고 사회에서 온전한 인간이 되는 것, 즉 유교 용어로 성인과 군자가 되는 것이 유교가 추구하는 삶의 최고 가치라 할 것이다. 이렇게 삶의 가치를 도덕적인 목적에 둠에 따라서 유교에서는 종교와 영성의 역할마저도 바로 이런 빛에서 보게 된다. 즉 종교와 영성의 중요성도 그것들이 인간으로 하여금 도덕적이고 윤리적인 인간이 되돌고 만드는 데 수단으로 작용하는 한도 내에서 찾아질 수 있는 것이다.

유교에서의 초월자도 이렇게 유교가 도덕 종교로서 기능하면서 인간으로 하여금 자아를 완성하여 성인이 되도록 만든다는 각도에서 보면 이해하기 쉬운 것이다. 달리 말해서 유교에서의 초월자란 자아가 성인이 되어가는 과정에서 관계를 맺는 궁극적인 존재인 것이다. 그런데 이때 그런 자아가 초월자와 맺는 관계는 대개 두 가지 양태로 나타난다.

그 하나는, 초월자가 자아의 외부에 존재하면서 그 자아가 성인이 되어 가는 과정에서 최종목표의 구실을 하거나 아니면 최소한 그 자아에게 도덕의 원칙을 제공하는 명령자의 구실을 하는 경우다. 다른 하나는 초월자가 자아의 내부에 내재하면서 관계를 맺는 경우인데 이 경우 초월자는 그 자아가 성인이 되어 가는 과정에서 수행의 힘과 동인으로 작용하게 되는 것이다. 이런 두 가지 양태 중에서 전자, 즉 초월자가 자아의 외부에 존재한다고 보는 입장은 자아와 초월자의 관계를 차별화하는 이원론적 분리의 관계로 보는 것이고 후자 즉 초월자가 자아의 내부에 존재한다고 보는 입장은 그 둘의 관계를 상관적이고 비이원론적인 관계로 보는 입장이라고 할 수 있다.

이미 언급한 바대로 현대의 유교학자들 중에서 많은 사람들은 초월자와 자아의 관계를 비이원론적인 관계로 보고 있는데 물론 이런 입장을 취하는 사람들도 유교가 원래부터 비이원론적인 관계에서 자아와 초월자의 관계를 보아왔다고 생각하지는 않는다. 그들도 중국의 고대 경전이었던 시경(詩經)과 서경(書經)에서는 초월자가 주로 자아의 외부에 존재하는 인격신으로 묘사되고 있다는 것에 대해 잘 알고 있을 것이기 때문이다. 특히 천과 상제 등은 대부분 인격신으로 묘사되고 있는 것이 사실이다. 그러나 홀과 에임즈에 따르면 이런 고대 유교는 공자이후 그것이 도덕적 종교로 전환하면서 초월자마저도 인간과 세계 안에 내재하는 존재로 기술되기 시작하게 된다고 본다. 유교의 고대 경전에서는 주재와 신명의 의미로 초월자의 속성이 강조되었지만 공자가 출현하면서부터는 대부분의 경전들이 초월자의 속성을 주로 도덕적인 의미의 빛에서 해석하게 된다고 본다.8) 과연 유교의 경전들이 어떻게 상제나 천 등을 도덕적으로 해석하게 되는가 하는 것은 아래에서 직접적으로 보게 되겠지만 여기서 우리가 제기하지 않을 수 없는 질문은 다음과 같은 것이다. 즉 이렇게 도덕적인 관점에서 초월자를 보는 것이 유교의 입장이라면 그런 유교는 무슨 근거에서 초월자와 자아의 관계를 탈이원론적인 내재적 초월의 관계로 보는가 하는 것이다.

많은 유교의 학자들은 이렇게 초월자와 자아의 관계를 내재적인 초

---

8) 이런 주장을 잘 피력한 토론을 보기 위해서는 사중명의 책을 참조하라. 특히 그의 책『유학과 현대세계』의 180쪽을 보라.

월의 관계로 보는 입장을 구체적인 경전적 근거를 통해서 입증할 수 있다고 주장한다. 그리고 그런 경전적인 근거 중에서 많은 사람이 쉽게 인용하는 것 중의 하나는 『중용(中庸)』이다. 따라서 이하에서는 그것을 분석하는 것을 통해서 유교의 초월자를 비이원론적으로 보는 입장에 대해 살펴보자.

중용의 텍스트는 우선 天命之謂性, 率性之謂道, 修道之謂敎로 시작한다.[9] 여기서 먼저 천명지위성을 해석해 보자. 천명지위성이란 하늘이 명한 것을 성(性)이라 이름 한다는 뜻이니 그 말은 인간이 가지고 있는 본성이 적어도 하늘에 그 기원을 두고 있다는 사실을 주장하려는 것이라 할 수 있다. 만일 여기서 천이 최고의 궁극적 존재를 가리킨다면 인간의 본성이란 곧 궁극적 실재인 천이 각 인간에게서 개별화되고 구체화된 것이라 말할 수 있는 것이다. 실제로 많은 유학자들은 이런 사실만가지고도 중용이 말하는 유교의 초월자는 인간 내에 내재하는 것으로 보아야 한다고 주장한다. 예를 들면 중용의 현대 해석가 중의 하나인 사중명이나 양조한 등의 해석을 보면 여기서 언급되고 있는 천과 성은 동일자로서 특히 천은 외재하는 초월자가 아니라 성 안에 내재하는 초월자로 나타난다는 것이다.

특히 양조한은 이렇게 인간의 본성과 하늘이 동일자로 파악되는 이유는 물론 중용 전체의 철학의 목표를 보면 알 수 있다고 한다. 즉 중용의 전체 목표는 이미 여러 차례 언급한 바대로 도덕철학을 말하려는 것이므로 '성(性)'이란 여기서 인간이 자신의 도덕을 발전시켜 나가려는 도구라고 할 때 중용은 바로 그런 도구의 선천적 능력을 말하기 위해서 하늘과 연결시킨 것이라 보는 것이다. 이러한 해석은 중용이 본래의 의미를 분석해 보면 된다고 한다. 그러므로 유명한 중용 1장의 네번째 구를 해석함

---

9) 『中庸』, 1장.

으로써 그의 주장을 이해해 보자.

"喜怒愛樂之 未發을 謂之中이라 하고 發而皆中絶을 謂之和라 하면 中也子는 天下之大本也로 和也者는 天下之達道也니라." 즉 해석하자면 희노애락이 아직 발해지지 않은 것을 일러 중(中)이라 하고, 발해져서 모두 절도에 맞는 것을 화(和)라 하는데, 이를 근거해서 중(中)이 천하의 중심인 근본이고 화(和)란 바로 그것에 근거하여 도를 완성한 것이라 보는 것이다.

여기서 우리는 중용의 이 구절을 자세히 분석할 공간을 충분히 갖고 있지 않다. 그러나 짧게 말해서, 中이란 우리의 자아가 아직 희노애락의 와중에 들어가지 않은 상태 즉 정(情)으로서 현상화되기 이전의 상태를 말하는 것이며 조용한 본체적인 성(性)의 상태에 있는 것을 말한다고 할 수 있다. 만일 그것이 발동하여 현상화된다고 하더라도 만일 그 中이 절도에 들어맞아서 지나치지 않으면 그것은 정상적인 情의 상태로서 이런 것을 和라고 부른다는 것이다. 더 나아가 만일 中을 이런 식으로 올바르게 사용한다면 그것이야 말로 천하의 대본으로서 모든 진리가 여기서 나온다고 볼 수 있는 것이다. 인간을 인간답게 하는 것은 초월적인 하늘이 내재하는 것으로서 이것은 우리에게 내적인 핵심이면서 외적인 조화를 위한 능력이 된다.

이런 분석을 다시 한마디로 요약한다면, 중(中)이란 자아의 중심으로서 만물과 상호작용하지만 희노애락이 일어나기 이전의 평정의 상태인 것이다. 그리고 이것이 적당하게 일어나면 화(和)라 이름 하는 것이다. 그리고 이렇게 평정과 조화가 최고조로 실현되면 천지가 적합한 질서를 얻고 도덕이 완성된다는 것이다.10) 여기서 또 다시 중(中)을 성(性)으로서의 자아론에 대입해 보면, 성으로서의 자아는 만물에 응답하는 중

---

10) 이런 해석은 네빌에게서도 보인다. 그의 책 *Boston Confucianism*의 p.153을 보라.

심으로서, 그런 성으로서의 자아가 성실하게 될 때 그 자아와 만물은 적합한 관계를 맺으며 그로 인해 세상에 질서가 확립되고 도가 완성된다고 보는 것이다. 물론 이런 사상은 비단 중용에서만 나타나는 것은 아니다. 맹자의 이른바 사단론(四端論)도 바로 성이 본유적으로 내재하고 있는 초월로서 인간 안에서 중심으로 자리 잡고 있다는 의미로서, 덕의 길은 인간이 자신의 이러한 자아를 절도에 맞게 잘 행함으로 자신을 완성할 수 있다고 본다. 한마디로 말하면, 맹자에게서도 성은 초월이 내재하는 지점이 되는 것이며 이것이 성에 대한 유교 전통의 정통적인 해석이 되는 것이다.

이미 위에서 언급한 바, "솔성지위도"라 말하는 것도 바로 이런 식으로 해석할 수 있다. 솔성지위도란 성을 따르는 것을 도라고 부른다는 뜻인데, 이렇게 도가 성을 따라서 자신을 완성하려 할 때 이루어진다는 주장은 결국 우리가 성을 따라서 도덕적으로 살아갈 때 천명, 즉 하늘의 뜻을 이룰 수 있다는 것으로서, 이는 결국 인간의 도덕적인 삶을 가능케 하는 능력으로서의 본성, 즉 성이 궁극적 실재인 천의 진리와 내용적으로 일치한다는 말이다. 짧게 말해, 인간의 본성과 궁극적 실재가 내용상 동일하다는 뜻이다.

이제까지 말한 것을 종합해 보면 성은 초월자가 인간의 자아 안에서 본유적이고 선천적인 능력으로 존재하고 있는 양태를 강조하는 것이요, 중이란 그런 초월자가 인간의 자아 안에서 만물과 상호작용 하기 이전에 평정의 상태로서 존재하고 있는 양태를 지칭하는 것에 지나지 않는다. 따라서 여기서 초월자로서의 천이나, 인간 자아의 본성으로서의 성과 그것의 평정의 상태인 중은 모두가 동일한 존재의 다른 이름이라고 할 수 있다. 즉 서로 기능은 달라도 모두 하나의 존재라는 말이다. 그리고 그렇게 해석할 수 있는 이유는 이제 마지막으로 수도지위교라는 말을 분석해 보면 분명히 드러난다.

수도지위교란 도를 닦는 것을 교라고 이름한다는 것으로서 여기서 도란 진리의 완성인데, 그것은 다른 뜻이 아니라 자신을 닦아 가는 수행으로서 완성되며 그런 수행을 위해서 가장 중요한 것이 교육이라고 본다는 뜻이다. 여기서 도가 하늘의 진리를 말한다면 결국 도란 초월자인 천이 품고 있는 진리의 내용이라 할 수 있다. 그런데 그런 초월자가 품고 있는 진리의 내용이 교육으로 알려질 수 있다는 말은 교육학적으로 볼 때 매우 낙관적인 해석으로서, 한마디로 궁극적 실내의 뜻을 이루는 것은 교육으로 가능하다는 말이며, 더 간단히 표현하면 초월자는 자아를 교육함으로 돌파될 수 있다는 말이다.

따라서 이 말은 우리가 이제까지 입증하려고 시도해 온 바, 자아와 초월자는 결국 내재적 초월의 관계에 있다는 말을 증언하는 말이다. 왜냐하면 교육으로 자아가 초월자를 돌파할 수 있다는 말은 이미 자아는 교육만 받으면 자신을 도덕적으로 완성할 능력이 있다는 말, 즉 자신이 자신을 초월할 능력이 있다는 말이고, 자아의 그런 능력은 바로 자아 안에 초월자가 내재해 있다는 믿음 때문에 가능한 것이기 때문이다. 논리적으로 볼 때 자신이 자신을 초월할 능력이 있다는 말은 자신이 초월자라는 말과 다르지 않다.

유교가 예를 중요한 덕목으로 취급하는 이유도 여기에 있다. 공자와 맹자, 그리고 순자는 각각 인간의 본성에 대해서 다른 입장을 취했지만 예가 인간으로 하여금 덕을 발전시키는 핵심적인 도구가 된다는 데에는 한결같이 일치를 보였다. 즉 초월자의 내재에 기인하고 있는 인간의 자아가 소유한 본성적 능력은, 스스로를 발전시켜 도덕적으로 완성시킬 수 있는 잠재성을 지니고 있지만, 그렇다고 해도 그러한 완성에는 문화와 의례가 중요하다고 보는 것이다. 왜냐하면 아무리 인간 자아의 본성이 초월의 능력을 가지고 있다고 해도 순자 같은 이의 입장에서 보면 그것은 생물학적이고 심리학적인 잠재성으로서 언제나 사회의 영향을 따라서 이기심으로 바뀔 수 있는 것에 불과하기 때문이다. 그러므로 그것을 완성시키는 것은 타락한 사회 현실을 직시하면서 그런 환경이 자아에 부정적으로 작용하지 않도록 만드는 데 있으며, 또한 그러기 위해서 교육과 학습이 중요하게 되는 것이다. 이런 교육과 학습이 사회와 문화 안에서 상징으로 구조화된 것이 다름 아닌 예이며 이런 예를 따라서 인간의 자아는 세련된 영성과 문화를 계발할 수 있다고 본다.

이제까지 우리는 도덕 종교로서의 유교가 어떻게 초월자의 내재성을 말하고 있는지 그 경전적인 근거들을 살펴보았다. 유교가 철저하게 초월자의 내재성을 말하고 있고 따라서 초월자와 자아, 혹은 초월자와 세계의 관계를 탈이원론적으로 본다는 주장에 대해서는 이 정도로 살펴보기로 하고 이제는 다음 순서로 그것과 반대되는 입장, 즉 유교의 초월자가 어떻게 자아 및 세계에 내재하면서도 동시에 그것에서 독립하고 있는 존재로 비쳐지고 있는가 하는 것을 살펴보자.

III. 차별화된 내재적 초월자의 사례

동아시아의 유교에서는 무차별한 내재적 초월의 초월자 개념뿐만 아니라 그 반대의 경우, 즉 차별화된 내재적 초월의 개념도 존재한다.11) 사실 이런 필자의 주장이 몇몇 학자들에게는 의외의 시도로 비쳐질지 모른다. 그들의 생각에 이런 나의 시도는 시대착오적인 것으로 보일 것이기 때문이다. 그들에 따르면 현대라는 시대는 초월의 이야기가 한물간 시대이며 이 시대에 차별화된 초월자의 존재를 말한다는 것은 낡은 사고

---

11) 여기서 필자의 주장에 힘을 실어주고 있는 저서들은 여럿이 있을 수 있다. 당장 다음 장에서 다룰 Robert Neville이 그 중의 하나다. 나는 그의 책 *Boston Confucianism*에서 많은 힌트를 얻었는데 그것에 대해서는 다음 장에서 밝혀질 것이다.

방식으로 돌아가는 것이다.

그러나 이런 비판은 잘못된 정보와 신념에 기초하고 있다는 것이 필자의 생각이다. 비판자들이 말하는 것처럼 단지 무차별한 내재적 초월만이 동아시아의 사상을 대표한다고 주장하는 것은 여러 가지 정황을 감안해 볼 때 무책임하고 부적합한 발언이다. 필자의 입장에서 보면 그들의 해석은 그들 자신의 이념적인 시각에 기초한 것으로서, 말하자면 동아시아 철학의 전통 중에서 단지 한 부분을 마치 전체 철학을 대표하는 현상인 것인 양 침소봉대하고 있다.

예를 들어 무차별한 내재적 초월론을 주장하는 사람들 중에서 가장 대표적인 학자를 꼽으라면 이미 언급한 바대로 홀과 에임즈가 될 터인데, 동아시아 종교의 초월자가 단지 무차별한 내재적인 초월의 모습만을 보여준다고 생각하는 그들의 주장은 다음과 같이 열거될 수 있다. 우선 첫째는 오늘의 시대가 바로 그런 사실을 요청하고 있다는 것이다. 그들의 입장에서 보면, 오늘의 현대는 초월의 이야기가 한물간 시대로서 이제는 무신론과 세속주의만이 지배하고 있는 시대이다. 따라서 세계로부터 차별화되어 독립적으로 존재하는 것처럼 보이는 초월자에 대한 이야기는 그 이야기가 어떤 종류의 이야기이든 현대인들은 거기에 귀기울이려하지 않는다는 것이다. 특히 이런 현상은 그동안 인격적인 초월자 개념을 가지고 있는 종교로서의 기독교가 지배하고 있었던 서구에서 현저하게 보이는데, 이제 서구에서는 아예 종교나 문화를 말할 때 초월자에 대한 담론 자체에 관심을 두지 않으며 따라서 자신들이 신(神)-이후 시대를 살아가고 있다고 판단한다.[12]

탈이원론적이고 내재적인 초월자론이 동아시아를 대표하는 입장이라고 홀과 에임즈가 주장하는 또 하나의 이유는 그런 주장이 서구 종교철

---

12) Hall & Ames, *Thinking from the Han*, 8장 참조.

학이나 기독교 신학에 대해 대항담론을 구성할 수 있다는 생각 때문이다. 즉 이런 것을 주장하는 사람들은 대개 동양 사상에 대해 매력을 느끼고 있는 서구인들인데, 이들에 따르면 이제까지 세계는 너무 인격적이고 유신론적인 신학이 지배하는 세계였으므로 오늘의 과제는 그런 것을 극복하는데 두어야 한다는 것이다. 그렇다면 서구의 종교철학자인 그들로서는 유신론적 초월자론을 대체할 수 있는 새로운 종교철학이 필요한데 그러기 위해서는 동아시아에서 발전된 무차별한 내재적 초월론이 가장 효과적이라고 보는 것이다.13)

나는 그들이 내세우는 이런 이유들이 어느 정도까지는 일리가 있다고 생각한다. 특히 그동안 서구의 기독교와 그것에 기초한 종교철학이 너무나 일방적으로 인격신 위주의 신관에 치중되어 왔고 그것에 의해서 발생된 철학적 문제도 적지 않았던 것이 사실이기 때문에 그런 식으로 한쪽으로 치우쳐 왔던 전통적 신관의 편중현상과 그것에 기인하는 신학적 폐해를 극복하고 올바로 균형을 잡아줄 수 있는 새로운 대항담론이 필요하다는 생각에 철저히 공감하기 때문이다. 그러나 그들의 주장에 일리가 있다고 하더라도 그들의 주장에 비판을 가하지 않을 수 없는 것은 그들의 주장이 공정하지 못한 사실에 기초하고 있으며 또한 이런 공정치 못한 사실에 대한 판단이 가져오는 철학적 폐해 때문이다. 즉 나의 생각에 홀과 에임즈는 자신의 철학적 의도들을 위해서 사실을 왜곡하고 있거나 아니면 적어도 과잉주장을 하고 있는 듯이 보인다. 조금 과장되게 말하면 그들은 자신들의 학문적 이념을 성취시키기 위해서 동아시아에서 아예 초월자의 개념을 제거하려 한다는 인상이 든다.

필자가 보기에 그들의 주장이 갖는 난점은 다음과 같은 것들이다. 우선 그들이 주장하는 바, 서구의 인격신 위주의 신관에 대한 대항담론으

---

13) Hall & Ames, *Thinking from the Han*, 228.

로 사용하기 위해 그들이 끌어들이는 무신론적이고 내재적인 초월론을 분석해 보자. 그들이 무신론에 입각한 내재적 초월론을 선호한다는 입장을 액면 그대로 해석하면, 그 말은 그런 무신론에 입각한 내재적 초월론이 서구인들은 물론 동양인들에게도 종교적으로 유익하다는 말인데 과연 그 말이 갖는 의미는 무엇일까? 그 말을 뒤집어서 보면 차별적인 초월론을 말하는 것은 동양에 유익하지 않다는 말처럼 들린다. 그러나 그런 논리는 매우 일방적인 주장이다. 보는 시각에 따라 다르기 때문에 서로 많은 토론을 거쳐야 주장할 수 있는 것이다.

　인격신에 기초한 신관이 서구는 물론 동양에서 많은 영향력을 행사해 왔다는 것은 상식이다. 인격적 신관은 비록 많은 신학적 문제점을 포함하고 있지만, 그럼에도 불구하고 나름대로 종교적으로 많은 가치와 의미를 지녀왔던 것이다. 혹시 차별적인 초월자에 관한 이론들이 가지고 있는 종교적인 문제점을 지적하면서 그것이 내재적 초월론에 의해서 균형 잡혀야 한다고 주장하는 것은 옳은 일일지 모른다. 하지만 그렇게 말하는 것을 넘어서서, 차별적 초월자에 관한 이론은 동양사상의 주류나 중요한 가치가 아니라고 몰아가고, 나아가 다른 이론만이 동양사상을 대표한다고 주장하는 것은 너무나 단순하고 일방적인 주장이다.

　그러나 이보다 더 큰 문제가 있다. 무엇보다도 심각한 문제점은 무차별한 내재적 초월론을 동양의 주류사상으로 내세우기 위해 차별화된 초월자에 대한 어떤 담론도 인정하지 않으려 하는 것이다. 하지만 이런 주장은 학문적 주장치고는 너무나 일방적으로 편중된 주장이다. 정말 그들의 주장대로 과연 동아시아에서는 차별화된 초월자에 대한 이론이 주류로 존재한 적이 없는가? 필자의 분석에 따르면 동아시아 종교 철학에서는 차별화된 내재적 초월론은 물론 인과적으로 차별화된 인격적 초월자도 존재해 왔다고 보는 것이 참으로 공정하고 옳은 판단이다.

　여기서 내가 주장하는 바를 더 정확히 이해하기 위해서 다시 한 번

용어에 대해 개념정리를 하고 넘어가자. 필자의 입장에서 볼 때, 초월자가 피초월자를 초월한다고 할 때 두 가지 다른 종류로 해석될 수 있다. 우선 인과적 초월론과 내재적 초월론이 그것인데, 전자는 초월자가 피초월자의 관계를 엄격한 이원론적인 관계로 보는 것으로서, 피초월자는 자신의 존재성을 위해서 초월자에 인과적으로 의존해야 하지만, 초월자는 피초월자에 그렇게 인과적으로 의존할 필요가 없는 것을 말한다. 말하자면 초월자가 피초월자의 존재 없이도 얼마든지 독립적으로 존재하는 것을 말한다. 또 다른 하나는 이런 입장에 반대되는 것으로서, 초월자나 피초월자나 서로 스스로는 존재할 수 없고 자신의 존재성을 위해서 상대방에 의존해야 하는 것을 말한다.

동아시아의 철학에서는 적어도 전자의 입장 즉 인과적 초월론을 찾을 수는 없다는 홀과 에임즈의 주장은 어떤 면에서 볼 때 무리한 주장은 아니라고 생각된다. 동아시아 사고의 근간이 되고 있는 음양사고와 상관적 사고는 동양의 모든 철학과 문화에 깊이 스며들어 있는 사상이며, 상관관계가 반드시 인관관계를 전제하는 것은 아니기 때문이다. 그런 의미에서 보면 엄격한 의미의 인과적 초월론을 찾을 수는 없고 내재적 초월론이 동양의 대세라는 주장도 하나의 설득력이 있는 주장이 될 수 있다. 그러나 어떤 면에서 볼 때 아무리 내재적 초월론이 동아시아에서 대세를 차지하고 있는 이론이라고 하더라도 그 사실이 곧바로 다음과 같은 사실, 즉 동아시아에서는 초월자가 세계에서 인과적으로 독립해 있는 양상을 드러내는 신관을 찾기 힘들다는 것으로 나아가지는 않는다. 초월자는 세계로부터 철저히 분리가 된 것은 아니지만, 적어도 그것과 차별은 되어야 하는 존재성을 갖는 것이 동아시아에서도 분명히 발견될 수 있다는 말이다. 동아시아에서도 전통적으로 세계와 자아로부터 철저히 분리되지는 않지만 분명히 차별되고 구별되어야만 하는 초월자에 대해 언급해왔다는 말이며, 이것이 동아시아 종교의 한 중요한 특징 중의 하나였다는 사실이다.

　이와 같은 사실은 다음과 같은 상식적인 사실을 감안하면 얼마든지 쉽게 수긍될 수 있다. 즉 어느 종교에서나 마찬가지로 동양의 종교에서도 하나의 초월자는 피초월자에게 논리적이고 인과적으로 구별되고 차별되지 않을 수 없는데 그 이유는 그렇지 않으면 초월자는 그저 피초월자의 연장이거나 아니면 부분에 지나지 않기 때문이다. 만일 이렇게 세계의 연장이거나 아니면 부분에 지나지 않는 초월자가 있다면 그것은 진정한 의미의 차별성을 갖는 초월자는 될 수 없을 것이다. 만일 우리가 종교적으로 초월자에게 기도를 할 때도 자기와 구별되는 타자에게 기도하는 것과 자신의 연장이면서 자신의 일부분인 존재에게 기도하는 것과는 확연히 구분될 것이다. 후자는 결국 엄밀히 논리적으로 말하면 자신이 자신에게 기도하는 것에 불과하기 때문이다. 이렇게 기도의 사실 하나만 분석해 보아도 동아시아의 종교에는 분명히 차별화된 초월자가 존재하리라는 것을 쉽게 짐작할 수 있다. 실제로 우리는 이런 현상이 나타나 있는 구체적인 사례들을 다음과 같은 텍스트적 전거에서 찾아볼 수 있다.

　우선 앞에서 중용에 대한 해석을 내리면서 우리가 보았던 구절, 즉 "天命之謂性"의 해석을 보자. 여기서 천명을 내재적인 것으로 해석하느냐 아니면 초월적인 것으로 보느냐 하는 것은 해석자의 입장에 따라서 다를 수 있다. 명을 명령으로 본다면 외부에서 온 것으로 생각할 수 있기 때문이다. 즉 중용의 첫째 명제인 천명지위성을 문자 그대로 해석해 보면 천이 명한 것을 본성이라 이름한다는 뜻이다. 만일 이 말을 홀과 에임즈 식으로 해석하면 천이 명한 것은 그저 자연스럽게 그렇게 된 것이며, 따라서 본성이란 스스로 보유하게 된 것이라는 말이다. 그러나 여기서 또 하나 질문을 제기하지 않을 수 없다. 즉 이러한 인간의 본성은 과연 후천적인 인위가 가해져 존재하게 된 것인가 아니면 하늘이 부여해서 선천적으로 주어진 것인가?

나의 주장은 중용을 전체적으로 보아야만 이런 질문에 대해 올바른 해답을 줄 수 있다는 것이다. 즉 중용의 후반부를 보면, "하늘의 명이여, 심원하여 그치지 않는 구나.(維天之命 於穆不已: 26장)"라는 구절이 있다. 이는 말할 것도 없이 하늘의 명령이 우리 인간의 판단으로 알려질 수 있는 것, 즉 인간의 명령과는 다르다는 것으로서 분명한 차별을 긋는 언명인 것이며, 따라서 인간의 본성도 그저 우리가 갖게 되는 것이 아니라 우리를 초월해 있는 자에게서 주어지는 것이라는 뜻이다.

이런 해석은 중용의 가장 중요한 해석가의 한 사람인 주자에게서도 잘 나타난다. 중용에 대한 해석인『중용장구(中庸章句)』에서 주자는 천명에 대해 해석하고 있는데, 그는 거기서 분명히 초월적인 어떤 존재가 있어 이원론적으로 명령한다는 의미를 말하고 있는 것이다. 즉 주자에 따르면 만물의 성은 천도가 유행하여 부여한 것이라고 보아야 한다. 만일 이런 부여가 그저 저절로 생겨난 것이라 한다면 우리는 어떻게 그런 성이 진정한 존재가치를 가지고 있는지 말할 수 없게 된다. 하나의 존재의 존재가치는 초월자가 보증하는 한도 내에서 가치를 지닐 수 있다는 해석이 옳다고 해야 한다. 만일 성이 성을 보증한다면 그것을 믿을 사람은 없는 것이다. 그러므로 만물의 본성은 천에서 부여받은 것이라 보아야 한다.

이런 식으로 볼 때, 주자의 철학은 분명히 이원론적이다. 주지하다시피 우선 그는 이기이원론(理氣二元論)을 말했다. 그의 이기이원론에서 이와 기는 물론 상관적인 것이다. 이 없이 기가 없고 기 없이 이가 없다고 말 할 수 있기 때문이다. 이런 면에서 보면 주자 역시 내재적 초월관을 주장하고 있는 듯이 보이는 것이 사실이다. 이와 기가 서로 내재한다고 보고 있다는 말이다. 그러나 그럼에도 불구하고 주자에서는 존재론적으로 볼 때, 이가 먼저라는 이론이 지배적인 것도 사실이다. 예를 들면, 주자는 태극론에서 이와 태극이 하나라는 것을 밝힘으로써 결국 궁극적 실재로서의 태극과 이가 함께 초월적이라는 것을 말했기 때문이다. 나아가 그는 서로 상관되는 이와 기가 분명하게 구별되고 차별되어야 하는 것도 말한 것이 사실이다.

더 나아가 우리는 주자에 있어서 초월자가 심지어 인격적인 존재로 비쳐지는 구절도 얼마든지 발견할 수 있다. 즉 주자에게 있어서 천은 주(主)로 알려지고 있다. 한번은 주자에게 지고의 주, 즉 상제에 대해 물어온 사람이 있었다. 주자는 대답하기를 세계의 주이면서 통치자인 어떤 이가 하늘에 있다는 말하는 것이 반드시 옳은 것은 아니지만, 그렇다고 그분이 없다고 말하는 것도 옳은 것이 아니라고 말했다. 그리고 이런 주(主)야말로 리(理)의 관점에서 보아야 하는데, 왜냐하면 리는 바로 하늘에 있는 일종의 주이기 때문이다.14)

또한 천지의 심이 정신적으로 지성적인 것을 의미 하는가라는 질문에 대해 주자는 천지의 심이 정신적인 지성을 의미하지 않는다고 말할수는 없다고 했다. 물론 여기서 인간의 이성과 같은 것은 아닐지라도 이렇게 심이 지성적인 것을 갖고 있다는 것은 그가 도덕적인 기준의 근원이 된다는 것을 의미한다. 도덕적으로 옳고 그른 것을 알고 있다는 말이다. 이런 이유로 "하늘의 심이 없으면 소가 양을 낳는다. 즉 하늘은 선악을 알고 있다. 그리고 그것의 기준이 된다."고 말하고 있다. 이렇게 천이 선악을 가지고 있고 또한 그것의 기준이 되는 마음을 가지고 있다는 것은 천이 인격적인 존재라는 것을 단적으로 드러내고 있는 것이다. 물론 여기서 주자가 말하는 천은 신인동형론anthropomorphism에 속하지 않는다는 주장을 펼 수 있다. 그가 말하는 신이 꼭 인간과 같은 성질을 갖고 있다고 볼 필요는 없다는 말이다. 그러나 아무리 그렇더라도 주자는 동시에 하늘의 심(心)은 일종의 주(主)이며 그의 마음은 일종의 리로서 구성되어

14) 다음을 참조하라. 이를 위한 종교학적인 해석은 Julia Ching의 책 *The Religious Thought of Chu Hsi* (Oxford: Oxford University Press, 2001)의 p.57-59를 보라.

있어서 결국 선과 악의 기준이 된다는 것을 주장하기 때문에 일종의 인격적인 초월자를 지칭하고 있다는 해석도 분명히 가능한 것이다.

이렇게 차별화된 초월자에 관한 이론을 말하는 것은 비단 주자뿐만이 아니다. 주자 이외에 우리는 여러 사람을 열거할 수 있지만 동아시아의 유교 전통에서 차별화된 초월자를 가장 확실하게 주장하는 학자 중의 한 사람은 한국의 퇴계이다. 한국의 퇴계는 그야말로 엄격한 의미의 초월자를 말하고 있다고 해도 과언이 아니다.

우선 그는 왕양명을 불교계통의 이단으로 규정하여 신랄하게 비판한 것으로 유명하다. 왕양명의 심학은 심즉리(心卽理)라고 보면서 인간의 심이 곧 궁극적 실재라고 보았는데, 이에 대해 퇴계는 그런 왕양명의 입장은 불교의 불립문자의 전통과 견성성불의 사상과 다르지 않다고 하여 그 입장을 선불교와 같은 이단이라고 주장했던 것이다. 퇴계는 천을 하나의 인격적 주체로 보면서 감정이 있는 신인동형론적인 천의 모습을 묘사하기까지 한다. 천은 하나의 리(理)로서 만물에 명령하며 만물은 각각 하나의 리를 간직하고 있다고 한다. 천은 명령하는 주체로서 제시되고 있으며 리를 하늘이 명령하는 근거라고 보는 것이다. 또한 태극을 궁극적 실재로 보면서 태극을 능생자(能生者)로 보고 음양을 소생자(所生者)로 보기도 했다.15)

이제까지 우리는 차별화된 내재적 초월의 사례를 주로 전통 유교의 학자들 가운데에서 찾아 보았다. 그러나 현대의 유학자들 가운데에서도 차별화된 내재적 초월을 말하는 학자들은 얼마든지 발견이 가능하다. 아마 그중에서 가장 대표적인 서구의 학자를 들자면 아무래도 로버트 네빌 Robert Neville을 꼽을 수 있을 것이다.

네빌에 따르면, 동아시아의 사상에서는 아무리 상관적 사고가 우세

---

15) 금장태, 『퇴계의 삶과 철학』, 148-149.

하더라도 우리는 거기서 일종의 인과적인 초월자를 찾을 수도 있다고 주장한다. 우선 동아시아의 가장 유명한 논리학의 하나인 체용론(體用論)에서도 보면 체는 항상 용을 통해서 나타나기 때문에 용에 존재론적으로 의존하고 있지만, 그렇다고 해서 체가 용에 의해 완전히 한정되는 것은 아니라고 한다. 분명히 인과적으로 체가 용을 초월하는 면이 있다는 말이다. 체가 용을 통해 나타난다는 것이 체가 용 없이 전적으로 존재할 수 없다는 뜻은 아니라는 말이다. 체는 용에서 존재론적으로 그리고 인과적으로 초월해 있다는 것이 바른 이해라는 말이다.16) 이와 같이 네빌은 유교의 체용론에서도 인과적 초월의 사례를 발견하고 있는 것이다.

이제까지 우리는 동아시아에서 나타나는 초월자는 피초월자로부터 분명히 엄격한 의미의 초월을 하는 존재자로 해석할 수 있다는 주장을 살펴보았다. 이제 남은 것은 이런 동아시아의 초월자가 인격적인 초월자로 해석되는 경우 어떤 문제를 갖게 될 것인지 하는 것이 나머지 문제가 될 것 같다. 나는 동아시아의 초월자가 어떤 의미에서 인격적으로 해석되는 것은 종교철학적으로 합리적인 해석이며 나아가서 동아사이아의 유교에도 커다란 공헌을 할 수 있다고 본다. 이하에서는 그런 나의 입장에 대해 설명해 보겠다.

IV. 유교의 초월자는 인격적인가?

많은 세속의 현대인들은 인격신을 믿는 신앙이 오늘날에 와서 무기력하고 근거 없는 것이 되어 버렸다고 보는 경향이 있다. 동아시아의 많

---

16) 네빌에 따르면 초월이란 다음과 같이 정의 내릴 수 있다고 한다. 하나의 지시가 만들어질 수 있을 때 그 지시되는 것이 현상계의 한계 영역 안에 놓여있지 않는 그런 경우 초월을 일반적 의미의 초월이라 한다. 분명히 이 경우 지시되는 것은 지시하는 것과 현상계를 분명히 넘어서고 있기 때문이다. 그의 책 *Boston Confucianism*, 149-151을 보라.

은 종교인들도 그들이 믿는 초월자는 인격적일 필요가 없으며 그렇지 않고서도 얼마든지 동아시아의 종교는 영성과 문화에 공헌할 수 있다고 보는 것 같다. 앞에서 살펴본 바, 현대의 유교학자들이 초월자의 내재성을 강조하게 된 것도 사실은 인격적인 신에의 신앙을 폄하하는 현대의 세속화된 종교인들의 영향 때문인 것이 사실이다.

나는 초월자는 물론 인격적인 초월자를 신앙하는 것이 시대착오적인 것이 아니며, 오히려 동아시아 종교의 미래를 위해서는 때로 인격적인 초월자에 대한 신앙이 강조될 필요가 있다고 생각한다. 특히 서구에서 수입된 기독교를 믿는 동양 신학자의 한 사람으로서 나는 동아시아의 기독교가 동아시아의 다른 동양종교에 공헌할 수 있는 길 중의 하나가 바로 인격신을 믿는 신앙을 가르치는 것이라고 생각한다. 따라서 이하에서 나는 동아시아의 종교에서 인격신으로서의 초월자 개념이 왜 문제가 되어 왔는지를 살펴본 후 어떻게 그 전통을 회복시킬 수 있는지 그 방법론을 고찰하고자 하는 것이다. 그렇다면 우선 왜 동아시아는 물론 서구에서도 인격신을 믿는 신앙이 문제되어 왔는지 그 배경적 이유부터 살펴보자.

인격신이란 무엇인가? 한마디로 말해서 인격적 신이란 인간과 같은 속성과 모습을 지니고 있는 신을 말하는 것인데, 문제는 현대에 와서 이런 신이 신학적으로 신랄한 비판의 대상이 되고 있다는 것이다. 주지하다시피 신이 인간과 비슷한 속성을 가지고 있다고 보는 이론을 신인동형론anthropomorphism이라고 부르는데, 이런 이론이 묘사하는 신이 가지고 있는 가장 큰 취약점 중의 하나는 악의 문제를 해결할 수 없다는 것이다. 인격신에 대해 비판적인 입장을 취하는 많은 학자들은, 예를 들어 아우슈비츠에서 있었던 유대인 대학살의 경우를 들어 인격신의 개념을 종종 비판하곤 한다. 신이 인격적이라는 뜻은 그 분이 인간의 기도를 들어 줄 수 있을 정도로 자상하다는 뜻을 포함하는데 그렇다면 어떻게 그런 분이 아우슈비츠의 현장에서 죽어가던 수많은 의로운 사람들의 기도에 응답하지 않으시고 끝까지 침묵으로 일관하면서 아무런 조치를 취하지 않으셨는가 하고 질문한다. 한마디로 하나님이 인격적이라면 어떻게 선한 사람에게 악이 발생하도록 내버려두시는가 하는 것이다. 이렇게 의롭게 선한 인간들이 당하고 있는 고통의 소리를 들으면서도 그것에 답변하지 않고 있는 신은 분명히 선한 신이 아니거나 아니면 무능한 신이고, 이것도 저것도 아니라면 최소한 그분은 인격적인 신이 아니라고 보는 것이다. 서구신학에서 인격신의 개념이 문제가 된 이유 중의 하나는 바로 이렇게 악의 문제를 풀어 낼 수 없는 인격신의 능력에 대한 의구심 때문이었다.

그렇다면 인격신의 개념은 이런 식으로 악의 문제에 대해서 치명적인 약점을 가지고 있기 때문에 용도폐기 되어야 하는가? 필자는 그렇게 생각하지 않는다. 인격적 신을 믿는 신관이 악의 문제를 해결하지 못한다고 해서 폐기시켜야 한다는 주장은 마치 아이를 목욕시킨 물이 더럽다고 그것을 버리면서 아이까지 버리는 격이라고 생각한다. 인격신을 믿는 신앙과 악의 문제를 다루는 것은 서로 별개의 문제로 다루어야 한다고 생각하는 것이다. 다시 말해 인격신을 믿는 사람들이 악의 문제를 해결하지 못하는 이유는 그들이 잘못된 인격신관을 갖고 있기 때문이며 제대로 이해된 올바른 의미의 인격신관은 여전히 많은 장점을 가지고 있다고 생각한다. 한마디로 필자의 논점은, 인격신관에 있어 문제가 있다면 그것은 잘못된 인격신관 때문이지 인격신 자체가 아니라는 말이다. 그렇다면 잘못된 인격신관으로서 논자가 지칭하고 있는 것은 무엇이며 또한 올바른 인격신으로 논자가 말하려는 것은 무엇인가?

잘못된 인격적 신관이란 한마디로 말해서, 신이 전지전능하다고 믿는 나머지 그 신이 자신이 원할 때마다 인간의 모든 일에 일일이 간섭할 능력과 권한이 있으며, 나아가 모든 일을 자기 마음먹은 대로 행하실 수 있다고 믿는 입장이다. 나는 이런 형태의 신관은 잘못 이해되면 인간의 자유의지까지 말살해 버릴 수 있는 위험스런 입장으로 발전할 수 있다고 생각한다. 인간이 하는 모든 일에 사사건건 일일이 간섭하는 신은 잘못하면 인간을 꼭두각시와 로봇으로 만들 수 있다.

우리는 신이 주권을 갖고 있고 나름대로 인간보다 무한하고 절대적인 능력을 갖는 분이라고 믿는다. 하지만 그렇다고 해서 그분이 둥근 삼각형을 만들 수 있는 분이라고 무리하게 주장할 필요는 없다. 물론 우리는 인간의 능력과 신의 능력에 경계를 그어야 한다. 그분은 분명히 인간의 능력을 초월한다. 그러나 그렇다고 해서 신은 우리 인간이 할 수 있는 일까지 나서서 간섭하실 정도로 불필요하게 자신의 능력을 남용하는 분이 아니다. 그 분은 인간이 자신의 능력으로 할 수 있는 일은 인간의 자유의지를 손상시키지 않기 위해서라도 인간 스스로가 하도록 놓아두시는 분이다.

이 말을 다른 말로 바꾸어 말하면 어떤 경우에는 신이 침묵하실 수도 있다는 말이다. 아우슈비츠를 통해 히틀러가 악을 행하는 현장에서 그분은 비록 침묵하셨지만, 사실 그분은 그들의 기도를 들어 주면서 의롭고 선한 자들과 함께 아픔과 고통을 느끼시고 계셨다고 보아야 한다. 이것이 인격적인 신의 위대함이다. 인간의 고통에 동병상련하실 수 있는 속성을 가지고 있는 분, 이것이 우리가 고백하는 인격적인 신의 올바른 모습이다. 그분은 선함에 있어서는 완전한 것이 틀림없지만, 그래서 우리의 문제를 해결하시기를 원하시는 분이 틀림없지만 그는 언제나 그의 능력을 무조건 발휘하지는 않는 분이다. 신은 분명히 사랑의 신이지만 그렇다고 해서 그의 능력을 아무 때나 남용하는 분은 아니며 분별 있게 사용하는 분이다. 이런 의미에서 볼 때 그는 선함과 사랑에서는 제한이 없지만 능력에 있어서는 어떤 경우 자신을 제한시키는 분이다.

그러므로 우리는 인격신이 가지고 있는 좋은 점은 택하고 부정적인 점을 버리면 되는 것이다. 좋은 점이란 그분이 선과 사랑의 신으로서 존재하되, 동시에 우리의 이상이 지향해야 할 목표가 되는 분이라는 것이다. 그런데 이런 목표로서의 존재는 최소한 전통적인 의미로는 인격적으로 불릴 수는 없다고 해도, 새로운 의미로서는 인격적인 존재라 불릴 수 있다. 그는 우선 초월자이다. 그는 인간과 다르게 세계의 보편적 선을 마음에 품고 계시면서 우리에게 그것을 제시하시는 분이기 때문이다. 그가 마음에 품고 있는 선은 우리의 국지적인 선과 다르게 전우주적이고 보편적이며 나아가 그것은 세계의 사건들에 좌우되는 우연적인 것이 아니라 필연적인 선이다. 또한 이런 점에서 그가 마음에 품고 있는 선은 개별적 인간들의 선과는 다르며, 어떤 국지적 공동체의 선과도 다르다. 나아가 신의 선은 보편적이고 필연적이라는 의미에서 인간과 세계에 대해서 초월적이다. 하지만 신의 선은 모든 인간에게 공통적으로 이상적인 목표가 된다는 점에서 내재적이다. 마지막으로 신이 이렇게 인간에게 이상적인 목표를 제공함으로써 인간 안에 내재하고 그것을 통해 인간과 대화하고 소통하면서 영향을 끼친다는 점에서 그는 인격적이다.

다시 말하면 그는 여전히 초월자가 되시며 우리를 그가 품고 있는 이상적인 목표에로 초청하시고 유인하시는 분이다. 그는 초월자이지만 결코 우리의 뜻과 상관없이 독선적으로 능력을 마구잡이 행사하는 폭군적 군주가 아니다. 그는 자신만이 모든 권력을 차지하면서 우리 인간을 마치 로봇이나 꼭두각시로 취급하는 분이 아니다. 그는 자신의 능력을 행사하시되 언제나 인간과 상관적인 관계 하에서 결정을 내리시는 분이다. 그런 점에서 신은 참으로 인격적이다.

과정신학에서는 이런 신을 현실적 존재actual entity로서의 궁극자로 부르면서 이런 현실 존재로서의 궁극자가 참으로 인격적인 존재라고 말한다. 즉 하나의 현실적 존재란 참으로 우리에게 영향을 주고 또한 우리로부터 영향을 받는 존재이다. 그래서 살아 있는 분이다. 그는 그저 철학자의 신이 아니다. 그는 아브라함과 이삭의 신이다. 따라서 그는 응답하고 행위 하는 사랑의 신이라는 말이다. 이렇게 초월자를 현실적 존재로 본다는 것은 그분이 그저 하늘이라든지 이치라는 데 머무는 분이 아니라 하늘의 주재로서 존재하는 인격적인 분이며 동시에 하늘의 이치인 신, 즉 아가페의 사랑을 핵심 뜻으로 품고 있는 분이다. 이것이 바로 과정신학이 말하는 바, 우리의 예배와 숭배를 받으실만한 하나의 온전한 신의 개념이다. 그는 그저 철학적 원리로서 존재하는 것이 아니라 뜻과 가치를 따지는 인격적인 존재이다.

여기서 나는 인격적인 신과 악의 문제에 대해 더 이상 자세하게 토론할 자리를 갖고 있지 못하다. 여기서 우리가 다루어야 할 토론거리는 동아시아의 종교 내에서 이런 올바른 의미의 인격적인 신관을 어떻게 회복할 것인가에 있기 때문이다. 나는 과정신학이 말하는 현실적 존재로서의 신 개념을 그 해답으로 제시하고자 한다. 그러므로 이에 대해 조금 더 살펴보자.

동아시아의 신앙인들이 초월자의 인격성을 강조할 때 가질 수 있는 하나의 장점은 무엇보다도 자연을 객관화시킬 수 있다는 점이다. 동아시아 종교들, 특히 그 중에서도 도가(道家)전통은 자연을 궁극적 주체로 보면서 초월자와 자연과를 구분하지 않는 전통을 가지고 있다. 그러나 만일 초월자를 인격적인 존재로 보면서 그것을 창조적인 주체로 간주하게 되면 그런 관점에서 자연과 세계를 객관적으로 파악할 수 있게 된다. 자연을 객관적으로 파악할 때 생기는 장점은 말할 것도 없이 과학이 발전할 수 있다는 점이다. 창조주 하나님을 믿는 신앙 전통을 가지고 있는 서구에서 물리적 우주를 객관화하는 것이 쉬웠고 그것에서 객관적 과학을 가능케 하는 학문적 전통이 발달했다고 보는 해석은 언제나 설득력 있는 해석 중의 하나였다.

또 하나 인격적인 신은 동양인들로 하여금 도덕적인 결단을 용이하게 만드는 장점을 지닌다. 이미 과정신학을 통해서 본 바, 인격적 신의 장점은 현실적 존재가 되는 것이라 했는데, 과정신학에 있어서 이런 현실적 존재의 가장 중요한 속성은 타자에게 영향을 끼치는 존재라는 점이다. 한마디로 말해서 죽어 있는 원리의 신이 아니라, 살아 있는 현실적 영향의 신이라는 말이다. 동아시아 철학이 가지고 있는 가장 핵심적인 과제 중의 하나는 그 철학의 윤리가 어떻게 사람들로 하여금 인(仁)을 행하도록 만드느냐 하는 것이다. 이것은 유교의 창시자인 공자는 물론, 맹자와 순자를 거쳐서 신유학과 성리학에 이르기까지 일관된 숙제였던 것이다. 여기서 영향을 끼치면서 살아있는 현실적인 초월자, 즉 인격적인 신은 우리 인간이 결단을 하도록 도움을 줄 수 있다. 이런 인격신을 믿는 신앙은 인 즉 사랑에 의한 결단을 일으키는 데 영향력을 행사할 수 있다. 그러나 이렇게 인의 중요성을 알면서도 그것이 실천으로 이어지지 못하고 주저하고 있는 동아시아의 유교인들로 하여금, 하나의 초월적인 인격신은 인간으로 하여금 인(仁)을 행동으로 옮기고 실천하도록 유인하고 자극하게 만들어 주는 존재가 될 수 있다.

유교에서도 극기복례위인(克己復禮爲仁)이라고 해서 자기를 극복하고 예로 돌아가면 인을 이루게 된다고 말했는데, 과연 유교적 인간은 어떻게 이런 인을 이룰 수 있겠는가? 다시 말하지만 우리가 인을 행한다고 마음을 먹더라도 그것을 행동으로 옮길 수 있는 것은 아니다. 우리로 하여금 인을 행하도록 유인하는 존재가 있을 때 우리는 인을 행할 동기를 갖게 되는 것이다. 이렇게 인을 행할 수 있는 동기유발의 힘은 어디서 오는 것일까? 만일 그것이 내재적 초월론을 주장하는 사람들이 주장하는 것처럼 스스로에게서 생성되는 것이라면 사람들은 과연 그런 동기에 의해서 인을 행할 수 있는 결단을 내릴 수 있을까? 물론 그것이 불가능한 것은 아니다. 하지만 쉬운 일도 아니다. 인격적인 초월자의 유인과 독려가 없다면 인간은 스스로 이치를 깨닫고 천도를 따라 살려는 뜻을 지니고 있어서 그것을 직접적인 행동으로 실천하지 못하는 경우가 많은 것이다. 어떤 사람이 인을 행할 뜻을 가지고 있다는 것과 그 의지를 실천으로 행한다는 것은 전혀 다른 문제인 것이다.

만일 하나의 독립적인 초월자가 있어서 우리에게 이상적인 목표를 제시하면서 그것으로 우리를 초청한다면 우리는 그것이 일종의 유인이라는 것을 알면서도 그것이 긍정적인 유혹이기에 결국 우리에게 유익하다는 것을 깨닫는 순간 과감하게 그것을 행할 결단을 내릴 수 있는 것이다. 이것이 그저 원리로서 존재하는 내 안에 내재하는 신을 믿는 것과 그렇지 않고 나의 밖에 인과적으로 존재하면서 나에게 목표를 제공하는 유인하는 외부의 존재하는 신을 믿는 것과의 근본적인 차이인 것이다. 이런 외부의 존재는 우리를 선한 목표에로 설득하고 있기 때문에 우리는 그런 선한 것, 특히 인을 행할 결단을 내릴 수 있게 되는 것이다.

우리는 때때로 내가 일을 행할 결단을 할 때, 그런 결단으로 인하여 반드시 유익한 성과가 나에게 생겨난다는 보장이 안 될 때조차 결단을 해야 할 필요를 느낄 때가 있다. 그러나 만일 그저 신이 내재적인 존재로서 우리 안에 있다면 우리는 굳이 인을 행할 이유를 찾지 못할 수도 있다. 왜 나는 이웃을 향하여 내가 손해가 나는 것을 알면서 선과 인을 행할 수 있는가? 이것이 인격적 초월자를 믿는 사람과 그렇지 않은 사람의 차이일 수 있는 것이다. 인격적 초월자를 믿는 사람은 그의 은총이 나에게 미치고 있다는 생각에 기초하여 선과 인을 행할 수 있는 결단이 생겨나는 것이다.

인격적 초월자를 믿을 때 우리가 가질 수 있는 또 다른 장점 중의 하나는 허무주의를 극복할 수 있다는 점이다. 많은 세속의 사람들은 자기의 삶이 무의미성에서 해답을 찾지 못하는 경우가 있다. 만일 그가 그러 내재적인 초월만을 믿으면서 자신의 문제를 해결하려 하는 경우 그는 자신의 허무주의를 해결할 힘을 얻지 못하게 된다. 그러나 자기의 외부에 초월자가 존재한고 있다고 믿는 사람은 그렇지 않은 사람보다는 자신의 삶을 소명의 관점에서 볼 수 있게 될 것이며 이는 허무주의를 극복하는 일종의 해결책으로 작용할 수 있을 것이다.

마지막으로 인격적 초월자를 상정하는 신앙의 집단에서는 그렇지 않는 사회보다 문화의 역동성에서 차이가 날 수 있다. 즉 그저 내 안에 초월자가 들어와 있다고 생각하는 것만으로는 문명을 향해 역사를 창조해 갈 수 있는 충동력이 약할 수 있다. 그러나 내 밖에 초월자가 있어서 내가 그것을 향하여 달려갈 수 있는 힘을 얻게 된다면 우리는 더 적극적으로 우리의 문명의 부정적인 면을 개선하고 이상적인 사회를 향해서 달려갈 수 있는 역동적인 힘을 얻을 수 있게 되는 것이다.

이미 위에서 본 바대로 동아시아의 유교에는 천명에 입각해 인격적인 초월자의 명령을 소중하게 생각하는 개념과 전통이 있다. 물론 유교의 천 개념이나 그것과 관련된 천명 개념을 과연 유교의 초월자가 인격적인 면을 가지고 있는 것으로 해석할 수 있는 도구로 사용할 수 있는지의 문제는 해석자의 몫이다. 어떤 이는 그렇다고 볼 것이고, 어떤 이는 그렇지 않다고 볼 것이다.

필자는 물론 이미 앞에서 설명했듯이 유교의 초월자가 얼마든지 인격적으로 해석될 수 있다고 본다. 유교의 천명사상은 분명히 우리의 삶을 하늘의 뜻으로 인식하려는 태도의 발로라고 보기 때문이다. 하늘의 뜻이 한 사람의 삶의 목표가 되고, 그런 목표가 한 사람의 마음속에서 작용하면서 그 삶을 이끌어가는 동력이 된다면 그것은 분명히 하나의 고유한 능력이 된다. 그런데 그런 능력이 그 사람의 마음속에 있더라도 외부로부터 부여되었다는 점에서 보면 그것은 인간과 세계에서 차별적이다. 하늘이 바로 이렇게 구별되는 위격을 갖고 능력을 행사한다는 점에서 인격적이라는 말이다.

우리는 이렇게 해석된 인격적인 초월자의 전통을 기존의 유교 해석에 접목시킴으로써 동아시아의 유교가 앞으로 오는 시대에 있어서 더 온전한 의미의 윤리적 종교로 발전할 수 있도록 만들 수 있게 될 것이라 본다. 그리고 이런 식으로 유교를 해석하는 것은 그것과 기독교 사이에 밀접한 대화의 통로를 만들면서 한국의 기독교가 한반도와 동아시아에 더 부드럽게 토착화되도록 만드는 데 좋은 자양분으로 작용하게 될 것이다.

나가는 말

나는 이제까지 유교의 초월자 문제를 다루면서, 주로 그 초월자를 내재적인 초월자로 해석하는 학자들이 노출하는 문제점들을 지적하고 그 대안을 찾으려 했다. 내 생각에 유교는 하나의 종교다. 그것도 종합적 종교다. 여기서 종교란, 프리데릭 스트렝Frederick Streng이 오래 전에 주장한 바대로, 인간으로 하여금 어떤 궁극적 실재와 더불어 자신을 변혁하도록 만들고 나아가 그것에 근거해 자신의 외부세계를 변혁할 수 있는 힘을 제공하는 제도나 기제 등을 말한다.[17] 이런 종교에 대한 정의에서, 하나의 종교가 어떤 종류의 초월자를 갖는가 하는 문제는 매우 중요하다. 필자의 생각에 한 종교의 초월자는 피초월자, 즉 인간 및 세계와 밀접한 관계를 맺는 상관적 존재여야 하지만 동시에 그것으로부터 구별되는 초월자여야 하다. 이미 토론한 바대로 하나의 종교다운 종교에서, 하나의 초월자는 피초월자로부터 적어도 인과적으로 초월하면서 동시에 구별되는 초월자여야 한다. 그런 한도 내에서만 그 초월자는 인간에게 도덕과 윤리를 일으키는 데 있어 효과적일 수 있기 때문이다.

필자가 분석한 바에 따르면, 유교의 천(天)이나 상제(上帝) 및 리(理)와 같은 개념들은 세계와 상관적 관계를 맺는 초월자로 해석될 수도 있고, 혹은 세계 내에 내재적인 초월자로 해석할 수도 있으며, 혹은 세계를

---

17) Frederick Streng, *Understanding Religious Life* (Belmont, CA.: Wadsworth, 1985).

엄격하게 초월하는 초월자로 해석될 수도 있다. 심지어 인격적 초월자로 해석될 수도 있다. 유교에는 하나의 입장만이 있는 것이 아니며, 유교란 다양한 시대의 다양한 공동체와 다양한 철학들이 함께 역사를 거치면서 조화되고 통합되어 발전한 종합적 종교다. 따라서 그것은 그저 하나의 윤리만도 아니고 도덕철학인 것만도 아니다. 그러므로 그 중 어느 하나를 택해서 그 입장만이 유교의 전부라고 해석하는 것은 과잉해석이고 매우 이념적인 해석이다.

최근의 세속화된 추세를 따라, 상관적이고 내재적 초월을 강조하는 서구 학자들이 늘어가면서 동아시아의 종교인들도 그런 서구적 해석가의 입장을 무분별하게 수용하고 있는 경향이 보인다. 그러나 서구학자들의 그런 해석은 단지 하나의 해석이며, 때로 매우 과잉되고 이념적인 주장이 깃들여진 해석이 난무하고 있다고 믿는다. 유교는 어떤 하나의 이념과 해석으로 국한될 수 있는 작은 종교가 아님에도 불구하고 말이다. 그러므로 우리는 균형 잡힌 유교 해석에 나설 필요가 있으며, 그것을 통해 하나의 고대 종교로서의 유교가 현대세계에 어떻게 긍정적으로 공헌할 수 있는지 탐구할 필요가 있다.

그러나 우선 우리가 할 일은, 내재적 초월을 강조하는 이들이 주장하는 바가 가진 긍정적인 점들을 적극적으로 수용하는 일이다. 어떤 점이 긍정적인지는 누누이 밝혀 왔으므로 여기서 다시 반복하지 않겠다. 동아시아의 종교인들 중 기독교인을 비롯한 아브라함적 종교인들은 유교가 가지고 있는 이런 내재적 초월자 이론이, 자신들의 초자연주의적 신관이 가지고 있는 여러 문제점들을 해소시켜 줄 수 있다고 생각해야 하며, 그런 전제 하에 유교와 기독교의 적극적인 대화에 나서야 한다.

그러나 또 하나 우리가 잊지 말고 해야 할 일은 유교를 균형적이고 공정하게 해석하고 그것을 통해 동서가 서로 도움을 받는 일이다. 이런 점에서 볼 때 내재적 초월성을 과도하게 강조하면서 현대의 세속문화가 요구하는 지성적 요구에 편승하려는 사람들은 유교를 편협하게 만들 수 있다는 비판에 귀 기울여야만 한다. 다시 반복하지만 유교의 초월자는 인격적으로 해석될 수도 있고 그럴만한 충분한 경전적인 증거들이 있으며, 또한 그것이 종교적으로 해로운 일도 하니라는 것이다.

따라서 유교의 초월자를 내재적으로도 해석하면서 동시에 엄격한 초월자로서도 해석하는 것이 오히려 학문적으로 공정할 뿐만 아니라 실용적으로도 동과 서에 좋은 학문적 대화의 장을 제공하는 긍정적인 방법론이 될 수 있는 것이다.

9장
"보스톤 유교"에 대한 평가

들어가는 말

로버트 네빌Robert Neville은 오랫동안 다양한 저서들을 통하여 동양과 서구 간의 종교철학적 대화에 앞장 서온 인물 중의 하나이다. 동아시아의 불교에 관한 그의 평가가 담겨있는 『도(道)와 수호신The Tao and the Daimon』을 필두로 하여, 궁극적 실재에 관한 동서의 비교철학을 다룬『궁극적 실재들Ultimate Realities』이라는 책도 발간한 바 있다.1)『보스톤 유교Boston Confucianism』역시 일종의 동과 서를 비교하는 종교철학 책이다.2) 서구 기독교 종교철학자의 입장에서 동아시아의 유교에 대해 평가하고 있기 때문이다.

나는 21세기가 시작되던 첫해에 미국 캘리포니아에서 여름을 보내고 있었는데, 그 때 로버트 네빌의『보스톤 유교』를 처음 접하게 되었다. 물론 나는 그 때 그 책을 구입하자마자 단숨에 며칠 동안 끝까지 읽었다.

---

1) *The Tao and the Daimon* (Albany: State University of New York Press, 1982), *Ultimate Realities* (Albany: State University of New York Press, 2000).
2) *Boston Confucianism: Portable Tradition in the Late-Modern World* (Albany: State University of New York Press, 2000).

우선은 당대 최고의 서구 종교철학자인 네빌이 유교에 대해서 본격적인 저작을 만들어 냈다는 사실 자체가 나에게는 하나의 흥미로움을 넘어서 감사함으로 다가왔기 때문에 쉬어갈 수가 없었다. 우선 나에게 "보스톤 유교"라는 말은 매우 도전적이었다. 베이징이나 서울의 유교가 아니라, 보스톤 유교라니 너무나 파격적이지 않는가? 물론 나는 네빌의 이 과감하고 도발적이기까지 한 유교 해석을 읽어 내려가면서 때때로 서양학자가 빚어내는 어쩔 수 없는 논리적 무리함을 종종 발견하기도 했지만, 사실은 얻은 것이 더 많다는 것이 솔직한 고백이다.

『보스톤 유교』는 보통 사이즈의 책이지만, 그것이 다루는 주제는 매우 다양하다. 비교철학의 방법론은 물론 상징, 실재, 문화, 영성, 초월자, 자아, 다원주의 등등 여러 가지 문제들을 다루고 있다. 나는 이 장에서 지면관계상 그가 다루는 모든 문제를 소개하지는 않겠고, 단지 '주제분석 방법론'과 '존재론'이라는 두 가지 문제에만 논점을 국한 시키겠다. 필자의 생각에 이 두 가지 문제는 네빌이 그의 책에서 시도하는 핵심 사상을 일관성 있게 잘 드러내 주고 있다. 또한 필자의 입장에서 볼 때, 이 두 가지 문제는 바로 네빌의 저서가 어떻게 하나의 비교 종교철학으로서 학문적으로 공헌할 수 있는지를 잘 보여주고 있다. 왜냐하면 그 두 문제를 통하여, 네빌은 동아시아 철학과 서구의 철학이 철저하게 대조될 수 있다는 하나의 분명한 사례를 제시한다고 보기 때문이다.

그렇다면 먼저 '주제분석'라는 말로서 그가 의미하는 바는 무엇인가? '주제분석'이라는 용어에서, '주제'란 영어의 motif의 변역어로서, 사실 이 용어는 문학과 예술에서 사용되는 용어이다. 네빌이 이런 문예비평의 언어를 사용하는 이유는 우선 그의 책이 문명과 문화의 문제를 다루고 있기 때문이다. 그는 '주제'라는 말로서, 고대로부터 이어져 내려오는 한 문명의 관념idea, 실천practice, 사건event들이 그 고대의 방식으로 언표verbal articulation된 것을 지칭하려고 한다. 한마디로 말해서 언어를 통해 명료화된 문화적 관념이 바로 주제라는 것이다.3) 이하에서 우리는 그가 왜 주제분석의 방법을 통해서 동서를 비교하는 철학을 만들어 내려 시도하는지 살펴볼 것이며, 그런 주제분석 방법론이 각 문명들은 물론, 특히 동아시아의 유교 문명을 어떻게 구체적으로 분석해 내는지를 살펴 볼 것이다.

그의 책에서 네빌이 다루는 또 하나의 문제는 존재론이다. 사실 존재론은 그가 젊은 시절에 쓴 초기 저작들부터 시작해, 이제까지 출간된 그의 모든 저서를 일관하는 주제이기도 한데, 그는 유교에 대한 평가서인 본 책에서도 하나의 존재론을 분석의 틀로서 사용하고 있다. 물론 그가 여기서 말하는 존재론은 서구 철학의 전통 내에서 논의 되어져 온 '존재'에 관한 이론ontology의 하나이지만, 그렇다고 그것이 아퀴나스의 중세 존재론이나 혹은 후설과 하이데거 등에서 나타나는 현대 서구철학의 존재론이 제기하는 이론적 문제들을 전부 다루고 있는 것은 아니다. 하지만 그의 존재론 역시 서구인들이 즐기는 존재사유의 방법론에 기초하고 있으며, 그가 이런 존재 사유의 입장에서 동아시아 유교를 비교철학적으로 바라보는 것을 읽어 내는 작업은 매우 흥미로운 일이라 아니할 수 없다.

논자는 첫 두 장에서 네빌이 주장하는 주제분석 방법과 존재론을 통하여 그가 어떻게 유교의 공과를 설명하는지 먼저 살펴볼 것이며, 세 번째 장에서는 네빌이 주장하는 바, 동아시아의 유교가 서구에 공헌할 수 있는 점들을 요약해 보이겠다. 그리고 최종적으로 결론의 장에서는 네빌의 유교 해석에 대해 간략한 평가를 시도할 것이다.

I. 주제분석 방법의 특징과 의미

---

3) Neville, *Boston Confucianism*, 118.

주제분석 방법이란 미국의 종교철학자인 데이비드 홀과 로저 에임즈의 저서들에 맞서기 위해 네빌이 제시하는 방법론이다. 잘 알려져 있다시피 홀과 에임즈는 동아시아 철학에 관한 일련의 연작 시리즈를 내어서 유명해졌는데,4) 홀과 에임즈의 방법론은 유교를 분석하는 데 있어서 일종의 문화철학에 의존하고 있다. 여기서 말하는 '문화철학'이란, 하나의 문화-종교로서의 유교를 분석하면서 중국과 동아시아에서 활동해 온 전통적 사상가들에 대해 분석하되, 그들에 대한 개별적이고 세밀한 분석보다는, 그들의 사상 체계들을 일종의 패턴을 따라 하나의 문화적 일반화 cultural generalization로 분류해 보려는 시도를 말한다. 즉 중국의 사상들은 다른 사상과 마찬가지로 전통적인 사상가들 및 그들이 만들어 낸 사상적 사조들을 관류하는 연속성에서 진행되어 왔는데, 아무리 이런 사상들이 다양하더라도 하나의 일정한 일반화를 통해 통일성 있게 분석할 수 있다는 것이 홀과 에임즈의 주장이었다. 예를 들어 공자가 시작했고 맹자가 계승하여 발전시킨 유교의 사상은 묵자, 순자 등의 사상과 엇갈리거나 어울리면서 하나의 큰 사상적 조류를 만들어 내었다. 그런데 이런 사상가들과 그들이 만들어 낸 조류들을 일맥상통하고 일반화시키는 문화철학적 패러다임이 있으니, 그것이 바로 전일적holistic이고 상관적correla-tional인 사고방식이라고 홀과 에임즈는 주장한다.

여기서 전일적이고 상관적이라는 말은, 우주 내에 존재하는 모든 사물의 현상을 설명하는 데 있어서 하나의 초월적 신성deity이나 추상적 원리를 상정하지 않고, 단지 우주 내의 모든 사물들 자체 안에 있는 내재적 구체화의 원리를 사용해 우주 내 현상을 설명하려는 시도를 말한다. 다시 말해서 이제까지 서구철학에서 주류를 차지해 온 설명의 도구는 신이

---

4) David L. Hall & Roger Ames, *Thinking Through Confucius* (Albany: SUNY Press, 1987); *Anticipating China: Thinking Through the Narratives of Chinese and Western Culture* (Albany: SUNY Press, 1995); *Thinking from the Han: Self, Truth, and Transcendence in Chinese and Western Culture* (Albany: SUNY Press, 1998).

나 아니면 그 밖의 초월적이고 추상적인 아르케였지만, 그런 추상적 개념들이나 존재의 범주를 빌리지 않고, 그저 우주 자체 사건들의 자체적인 내적 관계에서 나온 개념을 설명의 도구로 사용하려는 시도를 말한다. 전일적 사고방식이란 우주 내에서 만들어지는 그런 모든 사건과 그들의 관계들을 하나의 전체적 개념을 통해 묶어 해석해 보려는 입장이며, 도(道)나 천(天)과 같은 것이 바로 그런 개념이다. 한편, 상관적 사고방식이란 그런 관계들의 안에서 작동하는 하나의 법칙을 말하는데, 이를테면 음양의 사고방식이 대표적이다.

네빌은 주장하기를, 홀과 에임즈의 유교의 분석은 나름대로 매우 풍부한 논증을 사용하고 있으며 많은 논쟁점들을 제공하고 있기에 후학들을 많이 자극해 온 긍정적인 면을 인정하지 않을 수 없다고 한다. 하지만 그들의 분석에는 단점도 많은데, 우선 지적될 수 있는 가장 큰 하나의 단점은 대개의 일반화가 갖게 되는 단점과 다르지 않다고 한다. 즉 일반화란 특수한 개별적인 사실들을 하나의 보편적 원리를 따라서 묶어 설명하려는 시도인데, 이런 경우 대개 예외적인 특수 사례를 놓치는 경우가 많다는 것이다. 그리고 그렇게 간과되어진 특수의 사례들이 하나의 문화를 이해하는 데 있어서 아주 중요한 핵심일 때에는 더욱 문제가 된다고 본다.

예를 들어, 중국적 사고의 틀 안에서는 직선적 인과율과 직선적 역사관이 발견되지 않는다고 주장하는 것이 홀과 에임즈의 주장인데, 사실 중국적 사고 안에서는 그런 것들이 결여된 면이 없지는 않지만 그렇다고 해서 그런 것이 전혀 중국적 사유에서 발견될 수 없다고 말하는 것은 과잉주장이라는 것이 네빌의 비판이다. 왜냐하면 네빌의 입장에서 볼 때, 직선적 인과율과 직선적 사관은 어느 사고 체계 안에서나 나름의 방식으로 상정되지 않을 수 없는 것이기 때문이다.[5]

---

5) 이런 것에 대한 또 다른 분석으로서 다음을 보라. David R. Griffin, *Reenchantment without Supernaturalism: A Process Philosophy of Religion* (Ithaca and London: Cornell

이런 네빌의 분석은 초월자에 대한 사유에도 적용된다. 홀과 에임즈는, 중국적 사고 안에서는 초월자에 대한 사유도 발견되지 않는다고 주장했었는데, 이 것 역시 과잉 주장이라는 것이다.6) 홀과 에임즈의 주장과 달리, 네빌은 서구는 물론 동아시아에서도 초월자에 대한 사유가 발견되는 것이 사실이며, 그럼에도 불구하고 그런 것들이 두드러지지 않은 이유는 단지 초월자에 대한 기호가 다를 뿐이기 때문이라 말한다. 여기서 네빌이 어떤 근거에서 이런 주장을 할 수 있는지를 이해하기 위해서는 그가 제안하는 주제분석의 방법에 대해 먼저 알아야 한다.

네빌이 비교 철학적 방법의 이상적 모델로 추천하는 하나의 방법으로서의 주제분석 방법은, 문자 그대로 주제motif에 의존하는 것이다. 여기서 하나의 주제란, 모든 문명이 만들어 낸 핵심 텍스트들에 내재해 있는 관념으로서, 전통 안에서 늘 계승되면서 후학들에 의해서 주석되는 하나의 지속적 관념을 말한다. 즉 비록 상이한 문명들이 보여주는 주제들은 서로 다르게 나타나고 다양하게 보일지라도 사실 그것은 사실 동일한 사물과 대상에 대해서 말하고 있다는 것이다. 물론 이렇게 동일한 사물에 대해서 말하고 있다는 사실이 그것이 언표되는 방식마저 똑같다는 것을 의미하는 것은 아니다. 비록 그 다양한 주제들이 동일한 사물에 대해 말할지라도 그것들이 언설되는 방식은 다르며, 그들이 사물을 표현하는 방식도 은유적이기에 해석적으로 다양한 결과를 만들어 낸다는 것을 네빌은 인정한다. 다시 말해서 하나의 전통은 하나의 역사적 흐름인데, 그 안에서 핵심 텍스트들과 주제들은 각기 다른 변화무쌍한 역사적 상황에 직

University Press, 2001). 이 책은 논자에 의해서 『화이트헤드와 자연주의적 유신론』 (서울: 동과서, 2004)이라는 제목으로 번역 출간되었다.
6) 홀과 에임즈의 초월자 이론에 대한 비판으로는 그리핀이 편집한 책에 실린 필자의 졸고 "An Asian Christian Approach to Religious Pluralism"을 보라. David R. Griffin. *Deep Religious Pluralism* (Louisville: Westminster John Knox Press, 2005)의 11장에 실려 있다.

면하여 주석되고 해석되고 재건되게 된다고 본다. 예를 들어서 신유학이 송명대의 상황에서 나온 것처럼, 신유교New Confucianism와 그것의 한 갈래로서의 "보스톤 유교"도 오늘날의 후기-모던적 문화의 상황에 적합한 실천적 의미체계를 확보하기 위해서 사서오경을 재해석하고 재건하려는 시도라는 것이다.7) 따라서 이런 주제분석의 방식을 따르게 되면, 우리는 일반화를 시도할 필요가 없고 오히려 주제들을 해석하는 데 있어서의 불연속성을 통해서 연속성을 추구하게 된다고 네빌은 주장한다.

논자 입장에서 볼 때, 네빌의 방법은 홀과 에임즈가 범하기 쉬운 약점들을 피할 수 있는 장점, 즉 예외적인 사례들까지 어느 정도는 남김없이 취급할 수 있는 장점을 지니는 것 같다. 물론 네빌이 택한 '주제motif'도 일종의 일반관념이긴 하지만, 하나의 문화철학 안에서 문명전체를 통전하는 일반화를 꾀하려는 방법보다는, 주제라는 관념이 더욱 구체와 특수를 잘 다룰 수 있다는 네빌의 주장을 받아들이는 한도 내에서 그렇다는 말이다. 예를 들어 네빌에 따르면, 그의 "주제 중심의 분석 방법"은 홀과 에임즈가 애써 무시하려고 하는 초월자 관념을 정직하게 마주하도록 해주는 장점을 지니며, 일단 한 문화적 전통, 즉 유교 전통 안에 있는 긍정적인 것과 부정적인 것을 모두 다루는 장점이 있는 것으로 보인다.

그러나 홀과 에임즈의 방법론과 비교하여 네빌의 주제 분석 방법이 보여주는 가장 큰 장점은 사실 다른 데 있다. 즉 홀과 에임즈의 방법론은 동서의 문화철학이 서로 상이하다는 것을 전제로 놓고서 진행되는 한계를 지닌다. 서로 동양과 서양의 철학은 서로 공약 불가능한 체계라는 것을 전제한다는 말이다. 그러나 이런 방법의 약점은 그런 비교가 어떻게 가능한가 하는 이유를 설명하는 데 있어서 취약하다는 것이다. 하나의 비교는 대개 그 비교가 대상으로 하고 있는 것들 사이에 서로 공통분모

---

7) 네빌은 언제나 포스트-모던이라는 말을 사용하지 않고 후기-모던적이란 말을 사용하고 있는데, 영어의 표현은 Late-Modernity이다.

가 존재할 때 적확한 비교가 가능하게 된다. 예를 들어 사과와 대나무를 비교하는 것은 사과와 귤을 비교하는 것과 다르다. 사과와 귤은 공약이 가능한 점들, 즉 서로가 과일이라는 공통분모가 있지만 사과와 대나무는 하나의 식물이라는 아주 일반적인 특징만이 공통적이므로 사실 비교가 불가능하다. 홀과 에임즈에 따르면 동양과 서양은 상호정의interdefinable가 불가능한 아주 다른 기호체계를 가지고 있는 것으로 주장된다.

그러나 네빌의 주제 분석에 근거한 비교철학의 방법론은 이것과는 다른 주장을 펼칠 수 있게 된다. 즉 그의 주제 분석적 방법론은, 주제들과 관념들이 해석자와 해석 공동체들에 의해서 실재reality에 어떻게 관여en-gage하고 있는지를 보는 데 집중한다. 물론 여기서 해석자와 해석 공동체에 의해서 차용되는 관념들은 부분적으로 그것들의 기호체계 속에서 정의되므로 서로 다르게 보일 수 있다. 그러나 네빌에 따르면 비록 그들이 서로 다르게 보일지라도, 사실은 같은 실재에 적용되어 다르게 보이는 것이지 근본적으로 서로 다르지는 않다고 한다. 즉 우리는 다양한 관념들을 서로 비교할 때 그것들이 해석에 관여하면서 어떻게 다르게 작동하는지를 보아야 하는데, 이때 그들이 서로 다르게 보이는 이유를 하나의 해석학적인 차이로 볼 수도 있다는 말이다.

네빌은 이를 자동차 운전의 예를 들어 설명하고 있다. 그의 설명에 따르면, 자동차를 운전하면서 한 사람은 중국어로 된 안내서와 도로 표지판을 가지고 운전하고 반면에 한 사람은 영어로 된 것을 가지고 운전하지만, 그들은 북경이나 보스턴에서 모여 함께 운전하면서 그들의 차와 운전행위에 대해서 서로 비교해 볼 수도 있다. 이때 우리가 관심해야 할 문제는 안내서와 표지판 즉 기호가 아니라, 운전과 자동차, 즉 말하자면 실재이다. 이런 이유로 기호는 다르지만 실재는 같다고 말할 수 있다는 것이다.

하나의 비교철학은 실재에 관여하는 방법으로서의 상이한 기호와 상징을 비교하는 것이어야 한다는 네빌의 주장은 바로 이런 해석에 기인한다. 많은 경우 대부분의 해석자들은, 자신의 문화적 개념을 사용해 자신들의 종교적이고 철학적인 대상을 해석하게 되는데, 이때 그 대상에서 중요하다고 간주되는 것을 부각시키는 동시에 실용적 목적과 고려를 따라 그 부각된 것을 실재론적으로 더욱 강화시키는 경향이 있다. 홀과 에임즈가 중국에는 초월이 없다고 말하는 주장을 할 때, 우리는 그들의 주장도 이런 빛에서 보아야 한다는 것이 네빌의 분석이다. 즉 홀과 에임즈가 무시하려고 하는 초월은 그들의 이론화 단계에서 나타난 것으로서, 모호한 범주가 특수화되어 나타난 사례 중의 하나일 뿐이다. 그러기에 네빌의 입장에서 보면 그들이 무시하는 현상으로서의 초월자는 다른 문화들에게는 다르게 나타날 수 있다. 실제로 서양과 인도 그리고 후기 중국철학에서는 분명히 궁극적 실재가 초월의 범주에 의해서 특수화되어 표현되고 있는 것을 확인할 수 있다고 네빌은 주장한다.

한마디로 네빌에 따르면, 실재를 해석하는 데 있어서 홀과 에임즈는 비초월적 범주를 사용했던 것이고 서구와 인도 및 후기 중국철학에서는 초월적 범주를 사용했던 것이 상이한 점이라는 것이다. 따라서 비록 기호는 다르게 사용되었을지라도 그 기호가 지칭하는 대상과 실재는 동일하다고 보아야 한다는 말이다. 또한 네빌에 따르면, 물론 이런 자신의 이론은 다른 문명을 해석하는 데에도 그대로 적용될 수 있다고 한다. 따라서 이하에서 논자는 네빌의 주제분석 방법이 제시하는 각 문명의 특징들을 열거해 보려 한다. 지면관계상 짧은 요약에 그칠 수밖에 없지만, 네빌의 주제분석 방법은 각 문명권들의 특징을 잘 분석해 내고 있는 것으로 보며, 특히 동아시아 문명과 관련하여 펼쳐지는 그의 분석은 우리의 흥미를 끌기에 충분하다.

첫째로 서아시아, 즉 유대 문명의 경우는 물리적 우주의 창조행위와 인간의 삶을 위한 규범decree — 법령의 형태를 지닌 — 이 중심적인 주제라고 한다. 즉 인간의 삶을 위한 규범은 하나의 법령과 유사한 모습으로 나타나는데, 이런 주제들은 서구문명에 영향을 끼쳐서 목표, 정책, 법전, 덕 등의 규범으로 표현되었으며, 나중에는 신의 법령, 혹은 왕의 법령 같은 것들로 발전되었다. 이 두 주제는 서구인들로 하여금 인간의 우연적인 존재성에도 불구하고 그 존재성에 대해 감사하게 만들고, 인간의 승리와 성취의 개념들을 도덕적으로 승인하도록 만들어 주었다.8)

둘째로, 남아시아 즉 인도 문명권도 어떤 면에서 볼 때, 서아시아와 비슷한 주제를 가지고 있다고 네빌은 본다. 예를 들어 우주의 창조와 왕의 통치가 그것이다. 하지만 거기에 덧붙여 참 자아와 직접적 동일성 Immediate Identity에 대한 주제가 강조되는 것이 서아시아 문명권의 특징이다. 예를 들어 인도의 쌍키아 경전들에서는 미혹된 자아의 유혹을 넘어서서 참 자아를 얻는 것에 주로 관심한다. 자연의 일부분으로서의 신체나 행운등과 하나가 되는 것이 아니라 그것들에서 초연해지는 것에 관심한다는 말이다. 여기서 직접적 동일성이라는 개념은 여러 경전들에서 나타나지만, 특히 바가바드기타에서도 보인다고 한다. 한마디로, 행위의 동기가 열매보다는 행위 자체에 있어야 한다는 것이 주요한 입장인데, 예를 들어 아르주나를 위한 크리슈나의 가르침도, 주체성과 가치는 인간이 의무를 기술적으로 수행하는 것과 성취하는 것에서 구성되는 것이지 동기나 결과와는 상관없다는 것이 특징적인 주장이라고 한다. 이런 것을 통해서 아트만이 브라만이 되는 직접적인 동일성이 가능하다는 주장이 성립된다고 한다.9)

그렇다면 정작 여기서 홀과 에임즈의 주장과 대비되는 대상으로서의 동아시아의 주제적 특징은 무엇인가? 네빌에 따르면, 동아시아의 핵심적 주제는 음양 우주론과 자연성nature의 인간적 완성으로 집약된다고 한

---

8) Neville, *Boston Confucianism*, 116.
9) Ibid., 117.

다. 음양 우주론에서 양(陽)은 적극성activity과 외연적 확장extension, 음(陰)은 긴장완화relaxation와 본래의 자리home로서 해석될 수 있는데, 중요한 점은 이 둘이 서로 조화와 균형 속에 있어야 한다는 것이 동아시아의 특징적 사고라고 본다. 즉 너무 양(陽)이 과하면 본래의 자리home로 돌아갈 수 없다고 보는 것이 동아시아 사고의 특징이다. 반대로 음이 과하면 적극성을 잃어서 아무것도 창조적인 것이 생겨나지 않는다. 그러므로 동아시아 전통에서는 자연성의 인간적 완성에 두 가지 길이 있다고 보는 셈이다. 그 하나의 축으로서 존재해 온 것이 도가(道家)로서, 이 전통에서는 음의 방법을 써서 인위적인 의례와 관습에서 벗어나려 하였으니, 그 것의 극치가 바로 무위자연설(無爲自然說)로 표현되었다. 이와 대조적으로 유가는 양의 방법을 써서 관습과 의례를 강조하는데, 즉 천지가 인간에게 준 것은 단지 생물학적, 심리학적 잠재성뿐이므로 그것을 완성하기 위해서는 관습과 의례를 통한 훈련과 통제가 필요하다고 주장하였다.10)

여기서 네빌이 관심하는 동아시아의 주제적 특징 중의 하나는 창조에 관한 것이다. 왜냐하면 홀과 에임즈의 핵심주장이 바로 동아시아에서 바로 이런 면이 발견되지 않는다는 것이었기 때문이다. 물론 네빌 역시, 동아시아의 문명에서는 서구나 남아시아에서 발견되는 세계의 '창조행위'에 대한 강조가 결여되어 있다는 점에 동의한다. 하지만 서구문명이나 남아시아에서처럼, 동아시아도 법령에 의한 규범의 주제를 다양한 방법으로 표현하고 있는데 천명의 사상이나 군주가 선포하는 예에 근거한 지침 등이 이것이 속하며, 이는 어떤 면에서 볼 때 세계를 창조하는 행위의 연장이기도 하다. 그러나 여기에는 한 가지 서구와 분명히 다른 점이 있는데, 서구에서는 그런 법령화된 규범이 인간의 내적 본성과 성향에 외면적이라고 보는 데 반해, 동아시아에서는 그 규범들이 인간의 내적인

---

10) Ibid., 119-121.

도에 일치하는 데서 성취된다고 본다. 규범을 통한 세계의 창조가 외면적인 원인과의 관계 하에서 이루어지고 있다는 말이다. 하지만 동아시아에서는 세계와 자연이 서로 연관된 과정들로 구성되어 있지 개별적 실체로 구성되어 있지 않으며, 또한 그 자연의 과정들이 참 자아에 이질적이라거나 가공적illusory, 즉 마야라고 간주하지 않고 오히려 그것들이 자아의 가장 중요한 구성요소가 된다고 본다는 점이 남아시아와 다른 점이라고 한다.11)

그렇다면 마지막으로 서구문명의 주제적 특징은 무엇인가? 네빌은 그것을 성서에서 찾는다. 창세기의 창조설화, 특히 1장에 나오는 설화는 신약의 요한복음의 서문에서 윤색되었으며 다른 모든 복음서에서도 새로운 방식으로 표현된다. (예를 들면 하나의 새로운 존재를 창조하기 위해 동원되는 물, 성령, 말씀 등이 그것이라 한다.) 이런 창조 주제는 물리적 우주를 객관화했으며 그로써 서구에서 객관적 과학이 발달하도록 중요성을 부여했다고 본다. 법령으로서의 규범에 관한 주제도 여러 가지 방식으로 표현되면서 서구의 법 시스템에 영향을 끼쳤다. 법령을 공표하는 제왕이 타자들을 자기 영역의 시민으로 간주하는 한, 그 왕의 법 앞에서도 시민들은 동등한 인간성을 갖는다고 보는 평등사상이 발달한 것이다. 법령을 신이 부여한 계약으로 보는 것도 서구의 특징인데, 이것이 나중에는 사회계약이론으로 발달했다고 한다.

물론 네빌에 따르면 근대의 서구인들이 창조 주제에 관해서 가지게 된 흥미로운 점은, 창조자-신이 인격적 의지를 가지고 있다는 것에 대해 강한 거부감을 갖게 되었다는 사실이다. 후기-근대의 서구지성인들은 그저 세계가 하나의 맹목적이고 소외된 사실a brute and alien fact이라고 보아왔다. 그러나 다른 많은 서구인들은 창조자-신을 비인격적이고 비개별

---

11) Ibid., 118.

적인 존재의 근거로 다시 확립하기도 했다.12) 인격적인 신을 믿는 서구인들은 창조된 세계가 가지고 있는 비인격적인 모습들을 보면서 신정론의 문제를 제기하게 되었다. 한편 서구에서는, 인격적인 성격을 가지고 있는 신을 상실하게 되자 그가 공표한 것으로 여겨지는 규범이 법령이라는 서구의 변함없는 주제도 위협을 받게 되었다. 오늘날 서구의 많은 사람들은 하나의 법령이 존재한다는 것을 신뢰하지 않고 그저 그것이 임의적인 것이라고 보게 되었다고 네빌은 주장한다. 이것이 이른바 상대주의가 발달하게 된 이유라 한다.

여기서 한 가지 흥미로운 점은, 서구의 지성인들 중에서 이런 문제점들을 새롭게 극복하기 위해서 힘쓰는 이들이 생겨났다는 것을 지적한다는 것이다. 예를 들어 네빌은 화이트헤드와 듀이를 그 대표적인 인물로 꼽고 있다. 그들은 여전히 규범을 위한 객관적 근거를 찾으려 시도하면서도, 동시에 그것을 미학적인 주제와 연관시켜서 해결하려 했는데, 이런 시도는 전통적인 서구의 시도와 다르며 오히려 기존의 동아시아의 모델과 비슷하게 된 셈이라고 네빌은 해석한다.13)

II. 존재론의 문제

사람들은 대개 존재론적 주제가 유교에는 존재하지 않는다고 본다. 홀과 에임즈가 그런 주장을 펼치는 대표적인 인물들이다. 그러나 네빌은 이런 홀과 에임즈의 입장에 대해 유보적인 입장을 취한다. 네빌의 입장에서 볼 때, 물론 동아시아에는 서구철학에서 보이는 존재론적인 철학 논쟁이 존재하지 않는다. 하지만 유교 안에서도 존재론적인 사유는 발견

---

12) 네빌은 폴 틸리히가 이런 사유의 대표적인 인물이라 본다.
13) Neville, *Boston Confucianism*, 119-121.

되며, 더 나아가 유교가 세계와 더불어 철학적인 대화를 나누기 위해서는 존재에 관한 주제들을 다루어야 한다고 보는 것이 네빌의 입장이다. 따라서 존재에 관한 주제들, 즉 존재, 가치, 진리 들이 유교전통의 바깥에 위치하고 있었다는 홀과 에임즈의 주장은 일리가 있다고 네빌은 일단 수긍하면서도 그러나 네빌의 자신의 입장에서 보면 단지 수사학적인 방법이 다를 뿐이지 유교 안에서도 존재론적인 질문과 문제의식은 동일하게 취급되고 있고 또 그럴 수밖에 없다 주장한다.

네빌의 분석에 따르면, 존재에 관한 주장이 중국적 사고 안에 없다는 홀과 에임즈의 주장은 다음과 같은 가정에 근거한다. 동양은 물론 서양에서도, 존재에 관한 주제를 말하는 개념적 틀과 그것에 근거한 지각perception은 전혀 직관에 근거한 것이 아니고 단지 관습적 상징체계에서 만들어진 표현conventional symbol systems이라는 가정이다. 네빌도 이런 주장에는 일면 동의한다. 그러나 네빌에 따르면 이런 주장의 약점은 상대주의와 부재적 유명론default nominalism을 결과한다는 것이다. 즉 네빌은 분석하기를, 흄과 같은 철학자들과 데이비드 홀에게서는, 기호자체가 지시하는 대상들 모두가 기호체계 내의 다른 기호signs들에 의해서 표현될 수 있기 때문에 외부 실재를 상정할 필요가 없다고 가정되며, 따라서 실재는 없다고 보게 되는데 이것이 바로 문제라고 네빌은 지적한다. 흄과 홀은 단지 기호 안에는 기호체계만이 있을 뿐이라고 주장한다는 것이다.

이런 흄과 홀의 가정에서, 네빌은 이른바, 외연주의(外延主義)의 오류extentionalist fallacy를 읽는다. 즉 그들의 해석에서는 해석의 대상으로서의 실재와 기호의 외연적 부호를 혼동하는 잘못이 발견되고 있으니, 즉 그 혼동이란 다른 것이 아니라, 해석을 일으키는 부호code와 그것의 그 구조가 있는데 그것과 그 부호의 해석 대상인 실재 자체를 혼동하는 것이다. 네빌에 따르면, 이런 혼동은 명백한 오류라고 할 수 있다. 왜냐하면 하나의 진리란 해석의 목적(개념, 혹은 내포)이 실재에 관여하기 위해 기호의 외연적 구조를 사용하는 것인데, 여기서 해당 실재는 그 기호체계 내의 일부분이 아닐 수 있기 때문이다. 실재란 코드화된 문화적 상징들의 구조 이상이며, 이런 상징들이 하는 역할은 단지 관여로 인도하는 것 뿐이라고 한다.14)

홀과 에임즈의 오류를 피하기 위해서 우리는, 하나의 기호란 외연적이면서 동시에 목적적인 지시체를 갖는다고 보아야 한다고 네빌은 주장한다. 여기서 외연적인 지시체란 그 기호체계 안에 있는 다른 기호들을 말하는 것으로서 그 다른 기호들은 의미기호에 의해서 지시되도록 부호화되며 그 지시체들은 그 다른 기호들에게 한정적 형태를 제공한다. 네빌에 따르면, 하나의 목적적인intentional 지시체란 그 의미기호를 가지고 해석자가 지시하는 실재적 대상을 말하는 것이다. 그리고 외연적인 지시체들은 통상적으로 목적적인 지시체들을 명명하는 데 사용된다. 그러므로 목적적인 해석은 실재를 해석하는 데 있어서 그 기호 자체를 사용하지 않고 오히려 상징화된 부호를 가지고 그 기호를 사용하게 된다고 한다. 그리고 목적적인 해석은 실재를 부호자체로서의 구조처럼 취급한다. 여기서 하나의 상징체계로서의 부호는 실재의 부분적인 상(像)icon처럼 취급된다. 그러나 그런 상으로 만들어진 구조는 오로지 부분적이라고 말해야만 하는데, 왜냐하면 실재가 우리의 기호체계를 지속적으로 수정한다는 사실을 우리는 잘 알고 있기 때문이다.

한마디로 네빌의 입장에 볼 때, 기호, 아이콘, 코드, 상징 등이 실재를 좌우하지 못한다는 것(좌우하더라도 부분적으로만 한다는 것)은 분명하니, 왜냐하면 실재가 지속적으로 상징체계를 교정해 왔다는 것이 사실이기 때문이다.15) 따라서 네빌의 입장에서 보면 상징 없이는 관여도 없다, 왜냐하면 모든 문화의 개념적 틀은 실재와 관련되는 방식을 규정하며 철학

---

14) Ibid., 132-133.
15) Ibid., 133.

이란 실재관련의 방법에 대한 학문이기 때문이다. 따라서 남아시아와 동아시아 모두에도 존재의 변증법dialectics of beings이 있다고 보아야 한다고 네빌은 주장한다.16)

　존재론을 통해 유교를 평가하는 자신의 입장을 강화하기 위해서, 네빌은 서구의 존재론에 대해서도 그 핵심적 특징을 언급하는데, 이는 우리들의 논의를 위해서 매우 중요하므로 여기서 잠시나마 언급할 필요가 있다.

　서구사상에 있어서 존재의 변증법을 위한 고대의 주제는 주로 희랍철학과 히브리 종교전통에서 그 연원을 찾는다고 네빌은 본다. 희랍철학은 일자와 다자의 문제 및 시간과 영원의 문제 그리고 가까운 원인이 인과율의 조건으로 어떤 관계를 맺는가 하는 문제를 가지고 존재의 변증법을 다루어 왔다는 것이다. 네빌에 따르면, 히브리 전통은 이런 희랍전통과 만나면서 기독교 사상을 만들어 왔는데, 우선 신을 세계의 창조자로 보고 또한 신을 지고의 거룩한 존재로 이해하기 시작했다. 네빌에 따르면, 이런 이해는 신인동형론적 이해로부터 초월적이고 보편적인 표현으로 옮겨가는 역사적 발전의 견지에서 이해해야 하는데, 즉 신은 처음에는 군사적 이익을 이스라엘에 가져다주는 강한 폭풍의 창조자로 이해되었으나 나중에는 그것이 전우주의 창조자로 이해되었다는 것이다. 또한 여기서 신은 초기에는 이집트 왕들보다 거룩하고 성스러운 존재로 이해되었으나 후기에는 존재하는 모든 것보다 거룩하고 위대한 신으로 이해되었다고 한다. 우상숭배란 초기에는 신 이외의 것을 예배하는 것이었지만, 후기에는 하나님과 유한한 것을 동일시하는 행위로 새롭게 이해되었다고 해석한다

　네빌의 생각에 이런 모든 희랍과 히브리의 사상은 발전을 거듭하면

---

16) Ibid.

서 결국 존재의 변증법을 다음과 같은 문제들을 따라 이해하게 되었는데, 즉 세계의 창조자로서의 존재 문제와, 유한한 정체성(동일성)identity을 가지고 존재하는 모든 것은 창조된다는 것이라는 문제, 이런 두 개의 형태로 진행되었다고 본다. 따라서 네빌의 입장에서 볼 때, 하나의 형이상학이란 다름 아니라, 사물을 결정적determinate 존재로 만드는 원칙과 구조에 대해서 다루는 학문이라고 정의한다. 즉 결정성determinateness이란 정체성혹은 동일성을 획득하는 것인데, 형이상학은 이 문제를 두 가지 면에서다룬다고 한다. 하나는 본질적인essential 측면으로서 여기서는 타자에 결정을 주는 면이고, 다른 하나는 조건적인conditional 측면으로서 여기서는타자에게 결정되는 면을 다루는 것이다. 여기서 조건적 측면은 인과율,시간적 공간적 관계 등을 통하여 관계적으로 사물의 존재성을 다루는 것이다. 다른 한편 본질적essential 측면이란, 사물이 다른 사물의 조건의 연합속에서도 어떻게 그 것들과 달리 새것으로 창조되는가 하는 면을 다루는것으로서 그것은 사물이 타자의 영향 밖에 있게 되는 측면을 다루는 것이다. 즉 사물들은 그 각각이 본질적 측면을 가짐으로써만이 타자의 영향을 넘어설 수 있다는 것이다.[17]

네빌은 한 사물이나 종species, 객체 등은 모두 존재론의 핵심에 있지못하고 존재론의 주변 맥락context에 있기 때문에 본질적 측면을 설명하는데 그들은 진정한 답을 줄 수 없다고 본다. 따라서 존재의 본질적 측면을설명하기 위해서 네빌은 다른 해석을 제시하는데, 즉 모든 결정적 사물을 "창조하는 행위the act of creation"가 이런 본질적 측면에 대해서 설명할 수있다고 본다. 즉 "창조행위"의 근거 그 자체는 비결정적이며 결정되지 않는다고 주장하는 것이다. 창조행위를 결정되는 것으로 보는 한 그것은결정하는 행위라고 볼 수는 없기 때문이다. 네빌은 결정-결정하는 자

---

17) Ibid., 135-139.

-결정되는 자 등의 인과율적 도식과 그것 안에 전제되어 있는 행위 개념의 철학적 도식을 통해서 존재론의 문제를 풀어가고자 하는 것이다. 이로서 네빌은 서구의 정통 존재론적 전통, 즉 인과율적인 존재론에 근거한 유신론적 전통, 말하자면 아퀴나스-틸리히의 전통에서 굳게 서 있는 셈이다.

그러나 네빌의 존재론은 또 다른 한 가지를 이해해야 완전한 파악이 가능하다. 즉 그의 입장에서 볼 때, 서구 기독교 철학의 핵심이라고 말할 수 있는 무로부터의 창조론을 이해하기 전까지는 서구의 존재론은 충분히 파악되지 못한다. 네빌은 서구철학의 존재론이 기독교의 무로부터의 창조론에서 철학적인 아이디어를 얻어왔다고 믿고 있는데, 따라서 그는 그의 책에서 '무로부터의 창조론'을 새롭게 변호하려 시도한다.

여기서 그는 무의 철학을 부정하는 영원의 철학이 시도하는 비판은 물론, 무로부터의 창조론에 반대하는 현대의 진화론과 과정사상의 비판적 입장을 염두에 두고 있는 듯하다. 그는 화이트헤드적 과정철학이 무로부터의 창조론에 대해 제기하는 비판을 예견한 듯 다음과 같이 자신의 무의 창조론을 변호한다.

우선 네빌은 과정사상을 따라서, 다음과 같은 인과율적 과정까지는 과정사상과 입장을 같이한다. 즉 현재 발생하고 있는 변화의 과정들이, 이미 과거에 존재했던 선행 사건들을 새롭게 재편성한 것에 지나지 않는다는 관점에서 보면 무로부터의 창조론은 어불성설일지 모른다고 인정할 수 있다는 것이다. 그러나 네빌은 주장하기를, 하나의 사물이 이전 것과 다른 것이 되기 위해서는 거기에 과거의 것과는 다른 어떤 것이 새롭게 추가되어야만 한다고 주장한다. 이 다른 것은 이전에 없었던 새 것이고, 이런 새 것의 입장에서 보면 이전에는 무가 있었다고 가정해야 한다는 것이다.18)

결국 네빌은 동아시아에는 존재론적인 관심이 없었다는 일반적인 해석에 맞서서 다음과 같이 서구의 존재론의 변증법에 해당하는 동아시아의 존재론을 긍정하는 셈이다.19) 예를 들어서 도(道)의 철학이 바로 그 것이라고 네빌은 본다. 네빌에 따르면, 유교적으로 해석된 도의 철학은 세 가지 논제를 중심으로 해서 존재의 변증법을 말하는데, 하나는 자연의 개념이며, 다른 하나는 존재와 비존재(유와 무)의 관계이고, 마지막으로 생산(창조)의 개념 등이다. 여기서 자연의 개념에 관해서는 순자의 천(天) 개념이 흥미롭다고 한다. 순자는 한대(漢代) 이전의 사상가로서 도덕경과 장자에서 영향을 받았다는 것이다. 즉 자연은 천지의 산물이며 특히 하늘은 사물을 질서 잡는 원리로 기능하고 있다고 본다. 하늘은 자신의 도를 가지고서 세계 안에 질서를 부여하는 것으로 기술된다는 것이다. 대조적으로 땅은 물리적 질서와 무의 원리이며 그것의 도는 질서를 획득하려는 것으로 기술된다. 이렇게 자연은 규칙성과 비규칙성을 동시에 가지고 있는 과정들이다. 별과 행성으로 가득한 하늘의 규칙성은 천의 표징이고, 땅의 생산력은 지(地)의 질서를 보여주는 원칙이다. 인간의 도는 자연의 다른 생산물, 즉 동식물과 날씨 등에 나타나 있는 도에 통합되고 조화되어야 한다. 모든 과정들과 사건들의 조화를 이루려는 것이 유교가 바라보는 우주의 도이며 이 덕택에 사물들이 존재한다는 것이다. 반면에 어리석고 사악한 사람들은 그 도와 마찰을 일으키며 악을 발생시킨다.

존재의 변증법과 관련하여 네빌이 볼 때, 유교가 말하는 자연 안의 모든 존재는 하늘과 땅의 조화 즉 천지조화의 피조물이다. 네빌에 따르면, 유교의 이런 주장은 일종의 자연주의라고 볼 수 있는데, 모든 관찰 가능한 과정들이 천지 안에서 자신의 기원을 발견하는 것으로 주장되기 때문이다. 따라서 네빌의 해석에 따르면, 유교의 천과 지 자체는 무(無)

---

18) Ibid., 138.
19) Ibid., 139-145.

라고 할 수 있다는 것이다. 이 점에서 서구와 동아시아는 같다고 네빌은 주장한다. 왜냐하면 자연안의 결정된 사물들은 만일 그것이 자연의 도를 반영하지 못한다면 무로 화할 수 있는 어떤 것의 산물이라는 점에서 그렇다고 보기 때문이다. 그러나 유교에 다른 점이 있다면, 유일신론에서 영향 받은 서구의 존재의 변증법과 다르게, 유교에서는 하나가 아니라 두 개의 초월적인 원천을, 즉 천(天)과 지(地)를 가정한다는 것이다. 그러나 네빌에 따르면, 이것은 모순적으로 보일 수 있다고 한다. 왜냐하면 둘이 조화해서 자연을 생산해 낸다는 점을 제외하고서, 그 천과 지 모두는 무로서 존재한다는 점과 결정성이 없는 잠재태라는 점에서 서로 다르지 않기 때문이다. 여기서 또 다시 네빌은 자신의 존재론, 즉 하나의 실재적인 창조자의 개념이 없는 존재론은 진정한 우주론의 역할을 할 수 없다는 입장에서 유교의 한계점을 지적하는 셈이다.

III. 서구에 대한 유교의 공헌

네빌의 입장에서 볼 때, 유교는 결코 낡은 전근대적 패러다임에 근거한 한물간 철학이 아니다. 유교는 얼마든지 포스트-모던 시대에서도 하나의 문화-규범적 패러다임으로 적용될 수 있으리라는 것이 네빌의 입장이며, 그가 "보스톤 유교"라는 말을 통해서 목적하는 것도 유교가 보스톤으로 대표되는 현대의 서구 지성인들의 사회적 맥락에 얼마든지 적용 가능한 문화-종교적 철학이라는 자기 확신이다. 유교를 현대 서구의 사회적 맥락에 이식시키려 시도할 때, 다음과 같은 덕목들이 공헌점으로 부각된다고 네빌은 지적한다.

첫째는 성스러운 의무로서의 효(孝)Filial Piety가 우선적으로 서구인들이 관심을 가져야 할 개념이다. 네빌에 따르면, 효란 그저 가족 관계에만 해당되는 말이 아니며, 원칙적으로는 자신을 존재하게 한 사람들에 대한 진정한 존경심이 효이다. 따라서 유교에서 나타나는 효의 원칙은 부모뿐만 아니라 스승에 대한 존경에서도 발견된다고 본다.

물론 효가 서구인들에게 가져다 줄 수 있는 가장 큰 공헌은 가족 관계의 회복이다. 잘 알려져 있다시피 서구사회의 가장 현저한 특징은 핵가족화에 따른 가족제도의 붕괴와 효의 분실이다. 물론 본래부터 서구가 이런 위기에 처하게 된 것은 아니며, 사실 서구사회의 근간 역시 효에 근거한 것이었다는 것이 네빌의 해석이다. 예를 들어 효는 기독교의 십계명 중 다섯 번째 계명에서 언급된다. 유교의 효 사상이 가르치는 것과 마찬가지로 기독교에서도 삶은 조상에게서 물려받은 선물이며 은총인데, 이는 가정이라는 하나의 단위로서 주어진다. 따라서 부모와 가정을 경외하는 것은 곧 삶을 경외하는 것이다. 그러므로 유교의 효는 오늘날 서구에서 잊혀가는 본래적인 기독교 정신의 회복에 도움을 준다.

그러나 서구인들이 배울 수 있는 유교적 효의 장점은 여기서 그치지 않는다는 것이 네빌의 통찰이다. 즉 효의 두 번째 특징은 어른에 대한 존경인데, 이는 유교가 뿌리 내린 사회에서 발견되는 전반적인 특징이다. 그러나 네빌에 따르면 이런 효, 즉 어른에 대한 존경으로서의 효는 잘 적용되지 않으면 오히려 역효과가 날 수 있는 덕목이 될 수도 있다고 갈파한다. 즉 현대의 잘 발달된 은퇴보장 프로그램, 혹은 같은 또래 그룹과의 공동체 모임의 발달, 혹은 보험과 연금제도의 발달 그리고 현대 의학의 발달 등은 어른에 대한 존경으로서의 효를 실현하는 방법이 다양하다는 것을 보여주고 있으며, 따라서 반드시 대가족제를 통해서 노인들을 공경하는 것만이 최고의 덕이라는 일부 동아시아인들의 생각이 반드시 옳은 것은 아니라고 꼬집는다. 자식에게서 노후에 돌봄을 받는 것은 다양한 노후 보장제도 중에서 단지 하나의 방법일 뿐이며, 오히려 그것은 잘못 시행되면 자식들은 물론 부모 자신들에게도 불편을 가중시킬 수 있기 때

문이다.20)

네빌이 보는 또 하나 효의 특징은, 효가 인간의 복잡한 상호관계성을 배우고 실천하는 제도라는 것이다. 효를 통해서 인간은 사랑하는 법, 즉 인(仁)을 통한 인간화의 방법을 배운다. 예를 들면 유아에게 정성을 다하는 부모의 무조건적인 내리 사랑이, 나중에는 지식 편에서 효를 발전시키게 되는데, 따라서 이런 관점에서 보는 내리사랑으로서의 효는 동아시아에서 자식이 말썽을 일으키는 경우에서조차 적용되어야 하는 사상으로 발전되었다고 본다. 즉 말썽꾼 자식으로 인해 가정이 피해를 입고 원만하지 않을 때에도, 내리사랑으로서의 효를 통해서 사람들은 가정을 유지시키는 의무를 다해야 한다는 생각으로 발전된 것이 효 사상의 특징이며 이는 서구가 배울만한 덕목이라고 지적하는 것이다. 네빌은 효가 반드시 상향적인 것만이 아니라 수평적이고 하향적일 수도 있음을 갈파하고 있는 것이다.

물론 이런 식으로 효의 수평적이고 하향적인 면에 대해서 어떤 사람들은 다르게 평가할 수도 있다는 것을 네빌은 인정한다. 예를 들어, 네빌에 따르면, 기독교인들이 가지고 있는 '사랑' 개념의 특징은 분별 있는 사랑Love with distinctions에 있는데, 이런 사랑의 개념을 실천하는 근거가 기독교에서는 단지 가족의 혈연관계에 의존하지 않는다. 기독교인들에게는 교회라는 새로운 가족공동체가 있기 때문이다. 여기서 그들은 다양성에 입각한 분별 있는 사랑을 배운다고 한다. 즉 교회공동체에서는 부자와 빈자, 지식인과 무식층, 노예와 자유인, 남성과 여성 등이 서로를 하나의 '가족'처럼 여기고 그들 각각이 사회적 삶의 조직의 일환으로서 서로를 경외하게 된다. 이런 식으로 기독교인들의 분별 있는 사랑은 기독교인들로 하여금 자기 공동체 안에 존재하는 모든 사람들의 다양성을 인정하면

---

20) Ibid., 195.

서도 그들을 차별 없이 소외시키지 않고 돌보게 만드는 힘이 된다고 본다. (로마서 8장 29절에 나오는 바울의 분석, 즉 예수는 맏아들이요 다른 이들은 형제로서 그 모두가 하나님의 자녀라는 표현이 그 예이다.)[21] 물론 여기서조차 기독교인들은 유교의 교훈에서 배울 것이 있다고 네빌은 말한다. 인과 사랑을 실천할 수 있는 모델의 발견이 반드시 예수라는 한 성인에게만 발견되는 것이 아니라, 부모와 가족 공동체, 교회 공동체 등에서도 발견된다는 점을 깨달을 수 있다는 것이다.

네빌이 유교에서 배우는 효의 마지막 특징은 그것이 조상의 덕을 이어받는다는 점을 강조한다는 데 있다. 즉 유교에서 한 사람이 효심이 가득한 인간이 된다는 것은 바로 그의 부모에게서 그들의 좋은 점과 강점을 배우는 사람이라는 것을 의미한다는 것이다. 즉 네빌은, 효를 가장 온전하게 성취한 인간은 너무나 덕이 넘치게 되어, 자신들의 부모가 그 자식들을 덕스럽게 만드는 의무에서 자유 하도록 만드는 사람이라는 재미있는 해석을 내린다. 다시 말해서, 만일 우리가 조상의 덕으로 인해 인덕이 풍부한 온전한 인간이 되어서 인의예지신이 넘치게 되면 우리의 부모는 우리를 그런 사람으로 만들기 위해서 시간을 낭비할 필요가 없을 것이라는 말이다. 그러나 이런 원칙은 조상에게서 덕을 물려받은 행운아보다는 그렇지 못한 사람들에게 적용될 때 더 효과를 발휘한다고 한다. 즉 효심이 없는 자는 자신의 삶에서 실패한 부모를 만나게 된 셈이지만, 그 경우 유교인은 이를 적극적 사고방식을 통해서 얼마든지 긍정적으로 해석할 수 있다고 한다. 예를 들어, 못난 부모들을 만날 경우 유교인은, 자신의 부모보다 더 거슬러 올라간 조상으로부터 덕을 배우라고 가르칠 수 있으며, 물론 그 조상의 끝은 주나라와 요순우탕의 성군들이 될 수 있다고 한다.

그러나 기독교 철학자인 네빌은 여기서조차 기독교 안에 이런 비슷

---

21) Ibid., 198.

한 전통이 있음을 지적하면서 기독교인에게 위안을 제공하려 시도한다. 즉 기독교인들은 기독교 전통 내에서 유교와 비슷한 유산을 발견할 수 있는데, 바로 그리스도가 그 역할을 하고 있다고 본다. 즉 기독교인들에게는 요순우탕 같은 조상의 자리에 그 대신 그리스도가 있는 점이 차이일 뿐이라는 말이다. 따라서 그리스도를 닮아가는 삶을 통해서 기독교인들은 가족과 사회에 존재한 불평등의 문제를 해결할 수 있다는 뜻이다. 어쨌든 이런 해석을 통해서 네빌이 하려는 주장은, 유교와 기독교 간의 공통점은 바로 양자 모두가 과거 속에 존재하고 있는 적합한 완전성을 가정하고 있다는 점이다. 유교와 기독교인 모두에게 과거 안에 존재하는 완전성은, 그것이 주나라가 되든지, 요순우탕이 되든지, 아니면 예수가 되든지, 바울이 되든지 할 터인데, 이때 그런 완전성은 개인은 물론 타자들과 그들이 살아가는 사회제도 그리고 심지어 자연과 적합한 관계를 맺도록 만들어 주는 계기가 된다고 해석한다. 여기서 단지 기독교인과 유교도 사이에 존재하는 하나의 차이가 있다면, 기독교인은 드라마틱한 회개를 강조하는 반면에 유교인은 인(仁)과의 만남에 의해서, 혹은 부모의 사랑을 통해서, 혹은 예에 참여함을 통해서 그런 사랑의 행위가 가능하다고 보는 점이라고 지적한다.

  그 다음 네빌이 발견한 유교의 중요한 덕목은 예(禮)ritual propriety22)이다. 네빌은 우선 서구인들에게 예를 이해시키기 위해서 그것을 관례(협정)convention라는 개념으로 푼다.23) 이렇게 보면 서구에서도 이미 예의 개념이 오래 전부터 존재해 있었다고 네빌은 보는데, 예를 들어 기독교의 창조설화에서 보듯이 인간의 타락과 죄는 하나님과의 계약을 깨는 것,

---

22) 네빌에게서 예는 아주 광의의 뜻을 갖는다. ritual propriety의 사전적인 의미는 의례에 따른 예의범절이다. 이런 해석에서 볼 때, 우선 예는 개인적인 덕스러운 습관(habit)과 그것이 확장된 관습(convention)이다. 또한 이런 관습은 관례로 표현되기도 하지만, 동시에 사회적 규율에 순응하는 윤리적 행위도 포함한다.
23) Ibid., 201.

즉 관례와 협정을 깨는 것에 기인한다. 이렇게 볼 때, 기독교인에게 있어서 예란 자연의 본성에서 사회적 삶의 실재를 찾는 것이 아니라, 야훼와 인위적으로 맺는 협정 속에 발견되는 것을 의미한다. 이런 예의 개념은 선악과 이야기에서도 보이는데, 그 이야기에서 우리는 신성의 대리자로서의 야훼와 자연적 본성의 상징적 대리자로서의 뱀, 그리고 신과의 제도적 협정 속에서 선하게 살아가도록 부름을 받은 덕행의 대리자로서의 두 인간(아담과 이브)을 만나게 된다. 이 설화가 주는 교훈은, 인간은 계약적인, 관례적인, 제도적인 부름을 망각하고 은혜에서 떨어져 나올 때, 결국 타락과 죄에 **빠진다**는 것이다.

이미 말했듯이 이런 해석은 네빌로 하여금 어떻게 서구인들이 자신의 전통 속에서 유교의 예 정신을 회복할 수 있는가를 가르쳐준다. 네빌에 따르면, 인간이 참인간이 되는 것은 하늘과 창조의 원리, 혹은 땅과 자연의 원리, 혹은 이 둘의 합주만으로는 안 되고 예로 상징되는 제도와 관습의 도움이 있어야 한다는 것이다. 인간의 도는 자연적으로 주어진 것에 창의성과 문화를 더하여 완성된다. 순자가 말하는바 천지는 물론, 예로 형성된 인간, 즉 천지인 삼위일체의 합작을 유교가 강조하는 이유가 여기에 있다고 본다.[24]

네빌은 기독교의 선악과 이야기를 통해서 예에 관한 또 다른 해석을 시도한다. 즉 기독교의 선악과 이야기를 유교의 예 개념과 연결시키면 다음과 같은 또 다른 공통점이 발견된다는 것이다. 즉 인간은 뱀의 본성을 넘어서서 관습의 기술적 숙련artifice 상태로까지 나아가지 아니하면 결코 자신의 본성을 완성할 수 없다는 것이다. 다시 말해서, 예의 행위(의례)rituals 자체는 우리의 목적론적 행위를 지도하지 못한다는 것이 네빌의 분석이다. 예의 행위 자체는 우리가 어떤 정치적 행로를 추구해야 하는

---

24) Ibid., 204.

지를 말하지 않으며, 어떻게 도덕적 문제를 해결해야 하는지를 말하지 못하며, 우리가 어떻게 생을 즐기고 홍수와 기근의 문제를 해결해야 하는지에 대해서도 가르쳐 주지 않는다. 그러나 반면 예의 행위는 사회적, 개인적 삶의 방식의 수단이 되는데, 따라서 모든 중요한 기호형태의 행위와 의미는 모두 예에 의해서 형태가 잡힌다고 해석한다. 네빌은, 공자와 맹자와 순자가 모두 군국주의, 강도행위, 야만적 지배 등에 대해 비판했던 것이 바로 그 모두가 예에 반대된다고 보았기에 때문이라고 주장한다.

네빌은 더 나아가서, 이런 면들을 고려해 볼 때 고대 유교가 보수적 종교라고 보는 태도는 옳지 않다고 한다.25) 사실상 역사적으로 유교인은 급진적 사회비판가였으며, 혁명과 개혁의 가장 효과적인 수단은 군사적 힘이 아니라 예의 행위라고 믿었다는 것이다. 물론 여기서조차 네빌은 기독교와 유교 사이에 존재하는 약간의 차이를 발견한다. 가장 중요한 차이는 우주론에서 기인하는 차이인데, 즉 유교에 있어서 자연은 하늘과 땅의 도의 합작품이지만, 기독교에 있어서 인간의 본성을 포함한 자연은 하나님의 산물이라고 보는 것이 차이라고 한다.

그러나 비록 기독교 안에서 하나님의 활동에 대한 강조가 발견되기는 하지만, 사실은 그 하나님의 활동도 엄밀히 말하면, 인간이 자연을 문화로 만드는 과정을 통해서 인간을 완성기 위해 하나님이 활동하시는 것으로 해석할 수 있으며, 따라서 이 점에서는 유교와 기독교가 같다고 해석할 수 있다고 한다. 결국 예의 개념을 통해서 우리는 기독교나 유교나 모두 다음의 사실에서 일치한다는 것을 배울 수 있으니, 즉 인간이 본래적 완전에서 타락하게 되는 것은 다름 아니라 바로 고급 문명적 예를 무시할 때 나타나는 것이며, 또한 성인이 되고 성화된다는 것은 그런 예를 다시 회복하고 실천하는 것에 있다는 점이다. 이런 방식으로 기독교에서

---

25) Ibid., 203.

말하는 완전과 성화, 그리고 타락과 죄의 개념이 유교적 예의 개념으로 재해석될 수 있다고 보는 것이 네빌의 견해이다.[26]

　마지막으로 서구인들이 유교에서 배울 수 있는 덕목으로 네빌이 꼽는 것은 인(仁)이다. 네빌의 견해에 따르면, 인은 예와의 관계 속에 더 명확하게 그 본래의미가 드러난다고 한다. 네빌이 유교에서 배운 바에 따르면, 예의 달성은 물론 오랜 시간이 걸려야 나타나는 결과다. 세련되고 성숙한 예의 행위만이 인간의 참 성숙함을 가져온다고 유교는 가르치는데, 문제는 인(仁) 없이 도달하는 예가 문제라는 것이 유교의 또 다른 가르침이라 한다. 인이 동반되지 않는 경우 예는 공허해지기 때문이다. 공자가 논어(3.3)에서도 말했듯이, 만일 인간이 어질지 못하다면 예와 악(樂)은 아무 소용도 없다. 기껏해야 인간은 그것을 자기의 이익을 위해서 사용할 것이기 때문이다.

　그렇다면 유교인에게 인(仁)은 어떻게 획득되는가? 네빌이 분석하는바 논어에 따르면, 예는 노력하고 공을 들이면 되지만, 인은 그럴 필요가 없고 단지 원하면 된다는 것이 공자의 가르침이었다고 한다(論語 7.29). 그러나 네빌의 통찰에 따르면, 소인들은 인을 원하지 않는다는 것이 문제라는 것이다. 그리고 이는 예가 잘 발달된 어른들의 경우에도 마찬가지이니, 왜냐하면 그들이 바라는 것들은 사실 모두 이기적인 자기 욕망에만 연결되어 있기 때문이다.[27] 물론 인은 가정이든, 교회이든 어느 곳에서도 이해되고 가르쳐질 수 있는 덕목이라는 것에 네빌도 동의한다. 그러나 인이 이해되고 가르쳐지는 때조차도 우리가 제기할 수 있는 문제는 정말 사람들이 그것을 행하기를 원하는가 하는 문제라고 네빌은 말한다. 물론 사람들이 원한다면 사람들은 그들의 이해력의 정도에 따라서 인을 즉시 소유할 수 있다. 하지만 참으로 어진 인간으로 살아간다는

---

26) Ibid.
27) Ibid., 205.

것을 진지하게 생각하는 행위는, 단지 그렇게 살기위해서 우리가 도덕적 예와 문명적 삶, 그리고 가정과 공동체와 친구들과의 관계를 완전하게 만들기 위해 헌신하는 것을 작정하는 한도 내에서만 가능하게 된다고 네빌은 해석한다.

우리가 이런 식으로 인과 예의 관계를 해석하게 되면 여기서도 기독교와 유교는 유사한 것이 드러난다는 것이 네빌의 견해이다. 기독교에서는 죄에서의 해방과 사랑의 도가 타자에게서 하나님의 사랑을 발견하는 것을 통해 이루어진다. 이것이 의롭게 됨justification이며 성화이다. 그러나 이것은 특히 예수의 삶과 행위에 대해서 말하고 그것을 닮아 사는 것에서 이루어진다. 거룩하게 된다는 것은 예가 사라져가는 시대에 예를 배우고 실천하는 것을 의미한다. 그리고 이것은 예수의 삶과 행위의 모델을 닮는 것을 통해 이루어진다고 본다. 한마디로 기독교인들에게서 예수는 예와 인을 동시에 완성할 수 있는 모델이라는 것이다.

이렇게 서구인들에게는 예수가 예와 인의 모델이 된다는 해석을 통해서 유교와 기독교의 비교철학을 마무리하면서, 네빌은 마지막으로 기독교 중심적 사고를 벗어나기 위한 시도를 감행한다. 즉 예수의 역할에 대해 무조건적이고 절대적인 가치를 부여하는 기독교인들의 입장에 대한 유교인의 비판을 예상하면서, 네빌은 다음과 같은 다원주의적 질문을 제기한다. 즉 우리는 어떻게 기독교인이면서 동시에 타종교인의 입장을 포용할 수 있는가? 네빌은 한 발자국 더 나아가, 보다 급진적인 방식으로 하나의 다원주의적인 질문을 던진다. 즉 우리는 어떻게 기독교인이면서 동시에 유교도가 될 수 있는가?

네빌은 종교적 멤버십membership의 개념으로 이 문제를 풀어나가자고 제안한다.28) 네빌에 따르면, 하나의 종교인은 그가 자기 종교의 멤버십

---

28) Ibid., 207.

을 의도적으로 긍정하고 그 전통의 경전들과 그 경전 안의 주제들이 말하는 상징과 기호에 의해서 지도를 받으며 영성을 실천함으로써 한 종교전통의 일원이 된다. 물론 그 전통안의 다른 멤버들이 그 사람의 멤버십을 이단으로 정죄하지 않고 인정해 주는 한도 내에서만 그렇다. 네빌에 따르면, 이렇게 멤버십 개념의 입장에서 다원주의의 문제를 보면, 위에서 제기된 곤란한 질문에 쉽게 답할 수 있다.

네빌은 우선, 통상적으로 배타적 기독교인들은 유교적 영성에 대해 반대할 수도 있다는 점을 인정한다. 그러나 기독교에 대한 유교인들의 입장은 다를 것이라고 네빌은 본다. 물론 유교인들도 한때는 타종교에 대해서 배타적인 입장을 강조한 시기가 있기는 했으나(송명대에 불교와 도교에 대한 신유학의 배타주의가 그 예다), 엄밀히 말해서 그들이 배타시했던 것은 다른 종교와의 교리적 차이가 아니라, 개인과 가정과 공적 삶에 대해서 다른 종교들이 보여주는 실천방식의 무리함이었다고 네빌은 해석한다. 정확히 말해서 유교도가 관심하고 있는 것은 한 사람이 자신의 종교 운동 안에 있느냐 밖에 있느냐 하는 것이 아니라 그가 그 운동을 얼마나 잘 실천하고 있느냐 하는 것이었다는 것이다. 우리가 문제를 이런 식으로 보면, 적어도 사회적 차원에서는 유교운동과 기독교 운동에 동시에 참여하는 것이 문제가 되지는 않는다고 한다.

물론 기독교 운동과 유교 운동은 영성적 차원에서는 다를 수 있다는 것을 네빌도 인정한다. 기독교인들은 유교도와 다른 상징체계를 사용하기 때문이다. 즉 유교인은 신의 목적에 대해서 단지 약하게 강조하지만, 기독교인들은 신의 목적성에 대해 크게 강조하는 성향이 있다.[29] 기독교인도 유교인들처럼 명상하고 예배하고 영적 실천을 할 수 있지만 조상보다는 예수에게, 혹은 다른 어떤 것보다 하나님에게 기도하기 때문이

---

29) Ibid., 208.

다. 여기서 우리는 다원적 정체성을 긍정하는 것이 반드시 일치와 보충으로 나아가지는 않더라도 최소한 양립성compatibility을 인정하는 것으로는 발전되어야 한다고 네빌은 주장한다.

네빌에 따르면, 만일 기독교인들이 이런 멤버십 원칙을 자신의 삶에 잘 적용하면 그들도 자신과 같이 유교의 장점을 받아들이면서 동시에 기독교인이 될 수 있다고 한다. 즉 유교의 정신을 자신의 기독교적인 삶에 내면화 시키려 시도하는 소위 "보스톤 유교인"은 자신처럼 현재 주로 기독교인들로 이루어져 있지만, 그와 동시에 다원적으로 종교의 정체성을 해석하면서 그런 자신의 정체에 깊이 헌신하게 되며, 동시에 후기 근대의 문제를 해결하는 데 있어서 자신의 종교적 정체성이 갖고 있는 한계가 무엇인지 테스트해 보기 위해서 유교를 비롯한 타종교들과 진지하고 성실한 대화를 감행해 나가려 한다는 것이다. 이것이 바로 하나의 종교인이 참으로 자신의 정체성을 유지하면서도 다원주의적일 수 있는 이유라고 네빌은 주장한다.

평가와 결론

네빌이 제시하는 "보스톤 유교"는 그야말로 서구적인 유교 해석이다. 그러기에 나름대로 문화적이고 논리적인 한계점을 노출하고 있다. 그러나 이는 어찌 보면 불가피한 것이며, 이로 인해서 생겨나는 단점은 때때로 구제가 거의 불가능한 것으로 다가올 수도 있지만, 동시에 바로 그 이유 때문에 네빌의 책은 강한 장점도 갖게 되는 것 같다. 동양인들이 발견하지 못한 유교 해석의 영역을 네빌만이 개척한 부분도 분명히 존재하기 때문이다. 더욱이 그의 유교에 대한 분석은 전통적인 서구철학은 물론, 듀이, 화이트헤드, 그리고 틸리히 등과 같은 현대 서구의 철학과도 만나서 하나의 이상적인 비교종교철학을 구성하고 있기에 어떤 현대의 동아시아 지성인들에게는 오히려 호소력이 있고 탄탄한 논리를 갖춘 것으로 보일 수도 있다.

보스톤에서 살아가는 서구인으로서의 네빌이 유교에게서 배운 점들에 대해서는 이미 논자가 위에서 틈틈이 열거하였으므로 여기서 다시 재론할 필요가 없다. 따라서 이하에서는 지면 관계상 단지 네빌의 유교 해석에 대해서 논자가 느끼는 한계점만을 몇 가지 지적하기로 한다.

첫째로 지적하지 않을 수 없는 것은 그의 '주제분석 방법론'이다. 그는 주제분석 방법을 제안하면서 그 이유를 홀과 에임즈가 빚어낸 일반화의 오류를 피하기 위해서라 한다. 일반화를 사용한 해석은 다양한 문화 현상을 하나의 개념으로 묶는 데에는 장점이 있지만, 사실 그러다 보니 하나의 문화 속에서 발견되는 여러 가지 예외적인 사례들을 무시하는 경우가 있다는 것이다. 이런 약점을 해소하기 위해서 제시된 것이 주제분석 방법이다. 그러나 그의 방법론에 대해 네빌이 변호하는 주장을 접하자마자 당장 제기되는 질문이 있으니, 즉 그가 제시하는 주제분석 방법은 과연 얼마나 일반화에서 자유로운가 하는 점이다. 네빌은, 주제분석이 일반화보다는 덜 추상적인 개념을 사용하기 때문에 예외를 적게 허락하는 효과가 있다고 보는 것 같다. 그러나 논자의 입장에서 볼 때, 일반화와 주제 사이에서 명확한 경계를 긋는 것은 매우 어려운 작업처럼 보인다. 주제도 결국은 하나의 일반화의 산물임을 피할 수 없기 때문이다.

물론 네빌이 주장하는 것을 다음과 같이 이해해 줄 수도 있다. 즉 우리는 언제나 어떤 주제를 통해서 하나의 문명을 해석할 때, 되도록 예외가 적게 발견되는 일반화를 택해야 한다는 주장으로 그것을 받아들이면 된다. 그러나 사실 이렇게 말하는 것은 사실은 엄밀히 말해서 너무나도 당연한 동어반복적인 언명이라 아니할 수 없다. 어떤 철학자가 일반화를 시도한다고 할 때 그들도 되도록이면 항상 예외가 적게 발견되는 개념을 시도하려 노력하는 것이며, 이와 대조적으로 어떤 철학자가 주제를 사용한다고 해서 그들이 전혀 예외 없는 개념을 찾아 낼 수 있는 것도 아니다. 어떤 것을 택하든 가능한 한 예외를 줄여가는 일반화를 시도한다는 점에서는 양자 사이에 차이가 있을 수 없기 때문이다.

주제분석의 방법론이 가지고 있는 이런 식의 난점까지는 그래도 그런대로 긍정적으로 보아줄 수 있다. 사실상 일반화의 문제는 형이상학 내에서 언제가 가장 풀기 어려운 난점 중의 하나이기 때문이다. 하지만 논자가 발견하는 치명적인 네빌의 결함은 그의 존재론이다. 그는 젊은 시절부터 존재론적인 철학에 고집스런 집착을 보여 왔다. 그가 30대의 젊은 시절 전도가 유망한 신학자로서 갑자기 유명해진 것도 사실은 그가 과정신학이 가지고 있는 존재론적인 결함을 지적하면서부터였던 것이다.30)

물론 하나의 존재론은 서구철학의 입장에서 볼 때 나름대로 의미 있는 철학적 사유 방법이며, 따라서 때로는 여전히 학인들의 흥미를 끌 수 있다. 존재론은 서구 철학이 발견한 하나의 궁극적인 사유 방식이며 그런 점에서 서구철학의 독특한 방법론이라는 점에 이의를 달 사람은 없다고 본다. 더욱이 네빌이 사용하는 존재론적인 해석법, 즉 결정자와 결정되는 자의 변증법적 관계를 해석하는 것을 통해, 모든 사유 대상의 의미를 분석하려는 존재론적 시도는 나름대로 서구 철학사 안에서 많은 종교적 통찰의 원천이었다. 또한 동아시아적 사유의 체계 안에서 철학하는 필자와 같은 철학도의 입장에서 볼 때, 하나의 철학은 그것이 인과율의 법칙에 근거하는 한, 결정자와 결정되는 자를 구분하는 일종의 '존재론'적 사유 방식을 피할 수 없다고 보며, 이런 점에서 동아시아에는 전혀 존재론적인 사유가 없다는 홀과 에임즈의 주장은 한계가 있다고 하지 않을

---

30) 과정신학의 존재론을 비판해서 그를 유명하게 만든 출세작은 자신의 존재론의 빛에서 과정신학의 존재론을 비판한 *Creativity and God*이다.

수 없다.

하지만 네빌이 주창하는 이런 식의 존재론에도 약점은 있다. 즉 오래 전에 러셀이 질문했듯이 어떤 사물의 존재성을 질문하는 질문은 마치 육각수의 존재를 질문하는 것과 마찬가지며, 이에 대한 해답은 질문자의 입장에 따라서 얼마든지 달라질 수 있기 때문이다. 네빌의 존재론의 약점은 그의 철학이 낡은 패러다임에 여전히 기초하고 있다는 것이다. 즉 그의 결정자-피결정자의 존재론은 결국 서구 기독교 철학의 '무로부터의 창조론'에 빚지고 있다. 논자의 입장에서 볼 때 이런 무로부터의 창조론에 기초한 존재론이 갖는 하나의 문제는 다음과 같다.

결정자와 결정되는 것의 관계를 선명하게 하기 위해서, 네빌은 선행하는 과거의 사건과 그것을 통합하는 현재의 사건을 구분하는 것을 즐긴다. 그런데 선행하는 모든 사건들을 하나의 현재 사건, 즉 새로운 사건의 빛에서 볼 때만 하나의 결정자가 탄생될 수 있다는 네빌의 주장은 우선 너무 작위적인 것으로 보인다. 이런 관점은 과거 역사의 중요성을 망각하는 행위가 될 수도 있기 때문이다. 엄밀히 말해서, 우리는 하나의 과거가 그 과거 시대 당시에는 새 것이었다고 인정해야 한다. 그것은 그 과거의 시점에서는 무가 아니었다는 말이다. 혹시 무라고 인정하더라도 그것은 상대무였지 절대무는 아니었다. 그러기에 과거의 것을 무로보고, 현재가 그것을 통합해 새 것을 창조해 내기 때문에 존재론적으로 결정자의 구실을 한다는 것은 현재 위주의 편향된 해석이다. 과거도 얼마든지 결정자의 구실을 할 수 있기 때문이다. 그러기에 과거는 무가 아닐 수도 있다.

그러나 만일 네빌이 이런 비판을 염두에 두고서 그가 절대무는 부정할지라도 상대무로서의 과거의 존재는 인정한다고 말한다면, 이는 그의 현재까지의 철학적 입장을 고려해 볼 때 혁명적인 전환이 될 것이지만 동시에 네빌을 곤란한 딜레마에 빠뜨리게 될 것이다. 왜냐하면 그를 유명하게 만든 과정철학에 대한 그의 비판은 과정철학이 무로부터의 창조를 부정한다는 것이었는데 그러나 과정신학이 비판하려는 무로부터의 창조론도 사실은 절대무로부터의 창조를 비판하는 것이지 상대적 무로부터의 창조까지 비판하는 것은 아니기 때문이다. 만일 네빌이 결정자-결정되는 자의 존재론을 통해서 자신이 부정하는 과거의 무가 절대무이지 상대무는 아니라고 발뺌한다면, 그때 그를 유명하게 만든 과정신학에 대한 과거의 비판은 허위가 된다. 상대무를 인정하는 데 있어서는 과정사상도 동일하기 때문이다. 그러므로 논자의 입장에서 볼 때, 그의 결정자-피결정자 구도를 통한 존재론은 그것이 무로부터의 창조론에 기인하는 한 치명적인 논리적 결함을 피할 수 없다.

그러므로 무로부터의 창조론에 기초한 존재론이 갖는 진정한 문제는 그것이 진화론이나 영원의 철학이 주장하는 것과 모순된다는 것이다. 진화론과 영원의 철학이 주장하는 바, 무로부터는 유가 나올 수 없다는 명제는 절대무가 존재하지 않는다는 뜻이다. 따라서 앞의 사건이 있음으로 인해서 새로운 후속사건이 있다고 주장하는 네빌의 입장은 결국 앞의 사건, 즉 과거 사건의 존재를 인정하는 것으로서 이는 궁극적으로는 네빌의 철학으로 하여금 무로부터의 창조를 말 할 수 없게 만드는 것으로 보인다.

네빌이 하나의 서구 기독교인으로서 무로부터의 창조설을 말하기 위해서 "새 것의 창조" 개념을 끌어들이는 것은 이해가 가지만, 그런 새 것의 창조나 혹은 그것에 입각한 창조론은 굳이 무로부터의 창조를 전제하지 않아도 얼마든지 말할 수 있다는 것이 오늘날의 과학적 신학자들이 말하는 바가 아닌가? 무로부터의 창조론과 같은 낡은 이론을 계속 말하게 되면 이는 결국 진화론과의 통합이 요원하다는 말이 되는데, 이는 일부 보수적 기독교인들에게는 환영을 받을지 모르지만 세속 과학도로부터는 응원을 얻기 힘들게 만들 것이다.

마지막으로 한 가지만 더 지적하지 않을 수 없는 것은 그의 효에 대한 해석이다. 우리는 여기서 네빌의 효 해석의 핵심을 다음과 같이 정리할 수 있다. 즉 유교의 효는 반드시 부모와의 관련 하에서 사유될 필요가 없고 타인을 포함한 모든 여타 인간과 관련하여 해석될 수 있다는 것이다. 특히 만일 그 타인이 조상이라면 그들과 맺는 인(仁)의 관점에서 효를 해석하자는 것이 네빌의 논점이다.

이런 논리를 따라서 네빌은 유교의 효 개념에서 기독교는 새로운 통찰을 배울 수 있다고 한다. 즉 인과 사랑을 실천할 수 있는 모델의 발견이 반드시 예수라는 한 성인에게만 발견되는 것이 아니라, 부모와 가족 공동체, 교회 공동체 등에서도 발견된다는 점을 깨달을 수 있다는 것이다. 예수와의 관련 하에서 얻을 수 있는 덕목은 얼마든지 조상과의 관련 하에서도 얻을 수 있는 것들이라고 전제하는 것이다.

그러나 필자의 입장에서 볼 때, 네빌은 여기서 조상과 그리스도가 하는 서로의 역할을 혼동하는 듯이 보인다. 물론 조상은 그가 지적한 대로 인간의 덕의 근원이 될 수 있다. 사람들은 자신의 장점이 바로 조상에게서 물려받은 것이라 해석할 수도 있다. 하지만 그렇다고 해서 조상이 하는 이런 역할이 그리스도의 역할과 동일하게 해석될 필요는 없다. 엄격히 말하면, 조상이 그의 후손 속에서 하는 역할은 그리스도가 하는 역할과 구별되어야 마땅하다. 즉 조상이 후손 속에서 하는 긍정적인 역할을 현대 과학적으로 풀어 보면, 소위 한 인간의 DNA 속에서 작동하고 있는 기질들로 구성된 긍정적인 삶에의 힘이라 말할 수 있다. 그러나 잘 알다시피 내 안에서 작동하는 DNA의 영향력은 그것이 우리의 기질과 성격을 구성할 때 선하게 작동할 수도 있고 부정적으로 작동할 수도 있다. 한마디로 그것은 가치중립적이다. 따라서 후손 안에서 작동하는 조상의 영향력은 아직은 선과 악의 판단 기준 이전이며, 문제는 그것이 어떻게 선한 방향으로 작동 될 수 있도록 우리의 의지를 작동시키느냐 하는 것이다.

여기에 모델로서의 예수의 역할이 있다. 예수의 역할이 조상의 그것에서 구별되어야 한다면, 그것은 우리 안에서 작동되는 조상의 역할이 부정적일 때 그것을 반전시켜 긍정적이고 선한 것으로 작동할 수 있도록 전환과 돌변의 힘을 제공하는 것이 예수의 역할이라는 것이다. 아무리 효의 외연을 넓게 해석할 수 있어도 효를 가족적 모델(조상)과의 관련 하에서 해석하는 것과 종교적 모델(성인으로서의 예수)과의 관련 하에서 해석하는 것은 구분해야만 할 것이다.

III부

동아시아와 종교신학

10장
토착화신학의 평가
— 변선환을 중심으로

들어가는 말

이 작은 논문은 하나의 현대 기독교 신학자가 본 변선환 교수의 종교 신학에 대한 평가이다. 논자는 특히 이 글 속에서 변선환의 종교간의 대화론과 아시아 신학에 대해서 평가해야 하는 임무를 갖게 될 것인데, 여기서 논자는 특히 자신의 평소의 입장, 즉 그리스도 중심적 다원주의자의 입장에서 변선환의 신학을 평가해 보려한다. 논자가 특히 그리스도 중심적 다원주의자의 입장에서 변선환의 신학을 평가하려는 데는 다음과 같은 이유가 있다.

변선환 교수가 작고한 지도 벌써 20년이 되어 간다. 오늘날과 같이 급변하는 21세기의 정보화 사회에 있어서 20년이라는 세월은 결코 짧은 기간이 아니다. 물론 변선환의 신학은 당시에 국내에서는 타의 추종을 불허하는 첨단의 내용이 담긴 종교신학으로 평가 받고 있었다. 그가 주창했던 종교간의 대화론과 아시아 신학에 관한 많은 이론들은 당시 여러 사람들에 의해서 매우 급진적인 것으로 받아들여질 정도로 선구자적인 것이었으며, 또한 당시와 같이 열악한 국내의 학문적 상황 하에서도 그의 종교신학은 언제나 세계 신학의 첨단적인 흐름을 아주 일목요연하게 빠르게 정리해서 중개해 주는 데 있어서 압권이었다. 그러나 20여년이 지난 지금, 당시로서는 매우 앞선 이론이었던 그의 신학마저도 이제는 아주 진부하고 상투적으로 들리거나 아니면 벌써 시대적인 한계를 드러내고 있는 것을 숨길 수 없다.

이렇게 시간적인 차이에서 기인하는 변선환 신학의 한계상황을 감안해 볼 때, 그의 신학을 평가하는 것은 먼저 그의 공과를 적나라하고 솔직하게 보여주는 데 있다고 논자는 생각한다. 이는 한편으로는 그의 신학이 보여주었던 선구자적인 업적을 드러내 주는 긍정적인 작업을 시도하겠다는 의미이기도 하지만, 동시에 다른 한편으로는 그의 신학이 근거하고 있었던 시대적이고 상황적인 한계를 솔직하게 파헤치면서 앞으로의 과제를 제시하는 비판적인 작업을 시도하겠다는 의미하기도 하다.

논자가 선호하는 그리스도 중심적 다원주의의 입장은 이런 작업을 실시하는 데 있어서 나름대로 매우 적합한 방법론이라고 나는 생각한다. 이는 우선 변선환이 하나의 다원주의자였으면서도 유독 그리스도 중심적 다원주의에는 언제나 유보적인 입장을 가지고 있었다는 점에도 기인하지만, 동시에 첨예하게 발달된 최근의 그리스도 중심적 다원주의의 입장에서 보면 변선환 신학이 지니고 있었던 한계와 과제가 명확하게 드러나기 때문이다. 그러나 이미 말한 바대로 논자는 여기서 이런 작업을 통해서 결코 변선환 신학의 한계와 과제만을 드러내는 데 집중하지만은 않겠다. 오히려 오늘날 매우 첨예하게 발달된 하나의 기독교 신학을 변선환은 오래 전부터 나름대로의 예리한 통찰력을 가지고 미리 예견하고 있었다는 것을 보여주겠으며, 동시에 이런 작업을 통해서 그가 만일 오늘날 생존해 있었다면 어떤 식의 방법론을 이상적인 형태의 종교신학적 모델로 그가 받아들일지를 전망해 보려 한다. 이를 통해서 논자는 결국 미래에 더 이상적으로 어울릴 수 있는 새로운 형태의 종교간 대화론과 아시아 신학을 구성해 내기위한 과제물을 과거의 변선환에게서 넘겨받으려 하는 것이다.

I. 신-중심적 다원주의에 기초한 종교간의 대화론의 특징과 공헌

주지하다시피 변선환은 신-중심적 다원주의라는 방법론을 통해서 자신의 종교간의 대화에 대한 이론들을 구성해 갔다. 그가 이렇게 신-중심적 다원주의자가 된 것은 여러 가지 이유가 있겠지만 아마도 다음과 같은 식으로 그것을 설명하는 것이 가장 적당할 것이다.

오늘날도 마찬가지이지만 변선환이 살고 있었던 당시의 아시아와 한반도의 지식인들은, 서구의 정치-경제적 패권주의와 그것에 근거한 신식민주의 그리고 이런 모두의 사상적 근간이 되는 서구의 문화 우월주의의 유폐에서 해방됨을 자신들의 학문이 직면하고 있는 가장 우선적인 과제로 생각하고 있었다. 그러므로 요즈음 유행하는 바, 에드워드 사이드E. Said가 말하는 서구의 오리엔탈리즘이 가져온 폐해, 즉 서구의 문명과 동양의 문명을 악의적인 이분법으로 구별하면서 서구의 문화 우월주의를 강조하고는 폐해, 그리고 동시에 동양의 문명은 서구의 문명에 의해서 계몽되어야 한다는 식으로 설득하면서 서구 패권주의와 신식민주의를 은연 중에 침투시키는 폐해 등, 이런 폐해들에서 벗어나기 위해서는 무엇보다도 강한 의미의 민족주의적 시각에 입각한 토착화신학의 건설을 자신의 신학적 목표로 구성해야 한다는 것을 변선환은 잘 알고 있었다.

변선환이 이러 자신의 신학적 목표를 성취하는 데 있어서 신-중심적 다원주의에 입각한 종교간의 대화론은 가장 적합한 방법론이 아닐 수 없었다. 신중심적 다원주의는 우선 인류의 모든 종교가 신 혹은 실재라는 중심을 공통분모로 하고 있다고 보면서 각각의 종교는 단지 이런 실재를 자신의 문화적 틀을 따라 표현해 내는 현상에 불과하므로, 그 들 모두는 뿌리가 공통적이며 하나라는 것이다. 이런 식의 다원주의는 비록 그것이 다원주의, 즉 세상에는 다양한 차원의 종교가 존재한다는 깨달음을 전제하고 있을지라도 우선적으로는 모든 종교들의 동등성을 강조하게 되며, 또한 그것에 근거해서 모든 종교의 화합과 일치만이 민족적 분쟁과 문화적 갈등을 불식시키는 이른바 "지구의 윤리World Ethics"를 회복하는 지름길이라는 것을 강조하게 만든다.

그러므로 변선환은 우선 종교간 대화의 방법론이 가장 강조해야 할 것은 기독교를 비롯한 아브라함적 종교의 배타주의를 회개시키는 일이다. 모든 아브라함적 종교 즉, 기독교와 이슬람과 유대교가 공통적으로 가지고 있는 십자군적 개종주의과 전투적인 지하드적 선교방식을 바꾸지 않는 한 지구의 평화는 이루어 질 수 없다고 본 것이다. 그러나 변선환이 그토록 부르짖은 신중심적 다원주의는 그저 아브라함적 종교, 특히 기독교의 배타주의의 회개를 촉구하는 것을 넘어선다. 그는 무엇보다도 종교간 대화의 패러다임 자체를 바꾸어야 한다고 주장한다. 우선 개종에서 대화로 관심을 돌려야 하지만, 거기서 더 나아가서 루비콘 강을 넘어야 한다고 한다. 따라서 그는 존 힉John Hick이나 윌프레드 캔트웰 스미스Wilfred C. Smith 같은 종교학자들만이 진정한 의미의 종교다원주의 패러다임을 이룩한 "루비콘 학파"라고 본다(49).[1] 여기서 루비콘 학파가 말하는 종교다원주의의 패러다임이란 다름이 아니라, 존 힉이 주장하는 바, 신학의 "코페르니쿠스적 전회"를 감행한 입장으로서, 이 입장에서 볼 때

---

[1] 이하에서 페이지 숫자는 변선환의 논문을 모아서 편집한, 변선환 선집 1권, 즉 『종교간 대화와 아시아 신학』의 것을 가리킨다.

모든 각각의 종교는 마치 천동설의 경우처럼 자기를 중심으로 사고할 것이 아니라, 모든 각각의 종교들은 단지 궁극적 실재라는 태양을 중심으로 돌고 있는 지구와 같은 위성에 불과하다고 생각해야 하며, 따라서 자기종교의 중심의 신학에서 궁극적 실재라는 공통분모 중심의 신학으로 바뀌어야 한다고 주장하는 것이다. 이런 코페르니쿠스적 전회를 감행한 루비콘 학파는 어떤 면에서 보면 돌아오지 못할 강을 건넜다고 할 수 있는데, 그 강이란 다름이 아니라, 모든 종교는 결국 구원을 제공하는 가치에 있어서 동일하며, 그것들은 결국 하나의 정상을 향해 있기에 어떤 길을 통해서든지 구원에 이를 수 있다는 것이다. 말하자면, 결국 모든 종교인들은 달을 가리키고 있는 손가락(자신의 종교와 그것의 구세주)을 볼 것이 아니라, 달 자체 즉 신과 궁극적 실재를 보아야 한다는 것이다. 이것이 진정한 의미의 종교다원주의이며 이런 방법론만이 종교 간의 화해와 일치를 이룰 수 있다는 것이다.

이런 신-중심적 다원주의에 입각한 종교간 대화론이 가지고 있는 장점은 무엇보다도, 그것이 탈패권주의적인 아시아적 토착화신학을 건설할 수 있는 지름길로 간주될 수 있다는 것에서 찾아질 수 있다. 모든 종교가 그 가치에서 동등하다면 그동안 서구인들이 열등하게 보아 왔던 동양종교의 가치는 증진될 것이며, 그것을 따라서 서구의 문명적 우월주의가 자연스럽게 극복될 수 있기 때문이다.

그러나 자주 지적되고 있는 바, 이런 신-중심적 다원주의가 가지고 있는 한계점은 그것이 각각의 종교, 특히 기독교의 정체성을 긍정적으로 평가하는 힘을 훼손한다는 점이다. 한마디로 말해서 신-중심적 다원주의에 가해지는 가장 대표적인 비판은 그것이 기독교의 독특한 가치를 폄훼하는 것으로 발전되지 않느냐 하는 것이다. 즉 신-중심적 다원주의는 항상 대화론 방법론을 말하면서 다양성 속의 일치, 혹은 차이 속의 동등성을 강조해 왔다. 그러나 이것은 다음과 같은 단점, 즉 모든 종교가 결국 동등하다면 사람들은 무슨 이유로 각각 다른 종교를 믿어야만 하며, 또한 어떤 종교를 믿든지 결국 동일한 결과를 가져온다면 도대체 무슨 이유로 기독교를 믿을 이유가 있겠느냐는 쉽고도 평범한 질문에 답변하기 어렵다는 단점이 있다. 그러나 무엇보다도 심각한 것은 그것이 결국에는 종교의 죽음을 결과할 위험을 가지고 있다는 것이다. 모든 종교가 하나의 실재를 반영한다는 생각은 결국 마르크시즘과 같은 무신론적인 이념도 하나의 실재를 반영하는 데 있어서 별로 차이가 없다는 생각을 낳게 하며, 이는 결국 고등종교를 믿으나 하나의 고급 이데올로기를 믿으나 큰 차이가 없다는 것으로 나아가기 때문에, 결과적으로는 종교 무용론으로 이어지는 것이다.

실제로 많은 사람들은 변선환을 평가하면서 악의 없이 다음과 같이 즐겨 말하곤 한다. 신-중심적 다원주의를 말하는 변선환은 분명히 하나의 탈기독교 신학자였고, 그의 신학은 너무나 급진적이고 리버럴했기 때문에 그가 말하는 기독교의 정체성은 언제나 분명하지 않고 혼란스럽게 느껴진다는 것이다. 이는 이미 앞에서 분석한 바대로 변선환은 우선적으로 자신의 신학적 과제를 아시아 문명의 독특성을 강조하는 토착화신학을 만들어 내고 또한 타종교 중심의 종교다원주의를 주장하면서 기독교의 절대주의를 상대화시키는 작업에 몰두하지 않을 수 없었다는 점을 감안하면 쉽게 수긍이 가는 주장이다.

그러나 우리는 여기서 이런 판단을 내림에 있어 매우 신중하고 조심스러워야 한다. 즉 그는 종교다원주의를 주장하면서도 결코 자신의 기독교적 정체성에 의구심을 가진 적이 없었으며, 때로 그는 너무나 기독교적인 학자였다는 사실이다. 즉 그가 서구의 문화제국주의를 공격하고 그것에 근거한 기독교의 배타주의를 비판하는 데 앞장서면서, 자신을 탈서구와 탈기독교의 중심에 세웠던 것으로 이해할 수 있는 면이 분명히 존재하지만, 그는 동시에 자신을 진정한 의미에서 기독교 신학자로 생각하는 사람이었다는 것을 우리는 잊지 말아야 한다는 것이다. 그는 어떤 종교 간의 대화 모임에 나가든지, 언제나 자신은 기독교 신학자로서 말하고 있다는 것을 강조하곤 했다. 예를 들어 그는 불교와 기독교의 대화 모임에서 다음과 같이 말한다. "불교인인 서경수 교수의 입장에서는 불교가 진리이겠고 기독교 신학자인 내 입장에서는 기독교가 진리이다"("불교와 기독교의 대화," 308).[2] 변선환은 또한 토착화신학에 대해서 설명하면서 인도 신학자 데바난다Paul Devanandar의 말을 인용하고 있는데, 여기서도 그는 자신의 아시아 신학이 토착화신학이지만 동시에 기독교적인 정체성을 유지한다는 것을 말한다. 즉 "…우리의 목표는 유교에 대한 기독교적 표현에 있는 것이라기보다는 기독교의 유교적 표현에 있다."고 그는 말한다(111). 자신이 아무리 아시아 신학을 말한다고 하더라도, 동양적 종교는 자신의 기독교 신학을 표현해 내는 수단이라는 뜻인 것이다.

더 나아가서 사마르타의 신학을 인용하면서 심지어 변선환은 그리스도 중심적인 입장을 취하기도 한다.

> … 우리의 관심의 근거는 기독론이지 '비교종교'가 아니다. 우리의 최고의 관심은 '종교간의 협의회(inter-religious conferences)'를 만들려는 것이 아니다. 우리의 최고의 관심은 온갖 다른 신앙들과 이데올로기를 가진 사람들 가운데서 계속 역사하시는 그리스도와 함께 있는 것이다"(114).

---

[2] 여기에 표시된 수는 물론 『변선환 선집 1권』의 쪽수를 가리키지만, 특별하게 논문의 제목을 나타내고 싶은 경우에는 논문제목까지 밝혀두려고 한다.

II. 그리스도 중심적 다원주의의 입장에서 본 변선환의
종교간 대화론

변선환의 신학이 이렇게 기독교적인 자신의 정체성을 유지하고 있다는 사실을 우리가 인정한다고 하더라도 그의 신중심적 다원주의는 여전히 자신이 주장하는 바대로 루비콘 강을 이미 건너갔기 때문에, 적극적인 의미의 선교론을 펼치는 데 있어서 한계점을 지닌다는 비판을 받을 수 있다. 이런 한계점은 특히 논자가 선호하는 입장, 즉 소위 그리스도 중심적 다원주의와 비교해 보면 더욱 극명하게 드러난다.

종교다원주의와 관련하여 오늘날 모든 사람들이 가장 많이 관심을 갖는 원칙이 있는데, 즉 하나의 종교다원주의가 결코 자기 종교 중심의 다원주의를 말한다고 해서 그것이 모순에 빠지는 것은 아니며, 또는 종교다원주의가 목적하는 바, 타종교와의 화해와 일치를 훼손하지도 않는다는 것이다. 오히려 자기 종교 중심의 다원주의야말로 본래적이고 진정한 의미의 다원주의이며, 그것이야말로 더욱 효율적으로 종교 간에 진정한 대화를 유도해 내고 상호 변혁을 이끌어 낼 수 있는 이상적인 방법론이라는 것이다. 이것이 논자가 줄곧 주장해 온 바, 그리스도 중심적 다원주의의 핵심 주장인데, 만일 이것이 사실이라면 우리는 어떤 의미에서 그리스도 중심적 다원주의가 진정한 의미에서 효율적이고 이상적인 다원주의가 될 수 있는지를 따져 보아야 한다.

이미 말한 대로, 변선환 교수가 타계한 지 20여년이 되어 가는데, 더불어 세계의 종교학계도 그 세월만큼이나 많이 변해 왔다. 물론 변선환이 활동하던 시기에도 종교다원주의에는 다양한 유형이 있었다. 변 교수는 초기에 윌프레드 칸트웰 스미스Wilfred C. Smith와 존 힉John Hick의 소위 신중심주의 입장을 변호했으며, 작고하기 바로 전에는 폴 니터Paul Knitter의 해방-중심적 다원주의에 더 많은 관심을 보였다. 그러나 변선환은 논자가 선호하는 바, 존 캅John Cobb의 그리스도 중심적 다원주의 입장에는 유보적인 태도를 보였으며, 변선환은 그 입장을 늘 한스 큉Hans Küng이 주장하는 가톨릭적 성취론의 아류쯤으로 생각하는 해석을 견지했다. 그러나 오늘날 더 이상 종교다원주의는 그가 원했던 바대로 신-중심적 다원주의가 지배하거나 아니면 해방-중심적 다원주의가 독점적으로 지배하는 세상이 아니다. 존 캅이 주도하는 바, 그리스도 중심적 다원주의도 많은 동조자들을 규합하면서 세계적인 신학적 입장으로 세력화된 바 있다. 예를 들어 2003년 3월에는 그리스도 중심적 다원주의에 동조하는 학자들이 이른바 "심층적 다원주의Deep Pluralism" 혹은 "진정한 다원주의Genuine Pluralism"라는 기치 아래 국제 학술대회를 가진 바 있으며, 여기에는 그 입장에 동조하는 모든 종교학자들, 즉 기독교와 유불선의 학자들은 물론, 이슬람과 힌두교 및 유대교를 포함한 학자들이 대거 참석해 논문을 발표한 바 있다.3) 논자가 여기서 말하려는 것은 진정한 의미의 다원주의가 무엇이냐 하는 것이 아직도 쟁론되고 있다는 것이며, 그리스도 중심적 다원주의가 더 진정한 의미의 다원주의로서 인정받는 이유 가운데 하나는 그것이 상호변혁적인 종교의 대화를 더 효율적으로 가능하도록 만들어 주기 때문이다. 그렇다면 상호변혁적인 종교간의 대화란 도대체 무엇이며, 왜 논자는 그리스도 중심적 다원주의가 상호변혁적인 종교간의 대화를 주장하는 있어서 더 효율적일 수 있다고 주장하는가?

오늘날 많은 문화인류학자들은 소위 에믹emic 해석법을 통해서 한 문화의 가치를 해석한다. 에믹 해석법에 따르면, 모든 인류의 문화는 그것이 비록 어느 관점에서 보면 열등하고 후진적인 것으로 보일지 모르지만, 사실은 그렇게 보는 시각 자체가 한 문화가 가지고 있는 매우 편협하고

---

3) 이 모임에는 논자도 한국을 대표해서 참석한 바 있으며 논자가 발표한 논문, 즉 "A Christian Approach to Religious Pluralism"은 David Griffin 교수가 편집한 *Deep Religious Pluralism*이라는 책(Westminster: John Knox Press, 2005)에 게재된 바 있다.

제한적인 이데올로기적 발상의 산물이라는 것이다. 즉 이제는 너무나 당연한 이론이 되어버렸지만 소위 문화 상대주의에 따르면, 인간의 사고나 이념체계는 문화에 따라 근원적으로 다를 수 있으며, 문화적 차이는 그 문화 안에서 살아가는 집단의 사고과정과 내용을 규정하는 근원적 원리이기 때문에, 이런 면에서 보면 하나의 종교이념과 신앙은 그 문화의 한계를 넘어설 수 없다.

이것을 종교 간의 대화 원리에 적용해 보자. 하나의 종교는 자신의 문화적인 환경이 부여하는 이념의 한계를 넘어설 수 없기 때문에, 어차피 자기 종교 중심적인 사고의 한계에서 벗어날 수 없다. 이는 결국 하나의 종교가 갖게 될 수밖에 없는 운명으로서의 국지성과 편협성을 말하는 것으로서, 모든 종교는 타종교와 대화를 나눌 때에도 어차피 자기 종교 중심적 사고에서 탈피할 수 없다는 뜻이다. 예를 들어 우리는 불교만큼 관용적이며 타종교에 대해서 배타적이지 않은 종교도 없다고 알고 있으나, 사실 이것은 고도로 발달된 불교철학에서 말하는 주장이지, 통상적인 종교로서의 불교는 기독교나 이슬람 종교 같은 아브라함적 종교와 마찬가지로 배타적이다. 소위 불교 경전의 백미로 꼽히는 법화경에서는 대승불교만이 가장 유일무이한 가치를 갖는 종교로 기술되고 있으며, 그것은 어떤 타종교보다도 우월성을 갖는 것으로 주장되고 있는 것이다.[4]

이는 기독교이든 불교이든 어차피 자기 종교 중심적인 것을 피할 수 없다는 것이다. 그리고 만일 이것이 사실이라면 우리는 대화를 시작할 때 자기 종교 중심적으로 시작할 수밖에 없으며 이는 어쩔 수 없는 필연이다. 그러므로 엄밀히 말해서 타종교 중심적으로 다원주의를 펼친다는

---

4) 우주 안에 존재하는 붓다의 땅에는/오직 일승의 법만이 존재한다./ 둘째도 없고 셋째도 없고 단지 있다면 붓다의 방편의 가르침만이 있을 뿐이다./ 그러나 예비적인 표현을 사용해서 붓다는 모든 자기의 사랑하는 사람들을 인도하는데/붓다의 지혜를 사용해서 그렇게 한다./그러나 수많은 붓다가 세상에 나타남에 있어서/단지 하나만이 진리이며/다른 두 개는 진리가 아니다. (탄허 역)

것은 하나의 이상일지는 몰라도 현실적인 대안은 아니다. 그리고 사정이 이렇다면, 우리는 자기 종교 중심적으로 대화를 먼저 시작하는 것이, 말하자면 기독교인의 입장에서 보면 그리스도 중심적으로 대화를 시작하는 것이 더 자연스러운 대화 방법론이 될 것이다. 물론 이 말은 종교 간의 대화가 자기 종교 중심적으로 시작되어야 효율적이라는 뜻이지, 그것이 언제나 자기 종교 중심성을 타깃으로 삼아야 한다는 말이 아니다. 왜냐하면 그리스도 중심적 다원주의의 핵심 주장 중의 하나는, 하나의 다원주의가 갖는 이상적 목표는 자기 종교를 중심으로 만드는 데 있는 것이 아니라, 오히려 자기 종교와 타종교가 서로를 변혁하는 것에 두어야 한다는 데 있기 때문이다. 따라서 비록 자기 종교 중심으로 사고하고 대화마저 그것을 중심으로 시작한다고 하더라도, 그리스도 중심적 다원주의의 방법론은 결코 자신의 종교를 우월하게 생각하면서 타종교를 자종교의 우월성을 강조하기 위한 수단으로 사용하지 않는다. 타종교나 자기 종교나 모두 서로를 변혁하기 위한 수단이 될 수 있기 때문에, 하나의 종교가 다른 하나의 종교를 위해서 수단이 되지 않고 서로가 스스로 목적이 될 수 있는 것이다.

이제 우리는 왜 그리스도 중심적 다원주의를 선호하는 사람들이 변선환 신학의 신-중심적 다원주의에게서 한계를 느낄 수 있는지 알 수 있다. 물론 변선환이 신-중심적 다원주의를 선호한 것에는 분명한 이유가 있으며, 또한 신-중심적 다원주의는 종교간의 대화 방법론으로서 나름대로 몇 가지 장점을 가지고 있는 것도 사실이다. 이미 앞에서 본 바대로, 변선환은 서구 기독교의 폐해를 뼈저리게 느끼고 있었으므로 우선적으로 기독교의 자기 변혁을 강조하지 않을 수 없었다. 그러나 그러다 보니 타종교를 주체로 보는 것을 강조하기는 했어도 기독교의 주체성을 강조하는 것에는 힘을 쏟지 않았다. 그는 1984년에 발표한 유명한 논문에서 "타종교의 신학"이라는 말을 처음 사용하면서, 타종교는 서구신학의 관점에서 보게 되는 신학의 수단이 아니라 오히려 목적이며, 신학의 객체가 아니라 오히려 주체가 되어야 하므로, 타종교와 신학이 아니라 타종교의 신학이 새로운 주제가 되게 된다고 주장했었다(181). 그러나 이렇게 타종교의 중요성을 강조하는 것은 자기 변혁을 가져오는 데는 성공할 수 있을지 모르지만, 타종교도들로 하여금 그들이 변혁되도록 만드는 데에서는 한계를 노출할 수 있다. 그리스도 중심적 다원주의자의 입장에서 보면, 종교 간의 대화가 시작될 때 우리는 이런 현상이 벌어지는 것을 막기 위해서라도, "내 종교가 당신의 종교에 이러이러한 도움을 줄 수 있다."는 사실을 서슴없이 말할 수 있어야 한다. 다시 말하지만, 이것은 결코 상대방을 기분 상하게 만들지 않는다. 왜냐하면 그 대화에서 양자가 노리는 가장 중요한 타깃은 상호간의 변혁이라는 것을 이미 전제했기 때문이다. 나의 종교로 당신의 종교를 변혁시킬 수 있듯이, 나는 당신의 종교로 나의 종교를 변혁시킬 수 있다는 것을 전제하고 시작했기 때문인 것이다.

따라서 우리는 이미 보았듯이 다원주의에 관한 한 자종교의 신학에 대해서 무조건 알레르기 반응을 보일 필요가 없다. 그리스도 중심적 다원주의자의 입장에서 보면 기독교 중심적으로 사고하면서도 얼마든지 진정한 의미의 다원주의자가 될 수 있기 때문이다.

물론 변선환도 이런 자기 종교 중심적 다원주의의 가능성을 암시하는 발언을 여러 곳에서 말한 바 있었다. 무엇보다도 변선환은 존 힉의 신-중심적 다원주의를 해석하면서 그것은 "…세계 종교 하나하나의 특수한 개체성과 특수성을 그대로 이해하고 승인하면서 지구 공동체의 형성을 위해서 협력하자고 주장한다."고 해석하고 있다(41). 물론 여기서 특수성과 개체성을 강조하는 것은 서구인들이 자신들의 기독교보다 열등하다고 여기는 종교들, 즉 불교나 유교의 특수성과 개체성을 인정하자는 것이지 기독교를 염두에 두고 한 말은 아니었다. 그러나 이 문장 속에서 우리는 분명히 각 종교의 특수성과 개체성을 강조하는 것의 중요성을 변선환도 알고 있었다는 것을 확인할 수 있으며, 따라서 변선환의 신학은 자종교 중심의 다원주의와 그것이 결과하는 상호변혁적인 다원주의를 얼마든지 주장할 수 있었을 것이라는 말이다. 이런 예상은 다음과 같은 변선환의 글에서 막연하게나마 확인될 수 있다. 즉 변선환은 종교 간의 대화 백년과 전망이라는 작고하기 2년 전에 작성한 논문에서, 토인비의 글을 인용하면서 기독교와 불교의 만남이 20세기의 최대의 사건인데, 특히 앞으로는 그 양자의 "상호변혁에 대해 보다 깊은 흥미를 나타낼 것"이라는 인용문을 달고 있다(11).

다만 그는 아무리 상호변혁적인 대화 방법이 중요하다고 하더라도 회개의 책임은 기독교인에게 먼저 돌려져야 한다는 것을 강조했다. 즉 "…에큐메니칼 운동은 언제나 기독교 자체의 철저한 자기비판과 죄책고백 운동이 전제되지 않는 한… 폭넓은 공동 연대성을 형성할 수 없으며…"라고 그는 말한 바 있다(53). 그러므로 변선환은 이 부분에서는 이상적인 종교 간의 대화의 방법론을 분명히 인지하고 있었다. 아무리 상호변혁이 중요하지만, 기독교가 그동안 저질러온 죄과가 많으므로 기독교에서 먼저 자기 변혁을 말하는 것이 중요하다는 것을 의미했던 것이다.

사실 변선환은 그리스도 중심적 다원주의의 주장에 그리 관심 갖지 않았다. 그것은 변선환이 그리스도 중심적 다원주의라는 말이 가지고 있는 자기중심적 경향을 탐탁하지 않게 받아들였기 때문이다. 그러나 우리는 위에서 열거한 사실들에 근거해 볼 때, 그의 다원주의 신학도 상호변혁적인 대화론의 중요성에 대해서는 확실히 인지하고 있었다는 사실을 인정하지 않을 수 없다.

III. 아시아 신학의 특징으로서의 종교신학과 해방신학

이미 앞에서 분석한 바대로, 변선환이 신학적 활동을 펼칠 때의 시대적 상황은 서구의 문화적 우월주의, 지역적 이데올로기에 근거한 신식민주의가 지배할 때였기 때문에, 그의 아시아 신학의 목적은 바로 이런 서구의 문화적 패권주의의 도구로 사용되고 있는 기독교를 해방시키는 것에 두었던 것이다. 사실 변선환이 탈패권주의적이고 탈식민주의적인 아시아 신학을 형성하는 데 있어서 선구자적인 역할을 했다는 것에 누구도 이의를 달지 못할 것이다. 그런데 그의 아시아 신학의 장점이 그저 이런 탈서구문화적인 특징에 있는 것은 아니다. 그것은 또 다른 특징들을 갖고서 당시의 토착화신학에 대한 담론의 수준을 한 단계 높였다.

논자가 말하려는 것은, 그의 아시아 신학은 통전적이고 통합적인in-tegrative 방법론에 기초한 종교신학을 강조한 것에서 또 다른 장점을 갖는다는 것이다. 즉, 그의 아시아 신학은 서구의 문명적이고 종교적인 우월주의에 예속된 기독교의 지식인과 신학자들을 해방시키는 데 우선적인 목표를 두었었기에 아시아 문명의 근간이 되는 유교와 불교, 그리고 도교의 빛에서 기독교를 재해석해 보려는 종교신학적 시도에 중점을 둔 것이 사실이다. 그러나 그는 그러면서도 결코 정치-경제적 관심을 자신의 아시아 신학 형성에 적용시키는 데 있어서도 게으르지 않았다. 즉 기독교가 진정으로 아시아에서 토착화되기 위해서는 단지 문화적이고 종교적인 각도에서만 다루어져서는 안 되고, 정치-경제적인 각도에서도 통합적으로 다루어져야 한다는 것이다. 그는 자신의 스승이기도 한 서남동을 비롯한 한국의 민중신학자들과 많은 대화를 나누면서 자신의 신학을 형성해 갔는데, 예를 들어 변선환은 안병무의 민중신학의 한계를 비평하면서, "한국의 민중신학은 한국의 고등종교인 유불선과… 적극적으로 만나서 대화하는 길을 열어가야 할 것이다."(132)고 말한 바 있다.

그가 이렇게 말하는 것은 아시아 신학 내에서 사회-정치적 신학이 가지고 있는 약점을 잘 알고 있었기 때문이다. 즉 민중신학과 같이 마르크시스트적인 배경을 가지고 있는 정치-경제적 신학은 동양의 영성으로 보충되지 않는 한 언제나 아시아인들의 내면에 파고들 수는 없고 단지 그 외부에서 겉돌 수밖에 없다고 보았기 때문이다. 따라서 그는 스리랑카의 피에리스Aloysius Pieris가 주창한 영성적 해방신학을 대안으로 끌어들인다. 아시아 문화 속에 나타나 있는 중요한 영성, 즉 가난을 인간의 내면 속에 수용하는 버림의 금욕주의적 영성, 혹은 내면 해방의 영성을 받아들이는 것이 바로 피에리스에게서 배운 것인데(230-231), 이것은 언제나 민중의 해방이 정치-경제적인 차원에서뿐만이 아니라 영성적인 차원에서도 이루어져야 한다는 것을 강조하는 것이다(244).

물론 그의 아시아 신학이 갖는 장점이 이런 통합적인 방법론에 있다고 하더라도 그의 방법론이 간과한 것도 적지 않다. 예를 들면, 그가 다루는 아시아 신학의 영역은 극동 아시아에만 국한 되었기에 유불선과 대화를 나누는 데서는 성공했을지 모르지만, 정작 아시아에서 가장 많은 종교 인구를 차지하고 있는 이슬람이나 힌두교와 대화를 나누는 데 있어서는 한계를 노출할 수밖에 없었다. 그러나 정작 변선환의 진정한 한계는 다른 곳에서 발견된다. 즉 변선환이 작고한 후에도 아시아의 종교신학은 상당히 많이 발전해 왔기 때문에, 그가 관심하고 있었던 통합적이고 통전적인 종교신학의 관점도 오늘날에는 변선환이 생각했던 것과 비교가 되지 않을 정도로 폭이 넓어져 있다. 따라서 우리는 변선환이 없는 지금 만일 그가 오늘날까지 살아있다면 과연 어떤 식의 통합적인 종교신학을 구성했을까 하는 문제를 따져보지 않을 수 없다. 특히 그는 그리스도 중심적 다원주의의 입장에 대한 긍정적인 평가를 유보하고 있었으므로, 그런 다원주의적 입장이 구상하고 있는 통합적 아시아 신학의 구성에 대해서는 전혀 예상할 수 없었다. 따라서 우리가 미래에 더욱 아시아 토론을 활성화시키고 그 수준을 한 단계 더 높이기를 원한다면 이런 점들을 염두에 두고서 그의 신학을 평가해 보는 작업을 시도하지 않을 수 없다.

IV. 궁극자 문제에서 본 아시아 종교신학

변선환 이후에 발달된 오늘날의 아시아의 종교신학적 논쟁은 궁극자의 문제를 축으로 하여 전개되고 있는 것이 특징이다. 여기서 궁극자의 문제는 우선 궁극자의 초월성과 그것의 내재성, 그리고 궁극자의 일자성과 다자성, 그리고 마지막으로 궁극자와 역사철학의 문제를 중심으로 토론되고 있는데, 여기에는 당대 최고의 신학적 논객들이 참여해서 논쟁을 벌이고 있다. 즉, 기독교의 실재론적 입장과 선불교적인 교토학파의 비실재론적인 입장이 첨예하게 대립하면서 시작된 궁극자의 존재성에 관한 시비는 주로 존 캅John Cobb과 마사오 아베Masao Abe를 중심으로 전개되었으며, 여기에 언어분석 철학과 칸트계의 철학을 종합하면서 자신의 종교철학을 시도해 나갔던 존 힉John Hick과 캘리포니아의 화엄철학자 프랜시스 쿡Francis Cook 등이 가세해서 더욱 첨예하게 발전되었다.5)

그러나 궁극자의 문제는 최근에 와서 보스턴의 형이상학적 실용주의자인 로버트 네빌Robert Neville은 물론 가톨릭의 한스 큉 및 하버드의 틸리

---

5) 여기서 Abe의 논문은 John Cobb이 편집한, *The Emptying God* (New York: Orbis Book, 1990)에 수록되어 있으며, John Cobb의 책은 *Beyond Dialogue* (Philadelphia: Fortress Press, 1982), Francis Cook의 논문은 "Just This: Buddhist Ultimate Reality," *Buddhist-Christian Studies* 9 (1989)를 말한다. 한편 John Hick 의 책은 *An Interpretation of Religion* (New Haven and London: Yale Uinv. Press, 1989)를 말한다.

히안Tillichian인 고든 카우프만Gordon Kaufmann과 화이트헤드 우파 신학자인 데이비드 그리핀David Griffin이 참여하면서 더욱 활성화되어 왔으며, 최근에는 유교와 도교 계열의 학자인 데이비드 홀David Hall과 로저 에임즈Roger Ames, 그리고 여성학자인 로즈마리 류터Rosemary Ruether와 리타 그로스Rita Gross도 참여하여 논쟁을 벌여오고 있다.6) 논자가 이렇게 상세하게 궁극자 논쟁과 관련된 신학자 및 종교학자들을 열거하는 것은 그만큼 궁극자의 문제가 아시아의 종교신학을 형성하는 데 있어서 핵심 사안이 되고 있다는 것을 보여주려는 데 있다. 이하에서 우리는 무슨 이유로 이렇게 궁극자의 문제가 종교신학의 핵심 논쟁에 놓여 있는지 보게 될 것이며, 이를 통해서 변선환의 시대에는 발달하지 못했던 새로운 의미의 통전적이고 통합적인 아시아 종교신학의 방법론을 구성하는 데 한발 더 가까이 다가갈 수 있을 것이다.

우선 궁극자의 초월성에 대해서 토론하는 것으로 시작해 보자. 오늘날의 동아시아 종교신학의 가장 형이상학적인 논쟁은, 궁극자가 과연 어떤 식으로 세계로부터 초월하는지에 대한 문제에 관한 것이다. 이런 논쟁을 첨예하고 섬세한 담론의 수준으로 격상시킨 장본인들은 데이비드 홀과 로저 에임즈이다. 이들은 1980년대에 출간된 일련의 중국철학에 관한 시리즈 속에서, 유교는 물론 동아시아의 대부분의 종교들은 엄격한 의미의 초월자의 존재를 인정하지 않는다고 주장한다. 그들에 따르면 천(天)은 물론 도(道)와 같은 개념도 사실은 자연을 지칭하지 초자연을 지칭하지 않는다는 것이다. 즉 그들에 따르면 중국철학에 있어서 "엄격한

---

6) Neville의 책은 여러 권이 있지만, *The Tao and the Daimon* (New York: SUNY Press, 1982)가 대표적이며, 2002년에는 *Ultimate Reality*라는 제목으로 역시 SUNY Press에서 책을 발행한 바 있다. Gordon Kaufmann은 *God-Mystery- Diversity* (Minneapolis: Fortress Press, 1996)에서 이 문제를 다루었으며, David Hall과 Roger Ames는 여러 책이 있으나, *Self, Truth, and Transcendence in Chinese and Western Culture*에서 이 문제를 다룬 바 있다. David Griffin은 *Reenchantment without Supernaturalism* (Ithaca: Cornell Univ. Press, 2002)에서 이 문제를 상세하게 다루었다.

초월자strict transcendence"의 존재는 부정되며, 기껏해야 "내재적 초월자im-manent transcendence"의 존재만이 발견될 수 있다는 것이다. 여기서 "엄격한 초월자"란, 예를 들면 서구 기독교 신학에서 발견되는 개념과 같은 것이다. 말하자면 기독교의 하나님은 세계를 존재시키는 원인이 되면서 그것을 통해 세계가 자신에게 의존하도록 창조했지만, 그럼에도 불구하고 하나님 자신은 세계 없이도 존재할 수 있다고 기독교 신학자들은 주장해 왔는데, 이런 주장이 포함하는 의미가 바로 신이 세계에 대해서 엄격하게 초월하는 경우라고 말한다.

논자는 여기서 이런 엄격한 초월과 내재적 초월에 대해서 더 자세히 토론을 할 수 있는 자리를 갖고 있지 않다. 그러나 홀과 에임즈의 초월에 대한 이와 같은 분석에서 우리는 동아시아 종교신학의 구성과 관련하여 다음과 같은 통찰을 배울 수 있다고 생각한다. 우선 논자는 홀과 에임즈를 따라서, 동아시아에서 나타나는 초월자는 엄밀히 말해서 내재적 초월자라는 것에 동의한다. 동아시아에서는 초월자로서의 궁극자와 피초월자로서의 자연이 그렇게 명확하게 구분되지 않으며, 궁극자는 언제나 자연 속에서 발견되며 그것을 통해서 존재한다. 그러나 이런 사실을 인정할 수 있음에도 불구하고 논자는 동아시아 종교철학 속에서 초월자가 항상 자연과 동일시되는 것은 아니라고 생각하며, 초월자의 독특성과 차별성을 강조하는 전통이 함께 존재해 왔다고 본다.7) 논자가 동아시아에 나타난 초월자가 분명히 내재적인 초월자라는 것을 인정했음에도 불구하고 동시에 이런 식으로 주장하는 이유는, 논자의 시각에 본다면 내재적 초월에서도 두 가지가 구별되기 때문이다. 나는 그것을 다음과 같이 명명하는데, 즉 하나는 "무차별한 내재적 초월undifferentiated immanent tran-scendence"이고 또 다른 하나는 "차별화된 내재적 초월differentiated immanent tran-

---

7) 나는 이런 나의 주장을 『신학과 세계』 44호에서 자세하게 다룬 바 있다. 그 책의 3절과 4절을 참조하라.

scendence"이다.8) 여기서 전자 즉 무차별한 내재적 초월자의 개념 속에는 초월과 피초월자 사이에 구별은 있지만 그 양자가 상관적으로 존재하기에 상호차별이 없다는 것이고, 후자 즉 차별화된 내재적 초월자의 개념 속에는 초월자와 피초월자 양자가 서로 상관적으로 존재하지만 그 둘 사이에는 분명한 차별이 있으며, 따라서 어떤 의미에서 초월자가 세계로부터 인과적으로 독립한다는 것을 강조하는 입장이다.

여기서 논자가 이렇게 차별화된 내재적 초월성을 강조하는 이유는, 그렇지 않으면 궁극자로서의 신과 그렇지 못한 세계 사이에 차별이 생기지 않으며, 그렇게 되면 아시아 종교신학에 철학적으로나 윤리적으로 많은 문제가 발생하기 때문이다. 여기서 한 가지 우리의 흥미를 끄는 것이 있는데 이런 문제는 과거의 변선환도 이미 지적한 바 있다는 것이다.

변선환의 신학은 우선 이런 초월자의 문제를 교토학파의 주장을 풀어가면서 다루어 간다. 그는 자신의 박사학위 논문을 좀 더 발전시킨 논문, 즉 야기의 "장소적 기독론"을 다루는 글에서 교토학파 종교철학이 비판하는 초월자 개념에 대해서 언급하면서, 니시타니와 아베 등 교토학파의 주장을 야기의 입을 빌어서 설명한다. 즉 "…야기에게서 초월적 실재, 즉 타자로서의 그 실재는 부정되지 않는다. 그러나 존재와 비존재, 선과 악을 넘어서는 장소적 연기법계의 실재는 결코 구체적인 역사적 실재를 의미하지 않는다… 그것은 공, 일념삼천(一念三千)과 일즉다(一則多), 사사무애법계(事事無碍法界)… 등과 같은 불교적 교설이 표현해 주고 있는 장소로서의 초월의 세계인 것이다"(317-318). 한마디로 말해서 변선환의 분석에 따르면, 교토학파에게서 배운 야기의 사상에서는, 불교의 공이나 무, 그리고 사사무애의 법계와 같은 자연의 세계와 그것을 넘어서는 초월적 실재 사이에 명확한 차별성이 발견되지 않는다는 것이다.

---

8) 나는 이런 나의 주장에 대해서 앞에서 말한 『신학과 세계』 44호에서 더 자세하게 다룬 바 있다. 그 책의 1절과 2절을 참조하라.

그러나 변선환은 이런 교토학파의 초월자 개념이 가지고 있는 난점을 날카롭게 지적한다. 변선환은 말하자면 마치 논자가 말하는 개념, 즉 "무차별의 내재적 초월"의 개념은 종교철학적으로 많은 문제를 일으킨다고 보는 셈인데, 즉 변선환은 그의 스승이었던 프리츠 부리Fritz Buri가 말하는 인격적 초월자의 개념을 동원하여 선불교도들이 말하는 초월자의 문제점을 지적해 간다. 변선환에 따르면, 부리에게 있어서 초월자는 인간을 세계 변혁적 책임성으로 부르는 초월자이다(319). 다시 말해서 기독교 신학자로서의 변선환은 역시 기독교신학자인 부리의 분석을 따라 가면서, 만일 초월자가 세계와 무차별한 양태로 존재하게 되면 그것은 윤리적 문제를 야기한다고 보았다.

만일 인간의 자아가 존재나 무라기보다는 그 자체와의 일치 및 통일성 안에 있는 대치할 수 없는 자기 정체성을 지닌 인격적 개체가 아니고, (그래서 그저) 그 대신 절대무…(에 그치는 것이)라면, 그렇다면 어떻게 구체적인 역사적 실재 안에서 윤리적 행동이 가능하겠는가? ...그리고 절대무가 인간에게 무제약적이고 책임적인 실존을 요청하는 인격적 존재의 암호가 아니고 인간에게 존재의 신비 앞에서 침묵만을 가져다주는 것이라면, 어떻게 세계를 변화시키는 윤리가 가능하겠는가?"(318-319). (이 인용문에서 괄호 안의 첨가는 논자의 것이다.)

여기서 변선환은 선불교적인 초월자의 개념이 윤리적인 문제를 일으킨다고 보고 있는 셈인데, 논자의 입자에서 볼 때 이런 식의 초월자 이해는 윤리적인 문제일 뿐만이 아니라 사실 종교를 정의(定義)하는 것 자체에 첨예한 논쟁을 일으킨다는 것이 더 문제다. 즉 하나의 종교가 만일 세계나 자연과 동일한 초월자를 전제하게 되면, 그런 종교는 곧 예배와 경배를 일으키는 초월자에 대해서 말하는 것보다는 인간의 수행과 깨달음을 유도해가는 도구로서의 가르침teaching이며 학(學)으로 정의된다. 이런 종교에서는 아무리 초월자의 존재가 강조되어도 그런 존재는 인간 스스로가 자신을 수행하여 깨달음을 얻기 위한 수단에 불과하기 때문이다. 다시 말해서 그러한 종교 개념 속에서 전제되는 초월성은 논자의 식으로 말하면 "무차별한 내재적인 초월"이기 때문에, 거기서의 궁극자의 존재는 단지 세계와 인간 안에서만 존립이 가능하며 그것들과 차별성을 갖지 않는다는 말이다. 그러나 궁극자를 "차별적인 내재적 초월자"로 전제하는 종교에서는 일종의 자연주의적 유신론을 말하기 때문에 종교에 관한 정의도 다르게 나타나게 된다. 여기서는 그저 종교가 하나의 가르침이거나 학문이 아니다. 종교는 오히려 성sacred으로서의 초월자에 대한 응답이며, 그 초월자의 명령에 대한 책임적 결단을 일으키는 기능을 한다.

여기서 우리는 무차별한 내재적 초월성에 근거한 종교론이 어떤 난점을 가질 수 있는지를 쉽게 짐작할 수 있다. 즉 궁극자의 초월성을 무차별한 내재성에서 보는 종교관은 우선 종교를 하나의 기술적인descriptive 관점에서 보는 것이며 따라서 그런 관점에서는 나치즘이나 공산주의 같은 세속적 이데올로기도 일종의 종교로 편입될 수 있는 난점을 지닌다. 그러나 우리가 궁극자를 차별화된 내재적 초월성의 카테고리로 보게 되면 우리는 종교를 규범적으로 보는 것이며, 이런 관점에서는 성sacred의 존재를 인정하게 되며, 나아가 종교는 그런 초월자로서의 성에 대한 책임적 응답이 된다. 뿐만 아니라 이런 규범적인 종교의 정의에서 나타나는 초월자는 선과 악을 기르는 기준을 제시할 수 있게 되며, 또한 선으로 초청할 수 있는 유인자로서의 구실을 담당하는 것이 더 용이하기 때문에 이런 종교에서는 활발한 역사의 참여가 가능해 질 수 있는 것이다.

이제까지 우리는 아시아 종교신학이 말하는 궁극자의 초월성에 대해서 변선환의 신학이 어떤 문제점을 지적할 수 있었는지를 언급했다. 물론 변선환의 신학은 여기서 더 이상의 분석을 전개하지는 않는다. 즉 예를 들면 그의 신학은 초월자가 과도하게 세계 안에 무차별적으로 내재적일 때 발생하는 문제들에 대해서 언급했지만, 그런 궁극자가 어떻게 내재적이면서 동시에 초월적일 수 있는지에 대한 문제 같은 것에 대해서는 명쾌한 분석을 제공하지 않는다. 다시 말하면, 변선환의 신학은 내재적 초월성의 난점을 비판하기는 했으나, 그것을 극복하는 방법으로서의 대안, 즉 논자가 말하는 소위 차별화된 내재적 초월자의 개념을 아시아 종교신학이 어떻게 말할 수 있는지에 대해서는 그 방법론을 제시하지 않았다. 논자는 요즈음의 아시아의 일부 종교철학자들이 이 문제를 해결하려 애쓰고 있다고 보면서 그 중의 한 사례를 악의 문제를 다루는 것을 통해서 소개하려 한다.

논자가 보기에 오늘날의 동아시아 철학은 유불선이 말하는 초월자의 개념만으로는 악의 문제를 해결할 수 없다고 보며, 따라서 차별화된 내재적 초월자의 존재에 대해서 말할 수 있는 도구를 갖기에 힘들다고 본다. 즉 동아시아의 종교신학은 악에 대한 날카로운 분석을 제공하는 것을 통해서, 어떻게 세계와 인간이 악의 문제에 직면해 있는지를 지적할 수 있어야 한다. 그런데 이런 분석을 제공하기 위해서는 소위 차별화된 초월자를 전제하지 않을 수 없다는 것이 논자의 논점이다. 그렇지 않고서 아시아 신학은 이상적인 토착화신학을 구성하는 방법론을 제시하는 데 있어서 한계를 지닐 수밖에 없기 때문이다. 아시아 신학은 이런 방법론을 기독교와 정토불교를 적극적으로 평가하는 것 속에서 찾을 수 있다고 논자는 생각하며, 따라서 동아시아의 종교신학은 기독교와 정토불교와 만나는 통합적 신학을 구축하는 것이 오늘날의 시급한 과제라고 주장하고 싶다. 그러나 여기서 논자는 동아시아의 사상이 어떻게 악의 문제를 다루면서 차별화된 초월자의 개념을 말할 수 있는지에 대해서 충분히 토론할 수 있는 자리를 갖고 있지 못하다. 다만 논자가 다른 곳에서 다룬 바 있는 내용을[9] 이곳에서 평이한 예를 들어서 설명해 보기로 한다.

이것을 다루기 위해, 선불교의 악의 개념과 기독교의 악의 개념을 다음과 같은 예를 들어서 상호 비교하면서 설명해 보자. 이를 통해서 선불교와 기독교, 선불교와 정토교의 차이가 대강 드러나게 될 것이다.

궁극적 실재가 악과 선을 초월해 있다고 보는 선불교에서, 하나의 궁극적 실재는 그저 우리 앞에 놓여있는 진여(眞如)ᵗʳᵘᵉ ˢᵘᶜʰⁿᵉˢˢ 혹은 여여(如如)ˢᵘᶜʰⁿᵉˢˢ ⁱᵗˢᵉˡᶠ에 다름이 아니다. 쉽게 말하자면 어떤 살인자가 방아쇠를 당겨서 살인행위를 저질렀다고 치자. 하나의 선불교도가 이런 사건을 보았을 때, 그런 사건은 그저 그런 선불교도의 눈앞에서 벌어진 임의의 한 살인자의 비극적인 행동에서 기인된 것일 뿐이다. 따라서 선불교도는 그 사건이 일어나게 된 배경이나 원인을 찾기 위해 그 행위자의 행위를 초월하는 어떤 궁극자를 가정하거나 찾지 않는다. 만일 그 살인자 때문에 희생당한 희생자의 어머니의 절규를 선불교도가 들었다고 하더라도, 그 선불교도는 그저 다음과 같이 말할 수 있을 뿐이다. 즉 "이런 비극적인 사건을 일으킨 행위자가 과연 신인지 어떤 궁극자인지 모르겠다. 내가 보기에 그런 것은 존재하지 않기 때문이다. 그런 비극적인 행위는 그저 그 행위 자체(如如)의 관점에서 보아야 하며 만일 궁극자가 존재한다면 바로 그것이 곧 궁극자이며 궁극적 행위이다."라고 말할 것이다. 모든 궁극자는 그저 세상과 인간사에서 발생하는 사건과 행위 그 자체에서 다름 아니기 때문이다.

그러나 이런 식의 해석과 입장에 대해서 기독교인들은 전혀 동의할 수 없기 때문에 분명히 전적으로 다른 견해를 피력할 것이다. 기독교도의 입장에서 볼 때, 만일 선불교도의 방식으로 해석하게 되면 우리는 살인자의 살인 행위가 어떻게 철저히 정죄될 수 있는지 그 기준을 마련할

---

9) 논자는 이런 문제에 대해서 이미 상세하게 다룬 바 있으며, 이는 중국에서 발표되고 그곳의 학술지 *Seeking Truth*에 게재된 논문 즉 "The problem of transcendence in Chinese Religion"에 나타나 있다.

수 없을 것이기 때문에, 결국 우리는 어떤 차원에서든 세상과 인간 안의 악과 구별되어지면서 그것과 분명하게 차별되는 존재, 즉 선과 악을 가르는 기준으로서의 하나의 초월적 궁극자를 요청하지 않을 수 없을 것이다.

논자는 이제까지 내재적 초월자의 개념을 중시하는 동아시아의 종교신학이, 여전히 그 개념을 보존하면서도 동시에 어떻게 차별화된 내재적 초월자의 개념을 말할 수 있는지에 대해서 기독교 철학의 도움을 받아서 설명해 보았다. 그러나 여기서 조심할 것이 하나 있다. 즉 논자는 선불교와 기독교의 관점을 비교하면서 설명을 시도했는데, 이런 시도를 통해서 논자는 결코 기독교의 불교에 대한 우월성을 말하려는 것이 아니다. 이미 앞에서도 언급한 바, 논자가 선호하는 소위 그리스도 중심적 다원주의는 모든 종교가 자신의 종교가 가지고 있는 진리를 통해서 타자의 난점을 보충해 줄 수 있다는 사실을 강조하는데, 따라서 더 온전한 형태의 통합적인 아시아 신학의 구성을 위해서는 기독교가 동아시아 종교의 난점을 지적해 주고 보충해 주는 태도가 결코 경시되어서는 안 된다고 보는 것이다. 논자가 이미 앞에서 설명했듯이, 변선환의 신학은 통합적 신학의 건설이었으며, 비록 그가 당시의 시대적인 상황 때문에 변선환은 기독교가 어떻게 타종교에서 배울 수 있는지에 대해서만 주로 다루었지만, 그가 만일 오늘에 생존했더라면 이런 새로운 시각의 해석에 대해서도 적극적으로 추천했으리라고 논자는 생각한다는 것이다. 따라서 논자는 이하에서 마지막으로, 과거의 변선환의 통합적인 아시아 신학은 오늘날 어떤 모습으로 더욱 강화될 수 있는지 그 방법론을 하나 제시하려고 한다.

V. 사회-역사철학적 관점에서 본 아시아 종교신학

이미 말한 바대로, 통전적인 아시아 신학을 구성하기 위해서 변선환이 시도한 방법론이 갖는 장점은 그것이 아시아의 정치-경제적 문제를 중시했다는 사실에 있다. 변선환은 언제나 서구의 문화제국주의를 비판하기 위해서 동양의 문화와 종교를 중시하는 신학을 한편으로 전개했지만, 동시에 그는 정치-경제적 문제의 관심하는 민중신학에도 관심을 가졌다. 이런 이유로 인해서 그의 신학은 또한 동양의 근대화의 문제도 심도 있게 다룬다. 그러나 변선환에 따르면, 아시아에서 근대화의 문제는 언제나 신중하게 다루어져야 하는데, 따라서 그 문제는 주로 비판적인 각도에서 취급되어야 한다고 본다. 즉 서구적 근대화를 아시아에 심는 것은 분명히 아시아의 시급한 과제이지만, 그것이 개발이라는 명분 아래서 서구의 문화제국주의를 아시아에 펼치려는 속셈이라면 그런 음모는 확실히 경계해야 한다는 것이다. 그런데 변선환이 이런 식으로 서구의 문화 제국주의를 비판하는 데에는 다음과 같은 동양신학에 대한 강한 신뢰가 깔려 있다. 동양의 사상에도 이미 역사철학의 방법론이 존재해 왔다고 보면서, 아시아인들은 그것을 통해서 자신의 역사적 발전을 기할 수 있다고 보았다는 말이다.

우선 변선환은 기독교만이 독특한 의미의 역사철학적인 이념을 가지고 있다고 보는 서구의 편견을 불식시킨다. 다시 말해서 많은 서구인들은 물론 일반적으로 동양인들마저도 동양종교, 특히 불교는 어딘가 모르게 역사변혁의 힘이 약하다고 지적해 왔다. 물론 변선환도 이 점을 어느 정도까지는 인정한다. 불교에 정통한 기독교학자 길희성의 분석을 인용하면서 변선환은 말하기를, 불교의 "색즉시공 공즉시색"의 세계관 속에서는 성과 속을 무차별하게 보고, 악과 선의 경계를 무너뜨리며, 차안과 피안의 전적인 동일화 하에서 세상의 모든 것을 무차별적인 긍정으로 이끌기 때문에, 때로 이상과 현실, 규범과 실재 사이의 긴장이 막히게 된다는 것을 지적한다("민중해방을 지향하는 민중불교와 민중신학," 343). 그러나 동시에 변선환은 기독교의 독점적 특징이라고 알려져 있는 것으로서의 이런 역사변혁의 철학이, 사실은 동일하게 불교에도 이미 존재해 왔다는 것을 강조하려 애썼다. 이런 그의 주장을 위해서 변선환은 기독교의 메시아사상 같은 것이 불교에도 존재하고 있다고 보며, 이런 측면에서 볼 때 역사철학적인 이념은 꼭 기독교의 배타적 독점물만은 아니라고 주장한다(358).

변선환에 따르면 이런 메시아사상은 우선 미륵불교에서 찾을 수 있다. 미륵불교는 미륵하생(彌勒下生)의 신앙을 가지고 강한 역사의식을 통해 세계 변혁을 지향할 수 있다고 본다. 이런 의미에서 미륵 불교는 불교적인 메시아니즘이라 할 수 있는데, 왜냐하면 미륵이 통치하는 세상이 도래하도록 하기 위하여, 민중은 미륵하생의 신앙에서 사회변혁을 가능케 하는 힘을 얻을 수 있다고 보기 때문이다(348-349).

그런데 불교 안에 존재하는 역사철학의 이념을 긍정해 보려는 이런 변선환의 시도에도 불구하고, 우리는 언제나처럼 여기서도 다음과 같은 질문에 부딪히게 된다. 즉 이렇게 훌륭한 역사철학의 이념이 있음에도 불구하고, 무슨 이유로 불교철학에서는 서구만큼 역사변혁의 철학이 발전되지 못했는가 하는 문제이다. 물론 변선환은 이런 문제에 대한 나름대로의 답을 가지고 있다. 그는 이런 문제에 대한 해답을 정토불교의 아미타 사상에서 찾는다. 즉 마치 기독교의 개신교 신학의 경우처럼, 어떤 의미에서 낙관적인 은총의 승리를 강조하는 아미타 신앙은, 결국 인간의 역사에 대한 주체의식을 약화시키며 이로 인해 변혁과 해방을 지향하는 의지와 정열을 포기시키게 만든다는 것이다. 고로 정토사상에서 펼쳐진 관세음보살 신앙이나 아미타 신앙은 민중들에게 타계적이며 낙관적인 현실 이익만을 추구하도록 만드는 부정적인 면을 갖고 있다고 본 것이다(348). 변선환의 이런 불교 분석은 역시 불교 전문가다운 예리한 해석이라 하지 않을 수 없으며, 아시아 신학이 불교와 만날 때 생겨나는 문제에 대해서 나름대로 깊은 통찰력을 발휘한 것이라 아니할 수 없다.

그러나 논자가 보기에 변선환은 여기서 통전적인 아시아 신학을 전개하려는 자신의 시도를 손상시키는 분명한 하나의 한계를 노출하고 있는데, 논자의 입장에서 볼 때, 그런 변선환의 한계는 역시 그의 그리스도 중심적 다원주의에 대한 폄하에서 기인한다. 즉 그는 주로 기독교와 선불교를 대화시키는 것을 통해서 아시아 신학을 구성하는 데 힘써 왔는데, 방금 보았다시피 너무 선불교를 긍정적으로 보아주는 전제에만 치중하는 나머지 다른 형태의 불교와 대화하는 것에는 소홀했다. 논자의 생각에 이런 식의 접근 방법은 진정한 의미의 다원주의적인 시각이 아니며, 더 통전적인 아시아 신학을 구성하는 데에서 하나의 난점을 보여줄 수밖에 없다. 따라서 아시아의 종교신학은 정토불교의 가치를 적극적으로 평가하는 한도 내에서 더욱 한 단계 도약할 수 있는 발판을 마련할 수 있다고 논자는 생각한다. 즉 진정한 의미의 다원주의는 언제나 모든 종교의 가치를 중시하는 것을 강조해야 하는데, 이런 차원에서 볼 때 정토불교는 알려진 것처럼 결코 열등한 불교가 아니며, 최근에는 오히려 정토불교의 적극적인 가치를 평가하는 것을 통해서 아시아의 종교신학을 구성해 갈 수 있다고 보는 학문적 입장들이 많이 대두되고 있는 실정이다. 논자는 여기서 그런 주장을 펼치는 하나의 예만을 단지 짧게 제시해 보도록 하겠다.

주지하다시피 대승불교의 역사에 있어서 소위 교상판석(敎相判釋)은 언제나 어느 종파가 가장 우월한 불교인가하는 문제를 따져 왔다. 그 중에서도 가장 유명한 것은 규봉종밀의 주장으로서, 그는 이사무애(理事無碍)를 넘어서서 사사무애(事事無碍)의 법계(法界)를 강조하는 화엄종이 최고의 불교라고 주장한다. 그러나 흥미 있는 것은 이런 주장이 일본으로 넘어가면 새로운 주장으로 바뀐다는 사실이다. 아무리 사사무애를 강조하는 화엄이 최고의 불교사상을 구가하고 있다고 하더라도 교토학파의 입장에서 보면 선불교가 최고의 종파라고 주장하게 되는 것이다.

선불교는 사사무애의 법계를 강조하면서도 이 모두를 공과 무의 관점에서 재편하기 때문에 역사와 시간, 그리고 종교에 대해서 새로운 해석을 내릴 수 있다고 주장한다.10) 예를 들어서 공과 무의 관점에서 보면 서구의 기독교가 전제하는 직선적인 역사관은 많은 문제를 일으키며, 따라서 사사무애의 시간관에 기초한 현재의 지금 내 앞의 시간, 즉 시간에 과거-현재-미래 식으로 수평적인 구분을 두는 것이 아니라, 그런 인과적인 사슬을 끊고 시간의 즉자성과 수직성을 볼 수 있어야 참으로 진정한 의미의 역사의식을 가질 수 있다고 본다.

그러나 화엄의 사사무애의 비인과론적 역사관과 그것을 더욱 더 한 단계 발전시킨 선불교적인 교토학파가 역설하는 역사철학은, 이미 화이트헤디안 계열의 불교학자에 의해서 근래에 그 난점이 지적된 바 있다. 소위 하와이의 젊은 화이트헤디안 정토불교 학자인 스티브 오딘Steve Odin에 따르면, 시간의 직선적인 면과 그것의 방향성을 말할 수 있는 종교가 참으로 역사적인 변혁을 가져오는 힘을 가능하게 할 수 있다는 것이다.11) 즉 역사의 발전은 인과론의 체계를 인정해야 논리적인 힘을 얻는데, 이런 인과적인 체계는 역사가 공과 무의 원리 속에서, 혹은 사사무애의 원칙 속에서 현재-과거-미래의 무차별성 속으로 함몰해서는 안 되며, 그 것이 과거-현재-미래로 누적적으로accumulatively이어지면서 서로 구분되면서도 동시에 쌓여져 가는 역사관을 말해야 미래를 향한 변혁의 힘을 강조할 수 있다는 것이다. 따라서 스티브 오딘에게 있어서는 결코 기독교식의 직선적인 화엄이나 선불교의 역사관에 비해 열등한 것이 아니며, 그것이 비록 인류사에 많은 문제를 가져왔을지라도 그것을 쉽게 포기해서는 안 된다고 주장한다. 즉 역사가 미래를 향해서 발전하기 위

---

10) 이는 니시타니 게이지의 책, 즉 *Religion and Nothingness*로 영역된 책에서 잘 전개되고 있다.
11) Steve Odin, *Process Metaphysics and Hua-yen Buddism* (Albany, New York: SUNY Press, 1982).

해서는 그저 과거를 답습하는 것이 아니라 그것을 계승하면서도 그것에서 벗어나서 미래를 향해 새로운 것을 창조하려는 동력을 얻어야 하는데, 이런 의미에서 볼 때 기독교의 직선적인 시간관이 더욱 더 인과론적이고 과학적인 세계관에 적합하며, 따라서 세계를 변혁시키는 힘을 강하게 제공할 수 있다고 주장하는 것이다. 여기서 독자가 한 가지 조심할 것은, 논자는 여기서 결코 기독교의 역사관이 선불교의 역사관보다 우월하다는 견해를 소개하고 있지 않다는 것이다. 논자가 단지 여기서 말하려는 것은 논자의 그리스도 중심적 다원주의적 입장에서 보면, 어느 종교이든지 나름대로의 목소리를 가질 수 있어야 통전적인 아시아 신학이 건설될 수 있다는 것을 주장하는 것뿐이며, 이런 원칙을 감안한다면 기독교를 포함해 정토불교와 같은 종교들도 결코 그 가치가 폄하되어서는 안 된다는 것을 강조하려는 것이다.12) 그러나 정토불교가 이 문제와 관련하여 어떤 식으로 긍정적으로 평가될 수 있는지를 논자는 아직 말하지 않았으므로, 여기서는 잠시 그 문제를 다루어 보자.

논자가 보기에 통합적 아시아 신학을 구성하는 데 있어서 정토불교가 긍정적으로 평가될 수 있는 이유는 그것이 기독교와 비슷한 형태의 궁극자 이론을 갖고 있다고 보이기 때문이다. 이런 궁극자 이론 때문에 정토사상은 결코 선불교보다 그 가치가 폄하되어서는 안 된다고 생각하는 것이다. 물론 정토사상은 기독교식의 철저한 직선적 역사관을 가지고 있지는 못한 것이 사실이지만, 그 것이 가지고 있는 인격적인 궁극자로서의 아미타 사상은 기독교의 목적론적인 역사관에서 강조하는 역사의 추동력을 제공하는 장점을 갖고 있다고 보인다.

잘 알려져 있다시피, 정토불교의 아미타불은 하나의 인격적인 궁극자로서, 이것은 마치 기독교의 인격적인 신과 유사한 개념이다. 즉 정토

---

12) 한국에서는 길희성이 『일본의 정토사상』 (서울: 민음사, 1999)이라는 책을 통해서 정토불교의 종교적 가치를 탐구한 바 있다.

불교의 신앙관에서 아미타불나 관음은 언제나 인격적인 존재로서 기술되고 있는데, 따라서 이런 점에서 볼 때, 그 인격적 궁극자는 항상 인간의 결단을 유인하는 목적인적인 존재로서 해석될 수 있는 것이다. 마치 화이트헤드의 신이 기능하는 역할처럼, 아미타와 관음은 Sunyata(空)가 무차별하게 흐려 놓은 선과악의 경계를 극복할 수 있게 만들 수 있다고 논자는 본다. 다시 말해서 아미타라는 인격적이고 목적론적인 초월자가 제공하는 선의 기준은, 깨달은 자로 하여금 악을 버리고 선을 향해 나아갈 수 있도록 방향성을 제공함으로써 세계 변혁에의 의지를 회복시키도록 만들 수 있다는 것이다.

즉 여기서 말하는 궁극자 이론을 화이트헤드 철학을 이용해 다음과 같이 풀어서 정리해 보면 이해하기가 쉬워진다. 즉 화이트헤드에게 있어서 궁극적 실재는 창조성인데, 이는 불교식으로 말하면 공이나 다름없는 개념이다. 창조성이나 공이나 자신의 자성을 결하고 있으며, 현실화되기를 기다리고 있는 잠재적 존재 때문이다. 한편 화이트헤드 형이상학에 있어서는 또 하나의 궁극자가 있는데, 이것이 바로 신이며 이는 비록 궁극적 실재Ultimate Reality는 아닐지라도, 적어도 궁극적 현실존재Ultimate Actuality로서 묘사되는 것이다. 이런 화이트헤드의 신은 인격적으로 존재하면서 인간의 삶에 목적론적 유인자로서 존재하는데, 따라서 이런 면에서 볼 때 그것은 불교의 아미타에 비유될 수 있는 것이다. 다시 말하지만, 물론 이런 화이트헤드의 신은 비록 궁극적 실재는 아닌 지라도 나름대로 또 다른 의미의 한 궁극자이며, 그것은 인간에게 목적으로도 이끄는 삶을 제시할 수 있는 존재가 된다. 말하자면, 화이트헤드의 창조성과 불교의 공은 다 같이 궁극적 실재임에 반해서, 기독교의 신과 정토의 아미타는 궁극적 현실존재인 셈이다. 여기서 창조성과 공과 같은 궁극자는 비록 그것이 궁극적 실재라고 할지라도 그것의 공(空)함과 무성(無性) 같은 비현실적 non-actual 존재성으로 인해서 목적인의 구실을 할 수는 없다. 오로지 현실적 존재로서 기능하는 궁극자만이 인간과 세계에게 목적인을 제공할 수 있다. 왜냐하면 오로지 이런 궁극자만이 인간으로 하여금 목적으로 향하는 삶을 만들게 할 수 있기 때문이다.

이런 식으로 해석할 때 기독교와 정토불교는 모두 인격신으로서 목적인의 기능을 하는 궁극자의 개념을 가지고 있으며, 이로 인해 인간으로 하여금 보다 더욱 미래지향적이고 역사변혁적인 삶의 동력을 촉진시킬 수 있는 것이다.

이제까지 논자는 소위 논자가 보기에 더욱 진정한 다원주의라고 주장하는 입장, 즉 그리스도 중심적 다원주의가 제시하는 원칙에 따라서, 어떻게 선불교와 기독교, 혹은 정토불교와 기독교가 서로 배우면서 더 통전적인 아시아의 종교신학을 제시할 수 있는지 살펴보았다. 마지막으로 정토불교와 같은 소외된 전통을 중시하는 것이 아시아 신학의 통전성에 공헌하는지 한 가지 방법이 될 수 있다는 논자의 주장을 하나만 더 추가하도록 하자.

사실 우리는 여기까지 오다 보니, 앞에서 언급만하고서 아직까지 다루지 못했던 궁극자의 일자성과 다자성의 문제에 직면한 셈이다. 앞에서 분석한 바이지만, 궁극자는 결코 하나가 아니며, 창조성이 궁극자라면 신도 궁극자이며, 공이 궁극자라면 아미타도 궁극자이다. 물론 이런 나의 분석은 화이트헤드적인 과정신학에서 배운 것인데, 다시 말하지만 화이트헤드철학과 그것에 근거한 과정신학적 그리스도 중심적 다원주의가 발굴한 중요한 개념 중의 하나는 궁극자의 다원성이다. 즉 신 만이 궁극자가 아니라 창조성도 궁극자이며, 혹은 그 반대, 즉 창조성만이 궁극자가 아니라 신도 궁극자이다. 이것을 불교식으로 말하면 공만이 궁극자가 아니라 아미타도 궁극자가 될 수 있다는 말이다. 그렇다면 이렇게 궁극자를 다자로 보는 것은 통전적인 아시아 신학의 형성에 무슨 이점을 제공하는가?

물론 궁극적 실재가 하나라는 것은 종교 간의 일치와 화해를 강조하는 데서는 유리한 점을 보인다. 그러나 이는 어찌 보면 문화 상대주의가 결과하고 있는 중요한 진리를 간과하는 난점을 갖는다. 즉 각 사회-문화적 다양성의 산물이 우리의 종교 경험이라면, 우리의 종교 경험과 그것의 대상은 다양할 것이다. 그러나 존 힉의 신-중심적 다원주의와 같이, 모든 종교의 궁극자가 하나의 공통분모로 귀결된다고 보는 입장은, 종교 간의 국지적인 궁극자들의 다양하고 차별성 있는 가치를 놓치게 만들어서 진정한 상호변혁적인 대화를 창조하지 못하게 할 수 있는 약점을 지닌다. 물론 이런 논자의 주장에 이의가 제기될 수 있다. 왜냐하면 본래 신-중심적 다원주의의 핵심주장도 모든 종교가 동일한 가치를 갖고 있다는 것이기 때문이다. 그러나 이런 주장에 일리가 있고, 신-중심적 다원주의가 이런 것을 근거로 해서 종교 간의 화해와 일치를 도모하는 데서 어느 정도 성공한 것이 사실이지만, 그것은 사실상 자기종교의 중심성을 부정하는 데서 먼저 출발하기 때문에, 결국 종교 간의 진정한 차별성을 강조하는 것이 어렵게 된다. 다시 말해서 종교 간의 대화에서 있어서 중요한 것은 모든 종교가 동등한 가치가 있다는 것을 강조하는 것만으로는 부족하다. 모든 종교는 서로 보충하고 상호 변혁하면서 발전해 나가야 한다는 것을 동시에 강조할 수 있어야만 하는데, 이런 이상적인 모델의 다원주의를 말하기 위해서는 차별화된 자기종교 중심적 다원주의를 강조하는 것으로 시작하는 것이 중요하다는 것이다. 진정한 변혁이란 동등성만 강조해서는 안 되고, 차별성을 말해야 하며, 또한 그런 차별성 때문에 나에게 존재하지 않는 진리를 타자에게서 내가 어떻게 배울 수 있는지를 말 할 수 있어야 하기 때문이다.

궁극자 문제에 집중하다 보니, 통합적인 아시아 신학을 건설하는 방법론을 제시하는 데 있어 이 섹션에서 나는 주로 기독교와 불교의 만남에만 치중했다. 그러나 여기서 꼭 집고 넘어가야 할 것이 하나 있다. 요즈음의 아시아 종교신학의 추세는, 서구 및 기독교가 어떻게 유교 및 도교로부터 배울 수 있는지에 관심이 쏠리고 있다. 이런 측면에서 볼 때 우리는 다음과 같은 사실, 즉 통합적인 아시아 신학은 오늘날 유교와 도교와 같은 동아시아의 종교와 진정한 대화를 나누어야 한다는 것을 새삼스럽게 강조할 필요가 있다. 이는 너무나 당연한 사실이라서 강조하는 것조차 진부하게 들리지만, 그것을 새삼스럽게나마 강조하는 것이 중요한 이유는 변선환이 신학 할 당시보다 최근에 이 분야가 비약적인 학문적 발전을 이룩했기 때문이다. 예를 들어, 오늘날 종교신학과 역사철학의 강조는 오히려 유교철학에서 더욱 강조되고 있는 추세이다. 변선환은 자신의 신학을 전개하면서 이 부분을 건드리지 않았지만, 만일 그가 오늘날 살아 있다면 그의 통전적인 신학은 이 부분도 분명히 중요하게 생각했을 것이라고 믿는다.

유교의 세속윤리에 대한 관심과 그것을 통한 역사의식의 강조는 오늘날 많은 사람들에게 관심을 끌고 있다. 특히 로버트 네빌과 버쓰롱Berthrong 그리고 로저 에임즈와 데이비드 홀은 물론, 뚜 웨이밍Tu Wei Ming의 방법론에 기초한 유교적 종교철학은 오늘날 가장 인기 있는 아시아 종교신학으로 대두되고 있다.13) 통합적인 아시아 신학을 구성하려는 학자들은 따라서 유교철학에서 배울 수 있는 최근의 이런 신선한 통찰들을 진지하게 고려하지 않을 수 없게 되었다. 예를 들어 그 중에 가장 선두에 서 있는 보스톤의 로버트 네빌에 따르면, 유교의 가장 특징적인 학설 가운데 하나는 외적인 차원과 내적인 차원에서 구원을 말하는 것이다. 즉 유교는 외적인 면에서 오는 구원의 중요성을 새롭게 부각시킨 공헌이 있다는 것이다. 여기서 말하는 외적인 면에서의 구원이란 유교의 수신제가치국평천하(修身齊家治國平天下) 이론에 근거한 예(禮)의 이론을 말하는

---

13) 국내에서는 이미 이정배, 김흡영 등이 이런 시도를 했으며, 최근에는 박종천과 송성진 등도 가세하고 있다.

것으로서, 이런 예에 입각한 윤리를 통해서 인간은 가정에서 출발해서 공동체로, 그리고 지구윤리로 나아가는 통전적인 윤리를 구성할 수 있다는 것이다. 물론 이러한 통전적인 윤리는 가정과 공동체를 거쳐 넓게는 생태학적인 관점에까지 발전한다. 이것이 가정의 중요성과 공동체의 중요성, 그리고 생태적 관심의 중요성을 잃어버린 서구의 기독교가 배울 수 있는 유교철학의 진리라고 네빌은 주장한다. 이를 통해서 그는 현대 자본주의와 민주주의의 상징이며 학문과 문화의 메카인 미국의 보스톤을 유교적으로 변혁시킬 수 있다고 주장하고 있는 것이다.[14]

후기

우리는 변선환이 살았던 시절의 신앙인들에게 그의 신학이 얼마나 급진적이며 래디컬한 충격으로 받아들여지고 있었는지를 잘 알고 있다. 그러나 전통적인 기독교 신학의 한계를 넘어 보려는 그의 급진적인 분석 속에서 후학인 우리들은 사실 선구자적인 혜안을 발견하면서 학문적인 쾌감을 느꼈던 것도 사실이다. 그는 어찌 보면 도발적인 예언자였고 우리의 학문적 호기심을 끊임없이 자극시키는 아카데믹한 구도자였다.

나는 이 작은 글에서 나의 스승이었던 변선환에 대해 객관적이고 진솔한 평가를 내려 보려고 시도했다. 내가 이런 시도를 한 것은 평소에 제자들과 후학들에게 그가 던진 한 마디 외침, 즉 "너희들은 나를 딛고 넘어서 앞으로 가라."라는 화두가 언제나 나의 뇌리 속에 남아 있었고 오늘도 그것을 실행에 옮겨 보려 했기 때문이다. 그런 실행을 통해서 나는 그의

---

14) 네빌의 공헌이다. 그의 책 *Boston Confucianism*을 보라.

구도자적인 학문세계에 나도 한번 접해 보려 시도했다는 말이다. 그러나 그의 그런 외침에 충실하려고 논자가 주제넘게 시도한 변선환에 대한 나의 객관적인 평가는, 결국 변선환도 지난 과거의 사람이었기에 어쩔 수 없는 시대적 한계를 지닌다는 진부하고 평범한 결론하나를 추가한 것에 불과한 느낌이다.

그러나 이렇게 스승의 한계를 노출시키는 논자의 과감한 행위가 혹자에게는 악의 없는 시도로 귀엽게 보일 수 있을지라도, 동시에 내가 그를 넘어가 보려는 몸부림마저 사실은 그의 손바닥 안에서 놀고 있는 행위에 지나지 않을 뿐이라는 빈정거림을 혹자에게 들을 수도 있겠다. 논자가 비록 그리스도 중심적 다원주의를 통해서 그의 학문적 방법론의 한계를 지적하려 했던 본 글의 시도는, 그를 비판하는 것을 통해서 나의 입장을 세워 보려는 것이었지만, 결국은 그가 이미 선구자적인 혜안을 통해 과거의 창고에 안장해 두었던 학문적 보물들을 단지 새로운 장비를 동원해서 발굴해 내는 시도에 불과함을 느끼지 않을 수 없다. 그에 대한 비판적 평가마저도 이 순간의 내겐 결국 그를 통찰력을 이용해 내 자신의 질문을 다시 되묻는 행위에 지나지 않음을 솔직히 느끼지 않을 수 없기 때문이다. 어떤 의미에서 후학이라고 불리는 모든 사람들은 언제나 새로운 학문 풍토에 접하면서 살아가고 있기에 그의 스승의 한계를 느낄 수밖에 없지만, 사실은 동시에 그의 스승이 던졌던 질문들을 물려받아 그것을 새롭게 사색하는 즐거움을 통하여 학문하는 행복감을 누리고 살아가고 있는 것이다.

11장
제3세대 토착화신학의 평가와 전망

들어가는 말

한국의 자유주의 신학계에서 토착화신학은 독보적인 위치를 차지해 왔다. 기독교 내적으로는 물론 기독교 외적으로 토착화신학은 나름대로 한국 사회에 적지 않은 영향을 끼쳐 왔다. 특히 토착화신학은 세속의 새로운 인문학들과 개방적인 자세로 대화를 나누면서 한국의 종교-문화적 문제를 기독교적인 입장에서 분석해 내고 그것에 해답을 제시하는 데 있어 나름대로 독특한 위상을 차지해 왔다.

하지만 오늘날 토착화신학은 새로운 변혁기를 맞이하고 있다. 다른 한 축에서 한국의 자유주의 신학계를 대표해 오던 민중신학이 최근 이상하리만큼 한국 사회 내에서 자신의 목소리를 활발하게 개진하지 못하고 있는 것처럼, 토착화신학도 한국의 인문학계 내에 자신의 위상을 확실히 각인 시키지 못한 채 주춤거리고 있다. 토착화신학이 새로운 변혁을 요구받고 있는 것이다.

토착화신학이 한국 사회 내에서 하나의 독자적인 목소리를 확보하지 못하고 있는 첫 번째 원인은 그것이 최근의 새로운 인문학적 도전에 제대로 응수하지 못해 왔기 때문이다. 새로운 인문학은 탈근대주의 철학에 기초하여 새롭고 급진적인 방식으로 해체 이론을 전개해 왔음은 물론 그 것에 입각한 비종교적이고 무신론적인 분위기의 문화이론을 발 빠르게 발전시켜왔다. 이에 반해 한국의 전반적인 신학적 풍토는 물론이고 토착 화신학의 운동마저도 이런 무신론적 해체주의의 분위기를 따라잡지 못 해 왔다. 제3세대의 신학자들이 오늘의 토착화신학에 변혁이 일어나야 한다고 주장하는 이유는 바로 이런 배경에서다. 그들의 입장에서 볼 때 이제까지의 토착화신학이 보인 관심은 매우 제한적이었는데, 우선 소위 제1세대와 제2세대 신학자들이 주로 서구의 근대화 담론이 만들어낸 구 조의 틀 안에서 사유해 왔기 때문이다. 특히 1세대 신학자들이 의존하고 있었던 민족주의적 담론은 매우 나이브한 철학적 전제에 기초해 있었기 때문에 그들이 생산해 낸 토착화신학의 폭은 탈근대주의의 세계상이 토 해내는 문제들에 대처하기에는 너무 제한적이었다. 이제 향후의 토착화 신학은 새로운 탈근대적 철학이 주장하는 급진적 내용들을 수용하지 않 을 수 없게 되었다.

　이하에서 논자는 1세대와 2세대 토착화신학이 보여주는 한계점에 대해 3세대 신학자들이 어떻게 분석해 내는지를 먼저 소개하겠다. 3세대 신학자들은 주로 탈근대주의의 새로운 철학적 담론들, 특히 전통적 주체 이론을 와해시키는 새로운 해체주의적 방법론에 근거하여 모든 종류의 실체주의적substantialist 개념들을 타파하려 시도하며 이런 시각에서 토착화 신학의 나이브한 민족주의를 비판한다. 논자의 생각에 이는 3세대 신학 자들의 매우 중요한 공헌이다. 하지만 동시에 3세대 신학자들은 바로 이 지점, 즉 그들이 탈근대주의의 날카로운 비판의 검으로 1세대와 2세대 토착화신학자들의 한계점을 해부하는 바로 그 지점에서 동시에 명백한 한계를 보여준다. 무슨 말인가?

　3세대 토착화신학자가 1세대와 2세대의 토착화신학을 비판적으로 평가할 때 그들이 주로 수용하는 도구는 이미 말한 바대로 탈근대주의의 철학인데, 토착화신학자에게 탈근대주의는 양날의 칼이다. 탈근대주의라는 도구는 한편으로 토착화의 한계를 지적하는 데 있어서 매우 유용한 도구가 될 수 있지만 다른 한편으로는 신학의 존립근거 자체를 위험하게 만들 수 있기 때문이다. 예를 들어 오늘의 탈근대주의 철학의 대표 격인 들뢰즈-가타리 철학을 따라서 국제 정치의 질서를 새로운 각도에서 분석해 낸 네그리-하트의 제국이론은 토착화신학이 그동안 의지하고 있었던 민족주의의 위험에 대해서 아주 날카롭게 지적할 수 있게 만들어 준다. 그러나 다른 한편 네그리와 하트가 끌고 들어오는 들뢰즈-가타리 류의 포스트-구조주의적 철학은 3세대의 신학자들로 하여금 자신도 모르는 사이에 토착화신학의 주체적인 목소리마저 잠식해 버릴 수 있는 위험을 내포하고 있다. 한마디로 들뢰즈 류의 포스트 모던적 이론은 기존의 토착화신학의 토대가 되고 있는 민족 개념의 단순 소박함을 분석해 내는 데에는 유용하다. 그러나 토착화신학의 또 다른 사명, 즉 민족의 주체적인 힘에 입각해 새로운 개념의 세계 체제로서의 '제국'이나 일방적 글로벌리즘의 거대한 공룡에 대항할 수 있는 목소리를 낼 수 있는 힘마저 위축 시킬 수 있는 약점을 가질 수 있다.

논자는 두 번째와 세 번째 절에서 바로 이 문제를 신학적인 각도에서 취급하겠다. 논자의 입장에서 볼 때 탈근대주의적 분석에 기초한 3세대 신학자들의 방법론은 토착화신학이 가지고 있는 철학적 문제점을 지적해 내는 데 있어서는 매우 유용한 가치를 지니지만, 그것의 종교적 기능, 즉 한국 및 글로벌 세속 문화와 세속 사회를 향해 토착화신학이 외쳐야 할 '신학적' 주장을 매우 제한시키는 한계점을 지닌다는 것을 지적하겠다.

이런 모든 점을 감안해 논자는 마지막 절에서 하나의 대안을 제공하겠다. 논자는 오늘의 3세대의 토착화신학은 얼마든지 이전의 토착화신학보다는 더 온전하고도 이상적인 신학으로 탈바꿈할 수 있다고 생각한다. 그러나 그런 하나의 이상적인 신학이 탄생하기 위해서 오늘의 토착화신학은 기존의 철학적 탈근대주의에 의존하기보다는 오히려 하나의 유신론에 입각한 탈근대주의를 수용하지 않을 수 없다고 주장하겠다. 여기서 말하는 하나의 유신론적 탈근대주의는 물론 하나의 '근대주의'이기 때문에 1세대와 2세대의 신학자들이 빠지기 쉬웠던 온갖 근대주의의 문제점과 그것에 근거한 신학적 협소함과 편향성에서 벗어날 수 있다. 하지만 동시에 그것은 하나의 '유신론적' 형이상학에 근거하고 있기 때문에 오늘의 탈근대주의 철학이 가지고 있는 비종교적이고 무신론적인 분위기에 대해 적극적으로 응수할 수 있는 하나의 이상적 대항담론을 제공할 수 있다고 주장하겠다.

I. 탈토착화 시대의 도래와 제3세대 토착화신학의 등장

제3세대 토착화신학자의 입장에서 볼 때 1세대 토착화신학자들의 학문적 관심은 아주 단순하고도 소박한 철학적 관점에 기초하고 있다. 토착화신학의 전제가 되고 있는 이런 제한된 철학적 관점은 이제까지의 토착화신학을 아주 편향적으로 만들었다. 그리고 이것은 토착화신학의 한계로 작용해 왔다. 그러므로 제3세대의 입장에서 볼 때 토착화신학이 새롭게 거듭나기 위한 첫 번째 과제는 바로 토착화신학 자신을 속박하고 있는 철학적 전제의 한계에 대해서 철저하게 인식하는 일이다. 한계에 대한 철저한 인식이 동반됨이 없이 문제의 해결은 존재하지 않을 것이기 때문이다. 그렇다면 1세대 토착화신학의 철학적 전제와 그 한계는 무엇이었는가?

제1세대 토착화신학자들에게 족쇄로 작용하고 있는 철학적 전제들 중 하나로 3세대들이 지적하고 있는 가장 극명한 사례는 민족주의적인 시각이다. 물론 3세대 신학자들의 입장에서 볼 때도, 1세대 신학자들이 직면하고 있었던 당시의 실존적인 시대 상황을 감안할 때 민족주의적 시각은 때로 이해해 줄 만하다. 일제의 제국주의에 저항하고 서구 열강의 식민주의에 맞서야만 했던 시대적 요청에 부응하여 한국의 신학자들이 민족주의를 문화-종교 토착화가 다루어야 할 주요 화두로 삼았던 것은 어찌 보면 당연하기 때문이다. 이런 시대적 이유에 근거하여 일제의 식민 지배 하에서는 물론이고 해방 후 1950년대부터 1970년대에 이르기까지 모든 토착화신학의 우선적인 과제는 민족적 주체성을 확립하는 작업과 연계되어 수행되었다. 특히 1970년대 중반, 개발도상 국가로서의 한국에서 발생했던 각종 사회적 모순과 계급 갈등의 문제를 해결하기 위해 등장했던 민중신학자들은 물론, 한국의 종교-문화적 문제를 다루기 위해서 앞장섰던 대부분의 1세대 토착화신학자들이 민족의 자주성과 주체성의 확립에 초점을 맞춘 신학을 전개했던 것은 바로 이런 배경에 기인하는 것이다.

그렇다고 해서 3세대 신학자들의 입장에서 볼 때 이런 토착화신학의 한계와 편향성을 그대로 묵인해 줄 수 있는 것은 아니다. 당대의 시대적 상황이 신학적 관심의 폭을 제한시킬 수밖에 없었던 불가피한 면을 감안하여 토착화 제1세대의 신학의 시대적 역할에 대해 후하게 평가해 줄 수 있다고 하더라도 그것이 곧장 1세대 신학의 치명적인 한계와 편향성을 면책시키는 것은 아니라는 말이다. 즉 제1세대 민중신학자들과 토착화신학자들의 학문적 작업이 노출한 한계와 편향성은 좀 더 비판적인 각도에서 분석되지 않을 수 없는데, 왜냐하면 1세대의 학문에 제한을 가했던 부정적 상황은 오늘의 3세대들에도 여전히 지속되면서 일종의 족쇄로 작용할 수도 있기 때문이다. 그러므로 1세대에 대한 학문적 비판은 사실 3세대 토착화신학을 비롯한 한국적 토착화신학의 미래를 든든히 다지기 위한 기반이 될 수도 있는 것이며, 이런 점에서 우리가 여기서 1세대 신학의 한계에 대해 깐깐하게 지적하는 일은 오히려 적극 추천될 만한 행위다.

1세대부터 시작되어 오늘에 이르기까지 한국의 토착화신학들의 신학적 관심의 폭을 제한시켜 버린 민족주의적 시각은 도대체 어떤 이유에서 문제가 되는가? 3세대 신학자들의 입장에서 볼 때 민족주의적 시각의 핵심 문제는 그것이 서구적 담론에 의존해 있다는 사실에서 기인한다. 여기서 서구적 담론으로서 논자가 지칭하려는 것은 주로 서구의 근대성과 그것에 근거한 이성 중심적 주객 이원론subject-object dualism이다. 1세대 토착화신학의 한계점을 지적하는 작업에 있어서 제3세대의 신학자들이 주로 의존하고 있는 것도 바로 서구의 근대성과 주객이원론이 가지고 있는 부정적인 면을 부각시키는 것인데, 1세대가 간과한 신학적 실수 중 가장 치명적인 것도 바로 허구적 주체성을 전제하는 것이었다.1) 1세대 신학자들은 주로 허구로서 존재하는 민족의 주체성을 실체로 착각하는 실수를 저질렀다는 것이다. 그들은 우리 민족이 언제나 사상사적 연속성을 지녀 왔다고 전제하고 있고 나아가 한국 민족만의 불변하는 세계 인식과 우주관이 있다는 전제를 은연 중 깔고 있기 때문이다.

---

1) 이런 면에서 비록 토착화신학자들이 동양의 문화와 종교의 독특함을 강조하면서 토착화 신학을 민족개념의 기초 위에서 진행시켰지만 이마저도 서구 근대성의 인식론적 틀에서 벗어날 수 없었다는 비판을 면할 길 없다. 1세대 신학자들에게는 언제나 성서가 주체로서 먼저 존재하고 한국적 문화와 종교라는 토양은 대상이라고 보았다. 그러나 이런 나이브한 이분법적 사고에서 보면 언제나 논쟁은 쳇바퀴 돌듯 헛돌아가면서 토론이 비생산적일 수밖에 없다. 복음이 씨앗이든, 성서가 씨앗이든, 그 씨앗은 어떻게 대상으로서의 문화와 동화된 채 자신의 정체성을 잃어버릴 수 있는 함정을 피해 갈 것인가? 그리고 그러면서도 동시에 그 씨앗은 여전히 그 토양에 자신의 뿌리를 내릴 수 있을 것인가? 그러나 이런 식으로 문제를 보는 시각은 그것이 여전히 실체주의적 주/객 이분법에 기초해 있기에 시초부터 잘못된 것이다. 하나의 신학적 주장은 그것이 실체화되고 이분화된 세계관에 갇혀 있는 한, 주체로서의 복음이 자기 정체성을 온전히 유지하면서 동시에 대상으로서의 토양과 하나가 된다는 것을 명쾌하게 설명키 어렵기 때문이다. 따라서 누룩의 비유를 사용하든, 혹은 접목의 비유를 사용하든, 혹은 물결 합류 비유를 사용하든 1세대 신학자들의 전통적인 토착화 방법론들은 모두 한결같이 이분화된 서구적 사고의 틀에서 진행되었기에 비생산적이었던 것이라는 비판을 피하기 어렵다.

유동식과 윤성범, 두 토착화신학의 선구자들에게 있어서 신학의 주체는 바로 민족이라 할 수 있다. 그 민족은 한반도에 살고 있는 사회 구성원들을 범주화할 수 있는 가장 분명한 토대이기에 구성원들의 주체적 반성은 바로 민족으로 출발한다고 보는 것이고, 그 민족의 구성원들이 지니고 있는 문화야말로 신학의 초석이라고 본 것이다. 그들이 이해한 민족은 공간적으로는 한반도를 아우르고 있으며 시간적으로 고대로부터 현대에 이르는 연속성을 지니고 있는 동일한 혈연과 문화, 그리고 정치, 경제를 공유하고 있는 구성원들로 이루어진 사회구성체이다.2)

김장생의 입장에서 볼 때 이렇게 민족을 하나의 연속되는 역사적 실체로서 인식하는 해석은 문제가 많다. 혈연적 단일성을 허물어뜨리는 국제결혼의 현실 하에서, 그리고 수많은 이주노동자들이 한국의 국적을 획득하는 오늘의 상황 하에서는 더 이상 승인되기 어렵다.3) 하나의 실체적 주체로 존재하는 것으로 여겨지는 '민족'이라는 개념이 허구라는 것을 지적할 때 김장생의 분석은 그저 일견 평범하고 새로운 것이 없어 보인다. 하지만 그가 한 걸음 더 나아가서 허구로서의 '민족'개념이 서구적 사고 구조의 맥락에서 탄생된 것이라는 것을 지적할 때 그의 분석은 어떤 이들에게 하나의 충격으로 다가 올 수 있다. '민족'이라는 개념의 생성 자체가 어떤 면에서 볼 때 주체-대상 이분화에 근거한 서구의 실체론적 사고에서 기인한다고 주장하는 것은 사실 민족의 주체성을 확보하려던 1세대

---

2) 김장생, "민족주의와 토착화신학의 이해," 『제3세대 토착화신학』, 동서신학연구소 편 (서울: 모시는사람들, 2010), 31-32.
3) 많은 학자들은 한국인의 종족적 근원이 알타이 (현재 중국의 내몽고) 등에서 내려온 북방계에 속한다고 말한다. 게놈 프로젝트에 근거해 DNA를 분석한 결과 한국인의 종족 유전자는 몽골, 일본인의 그것과 높은 유사성을 갖는다는 것이 알려져 있다. 결국 한국인의 민족적 혈통은 북방DNA와 남방DNA가 종합되어 나타난 결과라는 뜻이다.

신학자들의 작업이 엄밀히 말해서 진정으로 주체적이지 못했다는 것을 의미하기 때문이다.

그렇다 문제는 여기에 있다. 1세대 신학자들의 학문적인 작업은 비록 그것이 민족 고유의 주체성을 확보하고 그것에 근거해 한국의 기독교인들에게 민족주의를 함양하려는 순수한 목적을 가지고 있었더라도 결코 순수하지도 않았고 주체적이지도 않았다는 말이다. 타자가 만들어 놓은 사유의 틀과 그것에 근거한 존재론을 통해 자신의 민족적 독립성과 주체성을 강조하려 했기 때문이다. 그런데 이렇게 1세대에게 가해졌던 비판은 동일하게 2세대의 토착화신학자들에게도 겨냥된다. 김장생의 입장에서 보면, 2세대 신학자들이 택했던 신학적 주제들은 분명히 1세대보다는 폭이 넓고 다양했다. 하지만 2세대 토착화신학자들의 문제의식도 서구적 맥락에서 이전되었다는 점에서는 1세대가 가지고 있던 것과 동일한 한계를 지닌다. 예를 들어 "환경, 생태, 생명, 평화, 여성신학은 가장 주된 2세대 토착화신학의 주제였지만 제 3세계가 배제된 제 1세계적 컨텍스트에서 출발한 주제인 경우가 많았다."[4]

그러므로 3세대의 토착화신학자들의 입장에서 볼 때 1세대와 2세대의 토착화신학이 가지고 있는 관심의 영역은 그 폭이 제한적이라는 점에서 동일한데 이는 모두 이제까지 진행된 토착화신학자들의 토론들이 대부분 서구의 근대화 담론의 구조와 틀에 의존한 상태에서 진행되었기 때문이다. 따라서 김장생은 질문한다. "율곡이 칸트보다, 정약용이 아담스미스보다 더 한국적이라고 말할 이유가 있는가?" 이런 김장생의 질문은 비록 급진적인 것으로 보여도, 주체와 대상의 이분법은 물론 모든 동일성 자체가 해체된 탈근대, 탈근거주의가 지배하고 있는 오늘날의 학문적 풍토에서는 매우 자연스럽게 제기될 수 있는 성질의 것이다.

---

4) 김장생, "민족주의와 토착화신학의 이해," 39-40.

그러나 토착화신학의 타자 의존성과 그것의 허구적 민족주의가 노출하는 이론적 한계를 지적하는 김장생의 분석은 그나마 온건한 편이다. 토착화신학이 서구적 틀에 의존함으로 인해 필연적으로 노출시킬 수밖에 없는 한계성에 대해 더 래디컬하고 도발적인 분석을 내리는 제3세대 신학자는 박일준이다.

박일준의 분석이 래디컬하고 도발적인 이유는 그것이 동일하게 민족과 민족적 주체성을 서구적 틀의 산물로 보는 것에서 더 나아가기 때문이다. 민족과 민족적 주체성의 개념은 해당 국가의 국민들에게 해방을 제공하기보다는 오히려 억압의 기제로 사용되는 경우가 흔하다고 지적한다. 박일준이 의존하고 있는 네그리와 하트의『제국』은 들뢰즈를 비롯한 최근의 탈구조주의적 철학적 방법에 근거하여 오늘의 국제 질서를 자본주의와 그것에 근거한 새로운 양태의 '제국'의 입장에서 풀어 가는데, 이런 국제 질서의 입장에서 볼 때 더 이상 민족주의는 전 지구적인 해방의 전략이 될 수 없다.5) 전 지구적인 자본의 힘이 지구촌 구석구석을 장악하면서 세계의 국가들이 하나의 제국과 같은 권력 아래로 종속되고 있는 오늘날, 국지적인 개념으로서의 '민족'은 "…민족 내 부르주아지의 권력 구조를 강화하는 도구적 역할을 감당하게 된다."6)

물론 이제까지의 토착화신학자들이 민족 담론에 근거하여 자신들의 신학을 주장할 때 이런 사실들에 전혀 무지했던 것은 아니다. 특히 기독교 신학을 정치경제학적 토양에 뿌리내리려 시도했던 또 다른 토착화신학자들로서의 민중신학자들은 국가나 민족주의 등의 개념들이 민중의 억압된 상황을 개선시키는 데 있어서 항상 순기능만 가지고 있지 않다는

---

5) 박일준, "토착화신학 3세대의 이중적 극복과제: 지구촌화와 탈식민주의, 그리고 가난한 자," 『제3세대 토착화신학』, 동서신학연구소 편 (서울: 모시는사람들, 2010), 45~46.
6) Ibid., 45.

것을 지적하곤 했다. 하지만 1세대나 2세대의 신학이 비판을 가했던 민족 담론이나 그것이 의존하고 있는 서구적 사고의 틀이 노정하는 문제점은 오늘의 3세대가 마주치고 있는 범지구화된 자본주의의 힘과 그것에 근거한 제국의 파워가 토해 내는 문제들과는 비교될 수 없다. 오늘의 탈구조주의적 철학에 근거한 새로운 탈식민주의적 정치학에 따르면, 어떤 토양이든 하나의 토양은 그것이 오늘의 지구촌화된 제국의 체제 하에서는 식민적 영토화를 벗어나지 못한다. 들뢰즈-가타리의 정치철학을 통해 이를 표현해 보면, 이 지구상의 모든 각 각의 땅은 자본에 의한 식민화, 민족에 의한 식민화, 국가에 의한 식민화, 혹은 지구촌적 제국에 의한 식민화가 이루어진 땅이다. 그래서 영토화(領土化)된 땅이다. 제국의 영(領)에 복속된 땅에 살고 있는 이상 그 땅에서 우리가 하는 행위는 주인으로서의 행위가 될 수 없다.

이런 제3세대 신학자의 시각은 기존의 것은 물론 오늘의 토착화신학에 매우 강한 충격을 가해 온다. 예를 들어 우리가 토착화신학의 정신을 따라서 하나의 땅에 아무리 복음을 심어 보려 시도하지만, 그때 복음의 기능은 곧장 영토화된 고유의 땅에 제국의 식민지 정책을 강화시키는 기제로 돌변할 수도 있다. 그것이 아무리 복음이라 할지라도 세계의 모든 힘을 흡수하면서 폭력적으로 조정해 내는 하나의 보편적 체제 안에서는 고유의 독자적인 힘을 발휘하기는커녕 오히려 억압하는 기제로 이용될 수 있기 때문이다.

문제는 어느 누구도, 어떤 체제도 이런 지구촌화된 자본주의적 제국의 체제 하에서 영토화를 벗어날 길이 없다는 것이다. 들뢰즈-가타리가 탈영토화를 외치는 이유도 여기에 있다. 그리고 오늘의 신학이 탈토착화되어야 한다고 주장하는 이유도 여기에 있다. 신학은 민족주의의 담론에서 탈토착화해야 한다. 서구의 주체-대상의 이분법적 사유에서 탈토착화되어야 한다. 여기에는 복음도 성서도 예외가 될 수 없다. 그것이 기독교를 지구촌화된 제국의 식민지적 정책의 앞잡이로 만들어 인간의 다양한 자유를 억압하는 이상 탈토착화되어야 한다.

II. 제3세대 토착화신학의 방향과 특징

기존의 토착화신학은 어떻게 도전을 받게 되었는가? 그것의 철학적 배경으로서의 실체주의적 시각이나 주/객 이분법이 가져온 문제점들에 대해 제3세대 신학자들은 어떻게 응수할 수 있는가? 나아가 제3세대 신학자들은 어떤 새로운 종류의 토착화신학을 생성해 낼 수 있을 것인가?

이미 말한 대로, 3세대 신학자들의 입장에서 볼 때 토착화 1세대와 2세대의 신학이 오늘날 문제점에 직면한 원인은 여러 각도에서 분석될 수 있지만, 무엇보다 가장 큰 원인은 근대 서구의 중심 사유 가운데 하나인 근대성의 붕괴, 특히 주체와 대상의 이분화에 근거한 철학이 붕괴되면서 세계 인문학에 격변이 일어났기 때문이다. 주지하다시피 이런 격변은 탈근대주의의 대두와 함께 일어난 현상인데, 소위 포스트 모던적 탈근대주의에 근거한 철학의 가장 큰 특징은 '탈근거주의non-foundationalism'다. 위로는 초월이라는 근거, 혹은 신이라는 근거를 해체하고, 아래로는 인간의 주체라는 근거를 해체하자는 것이 탈근거주의의 핵심이다. 물론 이런 철학적 사조는 다시 인문학 내에서 인간이라는 인식아knower 자신의 주체적 근거를 해체시켰으며 그 인식아의 인식 대상이 갖는 고유의 실체성도 해체하였고, 나아가 인식의 도구로서 사용되는 합리성의 근거로서의 이성도 해체하였다. 한마디로 인식아, 인식대상, 인식이라는 세 개의 도구가 모두 위험에 처하게 되었다.

이렇게 주체라는 근거와 이성이라는 근거 및 대상 실체의 해체는 사회 철학적으로도 만만치 않은 충격을 가져왔는데, 우선 당장 이런 식의 해체주의는 오늘날 '국가'라는 이데올로기와 '민족'이라는 고정 관념에 대한 강력한 항거를 불러왔다. 민족성과 같은 개념 자체가 서구 근대성의 산물이며 상상이 만들어 낸 근거 없는 허구의 이데올로기라는 것은 이미 앞에서 지적했다. 토착화신학이란 대개 한 민족 및 나라 혹은 해당 문화의 주체성에 기초한 철학인데 이런 기초 무너짐에 따라서 토착화신학의 터전이 뿌리 채 와해될 위기에 처하게 된 것이다. 대부분의 3세대의 신학자들이 1·2세대 토착화신학을 비판하면서 탈토착화론으로부터 시작하는 것은 바로 이런 배경에서다.

예를 들어 또 하나의 3세대 신학자인 이찬석은 이런 탈근거주의에 입각하여 토착화신학의 근거가 되어왔던 씨앗과 토양의 이분화에 이의를 제기한다. 주체성 자체의 고유함과 그것의 실체가 의심되는 오늘날 상수로서의 복음과 변수로서의 문화라는 도식 자체가 어불성설로 비쳐질 수밖에 없기 때문이다. 이찬석은 호미 바바Homi Baba의 문화적 분석 방법론을 따라가면서, 주체의 특징은 혼종성이며 이런 원칙을 적용할 때 상수로서의 복음도 변수가 될 수 있고 변수로서의 문화도 상수가 될 수 있다고 주장한다.7)

이렇게 주체성의 근거 없음에 기초하여 복음마저 변수가 될 수 있다고 주장하는 오늘의 학문적 풍토 위에서 3세대 신학자들이 토착화신학을 전개해야만 한다면 그 방향은 분명해졌다. 탈영토화된 토착화신학, 주체성의 해체에 기초한 토착화신학, 즉 하나의 탈토착화신학을 전개해야만 하게 된 것이다. 그렇다면 3세대 탈토학화 신학은 어떤 특징을 지니고 있는가? 논자가 분석한 바에 따르면 하나의 탈토착화신학으로서의 3세대 토착화(?) 신학은 대개 세 가지 방향으로 진행된다.

첫째는 주체와 객체의 역전이다. 오늘날 가장 인기 있는 인문학적 화

---

7) 이찬석, "풍류신학과 언행일치의 신학에 대하여," 『제3세대 토착화신학』, 동서신학연구소 편 (서울: 모시는사람들, 2010), 138-140.

두, 즉 주체 안에 들어와 있는 타자성에 대한 강조에서 드러나듯, 포스트
-모던적 문화철학에 있어서 무엇보다 중요한 것은 텍스트보다는 맥락,
즉 컨텍스트이다. 주체보다는 그것을 구성하는 주변의 상황적 변수들이
중요하다는 것이다. 이를 신학적으로 표현해 보면, 주체적 복음으로서의
텍스트의 가치는 항상 객체 혹은 대상으로서의 상황의 중요성과 연계되
어서만 구성된다. 한마디로 주체보다는 그것을 구성하는 맥락이 중요하다.

박일준은 이런 관점에 천착하여 다음과 같이 주장한다. "상황이 주
체다."라는 말이 토착화신학의 핵심이 되어야 한다고 보는 것이다.8)
그는 최근 알랭 바디우의 철학에 대해 집중적으로 연구하여 온 것으로
알려져 있는데 역시 이번에도 그런 사상적 배경에 근거하여, 주체는
상황으로부터 유래하고 타자로부터 유래한다고 주장한다. 이를 바디
우식으로 표현하면, 일자는 일자가 아닌 것, 즉 다수로부터 유래한다
는 것이다.9)

박일준은 이렇게 바디우 식의 비주체적 철학의 빛에서 새로운 토착화
신학을 규정하려 시도한다. 기존의 것이든 미래의 것이든, 하나의 토착화
신학의 핵심, 즉 "전복적" 핵심은 신학의 주체가 전달자로서의 화자가 아니
라 듣는 청중, 즉 상황이고 토양이고 맥락이라는 것이다. 한국적 주체성이
라는 것도 이에 근거해서 나온 것으로 해석되어야 한다.10)

이제 향후 토착화신학의 한 과제가 주어졌다. 3세대의 신학자들의
입장에서 볼 때 앞으로의 토착화신학은 주체 중심적이기보다는 타자 중
심적으로, 화자 중심적이기보다는 청중 중심적으로, 텍스트 중심적이기
보다는 맥락 중심적으로 진행되지 않는 한 그 미래가 불투명하게 될 것이다.

---

8) 박일준, "토착화신학 3세대의 이중적 극복과제," 41.
9) 여기서 현재 우리가 토론하고 있는 박일준의 논문은 알랭 바디우를 직접 인용하지
   는 않고 있다. 그러나 이 문제에 관심 있는 독자는 다음의 책을 참조하라. 알랭 바
   디우, 『존재의 함성』, 박정태 역(서울: 이학사, 2008)의 65쪽 이하를 참조하라.
10) 박일준, "토착화신학 3세대의 이중적 극복과제," 42.

향후 토착화신학이 지향해야 할 두 번째 특징은 첫 번째 특징과 연관
된다. 앞으로의 토착화신학은 그 관심사가 중층적이어야 하고 다중적이어
야 하며 따라서 타자들과의 연대가 무엇보다도 중요하다. 이렇게 중층성
과 다중성이 강조되는 이유는 이해하기 쉽다. 모든 상황들 자체가 다양
하고 중층적이기 때문이다. 다시 말해서, 토착화신학이 주체성보다 상황
의 중요성을 강조하는 한도 내에서 단순함과 소박함에서 벗어날 수 있다
면, 이때 그 신학은 상황의 중층적이고 다양함에 눈떠야 하기 때문이다.

이러한 상황의 중층성과 다중성은 3세대 토착화신학자들에게 연대
성의 중요성과 더불어 범토착화신학의 형성을 지향하도록 만드는 또 하
나의 특징을 결과한다. 다양한 상황에 효과적으로 대처하기 위해서는 혼
자의 힘으로는 안 되고 연대성의 구축에 힘써야 하기 때문이다. 따라서 김
장생은 주장한다. 앞으로의 신학은 그저 강단신학으로서의 위상을 넘어서
서 시민연대성을 중심으로 하여 한국의 문화적 다양성과 정치적 실천성을
동시에 추구하는 방향으로 전개되어야 한다는 것이다. 한마디로 "범토착
화" 신학을 지향해야 한다는 말이다. 김장생에 따르면, 모든 신학은 하나의
규범에 의존하지 않을 수 없는데 오늘의 범토착화신학에 있어서 그 규범은
다양성이다. 인종, 문화, 정치, 경제적 중층성과 다층성을 의미하는 다양성
이 규범이 되어야 한다. 왜냐하면 실체 중심적으로 해석된 종교해석과 그
전통에 기초한 한 주체적 물음들은 더 이상 현대 한국인들의 중층적이고
다층적인 삶을 포괄하지 못하기 때문이다.11) 토착화신학이 다중성을 중
요하게 생각해야 한다는 것은 물론 이한영과 같은 다른 3세대 신학자
들에게서도 발견된다. 이미 우리가 위에서 분석한 것처럼 오늘의 토착
화신학은 민족 개념을 다중적으로 이해해야 하며 그런 관점에서 민족
은 그저 하나의 시민으로 해석되어도 된다고 볼 수도 있다.12)

---

11) 김장생, "민족주의와 토착화신학," 38-39.
12) 이한영, "감리교 토착화신학의 흐름과 전망,"『제3세대 토착화신학』, 동서신학연구소 편

이제까지 우리가 본 바 3세대 신학자들이 지향하는 토착화신학의 세 가지 방향은 모두 우리가 익숙히 들어 온 것들이다. 이 모두는 대개 탈근대적 해체주의가 주장하는 인문학적 모토들이기 때문이다. 물론 전통적 토착화신학자들이 이런 모든 문제들에 전혀 둔감한 것은 아니었다. 1세대 및 2세대 토착화신학자들도 어떤 경우 매우 다변화된 토착화적 관심을 보여 왔기 때문이다. 특히 2세대 신학자들은 생태 환경문제, 여성문제, 다원주의 문제, 신자유주의 문제, 환원주의적 과학의 도전 등에 적절하게 응수해 왔다. 이것이 토착화신학이 한국 내의 보수적 복음주의 신학과 차별되게 이루어 낸 성과였다. 엄밀히 말하면, 1세대와 2세대의 중간 세대(1.5세대)인 변선환의 신학도 이미 나름대로는 중층적이었다. 기독교와 불교, 혹은 타종교는 해방에서 만난다는 것이 공통이라는 사실에 눈뜨면서 싹튼 것이라 할 수 있다. 그는 말년에 민중의 종교성이 해방의 에너지라는 것에 대해 천착하여, 구원과 해방을 동시에 강조하는 것이 종교성과 경제의 이분화를 극복한다는 피에리스와 니터의 방법을 수용하는 토착화신학을 전개한 셈이다.

이에 반해서 보수적 기독교인들과 신학자들은 복음에 대한 중층적이고 다중적인 해석에서 매우 취약함을 보여 왔다. 어떤 면에서 볼 때, 토착화신학의 리더 중 하나였던 변선환 교수가 감리교회에서 출교를 당한 것도 비슷한 맥락에서 이해될 수 있다. 변선환 교수의 입장에서 볼 때 하나의 기독교 신학은 세속적인 도전에 응수하기 위해서 먼저 문화의 중층성과 다층성에 눈 떠야 했다. 그것이 그로 하여금 불교와 더불어 진지하게 대화할 수밖에 없도록 만들었던 것이다. 하지만 이와 달리 변선환을 정죄했던 감리교회의 인사들은 현대의 세속적 상황에 대처하기 위해서 어떻게 기독교가 문화의 중층성과 다중성에 대해 새롭게 눈떠야 하는지 그

(서울: 모시는사람들, 2010), 278.

긴급성과 중대성에 대해서 예민하지 못했다.

따라서 앞으로의 3세대 신학자들의 중요한 신학적 과제 중의 하나는 바로 복음과 신학의 중층성과 다중에 눈 뜨도록 오늘의 기독교인들을 일깨우는 작업이 될 수밖에 없는 것이다. 이들의 관점에서 보면 복음이 변질될까 두려워 토착화에 반대한다는 주장은 참으로 나이브하고 무책임한 것이 될 것이다.

논자가 생각하기에, 3세대 신학자들이 향후 토착화신학의 방향과 전망에 대해 말할 때 그저 이제까지 분석한 것이 그들이 말할 수 있는 전부라면 그리 새로운 것은 없을지 모른다. 특히 그들이 토착화신학이 새롭게 직면하게 된 탈근대주의의 여러 상황을 명쾌하게 분석해 내면서도 정작 우리들이 앞에서 했던 더 근원적인 토착화신학의 과제, 즉 오늘의 지구촌적 제국의 신식민주의의 구조 하에서 어떻게 토착화신학이 탈영토화와 탈토착화를 부르짖으면서도 동시에 자신의 독보적 목소리를 발할 수 있는지에 대해서 언급하지 않는다면 그들의 신학은 하나의 진부한 또 다른 형태의 시대 영합적 신학이 될 것이기 때문이다.

그러므로 우리는 여전히 묻지 않을 수 없다. 이렇게 탈영토화와 탈토착화를 부르짖지 않을 수 없게 된 오늘의 상황 하에서 3세대의 신학자들은 어떻게 토착화신학의 독특성에 대해서 말할 수 있을까? 거칠게 들리지 모르지만 더 쉽고 진솔하게 풀어서 이를 다시 다른 형태로 질문해 보자. 오늘의 토착화신학은 유동과 생성, 그리고 탈주를 먼저 추천하는 유목주의적 세계관 앞에서 어떻게 기독교에 정주하는 신학을 말할 수 있을 것인가? 모든 국지적 담론들을 자신의 체제 안에 흡수 통일시키면서 하수인으로 전락시키는 오늘의 거대 자본주의의 제국적 폭력 앞에서 오늘의 토착화신학은 어떻게 자신 만의 독특한 목소리를 내면서 하나의 대항 담론으로 맞설 수 있을 것인가?

물론 이런 질문에 답하는 것은 쉬운 일이 아니다. 하지만 오늘의 탈근대주의적 해체론이 가르쳐 준 교훈에 입각하여, 단지 신학의 상황성과 중층성과 다중성, 그리고 연대성과 범세계화를 강조하는 것만으로는 위의 질문들에 대해 진정한 해답을 줄 수 없다고 보인다.

　논자의 생각에 이런 문제를 해결하는 열쇠는 모두 주체성에 관한 토론과 연결되어 있다. 다시 말해서 탈근대주의에 의해서 해체된 주체성을 어떤 형식으로든 복원하지 않는 한 이런 질문에 대한 해답은 제공되지 않는다. 현대철학의 역사는, 어떤 의미에서 사라져 버리고 도망해 버린 주체를 귀환시키기 위한 끊임없는 노력의 역사였다고 과언이 아닐 것이다. 물론 해체도 좋고 상황의 중요성을 강조하는 것도 좋다. 다중도 옳고 중층성을 강조하는 것도 의미 있다. 연대도 중요하고 범지구촌적 관점도 중요하다. 탈주도 좋고 탈영토화도 때로는 추천할 만하다. 하지만 어떻게 그런 가운데에서 우리는 여전히 주체에 대해서 말할 수 있을 것인가의 문제도 중요하다. 만일 한국적인 주체성에 대해서 말할 수 없다면 우리는 하나의 토착화신학은 물론 신학 자체의 가치에 대해서도 말할 것이 없게 될 것이다. 그러기에 3세대 신학자 중의 하나인 이한영도 인정한다. "우리의 신학은 우리의 영토, 즉 한반도에 토착하는 신학이 되어야 한다. 탈영토해야 하지만 극단적인 탈영토는 아노미를 불러올 수 있다."[13]

　이한영의 이런 지적은 아주 중요하고 옳은 지적이다. 하지만 과연 오늘의 3세대 신학자들은 진정으로 탈근대를 살아가는 현대인들을 둘러싼 아노미의 문제를 해결할 수 있는가? 탈근대주의와 그것에 입각한 상황적, 해체적, 유목주의적 사고방식은 우리 안에 아주 막강한 문화적 유전자로 자리 잡고 있으면서 사회의 온갖 분야에서 아노미를 일으키고 있다.[14] 과연 오늘의 토착화신학도들은 오늘의 사회가 직면하고 있는 아

---

13) Ibid., 278.
14) 오늘의 SNS세대와 IT세대는 한 곳에 정주하지 않는다. 그들은 언제나 대안적 가치를 찾아서 쉴 새 없이 이동한다. 오늘의 젊은이들이 택하는 이런 삶의 방식을 유목적이라 할 수 있는데, 이는 어떤 경우 아노미적 현상을 즐기는 부정적 결과를 양산한다. 이런

노미의 상황을 극복할 힘을 어디서 찾을 것인가? 물론 3세대의 신학자들은 나름대로의 해답을 주고 있다. 그런 면에서 현대 철학적인 입장에서 직면하고 주체성을 재해석하고 회귀시키려 노력하는 박일준의 시도는 나름대로 참신하다. 여기서 그의 말을 잠시 인용해 보자.

> 주체는 상황의 공백으로 여겨지는 진리를 상황에 봉합하는 연산으로 존재하며, 이 봉합이 성공적으로 마무리되면 사라지는 매개자(the van-ishing mediator)와 같다. 토착화신학의 주체성은 이 공백으로 되돌아가야하지 않을까? 그 공백을 우리의 신학적 상황들 속에서 특이성들(singularities)로 체현하는 것, 바로 그것이 우리의 주체성이 아닐까?15)

여기서 박일준이 말하는 바, "사라지는 매개자"로서의 주체는 시공적 space-time 환경이 그것의 주체를 구성한다고 말할 수 있다. 그러나 그것이 곧 주체에 대해서 말할 수 있는 내용의 전부라고 말한다면 이는 상황이 전적으로 존재를 구성한다는 뜻이 될 것이며, 이는 하나의 사라지는 주체가 어떻게 자신을 구성해온 부분들의 종합 이상으로 존재하면서, 동시에 타자에게 영향력을 행사할 수 있는지 설명키 어려울 것이다.16) 박일

입장은 물론 세속의 현상만은 아니다. 성스러운 교회 안에서도 새로운 포스트모던적이고 유목적인 삶의 양태는 영향력이 대단하다. 오늘의 교회 역시 문화적으로는 많은 부분 포스트모더니즘을 받아들인다. 단지 근본주의나 보수주의 혹은 복음주의의 이름으로 그것을 포장하고 있을 뿐이다.

15) 박일준, "토착화신학 3세대의 이중적 극복과제," 71.
16) 예를 들어서 상황이 주체를 구성한다는 이론과 사라지는 매개자 이론의 관점에서 민족성에 대해 토론할 때 우리는 결정적 작인에 대해서 말할 수 있어야 한다. 즉 한국인이 갖고 있는 민족성의 근거를 시공적인 것에서만 찾는다면 9000년 전 시작된 것으로 추정되는 한민족의 역사는 중국 역사의 일부로 간주되어도 할 말이 없게 된다. 『중앙 SUNDAY』 2010년 9월 5일자에 따르면, 실제로 중국에서는 동북공정에 이어서 탐원공정이 시작되었다. BC 7000년 전에 존재한 것으로 알려진 몽고 문화를 요하문화라고 지칭한다. 이들은 한민족의 선조들이다. 한민족의 DNA와 그들의 것이 거의 유사하기 때문이다. 그런데

준이 특이성의 개념을 끌어들이지 않을 수 없는 이유는 여기에 있다. 특이성으로서의 주체는 언제나 타자들의 종합 이상이며 따라서 비록 사라지는 매개자일지라도 그것은 자신만의 독특성을 만들어 간다. 그러기에 박일준이 인용하고 있는 바 지젝이 말한 것과 같이, "주체는 상황의 공백으로 여겨지는 진리를 상황에 봉합하는 연산으로 서로 존재하며, 이 봉합이 성공적으로 마무리되면 사라지는 매개자와 같다."17)

특이성 이론에 입각한 박일준의 이론은 나름대로 주체성의 확보에 관하여 꽤 설득력을 가지고 있는 주장이라고 여겨진다. 하지만 특이성의 이론이 하나의 정교한 신학적 이론으로 자리 잡기까지는 조금 더 체계적인 부연 설명이 필요해 보인다. 특히 하나의 주체가 자신을 창발해 갈 때 환경과 상황의 조건들을 자신 안으로 끌어들이면서도 동시에 어떻게 그것을 특이성의 관점에서 넘어갈 수 있는지의 문제는 해당 주체가 하나의 결정적 작인으로서 기능할 수 있는 능력을 어디서 끌어 올 수 있느냐의 질문과 연결된다. 그리고 이는 하나의 정교하고도 정합성을 갖춘 철학적 체계를 필요로 하게 된다.

그렇다. 박일준을 비롯한 3세대 신학자들에게, "사라지는 매개자"로서의 주체를 말하면서도 동시에 그것을 하나의 특이성으로 규정할 수 있기 위해서 필요한 것은 하나의 정교하고 정합적인 철학적 체계다. 특히 우리가 현재 토론하고 있는 담론의 공간이 신학적 논의로 이루어져 있다

중국의 탐원(探源)공정은 요하문화를 중국문화로 선전하고 있다. 그들의 입장에서 볼 때, 물론 현재 중국 내 영토 안에서 사는 민족은 모두 중화민족이다. 이는 오늘의 중국의 정치적 상황에 맞추어서 고대사를 중국화하려는 시도의 일부다. 우리는 이런 중국의 시도에 대항하기 위해서라도 북방 DNA를 공유하는 민족에는 중화민족뿐만이 아니라 다양한 민족이 존재한다는 사실을 강조해야 한다. 동시에 "홍익인간"을 이념으로 하는 한국인의 이념이 21세기 인류를 주도하는 새로운 이념으로 제시되어야 한다. 하나의 민족혼은, 단지 사라지는 매개자로서 뿐만이 아니라, 상황을 결정하고 주도하는 결정적 작인으로서 존재해야 한다고 말하는 것은 이런 이유에서다. (『중앙 SUNDAY』, 2010년 9월 5일자 참조.)

17) Slavoj Zizek, 『부정성과 함께 머물기』, 이성민 역 (서울: b, 2007), 66.

는 것을 감안한다면 철학적 체계에 근거한 더 형이상학적인 토론이 필요하다는 것은 더욱 절실해 보인다. 토착화신학은 하나의 신학이다. 우리의 문제는 중층적이고 다양하다. 따라서 문제가 되는 것은 토착화만이 아니다. 그저 주체성에 대해서 말할 수 있는 가능성과 관련된 철학적 토론이 문제의 전부가 될 수는 없다. 우리의 토론은 더 정교한 형이상학적 논의로 뒷받침되지 않는 한 '신학적' 토착화에 대해서 말할 수 없다. 토착화신학은 신과 종교에 근거하여 주위의 타자들에 대해서 말하는 하나의 '신학'이기 때문이다.

　　3세대 신학자들의 신학은 그저 해체적 탈근대주의 철학이 제공하는 분석적 사유의 단물만을 즐기는 것에 그쳐서는 안 된다. 거기서 한 걸음 더 과감하게 앞으로 나갈 수 있어야 한다. 포스트-모던적 사유가 가지고 있는 문제점들을 신학적인 관점에서 날카롭게 적시할 수 있어야 하며 동시에 나름대로의 대안을 제공할 수 있는 사유의 모험에 언제든지 나설 준비를 갖추고 있어야만 한다. 그런 한도 내에서 3세대 토착화신학의 작업은 불철저한 것으로 받아들여지지 않게 될 것이다.

　　이하에서 논자는 이런 모험을 가능하게 만드는 신학에 대해서 짧게나마 제시하려고 한다. 나는 그런 사유의 모험을 탈근대 유신론적 형이상학이라고 이름하겠는데 논의가 진행됨에 우리는 이런 입장에 근거한 토착화신학이 어떻게 신학의 여러 분야에서 보다 설득력 있는 대안을 제공할 수 있는지 볼 수 있게 될 것이다.

III. 하나의 대안: 탈근대적 유신론의 형이상학

　　오늘의 토착화신학이 주체성의 문제를 해결하고 특히 거대한 자본주의 공리계의 횡포에 맞서기 위해서는 하나의 체계적인 형이상학의 정립이 필요하다고 논자가 말할 때 혹자는 반문할 것이다. 오늘날과 같이 포스트모더니즘이 지배하는 이 광명한 대낮에 하나의 체계적인 형이상학이 필요하다니, 이 무슨 황당한 소린가? 너무나 시대착오적인 주장은 아닌가?

　논자는 오늘날과 같은 탈형이상학적인 시대에서도 여전이 하나의 체계적인 형이상학이 필수적이라고 일관되게 주장해 온 사람 중의 하나다. 물론 논자가 말하는 바 하나의 형이상학이란 새로운 형태의 형이상학이며, 따라서 아리스토텔레스나 토마스가 말하던 존재와 실체에 근거한 전통적 형이상학과는 판이하게 다르다. 여기서 논자는 이른바 생성과 과정의 형이상학, 이를테면 화이트헤드와 들뢰즈의 형이상학에 대해서 말하고 있는 것이다.18) 이들의 형이상학을 새로운 토착화신학과 연결시키는 작업에 대해 설명하는 것은 많은 지면을 요한다. 따라서 논자는 여기서 그저 간단히 하나의 체계적인 형이상학이 어떻게 새로운 미래의 토착화신학을 건설하는 데 공헌할 수 있는지에 대해서만 설명하겠으며, 이를 통해 하나의 토착화신학이 어떻게 여전히 신과 종교에 대한 적절한 언명들을 제공할 수 있는지 보여주려 한다. 이런 유형의 새로운 토착화신학을 제시하는 작업을 통해, 어떻게 이 글로벌의 세계 자본주의 체제 하에서도 교회가 기독교 밖의 지성인들과 소통하면서 동시에 교회 고유의 목소리를 회복할 수 있는지에 대해서도 우리는 이해할 수 있게 될 것이다. 그렇다면 논자가 말하는 바, 탈근대적 유신론에 입각한 형이상학의 특징은 무엇인가?

　논자는 우선 논자가 제시하고자 하는 탈근대적 유신론의 형이상학이 지니고 있는 특징들을 설명하기 위해 직접 그것과 대척 관계에 있는

---

18) 탈형이상학 시대의 철학자 중의 하나인 들뢰즈도 일종의 형이상학을 말하고 있다고 주장하는 학자는 이정우이다. 소운서원 편, 『들뢰즈 사상의 분화』(서울: 그린비, 2007)에 수록된 그의 논문 "들뢰즈와 'meta-physica'의 귀환"을 보라.

몇 가지 개념들을 비교하는 작업을 수행하고자 한다. 이런 방법만이 비교적 짧은 지면을 통해서도 논자가 말하는 유신론적 형이상학의 핵심개념을 살펴 볼 수 있도록 만드는 최적의 방법이라 생각되기 때문이다. 여기서는 특히 주체성의 회복의 문제에 대해 다루는 것에 먼저 집중해 보자.

앞에서 살펴본 바, 현대의 탈근대주의적 철학이 주장하는 핵심적 논점은, 주체는 상황이나 환경으로 대표되는 타자에 의해서 구성된다는 것이고, 그런 타자의 세계는 주로 우연, 부차, 소외, 공백 등으로 이루어졌다는 것이다. 우연과 부차적인 것, 공백 등이 타자의 세계를 이루고 있다고 말하는 것은 주체의 동일성을 확립하는 행위의 불가능성과 무의미성을 역설하는 것과 다름이 아니다. 하나의 존재가 동일성을 확보하려 하자마자 그것은 우연성과 공백의 영향 하에 놓이게 되며 이는 동일성보다는 차이를 우선적인 것으로 간주하게 만든다. 그렇다. 오늘의 탈근대주의 철학에서는 동일성이 차이를 만들어 내는 것이 아니다. 차이가 우선적이며 동일성은 단지 차이들의 반복으로 취급될 뿐이다.[19]

우리의 세계가 동일성의 주체가 존재하는 세계가 아니라 단지 차이들과 그것의 반복만이 존재하는 것으로 해석될 때 그런 세계가 가정하는 우주 내의 존재들은 능동적 작인positive agency으로서의 능력을 박탈당한다. 물론 이러한 작인으로서의 행위를 하나의 특이성의 창발이라는 관점에서 설명해 낼 수도 있다. 하지만 문제는 이런 일련의 토론들이 현대 인문학계의 논객으로 자리 잡고 있는 들뢰즈-가타리 식의 탈구조주의적 철학의 빛에서 논의될 때 발생한다. 박일준의 3세대 토착화신학이 의존하

---

19) 하이데거의 동일성과 차이가, 들뢰즈에서는 차이와 반복으로 바뀌었다는 것이 이런 입장의 현대적 의의를 입증한다. 질 들뢰즈, 『차이와 반복』, 김상환 역 (서울: 민음사, 2004)를 참조할 것.

고 있는 네그리-하트의 "제국"이론이나 "다중"이론도 바로 들뢰즈-가타리의 철학이 영향 하에서 이루어지고 있다. 하지만 논자의 생각에 이런 탈근대의 이론은 1세대와 2세대 토착화신학의 한계점을 분석해 내는 데 있어서는 효과적일지 모르지만 하나의 바람직한 미래의 토착화신학을 형성해 나가는 데 있어서는 그리 효율적이지 못할 수 있다. 논자의 입장에서 볼 때 특이성의 창발이라는 개념이 하나의 토착화신학적 주체이론으로 자리매김 되기 위해서는 그것이 먼저 보다 정교한 형이상학적 체계에 근거하는 것에서 출발해야 한다.

예를 들어 논자와 같은 토착화신학자의 입장에서 볼 때 들뢰즈-가타리가 말하는 주체의 이론 중에서 가장 난점으로 지적될 수 있는 것은 소위 그들이 말하는 탈지층적 주체화의 이론이다. 들뢰즈-가타리의 도식에 따르면 모든 존재는 먼저 유기체적인 지층을 탈층화한 후 기표화의 단계를 넘어서게 되면서 비로소 주체화의 단계에 들어간다. 이렇게 주체화를 획득한 존재를 기다리는 것은 "너는 주체가 될 것이다. 그리고 주체로 고정될 것이다"라는 메시지다. 주체를 획득한 것으로 간주되는 하나의 존재에게 남은 것은 이제 두 가지 선택지다. 우선 그 하나는 들뢰즈-가타리에게서 대부분의 주체화는 언제나 예속 주체화로 끝나는 것이다. 거대한 제국의 논리가 지배하는 체제, 소위 "자본주의적 공리계"에서는 모든 존재자들이 기획하는 탈주의 기획조차 대부분 포획되거나 재영토화된다. 주체화의 이런 예속적 속성을 알기에 들뢰즈-가타리의 탈주의 철학이 제시하는 것은 언제나 끊임없는 탈영토화, 혹은 절대적으로 탈영토화하는 삶이다. 끊임없이 새로운 땅을 찾아 떠나는 유목주의이다.

아니면 그들이 선택할 수 있는 또 하나의 방식은 끊임없는 도주와 배신이다. 따라서 기표적인 체제가 속임수의 체제였다면 주체화의 체제는 배신의 체제이다. 대부분 모든 종류의 주체화는 언제나 새로운 신, 새로운 주체에 예속되는 경우가 많기에, 신에의 배신과 그로부터의 탈주가

가장 추천되는 포스트모던적 삶의 양태로 추천된다.[20]

적지 않은 탈근대의 현대인들이 들뢰즈와 가타리의 이런 유목주의적 삶에 매료되는 것은 이해하기 어렵지 않다. 하지만 그들은 대가를 치러야 한다. 그들도 이것이냐 저것이냐 하는 선택지 중에서 어떤 하나를 선택해야만 하는 논리적 운명에서 항상 자유로울 수는 없기 때문이다. 예를 들어 그들이 어떤 종류의 삶을 살아가든 자신들의 삶을 지속시켜 나가려는 한 그들은 자신들 앞에 놓여 있는 선택지 중 하나를 선택하지 않을 수 없다. 예를 들어 그들은 끊임없는 배반을 통한 자율적이고 유목적인 삶을 선택하거나 아니면 그저 예속 주체적 삶을 선택하거나 결단을 내려야만 한다. 말할 것도 없이 많은 세속의 현대인들은 예속 주체적 삶을 택하기보다는 자율적이고 유목적인 삶을 택하려 할 것이다. 하지만 들뢰즈-가타리 도식 안에서 자율적이고 유목적인 삶의 끝은 무엇인가? 많은 사람이 지적하고 있듯이 탈주가 벌어지는 상황은 대개 부정적인 결과를 낳는 경우가 많다. 탈주가 순수한 도피가 된다면 그것 자체가 부정적일 것이고 그 끝은 자살이 될 것이기 때문이다.[21] 물론 이는 하나의 극단적인 해석이 될 수도 있을 것이다. 그러기에 이를 조금더 긍정적으로 해석한 후 그것에 기초해 탈주와 유목의 삶이 불교적 무아나 도교적 무위의 철학으로 이어지도록 만든다면 나름대로 생산적이고 창조적인 삶을 결과할 확률이 높다. 한국 철학계의 들뢰지안의 대표 격인 이진경이 선불교적인 삶을 추천하고, 또 다른 대표격인 이정우가 무위로서의 주체론을 내세우는 것은 바로 이런 이유에서다.[22]

---

20) 이와 같은 분석은 들뢰즈의 『천개의 고원』의 5장에 나와 있는 내용에 기초해 있다.
21) 김재인, "『천개의 고원』이 『노마디즘』에게-이진경의 들뢰즈론 비판," 『문학동네』 39 (2004): 449-450.
22) 특히 이진경의 들뢰즈 연구서인 『노마디즘』(서울: 휴머니스트, 2006)의 450-451을 참조할 것. 또한 이정우의 작은 문고판 저서인 『주체란 무엇인가』(서울: 그린비, 2009)를 참조할 것.

여기서 논자가 말하려는 주장은 들뢰즈-가타리가 추천하는 탈주와 유목의 삶이 반드시 부정적인 결과로 이어진다는 것이 아니다. 어떤 삶의 형태든 극단적으로 밀고 나가는 경우 그 끝에는 극단적인 결과만이 있기 마련이기 때문이다. 여기서 우리가 진정으로 관심해야 하는 논점은 왜 예속-주체화된 삶은 하나의 선택지가 될 수 없느냐 하는 문제이다.

들뢰즈-가타리의 철학을 비롯한 모든 철학은 예속-주체적 삶 자체를 무조건 거부하는 것이 아니다. 그들이 예속 주체적인 삶을 거부하는 이유는 그것이 대개 인간의 자율성을 말살시키며 자본주의적 공리계에 저항하는 삶을 둔화시키는 경우가 많기 때문이다. 따라서 만일 예속-주체적 삶이라는 운명의 굴레 안에서 살아갈 수밖에 없는 인간이 여전히 그런 한계 내에서 자신의 삶을 창조적인 생성으로 이끌어 갈 수 있다면 그것은 추천할 만하다 할 것이다. 다시 말하지만 들뢰즈-가타리가 추천하는 소수자적인 삶, 생성적인 유목의 삶 자체가 잘못된 방식이라는 것이 아니다. 이들이 추천하는 탈주와 유목의 삶도 매력적이지만, 동시에 우리는 하나의 대항담론도 추천할 수 있으며, 만일 이렇게 추천된 대안이 이제까지 우리가 추구해 온 바 여러 가지 신학적 요구를 충족할 수 있는 모델이될 수 있다면 우리는 그것을 기꺼이 추천할만하다 할 것이다.

논자가 추천하는 바, 탈근대적 유신론의 형이상학은 우선 예속-주체화의 굴레에서 벗어날 수 없는 인간이 탈주해 들어갈 수 있는, 최후의 영토로서 신의 품과 하나님의 나라를 제안한다. 물론 여기서의 신은 예속-주체화의 굴레에서 벗어날 수 없는 인간이 예속될 수밖에 없는 신이지만 그 신은 동시에 모든 인간들로 하여금 자신을 창조적으로 생성하도록 만드는 존재이기도 하다. 그가 예속되는 대상으로서의 신은 폭군적인 군주로서 존재하면서 현 체제를 수호하는 신이 아니라 오히려 참으로 인간으로 하여금 이상적인 목적으로 존재하면서 인간이게 끊임없이 창조적인 열망으로 가득히 차도록 만드는 유인자이다.

한마디로 탈근대적 유신론의 형이상학이 말하는 신은 심판의 신이 아니라 해방하는 신이다. 탈근대의 세상 안에서 살아가는 인간에게 하나의 초월자는 위계질서에 입각한 강압을 행사하며 그로써 인간의 주체성을 억압하는 신일 수 없다. 그런 초월자는 당연히 배제되어야 한다. 그러나 초월자가 인간으로 하여금 전횡적인 자본주의가 행사하는 주체성의 억압에 항거하게 만들고 오히려 그의 내재성과 잠재성을 고무시킬 수 있다면 그런 초월은 추천되지 않을 수 없는 것이다. 논자가 추천하는 형이상학이 탈근대적인 것이 되어야 한다는 것은 바로 이런 이유에서다. 전근대와 근대의 신은 대개 자본의 억압에 예속되는 인간의 주체성만을 말해왔기 때문이다.

그것이 왜 형이상학적인 유신론이 되어야 하는지도 이미 암시되었다. 하지만 여기서는 몇 가지 핵심적인 논점만 추가하자. 논자가 하나의 탈근대적인 형이상학이 유신론을 대안으로 추천하는 이유는 우리가 형성하고자 하는 하나의 형이상학적 범우주론이 신의 관점을 요구하기 때문이다. 여기서 말하는 신의 관점이란 우주 내 온갖 존재자의 모든 관점들을 포괄하면서 동시에 그것들에 자율성을 보장할 수 있는 관점을 말한다. 오늘의 포스트 모던 시대는 모든 존재자들과 모든 입장들이 군웅할거하면서 갈등하고 부딪히는 다양성과 다중의 시대다. 여기서 모든 각각의 관점들과 입장들은 각기 자신들의 독특성과 특이성을 주장하기에 절대와 독단의 횡포를 무너뜨릴 수 있었지만 동시에 그로인해 때때로 대책 없는 무차별한 상대주의를 결과하는 대가를 치러야만 했다. 이런 포스트 모던적 상대주의의 시대에 현대인에게 요구되는 것은 이 모든 제각각의 상대주의적 목소리를 포괄할 수 있는 하나의 범우주론적 관점이다. 물론 이런 범우주론적인 관점이 또 다시 모든 세계 내의 존재자를 줄 세우는 따위의 위계질서를 허락하는 것으로 발전되어서는 안 된다. 다시 말해서 하나의 범우주론적 관점은 그것이 위계적이고 고착화된 질서를 피하면서 각 존재들의 독특성을 보장하는 동시에 그것들이 각자 갈등을 빚지 않고 조화될 수 있도록 만드는 포괄적 우주론을 제공할 수 있다면 이상적일 수 있는 것이다.

논자가 추천하는 바, 생성과 과정철학에 기초한 하나의 새로운 형태의 유신론적 형이상학에 있어서, 신은 하나의 포괄적인 관점을 제공함으로서 우주를 포괄하지만 동시에 우주 내의 존재자들에게 하나의 규범적 관점을 제공함으로서 그들 각자의 자율성을 보장한다. 물론 여기서 제공되는 규범은 단지 고정되고 불변하는 규범이 될 수는 없으며 생성과 과정 속에 있는 규범일 뿐이다. 그런 한도 내에서 각 존재자의 자유성이 확보될 수 있기 때문이다. 그리고 이런 신의 관점은 단지 여러 관점 중의 하나의 관점일 뿐이다. 다른 모든 여타 존재의 관점도 신의 관점 못지않게 자율성을 가지고 있는 관점들이기 때문이다. 신과 그들 사이의 차이는 단지 신의 관점이 다른 것들과 다르게 포괄적이고 보다 우주적이라는 것이다.

그러기에 이런 형이상학 내에서는 도덕, 논리, 과학, 경제 등 모든 제 관점들이 나름대로 하나의 분야들로서 존재하지만 이들 스스로만으로는 포괄적인 우주적인 전망을 제공할 수 없다. 그들은 엄밀한 의미에서 하나의 유(類)generic적인 목적을 가져야 하는데 그런 한도 내에서 그 모든 영역과 분야들은 나름대로의 가치와 중요성을 획득할 수 있기 때문이다.[23] 그러나 다시 말하지만 여기서 하나의 신이 궁극적인 목적이 된다고 하여도, 그것이 기존 체제의 수호자로서 행세하면서 다른 영역들의 독특성을 제압하면 안 된다. 그의 목소리는 신의 목소리이기에 범우주적이고 궁극적이지만 동시에 그것 역시 하나의 영역을 대변하는 목소리이기에 그것은 언제나 다른 것과 함께 가야만 한다.[24] 어쨌든 이제까지 우

---

23) 화이트헤드, 『사고의 양태』, 오영환·문창옥 역 (서울: 다산글방, 2005), 25.
24) Ibid., 30-32.

리는 하나의 탈근대적 형이상학이 어떻게 유신론적일 수 있는지에 대해서 살펴보았다. 여기서 이런 유신론에 정주하여 탈근대적 삶을 살아가는 삶의 양태 중의 하나를 우리는 기독교 정초적founded 유신론이라고 이름할 수도 있다. 만일 그 유신론이 기독교라는 존재자의 독특성에 기반 하여 자신의 주장을 펼치고 있다면 말이다. 또한 그런 기독교 정초적 유신론이 혹시 한국적 토양이라는 곳에 정주하고 그것에 자리매김 되어 있다면 우리는 그것을 한국적 기독교 토착화신학이라고 이름할 수도 있겠다. 이것이 바로 한국적 토착화신학이 오늘날과 같은 탈근대의 시대에서도 자기 목소리를 발할 수 있는 근거다.

이렇게 본다면 우주 내에 존재하는 모든 영역들의 국지성과 다양성을 인정하는 하나의 유신론적 형이상학은 새로운 형태의 이상적인 한국적 토착화신학을 창조해 낼 수도 있다. 이미 본 바대로, 논자가 제안하는 생성과 과정철학에 기초한 유신론적 형이상학은 이른바 하나의 주체 중심적인 다원주의적 신학이다. 이런 신학에 따르면, 하나의 국지적 주체성은 언제나 우주론적 목적을 이루기 위한 과정을 이루는 하위의 특수한 분야이다. 물론 비록 그것은 하나의 특수성을 지니는 일개의 국지적인 목소리일 뿐이지만 동시에 그것은 바로 그런 의미에서 전체에게 공헌하는 의미 있고 중요성이 있는 목소리이다. 이른바 글로컬니즘적glocalism 목소리이다. 로컬local하기에 국지적이지만 그로벌global하기에 전지구적이고 범우주적이라는 말이다.

정리하자면, 논자가 여기서 대안으로 제시하는 새로운 형태의 한국적 신학이란 제1세대 토착화신학이 기반하고 있는 실체주의 및 주객이원론의 나이브한 민족주의와 국지주의의 시각을 넘어서면서, 동시에 3세대 신학에게 자칫 양날의 검처럼 작동할 수 있는 탈근대주의의 무근거적 해체주의를 넘어서는 새로운 방법론을 제공할 수 있을 것이다. 그것만이 실체적이고 이분법적인 단순 정위의 주체성을 넘어서는 동시에, 체제의 이름으로 국지적인 목소리를 해체해 버리는 잘못 놓인 글로벌리즘의 횡포에 항거할 수 있게 만들기 때문이다.

나가는 말

이제까지 우리는 주체가 무너지고 그것이 토대하고 있는 영토가 무너진 오늘의 탈근대적 상황 하에서 3세대의 토착화신학은 어떤 길을 걸어갈 수 있을지 그 방향에 대해서 가늠해 보았다.

오늘의 탈근대주의가 제공하는 바를 따라가면서 많은 사람들은 예속 주체화를 피하기 위해서 유목주의에 근거한 끊임없는 탈주의 삶을 매력적인 대안으로 선택할 수도 있다. 하지만 이제까지 살펴본 바대로, 우리는 하나의 고정된 삶은 나쁜 것이며 생성과 과정의 삶만이 좋은 것이라는 이분법에 빠질 필요가 없다. 이는 또 다른 방식으로 고착화된 해석에 예속되는 것일지도 모르기 때문이다. 탈주의 삶과 탈영토화된 삶이 더 좋고 더 이상적이라고 말하는 것도 역시 어떤 면에서는 예속적인 발언이기는 마찬가지다.

모든 삶은 언제나 양가적이고 이중적이며 다중적이다. 우리의 삶은 많은 경우 어떤 선택이 더 좋고 나쁘다고 할 수 없는 경우가 많다. 사실은 고정된 삶도 우리 삶의 일부분이며 생성된 삶도 우리 삶의 일부분이다. 이를 부정적으로 표현해 보면, 생성과 과정의 삶을 거부하고 언제나 하나의 영토화된 삶에 정주하려는 태도도 고착된 나쁜 것일 수 있으며 혹은 약간의 정주(定駐)조차 거부하는 절대적 탈영토화의 태도도 때로는 나쁘다.

이런 식으로 본다면 논자가 이른바 탈근대주의적 유신론의 형이상학이 추천하는 주체적인 삶을 강조하는 이유는 심플하다. 그것이 그나마 하나의 형이상학으로 존재하면서 신학도로 하여금 다양한 영역에 관심하도록 만들고 나아가 그런 다중적 타자들과의 연대성을 통해서 기독교를 풍부하게 만들 수 있기 때문이다. 이미 본 바대로, 생성과 과정철학에 기초한 유신론적 형이상학은 이른바 하나의 국지적인 관점을 중요하게 생각하기에 주체의 자율성을 강조하는 신학이다. 여기서 하나의 국지적 주체성은 비록 그것이 소극적인 의미에서는 하나의 "사라지는 매개자"로서 생성과 과정 속에 있는 존재이지만, 동시에 그것은 적극적인 의미에서는 언제나 우주론적 목적을 이루기 위한 과정을 이루는 특수하고 고유한 목소리이다. 그러기에 그것은 하나의 특수성으로서의 제약된 목소리이지만 동시에 그것은 바로 그런 의미에서 우주적 관점으로서의 신에게 공헌하는 중요한 목소리이다.

논자가 특히 이 탈근대의 시대에 유신론적 형이상학에 기초한 하나의 기독교 신학을 강조하는 또 다른 이유는 신자유주의에 대항할 수 있는 로컬한 담론의 한 모델을 제시하기 위함이기도 하다. 이른바 국제 경제의 괴물로 등장한 신자유주의의 횡포에 대항하는 목소리로서 우리는 종교와 도덕의 힘을 키울 필요가 있다. 종교와 도덕이라는 로컬한 담론은 오늘날 많은 세속인들에게 외면 받는 가치이지만 그것은 여전히 중요한 가치이다. 잘 알다시피 오늘의 자유 시장 경제의 국제 질서 속에서 자율경쟁과 시장경제는 거의 모든 사회의 기관과 인간들 사이의 거래 관계를 규정한다. 시장의 자유경쟁이 사회 내에 존재하는 공정성과 정의를 대체해 버렸다고 비판을 받는다.25) 논자가 주장하는 유신론적 형이상학에 기초한 기독교 신학은 오늘의 국제 경제 질서의 한복판에서도 종교와 도덕의 역할이 중요함을 역설할 수 있다. 『정의란 무엇인가』의 저자인 마이클 샌델이 주장하는 것과 같이 시장의 자율성에 기초한 오늘의 정체 경제적 상황 하에서 정의로운 사회의 구현은 단지 자율경쟁을 제공하는

---

25) 마이클 샌델, 『정의란 무엇인가』, 이창신 역 (파주: 김영사, 2010)의 마지막 장을 참조할 것.

자유주의와 공리주의적 윤리만으로는 불가능하다. 시민들로 하여금 더 종교와 도덕심의 함양에 힘을 기울이게 만드는 과제를 수행함으로써만 이런 문제를 해결할 수 있다고 샌델은 보는 것이다. 이런 과제의 수행은 물론 하나의 기독교 정초적인 유신론적 신학이 가장 잘 이끌고 나갈 수 있는 덕목 중의 하나이다.

다시 정리하자면, 논자가 여기서 대안으로 제시하는 새로운 형태의 한국적 신학은 제1세대 토착화신학이 기반하고 있는 실체주의 및 주객 이원론의 나이브한 민족주의와 국지주의의 시각을 넘어서면서, 동시에 3세대 신학에게 자칫 양날의 검처럼 작동할 수 있는 탈근대주의의 무근 거적 해체주의를 넘어서는 새로운 방법론을 시도하고 있는데, 이는 하나의 유신론적이면서도 탈근대적인 형이상학을 도입함으로써 가능하게 될 것이다. 그것만이 실체적이고 이분법적인 단순 정위의 주체성을 넘어서는 동시에, 체제의 이름으로 국지적인 목소리를 해체해 버리는 잘못 놓인 글로벌리즘의 횡포에 항거할 수 있게 만들기 때문이다.

이제 이렇게 구성된 3세대의 토착화신학은 탈근대주의가 교훈하는 새로운 사회 분석 방법을 적극적으로 받아들이면서도 동시에 신학이 오늘의 탈근대적인 자율성의 문화의 한복판에서 종교와 도덕의 역할을 강조하는 고유의 기능을 수행할 수 있도록 중요한 역할을 담당해야 할 것이다. 종교와 도덕의 기능을 되살리면서 동시에 논자가 이제까지 말한 바 그것을 하나의 범우주론적인 형이상학에 기초시킨다면 우리는 이 탈토착화 시대의 와중에서도 또 다시 하나의 토착화신학, 즉 탈토착화를 넘어선 재토착화신학을 건설할 수 있는 실마리를 발견할 수 있게 될 것이다.

12장
해체와 무의 도전
: 과정신학적 응답

들어가는 말

오늘의 세계 지성계를 이끌어가는 여러 세력 중에서 기독교에 가장 큰 위협으로 존재하는 것을 둘만 꼽으라면 나는 포스트모던 운동과 불교라고 말하겠다. '해체'를 슬로건으로 내세우는 포스트모던 운동과 '무(無)' 또는 '공(空)'을 핵심으로 내세우는 불교는 오늘날 많은 세속 지성인들의 관심을 끌면서 기독교에 심각한 도전세력으로 작용하고 있다.[1]

---

[1] 여기서 나는 주로 대승불교의 전통을 염두에 두고 있다. 소승불교, 혹은 남방불교도 세계적으로 적지 않은 영향력을 행사하고 있는 것이 사실이지만, 오늘날 세계 지성인들의 관심을 끄는 것은 대부분 대승의 전통이다. 예를 들어 최근 서구인들에게 인기를 끌고 있는 달라이 라마 계통의 티벳불교와 틱낫한(Thich Nhat Hanh)으로 대표되는 베트남의 불교도 대승의 전통을 잇고 있다. (태국과 미얀마 그리고 캄보디아 등의 남방불교는 대부분 소승의 전통을 잇고 있는 것과 대비된다.) 동북아시아에서 발달된 선불교와 화엄의 전통 그리고 정토종이 대승의 전통인 것은 우리가 잘 알고 있거니와 대승불교의 핵심이 무와 공이라는 것은 자명하기에 여기서는 이에 대해 더 이상 부연설명하지 않고 이후의 논의를 전개하려 한다. 대승불교와 무 개념으로 기독교 신학과 씨름시킨 책은 비록 오래 전에 출간되었지만 마사오 아베(Abe Masao)의 것들이 압권이다. 그의 책, *Zen and Western Thought* (Hawaii: University of Hawaii Press, 1989)와 그의 논문 "Kenotic God and Dynamic Sunyata"가 핵심이다. 후자의 논문은 John Cobb과 Steve Odin이 편집한 *Empting God* (New York: Orbis Press, 1990)에 실려 있다.

포스트모던 운동이 해체주의 정신에 입각해 토해 내는 철학적 주장들은 그 내용의 급진성에도 불구하고 전통적 기독교의 낡은 관습과 부정적인 모습을 비판하는 데 있어 많은 세속인의 관심을 끌고 있다.[2] 무와 공의 정신에 입각한 불교 역시 하나의 전근대적 종교에 불과함에도 불구하고 그것이 제시하는 새로운 영성의 모델은 서구 기독교에 피로감을 느껴온 사람들에게 신선한 대안으로 간주되기도 한다.

이 두 가지 도전에 대해 적절히 대처해 나가지 않는 한 기독교는 더 이상 현대 지성인들을 매료시키기 힘들다는 것이 본 논문에서 논자가 전제하고 있는 바다. 기독교 신학이 오늘의 지성계에서 푸대접 받고 있는 이유 중의 하나도 기독교가 외부에서 가해지는 이들의 도전에 둔감할 뿐만 아니라, 그것에 대한 적절한 대응책을 마련하지 않고 있기 때문이라고 생각한다.

이하에서 논자는 기독교에 위협이 되고 있는 이 두 세력의 주장들을 살펴본 후, 현대 기독교 신학은 어떤 방법론을 통해 이들의 도전에 효과적으로 대응할 수 있을지 탐구하려 한다. 그리고 최종적으로는 그런 탐구과정을 통해 오늘의 신학도가 기독교의 변혁을 위해 사상적으로 어떤 준비를 갖추어 나갈 수 있을지 제시해 보려 한다. 비록 이 두 세력의 도전이 오늘날 기독교의 위상을 심각하게 저해할 정도로 만만치 않은 위협이

---

2) 포스트모던 운동은 여러 갈래로 존재한다. 1968년 이래 프랑스에서 꽃피운 포스트구조주의 철학을 비롯해 미국의 예일 학파를 중심으로 발달된 문학적 사조도 있다. 논자는 비록 포스트모던 운동의 갈래가 다양한 것이 사실이더라도 그들이 주장하는 사상적 핵심을 '해체'라는 개념에 담을 수 있다고 본다. 해체(deconstruction)야말로 데리다와 리오타르를 비롯한 탈구조주의 철학자들이 자신들의 철학을 핵심을 표현하기 위해 직접 사용한 개념이기도 하거니와, 동시에 기독교의 핵심사상에 도전하는 적대 개념들을 표현해 내는 데 있어 매우 유용한 용어라고 생각한다. 따라서 이하의 모든 논의는 해체를 기반으로 하는 포스트모던 운동이 어떻게 기독교 신학에 위협이 되어 왔는지를 설명하겠다. 포스트모더니즘과 해체 개념을 종교적 관점에서 다룬 저서는 많지만, 나는 Henry Ruf가 쓴 *World Religions in a Post-Modern Age* (St. Paul, Minnesota: Paragon House, 2007)를 추천하고 싶다. 특히 Section 1과 Section 4를 참고하라.

되고 있는 것이 사실이지만, 기독교는 얼마든지 그것에 대처할 수 있는 사상적 도구를 자신 안에 갖추고 있다고 생각하기 때문이다.

해체와 무의 개념과 관련시켜 다룰 수 있는 신학적 토론의 주제는 다양하다. 하지만 나는 이하에서 해체와 무가 죽음과 영생의 문제를 다루는 기독교의 방식에 어떤 영향을 끼쳤는지를 먼저 다루면서 논의를 시작하겠다. 논자의 분석에 따르면 기독교는 죽음과 영생의 문제를 다루기 위해서 소위 그리스의 동일성identity과 영원성eternity의 철학에 의존해 왔는데, 해체와 무의 개념은 바로 이런 철학에 심각한 타격을 가했다는 것을 보여주겠다. 이를 통해 기독교가 동일성과 영원성의 문제를 새롭게 이해하지 않는 한 새로운 미래의 종교적로 거듭나기 힘들다는 것을 보여주려 한다.

해체와 무로 대변되는 포스트모던 운동과 불교는 기독교로 하여금 상대주의의 문제를 진지하게 다루도록 요구하고 있는데 이를 다루는 것이 이 장의 두 번째 논제다. 특히 최근의 각종 다원주의의 득세와 맞물리면서 기독교는 상대주의가 요구하는 내용들을 자신 안으로 진지하게 수요하지 않으면 안 되는 상황을 맞이하고 있다. 논자는 이하에서 기독교가 이 문제를 어떻게 다루어야 미래의 바람직한 종교로 탈바꿈할 수 있을지 탐구하려 한다.

논자는 기독교적 전통적 세계관의 특징을 목적론적이고 형이상학적인 세계상에서 찾는데, 나는 해체와 무 개념이 이런 세계관을 붕괴시켰다는 전제 하에 그런 개념들이 기독교 신학에 어떤 위협을 가하고 있는지 살펴보는 것이 세 번째 논제다.

하지만 이 장은 기독교에 가해지는 위협과 비판의 내용을 다루는 것에만 그치지 않겠다. 오히려 이런 문제들을 기독교 신학이 어떻게 극복해 나갈 수 있을지 대안을 모색해 보는 작업을 통해 최종적으로는 기독교의 자기 변혁을 꾀하는 방법론을 제시하겠다. 논자는 기독교 스스로가 해체와 무의 도전에 대해 대응할 수 있는 신학적 방법론을 이미 보유하고 있다고 믿는다. 논자는 현대신학 중에서 그런 방법론을 발전시켜온 대표적 운동 중의 하나로 과정신학을 꼽으려 한다. 따라서 해체와 무의 도전이 기독교에 가해온 도전과 문제들에 대해서 과정신학이 어떤 대응책을 제공하는지 살펴보는 것이 본 논문의 또 다른 주요 지향점이 될 것이다.3)

I. 동일성 및 영원성의 붕괴와 신학적 문제

포스트모던 운동이 주장하는 '해체'의 개념과 불교가 주장하는 '무'의 개념은 문자 그대로 삼라만상의 모든 것everything을 해체하면서 동시에 모든 것은 '무nothing'라고 주장한다.4) 우리는 포스트모던 운동과 불교가 어떤 근거에서 그렇게 주장하는지 먼저 살펴보아야 하는데, 우리의 목적이 기독교 신학과 연계시켜 토론을 전개하는 데 있으므로 먼저 종교적 관점에서 이 문제를 분석해 보자. 논자의 생각에 해체와 무의 철학이 기독교에 가하는 가장 첫 번째 충격은 죽음에 대한 관념과 영생의 개념이다.

세상의 모든 사상은 그것이 종교적 문제를 다루는 한, 인간의 고통과 그것으로 인해 생성되는 삶의 허무함의 문제들을 분석하지 않을 수 없다. 또한 그런 문제들을 종교적 구원론을 사용해 어떻게 극복해야 하는지의

---

3) 최근 한국 사회에서 기독교 이외의 동아시아 종교들이 얼마나 실천적 문제에 대해 구체적 대안을 제공하면서 기독교의 도전 세력으로 군림해 왔는지를 살펴볼 수 있는 좋은 사례로서 불교적 시각을 살펴보려면 다음의 책을 보라. 크리스토퍼 퀸 & 샐리 킹, 『평화와 행복을 위한 불교지성들의 위대한 도전』, 박경준 역 (서울: 초록마을, 2003).
4) 포스트모던 운동의 일환으로서의 해체철학 중에서 역시 모든 것이 무라는 주장을 가장 설득력 있게 펼치는 입장은 지젝의 책들에 나타나 있다. 특히 그의 책 『부정성과 함께 머물기』를 보라. 그는 실재가 무라는 전제 하에, 그것을 공백, 부정성, 허구 등으로 표현하고 있다.

문제도 다루지 않을 수 없다. 잘 알려져 있다시피 자신이 직면한 실존적 허무를 물리치기 위해 인류가 해법으로 제시해 온 대표적 이론은 동일성 identity과 영원성eternity의 철학이다.5) 그렇다면 동일성과 영원성의 철학이란 무엇이기에 그것이 인간이 겪는 실존적 허무의 문제를 해결할 수 있다고 보는가?

인간이 자신의 실존적 허무를 극복하기 위해서 취하는 가장 보편적인 해결책은 사후의 세계에 대해 말하는 것이다. 인간은 언제나 고통과 번민 속에서 아픔을 겪을 수밖에 없는 존재라는 것을 스스로 인정할 수밖에 없지만, 그런 아픔은 사후 세계에서의 축복된 삶으로 보상된다는 것이 종교의 주장이다. 물론 때때로 우리의 현실적 삶은 전혀 고통의 문제가 극복되지 않는 부조리한 세상처럼 보이지만, 결국 사후의 삶에서는 문제의 해결이 가능하다고 믿으면서, 이런 믿음과 확신에 근거해 인간은 현재 느끼는 실존적 허무감의 문제를 해결할 수 있다고 보는 것이다.

하지만 이러한 종교적 확신을 가능하게 하려면 하나의 조건이 필요하다는 것이 문제다. 삶의 현재적 허무함을 사후의 미래적 삶으로 극복하기 위해서는 현재의 삶과 미래의 삶이 동일하게 연결될 수 있다는 전제가 필요하다. 다시 말해서 인간 존재가 결코 죽음으로 인해 그 삶이 종결되는 것이 아니라 반드시 죽음 이후의 미래에도 영속된다는 것을 주장하며, 또한 이를 위해서는 죽음 이전의 삶과 그 이후의 삶이 동일하게 연결되어야 한다는 것을 확신해야 한다는 말이다. 현재의 삶과 미래의 삶을 연결시킬 수 있는 연속성의 끈이 없다면 사후에 누릴 삶의 주체도 없게 될 것이다. 나아가 그 경우 현재의 고통이 사후에 지속되는 영원한 삶에

---

5) 여기서 혹자는 'identity'를 '정체성'으로 번역하기도 하나, 그것은 철학적 토론에서는 알맞은 번역이 아니다. 일상적인 어법에서는 'identity'가 어떤 실재의 정체성, 신원 등을 의미하는 것은 맞지만, 철학적 토론에서는 시간의 추이를 겪는 실재가 지속적으로 생멸을 거듭하는 순간들의 시리즈 속에서 어떻게 여전히 동일한가 하는 문제에 관심하는 것이므로 동일성이라 번역해야만 한다.

서 보상된다고 주장할 근거도 사라지게 될 것이다.

이렇게 삶의 허무성의 문제를 풀어나가는 데 있어서 언제나 서구 사상은 죽음 이전의 삶과 그 이후의 삶이 동일하다는 것을 역설하지 않을 수 없었으며 이것이 동일성의 철학이다. 나아가 그런 동일성이 죽음 이후에도 영원히 지속될 수 있다고 주장해야만 했다. 이것이 영원성의 철학이다. 또한 그리스 철학의 영향 하에서 기독교가 취해온 '영혼'의 개념도 바로 이렇게 인간의 동일성과 영속성을 설명하기 위해 동원된 개념이었다.6) 비록 육체는 죽음으로 인해 소멸되지만 영혼은 사라지지 않으며 동시에 그것은 육체의 소멸 이후에도 동일하게 지속된다는 것이다. 영혼의 개념은 플라톤 철학 이래로 서구 이천년의 역사 속에서 동일성과 영원성의 문제를 푸는 해답으로 확고한 위치를 차지하고 있었다.7) 하지만 포스트모더니즘의 등장으로 이런 영혼의 개념은 심각한 도전에 직면하게 된다.

오늘의 포스트모더니즘 운동은 현대 과학의 성과들을 사용해 영혼이 육체적 사건의 연장에 불과하며 따라서 육체가 사라지면 영혼은 지속되지 않는다고 주장한다.8) 오늘의 현대인들은 육체와 영혼의 관계를 마치 컴퓨터의 하드웨어와 소프트웨어의 관계처럼 생각한다. 따라서 그들은

---

6) 그리스 철학이 기독교 신학의 형성에 어떤 영향을 끼쳤는가에 대해 잘 분석한 것으로서는 디오게네스 알렌의 책을 보라. 국내에서는 정재현에 의해서 번역되어 『신학을 이해하기 위한 철학』이라는 제목으로 나왔다. 1장-5장은 플라톤과 아리스토텔레스의 철학이 기독교 신학 안에 흡수된 과정을 전문적인 필치로 그리고 있다.

7) 플라톤의 영혼론은 여러 책에서 다루어진다. 가장 유명한 것은 『파이드로스』와 『파이돈』 그리고 『국가』 등이다. 이 중에서 기독교 철학에 영혼의 동일성과 영원성을 심은 책은 『파이돈』과 『국가』의 영혼론이 특히 중요한데 영혼을 불변하는 실체로 보는 사상이 여기서 집중적으로 토론되기 때문이다. 나아가 유대-기독교에는 생소했던 그리스의 영육이원론을 기독교 내로 들여온 바울의 사상이 도대체 어디에서 철학적 힌트를 얻었는지 엿볼 수 있는 것도 바로 이 책들이다. 특히 『파이돈』, 79a-b를 보라.

8) 아주 쉬운 필치와 예화를 통해 죽음과 영생의 문제를 철학적으로 다룬 가장 좋은 책은 예일 대의 셸리 케이건(Shelly Kagan)이 지은 『죽음이란 무엇인가?』이다. 특히 동일성의 문제를 다루고 있는 4장과 영육이원론의 한계를 밝히고 있는 10장을 주로 참조하라.

하드웨어가 깨지는 순간 그 안의 소프트웨어 프로그램도 날아가 버린다고 믿는다. 논자는 여기서 이런 유물론적이고 기계론적인 인간론의 정당성 여부에 대해서 토론하려 하지 않겠다. 그것은 본 논문의 범위를 넘어서기 때문이다. 단지 현재의 토론과 관련하여 언급해야 할 것은, 상황이 어떠하든 현대인들은 유물론적 기계론이 이해하는 인간론을 받아들여 왔으며, 이런 인간론이 오늘의 세속 지성계를 지배하고 있다는 것이다. 오래 전부터 동일성과 영원성의 철학을 비판해 오던 니체의 저서들이 오늘의 서점가에서 다시 인기를 끌면서 많이 읽히는 이유는 바로 이런 배경에서다.9) 최근 데리다나 들뢰즈 등이 나서서 차이와 생성의 철학을 강조하는 것도 동일한 배경에서다. 차이란 동일성의 반대이며, 생성(과 소멸)은 영원성의 반대이기 때문이다. 이런 차이와 생성의 개념이 현대 지성인들에게 호소력을 갖게 된 이상 오늘의 신학은 포스트모던 운동의 영혼에 대한 비판을 진지하게 경청하지 않을 수 없다.

하나의 종교로서 인간의 삶과 죽음의 문제를 진지하게 다루면서도 동일성과 영원성에 대해서 비판적으로 다룰 뿐만 아니라, 영혼의 개념에 대해서 철저히 거부하는 것은 불교가 압권이다. 불교는 본래 인도 철학이 의존하는 동일성과 영원성의 개념을 비판하기 위해서 출발한 철학이었다. 주지하다시피, 인도철학의 핵심 사상인 이른 바, "아트만Atman이 브라만Brahman이다."라는 유명한 "범아일여(梵我一如)"의 명제가 바로 불교가 동일성과 영원성의 문제를 해결하기 위해서 제시한 바, 인간 영혼에 대한 해체적 분석이었다. 사실 초기의 불교는 힌두교의 동일성과 영원성의 개념을 계승했었다. 소위 아비다르마Abidharma의 주류로 지칭되는 설일체유부(說一體有部)의 입장이 바로 그것이니, 그런 불교에서 주장되는

---

9) 니체의 책은 최근 세계 서점가에서 가장 인기 있는 책들이며 많은 국내학자들도 잘 소화된 니체 해설서들을 내 놓고 있다. 기독교와 관련시킨 책으로 논자가 추천하고 싶은 것은 최순영이 지은 『니체와 도덕의 위기 그리고 기독교』 (서울: 철학과현실사, 2012)이다.

삼세실유(三世實有)론은, 아무리 모든 것들이 유한하고 사멸할지라도 어쨌든 고정적으로 존재하는 유(有)가 있다고 주장했다.10) 이런 유를 인간에게 적용하면 일종의 불교적 영혼론이 될 수 있을 것이다.

하지만 서구와는 매우 다른 사상적 풍토에서 조성된 불교는 전통적 인도철학의 동일성과 영원성의 철학을 극복하기 위해 매우 독특한 개념을 발명해 냈는데 그 중의 하나가 바로 무(無) 혹은 공(空)의 철학이다. 특히 대승불교에서 발전된 무(無)와 공(空)의 사상은 나가르주나의 중관론(中觀論)에 힘입어 철저하고 급진적인 상대주의를 주장하게 되었는데, 이것이야 말로 서구철학의 핵심인 동일성과 영원성의 철학에 정반대되는 사상이라 할 수 있다. 그렇다면 불교는 어떻게 동일성과 영원성의 개념을 무력화시키는가?

불교철학은 너무 복잡하기에 한마디로 요약하는 것이 쉽지 않다. 하지만 그래도 거칠게나마 그것을 쉬운 표현을 동원해 요약해 본다면, 한마디로 불교는 허무의 문제를 무(無)로, 공허의 문제를 공(空)으로 풀어보려는 시도라 할 수 있다. 무슨 말인가?

불교에서는 사물의 주체가 찰나의 순간들을 겪으며 영속적으로 사멸(死滅)한다고 보는데 이런 법칙에서는 인간의 주체도 예외일 수 없다. 그런데 이렇게 찰나적이고 영속적으로 사멸해 가는 인간이 겪는 고통의 문제를 해결하려 할 때 불교는 서구처럼 동일성과 영원성을 동원하지 않고 다른 길을 제시한다. 즉 불교는 찰나와 사멸 그것 자체의 핵심으로 돌아가는 방법, 즉 무와 공을 정면으로 마주쳐 그것을 긍정적으로 변혁하고 실현해 내는 적극적 방법에 의지하는 구원론을 펼친다.11) 물론 찰나와

---

10) 여기서 삼세란, 과거, 현재, 미래를 말하는 것이며 이들이 고정불변하게 존재 한다는 것이 실유(實有)다. 기독교인들이 읽기 쉬우면서도 불교에 대한 깊은 이해를 담고 있는 책들은 Edward Conze의 책들이다. 한형조가 『한글세대를 위한 불교』(서울: 세계사, 1992)라는 제목으로 번역한 책도 그 중의 하나다.
11) 대승불교와 기독교를 비교한 책 중 가장 좋은 책은 야기 세이이치의 책이다. 『바울과

사멸을 해석할 때, 혹자는 하나의 유(有)로서의 사물이 지속적으로 쪼개지면서 사멸한다고 볼 수도 있겠으나, 바로 이런 유(有)와 실체 중심적 사유방식을 거부하려 했던 것이 부파불교 이후의 대승불교 운동이다. 대승불교에 따르면 찰나는 어떤 유(有)가 찰나적으로 있다는 말이 결코 아니며, 단지 본래부터 무(無)만이 존재한다.

불교가 주장하는 대로 이렇게 생성이나 찰나 자체가 본래 무를 착각함에서 탄생된 개념이라면 동일성이나 영원성이라는 개념 자체는 성립될 수 없게 된다. 따라서 영혼은 물론, 실체나 주체 등 지속적으로 존재하는 존재자와 관련된 문제 자체가 사라지게 된다. 모든 것은 본래 무이며 유나 영혼 등과 같은 개념 자체는 착각과 환상 및 미망과 오인의 산물이다. 불교가 (허)무의 문제는 무로, 공(허)의 문제는 공으로 해결한다고 말한 것은 이런 뜻이다.

이제까지 우리는 포스트모던 운동과 불교가 해체와 무의 개념을 사용해 그들이 어떻게 종교적 위협을 가하는지 살펴보았다. 그들이 동일성과 영원성의 개념을 해체하고, 영혼을 무로 간주해 버린 오늘날 기독교적 영혼론이나 그것을 뒷받침하는 이론으로서의 영원성의 철학은 더 이상 세속의 지성인들에게 호소력을 지니지 못하게 될 것이다.12)

정토불교, 예수와 선』(서울: 대원정사, 1998)이라는 제목으로 번역되었다. 국내 저서 중 대표적인 것은 길희성의 것이다.『일본의 정토사상』(서울: 민음사, 1999)을 보라. 서구신학자의 것으로는 존 캅의 것을 보라.『기독교와 불교의 대화를 넘어서』(대구: 이문출판사, 2010)가 그것이다.
12) 이 문제를 가장 잘 다룬 책으로 스퐁(John Shelby Spong)의『영생에 대한 새로운 전망』, 10-12장을 보라.

II. 급진적 상대주의의 도래와 신학적 문제

포스트모던 운동의 해체철학과 불교의 무의 철학 오늘의 세계에 던지는 또 다른 충격적 화두는 급진적 상대주의이다. 여기서 상대주의relativism란 세상에 그 어떤 입장과 사조도 절대적으로 옳거나 우월한 것은 없다는 입장으로서, 문화 상대주의나 종교 상대주의가 그 대표적인 형태로 나타난다. 그렇다면 해체와 무는 어떻게 상대주의와 연결되는가? 나아가 그것들은 기독교에 어떤 식으로 강력한 도전을 제기하는가?

포스트모던 운동의 해체 개념은 사실 근대 과학의 영향 하에 형성된 것이다. 따라서 엄밀히 볼 때 해체가 상대주의를 결과한 것이 아니라 그 반대다. 잘 알다시피 근대가 끝나갈 무렵에 인류에게 하나의 가장 강력한 상대주의 사상을 소개한 이가 바로 아인슈타인이다. 아인슈타인의 상대성이론이 모든 의미의 절대적인 표준을 송두리째 부정한 것은 아니었지만 어쨌든 그는 먼저 시간이 선험적으로 존재한다는 사실을 부정했으며 나아가 시간과 공간은 사물과 더불어 생성된다고 보았다.13) 즉 한마디로 그의 상대성이론은 절대적 시-공간의 개념을 무너뜨렸다. 상대성이론은 후속되는 대부분의 서양사상에 피할 수 없는 화두로 던져졌으며 오늘의 포스트모던 운동이 주도하는 해체주의의 모체가 되었다.14)

아인슈타인의 상대성이론에 자극 받은 서구는 토마스 쿤의 패러다임paradigm론에 의거한 과학 상대주의로 탈바꿈했으며, 문화적으로는 에드워드 사이드의 오리엔탈리즘을 낳았다. 그들의 상대성이론에서만 영향

---

13) 화이트헤드도 과정적 상대성 이론을 펼친 바 있다. 『과학과 근대 세계』 (파주: 서광사, 2005), 7장을 보라.

14) 화이트헤드는 어떤 체계이든 과정일 수밖에 없으며 어떤 시대적 한계 내에 갇혀있다고 갈파했다. 이 문제에 대해 토론한 것으로는 David Griffin의 *Whitehead's Radically Different Postmodern Philosophy* (New York: SUNY Press, 2007)의 p.172-179를 보라.

을 받은 것은 아니지만 결과적으로 과학과 문화의 상대주의를 말하게 된 것은 상대성이론의 영향이 크다. 그러나 진정한 의미의 래디컬한 상대주의는 포스트모던 철학의 대표적 입장, 정확하게는 포스트구조주의 철학에서 시작되었다.

포스트구조주의의 핵심을 한마디로 규정하기는 어렵다. 그러나 상대주의와 관련하여 포스트구조주의 철학의 핵심은 차이의 철학the philosophy of difference에서 발견된다. 차이의 철학이란 동일성과 영원성의 철학이 붕괴된 오늘의 세계에서 현대 철학이 하나의 대안을 모색하다 제시한 것인데 때로는 차이-생성(혹은 차이화)differentiation의 철학으로 불리기도 한다.15) 여기서 차이-생성의 철학이 무엇이며 어떤 배경에서 형성되었는지 설명하는 것은 적지 않은 지면을 요한다. 따라서 복잡한 토론을 피하고 이해를 쉽게 하기 위해서 직접적인 하나의 사례를 들어서 설명해 보자.

홍길동이라는 이름을 가진 하나의 인간이 존재한다고 할 때 그는 분명히 동일성을 지니는 것으로 추정할 수 있다. 그러나 홍길동의 동일성을 보장할 수 있는 확실한 방법이 있는 것은 아니다. 예를 들어 그의 주민등록증에 나와 있는 사진이 현재의 홍길동과 동일하다는 것을 반드시 입증하지는 않는다. 10년 전에 현상된 것일 수도 있고, 혹은 성형수술을 받아서 얼굴을 고쳤을 수도 있기 때문이다. 사실 하나의 인간으로서 현재 이 시각의 홍길동이 과거의 10년의 홍길동과 필연적으로 동일할 수는 없다.

동일성의 철학이 인간의 정체성을 규정하는 데 있어서 이런 어려움을 갖는다면 대안은 무엇인가? 이미 말한 대로 그 대안이 바로 차이-생성differentiation의 철학이다. 오늘의 차이-생성의 철학은 인간의 정체성을

---

15) 국내 학자 중 들뢰즈의 차이-생성의 철학을 소개한 좋은 저서는 이정우의 것이다. 『천하나의 고원』(파주: 돌베개, 2008)을 참조하라. 들뢰즈 사상에 대한 번역서로서는 마이클 하트의 『들뢰즈 사상의 진화』가 좋다.

말할 때 아예 동일성에 관심하지 말고 차이-생성 자체에서 보자고 제안한다. 그러면 모든 문제가 해소된다고 보기 때문이다. 예를 들면, 과거의 홍길동과 현재의 홍길동의 동일성에 주목해서 인간의 정체성을 규정하려 하지 말고 아예 그것의 차이에 주목하자는 것이다. 단, 그저 차이가 아니라 차이가 생성되는 것, 특히 창조적이고 생산적으로 차이가 생성되는 것의 관점에서 보면 인간의 정체성 문제도 해결될 수 있다고 주장한다. 이런 입장에서 보면 과거의 홍길동과 현재의 동일성이 하나의 정체성을 갖는 이유는 그가 참으로 동일하기 때문이 아니라 그가 만들어 내는 차이의 생성에 기인한다. 홍길동이 과거와 다르게 오늘 생산해 내는 차이의 연속성이 그의 정체성과 가치를 규정한다는 말이다.

그러나 여전히 풀리지 않는 문제가 있다. 특히 가장 큰 문제가 바로 상대주의다. 차이의 철학을 따라 현재의 절대성이 10분 후에는 차이를 지닐 수밖에 없다는 것을 인정하지 않을 수 없다면 결국 고정적이고 불변하는 절대성은 불가능하게 된다. 한마디로 동일한 절대성이 불가능하다는 말이다.

이렇게 되면 차이-생성의 철학은 법칙의 문제를 다루는 데 어려움을 갖게 될 수밖에 없게 된다. 법칙이란 본래 불변하는 시공간과, 그것에서 항시 동일성을 유지하고 있는 표준을 가정하는 한도 내에서 통용될 수 있기 때문이다. 차이와 생성만이 남는 세계에서 우리는 절대적인 표준을 발견하는 것이 불가능해진다. 나아가 모든 것이 차이뿐이요 그것에 의해서 가치가 규정되어야 한다면 하나의 입장이 다른 입장을 평가하거나 정죄하는 일은 불가능하게 된다. 어떤 것을 평가한다는 행위나 정죄한다는 행위는 표준과 잣대를 상정하고서 가능하게 되는데, 차이 중심의 사고방식에서는 그런 행위 자체가 용납되지 않는다. 이 경우 결국 우리는 윤리적 방임주의와 자유주의, 혹은 비생산적인 자유주의를 용인할 수밖에 없게 될 수도 있다.

이런 현실 앞에서 차이-생성의 철학이 어떤 신학적 문제를 야기하게 되는지는 열거하기 어렵지 않다. 우선 우리가 너무 익숙하게 잘 알고 있는 가장 큰 문제는 종교다원주의의 문제다. 상대주의적 세계관에서 볼 때, 우리는 하나의 종교가 옳은지 그른지에 대해 판단해서는 안 된다. 또한 하나의 종교가 다른 종교보다 무조건 우월하다는 것에 대해서도 판단할 수 없다. 예수의 십자가, 원죄, 속죄, 은총, 신앙칭의 등의 독특성도 상대주의의적 관점에서 보면 그 유일무이성이 무너지게 된다.16)

이제까지 우리는 포스트모던 운동과 불교가 어떻게 급진적인 의미의 상대주의를 주장했는지 살펴보았다. 그리고 그것이 신학적으로 어떤 위협이 되어왔는지를 분석했다. 이하에서는 포스트모던 운동과 불교가 가져온 또 다른 충격에 대해서 살펴보자.

III. 수목적 세계관의 문제와 신학적 문제

요즈음 장안에서 가장 많이 읽히는 포스트모던 운동의 대표적 철학자는 들뢰즈다. 들뢰즈의 사상 중에서 오늘 가장 인구에 회자되는 개념 중의 하나는 이른바, 수목적(樹木的)arborescent 세계관인데, 들뢰즈는 이런 세계관이 붕괴되었다고 단호하게 주장한다.17) 여기서 수목적 세계관이란, 마치 나무 가지들과 나무 몸체의 관계에서 나타나듯이, 즉 나무의 몸

---

16) 철학적 상대주의와 종교다원주의의 연관성 문제를 다룬 것으로는 폴 니터(Paul Knitter)의 책들이 좋다. 그 중 *Introducing Theologies of Religions*는 그의 모든 저서들의 요약본이라 할 수 있다. 특히 10-11장을 보라. 한글 번역본은 유정원에 의해서 분도출판사에서 2007년에 『종교신학입문』이라는 제목으로 출간되었다.

17) 사실은 들뢰즈와 가타리가 더 정확하다. 수목적 세계관과 관련해서는 양자가 공동 작업한 경우가 많기 때문이다. 그러나 국내에서는 들뢰즈가 하나의 탈구조주의 철학 운동의 대표로 언급되고 있는 것이 현실이기에 이하에서는 한 명의 이름만 거론하려 한다. 들뢰즈와 가타리의 저서는 『천개의 고원』이라는 제목으로 나왔다.

체에서 여러 가지가 상하 좌우로 뻗어나가면서 하나의 체계를 이루듯이 우주와 세계 내에는 하나의 축이 존재하고 그 중심축 주위로 주변적인 가지들이 조직적으로 존재한다는 것을 믿는 입장을 말한다. 또 다른 비유를 들자면, 마치 생물도감에서 종(種)과 유(類)가 맺는 관계처럼 상위에 존재하는 우두머리의 유(類)라는 우산 아래 종과 종들이 하부구조적 연계를 이루는 위계질서적이고 피라미드적인 관계망의 세계를 연상하면 된다. 이것이 바로 수목적 세계관의 전형적인 모습으로서 이는 말하자면 하나의 초월자를 중심으로 전개되었던 전통적인 위계적 우주론과 신학적 세계관을 상징하는 것이다.

여기서 우리가 잊지 말아야 하는 사실은, 이런 수목적 세계관은 언제나 목적론적 세계관으로 뒷받침된다는 것이다. 수목적 세계관이 세상의 모든 존재자들을 수직적인 관점에서 줄 세우는 것이라면 목적론적 세계관은 그 존재자들을 직선적인 관점에서 부동의 원동자를 중심으로 줄 세우는 것이다. 즉 모든 존재자들이 달려가는 방향의 끝에는 항상 그 존재자들이 도달하기를 원하는 최종 목표로서의 궁극자가 존재하고 있는데, 이 궁극적 실재는 최초 원인이자 동시에 최종 목적으로서 존재한다. 왜냐하면 그런 궁극적 실재는 여타 모든 존재자들의 운명을 좌우하는 최초의 창조자인 동시에 그들이 지향해 가야 하는 최종 목표점이 되는 것으로 설명되었기 때문이다.

현대의 포스트모던 운동이 이런 수목적 세계관을 거부하는 이유는 자명하다. 모든 것이 상대화되고 세상에서, 나아가 세계를 한 줄로 질서 세우고 통제해 오던 초월이 붕괴된 세상에서 이제 모든 사물들은 상하의 구별 없이 동등한 가치를 지니는 것으로 기술되어야 하기 때문이다. 또 다시 들뢰즈의 표현을 빌려 이를 포현하면, 모든 존재자는 같은 평면 위에서 하나의 동등한 목소리로 존재한다는 것인데, 이를 들뢰즈는 존재의 일의성(一義性)univocality이라 불렀다.[18] 여기서 일의성이란, 존재는 모두 동등한 의미를 지닌다는 뜻이다. 하지만 존재의 일의성이란 마치 플로티노스의 유출설에서 보듯이 어떤 일자(一者)가 먼저 존재하고 나머지 사물들은 그 일자에서 유출되었다는 의미에서 동등하다는 것이 아니다. 즉 존재의 일의성이란 하나의 동일한 일자에서 다자(多者)가 나왔기에 전부 한 자식들이라는 의미에서 모두가 동일한 가치를 지닌다는 뜻이 아니다. 오히려 오늘의 들뢰즈 류의 탈구조주의적 사유가 말하는 일의성은 정반대의 길을 간다.

오늘의 상대주의 세계에서 다자들은 근본적으로 서로 다르게 태어나고 다르게 존재하는 데도 불구하고 평등하다고 말해야 하는데, 그 이유는 일자가 없기 때문이다. 다시 말해 다자로서의 세상의 존재들이 서로 다름에도 불구하고 동등한 존재가치를 지니는 이유는 오히려 어떤 일자도 없기 때문이라는 것이다. 소위 n-1의 도식으로 표현되는 포스트구조주의자들의 존재론에 따르면, 다자들이 한 목소리가 되는 이유는 그들의 수number에서 일자, 즉 그들의 종합이면서 동시에 그들의 통제적 우두머리가 되는 바로 그 일자(1)를 제외했기(-1) 때문이라고 한다. 따라서 모든 것이 참으로 동등하다고 주장한다.[19]

수목적 사유가 붕괴되었다는 주장은 전통사회가 용인해 왔던 각종 위계적 계급질서를 무너뜨려야 한다는 외침과 연결된다. 잘 알다시피, 위계적 계급질서란 하나의 중심축을 세운 다음 그 정상에 최고의 궁극자를 올려놓고서 그것을 중심으로 공동체의 질서를 잡는 것을 말한다. 우리가 잘 알다시피, 고대와 중세에 있어서 이런 궁극자는 신이었다. 최고의 궁극자로서의 신은 세계 내 존재들을 평가하고 통제하면서 질서를 유지해 가는 것으로 기술되기 때문에 신이 강압적 군주, 폭군으로 기술되

---

18) 들뢰즈의 일의성 개념이 지니는 의미에 대해서는 이미 언급한 이정우의 『천하나의 고원』을 보라.
19) 질 들뢰즈, 가타리, 『천개의 고원』의 40쪽을 보라.

어도 아무런 이의를 제기할 수 없었다. 그러나 오늘날은 이런 세계관이 무너졌다. 수목적 사유를 거부한다는 것은 그것이 신이건 혹은 다른 어떤 궁극자이건 중심축을 제거한다는 것을 의미한다.

이렇게 본다면 수목적 세계관의 거부는 하나의 일자로서의 신을 거부하고 모든 존재를 같은 평면 위에서 동등하게 취급하려는 시도의 산물이다. 여기서 우리는 왜 형이상학이 붕괴될 수밖에 없는지 그 이유도 쉽게 이해할 수 있게 된다. 본래 형이상학이란 물리계 내에 존재하는 사물들의 목소리들을 설명하다 막힘이 발생할 때, 물리계를 초월하는 목소리 즉 형이상(形而上)학적인 가설을 도입하여 설명해 내는 체계적 시도에 다름 아니다. 수목적 세계관이 무너지고, 일자와 신이 사라진 세계에서는 형이하의 물리계를 설명하면서 막힘의 현상이 발생하더라도 그저 그것이 전부다. 그 이상으로 비약할 필요를 느끼지 않으며 따라서 상위의 초월자도 상정할 필요가 없기 때문이다.

이런 세상에서는 기독교의 목적론적 사유가 뭇매의 대상이 되는 것이 당연하다. 특히 기독교가 자신의 특징으로 내세우는 선형적linear 역사관은 오늘날 모든 문제의 근원으로 주장되기도 하는데, 실은 그 이유도 선형적 역사관이 목적론적 사유에 기초한 것으로 해석되어 왔기 때문이다. 이미 보았듯이 목적론적 사유의 문제는 어떤 존재가 질서의 중심축을 이루면서 다른 타자들을 누르고 상위에 존재할 때 생겨난다. 따라서 목적론적 사유의 문제는 비단 신의 문제뿐만이 아니다. 예를 들어 근대 이후의 목적론적 사관에 있어서 그 중심축에는 인간이 들어 앉아 있었다. 소위 칸트의 정언명령categorical imperative으로 대표되는 명제에 따르면 인간만이 목적이 되고 다른 여타의 존재들은 인간을 위한 수단이 된다. 오늘날에 와서 이런 인간중심주의 혹은 인본주의는 많은 학자들에게 공격의 대상이 되어 왔다. 오늘날은 인간 이외의 개별자 모두가 존중받는 사회이며, 따라서 사회적 소수자 및 자연의 개별자들의 권리가 주목받는 사회이다. 이런 사회에서는 소수자 스스로가 목적이 될 뿐 신도 인간도 독점적 지위에 오를 수 없다고 보는 것이다.

IV. 대답의 시도 – 과정사상의 관점에서

이제까지 본 바대로, 포스트모던 운동의 해체주의와 불교의 무의 철학이 종교에 가하는 비판은 자못 육중한 무게를 지닌다. 그 무게감을 감안해 볼 때 기독교는 더 이상 그들의 비판을 피해갈 수 없는 상황에 직면해 있는 느낌이다. 아니, 그들의 비판은 기독교 신학자들에게 필연적인 변혁에의 요구로 느껴지고 있을 정도이다.

하지만 기독교는 이제까지 그들의 도전이나 비판에 대해 애써 무시하거나 혹은 무관심의 태도로 일관해 왔다. 그리고 기독교의 이런 태도는 많은 세속의 지성인들로 하여금 오늘의 기독교가 시대착오적인 길을 가고 있다고 느끼도록 만들어 왔다. 마치 코페르니쿠스가 지동설을 주장하고 있을 때 중세의 기독교인들이 그것에 무관심하거나 애써 무시하면서 자신만의 세계관을 고집하다 당시의 지성인들에게 외면당했던 것처럼 오늘의 기독교도 모든 사람들이 알고 있는 포스트모던 운동의 중요성을 무시한 채 나이브한 자세로 일관하고 있다고 비판받고 있다. 기독교는 과연 이런 상황을 어떻게 헤쳐 나가야할까?

우선 동일성과 영원성의 철학의 문제부터 다루어 보자. 동일성의 철학과 영원성의 철학이 붕괴되었을 때 철학은 즉시 차이–생성differentiation의 철학을 재빠르게 소개한 바 있다고 위에서 밝힌 바 있다. 철학적 입장에서 볼 때 차이–생성의 철학은 동일성과 영원성이 붕괴된 오늘의 난국을 헤쳐 나갈 수 있는 하나의 멋진 대안인 것은 틀림이 없는 것 같다. 고전적인 방법을 통해서는 인간의 정체성이나 주체성을 확립하는 작업이 더 이상 불가능해진 지금, 인간 정체성의 문제를 동일성의 관점, 즉 인간이 생성하고 소멸하는 시간 속에서 어떻게 동일하게 지속할 수 있는지 여부를 따지는 관점에서 다루는 것은 문제가 많다. 그러기에 종전의 관점과는 다른 관점이 제시되어야 문제를 해결할 수 있는데, 차이-생성의 철학이 바로 그런 새로운 관점이라 할 수 있다. 차이-생성의 관점에서 볼 때, 인간은 시시각각으로 바뀌는 시간의 변화 속에서 만들어지는 순간적 차이들의 연속일 뿐이다. 그리고 그런 종합이 바로 인간의 정체성이다. 차이란 어떤 면에서 이전에는 존재하지 않았던 새 것이며, 인간의 정체성은 축적된 과거에 덧붙여진 이러한 하나의 새 것과 그것에 덧붙여진 또 다른 새 것의 연속으로 인해 구성된다고 볼 수 있다.

차이-생성의 철학을 신학에 적용한 시도 중 가장 대표적인 것이 과정철학이다. 논자는 특히 화이트헤드의 철학에 입각해 발달한 과정신학이 인간의 정체성을 차이-생성의 관점에서 새롭게 규명할 수 있다고 믿는다.[20] 과정신학에 따르면, 인간의 정체성은 지속하는 자신의 동일성이 아니라 오히려 인간의 경험이 시시각각으로 만들어 내는 새로움에서 발견될 수 있다고 본다. 내 생각에 이런 시각은 동일성의 철학이 빠졌던 난점을 극복할 수 있는 하나의 좋은 방법이 될 수 있다. 이미 보았듯이 동일성보다는 차이가 오히려 한 사람의 정체성을 드러내 보이는 것이 사실이기 때문이다. 이제 남아 있는 하나의 문제는 그런 과정적인 인간이 어떻게 영원성을 확보할 수 있는지 보는 것이다. 즉 이미 우리가 앞에서 보았듯이 인간의 정체성과 그것을 보장하는 동일성이 문제가 되었던 진정한 이유는 죽음 이전과 죽음 이전의 인간 존재가 어떻게 동일하게 지속

---

20) 여기서 과정신학을 차이-생성의 철학의 범주에 넣어 기술하는 것은 순전히 논자의 개인적인 해석이고 모든 과정신학자가 여기에 동의하지는 않을 수도 있다. 하지만 과정철학과 신학이 말하는 새 것(novelty)이, 순간의 존재 속에서 발현되면서 과거의 사건들과 구별되는 혁신성과 창조성을 지칭하는 것이 맞다면, 논자의 이런 기술은 대부분의 과정신학자들에게 충분히 승인받을 수 있는 해석이라 생각된다.

될 수 있느냐는 질문이었기 때문이다.

결국 한 인간이 죽음 이전의 삶과 죽음 이후의 분리된 시간을 통과해 연속적인 삶을 살 수 있으면서도 동시에 영원히 지속할 수 있으려면 신의 존재를 전제하지 않을 수 없다. 이런 이유로 같은 포스트모던의 전통에 속하더라도 과정신학은 여전히 유신론적이고 구성주의적constructive인 방법론을 선호하지 않을 수 없었다. 과정신학의 입장에 따르면, 인간이 내리는 모든 결정은 신의 나라와 신의 기억이 없이는 보존될 수 없다. 시간의 흐름 속에서 비록 인간은 시시각각 생성하고 소멸하는 삶을 반복하지만, 그는 자신이 만들어 내는 과거와 다른 새 것에 의해서 자신의 정체성을 확보하며 또한 그런 정체성은 신의 나라와 신의 기억 속에서 영원성을 확보할 수 있는 것이다.21) 해체론과 무의 철학이 활개치고 있는 현대 세속 세계에서도 기독교가 이상적이고 바람직한 하나의 대안을 제공할 수 있는 것은 의외로 자신의 유신론적인 자신의 전통으로 회귀할 때 가능한 것이다.

두 번째로 다룰 문제는 상대주의의 도전에 관한 것이다. 오늘의 신학은 이 난처한 문제에 어떻게 대응할 수 있을까? 하지만 상대주의는 잘 알려진 대로 치명적인 한계를 갖는다. 상대주의의 약점은 그것이 포스트모던의 것이든 불교의 것이든 대개 다음과 같이 요약될 수 있다. 만일 우리가 그들의 주장에 근거하여 극단적인 상대주의를 따라간다면, 우리는 선/악을 상대화시키면서 무분별하게 되고, 나아가 윤리적으로는 때때로 자유방임주의를 허락하게 될 것이다. 모든 것이 상대화되어야 하고 단지 차이-생성만이 유일한 가치로 인정될 때 그들에게 남는 것은 선/악보다는 호/불호의 차이만이 남게 될 것이기 때문이다.

---

21) 과정신학이 펼치는 죽음과 영생에 대한 이론과 주체적 불멸에 대한 토론은 그리핀 (David R. Griffin)의 저서 『화이트헤드 철학과 자연주의적 종교론』의 6장의 4-6절을 보라.

그렇다. 실제로 오늘의 포스트모던 세계에서 인기 있는 윤리학적 주장은 바로 선/악의 이분법적 윤리를 호/불호의 윤리로 대체시킬 수 있다는 것이다. 상대주의가 만연되어 있는 오늘의 현대인에게 하나의 행동을 선/악과 같은 이분화에 근거한 판단하는 것은 인기가 없고 그런 행동을 그저 해당자와 그 공동체에 대한 좋고/나쁨의 관점에 의해서 판단하는 것이 더 호응을 얻고 있다. 그러나 우리가 잘 알다시피, 아우슈비츠의 유대인 학살은 단순히 좋고/나쁨의 잣대에 의해서 판단될 수 없다. 그것은 선하거나 악한 행위인 것이다. 히틀러 집단에게는 선이지만 대부분의 인류에게는 악인 것이다. 따라서 그것은 좋고 나쁨과 같은 호/불호의 대상이 될 수 없다.

아무리 오늘의 시대를 포스트모던적 무정부의 시대라느니, 혹은 데카당스적이고 전위적인 윤리의 시대라느니 외치더라도 선/악의 범주를 버리고서는 우리는 어떤 윤리적 판단도 할 수 없다. 신의 잣대가 요구되는 이유가 바로 이런 경우 때문이다. 그리고 오늘과 같은 무신론의 세속 안으로 신학이 들어설 수 있는 여지가 생기는 것도 바로 이 지점에서다.

물론 여기서 우리는 조건을 필요로 한다. 포스트모던 현대인들이 자신의 윤리적 기준으로 삼을 수 있는 잣대를 신의 규범성, 혹은 선악을 가를 수 있는 기준으로서의 신의 역할에서부터 유추할 수 있다고 하더라도, 그런 신은 전통적 신과는 다른 속성을 갖는 것으로 기술되어야 하기 때문이다. 예를 들어 신이 선과 악을 가르는 도덕적 기준으로 존재하기 위해서 어쩔 수 없이 자신을 절대적 표준으로 제시하지 않을 수 없다 하지만, 그렇더라도 그 절대적 표준이 의미하는 바는 전통과 달라야 한다. 즉 전통적인 정의에 있어서 '절대성'은 문자 그대로 대(對)를 끊는 것(絕)이었다. 모든 존재와 맺는 관계를 끊고, 모든 존재에게 상대가 되는 것으로부터 떨어져 독립적인 힘을 가질 수 있는 한도 내에서 하나의 존재는 절대가 될 수 있었다. 그러나 이런 의미의 절대성은 오늘의 상대주의적 세계 상에서는 불가능한 개념이다.

그럼에도 불구하고 여전히 우리가 어떤 종류가 되든지 하나의 절대성을 포기할 수는 없는 상황이라면 우리는 새로운 의미의 절대성을 추구해야 한다. 여기서도 나는 과정신학에서 하나의 해결책을 찾을 수 있다고 본다. 과정신학은 신의 절대성을 오히려 그의 능가불능한insurpassable 상대성에서 찾는다.22) 예를 들어 찰스 하츠혼Charles Hartshorne에 따르면, 신이 갖는 절대성은 오히려 그의 철저한 상대성으로서, 여기서 능가불능한 성질의 이런 상대성은 결코 신이 상대와의 관계를 절연하는 것이 아니라, 더욱 철저하게 상대적이 되어 모든 우주의 나머지 존재자와 관계를 맺는 것이다.23) 이런 신의 최고의 상대성을 우주 내의 어떤 상대도 넘어설 수 없다는 점에서 능가불능한 상대성이 된다. 이런 상대성에서 신은 세상의 여러 존재들과 비교할 때 능가됨이 불가능한 속성을 지닌다는 점에서 절대적이라 할 수 있다.

나는 분명히 이런 절대성도 하나의 절대성으로 간주될 수 있다고 생각한다. 물론 이런 도식에서는 모든 면에서 절대적인 것은 지상에 존재하지 않는다는 해석이 여전히 유지된다. 오로지 어떤 면에서 절대적인 것만이 존재할 뿐이기 때문이다. 따라서 상대적인 절대성만이 존재한다고 말할 수 있다. 그러나 신의 경우에는 이런 절대성이 모든 면에서의 절

---

22) 여기서 하츠혼은 아퀴나스와 같은 중세 신학자들이 말하는 것처럼 신이 모든 면에서 절대적인 능가불능성을 가지고 있다고 주장하지 않는다. 그럼에도 신에게는 능가불능한 면이 있다는 것이니, 즉 어떤 면에서 볼 때 인간은 신을 넘어설 수 없고, 따라서 신 자신만이 넘어설 수 있다는 의미의 능가불능성을 말하는 것은 가능하다고 한다. 이를 위해 그의 책을 보라. *Man's Vision of God and Logic of Theism* (Chicago: Willet, Clark & Co., 1941), 11-12; *Omnipotence and Other Theological Mistakes* (Albany: SUNY Press, 1984), 9.

23) 최근에 국내 학자에 의해서 하츠혼에 대해 입문적으로 소개하는 책이 출간되었다. 정승태, 『찰스 하츠혼의 철학적 신학』(대전: 침례교신학대학 출판부, 2014).

대성이라 해석될 수도 있는데, 물론 그것은 신 자신의 관점에서 그러하다. 신의 관점은 세계 내 존재자들의 모든 관점을 알 수 있는 관점으로 간주될 수 있으므로 그의 관점은 모든 관점을 포괄하는 능가불능한 관점이라는 점에서 절대적이라 할 수 있기 때문이다. 그 누구도 그것을 넘을 수 없는, 그래서 상대를 끊는 관점이기 때문이다. 물론 이런 신의 관점은 인간의 이해 안으로 들어오는 순간 상대적이 된다. 따라서 신의 관점으로서의 절대적 관점은 추상적인 것이다. 물론 하츠혼이 말하는 능가불능한 상대성으로서의 절대성이 과연 신앙인들이 받아들일 수 있는 것인가 하는 문제는 열려있다. 어떤 이들에게는 그런 절대성이 만족스럽지 못한 것으로 받아들여질 수 있기 때문이다. 그러나 논자의 생각에 하츠혼이 제시한 새로운 의미의 신의 절대성은 전통적인 절대성의 난점을 극복한다는 의미에서 일부 현대인들에게는 환영될만하다고 믿는다.

이제 마지막으로 포스트모던 운동이 혐오하는 소위 "수목적 세계관"의 문제를 살펴보자. 논자의 생각에 수목적 세계관의 치명적인 문제는 그것이 주로 상징하는 바, 위계질서의 관념에 있다. 이런 관념은 계급주의 등의 문제를 야기시켜 온 것은 자명하다. 물론 위계질서가 언제나 나쁜 것은 아니다. 그러나 그것이 계급주의를 따라 인간에게 차별을 일으키면서 소수자를 배제할 때는 악이 된다. 그러므로 수목적 세계관은 수정의 대상이지 폐기의 대상은 아니다. 그렇다면 우리는 어떻게 수목적 세계관의 문제점을 고쳐나갈 수 있을 것인가?

우리가 수목적 세계관의 잘못된 체계는 수정하면서도 그것이 가진 긍정적인 면을 계승하기 위해서는 하나의 조건이 필요하다. 내 생각에는 아이러니컬하게도 포스트모던 운동이 그토록 싫어하는 세계관, 즉 우리가 목적론적이고 형이상학적인 세계관의 후원을 받을 때만 그런 수정이 가능하다는 것이 논자의 생각이다. 오늘과 같은 포스트-기독교의 시대에도 여전히 기독교 신학이 세속 세계에 공헌할 수 있는 근거는 바로 이런 세계관이 기독교 안에 있기 때문이다. 그렇다면 문제아로서 낙인 찍혀온 목적론과 형이상학이 어떻게 오늘날에도 여전히 유효한 세계관으로 대접 받을 수 있을까? 내 생각에 이를 이해하기 위해서는 상대주의의 문제를 해결할 때 시도되었던 새로운 신관을 다시 되새겨 보아야 한다. 수목적 세계관에 대한 해결책도 그 안에서 찾을 수 있기 때문이다.

앞에서 수차례 과정신학에 의지해 토론한 바대로, 새로운 방식으로 제안된 현대의 신론에 따르면 하나의 상대화된 신은 그의 철저한 상대성으로 인하여 세계 및 인간과는 다른 상대성을 지니게 되며 이런 의미에서 그는 나름대로 절대성과 초월성을 갖게 된다. 이렇게 최고로 상대적인 신은 그의 최대치의 상관성에 근거하여, 매 순간 인간의 창조적 행위에 선험적으로 관여하면서 인간이 만드는 자유로운 결단의 핵심 조건으로 작용하게 된다. 이미 보았듯이 그가 최고로 상대적이라는 말은 그가 세계의 어느 존재와도 남김없이 관계를 맺는다는 말이며 그런 관계의 폭과 깊이의 관점에서 볼 때 세상의 여느 존재도 신을 능가할 수 없다. 그리고 이렇게 최고로 상대적 신은 인간에게 나름대로의 선/악의 표준을 제공할 수 있게 되는데, 왜냐하면 많은 경우 인간의 자유로운 결단에 의거한 행위들은 신의 초월성이 제공하는 표준에 따라서 선/악의 잣대로 평가되어야 의미가 있기 때문이다. 물론 여기서 말하는 선악의 잣대로서의 신은 전통적인 의미의 신의 속성과는 다른 특징을 갖는다.

예를 들어 신이 잣대가 된다고 할 때 그는 선/악의 잣대로서 미리 존재하면서 그 잣대를 따라서 선험적으로 모든 것을 예정하고 심판하는 형태를 취하지 않는다. 포스트모던 운동을 통과한 지성인들에게 그런 신의 속성은 환영받지 못하기 때문이다. 그럼에도 불구하고 신이 여전히 선/악의 잣대가 될 수 있는 이유는 신에게서 인류가 선/악으로 합의할 수 있는 목적이 제시될 수 있기 때문이다. 물론 이때 신에게서 오는 목적론적 제시는 예정적인 것은 아닐지라도, 하나의 이상으로 인류 앞에 제시될 수 있다. 인간은 이렇게 이상적 목적으로 제시된 잣대를 통해서 모든 사건에 대해서 선과 악의 구분을 내릴 수 있는 것이며 이런 구분은 절대적인 구분을 만들 수는 없을지라도 인간으로 하여금 잠정적인 차별을 통해서 인간의 행위들이 이상적은 목적을 향하도록 만들 수는 있다. 신의 존재가 필요한 이유는 바로 이런 근거에서다. 신은 이런 이상적인 목적을 제시할 수 있는 유일한 존재로서 간주될 수 있기 때문이다.24) 신으로부터 제시된 이상적인 목적을 따라서 선과 악이 차별된 것을 기독교 신학적으로는 심판이라고 칭할 수 있으며, 이에 의거한 신의 후속 조치를 우리는 하나님 나라 안에서의 영속적 삶이라고 말할 수 있다.

우리는 이런 신관에 의존한 세계관을 목적론적이라고 부를 수 있다. 그 이유는 신이 최상의 목표가 되었기 때문이다. 신은 선악을 가늠하는 일종의 잣대로서만 기능하는 것이 아니라, 인간을 비롯한 피조물들이 잣대로서의 이상적인 뜻을 성취하기 위해 삶의 여정에 나서지 않을 수 없도록 유혹하는 유인자이기 때문이다.

특히 인간은 언제나 단지 그저 생존하고 삶을 유지하려는 문제에만 관심 있는 것이 아니라, 더 잘 살기위한 방법을 찾으려 노력한다. 이때 그러한 인간의 관심은 결국 가장 최대의 가치와 의미를 지향하지 않을 수 없는데 그런 최대의 가치와 의미를 지닌 존재가 신이라고 불릴 수 있는 것이다. 결국 인간의 삶의 여정은 신이라는 목적을 지향하는 삶의 여정을 꾸려나가지 않을 수 없는 운명의 존재라 할 것이다. 이것이 바로 신학적으로 해석된 목적론적 세계관이 여전히 오늘날에도 유효한 이유라 볼 수 있는 이유다.

---

24) 이런 해석은 화이트헤드의 철학에서 발견되는 바, 인간의 주체적 목적(subjective aim)에 부여되는 것, 즉 신으로부터의 최초의 이상적 목적(initial ideal aim)의 학설, 그리고 유인자로서의 신의 역할에 대한 학설 등에서 따온 것이다. 이에 대한 해설은 다음을 보라. Whitehead, *Process and Reality* (New York: Free Press, 1985), Part I. 신학적 토론으로는 이세형이 번역한 그리핀의『과정신정론』, 3부 17-18장을 주로 보라.

마지막으로 포스트모던이 지적하는 바, 수목적 세계관이 빚어내는 문제점의 하나로서 형이상학은 어떻게 취급되어야 하는가? 특히 신과 초월자의 위치가 한 없이 약해진 오늘의 세계관 내에서 형이상학은 어떻게 여전히 가치 있는 학문이 될 수 있을까?

오늘의 물질적이고 유물론적인 비신학적 상황 속에서 전통적 의미의 형이상학에 시대착오적인 면이 있는 것은 사실이지만 그렇다고 그 것 자체가 용도 폐기될 필요는 없다는 것이 논자의 생각이다. 특히 오늘의 철학이 말하는 바대로, 하나의 수목적 세계관은 많은 문제점을 가지고 있지만 그렇다고 형이상학을 송두리째 배제하는 학문이 전혀 문제가 없는 것은 아니다. 그렇다면 이렇게 접근해 볼 수도 있다. 즉 오늘의 포스트모더니즘에서 나타나는 것처럼 기계론적이고 비목적론적인 세계관도 문제점이 적지 않다면, 그 때 하나의 개조된 목적론에 입각한 형이상학적 세계관은 세계의 문제를 해결하는 데 있어서 얼마든지 긍정적인 역할을 감당할 수 있지 않을까 하는 것이다. 물론 여기서 말하는 긍정적인 의미의 형이상학은 고전적인 형태의 것, 즉 고정된 신의 관점과 고착된 수목적 위계질서를 뒷받침하는 이데올로기로서의 형이상학 같은 그런 고전적인 형태의 것과는 달라야 한다. 오늘의 기독교 신학이 취해야 하는 새로운 형이상학적 세계관은 오히려 이런 입장을 거부하면서 새로운 신관을 세워야 한다.

우선 이런 새로운 형이상학에서의 신은 언제나 부동의 일자가 아니다. 앞에서 본 바대로 일자로서의 신의 존재에게서 모든 것이 유출되고 그의 선에게서 모든 것이 복제되는 그런 종류의 체계를 말하는 형이상학은 이제 낡은 것이 되었다. 새로운 형이상학에서의 신은 언제나 세계와 원융회통하는 신이 되며 그런 세계가 만들어 내는 창조의 합창을 함께 수렴시켜 나가는 동반자로서의 신이다.

나아가 새로운 형이상학이 제시하는 하나의 체계는 목적론적으로 방향 잡혀 있기는 해도 그것이 불변의 고정된 목적과 궁극자의 입장에서 상하로 재편되는 체계가 아니다. 새로운 형이상학이 제시하는 체계 안에서는 모든 것이 서로 상관적으로 동등하게 취급되면서도 동시에 서로 유기적으로 관계를 맺는 가운데 모든 존재자들은 자신의 독특한 위치를 통해 새로움을 창조해 갈 수 있어야 한다. 물론 여기서 신은 선험적으로 모든 것을 미리 정해 놓은 부동의 동자는 아닐지라도, 최소한 세계의 모든 만물들이 그것을 향해 달려 갈 수 있는 최종적 목적지는 될 수 있다. 그리고 그때의 최종 목표를 우리는 지고의 미Beauty라고 이름 할 수 있다. 이런 궁극적인 미를 목표로 하여 인간과 사물은 조화를 이루면서 보다 강도 높은 선을 창조하기 위해 매진한다. 로마서 8장 28절의 말씀과 같이, 신 때문에Due to God 모든 것이 합력하여 선을 이루는 것은 아닐지 모르지만, 신 안에서In God 그를 목표로 하여 모든 것은 조화하여 선을 이룰 수 있다.25) 이런 의미에서 신은 목적이기는 하지만 전통적인 의미에서 주장하는 의미와 같이 고정되고 절대적인 존재가 아니요, 가장 최고로 상대적이라는 의미에서 절대적이고, 그 어느 것보다 가장 내재적이라는 의미에서 초월적이다. 물론 이런 신은 다가오는 미래에서도 얼마든 자신의 권위를 갖는 신이 될 수 있을 것이다.

이렇게 목적론이라고 해서 무조건 폐해만 있는 것은 아니며 비목적론이라고 해서 무조건 장점만 있는 것도 아니다. 잘 알다시피 오늘날과 같이 다원화된 사회에서는 질서와 무질서, 확실성과 모호성의 이론 모두가 동등한 가치를 지니는 시대이다. 이런 현상을 고려해 볼 때, 목적론적 사유도 다음과 같은 방식이라면 현대에 여전히 유효할 수 있다고 생각한다. 즉 하나의 목적론적 사고는 어떤 면에서 그 것을 통해 질서 유지를 목적하는 기능을 갖는다. 인간의 공동체와 사회가 바람직한 모습으로 현

---

25) RSV 번역을 참조하라. "God in everything works together with everything for the common good."

상의 질서를 유지하는 것이 목적론의 진정한 '목적'일 수 있다. 사회와 공동체가 방향과 질서를 잃고 무정부적으로 전락하는 것이 능사는 아니기 때문이다. 이런 면에서 보면 오늘날과 같은 탈계급주의 사회에서도 인류는 얼마든지 탈주와 유목을 용인하면서도 질서를 유지할 수 있다. 이런 면에서 볼 때, 개별자의 수단의 희생을 통해 목적을 정당화하는 전체주의적 목적론은 배제되지만 그렇다고 현상유지와 질서유지를 가능하게 하면서 동시에 탈계급적으로 평등을 강조하는 형태의 목적론이 가능하다면 그것까지 배제할 필요는 없다.26) 아니 더 엄밀히 말해서, 바로 이것이 개조된 목적론이 지향하는 바다. 즉 오늘날의 목적론은 신만을 목적해서도 안 되고 인간만을 목적해서도 안 되며 존재자들만을 목적으로 놓아서도 안 된다. 신과 인간 그리고 그 밖의 모든 것들이 상호 유기적으로 서로서로 목적이 되는 세계관을 우리는 필요로 하기 때문이다. 이렇게 그 모든 존재자들이 상호 동등하게 존재하면서 자신의 위상을 유지해 나갈 때, 이런 구도에서는 신이 존재하더라도 그가 최초의 유일한 원인으로 작동하면서 많은 개별자들의 창조성을 침식하는 부작용은 벌어지지 않는다. 또한 이런 목적론적 세계에서는 어떤 종류의 위계적 질서도 용인되지 않기에, 하나의 궁극적 목적을 위해 수단의 희생이 정당화되면서 개별자가 착취되는 불행도 발생하지는 않을 것이다.

---

26) 이런 새로운 목적론적 세계관은 가장 계급주의적인 종교인 유교를 해석할 때도 그대로 적용될 수 있다. 유교에서도 공동체와 우주의 질서는 유지하되 단지 상하 수직적 관계를 수직적 상관관계로 바꾸어 적용하면 되는 것이다. 마치 유교에서 삼강오륜의 綱과 輪이 관계를 의미하듯이 새롭게 해석하면 된다. 성(性)과 악(惡)의 관계, 그리고 이(理)와 기(氣)의 관계, 나아가 사단 (四端)과 칠정 (七情)의 상관적 관계를 유지하는 것은 중요하다. 이 양자의 쌍을 상하의 관계로 풀기보다는 유기적 파트너로 해석하면서 태극이나 천(天)이라는 목적을 향해 나아가는 배치적 관계로 해석할 수도 있다는 말이다. 사단칠정과 성과 악 등의 문제를 목적론적으로 다룬 최근의 작품으로는 문석윤의 『동양적 마음의 탄생』 (파주: 글항아리, 2013), 3장을 보라.

나가는 말

포스트모던 운동은 오늘날 모든 영역에서 세인들의 삶에 강력한 영향력을 행사하고 있다. 불교는 비록 포스트모던 운동과 같은 지대한 영향력을 갖고 있지 못하나 그것이 전제하는 세계관이 포스트모던 운동의 철학과 공통점이 많다는 이유로 덩달아 세인들의 관심을 받고 있다. 문제는 그들의 목소리가 증진되는 것에 비례해 기독교에 대한 비판의 목소리도 강화되어 간다는 것이다. 그럼에도 많은 기독교인들은 이들이 던지는 비판의 내용에 대해 고의적으로 무관심하거나 회피하는 경우가 많다.

논자는 이 장에서 기독교는 결코 포스트모던 운동과 불교가 던지는 비판에 대해 소극적으로 대처할 필요가 없다는 전제 하에, 어떻게 그 도전에 응전해 나갈 수 있을지 설명해 보았다. 그리고 적극적 대응의 한 방법으로 상대주의의 제한적 수용을 제안한 다음, 그런 상대주의가 가지고 있는 문제점들을 해결하기 위해서는 기독교 신학자들이 신, 형이상학, 목적론적 세계관을 재해석하여 세상에 다시 제시할 필요가 있다고 주장했다. 이하에서는 이런 이론적인 주장에 덧붙여 어떻게 기독교 신학자들이 실천적으로도 대응할 수 있을지 짧게 그 방법론을 제시하는 것으로 나가는 말에 대신하고자 한다.

만일 위에서 말한 대로, 기독교가 극단적 상대주의는 피하면서 책임적이고 상호 변혁적인 형태의 상대주의를 택해야 한다면, 이때 기독교는 자신과 타자에 대해서 다음과 같이 이해할 수 있어야 한다. 우선 기독교는 언제든지 먼저 타자요 손님이 되어야만 한다. 여기서 주안점은 '먼저'라는 표현에 놓여 있다. 기독교가 항상 주체요 주인이 되어서는 아니 된다는 말이 결코 아니다. 하지만 오늘날과 같은 상대주의의 시대에 주객의 관계, 혹은 주인과 손님의 올바른 관계는 '먼저' 객(客)guest이 되는 일이다. 올바른 객이 될 수 있는 자만이 주인이 될 수 있다. 솔직히 기독교는 역사적으로도 볼 때 아시아에서 먼저 손님의 입장이었지 주인의 입장이 아니었다. 이런 이해를 따라 이제 기독교인들은 아시아인들을 미개한 문명인들로 취급하면서 그들을 교화시키고, 무엇인가 시혜를 베푼다는 생각에서 먼저 벗어나야 한다. 자신이 객이 되어 그들에게서 무엇인가를 배우고 익힌 후, 그들과 더불어 대화내 나가면서 자신의 선교적 목표를 달성해 나가야 한다. 이렇게 본다면 기독교인의 주인의식은 객체로서의 의식이 전제된 후 뒤 따라 나와야 할 덕목이다. 이를 차이-생성의 원리를 적용해 표현해 보면, 기독교와 아시아 종교 간의 관계는 주인과 객의 관계가 될지라도 상대방의 독특성과 특이성을 먼저 인정하는 관계가 되어야 한다는 말이다. 그런 후에 나의 독특성과 특이성, 그리고 유일무이성은 타자로서의 상대방 종교들 안에서 저절로 인정될 수 있을 것이다.

　이렇게 형성된 유일무이성이라고 해서 그 효과가 전통적인 방식의 유일무이성과는 다르다고 생각할 필요가 없다. 오히려 논자의 생각에 이런 식의 유일무이성은 타자들에게 인정받는 특징을 갖기에, 오히려 타자들에게서는 인정받지 못하면서 단지 자신만이 홀로 유일무이하다고 스스로 생각하는 형태의 전통적인 방식보다는 더욱 효율적인 것이 될 수 있다고 생각한다. 향후의 기독교 신학은 교회 내에 이런 형태의 새로운 독특성의 이해가 부드럽게 정착될 수 있도록 지속적인 노력을 경주해 나가야 할 것이다.

13장
동아시아 신학 형성을 위한 과제와 전망

들어가는 말

그동안 동아시아는 세계 기독교 역사 내에 위대한 신학들을 창조해
낸 바 있다. 예를 들어 한국에서는 동아시아의 정치경제적 문제의 시각
에서 기독교적 해답을 추구해 보려는 시도의 일환으로 민중신학이 탄생
된 바 있었고 유불선(儒佛仙)과 만나며 생성된 토착화신학도 있었다. 일
본에서는 부라쿠민(部落民)ぶらくみん신학도 있었고 물소의 신학Kosuke
Koyama도 있었다. 그러나 이런 신학들은 최근 지구촌의 변화된 환경에 직
면해 숨고르기에 들어가면서 새로운 후속 신학의 탄생에 자리를 내준 상
태이다.

민중신학은 서구 자본주의의 폐해를 다룬 데 있어 성공했으며 남미
의 해방신학에 비견될 만한 상황적 신학으로 자리매김 되었다. 하지만
숙제도 남겨 주었는데, 하나의 동아시아 신학이 지구촌의 더 많은 사람
들의 관심을 끌기 위해서는 정치경제적 이슈를 넘어서 보편적 이슈를 다
루어야 함을 일깨워 주었다. 서구신학이 닻을 내리고 있는 철학적 토양
에서 제기되는 질문에까지 답변을 제시할 수 있으려면 더 다양한 각도에

서 문제를 다룰 수 있는 준비를 갖추어야 한다는 숙제를 남겨 주었다. 하나의 풍토와 문화에 기초한 신학이라고 해서 그것이 반드시 보편적인 관심을 끌지 못하는 것은 아니지만, 서구의 수많은 지성인들의 관심을 끄는 데 있어서는 한계가 있을 수밖에 없다는 사실을 깨닫게 만들었다.

한국과 일본의 문화-종교적 토착화신학은 어떠했는가? 유불선의 전통을 서구에 잘 소개하는 것에서 이들은 적지 않게 공헌했다. 하지만 토착화신학 역시 서구인들이 질문하는 이론적이고 실천적인 질문들을 다루기에는 여러 면에서 부족했다. 문화-종교적 토착화신학과 관련해 아직 세계의 기독교인들은 어느 것이 동아시아를 대표하는 독특한 신학인지 잘 알지 못한다. 우선 한중일의 기독교 신학자들 스스로가 유불선에 대한 적확한 이해가 부족했으며, 기독교 복음주의의 배타적 선교관과 조화하는 방법론을 발굴해 내는 데 있어서 서툴렀다. 오히려 한국의 성리학이나 일본의 선불교에 입각한 종교-신학적 해석들은 서구에서 활동하고 있는 아시아계 서구학자들에 의해 더 활발하게 소개되어 왔던 것이 사실이다.[1] 하지만 그것은 서구적 관점과 욕구에서 주로 진행되어 왔기에 진정한 의미에서 동아시아인들의 욕구를 만족시키기에는 역부족이었다.

동아시아 신학의 역사와 관련된 이런 사항을 감안해 볼 때 우리의 과제는 다음과 같이 요약될 수 있다. 우선 진부한 얘기지만 동아시아 신학자들은 자신과 타자에 대해서 함께 잘 알고 있어야 한다. 향후의 동아시아 신학은 먼저 자신의 전통적 종교들에 대해 정확히 숙지하고 있어야 한다. 그리고 동시에 서구인들이 제기하는 질문들도 심도 있게 다룰 수

---

1) 예를 들어 작고한 미국 신학자 이정용 박사가 1970년대에 저술한 책들, 예를 들어 *The Theology of Change* (Maryknoll, NY: Orbis Books,1979) 같은 것이다. 최근에 시도된 아시아계 미국 신학자의 대표적 저작은 이효동의 책이다. *Spirit, Qi, and the Mulitude: A Comparative Theology for the Democracy of Creation* (New York: Fordam University Press, 2014).

있어야 한다. 물론 하나의 동아시아 신학이 서구 지성인들의 지적 욕구를 모두 만족시킬 필요는 없고 그럴 수도 없다. 그러나 동양과 서양의 문제가 함께 맞물려 돌아가고 있는 이 지구촌의 시대에 동아시아의 문제는 서구의 문제와 함께 씨름되지 않고서는 결코 온전히 해결될 수 없다.

이런 면 볼 때, 동아시아 신학은 궁극적으로 세계적 신학이 되는 목표를 지향해야 한다. 이는 그저 세계적으로 부상한 동아시아 한중일의 정치경제적 위상과 그 위용에 입각한 파워를 세계 만천하에 과시하려는 의도에서 하는 얘기가 아니다. 동아시아 신학이 세계적 신학이 되어야 하는 이유는 이미 말한 바대로, 만일 그렇지 않으면 세계 내의 어떤 문제도 진정으로 해결할 수 없기 때문이다. 얼마 전 스페인이나 아이슬란드와 같은 한 나라의 경제위기가 곧 바로 세계의 경제를 휘청거리게 만드는 것처럼, 하나의 국지적 문제로서의 동아시아의 문제는 곧 세계 전체의 문제와 맞물려 있다. 따라서 동아시아 민중의 문제, 그들이 믿는 종교의 문제, 그리고 그것을 다루는 신학의 문제는 세계의 문제들과 관련되어 해결책이 모색되어야 한다. 그런 이유에서 동아시아 신학은 세계의 문제를 다루어야 하며 동시에 세계의 대중과 지성인을 상대로 하여 신학을 조성해 나가야 한다.

이런 점을 감안한다면, 하나의 바람직한 동아시아의 신학은 우선 크게 보아 두 가지 세력이 던지는 도전을 다루는 것으로 시작해야 한다. 첫째 도전은 동양종교와 기독교 신학이 마주칠 때 제기된다. 아시아의 유불선은 거칠게 말해 일종의 자연주의적 종교인데 이는 기독교인들에게 매우 이질적으로 비쳐질 수 있으며 따라서 기독교에게 심각한 도전이 된다. 두 번째 도전은 오늘의 시대가 야기하는 도전으로서 이른바 포스트모더니즘으로 대변되는 새로운 문화적 사조가 제기하는 도전이다. 포스트모더니즘은 각종 상대주의를 야기하고 나아가 인간과 세계에 대해 매우 도발적인 견해를 쏟아내고 있는데 이는 동양과 서구의 지식인들에게 매우 새로운 도전이 될 뿐만 아니라 동아시아 신학의 형성에도 커다란 변수로 작용하고 있다.

이 장은 이런 두 가지 도전의 내용에 대해 간단히 소개한 다음, 그것들이 야기하는 문제에 대해 동아시아 기독교의 입장에서 신학적 해답을 추구하는 것을 주요 목표로 한다. 첫째 절에서 우리는 동양의 종교와 기독교가 마주칠 때 일어나는 문제들을 간단히 다룬 후 동양과 서구가 동시에 직면한 도전으로서 포스트모더니즘의 문제점들을 다룬다. 둘째 절에서는 이 모두가 기독교 신학의 보루로서의 유신론에 심각한 위협이 된다는 것을 보여준 후, 그것에 대한 대안에는 어떤 것이 있을지 모색해 본다.

세 번째 절에서는 인간의 문제를 다룬다. 오늘날과 같은 현대에서 가장 큰 화두는 인간, 특히 개인의 자유와 권리에 대한 문제라고 할 수 있는데 이를 인간의 주체성과 영혼이라는 토픽과 관련시켜 취급한다. 마지막절에서는 실천과 관련된 문제를 다룬다. 모든 이론은 실천과 관련되지 않고서는 아무런 소용이 없다는 말은 동아시아 신학에서 가장 잘 적용될 수 있다. 따라서 마지막 절에서는 동아시아 신학이 어떻게 해야 서구가 발전시킨 형이상학적 현란함에 더 이상 현혹되지 않을 수 있는지, 그리고 동시에 동아시아 사회를 변혁하고 민중의 삶에 희망을 줄 수 있는지 분석할 것이다.

I. 동양 종교와 포스트모더니즘의 도전 – 철학적 분석

동아시아 신학을 건설하는 데 있어 우선 중요한 것은 동아시아 신학이 마주한 현재의 문제들을 철학적으로 분석해 보는 것이다. 논자의 생각에 동아시아 신학이 직면한 문제는 크게 두 가지 관점에서 분석될 수

있다. 첫 번째 관점은 동양종교와 기독교가 마주칠 때 일어나는 문제를 조명하는 것이다.2)

한국과 일본에서 많은 신자를 확보하고 있는 종교로서의 불교의 핵심은 공(空)과 무(無)의의 철학이다. 공과 무의 철학은 자연스럽게 불교에서 무신론적 경향을 띨 수밖에 없는데, 이는 기독교의 인격적 유신론과 부딪힌다. 도교의 경우도 마찬가지다. 도교가 기초로 하고 있으면서 대부분의 동아시아 문화를 관류하고 있는 특징은 자연주의라 할 수 있는데 그것은 무위자연설(無爲自然說)이라는 핵심이론에서 잘 나타난다. 모든 인간 행위를 자연의 이법을 따라서 행하라는 도가(道家) 철학에서 모든 행위의 근거이자 표준은 자연이다. 물론 이런 도교에게도 궁극자the ultimate는 있다. 이른바 도(道)가 그것이다. 그러나 여기서의 도는 결코 기독교가 말하는 궁극자로서의 신과는 구별되는데, 기독교의 신은 도처럼 하나의 원리가 아니라 그것 이상이며 하나의 분명한 인격적인 존재로 기술되기 때문이다.

이런 면에서 볼 때 불교의 무신론과 도교의 자연주의는 기독교의 초자연주의적 인격신에 근거한 유신론과 극명하게 대조된다. 그리고 이런 대조적 사실로 인해 동아시아 신학은 신학적으로 난관에 빠지지 않을 수 없다. 초월적이고 인격적인 기독교의 신을 부정하지 않으면서 동시에 무신론적이고 자연주의적인 분위기의 동아시아 종교 전통에 충실한 신학을 구성하는 것은 쉽지 않은 과제이기 때문이다.

이번에는 유교의 도전에 대해서 살펴보자. 동아시아에서 문화적 영향력에 관한 한 불교나 도교에 뒤지지 않는 것이 유교다. 유교도 나름대로 독특한 신관을 가지고 있어서 기독교와 곧잘 비교되곤 한다. 하지만

---

2) 이 장은 세계 종교들을 다루지 민속적인 종교들을 다루지 않는다. 예를 들어 한국의 샤머니즘은 매우 중요한 종교다. 일본의 신도도 마찬가지다. 그러나 그런 민속종교들을 다루는 것은 논의의 범위가 너무 넓어져서 산만해지기 쉬우므로 논의에서 제외되었다.

유교가 기독교와 충돌하는 것에는 신관뿐만 아니라 인간관도 있다. 잘 알려져 있다시피 유교의 핵심은 관계의 철학이라 할 수 있다. 삼강오륜을 비롯해 인간의 모든 정체성은 관계가 규정한다. 이런 관계 중심의 사고는 사회에 적용될 때 집단주의를 형성한다. 개인은 언제나 집단과 공동체의 이익의 관점에서 조명되어야 하기 때문이다.

유교가 강조하는 관계의 철학과 집단주의는 서구 신학이 근간으로 하는 서구적 개인주의와 만날 때 충돌한다. 서구 사상에도 관계의 철학과 집단주의가 없는 것은 아니다. 하지만 그 모든 것은 개인의 주체성이 확보되는 것을 전제로 이루어진다. 이런 점에서 볼 때 동아시아의 유교와 서구 사상 양자는 서로 다르다. 우리가 잘 알다시피, 동아시아 내에서 유교의 영향은 너무 막강해서 한중일 삼국의 관습과 문화와 관련된 많은 이슈들은 대부분 관계의 철학과 집단주의가 일으키는 문제와 연관되어 있다. 동아시아에서는 어떤 학문이든 이 문제를 다루지 않고서 온전한 사상을 창출해 낼 수 없다. 그러므로 바람직한 하나의 동아시아 신학은 서구로부터 물려받은 유산으로서의 개인의 주체적 자유를 강조하면서도 동시에 동아시아 문화의 근간으로서의 관계의 철학과 그것에 기초한 집단주의의 중요성을 놓치지 말아야 하는 과제를 가지고 있다.[3]

동아시아가 현재 직면하고 있는 문제를 분석하는 데 있어 우리가 고려해야 할 두 번째 관점은 기독교 신학과 서구철학이 만날 때 일어나는

---

3) 여기서 오해하지 말아야 할 것이 있다. 나는 여기서 유교가 집단주의적인 학설을 주장하는 반면에 기독교는 개인주의적 학설을 주장한다고 말하려는 것이 결코 아니다. 유교든 기독교든 각각의 사상 안에는 집단주의적인 면도 있고 개인주의적인 면도 있다. 내가 여기서 주장하려는 논점은 아시아 신학과 관련한 것이다. 아시아 신학을 구상하는 데 있어 아시아의 문화에 깊이 스며들어 있는 집단주의는 문제가 되지 않을 수 없는데, 이는 아시아 기독교 신학자들에게는 심각한 문제꺼리다. 아시아인의 삶의 터전으로서의 집단주의적이고 관계주의적인 삶의 방식이 표출하는 문제를 극복하면서도, 동시에 서구의 핵심 사상으로서의 개인주의 문제를 해결해야 하기 때문이다. 나는 해결책이 얼마든지 가능하다고 보며, 이를 기독교 신학의 인간론에서 찾으려 시도할 것이다. 더 상세한 토론은 아래 3절을 참조하라.

문제를 다룰 때 생성된다. 서구의 세속적 철학은 이제까지 기독교 신학에 다양한 형태로 도전해 왔지만, 최근의 포스트모더니즘이 제기하는 도전은 가장 급진적이고 과격하다. 서구의 포스트모더니즘이 기독교를 비롯한 근대의 지성인에게 제기한 새로운 도전은 두 가지로 요약될 수 있다. 그 하나는 진리의 문제이고 다른 하나는 선(善)의 문제이다. 우선 진리의 문제를 보자.

서구인들의 오랜 철학적 관심 중의 하나는 "진리가 무엇이냐." 하는 질문이었다. 특히 절대적이고 보편적이며 객관적 진리를 찾는 것이 서구 철학의 중요한 관심사였다. 오랫동안 여러 논쟁의 과정을 거쳐 서구 철학은 경험이나 합리 이성에 근거한 인식의 과정을 통해 절대적이고 보편적이며 객관적인 진리를 찾아 낼 수 있다고 보았다. 이것이 이른바 합리주의와 경험주의 사이의 논쟁이다. 하지만 포스트모더니즘이 득세한 결과 이성과 그것에 근거한 합리주의의 가치는 의구심의 대상이 되었다. 나아가 인간의 경험은 언제나 대인(對人) 상대적이거나 문화 상대적인 것으로서 결코 순수한 절대적 진리를 보장해 주지 못하는 것으로 간주되었다. 이성에 의거하든 경험에 의거하든 인간의 인식은 대부분 감성 혹은 무의식에 의해서 더 많이 좌우된다는 사실이 알려졌다. 이제 절대성은 상대성으로 대체되었으며 보편성은 국지성으로, 객관성은 주관성으로 대체되었다. 한마디로 이성 안에는 비이성적인 것이 필연적으로 포함되어 있으며, 따라서 합리성은 언제나 비합리성을 전제로 해야만 성립된다는 것이다.

포스트모더니즘은 선good의 문제에 대해서도 혁명적 시각을 제공한다. 절대와 보편, 객관이 무너진 세계에서 선의 위상은 언제나 미학적 가치관에 의해서 가늠되어야 한다. 예를 들어 선악의 이분법적 도식은 더 이상 설자리를 잃었다고 본다. 선과 악은 문화를 비롯해 그것이 논의되는 상황에 따라서 규정되기 때문에 선과 악이 서로 분리되어 독자적으로 성립되지 않는다고 보기 때문이다. 이는 결코 선/악의 개념이 사라졌음을 의미하지는 않는다. 하지만 최소한 선은 악의 입장에서 악은 선한 가치의 입장에서 상관적으로 이해되어야 한다. 더 정확히 말해 선함과 나쁨의 문제는 좋음과 싫음의 관점에서 판단되기 시작했다. 이제 선함과 나쁨을 따지는 윤리는 좋음과 싫음의 취미 관계를 따지는 미학적 판단의 입장에서 추구되지 않을 수 없게 되었다.[4]

이런 포스트모더니즘의 영향 하에서 새로운 학문은 그것인 신학이든 종교학이든 새롭게 자기 자신을 재편하지 않을 수 없게 된다. 상대주의의 부상이나 비합리주의의 강조, 그리고 미학적 윤리의 인기는 전통적 기독교 신학이 기초로 하고 있는 신-중심적 세계관에 위협을 가한다. 서구철학사에 있어서 많은 부분 유신론이 호소력을 지녔던 가장 큰 이유 중에 하나는 절대적이고 객관적인 합리성을 보장하는 근거로서 신이 존재했기 때문이다. 또 하나 서구사상사에서 유신론에 대한 철학적 변호가 가능했던 하나의 이유는 신이 선과 악을 가르는 잣대와 기준으로 작용했기 때문이다. 하지만 모든 선과 악이 상대화되어 버린 오늘날에도 신이 과연 선과 악을 가르는 잣대로 여전히 기능할 수 있는지 의문이 제기되고 있다. 이렇게 포스트모더니즘이 제공하는 새로운 사상이 영향력을 행사함에 따라 유신론의 가치와 위상도 덩달아 흔들리게 된 것이다.

---

4) 포스트모던 시대에는 윤리를 미학적인 관점에서 추구하지 않을 수 없다는 주장은 너무 많아 소개하기 힘들 정도다. 가장 대표적인 시도로는 들뢰즈의 칸트 윤리에 대한 해석을 보라. 칸트의 정언명령에 의한 윤리, 즉 선과 진리에 입각한 윤리는 그의『판단력 비판』에서 전개된 바 있는데, 이를 따라 모든 윤리적 이론은 미학에 근거한 윤리의 관점에서 조명되어야 올바로 이해될 수 있다는 주장을 가장 설득력 있게 펼친 학자가 들뢰즈다. 번역본으로 나와 있는 그의 책『칸트의 비판철학』(서울: 민음사, 2006)을 보라. 서동욱이 번역했다.

II. 유신론과 자연주의

하나의 바람직한 동아시아 신학의 구성은 국지성을 피하기 위해 서구의 도전을 다룰 수 있어야 하며, 동시에 전통적인 동아시아의 종교가 제시하는 도전에도 태클을 걸 수 있어야 한다. 특히 가장 중요한 도전은 유신론에 관한 것이다. 이미 앞에서 말한 대로 동아시아 신학은 기독교의 유신론이 동양 종교의 무신론 및 자연주의와 충돌하는 문제를 먼저 해결해야 한다. 해결책으로 제시될 수 있는 첫 번째 방법은 동양종교 내에 존재하고 있는 유신론적인 경향을 발굴해 그것과 기독교 유신론과의 유사성을 강조하면서 대안을 모색해 보는 것이다. 이는 이미 여러 학자들에 의해서 시도된 바 있는데, 하지만 필자는 개인적으로 이런 시도에 대해 유보적인 입장을 취하고 싶다.

유교와 도교가 공유하고 있는 천(天)이나 도(道)의 개념은 물론 얼마든지 유신론적으로 해석될 수 있다. 심지어 불교의 아미타불의 개념은 물론 공이나 무 개념마저도 유신론적인 면을 갖고 있는 것이 사실이다. 따라서 유교와 도교는 물론 불교가 과연 무신론적인 성격이 강한 종교인가 아니면 유신론적인 경향이 강한 종교인가 하는 문제는 긴 토론을 요한다. 하지만 엄밀한 의미에서 보면 불교는 말할 것도 없고 유교와 도교도 전형적인 의미의 유신론적 종교는 아니라는 주장이 최근에 보다 설득력을 얻고 있다.

많은 학자들이 지적하듯이 유교의 천(天)은 엄밀히 말해 자연의 연장이라는 설이 유력하다. 공자의 경우 조상신을 믿기도 했고 천이 일종의 제사를 드리는 대상으로서의 역할을 하기는 했지만 그렇다고 그가 믿었던 천이 기독교의 하나님과 동일한 의미의 초자연적인 존재라고 보기는 어렵다. 모든 중국의 종교는 결국 자연주의의 산물이기 때문이고 천도 자연의 연장이기 때문이다. 이런 해석은 유일신론과 그에 근거한 창조론이 발달하지 않은 중국의 상황을 따라 유추해 보면 더욱 설득력을 갖는다. 중국에서는 전통적으로 자연이 먼저 있고 그 다음에 그것의 연장으로서의 신이 존재하지 결코 그 반대가 아니라는 말이다. 동아시아의 신은 자연의 일부분이기에 그 신은 기독교의 하나님처럼 자연과 철저하게 구별되고 질적으로 차이 나는 존재가 아니었다.5) 물론 다시 말하지만 유교와 도교의 신관을 반드시 비유신론적으로 해석하는 것만이 옳은 견해는 아니다. 모든 해석은 해석자의 몫이기 때문이다.6) 하지만 중국의 주요 종교들 안에서 자연과 철저하게 구별되는 것으로서의 초월자가 존재하느냐 하는 문제는 입증이 쉽지 않은 문제다. 중국의 종교에 있어서 모든 초월자는 언제나 자연과의 밀접한 관계 속에서 성립되는 것이기에 엄밀한 의미에서 내재적인 초월이라 보아야 옳다는 견해가 더욱 설득력이 있다.

이런 해석은 최근의 한국의 한 신학자에게서도 지적되고 있다. "나는 '스스로' 있는 자"라고 야훼가 말했다고 선언하는 히브리 성서에는 그저 "I am who I am"만이 등장하고 있지 다른 말이 없다는 것이다. 하지만 마테오 리치가 주도하고 레게James Legge를 비롯해 서구의 영향을 받은 중국의 서양학자들이 성서를 번역하면서, 동아시아의 성서에는 "나는 스스로 존재하는 자"라는 해석을 첨가했다고 주장되고 있다.7) 영어 성경에서 "I am who I am"로 번역된 구절의 히브리어 원문에는 그저 "나는 나다"라는 뜻이지 스스로 존재한다는 의미를 첨가할 필요가 없다는 것이다. 이렇게 동아시아 번역이 달라진 이유는 기독교 신학자들이 동아시아 종교의 자연주의적이거나 무신론적 신관과 기독교의 초월적 신관을 차

---

5) Hall & Ames, *Thinking from the Han*, 242.
6) 동아시아에 유신론이 존재했는가에 대한 토론 중 국내 학자의 것으로 가장 잘된 것은 최문형의 것이다. 그녀의 저서 『동양에도 신은 있는가』 (서울: 백산서당, 2002)을 보라. 특히 92쪽의 공자의 신관을 보라.
7) 『샘』에 게재된 이환진의 논문 "나 야훼는"(서울: 샘출판사, 2014 가을호)를 참조하라.

별화시키기 위해서 의도적으로 그런 표현을 첨가했다고 본다. 결국 중국의 천(天)은 기독교의 하나님과 달리 초월적인 면이 적음을 중국학자들이 옛부터 인지하고 있었다는 뜻이다.

그러나 이런 주장은 다시 말하지만 결코 동아시아에 초월적 신이 존재한 적이 없었다는 선언을 뒷받침하기 위해 펼친 것이 아니다. 스스로 존재하고, 유일하게 존재하고, 그리고 세계보다 먼저 존재하는 신으로서의 유신론적인 주장을 펼치는 기독교적 신관이 동아시아의 고전에서는 발견되기 힘들다는 견해를 피력하려는 것 뿐이다. 서구 기독교에서는 신이 창조주이고 전적인 타자이지만, 동아시아의 신은 결코 전적인 타자도 아니고 창조주로 기술되지도 않는 것은 사실이다.[8]

동아시아 신에 대한 이런 견해가 옳든 그르든 이는 어쨌든 동아시아의 자연주의적이고 내재적인 신관은 기독교의 초월적 유신론에는 강력한 도전이 된다. 기독교의 신은 자연보다 앞서서 존재하는 것은 물론, 자연의 창조자이며 나아가 자연과 질적으로 차별되는 존재이기 때문이다. 이에 반해 동아시아의 신론은 자연으로서의 신을 말하거나 아니면 최소한 자연 내에서의 신을 말하는 것은 분명하다.

그렇다면 기독교의 초월신론과 동아시아의 내재신론이 조화할 수 있는 방법은 과연 없는 것일까? 논자의 생각에 이에 대한 해답을 구하는 것은 그리 어렵지 않다. 왜냐하면 동아시아 전통의 신론은 주로 내재적 신관을 말하고 있다는 것은 이미 지적한 바, 오늘의 서구신학도 주로 내재적 유신론, 더 정확히 말해서 내재적 초월의 관점에서 유신론을 추구하는 경향이 강한데, 바로 이 사실에서 출발하면 동아시아와 서구의 기독교 신학이 부드럽게 조화될 수 있기 때문이다.[9]

---

8) 위에서 지적한 최문형도 논자의 견해와 비슷한 내용을 말하고 있다. 위에서 언급한 그녀의 책 241쪽을 보라. 동아시아 종교, 특히 유교가 신에 대해서 어떤 견해를 지녔는가를 운명론의 입장에 다룬 아주 좋은 저서가 있다. 국내 학자의 저서인데, 이택용이 지은 『중국 고대의 운명론: 삶의 우연성에 대한 대응』(서울: 문사철, 2014)을 보라.

최근 서구에서 전통적 초자연주의적 유신론을 대체하는 내재적 신관의 신학이 활발하게 전개되어 온 것은 주지의 사실이다. 이차 대전 이후부터 오늘에 이르기까지 다양한 서구의 현대 신학적 운동들은 전통적으로 기독교가 표방해 온 초자연주의적 신론이 가지고 있는 여러 문제점을 인식하고 그것에서 벗어나려 고심해 왔다. 이러한 고심이 반영되어 탄생한 것 중의 하나가 범재신론panentheism이다.10) 오늘날 여러 형태의 범재신론이 존재하지만 그중에서 가장 대표적인 것은 과정신학의 입장이다. 과정신학의 범재신론에 따르면 신은 자연에 충만하게 내재하면서도 동시에 그런 한도 내에서 초월한다는 것이다. 과정신학에 따르면 신의 초월성은 흔히 그의 탁월함과 능가불능함unsurpassability에서 발견되어야 한다고 주장되는데, 이런 신의 탁월함과 능가불능함은 결코 자연에서 유리되는 초자연적인 것으로 해석되어서는 안 된다. 신은 자연 내의 모든 존재자와 영향을 주고받는데, 바로 그런 의미에서 즉 자연과 우주 내의 어떤 존재도 신보다 영향력을 주고받는 데 있어 탁월할 수 없다는 점에서, 바로 그 점에서만 신은 자연의 존재자들과 자연 자체를 초월한다고 한다. 이는 신의 초월이 오히려 신이 가장 내재적이기 때문에 가능하다는 역설에서 기인하는 셈이다. 여기서 우리는 서구의 범재신론의 특징에 대해서 자세히 토론할 자리를 갖고 있지 못하다. 단지 우리는 이 시점에서 향후의 동아시아에서의 신학이 어떻게 진행되어야 바람직할까 하는 문제에 대해서 매우 중요한 통찰을 발견한다. 동아시아 신학이 추구하는 신론은 결코 서구 신학이 반복해 온 초자연주의적 신론의 잘못을 되풀이해서는 안 된다는 것이다. 초자연주의적 신론은 우선 동아시아의 토착전통과 잘

---

9) Hall & Ames, *Thinking from the Han*, 193.
10) 범신론과 유신론의 장점을 병합하는 범재신론 혹은 만유재신론은 과정신학자들이 가장 활발하게 전개시켜 왔다. 가장 좋은 토론으로는 Charles Hartshorne이 William Reese와 공동으로 편집한 *Philosophers Speak of God* (Amherst, NY: Humanity Books, 2000)의 최신판을 보라.

조화되기 어려우며, 동시에 기독교의 새로운 신학운동에 의해서도 항상 비판의 대상이 되어왔기 때문이다.

초자연주의적 신론의 문제점을 극복하기 위한 대안을 서구에서만 찾을 필요는 없다. 동아시아 신학은 동아시아 내에 존재하는 종교적 전통이 이미 초자연주의의 문제점을 극복하는 대안을 제공해 왔다는 사실에 주목하면서 그런 전통들과 대화하면서 하나의 대안을 찾을 수도 있다. 예를 들어 불교의 비유신론도 그 중의 하나다. 물론 불교가 진정으로 강한 의미의 비유신론, 혹은 무신론적 종교냐 하는 것은 긴 토론을 요한다. 하지만 불교가 비유신론적이라는 일반적인 견해를 받아들인다면 그리고 바로 그 이유로 인해 기독교 유신론에 가장 강력한 도전이 된다는 점을 감안한다면 우리는 더 이상 초자연주의를 고수할 수 없게 된다. 왜냐하면 불교가 가장 공격의 타깃으로 하는 것이 바로 초자연주의적 유신론이기 때문이다.11) 불교에 따르면 하나의 초자연주의적 유신론은 인간을 해방시키기보다는 속박하는 면이 많으며 그러기에 바람직하지 않다고 보는 것이다. 불교는 하나의 바람직한 종교와 영성의 모델로서 매우 다양한 해답을 제시하는데 그것은 불교가 한 가지 종류가 아니기 때문이다. 예를 들어 정토불교의 경우는 기독교의 유신론, 혹은 최소한 범재신론과 비슷한 종교관을 허락하는 경향이 있는데 바로 이런 이유로 범재신론은 앞으로의 동아시아 신학이 불교와 대화할 때 좋은 도구가 될 수 있다고 말한 것이다.

---

11) 여기서 초자연주의의 정의를 놓고 일부의 보수적 신학도들은 다른 의견을 피력할 수도 있다. 그들의 입장에서 볼 때, 초자연주의는 결코 신이 자연을 홀대하거나 자연과 무관하다고 주장하지는 않기 때문이다. 하지만 나의 입장에서 볼 때, 자연과 관련되며, 나아가 자연을 통해 역사하시는 초월적 신은 초자연적인 신이라고 하기보다는 범재신론적 신이다. 엄밀한 의미의 초자연주의의 신은 자연을 통해 역사하는 신에 대해서 말하기 힘들다고 보기 때문이다. 초자연주의와 범재신론이 차이는 전자는 자연을 홀대하고 자연을 통해 일하는 신을 거부하는 반면에 후자는 자연을 통해 일하는 신을 긍정하는 입장이라고 보면 된다.

하지만 진정한 의미의 내재적 초월신에 입각한 대안은 유교와 도교에서 찾을 수 있다. 물론 여기서 우리는 몇 가지 철학적인 문제를 해결해야만 한다. 즉 동아시아의 유교와 도교가 궁극자로서 기술하는 도(道)나 천(天)이 초자연적인 개념이기보다는 범재신론적인 개념이라는 입장을 우리가 받아들일 수 있다면, 과연 그런 개념들과 기독교의 신이 말하는 인격적 초월자의 관계는 어떻게 조정되어야 하는가 하는 문제다. 이는 이미 다른 곳에서 다루었으므로 여기서는 단지 다원주의와 관계된 문제에 대해서만 짧게 논하기로 한다.12)

종교신학자이자 다원주의자인 폴 니터가 말하는 이른 바 "상호수용적인 모델mutuality model"을 적용해 보면 결국 천이나 도 혹은 야훼, 그리고 일본의 가미는 결국 하나의 절대자가 이름만 다르게 나타난 결과다.13) 그러기에 모든 종교가 추구하는 신들은 비록 그들이 다양한 이름으로 존재할지라도 한 뿌리에서 나온 것이며 형제요 자매다. 따라서 모든 종교는 서로 다툴 필요가 없으며 어떤 길을 가더라도 구원은 동일하다. 이런 입장은 존 힉에 의해서 이른바 "신-중심적 다원주의," 혹은 "실재 중심적 다원주의"로 알려져 왔다.

필자는 개인적으로 이런 무차별적 다원주의에 비판적 입장을 취해왔다. 모든 종교가 엄연한 의미에서 차이를 갖고 있음에도 그들 사이의 유사성만을 강조하는 것은 바람직한 형태의 종교 간의 대화에 도움이 된다고 생각하지 않기 때문이다. 따라서 논자는 기독교 신학자로서 개인적

---

12) 8장의 4절에서 다룬 내용, 즉 유교의 초월자는 어떻게 인격적 초월자로 해석될 수 있는가에 대한 필자의 토론을 참조하라. 마지막 끝맺음 글의 미학적 신학에 대한 토론도 참조하라.
13) 폴 니터의 책 *Introducing Theologies of Religions* (Maryknoll, NY: Orbis Books, 2002), 7장-9장을 참조하라. 물론 니터가 이 책에서 상호수용적인 모델을 이용해 동아시아의 신 개념과 야훼를 비교하는 것은 아니다. 하지만 그가 말하는 상호수용적 모델은 모든 종교가 주장하는 신과 구원을 동일성과 평등성의 입장에서 비교하면서 존 힉의 소위 신중심적 다원주의의 주장과 비슷한 길을 가고 있다.

으로 그리스도 중심적 다원주의를 제안한 바 있다. 그리스도 중심적 다원주의란 최근의 종교 다원주의가 요구하는 원칙, 즉 세계에는 다양한 가치의 종교가 있다는 사실에 입각한 종교 평등의 원칙을 인정하면서도 동시에 각각의 종교가 가지고 있는 차별된 독특성과 유일성을 유지하려는 입장을 말하는 것이다. 이 원칙에서 보면 기독교 외에 여타의 세계 종교들도 모두 나름대로의 가치를 지니고 그런 점에서 서로 평등한 위치에 있지만, 동시에 기독교는 다른 종교에서는 발견되지 않는 나름대로의 독특성과 유일성을 지닌다고 주장할 수 있게 된다. 그러나 이는 매우 민감하고도 어려운 문제이기에 자세한 토론은 다른 곳에서 다루도록 하고 우리의 다음 토론 과제인 인간론의 문제로 넘어가 보자.14)

III. 인간의 주체와 영혼

동아시아 신학에서 인간학의 문제는 곧 신학의 중심 문제이기도 하다. 초월적 유신론으로부터 신학을 시작하지 않는 동아시아는 대개 종교의 가치와 의미도 인간에 대한 분석에서 시작하기 때문이다. 동아시아에서 인간은 우선 유교의 영향 하에서 공동체의 관점이 강조된 인간이다. 수신제가치국평천하(修身齊家治國平天下)라는 말에서도 나타나듯이, 가정의 문제와 국가의 문제는 물론 세계의 문제마저도 우선 인간이 스스로를 다스리는 것에서 출발되어야 한다. 하지만 인간의 문제가 개인의 인격을 도야하는 데서 시작해야 한다는 이런 식의 멋진 주장은 그런 개인이 사회에서 부딪히는 문제를 해결하기 위해서이다. 사회 안에서 타인들과 알맞은 관계를 맺기 위해서 개인은 언제나 수양되어 있어야 한다는 말이

---

14) 필자는 기독교, 특히 예수의 독특성에 대해 어떻게 토론할 수 있는지에 대해 졸저 『종교적 상대주의를 넘어서』 (서울: 대한기독교서회, 2002)의 5장과 6장에서 깊게 다루었다.

다. 이것이 인(仁)으로 뒷받침되고 예(禮)로 나타나면 최고의 윤리적 인간이 되는 것이다.

　여기까지는 동아시아의 인간론이 그 세련됨에 있어 서구의 어떤 인간론에 비견해도 뒤지지 않는다. 문제는 그렇게 인격을 도야한 인간이 과연 사회 안에서 타인들과 올바른 관계를 유지하면서 정말 훌륭하고 바람직한 공동체를 건설해 나갈 수 있느냐 하는 것이다. 엄밀히 말해서 개인이 자신의 인격을 도야하는 문제와 그가 자신의 수양된 인격에 의지해 바람직한 공동체를 건설하는 문제는 다른 문제다. 아무리 인격이 훌륭하게 발달했어도 사회는 나름대로의 법칙을 따라 움직이면서 인격이 훌륭한 인간을 그대로 놓아두지 않기 때문이다.

　인간이 도덕적으로 타락하는 이유는 인격이 수양이 되지 않은 것도 원인이지만, 또 다른 이유는 사회와 공동체의 메커니즘 자체가 인간의 도덕적 타락을 부추기기도 한다. 따라서 도덕적 타락의 문제는 공동체 시스템의 문제로 보는 한도 내에서 더욱 정확한 분석이 이루어질 수 있다. 공동체 시스템의 문제가 도덕적 타락을 부추기는 가장 비근한 서양적인 예가 자본주의와 국가주의nationalism의 문제이다.15)

　물론 여기에 동양의 집단주의collectivism도 포함되어야 함은 말할 것도 없다. 동양에서 인간은 언제나 공동체와 집단의 이익의 관점에서 자신의 행동을 추슬러야 하며 그런 한도 내에서 도덕적이라고 평가된다. 여기서 동아시아의 인간론은 서구적 사유와 쉽게 충돌한다. 물론 기독교의 사유에 내에도 강한 공동체주의의 흐름이 그 근간을 이루고는 있어서 동아시아의 인간론과 공통점이 전혀 없는 것은 아니지만, 전통적으로 일종의 개인주의를 뿌리로 하고 있는 서구의 인간론은 현대의 포스트모더니즘의 요구를 따라 더욱 강력한 형태의 개인주의 사상으로 발전해 나가고

---

15) 동아시아에서도 이 문제는 매우 중요하기 때문에 나중에 마지막 절에서 실천적인 문제를 다룰 때 다시 언급하도록 한다.

있는 느낌이다. 기독교 신학이 공동체 위주의 사유를 펼치는 것은 틀림없지만, 그 기초에는 강한 개인주의가 놓여있기도 하다.

서구신학에서 신 앞에 서 있는 인간은 공동체의 일원이면서도 동시에 자신의 개체적 자유를 확보하려는 인간이다. 신의 존재가 인간의 개별적 자유의 근거로 작동하고 있는 것이다. 동아시아의 신학 하는 사람들은 신 앞에 서 있는 인간이 어떻게 공동체적일 수 있으면 동시에 개인적 자유를 누릴 수 있는지 서구사상과 더불어 진지하게 대화를 나누어야한다. 특히 최근의 무신론적 세속주의에 세뇌되어 있는 서구의 지성인들은 동아시아가 자랑하고 있는 관계주의적이고 집단주의적 인간론에 한편으로는 동조하면서도, 다른 한편으로는 그런 사고가 매우 시대착오적일 수 있음을 주장하고 있다. 부부나 부자와의 관계와 같은 가정 공동체내에서의 관계는 물론, 선배와 후배 혹은 집단의 우두머리와 종속된 사람의 관계는 수직적이고 위계적인데, 이는 너무나 고착되어 있어서 이를깨는 것은 곧 집단에서 따돌림 당하게 되기 쉽다는 것을 그들은 지적하기도 한다.

집단주의와 관련하여 한중일이 공통적으로 처하고 있는 문제 중 또하나 중요한 것은 집단 안에서의 상하관계에 입각한 위계질서적 문화다. 나는 여기서 이런 위계질서적 상하관계 중심의 문화가 언제나 문제만을 일으킨다고 주장하고 있는 것이 아니다. 많은 서양의 사람들은 한중일의 이런 인간관계가 오히려 기업 내에서 질서를 강화하는 데 적용되어 동아시아가 빠른 시일 내에 경제적 부흥을 이룩하는 데 일조했다고 생각하면서 그 체계를 부러워하기도 한다. 하지만 오늘과 같이 동서를 막론하고 개인의 인권이 보편화된 세계에서는 위계질서적 상하관계 중심의 문화는 벽에 부딪히지 않을 수 없다.

동아시아 신학이 서구신학과 대화를 나누면서 자신을 수정해 나가야하는 것은 바로 이런 것이다. 동아시아 신학이 서구신학과 대화하면서 자신을 수정한다는 사실은 결코 부끄러운 일이 아니다. 동아시아의 풍토와 문화가 개인의 인권보다 집단적이고 사회적인 관계에 집중하는 나머지 개인의 인권을 소중히 여기는 것에서 소홀해 왔다는 것이 사실이라면 우리는 각성하면서 우리의 문제를 개선해 나가는 것이 마땅하다. 예를 들어 여성, 장애인, 민중과 같은 소외되고 밀려난 소수자들의 권리를 중요하게 생각하는 습관은 인간의 주체성에 입각한 개인적 가치를 긍정하는 것과 맞물려 있다.

물론 우리는 여기서 한 가지 오해하지 말아야 할 것이 있다. 개인주의와 집단주의에 관한 이런 식의 주장은 마치 개인주의가 서구에서만 발달했기에 동아시아는 그런 면에서 열등하고 서구철학에서 무조건 배워야 한다는 식으로 이해하는 오류를 낳을 수 있기 때문이다. 이런 주장이 오류인 이유는 두 가지다. 하나는 동아시아 사상에도 분명히 개인주의를 강조하는 전통이 있다는 것이다. 천상천하 유아독존이라고 말한 붓다의 말에서부터 자연을 따라서 유유자적(悠悠自適)하며 자유롭게 개인적 삶을 누리는 것을 강조하는 노장사상은 어떤 면에서 개인주의적 경향을 지닌다.16) 또한 서양이라고 해서 공동체주의보다 개인주의가 더 발달한 것도 아니다. 엄밀히 말해서 개인주의는 근대의 산물이며 서구에도 근대 이전에는 엄밀한 의미의 개인주의가 존재하지 않았다. 그러기에 동과 서를 이분법적인 구도를 따라서 집단주의 대 개인주의로 나누는 것은 오류다.

하지만 변할 수 없는 분명한 사실 중의 하나는 동아시아에서는 분명히 관계를 강조하는 사상이 강했던 것이 틀림없고, 그것은 개인의 주체적 권리를 약화시키는 경향으로 작용했던 것도 사실이다. 그리고 이런 경향은 오늘의 한중일 동아시아의 문화적 관습에서 숨길 수 없이 작동하

---

16) 장자의 사상이 자연주의이면서 동시에 개인주의적 경향을 띤다는 것을 잘 토론한 최근의 저서는 위에서 언급한 이택용의 『중국 고대의 운명론』의 4장을 보라.

는 현상 중의 하나다. 따라서 동아시아는 개인의 인권과 관계된 개인주의와 그것의 철학적 근간이 되는 주체적 동일성의 확보에 대해 더욱 강조할 필요가 있다. 단 신학도로서 우리가 여기서 조심해야 할 것은, 동아시아에서 개인주의가 덜 발달했다는 사실을 인정하면서 그 문제를 해결하기 위해서 서구의 개인주의를 들여오는 일이다. 이런 식의 해결책은 작은 문제를 해결하기 위해 더욱 큰 문제를 불러 오는 일이기에 경계되어야 마땅하다. 다시 말해서, 동아시아의 신학도는 바람직한 개인주의에 대해서 말할 때, 서구의 일반적 개인주의, 즉 세속적 개인주의보다는 다른 형태의 개인주의를 대안으로 모색해야 한다. 서구의 일반적 개인주의, 즉 맬더스의 인구론과 아담 스미스의 국부론으로부터, 다윈, 마르크스, 니체에 이르기까지의 세속적 개인주의는 주로 적자생존, 승자독식, 무한경쟁의 사회에서 살아남기 위한 전투적 개인주의와 연결되어 있고, 바로 이런 개인주의가 만들어 낸 병폐 중의 하나가 소위 천민자본주의인 것이다.

논자의 입장에서 볼 때, 우리가 고려해야 하는 진정한 의미의 바람직한 개인주의는 오히려 기독교적 인간관에서 모색되어야 한다. 하나의 개인이 신 앞에 서서 자신의 자유를 확보하면서 동시에 그것에 근거해 책임적 삶을 살아가도록 만드는 유신론적 개인주의가 하나의 대안으로 제시될 수 있어야 한다. 이런 기독교적 개인주의에 따르면, 하나의 인간은 신 앞에 서서 신의 보편적이고 숭고한 선하심의 관점과 자신의 관념을 비교해 재조정해 나가는 인간이며, 이런 한도 내에서 그는 참으로 자유하는 인간이다. 만일 세속적 개인주의의 경우처럼 인간이 신 없이 스스로 자유하려 한다면, 그가 어떻게 자신의 이기적인 만족을 위한 자유를 선택하기보다 이웃과 공동체를 위한 자유를 선택할 수 있는지 설명하기 어려워진다. 한마디로 기독교적인 유신론적 개인주의는, 인간이 신과 관련한 한도 내에서 진정한 주체적 정체성을 확보할 수 있으며, 나아가 그런 주체적 개인만이 참으로 타자와 이웃에 대해서, 그리고 공동체에 대해서 열린 마음의 인간이 될 수 있다고 주장한다.

물론 이런 관계적인 주체론과 유신론적 개인주의가 반드시 서구적 기독교에서만 발견될 수 있는 것은 아니다. 개인의 가치는 타자와의 관계에서만 성립될 수 있다는 것이 바로 동아시아, 특히 유교의 중요한 가르침이기 때문이다. 그러나 동아시아가 이런 개인주의적 사상을 스스로 지니고 있으면서도 그것을 충분히 발전시키는 데 있어서 아직까지 서툴렀다면 동아시아의 신학도는 과감하게 기독교의 핵심으로부터 배워서 보충할 수 있어야 한다. 이렇게 보충되고 강화된 새로운 의미의 관계주의적 개인주의를 유교적으로 해석한다면 다음과 같은 것이 될 것이다. 즉 부부유별, 부자유친, 심지어 장유유서의 관계는 결코 위계질서적인 것은 아니며 평등성에 기초해야 한다. 그러나 그런 평등함에도 불구하고 항상 개인의 주체성은 가정이나 사회와 같은 공동체 내의 타자와의 밀접한 관계 속에서 이해되어야 한다.

이제까지 살펴 본 바대로, 이런 모든 문제들은 인간에 대한 철학적 이해를 우리의 삶에 어떻게 구체적으로 적용하느냐의 문제에 달려 있다. 동양의 인간론이 때로는 매우 우수한 것은 틀림없으나 많은 사람들은 그것을 곡해하여 적용해 온 면이 없지 않다. 중요한 곡해가 일어나는 경우는 불교에서도 가끔 발견된다.

즉 공동체 내에서 개인의 주체성을 강조하는 것이 우선이 아니라는 유교의 입장도 문제가 되겠지만 더 중요한 문제는 불교의 주장으로서의 무아(無我)의 문제다. 물론 무아사상은 서구의 사상가들이 오늘날 가장 부러워하는 탁월한 동양적 인간론의 하나임에는 틀림없다. 윤리적으로 그 사상은 인간이 더 이타적으로 살아갈 수 있게 만들기 때문이기도 하지만 오늘날과 같은 해체주의적 포스트모더니즘의 입장에서 볼 때 불교의 무아론은 온갖 철학적이고 사회적이 문제의 온상이라고 할 수 있는 주체를 해체해 버리기 쉽게 만들기 때문이다.

　그러나 무아사상이 갖는 이런 장점에도 불구하고 무아사상은 서구적 합리주의 철학에서 볼 때 아주 난감한 문제를 제공한다. 개인의 동일성을 인정하지 않고 주체성을 해체해 버린 입장에서는 인간 영혼의 지속성의 문제를 설명하는 것이 매우 어렵게 되기 때문이다. 자아 없는 주체가 어떻게 윤회를 하는지를 설명하는 데 있어 불교인들 스스로도 매우 어려움을 지녀왔다. 나아가 인간의 영혼이 사후에도 윤회의 원환cycle 속에서도 여전히 지속성을 유지한다고 주장할지라도 어떻게 그것이 가능한지 이해시키는 것은 언제나 논리 밖의 문제로 간주되었다. 특히 이는 사후 영혼의 영생을 믿는 기독교와 조화하려 할 때 많은 사람들을 난처하게 만들어 왔다.

　인간론과 관련한 이런 문제들을 우리는 어떻게 해결할 것인가? 이미 위에서 수차례 언급한 바대로 동아시아 신학도로서의 우리는 이런 문제마저도 서구 사상과의 교류 속에서 해결책을 모색해 나갈 수 있다. 예를 들어 최근의 서구신학은 죽음 이후의 영생은 반드시 강력한 주체 이론에 의지해서만 가능한 것은 아니라는 것을 밝히고 있다. 주체를 포스트모더니즘의 철학을 따라서 사건으로 대체하면 된다고 보는 것이 그 하나의 예다.17) 논자의 생각에 이런 해석은 동양의 입장을 오히려 강화해 주면서도 기독교 신학적으로 적용 가능한 하나의 대안이 될 수 있다. 짧게 말해 이런 신학에 따르면 영생이란, 신의 기억 속에 나의 사건이 기억되는 것이다. 기독교 신학에서는 이를 하나님 나라 안에서의 영생이라고 명명

---

17) 모든 것을 사건의 철학에서 보는 최근의 포스트모던적 입장을 우리는 유럽의 들뢰즈, 알랭 바디우에서, 그리고 영미의 과정철학에서 발견할 수 있다. 특히 가장 최근에 번역된 것으로는 바디우의 『존재와 사건』 (서울: 새물결, 2013)을 보라. 사건의 철학을 신학적으로 전개하는 과정신학은 너무 많지만 가장 대표적인 소개서 중 최신의 것으로는 논자의 졸역으로 나온 니컬러스 레셔의 『과정형이상학과 화이트헤드』 (서울: 이문출판사, 2010)를 보라.

하면서 다르게 표현하기도 한다. 하나님의 기억이 되든지, 혹은 하나님의 나라가 되든지, 나의 주체 사건은 하나님이라는 존재, 혹은 그의 신적 사건 안에서 영원히 지속된다고 본다.[18] 물론 하나님의 기억 속에서 나의 주체가 어떻게 지속되는가 하는 문제를 비롯해 인간의 영혼에 관한 문제는 매우 복잡한 문제이기에 모든 사람이 만족될 수 있을 정도의 대안을 도출하는 것은 불가능하다. 따라서 이 정도에 만족하도록 하고 단지 여기서는 영혼의 문제와 관련된 실천적 문제를 한 가지 지적하는 것으로 마무리하기로 하자.

영혼과 관련된 문제는 영생의 문제를 다루면서 언제나 복잡하게 되고 심지어 그 의미와 가치가 타락하는 경우가 많다. 이는 동양과 서구가 마찬가지다. 무슨 말인가? 죽음 이후의 영생에 대한 주장은 언제나 모든 인류의 관심사 중의 하나이지만, 그것이 과도하게 강조될 때 이 세상에서의 복지에 관심하는 것을 잊도록 만드는 약점이 있다. 또한 죽음 이후의 영생의 문제에 과도하게 관심하는 신학이 실은 성서적 전통에서도 매우 먼 것이라는 점에서도 이런 과도한 종류의 주장은 문제가 된다. 그러기에 인류를 향한 하나님의 목적은 세계를 초월하는 것에 덧붙여 그것을 다시 세계에 재투자하시기 위함이라는 것을 강조하는 신학, 즉 하나님 나라가 너희 안에 있다는 사실을 강조하는 하나님 나라의 교의, 혹은 성육신의 교리와 주기도문의 의미에 초점을 맞추는 신학이 언제나 강조되어야 한다. 주기도문에 의하면 하나님의 나라는 언제나 저 세상의 관점에서 강조되는 것이 아니라 이 땅의 관점에서 강조되기 때문이다.[19] 따라서 영생의 교리를 비롯한 모든 영혼의 문제는 언제나 몸, 지상의 문제와 연결되어서 생각되어야 한다는 것이며, 반대로 몸이나 지상의 문제는

18) 이에 대한 과정신학적 토론으로는 『신학과 세계』, 48호에 실린 필자의 작은 논문 "과정신학에서 보는 주체적 불멸"을 참조하라.
19) 마태복음 6장 10절.

영혼과 죽음이후의 삶, 즉 저 생의 관점과 관련시켜 판단되어야 한다는 것이다. 이런 식의 접근 방법에 기초한 인간론만이 동아시아 신학의 미래에 바람직한 전망을 제공할 수 있다고 할 것이다.

IV. 실천적인 문제들

이제까지 동아시아 신학의 형성을 위한 과제들을 살펴보았다. 앞에서 우리는 주로 이론적인 문제에 초점을 맞추었으며 또한 주로 기독교와 동양의 사상이 서로 조화할 수 있는가 하는 관심사에서 방법론을 모색해 보았다. 그러다 보니 우리는 이제까지 기독교가 동아시아를 향해 더 적극적으로 공헌할 수 있는 것이 무엇이 있을 수 있는가 하는 것에 대해서는 많이 토론하지 못했다. 따라서 이하에서는 기독교가 동아시아를 향해 더 적극적이고 긍정적으로 수행할 수 있고, 또한 그렇게 해야만 하는 과제에는 무엇이 있는지 살펴보자.

실천적인 문제와 관련하여, 논자는 동아시아의 신학이 기독교의 이름하에 적극적으로 수행해야 할 수 있는 많은 과제가 있다고 생각한다. 그러나 그 모든 과제는 단 하나의 주제로 요약될 수 있다고 믿는다. 그 단 하나의 주제란 바로 인간화humanization다. 여기서 인간화라는 말로 논자가 의미하려는 것은, 우리의 모든 관심을 인간의 존엄성, 인간의 권리를 존중하는 관점에서 생각하면서 아시아 신학의 조성에 나서야 한다는 뜻이다. 특히 동아시아 기독교 신학이 자신의 문제에 대해서 말할 때, 무엇보다 염두에 두어야 하는 가장 시급한 과제는 소수자와 가난한자들이 인간답게 대우받을 수 있는 권리를 회복하는 것이다. 이는 동시에 이제까지의 서구의 신학이 인권의 개념을 주로 개인의 자유를 보호하는 것에 집중했다는 것을 고려하면서, 동아시아의 신학은 이것보다 한걸음 더 나아가야 독특한 아시아 신학을 건설할 수 있다는 뜻을 역설하려는 것이다. 동아시아 신학의 선구자 격인 피에리스Alosyus Pieris의 말을 들어 보자. "서구 교회의 자유주의자들은 개인적인 자유에 사로잡혀 있는데, 그것은 눌린 자들의 전적인 자유를 위한 해방적인 열정과는 거리가 멀다."[20] 서구의 기독교 신학은 분명이 개인주의에 대해서 많은 통찰력을 제공하는 신학 작업을 해왔다. 하지만 그들이 부르짖는 인간의 자유와 개인의 권리는 대개 눌리고 소외된 계층의 전적인 자유와 해방을 위하는 데까지 연결되는 데 있어서 언제나 한계를 보여 왔다는 것이다. 우리는 여기서 동아시아의 기독교 신학의 독특한 과제는 무엇이 되어야 하는지 분명히 알 수 있다.

동아시아에서 모든 이론적인 신학의 내용은 지구와 그 안에서 고통받는 사람들의 구원soteria을 목적하되, 그들을 어떻게 구원할지 중지를 모으는 데 있어서 우선 항상 낮은 위치에 있는 사람들의 목소리를 들어야 한다.[21] 이는 그들이 먼저 말하도록 기회를 주어야 한다는 사실을 의미하는 것이다. 물론 이런 말은 사회 내에서 그들의 비중이 더 크고 그들의 목소리가 다른 어떤 그룹보다 중요하다는 뜻은 아니다. 모든 그룹의 목소리는 언제나 동등하게 반영되어야 공정하다. 하지만 낮은 위치에 있는 사람들의 목소리는 언제나 아시아 신학 내에서 우선권을 갖도록 배려되어야 한다. 그렇지 않게 되면 모든 사회의 의견 수렴은 항상 기득권 세력의 목소리와 의중이 주로 반영되는 방식을 따라 작동하게 될 것이다. 왜

---

20) Aloysius Pieris, *An Asian Theology of Liberation* (Maryknoll, NY: Orbis Books, 1988), p. 6.

21) 구원 즉 Soteria를 중심으로 종교신학을 펼쳐온 이는 폴 니터인데 그는 항상 가난한 소수자의 구원에 우선적으로 관심하는 신학의 중요성을 강조해 왔다. 니터의 주장을 원문으로 들어보면 다음과 같다. "It is suffering victims who have the first or the privileged voice in the dialogue. It is the victims of this world who start the hermeneutical circle turning." Paul Knitter, *One Earth and Many Religions* (Maryknoll, NY: Orbis Books, 1995), 79-80.

냐하면 우리의 사회는 낮은 자들의 목소리보다는 기득권 세력의 목소리가 우위를 차지하도록 제도화되어 있는 기제 하에서 움직이면서 작동하도록 되어있기 때문이다. 따라서 동아시아 신학은 언제나 낮은 위치에 있는 소수자들의 목소리가 우선적으로 반영되도록 자신의 신학을 조성해감은 물론, 모든 세력의 대표들이 모여 대화를 나눌 때에도 소수자들의 뜻이 우선적으로 들리도록 프로그램을 기획해 나가야 할 것이다. 이에 덧붙여 동아시아 신학이 선결해야 할 또 한 가지 중요한 과제가 있다.

향후의 동아시아 신학은 자본주의와 제국주의의 망령을 잡는 첨병 노릇을 해야 한다는 것이 바로 실천적인 면에서 볼 때 두 번째로 중요한 과제다. 인류를 비인간화에 병들게 하는 첨병으로서의 자본주의와 제국주의는 소수자, 눌린 자들이 하나님의 은총 아래서 평등한 인권을 누리지 못하도록 방해하는 중요한 시스템들이다. 우리들의 신학은 부지불식간에 자본주의의 시스템에 길들여져 왔다. 우리는 항상 시민들을 교육하고 그들을 하나님의 말씀으로 훈련한다고 하지만 우리가 행하는 모든 프로그램은 물론, 그것을 재정적으로 뒷받침하는 시스템 자체가 자본가와 그에 복속된 그룹의 목소리가 유리하게 작동하도록 되어 있는 것도 사실이다. 논자는 여기서 자본주의의 모든 시스템이 잘못되었다고 말하고 있지 않다. 또한 자신의 국가가 세상을 향해 공헌할 수 있도록 밀어주는 민족주의 역시 때로는 긍정적인 면이 있다고 생각한다. 그러나 동아시아의 한중일이 차지하고 있는 국제 경제학 내에서의 위상을 감안해 볼 때 자본주의와 그것에 기반하고 있는 새로운 제국주의의 문제는 앞으로 동아시아 신학이 해결해 나가야 할 가장 중요한 문제 중의 하나가 될 것이다. 동아시아의 신학자들은 이 문제가 뿌리 깊게 고착되어 더 이상 손을 쓸 수 없는 시기가 다가오기 전에 미리 미리 이 문제를 선결해 나갈 수 있도록 중지를 모아 놓아야 할 것이다.

셋째로 중요한 실천적인 과제는 종교 간의 갈등을 해결하는 문제다.

솔직히 말해서 문제를 일으키는 것은 대부분 기독교를 비롯한 아브라함적 종교였지 동양종교는 아니었다고 주장하는 사람들이 많다. 물론 이는 어떤 면에서 볼 때 사실이다. 기독교를 비롯한 이슬람과 유대교가 그동안 타종교에 대해 보인 배타적인 태도를 감안해 볼 때, 기독교인들은 언제나 이런 비판에 겸허하게 귀 기울여야 한다. 하지만 동아시아 종교라고 해서 전혀 문제가 없는 것은 아니다. 그들도 어떤 면에서는 매우 배타적인 태도를 지녀왔다. 예를 들어 가장 관용적인 종교인 불교의 경우에도 다른 모든 종교를 열등하다고 여겨 온 역사가 있는 것이 사실이다. 따라서 이는 기독교만의 문제는 아니며 동아시아 전체 종교, 아니 모든 종교 전체의 문제라 할 것이다. 그렇다면 어떻게 접근해 나갈 것인가?

우선 종교 간의 평화가 가능하려면 종교 간의 대화와 화해가 이루어져야 하며, 또한 이런 종교 간의 화해를 위해서는 기독교가 지닌 배타주의적 성향을 순화시켜야 한다. 다행히 최근의 신학들은 기독교가 타종교들과 화해하면서도 동시에 기독교의 선교적 사명을 다하고, 더 나아가 심지어 기독교의 독특성을 보존할 수 있는 신학적 방법론들을 속속 내어놓고 있다. 새로운 이론에 따르면, 기독교가 타종교와 화해하는 것은 결코 선교를 불가능하게 만들지 않으며, 나아가 기독교의 차별된 독특성을 강조하는 것을 포기하게 만들지도 않는다. 새로운 방법론에 입각하면 결코 타종교를 배타시하지 않고 그들을 같은 하나님의 자녀로 받아들이면서도 동시에 그들을 향해 기독교의 독특성에 기초한 선교정책을 펼칠 수 있는 것으로 보인다. 논자는 그동안 이런 입장에 대해서 그리스도 중심적 다원주의라는 명칭 하에 그 신학적 특징을 설명하고 그 입장이 가지고 있는 선교학적 효용성을 역설해 왔다.[22] 하지만 여기서는 이 주제에 대해 상세히 다루는 지면을 갖고 있지 않기에, 그저 여기서 우리는 타종교

---

22) 이 문제를 직접 다룬 논자의 저서는 『종교적 상대주의를 넘어서』이다.

와 화해하면서 동시에 그들을 향해 선교하는 방법론을 찾는 것이 불가능한 일은 아니라는 점을 다시 한 번 확인한 것으로 만족하기로 하자.

마지막으로 가장 중요한 실천적 과제로서의 여성의 인권, 소수자의 인권의 문제 등 인권과 관련된 문제들에 덧붙여 생태의 문제를 다루는 과제도 있다. 하지만 이런 과제는 그것이 동아시아에서 아무리 심각한 문제로 부각되고 있더라도 각각 너무 큰 토론을 요하는 문제이므로 여기서는 상세히 다루지 못한다. 단지 이런 실천적인 문제를 다루는 데 있어서 우리가 명심해야 할 사항 중 가장 중요한 한 가지의 문제만 지적하는 것으로 매듭짓자.

혹자는 동아시아 사상이 자연을 소중이 여기는 전통을 갖고 있기에 생태계의 문제를 해결하는 데 있어서 서구신학보다 유리하다고 주장한다. 이는 물론 일리가 있는 주장이다. 동아시아 신학은 이런 이점을 살려서 더 생태학적으로 의미 있는 신학을 구성하는 데 앞장서야 한다. 그러나 동아시아 사상이 생태의 문제를 해결하는 데 있어 서구보다 유리하다는 주장은 어찌 보면 매우 나이브한 주장이 될 수 있다. 그리고 바로 이런 신념이 어떤 경우 오히려 문제의 해결을 어렵게 만들수 있다. 솔직히 생태의 문제는 이론의 문제가 아니라 실천의 문제기 때문이다.

물론 아직도 생태계의 문제 자체에 무지하고 둔감한 사람들이 많으므로 우리는 그들을 계속 일깨우고 교육하는 것이 중요하며, 이때 동양적 자연주의에 기초한 생태 이론이 동반되지 않을 수 없다. 하지만 이보다 더 중요한 것은 생태학적 문제가 발생하지 않도록 정치-경제 시스템을 바꾸는 것이다. 정치적인 시스템의 문제가 해결되지 않고서는, 그리고 그 정치를 뒷받침하고 있는 경제 시스템이 수정되지 않고서는 어떤 생태학적 문제도 해결되지 않는다는 것은 오늘의 국제상황이 증언하는 바인 것이다. 자연주의에 입각한 도교(道教)를 만들어 낸 중국이 생태학적 문제로 인해 가장 큰 고통을 당하는 것이 오늘의 현실이기 때문이다. 따라서 동아시아의 기독교는 자신들의 자연주의 사상을 자랑하면서 생태학적으로 나이브한 생각을 가져서는 안 된다. 우리는 언제나 우리 자신에 대해서 겸허한 태도를 지니는 가운데 우리의 이론이 우리의 눈을 가려 시스템을 바꾸는 힘을 앗아가고 있지 않은지 늘 경계해야만 한다. 동아시아 신학은 이런 경계심을 강화하는 데 언제나 앞장 설 수 있어야 한다.

나오는 말

신학은 때때로 너무 이론적이다. 경우에 따라 기독교 신학은 너무 형이상학적이다. 최악의 경우 신학은 자신의 우월성을 합리화하는 수단으로 사용되면서 쉽게 이데올로기적인 도구로 변질된다. 본래는 선한 목적으로 창조된 교의가 종국에는 교조적이며 고집스런 제도로 바뀌어 인간의 해방을 방해할 수도 있는 것이다. 서구 역사에 있어서 신학은 이렇게 줄 곳 위험스런 함정에 늘 노출되어 왔다. 동아시아의 기독교 신학도 예외는 될 수 없다. 동아시아는 언제나 하나의 신학을 생산하려는 순간 스스로가 만든 약점과 함정에 매몰될 수 있다는 사실을 기억해야 한다.

여기서 논자는 어떤 종류의 신학체계도 그것을 뒷받침하는 형이상학을 모두 버려야 한다는 말을 하고 있는 것이 아니다. 하나의 체계적 이론과 그것의 꽃으로서의 형이상학은 다음과 같은 한도 내에서 오늘과 같은 탈형이상학적 시대에도 여전히 의미를 가질 수 있다. 즉, 각 분과의 다양한 이론들이 이합집산 충돌 갈등하는 것을 막고 그들이 더 정합적으로 하나의 체계 안에서 자신의 이론이 갖는 결함과 한계를 발견할 수 있도록 만드는 도구로서 하나의 형이상학은 시도될 수 있다. 그러나 이때조차도 하나의 형이상학은 도구적이고 임시방편으로서 사용될 뿐이지 그것이 보편 과학으로 전제되어서는 안 될 것이다. 한 마디로 말해 형이상학은 추구해야 할 목표이기는 해도 보편타당한 전제로서 취급되어서는 안 된다는 말이다.

이런 실천 위주의 형이상학을 통해 우리는 다양한 관점에서 사물과 사건을 평가할 수 있을 뿐만 아니라, 그들 사이에서 발생하는 갈등과 모순을 치유하고 조화시킬 수 있는 방법을 발견할 수에 있게 될 것이다. 전일全一적인 관점을 통해 연대성을 발견하면서도 동시에 다양성을 무시하지 않는 것이 아시아 신학이 추구해야 할 형이상학적 목표라 할 것이다.

그러므로 동아시아 신학을 구성하는 데 있어 염두에 두어야 할 중요한 조건 중의 하나는 신학의 주목적이 신앙 대상이나 교의를 주장하기 위한 도그마적 체계의 확립을 위해 사용되어서는 안 된다는 것이다. 그렇다고 논자가 어떤 종류의 교의와 체계도 위험스럽다는 식의 도그마 무용론을 주장하려는 것은 결코 아니다. 교의와 그 체계는 교회의 질서를 유지하고 하나님의 말씀의 효과적 지침서로서 언제나 중요한 역할을 담당해 왔다. 하지만 위에서 지적한 문제점도 분명히 가지고 있기 때문에 동아시아에서 신학이론은 언제나 오로지 실천 행위를 위한 이론적 도구로 사용되어야 한다. 이런 것이 전제될 때 동아시아 신학은 서구 신학의 낡은 형이상학적 논쟁의 포로가 되지 않고 자신만의 색깔을 가질 수 있다.[23] 이런 점에서 이론적 체계는 언제나 체제의 앞잡이가 될 수 있다는 학자들의 말에 귀 기울여야 한다.

때때로 기독교가 초자연적 유신론을 이용해 현상의 체제status quo 유지의 앞잡이 노릇을 하던 잘못, 과도하게 사후의 삶을 강조하는 것에 치우치면서 현실의 압제적인 상황에 눈멀도록 만들던 잘못 등등, 전통적 서

---

23) 나아가 동아시아 신유교나 불교가 빠졌던 과도한 이론 논쟁의 늪에서도 벗어 날 수 있다.

구신학이 반복했던 실수를 동아시아 신학은 더 이상 답습하지 말아야 한다. 다른 한편 동아시아 신학은 서구의 신학에서 여전히 많은 것을 수입하여 자신을 교정해 나갈 수 있어야 한다. 인간의 주체적 자아와 그것에 근거한 개인적 인권을 소중히 여기는 전통, 그리하여 소수자들과 주변인들을 배려하고 관심하도록 만드는 학문적 이론과 실천적 운용체계 등은 서구 신학에서 여전히 동아시아 기독교가 배워나가야 할 덕목들이다.

물론 우리는 서구신학에서 발견 될 수 없는 우리만의 자산과 독특함을 가지고 있다. 동아시아의 자연주의적 전통에 입각한 신학운동은 서구에게 새로운 타입의 유신론을 제시할 수 있다. 관계와 공동체를 우선적으로 생각하는 전통은 서구에게 새로운 타입의 주체이론을 제시할 수 있다. 특히 동아시아 종교들이 보여주는 타종교에 대한 관용적 입장은 서구 신학의 배타적 복음주의에 새로운 대안을 제시할 수도 있다.

이런 대안의 제시를 위해 꼭 필요한 토론주제이지만 여기서 지면의 한계로 다루지 못한 부분이 있다. 미학과 시학의 부분이다. 미(美)와 시(詩)는 궁극적 실재를 예술과 언어로 표현해 내는 도구이다. 혼돈으로서의 세계에는 언제나 질서가 있기 마련이고 이런 질서로서의 예술에 나타난 것이 미(美)요 문학에 나타난 것이 로고스다. 신학이란 어떻게 보면 이런 질서의 이면에 존재하고 있는 궁극적 실재로서의 하나님의 숨결을 잡아내어 독자들과 함께 공감하는 학문이기도 하다. 동아시아에는 동아시아만의 예술과 미학을 통한 미와 시의 작품들이 넘쳐난다. 그러므로 그것을 통해 세계의 신학계에 공헌하는 것은 동아시아 신학이 가야 할 또 다른 방향이다. 이런 과제는 오늘의 세계인들이 더 이상 형이상학과 철학적 사유의 장 안에서 살아가지 않고 예술과 시의 상상력이 번득이는 문예의 장에서 살아가는 것에서 매력을 느낀다는 사실을 감안해 볼 때도 매우 중요하다. 이른바 동아시아적이고 미학적인 신학의 발굴은 이런 점에서도 매우 긴요하다고 하겠다.24)

우리가 이제까지 토론한 바와 같이 이런 모든 것들은 동양과 서양이 서로의 한계에 대해 자기비판에 힘쓰면서 상대방에서 배워나가려는 입장을 지속적으로 견지할 때 가능하게 될 것이다.

---

24) 필자는 본 저서의 마지막 장인 "끝맺는 글"에서 별도의 섹션을 만들어 미학적 신학의 가능성에 대해 다루고 있다. 동아시아의 학자들은 최근 세계적인 추세에 맞추어 미학적 세계관으로 가득 찬 동아시아의 전통들을 학문적으로 발굴하고 해석해 내고 있다. 대표적인 저작으로는 다음의 책들을 참조하라. 리 빙하이, 『동아시아 미학』, 신정근 역 (서울: 동아시아, 2010). 푸전위안, 『의경: 동아시아 미학의 거울』, 신정근 외 역 (서울: 성균관대학교 출판부, 2012).

끝맺는 글

　학부 시절부터 서구철학을 공부하기 시작한 이래로 나는 동아시아 철학에 대해서 애증의 양면감정을 가져 왔다. 동아시아는 내가 태어나고 자라난 땅일 뿐만 아니라 내게 필연적인 사유의 샘물이 되어 온 곳이다. 따라서 동아시아에 대해 나는 당연히 애착의 감정을 가질 수밖에 없다. 하지만 동시에 나는 공부를 거듭할 때마다 스스로 질문하곤 했다. 왜 동아시아 사상은 서구사상만큼 깊어 보이지 않고 그 폭도 넓지 못한가라고 자문하기도 했다.

　플라톤을 읽을 때 나는 한 서양의 고대인이 어찌 그리 치밀하고 정교한 사유를 할 수 있을까 놀라며 감탄했다. 칸트를 읽을 때는 그 사유의 육중함과 포괄성에 경외심마저 느꼈다. 물론 석가나 공자를 읽을 때 그들의 사유에서도 단단하고 깊은 사고의 울림이 없었던 것은 아니다. 하지만 솔직히 말해서 그들의 사유는 종종 너무 종교적이거나 도덕적이라서, 충분히 합리적이지 못하고 논리적이지도 않다고 생각하곤 했다. 특히 사물을 자연과학적인 관점에서 분석적으로 탐구하려 할 때, 혹은 인간 공동체의 문제를 사회과학과 같은 구체적 통계에 입각하여 논리적으로 분석하려 할 때, 동아시아의 사상은 다소 한계를 노출하는 것으로 보여 답답했다. 동양사상에 대해 이렇게 좌절하는 나를 발견할 때면, 혹시 나조차 사상적으로 서구 사대주의에 매여 있는 것은 아닌가 하며 자성할 정도였다.

그러나 지난 긴 세월, 서구의 생성과 과정의 철학을 공부하게 되면서 동아시아 사상에 대한 나의 입장에도 조금씩 변화가 생겨났다. 특히 포스트모던 운동의 뿌리가 된 유럽 탈구조주의자들의 저서들을 읽고, 덧붙여 니체와 베르그송, 스피노자 등을 다시 읽기 시작하면서 나의 입장도 많이 달라졌다. 이들은 대부분 서구철학의 변방에 놓여 있었던 비주류의 학자들이지만 그들의 철학이 주장하는 내용과 동아시아 철학이 강조하는 내용이 놀랍게도 그 뿌리에서 서로 연결될 수 있다는 확신을 갖게 되면서 나의 학문에도 새로운 방향 전환이 생겨났다. 물론 동서의 학문의 연관성에 대한 확신은 그동안 내가 화이트헤드의 과정철학을 중심으로 공부하면서 일찍부터 견지해 왔던 것이다. 그러나 최근 발달된 서구의 탈근대주의 철학을 공부하게 되면서 그것과 동아시아의 철학이 생성과 과정의 사상에 기초해 서로 연관되고 대화가 가능하다는 평범한 사실을 재차 확인하게 되었고, 따라서 이에 대해 공부하지 않는 한 그 어떤 동아시아의 사상가도 오늘날 온전한 사상을 펼칠 수 없다고 확신하게 되었다.

비록 서구 철학에서 발견되는 것과 같은 종류의 시간 분석, 즉 과거-현재-미래로 이어지는 비가역적 시간관은 결여되어 있을지라도, 그리고 그런 시간의 철학에 근거한 정교한 논리의 생성과 과정의 철학 같은 사상은 발견되지 않아도, 동아시아 사상 역시 자연 안의 모든 존재들이 생성과 소멸을 반복하는 가운데 서로 밀접한 관계 속에서 형성되어 간다고 보는 점에서는 서구와 비슷한 노선을 걸어가고 있다고 믿게 되었다. 공부를 거듭하면 할수록, 앞으로 좀 더 연구되고 계발되면 동아시아의 생성적 사유 역시 그것 특유의 인간심리 분석과 사회 담론을 통해 앞으로 도래하는 신세대에게 일정부분 기여할 수 있다고 확신하게 된다.

이런 신념에 근거하여 필자는 본 저서에서 우선 동아시아 철학에서 강조되는 생성과 과정의 철학 개념들이 서구의 것과 만날 때 어떻게 해석되고 평가될 수 있는지 연구하고자 했다. 그런 작업을 통해 동아시아 철학의 특징을 더 분명하게 잡아낼 수 있었고, 또한 장점과 한계에 대해서도 정리해 볼 수 있었다. 하지만 결과적으로 동서의 대화는 동아시아의 여러 문제들을 분석하는 좋은 틀을 제공함은 물론 이미 말한 바, 서구가 부딪치고 있는 현대의 여러 문제에도 하나의 대안을 제공할 수 있다고 확신한다. 특히 동서 생성철학의 대화는 한국의 기독교를 변혁할 수 있는 적합한 신학적 개념들을 제공한다는 믿음을 갖게 된 것이 또 다른 수확이라 할 수 있겠다.

I. 한국 기독교는 동서 대화에서 무엇을 얻을 수 있는가?

동서의 생성철학과 만날 때 기독교가 얻을 수 있는 도움은 짧게 표현해 다음과 같이 정리될 수 있다. 즉, 동과서의 만남에 기초해 기독교, 특히 한국의 기독교는 "건전한 의미의 탈근대성"을 자기 변혁의 기반으로 삼을 수 있다는 것이다. 여기서 필자가 염두에 두고 있는 "건전한 의미의 탈근대성"이란, 우선 근대의 장점으로서의 계몽적 합리성에 바탕을 두면서도, 그런 근대의 합리성이 노출하는 약점과 한계를 넘어설 수 있는 지혜를 추구하는 사상을 말한다. 이를 통해, 근대성의 기초가 되어온 건전한 계몽적 합리성은 계승하는 반면, 근대성과 포스트모더니즘이 토해내는 온갖 아노미와 난점들은 극복하겠다는 것이다. 이런 뜻으로 탈근대 앞에 '건전한 의미'를 추가한 것이다. 물론 우리가 살고 있는 시대는 탈근대주의의 시대이므로, 결국 우리는 현대인으로서 최종적으로 탈근대성이라는 지점에 다다르게 됨을 피할 수는 없겠다. 하지만 동시에 근대가 가르쳐 준 장점을 잊지 않겠다는 뜻에서 '건전한 의미'라는 표현을 추가했다는 말이다.

근대성의 장점으로서 필자가 꼽은 첫째 덕목은 계몽적 합리성이고, 그것을 계승하는 것이 탈근대주의의 건전성을 보장한다고 말했다. 하지만 탈근대성이 '건전한' 스타일로 탈바꿈하기 위해서는 단지 근대성이 강조하는 바, 계몽적 합리성이라는 가치만 가지고는 안 된다. 계몽적 합리성만으로는 탈근대의 문제를 해결할 수 없기 때문이다. 따라서 '건전한 의미'라는 표현 속에는 탈근대가 잃어버린 또 다른 중요한 가치도 포함되어야 하는데, 필자가 꼽고 싶은 그 가치는 '초월성'이다. 그러므로 본 저서가 추구하려는 "건전한 의미의 탈근대성"은 근대의 가치로서의 계몽적 합리성을 강조하되, 그런 합리성을 과도하게 강조하다 근대와 탈근대가 잃어버렸던 '초월성'의 가치를 되살려 세계를 이끌어가려는 하나의 문화운동을 지칭한다고 보면 된다. 이제 건전한 의미의 탈근대성을 구성하는 두 요소, 즉 계몽적 합리성과 초월성의 중요성과 가치에 대해 토론해 보자.

먼저 흘러가버린 과거의 근대적 가치였던 계몽적 합리성은 어째서 오늘날과 같은 탈근대주의 시대에도 여전히 중요시 되어야 하는가? '계몽enlightenment'이란 잘 알다시피, 몽매함에서 깨어난다는 뜻으로, 인간이 자신의 이성적 능력에 의지해 온갖 종류의 무지몽매함을 버리는 행위를 말한다. 중세의 인간은 초월적 신의 중요성은 알았지만, 그로 인해 모든 것을 신에게만 의존하는 부적절한 습관을 키웠다. 중세 시대에도 인간은 자신의 이성적 능력에 의지해 어느 역사에도 뒤지지 않는 화려한 문명을 꽃피웠음에도 불구하고, 그런 문명 발달의 견인차였던 자신의 이성적 능력을 억압하려 했다. 단지 그것이 신성한 능력을 가린다는 이유로 말이다. 이렇게 보면 중세란, 인간이 스스로의 능력에 의지해 문명을 개척해 나가겠다는 생각을 포기한 채, 여전히 미신적으로 행동하거나 혹은 유아적으로 행동하던 무지몽매함의 시대를 말한다. 중세는 인간이 교만함을 버리고 신에게 의지해야 자신의 문제를 해결할 수 있다는 점은 잘 지적해 냈으나, 신이 이유 없이 침묵하면서 무반응하실 때를 대비해 인간 스스로가 자신의 문제를 해결할 수 있도록 성숙해 있어야 한다는 사실은 망각했다.

근대란 바로 인간으로 하여금 미신적 신앙과 유아적 상태에서 벗어나 스스로 어른이 되어야 한다고 외치도록 만든 시대를 말한다. 서구가 이런 정신에 기초해 찬란한 근대의 문명을 꽃피운 덕택에 인류는 여러 문제들을 해결할 수 있었다. 산업화와 민주화를 먼저 이룩한 서구가 인류의 문명을 선도해 나갈 수 있게 된 것도 바로 근대부터였다. 이와 대조적으로 당시까지 나름 고유의 화려함을 자랑하던 동양의 문명은 서서히 서구문명의 그림자에 가려지게 되는 운명을 맞이하게 되었다.

한국의 기독교는 바로 이 사실에서부터 시작해 자신의 문제를 해결해 나가야 한다. 한국의 기독교는 먼저 동아시아가 가지고 있는 문명적 한계를 깨달으면서, 자신 안에 여전히 잔존하고 있는 전근대성의 그림자로부터 속히 벗어나야 한다. 그렇다면 동아시아가 지니고 있는 전근대성의 그림자란 무엇인가?

우리는 그것이 무엇인지에 대해 스스로 너무나 잘 알고 있다. 생각해 보면, 동아시아의 한계는 그것의 장점에서 나온 것이다. 동아시아, 특히 중국의 농경문화에서 일찍부터 발아했던 생성의 사상과 관계의 철학은 동아시아의 장점이었다. 전자는 불교와 도교가 발전시켰고 후자는 유교가 촉진시켰다. 생성과 관계의 철학에 의지해 동아시아는 자신의 문명을 긴 세월동안 꽃피울 수 있었다. 하지만 하나의 장점으로서의 관계의 철학은 때때로 동아시아의 발전을 가로막는 족쇄로 작용하기도 했다. 예를 들어 과도하게 강조되는 '위계질서,' 그것에 근거해 유지되는 '권위주의'와 '계급주의,' 그리고 그것에 기생해 아직도 생존하고 있는 '가부장주의' 등등이 바로 동아시아와 한반도의 상공을 배회하고 있는 '전근대성'의 유령들이다. 이런 유령들은 동아시아 현대인의 마음속에 살아남아 아직도 위세를 떨치면서 문명적 발전을 방해하고 있다. 오늘과 같은 현대에 동아시아 문명이 경제적인 면에서 그토록 괄목할만한 성장을 겪었으면서도, 동아시아의 국가들이 아직도 합리적인 의사소통에 근거한 절차적 민주주의를 발전시키지 못하게 된 이유도, 어찌 보면 바로 이런 유령들이 만들어 낸 부정적인 기제들 때문이라 할 수 있다.

서구의 연대기를 따라 계산하면 동아시아는 분명히 근대를 넘어서 탈근대로 접어들었다. 하지만 동아시아와 한반도는 온갖 종류의 전근대적인 문제로 인해 여전히 어려움을 겪고 있다. 탈근대의 시대에서도 전근대가 남긴 유산을 고스란히 수용하는 악습에서 벗어나지 못하고 있는 것이다. 이것이 바로 동아시아와 한반도에 계몽적 합리성이 필요한 이유이며, 한국의 기독교가 여전히 근대성에서 배워야 할 중요한 문화적 가치다.

물론 근대성이 남긴 것에는 나쁜 유산도 많다. 따라서 이미 말한 바대로, "건전한 의미의 탈근대성"의 문화적 정신에 의지해 한국의 기독교가 극복해야만 하는 것에는 근대성의 한계를 넘어서야 하는 과제도 있다. 잘 알려져 있다시피, 한국의 기독교는 근대성을 도입하면서 서구 근대 '진보주의' 정신이 이식시킨 과도한 개인주의는 물론, 일차원적이고 환원적인 물질주의와 더불어, 살벌한 무한경쟁의 계약사회에서 추구되는 승자독식의 성과지향주의 등등의 부정적인 가치들도 그대로 수입하는 잘못을 저질렀다. 따라서 한국의 기독교는 근대성의 핵심 가치로서의 진보주의에 대해서 말할 때 그것의 공과를 구별해야만 한다. 예를 들어, 근대가 이룩한 또 다른 성과로서의 산업화는 경제적인 면에서 인류의 배고픔의 문제를 해결해 냈지만, 동시에 현대인으로 하여금 부정적인 형태의 소비주의와 물신주의의 달콤한 꿀맛에 매료되도록 만드는 악덕도 제공했다. 그것들이 '악덕'이라 불려야만 하는 이유는 근대성의 배경에 전제되어 있는 청교도주의의 윤리와 도덕, 건전한 시민정신은 강조되지 못하거나 묻히게 만듦으로써 또 다시 인류로 하여금 저급한 물질적 욕망에

탐닉하도록 만들었기 때문이다.

근대성과 관련해 한국의 기독교가 깨달을 수 있는 교훈이 위와 같은 것이라 할 때, 탈근대성은 여기에 어떻게 관련되는가? 즉, 한국의 기독교는 탈근대성과 관련해서는 어떤 레슨을 얻을 수 있을 것인가?

필자의 입장에서 볼 때, 한반도를 리드해 나가고 있는 주도적 종교 중의 하나로서의 기독교가 현대의 탈근대주의에서 수용해야 할 가장 중요한 가치는 '초자연주의의 극복'이다. 즉 한국의 기독교는 같은 동아시아의 종교들과 다르게 서구 기독교가 지녔던 초자연주의적 경향과 그것이 노출하는 온갖 문제점에 여전히 직면하고 있으며 아직도 그 수렁에서 헤어나지 못하고 있다. 여기서 "초자연주의적 경향"이라는 말로 필자가 지칭하는 것은 우선 그것의 이원론적 초월자 개념이다. 즉, 인간 세계와 상관없이 외부에 존재하는 기계장치와 같은 초월자deus ex machina를 강조하는 신관을 가리키는 것이다. 본래 장치(혹은 기계장치)의 신이란, 마치 연극 무대에서 갑자기 예기치 않은 문제가 발생할 때 편법으로 동원하는 장치들처럼, 인간과 우주가 돌발적인 문제에 직면할 때마다 시시콜콜 동원되는 신을 말한다. 따라서 이는 과학에서 말하는 바, 틈새의 신과 비슷한 개념이기도 하다. 즉 과학적으로 이해가 안 되거나 혹은 설명이 되지 않을 때, 그 문제의 틈새를 채우기 위해서 임시방편으로 활용되는 도구와 같은 존재 말이다. 과학에서나 혹은 사회에서나 이런 종류의 신은 인간을 다시 전근대성으로 회귀하게 만드는 약점을 지닌다.

물론 다시 말하지만, 인간은 본시 어려움과 고통의 문제에 직면할 수밖에 없는 필연적 운명을 갖고 있기에 초월자의 능력에 의존해 자신의 문제를 해결하려 시도하는 것은 자연스럽다. 그러하기에 종교가 오늘날에도 세상을 위해 의미 있는 역할을 담당할 수 있고 또한 그래야만 하는 것이다. 하지만 문제가 생겨날 때마다 그 모든 문제를 단지 기계장치의 초월자나 초자연주의적 존재에 의존해 난관을 헤쳐 나가고자 하는 한,

인간은 결코 온전하게 성숙할 수 없고, 따라서 스스로 문명을 발전시킬 수도 없다. 나아가 이런 식으로 이해되는 신과 초월자는 단지 인간을 위한 도구적 존재 이상 것이 되지 못하는 약점을 지니기에 종교적으로도 부적합하다. 신이라는 초월적 존재가 그저 유한한 인간의 도구적 차원으로 전락해 버렸기 때문이다.

잘 알려져 있다시피, 기독교는 분명히 그런 도구적 존재 이상의 신을 말할 수 있는 좋은 개념들을 성서 속에 가지고 있다. 그럼에도 불구하고, 기독교는 전통적으로 그리스 철학이나 그 밖의 세속 철학과 만나면서 잘못된 신관을 펼쳐 왔으며 이로 인해 스스로 신의 존재가 갖는 풍부함을 제한시키고 저급화시켰다. 그리스 사상과 서구의 근대주의가 뱉어낸 이런 종교적 한계를 넘어서려는 운동이 활발하게 전개되고 있는 오늘날, 한국의 기독교는 이미 여러 차례 지적된 바, 군주적이고 지배적인 초자연주의적 신보다는 설득이고 민주적인 신에 대해 강조해야 하고, 또한 일방적으로 역사에 개입하는 신보다는 인간 스스로 지혜와 힘을 발휘하도록 격려하고 고무시키는 신에 대해 역설해야 한다. 한마디로 말하면, 인간의 역사를 끌고 나가는 유인자로서 존재하고, 또한 이상적인 목적으로서 존재하는 신이면서도, 동시에 결코 일방적으로 세상사에 개입하지 않고 오히려 인간 스스로 역경을 헤쳐 나가도록 돕는 신 개념을 강조해야 한다. 이것이 바로 필자가 말하는 바, '건전한 의미'의 '탈근대성'이 추천하는 '초월'인 것이다.

건전한 의미의 탈근대성에 근거한 이런 탈-초자연주의의 신관은 사실 서구의 탈근대주의에서만 발견될 수 있는 것만은 아니다. 그것은 이미 동아시아의 종교에 내재하던 전통이므로 거기서 얼마든지 발견될 수 있다. 솔직히 서구의 탈근대주의자들이 강조하는 여러 사상 중에서 종교성과 관련된 한, 한국의 기독교는 서구에서보다는 동아시아에서 얻을 것이 더 많다. 이미 위에서 우리가 토론하면서 보았듯이, 불교와 유교 등의 동아시아 종교는 신이나 보편자와 같은 초월자에 대해 사유하는 데 있어 이미 서구의 탈근대적인 정신이 강조하는 내용과 비슷한 것을 구현해 왔기 때문이다. 초월자의 내재성과 궁극적 실재의 세계 내 잠재성에 대해 강조해 온 동아시아 종교들은 기독교인들로 하여금 동아시아적 자연주의(혹은 탈-초자연주의)에서 많은 것을 배울 수 있게 만든다. 그리고 그것에 기초해 한국 기독교는 오히려 초자연주의의 수렁에서 아직도 헤어 나오지 못하고 있는 이슬람과 같은 세계 종교의 문제점에도 좋은 대안을 제공할 수도 있다.

다시 정리하면, 한편으로 한국의 기독교는 서구의 생성철학에서는 합리적 근대성을 신중하고 조심스럽게 받아들여 정치-사회적인 진보를 이룰 수 있다. 다른 한편으로 서구의 생성철학의 탈근대성으로부터는 자신의 초자연주의 경향을 개선할 수 있는 추진력을 얻을 수 있다. 그리고 그런 동력은 한국의 기독교가 발아되어진 토양으로서의 동아시아의 생성철학이 강조하는 바, 자연주의적 종교성에서도 그 단초를 얻을 수 있으니 이런 점에서도 동서의 종교철학적 만남은 지속되어야 할 것이다.

이제까지는 단지 기독교 외부가 기독교 내부를 향해 줄 수 있는 선물에는 무엇이 있을지에 대해서만 다루었다. 이제는 균형을 유지하기 위해 반대의 질문도 제기해 보자. 즉 그렇다면 한국의 기독교는 세상을 향해 어떤 도움을 줄 수 있을까?

II. 동과 서는 한국의 기독교에서 무엇을 배울 수 있는가?

이 질문에 대한 해답은 이미 위에서 부분적으로 제시되었다. 우선 한국의 기독교인들은 동서의 세속 세계를 향한 자신의 역할에 대해 분명한 자신감을 갖는 것으로부터 시작해야 한다. 여기서 자신감이란 기독교인 스스로가 현 시대를 향해 자신의 책무를 소중하게 느끼면서, 동시에 그것을 감당할 만한 자격과 자질을 갖추려는 마음 자세를 뜻한다.

한국의 기독교는 언제부터인가 내외적인 변수들로 인해 여러 면에서 자신감을 잃었다. 내적으로 볼 때, 한국교회는 21세기에 들어서자마자 성장세가 한 풀 꺾기면서 주춤거리기 시작했고, 그 위에 갖가지 정치적인 내홍이 겹쳐지면서 현재 깊은 수렁에 빠져 있다. 물론 사회가 세속화되어감에 따라 교회 안으로 세속화의 그림자가 들어오는 것은 어쩔 수 없으며, 교회의 상황이 세속의 정치적 상황에 휘둘리고 그것을 닮아가는 것도 이런 현실의 반영일 수도 있다. 그러나 한국의 기독교가 세속에 대해서 도덕적으로 우월함을 보여주지 못하는 가장 큰 이유는, 교회의 세속 정치화보다는 오히려 세속의 다양한 가치를 자신 안에 적합한 방식으로 수용하지 못함에서 기인한다. 말하자면 기독교가 겪는 곤경의 원인은 외부에 있는 것이 아니라 내부에 있다는 말이다.

예를 들어 세속사회가 다원적 질서를 따라서 재편되고, 사회 안에서도 문화적으로 다원주의가 확산됨에 따라 이른바 '종교 다원주의'에 대한 관심은 옵션이 아니라 필수적인 요구가 되었다. 그러나 한국의 기독교는 아직 이 문제를 다루는 데 있어 답보상태에 머물러 있다. 한국의 많은 신학도와 목회자들은 종교 다원주의의 문제를 다루는 데 있어 자신도 없고 확신도 없는 상태에서 침묵하거나 방황하고 있다. 물론 한국 교회가 종종 전근대적인 구습을 노출하는 경우가 많은데, 이는 우리 사회에 여전히 남아 있는 전근대적 잔재의 산물이기도 하다. 교회가 보이는 배타성과 불관용도 어찌 보면 자신과 다른 문화를 매끄럽게 수용하지 못하는 한국인의 전근대적 성향이 반영된 것이라 할 수 있다. 하지만 대부분의 기독교 지도자와 신학자는 교회가 근대화되도록 교육하고 설득하는 데 앞장서기보다는 기존의 질서에 부응하는 쪽을 택하는 경우가 많다. 종교 다원주의를 다루는 데 있어 한국이 교회가 아직 서툰 모습을 보이는 것도 기독교 지도자들의 이런 안이한 자세와 무관하지 않다.

필자는 한국의 기독교가 종교 다원주의의 문제를 어떻게 다루어야 할지 다른 곳에서 심층적으로 다루었으므로 여기서는 더 이상 그 문제에 대해 토론하지 않겠다.[1] 단지 한국의 기독교가 세속화된 사회의 영향 하에서도 어떻게 자신을 추스르고 변혁할 수 있을지, 그리하여 곤경에 빠진 인간을 구원하고 인류의 발전된 문명 건설에 이바지 할 수 있을지 하는 것에 대해서는 다음과 같이 한 번 더 정리해 볼 수 있겠다.

한국 기독교는 우선 앞에서 말한 바, 개혁된 의미의 건전한 탈근대적 '초월'에 대해 강조하면서 자신의 역할을 수행해 나가야 한다. 우리가 잘 목도하다시피, 근대와 탈근대가 이룩한 찬란한 문명의 혜택에도 불구하고 오늘날 동서의 현대인은 여전히 삶의 곤경에서 헤어나지 못하고 있는데 이는 그들이 내세우는 탈근대주의에 문제가 있기 때문이다. 그리고 그 문제 중 가장 중요한 문제는 초월성의 상실이다.

다시 말해서, 최근에 와서 많은 동서의 지성인들은 탈근대주의의 전형적 특징으로서의 '과도한' 휴머니즘, 혹은 소위 '세속적' 휴머니즘의 문제점을 조금 씩 깨달아 가고 있다. 많은 서구의 세속인들은 신이 죽은 자리에서는 언제나 인간 역시 죽어간다는 사실을 서서히 인식하기 시작했다. 한국의 기독교가 서구의 근대성과 포스트모더니즘으로 하여금 스스로가 초래한 부정적 결과에서 벗어나도록 돕기 위해서는 망각된 초월성을 되살려야 한다고 말한 것은 이런 배경에서다. 오늘의 현대인이 초월성의 가치와 그것의 중요성에 눈뜨고 거기에 기초하여 건전한 의미의 탈근대성을 계발한다면, 인류는 탈근대주의가 쏟아낸 회의주의와 해체주의, 그리고 허무주의가 드리운 부정적인 그림자에서 인류를 벗어나게 할

---

1) 필자의 졸저 『종교적 상대주의를 넘어서』를 참조하라. 또한 한국조직신학회에서 편집한 『그리스도론』(서울: 대한기독교서회, 2013)에 수록된 필자의 논문 "과정신학의 그리스도론"도 참조하라.

수 있다.

물론 매우 세속화된 오늘의 포스트모던 세계인들에게 '초월'을 되살리게 만든다는 것은 쉬운 일이 아니다. 이런 점에서 한국과 세계의 종교인들이 오늘날 자신감을 잃은 상황을 이해할 만하다. 게다가 기독교인 스스로도 무기력감을 느끼는 때가 많아 더욱 어려움은 가중되고 있다. 많은 신실한 기독교인들은 경배와 헌신으로 신을 예배면서 자신들이 겪는 어려움을 토로하고는 간간히 신을 향해 해결책에 대해 하소연한다. 그럼에도 불구하고 신은 여전히 꼭꼭 숨어버린 채 침묵으로 일관할 때가 많기에 좌절에 빠지곤 한다.

그러나 이런 답답한 신의 침묵이 결코 신의 부재를 의미하는 것이 아니며, 신의 죽음을 뜻하는 것은 더욱 아니라는 사실을 우리는 잊지 말아야 한다. 아주 진부한 신학자의 신앙고백처럼 들릴지 모르지만, 신의 존재는 신이 우리의 눈에 뜨이고 우리의 귀에 들려야 확인되는 것이 아니다. 신은 우리가 그를 발견하려 시도할 때 보이는 존재이며, 들으려 할 때 들리는 존재이다. 우리 앞에서 전개되는 바, 수많은 어려움과 역경의 사건으로 가득 찬 오늘의 세계와 마주쳐서, 그 문제를 조금이라도 해결해 보겠다고 진지하게 고민하며 성실하게 살아가는 사람들은, 언젠가는 신의 흔적과 목소리를 듣지 않을 수 없게 되어 있다. 왜냐하면 인간은 자신이 겪는 역경의 과정을 통과할 때마다 우주의 숭고한 목적에 대해 궁금해 하지 않을 수 없다. 또한 자신의 삶이 어떻게 진행되어야 행복할 수 있으며 나아가 어떻게 해야 선하고 올바른 문명을 건설할 수 있는지 생각하지 않을 수 없다. 그런데 바로 이렇게 철저히 고민하는 순간의 한 복판에서 인간은 신의 존재를 느끼고 그의 목소리를 감지할 수 있게 된다. 신이란 다른 존재가 아니라 인간이 처절한 곤경의 과정 속에서 우주의 숭고한 목적을 느끼도록 만들면서, 인간 스스로가 자신을 변혁하고 문명을 바꾸어 나가도록 지속적으로 자극하는 존재이기 때문이다.

이렇게 우주의 숭고한 목적을 느낄 수 있고 또한 그런 목적을 향해 손짓하는 신의 호소를 들을 수 있는 인간은, 비록 종종 신의 모호한 침묵과 알 수 없는 신비, 그리고 그의 지연된 답변에 직면할 때마다 답답할지라도 그로 인해 자신의 신앙을 저해시키거나 의기소침하지 않고, 오히려 그것을 초월의 중요성에 의지해 자신의 문제를 해결하고 문명 발전의 도정에 나서라는 신의 외침과 자극으로 해석해 낼 수 있다.

우리가 인간과 우주 내에서 차지하는 신의 위상과 초월의 중요성을 이런 식으로 이해할 수 있다면, 기독교는 여전히 미래에도 세상을 변혁시키고 인간에게 희망을 제공하는 바람직한 종교가 될 수 있다. 이것이 바로 탈근대주의와 포스트모던 운동이 가져온 오늘의 세속문명의 위기를 해결하기 위해서 기독교가 건전한 의미의 초월적 가치를 계속 견지해 나갈 자신감을 지닐 수 있는 이유이다. 오늘날 현대의 포스트모던 운동을 비롯한 세속의 문명이 일으켜온 온갖 문제들, 즉 무질서, 해체, 허무주의, 회의주의 등의 개념들이 뱉어내는 문제에 기독교가 하나의 대안을 제공할 수 있다고 주장하는 것도 이런 근거에서다.

그러나 여전히 왜 그런 탈근대주의 개념들이 문제를 일으킨다고 해석하는지, 그런 해석 자체에 대해 의구심을 제기하는 포스트모더니스트들이 있겠으므로, 여기서 그것에 대해 다시 한 번 밝히고 넘어가지 않을 수 없다. 문제를 인정하지 않는 사람은 대안에 대한 필요성도 느끼지 못할 것이기 때문이다. 탈근대주의자들이 토해내는 결과물들은 도대체 어떤 근거에서 부적절한 것으로 평가되어야 하는가?

이는 매우 긴 토론을 요할 수 있으므로 여기서는 단지 간단하게 요약하는 방식으로 문제를 다루자. 우선 필자의 입장에서 볼 때, 기존의 탈근대주의 철학들은 '질서'의 가치와 그것을 가능하게 하는 '주체'의 역할을 너무 축소시키는 결과를 만들어 냈기 때문에 문제다. 따라서 오늘의 시대적 문제를 해결하는 데 있어, 우리는 첫째로 질서의 가치를 여전히 강조하게 만들며, 그리고 둘째로는 주체의 역할에 대해 새롭게 이해할 수 있도록 만드는 철학을 계발해야 한다고 말하고 싶다. 따라서 이하에서는 첫째로 탈근대주의와 관련된 바, 질서의 중요성을 폄하하는 그들의 관점이 일으킨 문제점에 대해서 지적해 보고, 이후에 두 번째로는 탈근대주의가 주체의 역할과 관련해 어떤 문제들을 일으켰는지 차례로 분석해 보자.

물론 탈근대주의자들에겐 질서와 관한한 인류를 새롭게 계몽시킨 공적이 있다. 질서 중심의 사고만으로는 문제를 해결할 수 없으며, 또한 우리의 우주는 질서로만 이루어진 것도 아니라는 사실을 잘 깨우쳐 준 것이 탈근대주의이기 때문이다. 우선 현대과학이 발견한 바에 따르면, 우주는 그저 질서 자체가 아니다. 질서도 있고 카오스도 있으며, 퍼지fuzzy과 불확정성도 우주의 숨길 수 없는 현상이다. 이런 현상도 사실이라는 것을 일깨워준 점에서 탈근대주의자들은 분명히 공헌했지만, 그들의 주장은 종종 극단에 치우치기도 하고 오해를 불러오는 취약점을 지닌다는 것이 문제다.

탈근대주의자들은 단순히 우주 내의 카오스나 퍼지를, 질서와 더불어 동등하게 강조하는 것을 넘어서서, 오히려 카오스가 질서보다 앞선다고 생각하게 만들며, 또한 무정부와 해체가 안정과 결속보다 우선적이라고 생각하게 만든다. 물론 다시 말하지만 그동안 망각되었던 바, 중요한 우주의 사실로서 카오스의 위치를 코스모스의 위치에 동등하게 올려놓고, 안정과 결속의 위상에 덧붙여 아나키즘과 해체의 위상을 동등하게 올려놓은 탈근대주의자들의 작업은 분명히 높이 평가될 만하다. 우주는 실제로 그런 두 가지 사실들을 동시에 보여주기 때문이다. 또한 무질서와 무정부 등을 강조하는 것은 많은 경우 그동안 인류를 숨 막히게 만드는 과도한 질서 중심의 체제에서 벗어날 수 있게 하며, 또한 그런 체제들이 공고히 해놓은 위계질서와 계급주의를 깨뜨리게 할 수 있을 뿐만 아니라, 그런 것에 힘입어 탈계급적 민주주의 사고가 싹트도록 만드는 장점도 갖는다. 하지만 다른 한편으로 그런 개념들은 무질서와 자유를 과도하게 강조하는 나머지 현대인으로 하여금 사회적 아노미를 당연한 것으로 받아들이게 하며, 나아가 점차 갈등과 투쟁을 즐기는 삶을 살아가면서도 전혀 문제를 느끼지 않게 하는 난점을 갖는다.

이런 난점에도 불구하고 많은 탈근대주의자들은 자신들이 발견한 우주적 사실들을 인간의 생활 세계에 적용하면서, 마치 카오스, 해체, 무정부 등의 개념들이 인간에게 더욱 우선적이고 탁월한 가치들로 취급되어야 하는 식으로 주장해 왔다. 그들이 그런 방식을 택하게 된 것은 이해할 만한데, 왜냐하면 사람들은 대개 무질서보다는 질서를, 무정부보다는 안정을 택하게 되어 있는 것이 본능이기 때문이다. 탈근대주의자들이 카오스와 해체, 무정부 등의 개념이 그것들과 반대되는 것보다 우선한다는 식의 주장을 펼치게 된 것은 이런 본능을 넘어서려는 데서 연유한다. 하지만 탈근대주의자들의 주장을 공감해 가는 과정에서 많은 현대인들은 질서나 안정 등의 가치를 부차적인 것으로 잘못 생각하는 경향마저 보이게 되었다. 나아가 질서나 안정을 가능하게 하는 힘으로서의 초월자를 요청하고 그를 믿는 행위 자체를 시대착오적인 행위로 경시하게 된 경향도 바로 이런 세계관을 바탕으로 하고 있다고 말할 수 있다.

무엇보다 이렇게 무질서가 용인되고 무정부성이 강조되는 사회에서 하나의 도덕적 존재로서의 인간은 스스로가 던지는 질문에 답변을 찾기 어렵게 된다. 즉 도대체 어떻게 해야 참으로 올바르게 윤리적으로 행동할 수 있을까라는 질문 말이다. 인류에게 자유는 한없이 주어졌는데 정작 인류는 그 자유를 어떻게 사용해야 할지 알 수 없다는 뜻이다.

필자의 입장에서 볼 때, 이런 질문들이 생겨나는 근본적인 이유 중의 하나는 초월의 상실 때문이다. 탈근대의 도래와 더불어 우주 밖에서 인간에게 행동지침을 제공해 주던 초월자들이 사라진 오늘날, 인간은 이제 자신이 도덕적이고 윤리적으로 살아가야 할 진정한 근거를 찾지 못해 방황하고 있는 것이다. 물론 오늘의 인간은 과연 내가 올바르게 행동했는가 하는 질문에 대한 해답을 인간 자신의 내부에서 찾으려 한다. 말하자면, 초월을 아예 배제해 버리거나, 아니면 인간 스스로가 초월이 되는 니체Nietzsche적인 시도를 택할 수도 있는 것이다.2) 그러나 과연 모든 현대인에게 이런 선택지들이 올바른 선택지가 될 수 있을까?

만일 인간이 자신의 행위를 판단할 때 스스로가 입법한 법칙을 기준으로 삼아 판단한다면 그것은 종종 모순이 되지 않을 수 없다. 예를 들어 모든 사람이 동의하고 모든 사람이 인정할 수 있는 기준에 대해 말해야만 하는 경우, 인간 스스로가 입법한 원칙에 의존하게 되면 우리는 종종 난관에 봉착하게 된다. 칸트가 오래 전에 고민한 바가 바로 이 문제였다. 만일 인간이 스스로 보편과 필연을 입법할 수 있다면, 그것은 불가능하다는 것이 칸트의 입장이다. 보편과 필연은 인간의 경험에서 나올 수 없다고 보았기 때문이다. 칸트가 이미 입증한 바, 직선을 아무리 렌즈와 같은 경험적 도구를 통해 들여다 보고 또한 그것을 컴퓨터 그래픽 도구와 같은 경험적 수단을 사용해 아무리 정밀하게 작도해 보아도 그런 행위 속에서는 결코 직선이 두 점 사이의 최단거리라는 사실이 따라 나오지 않는다. 직선이 최단거리라는 것은 선험적인 개념이기 때문이다. 그런데 만일 그런 최단 거리와 같은 개념, 즉 보편성과 필연성으로서의 선험적이고 초월적인 것이 존재하지 않는다면, 인간은 잣대가 없기 때문에 자

---

2) 니체를 탈근대주의적 관점에서 해석한 저서들은 국내에 많이 소개되어 있다. 고병권의 책들이 포스트모던 운동을 주도하면서 니체를 사용하는 대표적인 경우다. 그의 책,『니체의 위험한 철학 차라투스트라는 이렇게 말했다』(서울: 그린비, 2003)을 보라. 들뢰즈는 니체를 탈근대적으로 해석함으로써 새로운 전기를 마련했다고 평가 받는데, 예를 들면 다음의 책을 보라. 질 들뢰즈,『들뢰즈의 니체』, 박찬국 역 (서울: 철학과현실사, 2007).

신의 행위의 옳고 그름에 대해서 판정을 끝없이 유보할 수밖에 없다. 이런 유보가 종종 정의를 유보시키게 됨을 우리는 잘 알고 있다. 이렇게 인간이 기준이 되고 초인이 기준이 된다는 니체의 말은 하나의 이상이기는 해도 실천 가능한 해결책은 아니다. 무초월, 무질서, 무기준, 무규범의 사회가 일으키는 모든 문제는 초인의 되는 것만으로는 결코 해결할 수 없다는 것이 니체와의 논쟁을 통해 인류가 깨닫는 교훈인 것이다.[3]

탈근대주의가 일으킨 문제로서 두 번째로 우리가 다루어야 할 이슈는 주체의 역할을 경시하는 것과 관련된다. 다시 말하면, 탈근대주의의 가장 치명적인 문제는 그것이 "해체된 주체"를 강조하다 보니, 현대인으로 하여금 주체적 행위의 중요성을 잊게 만드는 약점을 지닌다. '해체'라는 모토와 그것에 근거한 해체주의deconstructionism를 강조하면서 탈근대주의자들은 역사와 문화의 상대화를 가르치고, 나아가 진보라는 환상에서 벗어나도록 인류를 계몽하는 데 공헌했지만, 동시에 이로 인해 큰 대가도 치렀다. "주체의 해체"에 대한 사람들의 오해가 바로 그중의 하나다.

여기서 조심해야 할 것이 있다. 결코 필자는 주체의 해체를 말하는 주장이 무조건 잘못된 견해라는 말이 아니며, 또한 탈근대주의자들이 인간의 주체성을 해체한 주범이라고 말하려는 것도 아니다. 엄밀히 말하면 현대인이 생각하는 개념으로서의 "해체된 주체"는 탈근대주의자들의 시도를 오해한 것에서 비롯되었다고 보아야 하기 때문이다.

예를 들어, 푸코가 비정성과 정상을 가르는 것이 인간의 권력에서 기

---

3) 니체가 회의주의에 빠진 것과 관련하여, 그의 회의주의는 신을 제거했기 때문에 생겨난 결과가 아니라 오히려 그 반대라는 견해가 있다. 즉 그가 회의주의를 택하기 위해 고의적으로 신을 제거했다는 해석이 있다는 말이다. 만일 이런 해석이 옳다면, 이는 인간이 회의주의에 빠지지 않으려면 어쩔 수 없이 초월자를 전제하지 않을 수 없다는 방증이 된다. 초월자와 합리성은 항상 함께 가기 때문이다. J. 헤센, 『종교철학의 체계적 이해』, 허재윤 역 (파주: 서광사, 1994)의 444쪽을 보라. 헤센은 이런 해석을 셸러(M. Scheler)에서 빌려 온 것으로 이 책에서 밝히고 있다.

인하며, 그렇게 권력을 부추기도록 만드는 것이 바로 잘못된 방식으로 구조화된 정치 때문이라고 말했을 때, 그는 결코 인간 안에 존재하는 '권력에의 의지'를 폄하하고, 나아가 그것의 근거로서의 주체를 해체해야 한다고 말한 것이 아니다. 사실은 정확히 그 반대다. 오히려 푸코는 인간의 주체성이 그토록 권력의 탄생물이라면, 우리는 그로 인해 생성된 온갖 사회의 문제와 그것의 원인으로서의 정치 구조를 바로 바로잡기 위해서라도 올바른 형태의 주체성을 확립해 나가야 한다고 역설했던 것이다.

또 다른 탈구조주의자 라캉이, 주체는 상징계라는 대타자의 하수인이라고 말할 때, 그 역시 주체의 해체를 부르짖은 것이 아니라 정확히 그 반대다. 그는 우리의 주체 안에 들어와 있는 타자의 목소리들을 잘 헤아려 문제를 제대로 파악해야 하며, 이를 위해 올바른 형태의 주체관을 정립해 나가야 한다고 일깨워준 것이다. 필자는 푸코나 라캉은 물론 들뢰즈와 같은 탈구조주의자들이나 탈근대주의자들의 주체론이 이렇게 해석되어야 맞는다고 본다.

물론 탈근대주의자들이 해체와 디컨스트럭션의 정신을 강조할 때 주체의 해체를 결과하는 경우가 많은 것은 사실이다. 그러나 설사 그들이 그렇게 말하는 경우조차도 우리는 그것을 탈근대주의의 본질과 연관된 것으로 해석되어서는 안 된다는 것이 필자의 생각이다. 한마디로 말해, 탈근대주의의 본질은 인간에게 행복을 선사하고 인간에 바람직한 문명을 건설하도록 만드는 좋은 철학을 제공하는 것이다. 대부분의 탈근대주의자들도 이에 대해서는 부인하지 못할 것이다. 비록 탈근대주의자들이 하나의 해체주의를 강조할 때조차 그들은 그것을 통해 인간의 행복과 안락한 문명을 건설하려 했던 것이 옳기 때문이다. 만일 이런 것이 하나의 해체주의자의 목표가 아니었다면, 그는 학문이나 철학의 진정한 기능에 대해 잘 모르고 있다고 진단하는 것이 타당할 것이다.

토론이 길어지고 있으므로 여기서 멈추고 정리해 보자. 한마디로 말해, 탈근대주의 철학의 핵심이 주체가 자신 안에 해체적 경향을 지닐 수밖에 없음을 강조하는 데 집중되어 왔던 것이 사실이라 하더라도, 우리는 그들의 철학이 정말로 인간의 주체성의 해체와 문명의 해체로 이어지도록 만들어서는 안 된다는 것이 필자의 견해다. 그리고 바로 이 때문에 기독교는 현대인의 마음속에서 도망가 버린 주체의 개념을 귀환시키는 데 작은 역할을 담당 할 수 있어야 한다.

필자는 바로 기독교 신학이 그토록 강조해 왔던 사상, 즉 인간은 신의 형상을 따라 창조되었다는 것을 강조하고, 또한 그렇게 신의 형상에 기초한 인간의 주체성은 이웃의 타자와 더불어 완전해진다는 것을 재차 강조할 때 주체 개념의 진정한 귀환이 가능하다고 본다. 예수가 그토록 강조했던 가장 중요한 계명 역시 바로 이런 것과 연결되지 않았던가! 즉 첫째는 하나님을 사랑하고 둘째는 이웃을 네 몸과 같이 사랑하는 것이 최고의 계명이라고 말했던 예수는 바로 기독교가 오늘날 초월과 주체에 대해서 어떻게 스스로의 입장을 정립해 나가야 하는지 일깨워준다고 하겠다. 예수 역시, 인간이 자신의 주체를 이해할 때 그것을 타자와의 관련 하에서 이해해야 함을 역설했지만, 예수가 육에서 분리되는 영의 독특함을 강조했을 때, 그것은 기독교로 하여금 인간의 주체성을 새롭게 이해하도록 만들었다. 이는 특히 바울에게 계승되어, 인간은 주체적으로 실존적인 분열을 경험하게 되어 있다고 주장하게 했으며, 따라서 이런 문제를 해결하기 위해서는 초월적인 영과 관련된 삶을 살아가는 것 뿐이라고 주장하게 하면서, 바울 자신만의 독특한 영적 주체론을 형성하도록 만들었다. 이렇게 주체에 대한 이해를 초월적인 영을 중심으로 행한 기독교 신학은, 희랍 철학의 영향 하에서 영육 이원론에 빠지는 약점도 노출했으나, 동시에 그것은 바울의 인간 이해와 더불어, 인간의 주체적인 결단이 결국 자신의 구원을 이루는 데 매우 중요하다고 보도록 만든 장점도 지닌다.

필자는 여기서 결코 기독교가 발전시킨 주체 개념이 근대 이후에 발달한 데카르트적인 주체 개념과 같다는 식의 주장을 펼치려는 것이 아니다. 그런 서구적 주체이론이 반드시 철학적으로 우월한 가치를 지니는 것도 아니기 때문이다. 단지 필자가 지적하려는 것은, 예수에서 바울로 이어지면서 발달된 기독교적 인간이해는, 인간이 스스로를 이해할 때 그는 자신을 타자와 관련시켜 이해함이 중요하다는 것을 부각시켰으면서도, 동시에 언제나 주체의 역할을 폄하시키지 않는 철학을 말했다는 것이다. "인자가 안식일의 주인이다."라고[4] 말할 때나, 혹은 "나로 말미암지 않고서는 결코 하늘나라에 들어갈 수 없다."라고[5] 말할 때, 예수는 분명히 주체의 역할을 강조하는 방식으로 자신에 대해 주장했다. 그리고 이런 자신에 대한 주체적 이해를 중심으로, 성전의 정화를 시도하면서 유대인에게 맞섰으며, 때로는 "내가 화평을 주러 온 것이 아니라 검을 주러 왔다."고 외치면서[6] 기존의 질서에 맞서는 투사로서 활동했다. 한마디로 말해 예수는 윤리학적으로 볼 때 매우 주체적인 결단의 모델을 제시했다는 말이다. 기독교가 초월자의 은총을 강조하는 종교이기는 하지만 동시에 그것은 한시도 인간의 주체적 결단의 행위에 대해서 강조하는 것을 잊지 않았다.

기독교가 주체성의 역할을 강조함에 입각한 건전한 의미의 탈근대성을 펼칠 수 있다는 말은 이런 근거에서다. 오늘의 탈근대주의 역시 주체의 본질은 타자로 구성된다고 주장할 때, 주체란 엄밀히 말하면 상호-주체라고 규정하면서 새로운 방식으로 주체의 귀환에 대해 외치고 주체의 역할을 긍정하기 시작했는데, 이는 매우 바람직한 형태의 탈근대주의가 계발되고 있는 것을 보여주는 긍정적 현상의 하나라 말하지 않을 수 없

---

4) 마태복음 12장 8절.
5) 요한복음 14장 6절.
6) 마태복음 10장 34절.

다.7) 상호-주체 이론이란 주체가 타자의 영향력 아래서만 생성된다는 주장이지만, 동시에 그런 주체의 생성이 주체가 타자에게 능동적으로 관계하는 행위가 없다면 불가능하다는 이론이기도 하기 때문이다.

이제 우리가 탈근대의 문제를 해결하는 데 있어, 왜 무정부와 무질서의 강조를 넘어서 질서의 중요성을 부르짖고, 또한 주체성의 역할을 중하게 여겨야만 하는지 그 이유에 대해 잘 알게 되었다. 그렇다면 이제 남은 문제는 탈근대주의가 노출한 이런 문제점을 해결하기 위해 필자가 제안한 바, 초월의 중요성을 강조해야 하는 이유에 대해서 설명할 차례다.

하지만 재차 언급하거니와, 필자가 초월의 중요성에 대해서 말할 때 여기서 먼저 전제해야 할 것이 있다. 필자는 여기서 결코 과도하고 불필요한 잉여의 초자연적 존재를 다시 끌어오자고 요청하고 있지 않다는 것이다. 필자의 의도는 단지 잊어버린 가치, 잃어버린 중요성으로서의 초월을 되찾아 오자는 데 있다. 그런 한도 내에서 우리는 올바르고 건전한 의미의 탈근대성을 계발할 수 있고, 이를 통해 건전한 형태의 질서와 주체성에 대해서 말할 수 있기 때문이다. 그러므로 질서의 중요성을 일깨우고 동시에 주체의 철학을 말하기 위한 건전한 의미의 탈근대적 초월성은 다음과 같은 과정을 통해서만 탄생될 수 있다.

우선 기독교는 낡은 전통적 신학의 구습에서 벗어나서 새로운 형태의 형이상학을 도입하는 것이 필요하다. 즉 탈근대주의가 그토록 혐오하는 전통 형이상학의 난점을 피하면서도 동시에 초월의 가치를 여전히 놓치지 않는 방법론을 갖고 있는 형이상학이 요구된다는 것이다. 그러므로

---

7) 에마뉘엘 레비나스의 책들은 주체와 타자의 관계를 다룬 것으로 유명하다. 최근에 번역된 그의 책 『신, 죽음, 그리고 시간』, 김도형 외 역 (서울: 그린비 2013)을 보라. 여기서 레비나스는 주체는 언제나 사물화나 대상화될 수 없는 타자의 독특함에 마주치고 그와 관계함을 통해서 자신을 형성하게 된다고 파헤친다. 화이트헤드가 주체를 언제나 주체-객체로, 혹은 초주체로 본 것도 이런 것과 무관하지 않다. 화이트헤드의 초주체 (superject)이론은 『과정과 실재』의 곳곳에서 발견되며, 한국의 역자인 오영환이 『과정과 실재』에 부록으로 실은 글로싸리에서도 초주체에 대한 설명을 발견할 수 있다.

여기서 필자가 '형이상학'에 대해서 말하고 또한 '초월성'에 대해서 말할 때, 그 말은 아주 새롭게 이해되어야 한다. 이미 앞에서 지적된 바와 같이, '형이상학'이라는 표현은 또 다시 중세나 근대가 의지했던 이원론적 형이상학을 지칭하는 것이 아니며, '초월성' 역시 내재적 생성의 세계로부터 이분화되는 초자연적 초월을 지칭하는 것이 아니다.

더 구체적으로 말해, 여기서 우리가 생각하는 초월성과 그것에 근거한 새로운 형태의 형이상학이란, 포스트모던 운동이 쏟아 놓은 온갖 세속의 문제들인 물질화, 자본화 등의 문제가 대부분 환원주의적 유물론에서 기인했다고 보고, 그렇게 유물론이 축소시켜 놓은 사물과 인간의 정신성을 되살리기 위한 방법론을 새로운 개념의 초월자로부터 끌어내리려는 시도이다. 즉 인간 세계의 물질화와 자본화는 인간을 유물론과 기계론의 관점에서 규정하려는 환원주의적 철학이 융성하면서 시작되었다고 보고, 그런 환원주의적 유물론을 극복하기 위해서 인간의 정신이 어떻게 물질적인 종합 이상인지를 하나의 초월철학을 구성해 역설하려는 것이다.

필자의 입장에서 볼 때, 인간의 정신이 물질적 종합 이상이라고 볼 수 있는 철학을 말하기 위해서는 일종의 초월철학의 구성이 불가피하다. 말하자면, 우리는 여전히 두 세기 전에 칸트가 시도했던 초월철학의 방법론에 여전히 빚지지 않을 수 없다는 말이다. 인간의 정신이 물질적 자연 세계의 종합 이상이라고 말하기 위해서는 인간의 의식이 선험적인 것을 전제하지 않을 수 없다고 칸트는 선언한 바 있다. 칸트는 역설하기를, 우리의 감성적 직관은 선험적인 것으로서의 시공을 전제하지 않을 수 없으며, 우리의 지성은 역시 선험적인 것으로서의 '범주'를 전제하지 않을 수 없다고 했다. 그런데 칸트에 따르면, 인간의 의식이 그런 선험적인 것들을 전제하기 위해서는 하나의 조건이 필요한데, 즉 선험적인 것은 인간의 경험에서 기원한 것이 아니라, 경험적 세계를 초월하는 필연과 보편의 초월자로부터 연역되었음을 말해야 한다는 것이다.8) 칸트의 철학이 초월철학이라 불리는 이유는 바로 이런 이유 때문이다. 왜냐하면 인간의 의식이 세계를 인식하기 위해서는 선험적인 것이 전제되어야 하는데, 그렇게 전제되어야 할 선험적인 것은 경험세계에서 기인한 것이 아니라 초월세계로부터 연역되었다는 사실을 인정하지 않고서는 불가능하기 말하기 때문이다. 또한 나아가 물질세계가 의식과 그것의 근거로서의 초월세계를 입법하는 것이 아니라, 오히려 그 반대라고 주장해야 하기 때문이다.9)

필자는 여기서 칸트의 철학의 난해한 주장에 대해 토론함으로써 더이상 독자들의 머리를 복잡하게 만들고 싶지 않다. 그리고 오늘의 새로운 형이상학이 이미 두 세기 전에 토론 되었던 칸트의 방법론으로 되돌아갈 때 탄생될 수 있다고 주장하려는 것은 더욱 아니다. 단지 여기서 필자가 전달하려고 논점은 간단하다. 아무리 우리가 포스트모던 시대에 살고 있을지라도, 우리는 칸트가 했던 것처럼 인간의 세계가 물질과 자본 이상이라고 말해야 하며, 또한 그런 사실을 말하기 위해서는 여전히 하나의 초월철학에 의지하지 않을 수 없다는 것이다. 물론 우리는 칸트가 살

---

8) 필자는 결코 여기서 보편성과 필연성과 같은 낡은 철학적 개념과 그것에 근거한 신학을 재연하려 하는 것이 아니다. 보편성과 필연성은 많은 문제점을 갖지만 그것은 오늘날과 같은 포스트모던 시대에도 하나의 중요한 역할을 할 수 있으며, 단지 그것이 탈근대적으로 해석될 때에만 오늘의 많은 문제를 해결할 수 있다고 말하려는 것 뿐이다. 탈근대적으로 보편성을 해석하는 대안적 사례 중의 하나는 하버마스에게서도 찾을 수 있다고 본다. 그의 "현대성의 철학적 담론"이 펼치는 의사소통에 근거한 합의 민주주의가 그런 경우다.

9) 칸트를 탈근대적으로 해석한 책들에는 다음과 같은 것들이 있다. 알렌카 주판치치, 『실재의 윤리-칸트와 라캉』, 이성민 역 (서울: b, 2004). 이 책은 라캉의 관점에서 초월을 재해석한 매우 인상적인 책이다. 또한 일본 학자의 책, 즉 마키노 에이지, 『칸트 읽기』, 류지한 역 (서울: 울력, 2015)도 쉽게 쓴 좋은 책이다. 들뢰즈는 칸트를 포스트모더니즘의 관점에서 해석했는데, 매우 탁월한 형태의 새로운 칸트 해석의 장을 열었다고 평가 받는 책이기도 하다. 필자는 그에게서 포스트모던 세계에서도 여전히 초월철학을 새롭게 해석할 수 있는 단초를 얻었다. 그의 책 『칸트의 비판철학』, 서동욱 역 (서울: 민음사, 2006)을 보라. 역자가 요약해 놓은 부록도 매우 좋다. 칸트에 대한 일반적인 소개서로서 좋은 번역서는, F. 카울바하, 『칸트 비판철학의 형성과정과 체계』 (파주: 서광사, 2006)를 보라.

앉던 근대보다 더욱 새로운 과학과 철학으로 복잡하게 바뀐 학문의 세계에서 살아가고 있기에, 새로운 "초월철학"도 근대의 것과는 차별되어야 한다는 것은 새삼 말할 필요도 없다. 필자가 동아시아 철학과 화이트헤드의 철학에 관심해온 이유는 바로 여기에 있다.

동아시아의 자연주의 철학은 언제나 초월과 내재를 잘 조화시키는 종교철학을 오래 전부터 발전시켜 왔다. 예를 들어, 공자는 "선생님을 알아주는 이가 없는 사태를 어찌하실 것입니까?"라는 질문을 받고, "(나는) 하늘을 원망하지 않으며 사람을 탓하지 않고, 아래로 배우면서 위로 통달하나니, 나를 알아주는 것은 하늘일 것이다."라고 대답했다고 한다.[10]

공자의 이런 입장을 최근의 유학은 초월과 인간의 절묘한 조화로 해석한다. 공자는 전근대적 인물이었지만, 결코 종교의 핵심이 복의 추구에 있지 않다고 보았으며, 오히려 천명을 알고(知天命), 그 명을 따라 살되, 비록 하늘의 복이 없더라도 원망치 않고 그저 낙을 추구하면서 사는 것을 참된 군자의 삶으로 해석했다는 것이다.[11] 그야말로 매우 자연주의적이면서도 결코 초월의 개념을 잊지 않는 탁월한 종교철학, 어찌 보면 탈근대적인 개념의 철학을 발전시켰다고 볼 수 있다.

화이트헤드 역시, 양자역학이나 상대성이론과 같은 자연과학을 섭렵한 후 새로운 형태의 생성과 과정의 철학을 말하면서도 결코 오늘의 탈근대주의처럼 초월의 중요성을 놓치는 우를 범하지 않았다. 그의 철학이 이른바 "유기체의 철학"으로 불리면서 현대의 기계론적 환원주의를

---

10) 『論語』14, 「憲問」35: 子曰, 莫我知也夫. 子貢曰, 何爲其莫知子也. 子曰, 不怨天 不尤人. 下學而上達, 知我者 其天乎. 나는 공자의 신관에 대한 이런 해석을 이용택의 책에서 빌려왔다. 이 책의 II의 2를 참조하라. 위의 「헌문」에 나타난 공자의 말씀도 이택용의 저서에서 재인용한 것임을 밝혀둔다. 이택용, 『중국 고대의 운명론: 삶의 우연성에 대한 대응』 (서울: 문사철, 2014), 139.
11) Ibid., 138-140.

넘어서는 인간론의 단초를 제공한 것은 바로 이런 철학적 배경에 근거한다. 화이트헤드의 유기체철학이야말로, 근대의 유산으로서의 계몽적 합리성을 강조하면서도 동시에 건전한 초월성을 강조하는 건전한 의미의 탈근대주의와 그것에 근거한 형이상학을 제시했던 것이다. 화이트헤드는 그것을 통해 어떻게 상호주체적인 새로운 인간관을 형성할 수 있는지 보여주었는데, 바로 그런 인간관을 펼치기 위해 구성한 형이상학이 유기체의 철학이었던 것이다. 유기체의 철학이란, 인간이 타자와의 상호적인 관계 하에서 구성되는 주체성에 입각해 문명의 건설에 나서는 것을 말하는 새로운 문명철학이며 형이상학인 것이다.

물론 우리가 이런 형태의 새로운 형이상학에 입각해 계몽적 합리성을 강조하고 동시에 건전한 의미의 초월성을 말한다고 해서 그것이 오늘의 탈근대주의가 가져온 문제들, 예를 들어 물리적 환원주의를 포함해, 그것이 사회적으로 반영된 바, 무정부주의와 카오스적 세계관이 극복되고, 나아가 윤리적 아노미 등의 문제가 논리적으로 해결된다고 단정할 수는 없다. 그것을 논리적으로 해결할 수 있는 철학은 오늘날과 같은 상대주의 세계 내에서는 불가능하기 때문이다. 또한 이념적으로도 그런 것은 쉽지 않다. 질서와 규범을 정립하려는 행위 자체를 현상의 질서Status Quo와 기존의 체제를 유지하려는 기득권 세력의 음모로까지 취급해 버리는 탈근대주의자들에게는 그 어떤 종류의 초월철학도 불순한 것으로 비칠 수 있다.

따라서 여기서 필자가 또 다른 논리로서 탈근대주의를 논박하고 필자의 주장을 입증하는 토론을 지속하는 행위는 어쩌면 시간낭비일 수 있다. 그러므로 또 다른 철학적 논증을 동원해 갑론을박을 계속하기보다는, 필자가 옹호하려는 바, 건전한 의미의 탈근대주의가 의존하고 있는 초월철학이 어떻게 구체적이고 실천적인 방식으로 인류의 문제를 해결할 수 있는지 하나의 구체적 사례를 짧게 제시하는 것으로 대신하려 한다. 결국 문제는 효율성이고 실천성이다. 즉 현대인에게 어떤 철학이 윤리적 감정을 잘 일으키게 만들고 더 도덕적으로 살아가게 만드느냐 하는 것이다.

나는 20세기의 소위 "신정통주의" 신학자였던 칼 바르트Karl Barth의 경우를 하나의 사례로 인용하고자 한다. 필자는 비록 바르트주의자는 아니지만, 바르트가 히틀러의 나치 정부에 해당하는 소위 "고백교회" 운동을 벌이면서 현실과 타협하지 않았던 그의 기독교적 실천에서, 초월의 중요성을 입증할 하나의 사례를 발견한다. 바르트가 나치의 지속적인 압박에도 불구하고 그들에게 회유당하지 않고 저항을 계속할 수 있었던 이유 중의 하나는, 초월적 신에 대한 바르트의 믿음이 많이 작용했다. 인간이 어떤 난처한 결정, 즉 거절해야만 하지만 거절할 수 없는 어려운 결정을 내려야 하는 경우에 직면할 때, 초월을 가정하고 그것을 믿는 인간과 그런 것을 믿지 않으려 하는 인간은 분명히 차별되는 결과를 가져오는 사례를 우리는 종종 경험한다. 특히 현실에 타협하느냐 아니면 현실 극복의 방향으로 발걸음을 내딛느냐 하는 결정을 내리는 인간은 종종, 그 자신에게 초월자에 대한 신앙이 존재하느냐 아니냐에 좌우되어 결정을 내리는 경우가 많다는 말이다. 무의미하고 무질서하며, 무정부적 우주 안에서 무소불위의 힘을 과시하면서 자신을 우상화시켰던 나치라는 초인적 권력 앞에서, 바르트로 하여금 나치의 현실과 타협하지 않고 그것에 저항하도록 만들었던 힘은 바로 초월에 대한 믿음 때문이었다고 보는 것이다. 바르트의 경우처럼 우리도 이런 초월적 믿음에 의지할 때, 오늘의 세계가 곤욕을 치르도록 만든 세속화, 물질화, 자본화 등과 그것에서 야기된 불평등과 부정의 등의 문제들을 변혁시킬 수 있는 용기를 얻을 수 있다고 생각한다.

다시 말하지만, 초월이나 형이상학이 만능이라고 말하려는 것은 아니다. 그러나 하나의 형이상학은 일반화와 종합을 통해서 우리에게 우주를 예견하게 하는 능력을 제공하고 나아가 문명의 진보를 위한 모험을 부추기는 힘이 있다. 그리고 그런 형이상학적 체계의 예증과 바탕으로서의 신은 인간이게 윤리적 결단의 유인자로 작동할 수 있는 것이다.12) 기독교의 유신론적인 전통이 말하는 초월자가 어떻게 현대인에게도 윤리적 결단의 유인자로 작용할 수 있는지는 이 책의 여러 곳에서 설명했다.13)

이상에서 전개된 필자의 논점을 이제 짧게 정리해 보자. 인간은 스스로를 압박하고 누르는 규범과 질서가 아니라, 그를 진정으로 자유하게 하는 규범이 필요한 세상, 이른바 탈근대의 세계에서 살고 있다. 다양한 규범과 규범 사이의 갈등이 편재된 포스트모던 세계에서 살아가는 것이 오늘의 필연적 현상이 되었다. 하지만, 동시에 인간은 그런 갈등의 현실을 봉합할 수 있는 안정된 질서를 요구하는 세상에서 살고 있는 것도 사실인데, 이 모두는 근대의 유산으로서의 계몽적 합리성을 놓치지 않으면서도, 동시에 건전한 초월성을 강조하는 탈근대주의를 계발하는 것이 해결책이다.

이런 탈근대적 과제를 성취하는 한도 내에서 한국의 기독교는 세계를 향한 자신의 목소리를 발하는 데 있어 성공할 수 있다. 이런 면에서 우리는 왜 한국의 기독교가 서구의 생성과 과정의 철학과 지속적으로 대화하면서, 또한 동시에 동아시아 종교와 내적 조화를 꾀하면서 스스로를 토착화해 나가야 하는지 그 중요성을 다시 한 번 깨닫게 되는 것이다.

---

12) 화이트헤드, 『관념의 모험』, 7장.
13) 예를 들어 본 저서의 8장 "유교와 종교적 초월자"의 4절에서 필자가 다룬 내용을 보라. 즉 유교에서 초월자는 얼마든지 인격적인 개념으로 해석될 수 있으며 그것은 생성과 과정의 철학을 동원하여 얼마든지 가능하다는 나의 주장을 참조하라. 본 저서 12장의 4절도 이 문제를 부분적으로 다루고 있다.

III. 건전한 탈근대주의 종교성의 모색: 미학적 신학을 지향하여

필자는 위에서 과제 하나를 남겨 놓았었다. 건전한 탈근대주의의 철학적 형태에 대해서는 지속적으로 언급했지만 그것이 신학적으로는 어떤 내용을 지녀야 할지 설명하지 않았기 때문이다. 하나의 신학자로서 필자는 과연 어떤 형태의 신학을 제시해 앞으로 오는 탈근대주의의 세대를 만족시킬 수 있을 것인가?

나는 여기서 건전한 의미의 탈근대성의 구성을 가능하게 할 하나의 구체적 대안으로서 미학적 신학(혹은 미감적 신학)을 제안하고자 한다. 이를 통해 미래의 이상적인 종교상의 정립하려 할 때 필요한 신학적 내용들에 대해 토론하고자 하는 것이다. 미학적 신학이란 무엇이며 그것은 어떻게 이상적인 종교상을 제시할 수 있는 대안이 될 수 있는가? 미학적 신학을 시도하기 위한 사전 작업으로 우선 오늘날 신학이 왜 현대인에게 관심을 잃었는지 다시 한 번 분석해 보자.

대부분의 사람들은 신학을 떠 올릴 때 그것과 더불어 이원론적 세계상과 그것의 근거가 되는 초월자 그리고 그런 초월자가 조직해 놓은 목적론적 우주를 떠올린다. 그러나 오늘의 현대인에게, 생성과 과정의 세계에서 이원론적으로 유리된 채 존재하는 초월자를 전제하는 학문, 그리고 그런 초월자에 의해 목적론적으로 구조화된 우주를 전제하는 학문은 그것이 어떤 종류의 것이든 혐오의 대상이 될 뿐이다. 우선 인식론적으로, 그런 학문은 합리주의를 강조하게 되어 있는데 오늘날 많은 합리주의는 경계의 대상이다. 즉 목적론적 우주를 펼치는 학문에서는 일종의 합리주의가 융성할 수밖에 없는데, 왜냐하면 그런 학문은 하나의 목적론적으로 계획된 우주에 어떻게 인간의 행위가 최적으로 부합할 수 있는지 관심하게 만들며, 또한 그렇게 우주의 목적에 부합하는 행위가 어떻게 인간을 행복하게 만들 수 있는지 관심하게 되기 때문이다. 이런 관심은 결국 그런 학문 내에서 목적에 대한 뚜렷한 의식을 가지고 있는 인간, 즉 이성적 인간과 그의 합리적 의식에 중요성을 부여하게 되어 있다.

　그런데 인간의 의식에 기초하여 발달된 합리주의적 세계관은 결국 인간의 이성과 그것에 기초한 추상적 인식 과정만을 중시하게 될 것이고 그로 인해 감성과 직관이 잡아내는 중요한 경험들을 무시하게 만든다. 그 결과 종교와 영성처럼 보이지 않는 세계를 다루는 분야를 일방적으로 왜곡시키게 된다. 나아가 합리주의와 목적론이 결탁하게 되면서, 초월자가 인간의 삶과 우주의 운명을 주도적으로 결정해 버리는 세계관을 전제하게 만들며, 이는 일종의 결정론으로 이어져 최종적으로는 인간의 자율성을 억압하게 된다. 한마디로 인간과 우주가 결정론의 그늘에 갇히게 되는 것이다.

　사실 우리가 이미 보았듯이 합리주의와 목적론 자체는 결코 부정적으로 평가될 필요가 없다. 필자는 오히려 건전한 의미의 탈근대성은 계몽적 합리성을 지녀야 하며, 나아가 초월의 중요성도 강조해야 한다고 말했거니와, 어떤 경우 하나의 초월철학은 목적론의 뒷받침을 받지 않을 수 없는 때가 많다. 그러므로 필자는 신학이 발전시킨 모든 의미의 합리주의와 목적론 자체에 문제가 있다고 말하는 것은 아니고, 그것이 전통적인 방식의 초자연주의적 이원론이나 결정론적 우주관과 만났을 때 부정적인 결과를 가져온다고 말하고 있는 것이다. 그렇다면 우리의 과제는 초자연주의적 이원론과 결정론적 우주론을 피하면서, 동시에 건전한 형태의 합리성과 목적론, 그리고 그것을 가능하게 할 초월자에 대해서 말할 수 있는 신학을 정립하는 것이 될 것이다.

　미학적 경험주의의 종교, 혹은 미학(미감)적 신학이 하나의 대안으로 떠오를 수 있는 이유는 이런 배경에서다. 잘 알다시피, 미학은 감성과 직관을 중시하기 때문에, 생성과 과정의 세계, 즉 자연 세계의 사건들을 구체적으로 담을 수 있는 인식론을 제시한다. 즉, 플라톤이나 칸트, 그리고 헤겔 등에서 나타났던 과도한 형태의 이성적 합리주의가 내포한 문제는 물론, 아리스토텔레스 목적론이 가진 온갖 문제점을 해결할 수 있는 신학적 단초를 제공할 수 있게 된다.

본 저서에서 필자는 그런 신학적 단초를 화이트헤드의 미학에서 찾으려 시도한 바 있었다. 화이트헤드는 미Beauty를 우주의 궁극적 목표로 간주하는 우주론을 시도한 바 있는데,14) 이런 우주론에 입각한 하나의 미학적 신학은 분명히 전통적 유신론이 가지고 있는 수많은 문제점들을 해결할 수 있다고 필자는 생각한다.

미는 우선 선/악의 카테고리에 기반을 둔 전통적 가치론과 그것에 기초한 윤리학을 넘어설 수 있다. 오늘날과 같은 다원화된 포스트모더니즘의 세계에서 어느 한 공동체나 어느 한 사조가 주장하는 입장은 보편적인 선으로 간주될 수 없다. 오늘의 다원주의적 세계에서는 하나의 종교가 옹호하는 바, 자신의 신이 지닌 선함과 절대성에 대해 말하자마자 그것은 곧장 다른 종교의 입장에서 아주 손쉽게 비판을 받게 되어 있으며, 이로 인해 모든 신적 가치는 상대화될 뿐만 아니라, 그 어떤 종류의 보편적 윤리도 만들어 낼 수 없게 되어 있다. 이런 면을 감안해 볼 때, 오늘의 신학은 궁극자로서의 신의 속성을 선/악의 차원에서만 기술할 수 없으며, 그것을 포함하면서도 넘어설 수 있는 더 큰 카테고리에 속하는 신에 대해서 말하지 않을 수 없게 만든다. 이것이 바로 신을 '미'로 보게 하는 이유다.

따라서 미학적 인식론, 혹은 미감적 경험주의aesthetic empiricism에 입각한 이런 방식의 신학은 미래의 신학 분야에서 더욱 토론되고 계발되어야 할 분야 중의 하나이다. 물론 우리는 이미 개신교 전통 안에서 슐라이에

---

14) 화이트헤드, 『관념의 모험』, 405.

르마허Schleiermacher와 폴 틸리히Paul Tillich가 그들의 신학을 이런 관점에서 시도한 바 있었다는 사실을 잘 알고 있다. 하지만 미래의 신학은 이들의 신학보다는 최근에 발전된 탈근대주의에 기초한 미학적 경험주의에서 새로운 통찰을 얻을 수 있으리라고 필자는 믿는다.15)

하지만 미학적 신학이 말하는 이런 식의 신 개념은 헤쳐 나가야 할 장애물이 적지 않다. 가장 중요한 장애물은 윤리적 질문에 답하는 것이다. 우선 미가 궁극자로서 기능하면, 선은 어떻게 되느냐 할 때, 앞에서 필자는 미가 선을 포함하고 넘어선다고 말했다. 이는 분명히 하나의 답이 될 수 있다. 미를 궁극자로 놓는 것이 선을 부정하는 것은 아니기 때문이다. 그러나 이런 입장은 신론과 관련한 윤리적 문제에 대해서 또 다른 질문을 받을 수 있다. 즉 전통적으로는 선/악의 잣대로 기능하던 최고의 궁극자가 신이었는데, 만일 미가 궁극자라면 정말 미는 그 때도 신이 될 수 있는가 하는 것이다. 그리고 또한 선과 악을 포함하면서 넘어간다고 할 때의 그런 미를 궁극적 속성으로 하는 신은 구체적으로 어떤 종류의 신인가 하는 것이다? 다시 말하면, 선/악을 포함하면서 넘어가는 미로서의 신은 어떻게 인간에게 윤리적 판단을 내리게 할 수 있을까? 그런 신은 여전히 윤리적 잣대로 기능할 수 있을까? 하나의 미학적 신학은 이런 질문들에 대해서 태클해야 하는 과제를 갖고 있는 것이다.

필자의 생각에 미학적 신학은 이에 충분히 답변할 수 있다고 믿는다. 신의 중요한 기능 중의 하나가 선을 증진시키고 동시에 악을 거부하도록 만드는 것이라 할 때, 미를 궁극적 가치로 취급하는 신이 그런 역할을 감당하는 것이 불가능한 것은 아니기 때문이다. 신이 반드시 이원론적인 구조의 초월적 입법자로 존재해야만 인간이 선을 향하도록 명할 수 있는 것은 아니다. 전통적인 초자연주의의 신관에 의존하지 않으면서도 여전

---

15) 들뢰즈는 『칸트의 비판철학』에서 이런 미학적 철학을 시도한 바 있다.

히 인간으로 하여금 선을 증진시키도록 만드는 미학적 윤리관은 당장 화이트헤드에게서도 발견된다. 즉 화이트헤드 철학에서는 미가 궁극자가 되고 신의 반열에 오른다고 하더라도 전통적인 이원론적 신관과 목적론적 신관이 가지고 있었던 윤리학적 장점들을 충분히 소화할 수 있다는 말이다.

화이트헤드는 목적론과 미학을 만나게 하는 방법론을 통해서 이 문제를 해결할 수 있는 단초를 제공한다.16) 즉 화이트헤드에게 있어서 미는 인간을 유인하는 하나의 목적이다. 화이트헤드는 목적론과 미의 관계에 대해서 다음과 같이 말한다. "우주의 목적론은 미의 산출을 지향하고 있다."17) 우리가 미를 신과 등치 관계에 놓으면서 위의 구절을 해석할 때 조심할 것은, 화이트헤드에게서 목적론은 결코 전통적인 초자연적 신이나 궁극적 실재가 가지고 있는 목적인으로서의 역할을 강조하지 않는다는 것이다. 다시 말해서 화이트헤드의 목적론은 인간과 우주의 운명을 자신의 목적을 따라 미리 결정해 놓고서 그것을 향해 역사가 진행되도록 하는 결정론적 구도를 가지고 있지 않다는 말이다. 화이트헤드의 철학적 도식에서 하나의 궁극자로서의 신은 창조성이라는 또 다른 궁극자와 더불어 자신의 능력을 행사하기에 결코 세계를 예정된 결정으로 숨 막히게 하지 않는다. 그러면서도 동시에, 신은 여전히 세상과 인간을 목적론적 구도 속에서 유인할 수 있는데, 즉 화이트헤드의 신은 인간과 세계가 목적을 지향하도록 만들 때 그 목적을 단지 설득적으로만 제시한다.

화이트헤드의 미학적 신학에서 볼 때, 인간과 세계는 그들을 초월하는 목적에 의해서 통제되는 것이 아니라, 오히려 그들 자신의 안에 내재하는 목적을 향한 자유로운 결단력을 통해서 미를 향해 나아간다. 여기

---

16) 화이트헤드의 목적론에 대해서 설명한 책은 구하기 힘들다. 하지만 목적론 일반에 대해 잘 정리된 번역서는 국내에 소개되어 있다. 앤드류 우드필드, 『목적론』, 유원기 역 (대구: 계명대학교 출판부, 2005)을 참조하라.

17) 화이트헤드, 『관념의 모험』, 405.

서 경험의 강도가 증가되고, 다양한 경험들의 조화도 발생하면서 문명의 발전이 이루어지는 것이다. 한마디로 신은 자신의 이상적 목적을 단지 설득적으로만 세계에 제시하기 때문에 화이트헤드에게서 신의 목적은 인간과 더불어 공유되며 형성된다. 신으로부터 주어지는 목적은 언제나 최상의 것이기 때문에 인간은 좋지 않은 것 보다는 좋음, 즉 선을 증진시킬 수 있는 동기를 신에게서 부여 받는 셈이다. 이런 점에서 화이트헤드의 목적론은 니체나 들뢰즈가 그토록 혐오하는 아리스토텔레스적인 목적론과는 다른 내용을 지니는 것이다.

이런 형태의 미학적 신학에서 볼 때, 신의 기능은 인간이 추구하는 욕구를 무조건 억제하는 심판에 있지 않다. 아니 정확히 말해 신은 인간의 욕망이 발현되는 데 있어 오히려 그 첫 번째 조건을 차지하면서 일차적으로는 그것을 촉진시킨다. 인간의 욕구는 스스로의 의지에서 의해서 출발되지만 그것은 언제나 더 좋은 것, 혹은 최고로 좋은 것을 추구하게 되어 있다. 그 때 신은 최고의 이상을 인간에게 제공함으로써 인간의 욕구가 극대화되도록 유혹하기 때문이다. 여기서 물론 인간은 그런 이상을 거절할 수 있다. 하지만 그것은 최고로 이상적인 목표로서 제시된 것이므로 인간은 사실 그 것을 선택하는 한도 내에서 최고의 행복을 구가할수 있다. 이렇게 인간에게 제공된 최고의 이상은 그의 개인적인 만족을 완수하도록 하는 유혹의 기제이지만 동시에 인간의 욕구가 단지 개별적이고 국지적인 의미의 편협한 만족에 이르는 것을 넘어서 더 보편적이고 이타적인 방향으로 진행되도록 유인하는 기제가 된다.

흥미로운 점은, 동아시아 종교들 역시, 인간의 행복이나 구원이 인간의 욕망을 부정하는 것에서 출발되어야 한다는 것만을 주장하지 않는다는 것이다. 특히 성리학에서 보는 사단칠정론과 같은 이론은 인간의 성정(性情)이 얼마나 희노애구애오욕과 관련되어 추구되는지 해명하며, 따라서 그 문제를 잘 처리하지 않는 이상 인간은 행복과 구원을 제대로 추구할 수 없다는 것을 잘 설명해 내고 있다. 인의예지(仁義禮智)와 같은 사단과 칠정의 관계를 이(理)와 기(氣)의 관점에서 보면서 지속적인 논쟁을 벌인 것이 성리학의 발달사였거니와, 한마디로 인간의 성정은 욕망과 욕구를 이상적인 가치로서의 이(理)의 관점에서 발현시키게 될 때 행복하게 된다고 주장하는 것이 성리학의 입장이라 볼 수 있다.

여기까지는 화이트헤드와 동아시아적 미학이론에 차이가 없다. 단지 차이가 있다면 화이트헤드는 미학적 세계관을 펼치기 위해서 형이상학을 도입했는데, 동아시아는 형이상학을 즐기지 않는다는 것이다. 예를 들어 화이트헤드의 형이상학 내에는 궁극적 실재로서의 인간의 창조성과 하나의 현실적 궁극자로서의 신이 서로 유기적인 관계를 맺음을 강조하는 신학적 윤리관을 구성해 내고 있는데, 동아시아는 그런 윤리관과 형이상학을 그리 강조하지 않는다는 점에 차이가 있을 뿐이다.

미학적 신학이 반드시 화이트헤드에게 의존해야만 하는 것은 물론 아니다. 미학적 신학에 근거한 종교론은 결코 역사가 짧지 않으며 이미 여러 학자들에 의해서 나름대로 시도된 바 있다. 종교와 영성의 핵심을 미학적 접근 속에서 발견하려 한 것은 이미 칸트의 미학과 숭고의 철학에서 영향을 받아 형성된 슐라이에르마허의 신학이나 루돌프 옷토 등의 종교학, 그리고 폴 틸리히나 로너간의 신학[18]에서도 발견된다. 물론 이들의 미학적 신학은 아직도 신학의 주류로 자리 잡지는 못하고 있을 뿐만 아니라, 여전히 기독교인들에게는 매우 생경한 것으로 간주되고 있다. 아마 이렇게 미학적 신학이 자리 잡지 못하는 일차적인 이유는 기독교인들의 종교성이 아직도 플라톤적이고 형이상학적인 초월자 개념에 영향을 받은 신학과 종교학에 의해 이원론적으로 경도되어

---

18) Paul Tillich, "Art and Ultimate Reality," in Tillich, *On Art and Architecture*, ed. by John Dillenberger, tr. by Robert Scharlemann (New York: Crossroad, 1987). Bernard Lonergan, *Insight* (New York: Philosophical Library, 1957).

있기 때문이리라 생각된다. 그리고 바로 그런 이유 때문에라도, 동아
시아의 기독교인은 물론 서구의 기독교인들은 동아시아의 풍부한 자
연주의적 종교가 보여주는 내재적 초월론과 그것에 기초한 영성의 계
발에 더 많은 관심을 기울여야 할 것이다.19) 물론 이것이 동과 서가 종
교철학적으로 만나면서 지속적으로 대화해야 하는 또 하나의 이유임은
말할 것도 없다.

---

19) 물론 가장 훌륭한 미학적 신학 저서는 라차드 빌라데서가 시도했다. 그의 책 『신학적
미학-상상력, 아름다움, 그리고 예술 속의 하나님』, 손호현 역(서울: 한국신학연구소,
2007)이 그것이다. 국내에서도 손호현이 4부작 시리즈의 미학적 신학에 관한 저서를
펴낸 바 있고 심광섭도 시도한 바 있다. 다음을 보라. 손호현, 『아름다움과 악Ⅰ:신학적
미학』(서울: 한들출판사, 2009); 심광섭, 『예술신학』(서울: 대한기독교서회, 2010).

참고문헌

고병권.『니체의 위험한 철학 차라투스트라는 이렇게 말했다』. 서울: 그린비, 2003.

금장태.『퇴계의 삶과 철학 』. 서울: 서울대학교 출판부, 1998.

길희성.『일본의 정토사상』. 서울: 민음사,1999.

김상환 · 홍준기.『라깡의 재탄생』. 파주: 창작과비평, 2005.

김영건.『동양철학에 관한 분석적 비판』. 서울: 라티오, 2009.

김용옥.『중용 인간의 맛』. 서울: 통나무, 2011.

김석근. "동아시아." 『21세기의 동양철학』, 이동철 · 최진석 · 신정근 편. 서울: 을유문화사, 2009.

김장생. "민족주의와 토착화신학의 이해." 『제3세대 토착화신학』, 동서신학연구소 편. 서울: 모시
     는사람들, 2010.

김재인. "『천개의 고원』이『노마디즘』에게-이진경의 들뢰즈론 비판."『문학동네』 39 (2004).

문석윤.『동양적 마음의 탄생』. 파주: 글항아리, 2013.

문창옥.『화이트헤드 철학의 모험』. 서울: 통나무, 2002.

박일준. "토착화신학 3세대의 이중적 극복과제: 지구촌화와 탈식민주의, 그리고 가난한 자."『제
     3세대 토착화신학』, 동서신학연구소 편. 서울: 모시는사람들, 2010.

변선환 아키브 편.『변선환 선집 1권: 종교간의 대화와 아시아 신학』. 천안: 한국신학연구소, 1999.

사중명.『 유학과 현대세계』. 파주: 서광사, 1998.

손호현.『아름다움과 악 I :신학적 미학』. 서울: 한들출판사, 2009.

심광섭.『예술신학』. 서울: 대한기독교서회, 2010.

양조한.『중용철학 』. 파주: 서광사, 1999.

윤자정. "A. N. Whitehead의 유기체 철학 내에서의 미적 경험에 대한 연구." 서울대학교 대학원 박
     사학위논문, 1996.

윤평중.『푸고와 하버마스를 넘어서』. 서울: 교보문고, 1990.

이승환. "유교사상에서 본 문화의 진보"『문화의 진보에 대한 철학적 성찰』, 한국철학회 편. 서울:
     철학과현실사, 1998.

이정우.『시뮬라크르의 시대』. 서울: 거름, 1999.

_____. "들뢰즈와 'meta-physica'의 귀환."『들뢰즈 사상의 분화』, 소운서원 편. 서울: 그린비,
     2007: --------.

_____.『천하나의 고원』. 파주: 돌베개, 2008.

_____.『주체란 무엇인가』. 서울: 그린비, 2009.

_____.『세계 철학사 I』. 서울: 길출판사, 2011.

이진경.『노마디즘』. 서울: 휴머니스트, 2006.

이찬석. "풍류신학과 언행일치의 신학에 대하여."『제3세대 토착화신학』, 동서신학연구소 편. 서
     울: 모시는사람들, 2010.

이택용.『중국 고대의 운명론: 삶의 우연성에 대한 대응』. 서울: 도서출판 문사철, 2014.

이한영. "감리교 토착화신학의 흐름과 전망."『제3세대 토착화신학』, 동서신학연구소 편. 서울: 모시는사람들, 2010.

장왕식.『종교적 상대주의를 넘어서』. 서울: 대한기독교서회, 2002.

_____. "과정신학에서 보는 주체적 불멸,"『신학과 세계』48호(2003).

_____. "현대 과정 종교철학의 흐름과 화이트헤드 철학의 전망."『화이트헤드 연구』, 12집: 한국 화이트헤드학회 편. 서울: 동과서, 2006.

_____. "과정신학의 그리스도론."『그리스도론』, 한국조직신학회 편. 서울: 대한기독교서회, 2013.

정승태.『찰스 하츠혼의 종교철학』. 대전: 침례교신학대학교 출판부, 2014.

정윤승. "화이트헤드 과정 윤리학과 가치론에 관한 연구." 충남대학교 대학원 박사학위논문, 2011.

최문형.『동양에도 신은 있는가』. 서울: 백산서당, 2002.

최순영.『니체와 도덕의 위기 그리고 기독교』. 서울: 철학과현실사, 2012.

한형조.『왜 조선 유학인가』. 파주: 문학동네, 2008.

_____.『왜 동양철학인가』. 파주: 문학동네, 2009.

그리핀, 데이비드『화이트헤드 철학과 자연주의 유신론』, 장왕식·이경호 역. 서울: 동과서, 2004.

_____.『과정신정론』, 이세형 역. 서울: 이문출판사, 2007.

기어츠, 클리퍼스.『문화의 해석』, 문옥표 역. 서울: 까치글방, 1998.

노드롭, F.S.C.『사람, 자연 그리고 신』, 안경숙 역. 서울: 대원, 1995.

노 자.『노자』, 이강수 역. 서울: 길, 2007.

니덤, 조셉.『중국의 과학과 문명』I,II, 이석호·이철주·임정대 역. 서울: 을유문화사, 1988.

니터, 폴.『종교신학입문』, 유정원 역. 왜관: 분도출판사, 2007.

들뢰즈, 질.『천개의 고원: 자본주의와 분열증 2』, 김재인 역. 서울: 새물결, 2001.

_____.『차이와 반복』, 김상환 역. 서울: 민음사, 2004.

_____.『칸트의 비판철학』, 서동욱 역. 서울: 민음사, 2006.

_____.『들뢰즈의 니체』, 박찬국 역. 서울: 철학과현실사, 2007.

러우, 위리에.『중국의 품격』, 황종원 역. 서울: 에버리치 홀딩스, 2011.

_____.『시간과 타자』, 강영안 역. 서울: 문예출판사, 1999.

_____.『신, 죽음, 그리고 시간』, 김도형 외 역. 서울: 그린비 2013.

레셔, 니컬러스『과정형이상학과 화이트헤드』, 장왕식 역. 서울: 이문출판사, 2010.

리 빙하이.『동아시아 미학』, 신정근 역. 서울: 동아시아, 2010.

마이클 샌델.『정의란 무엇인가』, 이창신 역. 서울: 김영사, 2010.

마키노, 에이지.『칸트 읽기』, 류지한 역. 서울: 울력, 2015.

메이, 토드『질 들뢰즈』, 이윤성 역. 부산: 경성대학교 출판부, 2008.

메이아수, 퀭탱.『유한성 이후』, 정지은 역; 서울: b, 2010.

방동미.『원시유가도가 철학』, 남상호 역. 파주: 서광사, 1999.

바디우, 알랭.『존재와 사건』, 조형준 역. 서울: 새물결, 2013.

_____.『존재의 함성』, 박정태 역. 서울: 이학사, 2008.

베임. A. J.『비교철학 연구』, 황필호 역. 서울: 철학과현실사, 1982.

부케티츠, 프란츠『자유의지, 그 환상의 진화』, 원석영 역. 서울: 열음사, 2009.

빌라데서, 라차드『신학적 미학-상상력, 아름다움, 그리고 예술 속의 하나님』, 손호현 역. 서울: 한
        국신학연구소, 2007.

사이드, 에드워드.『오리엔탈리즘』, 박홍규 역. 서울: 교보문고, 2007.

숭산.『바람이나 깃발이야』, 최윤정 역. 서울: 법보출판사, 1992,

슈워츠, 벤자민.『중국 고대사상의 세계』, 나성 역. 파주: 살림, 1996.

스퐁, 존 쉘비.『영생에 대한 새로운 전망』, 한성수 역. 서울: 한국기독교연구소, 2011.

아도르노 & 호르크하이머.『계몽의 변증법』, 김유동 역. 서울: 문학과지성사, 2001.

알렌, 디오게네스.『신학을 이해하기 위한 철학』, 정재현 역. 서울: 대한기독교서회, 2003.

야기, 세이이치.『바울과 정토불교, 예수와 선』, 김승철 역. 서울: 대원정사, 1998.

우드필드, 앤드류.『목적론』, 유원기 역. 대구: 계명대학교 출판부, 2005.

윌버, 켄.『켄 윌버의 통합비전』, 정창영 역. 서울: 김영사, 2014.

이정용.『역의 신학』, 이세형 역. 서울: 대한기독교서회, 1998.

정 자.『논어집주』, 성백효 역주. 서울: 전통문화연구회, 2000.

젠크스, 크리스『문화란 무엇인가』, 김윤용 역. 서울: 현대미학사, 1996.

주판치치, 알렌카.『실재의 윤리-칸트와 라캉』, 이성민 역. 서울: b, 2004.

줄리앙, 프랑수와.『현자에게는 고정관념이 없다』, 박치완, 김용석 역. 파주: 한울아카데미, 2009.

지젝, 슬라보예.『죽은 신을 위하여』, 김정아 역. 서울: 길, 2007.

_____.『부정성과 함께 머물기』, 이성민 역. 서울: b, 2007.

_____.『이데올로기라의 숭고한 대상』, 이수련 역. 서울: 새물결, 2013.

카울바하, F.『칸트 비판철학의 형성과정과 체계』, 백종현 역. 파주: 서광사, 2006.

카텝, 조지.『인간의 존엄』, 이태영 역. 서울: 말글빛냄, 2012.

카프라, 프리초프『현대물리학과 동양사상』, 이성범 · 김용정 역. 서울: 범양사, 2010.

캅, 존.『은총과 책임』, 심광섭 역. 서울: 기독교대한감리회 홍보출판국, 1997.

_____.『기독교와 불교의 대화를 넘어서』, 이경호 역. 서울: 이문출판사, 2010.

케이건, 셸리.『죽음이란 무엇인가?』, 박세연 역. 파주: 엘도라도, 2011.

콘즈, 에드워드『한글세대를 위한 불교』, 한형족 역. 서울: 세계사, 1992.

콘퍼드, F.M.『종교에서 철학으로』. 서울: 이화여자대학교 출판부, 1995.

퀸, 크리스토퍼 & 킹, 셸리 편.『평화와 행복을 위한 불교지성들의 위대한 도전』. 박경준 역. 서울:
        초록마을 2003.

큐핏, 돈.『떠나 보낸 하느님』, 이세형 역. 서울: 한국기독교연구소, 2006.

톰슨, 조지.『고대사회와 최초의 철학자들』, 조대호 역. 서울: 고려원, 1992.

틱낫한.『화』, 최수민 역. 서울: 명진출판사, 2013.

푸전위안, 『의경: 동아시아 미학의 거울』, 신정근 외 역. 서울: 성균관대학교 출판부, 2012.

푸코, 미셀. 『광기의 역사』, 이규현 역. 서울: 나남, 2010.

플라톤. 『파이돈』, 박종현 역. 파주: 서광사, 2003.

_____. 『플라톤의 국가』, 최광열 역. 서울: 아름다운날, 2014.

핑가레트, 허버트. 『공자의 철학-서양에서 바라 본 예에 대한 새로운 이해』, 송영배 역. 파주: 서광
사, 1993.

하트, 마이클. 『들뢰즈 사상의 진화』. 김상운 외 역. 서울: 갈무리, 1999, 2004.

하버마스, 위르겐. 『소통행위 이론』, 서규환 역. 서울: 의암출판사, 1995.

_____. 『현대성의 철학적 담론』, 이진우 역. 서울: 문예출판사, 1994.

화이트헤드, 알프레드 N. 『이성의 기능』, 정연홍 역. 서울: 이문출판사, 1988.

_____. 『과정과 실재』, 오영환 역. 서울: 민음사, 1991.

_____. 『열린 사고와 철학』, 오영환 · 문창옥 역. 서울: 고려원, 1992.

_____. 『사고의 양태』 오영환 · 문창옥 역. 서울: 다산글방, 1995.

_____. 『관념의 모험』, 오영환 역. 파주: 한길사, 1996.

_____. 『과학과 근대세계』, 오영환 역. 파주: 서광사, 1985, 1991, 2005.

헤센, J. 『종교철학의 체계적 이해』, 허재윤 역. 파주: 서광사, 1994.

Abe, Masao. *Zen and Western Thought*. Hawaii: University of Hawaii Press, 1989.

_____. "The Problem of Evil in Zen Buddhism." *The Emptying God*, ed. by John Cobb. New York: Orbis Book, 1990.

_____. "Kenotic God and Dynamic Sunyata." *Empting God*, ed. by John Cobb. New York: Orbis Press, 1990.

Berthrong, John A. *Concerning Creativity*. Albany: SUNY Press, 1998.

_____. *All Under Heaven*. Albany: SUNY Press, 1994.

Caputo, John. *The Weakness of God: A Theology of the Event*. Bloomington: Indiana University Press, 2006.

(Buddha.) *The Threefold Lotus Sutra*. tr. by Bunno Kato. NewYork: Weatherhill, 1975.

Chan, Wang-Tsit. *A Source Book in Chinese Philosophy*. Princeton: Princeton University Press, 1969.

Ching, Julia. *The Religious Thought of Chu Hsi*. Oxford: Oxofrd University Press, 2000.

Christian, William A. *An Interpretation of Whitehead's Metaphysics*. New Haven: Yale University Press, 1959.

Cobb, John. *Beyond Dialogue*. Philadelphia: Fortress Press, 1982.

Cook, Francis. "Just This: Buddhist Ultimate Reality." *Buddhist-Christian Studies* 9 (1989): 127-142.

Foucault, M. "What is Enlightenment?" *The Foucault Reader*, ed. by P. Rabinow. Harmondworth: Penguin, 1982.

Griffin, David Ray. *God and Religion in the Postmodern World*. New York: SUNY Press, 1991.

_____. *Reenchantment without Supernaturalism: A Process Philosophy of Religion*. Ithaca and London: Cornell University Press, 2001.

_____. *Whitehead's Radically Different Postmodern Philosophy*. New York: SUNY Press, 2007.

Hall, David L. *Eros and Irony*. Albany: SUNY, 1982.

_____. *The Uncertain Phoenix: Adventures Toward a Post-Cultural Sensibility*. New York: Fordham University Press, 1982.

Hall, David & Ames, Roger. *Thinking through Confucius*. New York: SUNY Press, 1987.

_____.. *Anticipating China*. New York: SUNY Press, 1995

_____. *Thinking from the Han*. New York: SUNY Press, 1998

Hartshorne, Charles. *Man's Vision of God and Logic of Theism*. Chicago: Willet, Clark & Co., 1941.

_____. *Omnipotence and Other Theological Mistakes*. Albany: SUNY Press, 1984.

Hartshorne, Charles. & Reese, William. (eds.) *Philosophers Speak of God*. Amherst: Humanity Books, 2000.

Hegel, G. W. F. *The Philosophy of History*, tran. by J. Sibree. New York: Dover, 1956.

Hick, John. *An Interpretation of Religion*. New Haven and London: Yale University Press, 1989.

Jang, Wang Shik. "An Asian Christian Approach to Religious Pluralism." *Deep Religious Pluralism*, ed. by David Griffin. Louisville: Westminster John Knox Press, 2005.

Kaufmann, Gordon. *God-Mystery-Diversity*. Minneapolis: Fortress Press, 1996.

Knitter, Paul. *One Earth and Many Religions*. Maryknoll: Orbis Books, 1995.

_____. *Introducing Theologies of Religions*. Maryknoll: Orbis Books, 2002.

(Lao-Tze.) *The Texts of Taoism*. trans. by James Legge, 2 Vols. New York: Dover, 1962.

Lee, Hyodong. *Spirit, Qi, and the Mulitude: A Aomparative Theology for the Democracy of Creation*. New York: Fordam University Press, 2014.

Lonergan, Bernard. *Insight*. New York: Philosophical Library, 1957.

Neville, Robert C. *The Tao and the Daimon*. Albany: State University of New York Press, 1982.

_____. *The Cosmology of Freedom*. New York: SUNY Press, 1995.

_____. *Boston Confucianism: Portable Tradition in the Late-Modern World*. Albany: SUNY Press, 2000.

_____. *Ultimate Realities*. Albany: State University of New York Press, 2000.

Nishitani, Keiji. *Religion and Nothingness*. Berkeley: University of California Press, 1983.

Northrope, F.S.C. *The Meeting of East and West*. New York: Macmillan, 1949.

Odin, Steve. *Process Metaphysics and Hua-yen Buddism*. New York: SUNY Press, 1982.

Pieris, Aloysius. *An Asian Theology of Liberation*. Maryknoll: Orbis Books, 1988.

Platon. *The Collected Dialogues of Plato*, ed. by Edith Hamilton and Huntington Cairns. Princeton:

Princeton University Press, 1961.

Ruf, Henry. *World Religions in a Post-Modern Age*. St. Paul, Minnesota: Paragon House, 2007.

Streng, Frederick. *Understanding Religious Life*. Belmont: Wadsworth, 1985.

Tu, Weiming. *Humanity and Self-Cultivation: Essays in Confucian Thought*. Berkeley: Asian Humanities Press, 1979.

Tillich, Paul. "Art and Ultimate Reality." *On Art and Architecture*, ed. by John Dillenberger, tr. by Robert Scharlemann. New York: Crossroad, 1987.

Tu, Weiming. *Confucian Thought: Selfhood as Creative Transformation*. Albany: SUNY Press, 1985.

Whitehead, Alfred N. *Process and Reality*. New York: Free Press, 1985.

찾아보기